# Grotowski soy yo

Una lectura para la praxis teatral

en tiempos de catástrofe

Gustavo Geirola

**Grotowski soy yo**

Una lectura para la praxis teatral

en tiempos de catástrofe

Argus-*a*
*Artes y Humanidades / Arts and Humanities*
*Buenos Aires - Los Ángeles*
*2021*

Grotowski soy yo. Una lectura para la praxis teatral en tiempos de catástrofe

ISBN 978-1-944508-26-5

Ilustración de tapa: Gentileza de Alexandre Brondino en unsplash.com

Diseño de tapa: Argus-*a*.

© 2021 Gustavo Geirola

All rights reserved. This book or any portion thereof may not be reproduced or used in any manner whatsoever without the express written permission of the publisher except for the use of brief quotations in a book review or scholarly journal.

**Editorial Argus-*a***
16944 Colchester Way,
Hacienda Heights, California 91745
U.S.A.

Calle 77 No. 1976 – Dto. C
1650 San Martín – Buenos Aires
ARGENTINA
argus.a.org@gmail.com

*El período de la catástrofe:* la aparición de una doctrina que criba a los hombres... que empuja a los débiles, e igualmente a los fuertes, a tomar resoluciones.

Friedrich Nietzsche. *La voluntad de poder 56*, 73

# INDICE

Agradecimientos

Aclaración al lector     i

Prólogo blasfemo     1

## PRIMERA PARTE

**¿Cómo leer a Grotowski?:**
**Hacia las preguntas iniciales**     31
*Del ídolo y de las creencias*     46

**Nota preliminar: Nietzsche y Grotowski**     55

**Jerzy Grotowski y la peligrosidad de los prólogos**     61
*Introducción*     61
*Peter Brook y Margo Glanz ante Grotowski*     64
*La impronta de "El laboratorio teatral"*     68
*La lectura de Peter Brook*     76

**Jerzy Grotowski y el psicoanálisis**     87
*Introducción*     87
*La cuestión de las etapas*     94
*Las preguntas de Margo Glantz*     96
*Psicoanálisis en contexto*     100
*Regresando a la entrevista con Margo Glanz*     104
*Diferencias entre las praxis: la objetividad, la subjetividad,*
*las máscaras*     107
*De la verdad y de lalengua*     114
*Signo, significante / lo parroquial y lo nacional*     121
*Regresando a las preguntas de Margo Glanz*     123

**Pervivencia de lo monacal:**
**el teatro de lo sagrado secular en Jerzy Grotowski**     131
*Introducción*     131
*Michel Foucault, la carne y la construcción de subjetividades*     142
*Hacia la modalidad monacal*     147
*Ascetismo: arte de las artes... del poder*     160
*Grotowski y las liturgias monacales*     164
*Otra vez el gran teatro del mundo: el Otro y la memoria*     167

| | |
|---|---|
| *La lucha interior sin concesiones y la resistencia de la carne* | *172* |

## SEGUNDA PARTE

| | |
|---|---|
| **Nihilismo, ascetismo y santidad:** | |
| **Grotowski con Schopenhauer, Nietzsche y Lacan** | **185** |

## TERCERA PARTE

| | |
|---|---|
| **Etapa del Teatro de Producciones:** | |
| **Grotowski y el Teatro Laboratorio** | **225** |
| *Advertencia e introducción* | *225* |
| *Grotowski y su Teatro Laboratorio: la ilusión cientificista* | *226* |
| *Lo real en la ciencia y en el psicoanálisis* | *232* |
| *El teatro, la ciencia y las pestes* | *234* |
| *Grotowski: la ciencia, la tecnología y el capitalismo* | *236* |
| *Grotowski y el arte: tyche y automaton* | *240* |
| *Praxis teatral: el fantasma de la actuación* | *242* |
| *Del teatro al laboratorio y el regreso a la escena* | *245* |
| *El Laboratorio teatral de Grotowski: paradojas y contradicciones* | *247* |
| *La sombra de Iván Pavlov: voluntad de poder y biopolítica* | *249* |
| *De la investigación al encuentro* | *253* |
| *De las inhibiciones a las resistencias* | *265* |
| *Vía positiva y vía negativa* | *268* |
| *Pavlov, Stanislavski, Grotowski, Lacan* | *269* |
| *El sustrato pavloviano en la propuesta de Grotowski* | *275* |
| *Retornando a Pavlov, Lacan y Grotowski* | *290* |
| **Etapa del Parateatro: "El día sagrado"** | **299** |
| **Etapa del Teatro de las Fuentes:** | |
| **una etapa de transición** | **349** |
| *Los divinos detalles de "Wandering..."* | *350* |
| *Grotowski y Heidegger: tiempo-reloj y tiempo existencial* | *353* |
| *Las propuestas de "Wandering..."* | *368* |
| *De las tres técnicas* | *373* |
| *Nietzsche, Lacan, Grotowski: contra la moral y a favor de la ética* | *379* |
| *¿Despertar o la vida es sueño?* | *382* |
| *Del origen, del tiempo y de lo Real* | *393* |
| *Origen: el cuerpo, la madre, el niño y la memoria* | *402* |
| *Los divinos detalles de "Theatre of Sources"* | *422* |
| *Delimitación conceptual del Teatro de las Fuentes* | *432* |

*Las metáforas vegetales y lo orgánico: cambio de rumbo*     *441*

**Etapa del Drama Objetivo:**
**"Tu es le fils de quelqu'un"**     **445**
*Interludio conjetural: Ritual, obsesión y pedagogía*     *468*
*El camino por los discursos*     *476*

**Etapa de 'el Performer': letra, escritura, sinthome**     **483**
*Introducción*     *483*
- I.    *el Performer es un hombre de acción*     *488*
- II.    *Yo soy* teacher *of Performer*     *506*
- III.    *El Performer como un estado del* ser     *513*
- IV.    *El Performer como vatria*     *534*
- V.    *De los donjuanes y La Mujer*     *535*
- VI.    *Del Yo-Yo, la memoria y la repetición*     *562*

**Epílogo**     **583**

**Bibliografía**     **587**

## Agradecimientos

Los agradecimientos que debo hacer son tantos, que corro el riesgo de un olvido injustificable. Teniendo en cuenta que este libro es el resultado de una larga investigación, de extensas lecturas y de una escritura ardua, no sorprende que muchas personas sean las que, de un modo u otro, me apoyaron durante los casi tres años invertidos en este proyecto. Y, si se tiene en cuenta que gran parte de ese largo tiempo lo he pasado en internaciones hospitalarias o con severas restricciones físico-motoras, situación luego agravada por la pandemia de Covid 19, los primeros agradecimientos van dirigidos a aquellos que me han brindado su cariño y disponibilidad. En primer lugar, Rafael Smit y su familia, sin los cuales —creo— mi vida hubiera resultado tremendamente difícil de soportar. En segundo lugar, antes de mencionar a mis amigos, corresponde un enorme agradecimiento a médicos, enfermeras, enfermeros y terapistas de los dos hospitales en los que he pasado largas estadías: Presbyterian Intercommunity Hospital Whittier y UC Irvine Medical Center. Todos ellos con su dedicación y cariño lograron hacer que mi ánimo y mi fortaleza no decayeran en esos penosos días.

Varios amigos entrañables, en Los Ángeles y otros estados de la Unión, en Argentina, México y Europa han estado constantemente al tanto de mi salud: en ese orden de regiones cercanas y lejanas, agradezco a Marcia Cárdenas, Heidi Lozano, Donnie L. Bryant, Lizardo Herrera, Leonor Jurado, Debra Eckloff, Pablo Gambier, Ivy Worsham, Mariella Bacigalupo, Doreen O'Connor-Gómez, Jesús Galán, Mario y Magaly Rojas, Mabel Cepeda, Graciela Córdoba, Aída Pierini y Cristina Guzzo (que recientemente nos dejaron), Silvia Batistuzzi, Juana Rodas, Lola Proaño, Alejandro Carrá, Laura Borruel, Juan Carlos Vuolo, Alicia Poderti, Delia Ovejero, Gabriela Abad, Martha Vilanova, Antonio Prieto, Ana Brenes García y muchos otros que siempre acercaron su afecto a través de las redes sociales, correos o llamados telefónicos. En la última etapa de escritura y corrección del manuscrito tuve el apoyo de Luzaddy Manotas quien, con cariño, me asistió en la vida diaria y en mi retorno a la motricidad.

Finalmente, un agradecimiento a Marta Gerez Ambertín por haberme invitado a participar de su seminario "Odioenamoramiento: entre enigma y odio a la mujer" dictado durante el 2020 desde la Fundación Psicoanalítica Sigmund Freud, en la ciudad de San Miguel de Tucumán. Como ha ocurrido durante tantos años, su enseñanza y sus publicaciones han resonado en mi escritura. Hago extensivo mi reconocimiento a quienes formaron parte del seminario, ya que sus intervenciones fueron siempre fructíferas para mi investigación.

A todos les estoy agradecido de corazón.

Gustavo Geirola

Los Ángeles, 20 de febrero de 2021

## Aclaración al lector

Escrito durante un largo período de convalecencia, con largas temporadas hospitalarias y muchísimos meses en silla de ruedas, más la situación de la pandemia y cuarentena a propósito del Covid19, este libro puede adolecer de muchas falencias (y tal vez, por qué no, de algunos aciertos), debido principalmente a mi imposibilidad de recurrir a las bibliotecas. Como verá el lector, gran parte de la bibliografía utilizada puede ser leída en la red.

Este libro cuenta con tres partes: una, que llamaría de 'exploración', con mis primeros escarceos con los *textos* de Grotowski (no con el maestro). Se trata de instancias preliminares en las que iba confrontando mis antiguas reservas –en general, deformadas– a su propuesta, causadas en su mayor parte por la lectura o el conocimiento directo o indirecto de gente que se autodefinía como 'grotowskiana'; paulatinamente, me fui adentrando en sus textos e interpretando su propuesta, cada vez –al menos es mi percepción– en forma más ajustada. La segunda parte oficia como un intermedio entre la primera y la tercera: allí exploro las relaciones de los textos grotowskianos con una tradición filosófica: Schopenhauer, Nietzsche, Foucault y Lacan, dejando para la tercera parte los cotejos entre Grotowski, Nietzsche y Heidegger. De ahí que la segunda parte y decididamente la tercera se me presenten como una inmersión en la *letra* grotowskiana. Cada capítulo de la tercera parte enfoca el texto clave de cada etapa del maestro polaco tal como aparece incorporado a *The Grotowski Sourcebook*, salvo para la etapa del Teatro de Fuentes, en que me pareció mucho más rico el texto de una conferencia de Grotowski, no incluida en el *Sourcebook*, y publicada bajo el título "Wandering Toward Theatre of Sources" (1978), versión estenográfica en polaco traducida al inglés por Jenny Kumiega y publicada dos años después.

He leído muchísimos ensayos y testimonios de quienes conocieron al maestro polaco y de quienes participaron de sus encuentros. Independientemente de los datos y contenidos que pude apreciar en ellos, me impuse desde un principio referirme a este material lo menos posible, solo cuando fuera indispensable. Hago, pues, a veces, referencias generales a esos ensayos y testimonios, sin individualizar, de modo que es posible que haya cometido alguna injusticia. Mi idea era no perder el foco: la lectura de la escritura grotowskiana desde mi propio presente, trayectoria, experiencia y perspectiva para el futuro de mi tarea en la praxis teatral. Este libro, como su título y subtítulo quiere dejar claro, es una interpretación orientada a aclarar *mis* propias cuestiones a nivel de *mi* propia praxis teatral. Es un libro, si se quiere, escrito como un modo de reflexionar, el mío, singular, sobre los textos grotowskianos; si lo publico, es porque imagino que puede ser también de interés para otros teatristas o puede, en todo caso, invitar a los lectores a releer los escritos de Grotowski, polemizando con mi propia interpretación.

Decididamente, el lector debe estar advertido desde el principio que no hallará aquí casi nada relativo al actor, a la formación actoral, a la puesta en escena, a los protocolos de entrenamiento o el análisis de los ejercicios que, sobre todo en la etapa de *Hacia un teatro pobre*, Grotowski fue diseñando y que luego se divulgaron y hasta se malentendieron. Estos 'ejercicios' –para designarlos de un modo amplio— van a transformarse radicalmente en sus etapas posteriores. Mi interés fue desbrozar la arquitectura de la propuesta, esclarecerme el edificio grotowskiano a partir de su letra, el modo en que ella se va construyendo a medida que el maestro se topa con límites que tiene que sobrepasar y, al hacerlo, da una vuelta de tuerca o modifica el rumbo de la construcción.

¿Y por qué *retornar* a Grotowski? Además de mi necesidad de dar continuidad a aquello que, en publicaciones previas, he designado como 'praxis teatral', amén de cuestionar mi propia tarea, espero que el lector comparta conmigo la convicción que Grotowski, al que flaubertianamente asumo como mi propio yo,[1] es hoy más necesario que nunca para repen-

---

[1] La cita en cuestión "Madame Bovary, c'est moi" (Madame Bovary soy yo) no se encuentra ni en la Correspondencia ni en las obras de Flaubert. Tan solo figura en una nota en el libro de René Descharmes, *Flaubert. Sa vie, son caractère et ses idées avant 1857*, que dice: "Una persona que conoció muy íntimamente a Mlle Amélie Bosquet, que se correspondía con Flaubert, me contó hace poco que cuando Mlle Bosquet preguntó al novelista de dónde había sacado el personaje de Mme Bova-

sar el teatro pero, sobre todo, aquello que va más allá del teatro y compete a la necesidad de desalienarnos como sujetos en esta etapa del capitalismo neoliberal y global que avasalla nuestro deseo y, al hacerlo, arrasa con nuestra condición humana. Se trata de repensar con el maestro —manteniendo las diferencias con la época en la que le tocó vivir— estrategias que, si ya no de resistencia y rebeldía tal como fueron las prácticas de los *sixties*, podrían hoy llevarnos a reconsiderar procesos específicos ligados al cuidado de sí, a la preservación de la vida (natural y humana), a la necesidad de transvalorar el mundo que nos rodea y, en lo posible, dar paso a nuestra emancipación del sistema opresivo y cosificante en el que nos quieren mantener y hasta eliminar. Es en este sentido en que me ha preocupado leer la sutil 'gran política' grotowskiana (para emular la de Nietzsche) que se desliza bajo el significante de su escritura. Es en esta dimensión de la 'gran política' en que, me parece, Grotowski tiene hoy mucho que aportar a la praxis teatral tal como yo la entiendo –y, por ende, no tanto al teatro—, incluso cuando tengamos disidencias puntuales con él. Y si bien es cierto que "Grotowski brought a Method and metaphysics with him to the West" (*Sourcebook* 136), no me parece, como continua este autor, esa metafísica, como él la designa, "is obscure and ambiguous". Hay, obviamente, momentos de transición e indecisión en la trayectoria y búsqueda del maestro polaco, pero –como me propongo demostrar en este libro— dicha 'metafísica' se va ajustando y a la postre conformando una arquitectura que ni es oscura ni es ambigua.

Finalmente, dos notas a tener en cuenta: la primera, que lo expuesto en este libro es el producto de extensas y muy variadas lecturas de manterial académico en múltiples disciplinas; reconozco mi deuda con muchísimos colegas. Y si no les doy el merecido crédito en la bibliografía,

---

ry, él había respondido muy claramente, repitiendo varias veces: "Mme Bovary, c'est moi! – D'après moi" (103). La referencia a Flaubert y Madame Bovary también tiene resonancias a nivel de los divinos detalles: Jacques-Alain Miller tomó esa frase para bautizar su curso *Los divinos detalles* de un ensayo de Nabokov en el cual este autor "dedica la mayor atención y un cuidado minucioso a reconstituir, incluso resaltar, la configuración exacta del rodete de Madame Bovary" (10). En este libro, como se verá, el trabajo sobre los detalles del discurso grotowskiano convocará nuestra atención.

es precisamente porque no he concebido este libro como un producto académico en el que debería justificar cada uno de mis argumentos. De todos modos, en estas líneas les doy mi agradecimiento por provocarme a pensar y sobre todo a radicalizar, en la medida de mis posibilidades, todo cuanto compete a la praxis teatral.

  La segunda nota que conviene tener en cuenta es que, debido a que algunos capítulos se habían ya publicado en algunas revistas, el lector notará ciertas repeticiones. Como dice Martin Heidegger en el "Prefacio" a su libro *Nietzsche*, "*Las repeticiones quisieran brindar la oportunidad de que continuamente vuelvan a pensarse en profundidad unos pocos pensamientos que son determinantes de la totalidad*" (13, subrayado del autor). Dejando de lado mi no creencia en totalidades, lo relevante es que, al incluir esos ensayos ya publicados en este libro, ha sido necesario realizar modificaciones a veces de detalle, a veces más decisivas. He tratado de no alterar demasiado lo escrito, aunque leídos desde la visión más ajustada que he alcanzado después de escribir otros capítulos, particularmente los de la segunda y tercera partes, me he visto obligado a realizar algunos cambios más contundentes.

## Prólogo blasfemo

> One cannot with Fidelity merely speak of Grotowski; one must speak with him.
>
> Ronald Grimes, *Sourcebook* 246

El vocablo "blasfemia" significa una injuria a algo o alguien sagrado; implica una actitud de irreverencia frente a una divinidad y por ello el término entra en el campo de lo religioso. Jerzy Grotowski la usa algunas veces, sobre todo en su primera etapa, la del Teatro de Producciones, que ha quedado extensamente documentada en el libro *Hacia un teatro pobre*. A pesar de la larga lista de vocablos que Richard Schechner enumera y contabiliza en el *Sourcebook*, todos extraídos del discurso religioso,[2] eso no autoriza a leer la trayectoria grotowskiana en el marco de lo religioso o lo místico. Y eso, justamente, como trataré de probarlo, se debe a esta actitud blasfema que, en todo caso, si no siempre logra transvalorar los valores del capitalismo y de la cultura judeo-cristiana, al menos procede por medio de la actitud blasfema a la inversión que, tal como veremos, proviene de Nietzsche. El maestro, como veremos, se posiciona como un blasfemo, sobre todo frente a la moralidad judeo-cristiana; también lo hace en cierto modo con Stanislavski y, sobre todo, en su relación a los textos dramáticos. En este libro, he retomado su actitud, pero ahora dirigiendo la blasfemia contra ese ícono llamado Grotowski que la vulgata de los teatristas y el trabajo de los académicos han erigido como si el maestro hubiera inaugurado una nueva religión. Mi actitud al leer e interpretar los textos de Grotowski ha asumido una actitud iconoclasta, no con dichos textos, sino con esa vulgata popularizada por sus supuestos seguidores.

---

[2] La terminología religiosa que captura la atención de Schechner es (traduzco): ofrenda, acto espiritual, pecador, santo, sagrado, profanación, sacrilegio, sacrificio, expiación, actor santo, autosacrificio, exceso, humildad, predisposición espiritual, trance (*Sourcebook* 156).

Mi actitud blasfema, entonces, se yergue frente a los divulgadores de Grotowski. ¿Por qué? Porque después de haber contrastado extensa bibliografía, he llegado a la conclusión que a Grotowski no se lo ha leído; se lo ha repetido, se lo ha llevado a dónde no iba, se lo ha divinizado, que es lo peor que le puede ocurrir a alguien. Y lo que es todavía más triste: se lo ha encapsulado, además, en el campo de los estudios teatrales, entendidos en la dimensión de la representación y de la formación actoral, lo cual constituye una injusticia rampante para con sus aportes y su trayectoria.

Si me acerco a Grotowski es porque la praxis teatral me exige la confrontación con alguien que, a su modo, intentó llevar las cosas más lejos que proponerse un método o acomodarse a tono con cierta dimensión cósmica, incluso al punto de alcanzar ese tono repugnante de los libros de autoayuda. Como pude, dentro de mis limitaciones, acepté el reto de tomarme en serio el guante que me tiraba a la cara el maestro polaco y, cuidadosamente, afrontar su escritura, su letra siempre tan celosamente controlada.

Este libro surge de un largo proceso de experimentación, investigación y creatividad en la praxis teatral. Durante años he intentado conceptualizar dicha praxis teatral, esto es, la tarea que los teatristas sabemos-hacer durante los ensayos: no aquella basada en la rutina y el oficio, sino la que asume los riesgos de la creatividad. He abordado esta tarea desde el psicoanálisis, aunque no he dejado de lado las investigaciones de Michel Foucault y de Walter Benjamin. La inmersión en el significante grotowskiano me llevó a extensas lecturas y estudio de Arthur Schopenhauer, Friedrich Nietzsche y Martin Heidegger. Ellos me permitiron vislumbrar el itinerario seguido por Grotowski y, paulatinamente, apreciar la arquitectura de su propuesta, hecha y rehecha a partir de cada etapa: Teatro de Producciones, Parateatro, Teatro de las fuentes, Drama objetivo y el Arte como vehículo.

Durante mucho tiempo tuve cierta aversión a las propuestas de Jerzy Grotowski; reconozco hoy que, a pesar de haber leído desde muy temprano su libro *Hacia un teatro pobre*, dicha aversión se basaba en mis lecturas de muchos discípulos del maestro que habían generado en mi imaginación una figura hasta cierto punto deformada de él. Esa imagen no era la del Grotowski de su etapa de Teatro Pobre o Teatro de Producciones, sino de las posteriores, en las que los críticos o discípulos, con completa fascinación y admiración por el maestro, promovían su figura como la de un gurú o un chamán.

La etapa del Teatro de Producciones, que marcó el impacto internacional del maestro polaco, iba, como bien se sabe, en contra del teatro mimético, de representación, particularmente del realismo. Y aunque sus obras de ese período están marcadas ya por cierta ritualización de la actuación y la orientación hacia obras con contenidos religiosos, su actitud frente a las religiones instituidas, es blasfema, ya que se trata de plantear o alcanzar un 'sagrado secular' como el inverso del sagrado divino o divinizado. Mi aversión, como se verá, no se daba frente a esta fase de teatro pobre, sino en relación a las fases posteriores, no tanto el Parateatro, como el Teatro de las Fuentes, el Drama Objetivo y el Arte como Vehículo; y no tanto frente a los planteos de Grotowski, sino a la fetichización de la personalidad y enseñanza del maestro, realizada por sus discípulos, colegas y críticos. Me preguntaba, cuando leía esos ensayos y esos testimonios, ¿qué se buscaba o adónde se quería llegar con todo eso? En aquellas tempranas incursiones en dichos textos, me parecía que Grotowski se había desentendido del teatro y se dirigía hacia una zona ambigua y resbaladiza, que yo no podía totalmente diferenciar de las búsquedas de ciertas sectas o grupos de los *sixties*: una rebeldía con la moralidad decadente y nihilista de post-guerra (la Segunda Guerra y Vietnam), una desesperada necesidad de experimentar con drogas o con dinámicas de grupo, nuevas prácticas de la sexualidad y sobre todo la afiliación apasionada a religiones exóticas, traídas del Oriente, muchas veces en versiones adocenadas.

Era esperable mi rechazo, en la medida en que mi formación teórica estaba ligada al marxismo y al psicoanálisis, con experiencias generacionales ligadas a prácticas académicas dominadas por el estructuralismo de los años 70. A lo largo de los años, a medida que iba realizado experiencias teatrales y al verme en la necesidad de respoder a interrogantes que emergían de mi hacer, fui construyendo una especie de disciplina —si puedo llamarla así— a la que he denominado 'praxis teatral', para sacarla del encuadre dominado por los estudios teatrales académicos usualmente sumergidos en la dialéctica de teoría y práctica, mediada por un aplicacionismo científico y/o cientificista que cada vez se me tornaba más insuficiente para mi tarea como teatrista. Se entiende así mi aversión por ese limbo entre los discursos de tipo terapéutico y hasta de autoayuda, entre las versiones escénicas que pretendían configurarse como rituales, con rasgos de exotismo – o 'misticismo', como parece implicarlo Peter Brook o bien esoterismo según lo plantea Halina Filipowicz—, todo con resonancias de tono conservador, elitista, ahistórico, universalista y esencialista que comenzaron a divulgarse a partir de la etapa del Parateatro y que germinaron en muchos grupos de teatro en América latina. Según señala Lisa Wolford, las investigaciones post-teatrales, esto es, las posteriores al Teatro de Producciones, no tuvieron mayor impacto entre los teatristas europeos (*Sourcebook* 6-7). La bibliografía da cuenta de las controversias provocadas por el nuevo rumbo de Grotowski a partir de su 'abandono' del teatro, por su nueva búsqueda cuya ubicuidad era sintomática de una incapacidad para catalogarlo: "artista creativo, teórico del performance, maestro artístico y pionero de géneros innovativos de performance" (Woldorf, *Sourcebook* 6).

El lector de este libro tiene que tener presente que, a diferencia de casi toda la bibliografía sobre Grotowski, realizada por personas que se formaron con él, que asistieron a sus seminarios, charlas, talleres (en New York, en Europa, en Irvine, California o en el Workcenter de Pontedera, Italia), yo nunca lo conocí personalmente ni estuve frente a su carismática figura. Esto es, por un lado, una gran desventaja porque gran parte de la enseñanza de Grotowski estaba muy personalizada respecto a quienes trabajaban con él; su aproximación a la formación actoral y sobre todo su concepción del 'performer' o actuante en las últimas etapas, su vocabulario respecto de lo ritual y lo multicultural, no siempre queda claro en los relatos de participantes o testigos que dan cuenta de su enseñanza. Siempre me pareció haber algo sospechoso ideológicamente en estos relatos, por eso emprendí una lectura más descentrada, posible gracias precisamente a que no caí bajo la fascinación de su figura y su palabra (o sus silencios), generada por quienes estuvieron en su presencia. No pretendo en este libro dar sutiles argumentos sobre ese "algo" que provocaba en sus actores enigmáticas dimensiones de éxtasis, trance o bien diferencias de energía corporal y cósmica. Muchos de esos participantes dan cuenta de las dificultades de realizar sus tareas, de sus frustraciones y a veces de sus logros; muchos, como sabemos, no resistieron y abandonaron.

No soy actor, no me he entrenado en su 'método', no he asistido a sus encuentros, de modo que mi lectura de sus contribuciones tienen la ventaja si no de ser menos subjetivas, al menos atenerse más a su escritura. Esto, obviamente, no me disculpa de promover yo mismo una interpretación también probablemente parcial como toda interpretación y hasta completamente errónea. Mi pretensión en la aventura de escribir este libro se reduce a aprovechar los aportes de Grotowski a mi praxis teatral, la cual converge y diverge de la realizada por él en su época. No estoy interesado en la búsqueda del origen que precede las diferencias, entendiéndolo –como se ha hecho— como si fuera universal y esencial, o ligado a la Naturaleza, como sugiere una lectura ligera de los textos grotowskianos. Mi interés reside en cotejar dichos textos desde la perspectiva lacaniana, e incluso desde la 'izquierda lacaniana' en la orientación que le ha dado Jorge Alemán. Ese origen que precede las diferencias hay que situarlo más acotadamente "desde el discurso analítico y su experiencia con lo real sobre la experiencia del Común, de aquello que hay en Común como algo previo y anterior a todas las diferencias generadas por las tradiciones y las identidades" (Alemán, *Soledad: Común* 40). Se trata de una anterioridad lógica, estructural y no evolutiva; es una anterioridad de un real pulsional elucubrada desde el registro simbólico y el discurtso del Amo, esto es, desde el discurso del inconsciente.

En consecuencia, mi praxis teatral apunta a explorar la alienación –y hasta la servidumbre voluntaria— en la que se encuentra el teatrista –sobre todo el actor, el director o el performer— respecto a su creatividad, respecto del inconsciente transindividual (nunca colectivo) que lo captura en lo que Lacan denominó el goce del Otro; mi praxis teatral no busca remotas fuentes cósmicas o esotéricas, incluso filogenéticas sino, por el contrario, apunta a un teatro de emancipación de los parámetros necropolíticos del neoliberalismo globalizado actual. De acuerdo a lo detallado en mi libro *Sueño. Teatro. Improvisación. Ensayos sobre la praxis teatral* (2019), en el que reúno ensayos muy puntuales sobre lo reflexionado en los últimos años de mi trabajo teatral, mi relectura y acercamiento a Grotowski es consistente con mis preguntas sobre mi praxis teatral actual, ya que – dejando de lado la aversión inicial— creo que hay un potencial investigativo en Grotowski que hoy puede retomarse desde otra dinámica de investigación y trabajo escénicos.

Nunca tuve interés en la formación de grupos con prácticas ritualistas y monacales, menos aún elitistas. Mi disertación doctoral, publicada en el 2000 bajo el título *Teatralidad y experiencia política en América Latina (1957-1977)*, ya exploraba esas prácticas durante los famosos *sixties* y siempre me parecieron búsquedas reactivas al statu quo, muy diversas, con distintos grados de autenticidad, pero ideológicamente cuestionables para alguien como yo que, además del psicoanálisis, por historia y formación académica y profesional, no puede desconocer su inclinación al marxismo. Los aportes de la fase del Teatro de Producciones fue crucial para muchos grupos en el Tercer Mundo,[3] ya que la propuesta era centrarse en el actor, en su relación con el público prescindiendo de todo lo demás, esto es, dejando de lado aquellos recursos y grandes inversiones que, usualmente, caracterizan, con diversos grados de tecnologización, el teatro profesional, comercial o no, particularmente los de las grandes ciudades. Ese aporte, además, contribuyó a consolidar un teatro que buscaba su eficacia política en diversos contextos locales, regionales o nacionales. Sin embargo, no parece que los ejercicios implementados por Grotowski en esa fase fueran realmente determinantes en el teatro de creación colectiva, no al menos en la forma en que Grotowski los diseñó para alcanzar un ideal de actor muy específico, requerido por su posición blasfema respecto al teatro que se practicaba principalmente en Europa en esos momentos. Dichos ejercicios –como se sabe— estaban orientados a un trabajo actoral que le permitiera al actor, en cierto modo, ir más allá del realismo generalizado (incluso promovido por su maestro Stanislavski), descontruir las dos colum-

---

[3] Puede consultarse el libro publicado por Domingo Adame y Antonio Prieto Stambaugh titulado *Jerzy Grotowski. Miradas desde Latinoamérica* y también el artículo de Silvina Alejandra Díaz "La huella de Jerzy Grotowski en la escena argentina".

nas básicas del teatro tal como se lo practicaba en la tradición occidental, esto es, representación y mímesis, amén de atacar el sometimiento del director o la puesta en escena al texto dramático o a la supuesta intención del autor. Eran, además, ejercicios cuya eficacia actoral siempre quedaba en suspenso. Desde esta primera etapa, me queda claro que Grotowski buscaba alcanzar la otredad reprimida por ese teatro de tradición europea (moderna, capitalista, blanca, cristiana); sus ejercicios actorales (cuerpo y voz) sirvieron para explorar un tipo de actuación diferenciada capaz de conformarse a su nueva visión teatral. Indudablemente, Ryszar Cieslak fue, en ese sentido, su obra maestra: la culminación de un trabajo muy puntual insertado en un proyecto que implicaba además al público, y que requería una subversión casi blasfema de los códigos y protocolos del teatro que lo precedía. Se necesitaba un nuevo tipo de actor, pero también un atentado a la teatralidad del teatro, cuya política de la mirada —fraguada desde el siglo XVI— culmina en el diseño arquitectónico de lo que conocemos como sala a la italiana, dispositivo frontal (cuyo formato, como se sabe, se puede reproducir incluso en cualquier lado), y remata en la cancelación del realismo escénico en beneficio de una liturgia que ya, desde esa fase del Teatro de Producciones, apunta a una ritualización en cuanto a la corporalidad, el manejo de la voz, la concepción de la narrativa escénica y, sobre todo, la transformación completa del diseño del espacio escénico y la marginación de otros códigos considerados no esenciales, una especie de *epojé* husserliana en la que se prescindía de la escenografía, la iluminación, el maquillaje, el vestuario, la musicialización, tal como se las practicaba en el teatro. La nueva propuesta exige, entonces, otro tipo de iluminación, de vestuario, entre otros aspectos. Fueron estas trasformaciones, realizadas bajo el signo de la rebeldía de los *sixties*, las que sorprendieron al mundo teatral y llevaron a Grotowski al primer plano de la escena teatral internacional.

El teatro pobre marcó, en lo personal y de manera inconsciente, mi trabajo en el teatro desde mis comienzos hasta hoy, en que después de años de praxis teatral y teorización a partir del psicoanálisis me veo a mí mismo *retornando* a Grotowski. En efecto, desde 1981 con los estrenos realizados por el grupo Teatro de Hoy en Tucumán (junto a Carlos Alsina, Gabriela Abad, Silvia 'Cuca' Navajas, Carlos Malcún, Beatriz Lábatte, entre otros), el teatro pobre, incluso sin que nos propusiéramos o pensáramos en Grotowski, era casi una exigencia, habida cuenta de los escasos recursos con los que contábamos particularmente bajo el terror de la dictadura. Tal vez, si no Grotowski, eran –también a nivel inconsciente— las *Historias para ser contadas* (1957) de Osvaldo Dragún las que estaban operando en nuestra praxis teatral, más o menos fraguadas para hacer teatro a pesar de las limitaciones de todo tipo. Más tarde comencé a teorizar aquello que denominaría 'teatralidad del teatro', una estructura de teatralidad entre otras seis dentro en una lógica ideal (desarrollada por primera vez en mi tesis doctoral de 1994 y publicada en el año 2000 como *Teatralidad y experiencia política en América Latina (1957-1977)*, cuyos gérmenes ya estaban en mi puesta de 1990 de *Yo también hablo de una rosa*, de Emilio Carballido, realizada en la Sala Paul Groussac de Tucumán, con estudiantes de la flamante Escuela de Teatro de la Universidad de Tucumán. Esta puesta, que he descrito en otros ensayos, fue el producto de mi primer viaje a Estados Unidos y de la lectura de unos ensayos de Richard Schechner, los cuales –sin pasar por Grotowski— me llevaron a sospechar de la teatralidad del teatro como tal y a comenzar mi propio camino teatral de montaje e investigación, casi siempre en el marco de instituciones universitarias y fuera del teatro profesional en el que, por razones diversas –tal vez parecidas a las de Grotowski—, nunca quise insertarme.

Luego vinieron otros experimentos realizados en Arizona State University, como la puesta de 1993 titulada *¿Qué es el amor?*, espectáculo compuesto de tres piezas breves: *El bigote*, de Sabina Berman, *Si tengo suerte*, de Griselda Gambaro y *Resguardo personal*, de Paloma Pedrero, en las que –otra vez sin Grotowski en mente— experimenté el espacio *como un discurso* (diferenciado del *lugar*) en relación a la escena y al público. Sin embargo, después de muchos años de trabajo en la praxis teatral, con experimentos que me permitían interrogarme sobre la puesta en escena (y muy poco sobre el actor, habida cuenta de que pocas veces trabajé con actores profesionales o con personas con formación actoral), llegué a montar un experimento que me resultó iluminante: *Borde(r)s tu: Rally of Redemption* publicado en el 2002, pero estrenado en Darmouth College en el 2000, luego en Whittier College el mismo año y finalmente, en condiciones de extrema precariedad, en Pécs, Hungría).[4] Lo mismo podría decir de dos puestas en escena más recientes, *Iluminaciones* (2008) y *Viaje a las fronteras de las sombras* (2017) en las que investigué la cuestión de la 'luz', tan ausente en nuestro mundo crepuscular actual: el uso de linternas, distribuidas entre los actores y el público, desposeía de poder a la mirada (*gaze*) del director en beneficio de la mirada (*look*) o visión singular de cada actuante y cada asistente. Me ha sorprendido ver en el *Sourcebook* las fotos de *Apocalypsis cum figuris* por su trabajo con la luz y el claroscuro, tan similar a las fotos de estos dos trabajos escénicos realizados en Whittier College. El video de *Apocalypsis*[5] muestra, no obstante, un espacio mucho más iluminado que la oscuridad casi total de mis dos puestas. Como se puede apreciar, esta sorpresa fue un incentivo más para retornar a Grotowski.

Con los años, el mismo movimiento de mi escritura escénica y textual me fue también retornando a Grotowski, al que considero, como muchos, uno de los grandes maestros del siglo XX, junto a Stanislavski, Brecht y Artaud. La memoria, como se verá por esta anécdota, me ha hecho una interesante jugada: durante la elaboración de este libro, en el

---

[4] El complejo texto dramático de *Borde(r)s tu: Rally of Redemption*, en el que reuní fragmentos de poemas escritos por chicanos y chicanas, en español e inglés, fue publicado luego en *Speaking desde las heridas: Cibertestimonios Transfronterizos/ Transborder (September 11, 2001-March 11, 2007).* Fue un trabajo que requería de alta tecnología (uso de pantallas, televisores que reproducían lo que los actores hacían en vivo); el diseño del espacio y de la puesta rechazaba la teatralidad del teatro: no había sillas, el público, no como espectador sino como participante, podía moverse o sentarse en el suelo en semicírculo e interactuar con los performers; las escenas se interrumpían varias veces en las que los 'performers' o jefes de ceremonia, como los designábamos, invitaban al público con sendas bandejas a tomar elementos, entre los cuales estaban las famosas uvas que evocaban a César Chávez, las huelgas campesinas y el boicot de la uva. Al final, el público, como participante, cortaba las cintas amarillas que usa la policía para ailar un área, las cuales habían ido formando durante la puesta un laberinto metaforizando la sociedad de vigilancia y control de la que habla Foucault. Una bitácora de este proyecto puede leerse en "Frontera y teatro. *Borde(r)s tu: Rally of Redemption*: Post-scriptum."

[5] Ver https://www.youtube.com/watch?v=SeYTGDFHyPI

que regreso a Grotowski e intento cotejar sus propuestas con lo que he venido conceptualizando en la praxis teatral, fue indispensable leer *The Grotowski Sourcebook*, editado por Richard Schechner y Lisa Wolford. La anécdota es la siguiente: en el 2019 saco de la biblioteca de Whittier College este libro. Al abrirlo vi uno de esos papelitos que se pegaban al libro con el sello que contenía la fecha de devolución: 1999. Eran tiempos en que las bibliotecas universitarias no estaban todavía tecnologizadas. No me interesó demasiado el dato hasta que comencé a ver que este libro no era nuevo para mí, que tenía marcas y algunos comentarios al margen en lápiz y ¡era mi letra! La lectura, que había sido completa, había quedado fuera de mi conciencia pero, indudablemente, activa en mi memoria, en mi inconsciente, aunque obviamente reprimida. Aquella lectura inicial, que tal vez hice por alguna exigencia académica, se tornó en el 2019 en un verdadero *encuentro* con el maestro polaco y, de ahí, las muchas coincidencias entre lo que trabajé durante los diez años intermedios y cómo fui sin saberlo conformando un itinerario con muchas coincidencias con el maestro. No puedo ocultar cierto sentimiento de siniestro, de eso familiar y extraño que Freud teorizó en su famoso ensayo de 1919, cuando comencé a observar en mi praxis teatral muchos aspectos de la praxis teatral grotowskiana, los cuales me invitaban a repensar y profundizar mi investigación sobre el maestro polaco. Este libro es el resultado de mi acercamiento a Jerzy Grotowski, de mis interrogantes, de mis convergencias y divergencias con su propuesta. Es un libro, pues, fundamentalmente personal que, en todo caso, si algo pretende, es reflexionar una vez más sobre Grotowski, en un marco menos fanático y menos sugestionado que lo que suelo comprobar en la bibliografía que he tenido a bien leer cuidadosamente.

Es así que mi encuentro con Grotowski es un re-encuentro, seguramente tan fallido como el primero, pero del cual ahora surge este libro en el que me planteo muchas cuestiones que el maestro polaco se planteaba: en algunas siento que la praxis teatral tal como la he venido conceptualizando y practicando converge con algunos de sus postulados; en otros momentos siento que hay diferencias contundentes. Lo cierto es que ya no sigo sintiendo la misma aversión hacia las etapas grotowskianas posteriores al Teatro de Producciones, esto es, he podido ponerlas en perspectiva a partir de pautar las faces cruciales en que Grotowski reformula sus preguntas y también reorienta su rumbo. Esa dimensión vulgarizada, siempre a mitad de camino entre lo terapéutico o lo que hoy vende como esoterismo o autoayuda, ha quedado descalificada; la dimensión retrospectiva hacia un origen "antes de las diferencias" culturales y lingüísticas –a veces tan ambigua en los textos grotowskianos— la he reacomodado desde la perspectiva psicoanalítica y ha tomado un nuevo sentido. El encuadre monacal me sigue siendo completamente ajeno, o bien ha culminaodo en un encueadre al que puedo calificar de 'pedagógico'.

No soy esencialista; me considero constructivista, de modo que aquellas propuestas que parecían buscar en un pasado primitivo (*primeval* es el vocablo en inglés que mejor acota el aparente objetivo grotowskiano) la esencialidad de arquetipos inconscientes (otro esencialismo ahistoricista) de la dimensión humana, supuestamente rescatables a partir de prácticas ritualísticas, me resultaban completamente imaginarias, casi de tipo alucinógenas.[6] Hoy, como ya he dicho, estas cuestiones me parecen más el efecto de las lecturas de quienes estuvieron cerca del maestro, que del mismo Grotowski. Descreo, además, y hasta me opongo, a cualquier postulación de fusión colectiva entre dos sujetos (individuos o culturas) cancelando su ineludible e inevitable singularidad. Grotowski mismo rechaza estos procedimientos de mezcla o la puesta en escena de híbridos multiculturales. No creo que ese tipo de aproximación a Grotowski redunde en una sociedad emancipada y menos aún que eso permita reanimar el teatro. Ya veremos en este libro el peso que el maestro le daba a la *desdomesticación* de la opresión capitalista, hoy neoliberal y global.

De estos interrogantes y disidencias viene mi uso del vocablo "blasfemia" para calificar este prólogo; lo tomo, no obstante, del vocabulario de Jerzy Grotowski. Si hay una línea o hebra que atraviesa todo el tejido de su búsqueda y de sus etapas de investigación es justamente esa

---

[6] El vocablo "imaginario" debe leerse aquí desde la tríada lacaniana de lo simbólico, lo imaginario y lo real.

actitud blasfema ante las religiones instituidas, no ante los contenidos o rituales religiosos en sí mismos. Tal vez sea ése el hilo de Ariadna que Grotowski evoca respecto de su laberinto:

> En apariencia, y para algunas personas de una manera escandalosa o incomprensible, pasé por períodos muy contradictorios; pero en verdad [...] la línea es bastante directa. Siempre he tratado de prolongar la investigación, pero cuando uno llega a cierto punto, para dar un paso adelante, uno debe ampliar el campo. El énfasis cambia [...] Algunos historiadores hablan de cortes en mi itinerario, pero tengo más la impresión de un hilo que he seguido, como el hilo de Ariadna en el laberinto, un hebra única. Y todavía estoy captando líneas de intereses que tenía antes de hacer teatro, como si todo volviera a unirse. (Thibaudat 1995: 29, citado por Wolford en el *Sourcebook* 7)[7]

Como ya hemos mencionado, Grotowski apuntaba, con su gesto blasfemo, a alcanzar un "sagrado secular".[8] Por un breve tiempo va a interesarse en alcanzar un nivel arquetípico del ser humano, ese "Universal Self" (*Sourcebook* 25) que va más allá del individuo y que lo enlazaría a

---

[7] Todas las traducciones, salvo indicación en contrario, son de mi exclusiva responsabilidad.

[8] Eugenio Barba lo denomina "modern secular ritual" (*Sourcebook* 72), como una recuperación de los rituales antiguos en los que Grotowski, siguiendo una larga tradición erudita, veía la primera forma del drama. Personalmente, siempre desconfío de este tipo de recuperaciones, cuando los contextos son completamente diferentes y ya lo recuperado no puede insertarse con la organicidad y eficacia originales. Acuerdo con Grotowski (y obviamente con Freud) que el sujeto está siempre precedido por una tradición, una cultura, un lenguaje, pero a diferencia del maestro polaco, no puedo sostener que haya una conexión "entre nuestras propias raíces individuales y las raíces arquetípicas del pasado" (Grotowski en *Sourcebook* 82), porque ese Otro simbólico de la tradición no se registra de igual forma (es, en palabras de Nietzsche, un 'devenir') y menos como esencia arquetípica en ningún sujeto. En este libro discutiremos en extenso esta relación con lo arquetípico que en Grotowski es episódica, luego descartada.

una comunidad humana. "Trabajar sobre el self", sobre el sí mismo, alcanzar un nivel de santidad laica, diferenciada de la santidad religiosa o, en todo caso, instalarse en esa tensión entre ambas (*Sourcebook* 55), significa para Grotowski alcanzar, por medio de ejercicios y prácticas ritualísticas, monacales y disciplinarias, esa base casi orgánica de poses y movimientos universales, ese arquetipo que sostendría, según él, la comunidad humana, y que supuestamente protegería al individuo de la soledad del mundo capitalista y le daría un sentido de pertenencia a la Naturaleza, a la sociedad y al cosmos. Esta versión es parte de lo que he llamado la vulgata sobre Grotowski e intentaremos demostrarlo en este libro. Es como si al no haberse trabajado la letra grotowskiana, sobre todo posterior al Parateatro, muchos se hubieran quedado atrapados en este nirvana.

Aún en esa lectura descaminada o paralizada en un momento breve de la propuesta del maestro, queda claro por qué desnudarse es para Grotowski una manera de dejar caer las máscaras, los velos que impiden alcanzar la verdad y la sinceridad, único camino para él de un encuentro efectivo con otro ser humano. Este desnudarse, desenmascararse o desdomesticarse se mantiene a lo largo de toda su investigación. Su actitud –a diferencia de Stanislavski que procuraba desenmascarar al actor de la alienación cultural y educativa provista por la 'primera' naturaleza, pero lo volvía a enmascarar con la 'segunda' naturaleza), como vemos, es blasfema porque se instala en una dimensión en la que se avista –como base subterránea de la propuesta—, más que la falta o muerte de dios, la presencia del espectro del Padre asesinado, la caída de la autoridad y la ley en las sociedades de post-guerra, la rebelión generalizada que exige nuevos valores éticos, nuevas libertades y que, como hoy apreciamos, llevó a cambios estructurales profundos, pero también a una sociedad atravesada por la anomia, con todas las consecuencias que de ello derivan. Me parece que este marco es el que mantiene la actualidad de Grotowski, el que justifica un retorno a sus planteos: a su manera, el maestro vislumbró e intentó consolidar una estrategia para resistir al capitalismo, pero no por las vías de la transgresión o la rebeldía, sino a partir de buscar "una relación del sujeto con lo Real por fuera de la Ley" (Alemán, *Soledad: Común* 73), capaz de permitir inventar un nuevo lazo social basado en un amor 'menos tonto', no capturado por los mandatos e ideales impuestos por el Otro, sino trabajado en la contingencia que confronta el Universal del 'para todos' de la función fálica. Grotowski, a lo largo de sus etapas, no dejó de explorar ese Real fuera de la Ley, concebido no obstante desde el centro fálico, aproximándose a la lógica del no-toda, de lo femenino, en procura de una emancipación. Lo hizo, como veremos, blasfemando, inviertiendo y transvalorando las herencias y las tradiciones. Lo hizo, además, evitando el caos anárquico y retornando al orden y la ley (sin duda diferentes a los que nos rigen), explorando el afuera de las religiones institucionales, las cuales, como sabemos hoy, han ido conduciendo a fanatismos letales para la humanidad. Apeló, no obstante su actitud blasfema, a un vocabulario religioso, a prácticas ritualistas con raíces en religiones diversas. Tal vez, como le pasó a Lacan, a largo plazo imaginara el triunfo de la religión, una nueva, como voluntad de poder capaz de empoderar al 'último hombre", como Nietzsche nos designaba a partir de la decadencia de la modernidad y alcanzar el superhombre, el que ejerce un dominio sobre sí. La suya, como vemos, es una actitud que promueve el ejercicio de la libertad mediante el combate con todos aquellos aparatos y artificios impuestos por la cultura, la educación, la familia, con los que el individuo se engaña y se miente a sí mismo, cancela su posibilidad de una vida auténtica fuera o lejos de las incitaciones consumistas y profesionales que le darían un ilusorio sentimiento de identidad. Se trata, según aprecio en la lectura de sus enigmáticos textos, no de ejercer una rebeldía, sino de afectar una estructura cuya voluntad de poder avasalla el deseo, la fuente de la vida. Su propuesta no consiste en hacer explotar las fuerzas y potencias del desgarro socio-político del individuo, sino en propender a la desalienación (desdomesticación), para reencauzarlas con disciplina a fin de evitar algo peor, una situación caótica, tan letal como la captura o arrasamiento del sujeto del inconsciente, según está ocurriendo hoy en la sociedad contemporánea.

Una reflexión blasfema respecto a Grotowski y a todo lo que he leído sobre él, que no es poco,[9] se apoya en mi sensación de estar con

---

[9] Ya para 1996 Robert Findlay contabilizaba más de 20.000 entradas bibliográficas sobre Grotowski (*Sourcebook* 5). Muchos materiales en polaco fueron traducidos al inglés y otras lenguas desde entonces. Sin embargo, es la etapa del Teatro de Producciones la que lleva ventaja bibliográfica sobre las otras. A esto hay que

alguien que plantea un desnudamiento, un desenmascaramiento pero que, paradojalmente, él mismo se oculta.[10] Los datos de su biografía –al menos a los que he accedido y que fueron divulgados y nos son conocidos–, todos responden a su actividad de juventud como líder político y luego como director, maestro y gurú teatral. Sin embargo, pareciera haber un acuerdo global entre sus cultores y seguidores, sean actores o críticos, de no decir ni una palabra sobre la vida privada del maestro. Siempre rodeado de hombres (con pocas mujeres usualmente en roles de servicio administrativo),[11] soltero, viajero y observador de culturas, Grotowski nos habla de favorecer el deseo, de buscarnos en el otro, de la sinceridad y el trabajo sobre el *self*, de dejar caer las máscaras y, sin embargo, nada nos dice de sí mismo, de su vida íntima, salvo recuerdos puntuales que recuperaremos en este libro, no para enterarnos de sus secretos personales, sino para ponerlos en relación con la arquitectura de su investigación. Lo *personal* no es aquí el punto relevante, sino lo *biográfico*, que involucra siempre el inconsciente transindividual: la época, la colectividad en la que uno se desenvuelve y la propuesta que uno realiza. No es que uno deba necesariamente dar cuenta de su intimidad, sino porque en este caso, particularmente en *su* caso, con su trabajo tan ligado al erotismo, al cuerpo y a lo pulsional, lo sepa o no, hace de la sexualidad una dimensión estructural y estructurante de su visión política y estética. Basta ver las fotos que se han

---

sumar, amén de lo que ha permanecido sin escribir, los testimonios de algunos actores y colaboradores, tal como más recientemente lo han dado a luz Paul Allain, y Grzegorz Ziólkowski en el libro. *Voices from Within: Grotowski's Polish Collaborators.*

[10] Volveremos sobre este aspecto más adelante en este libro. Hay una dimensión secreta, relativa a lo inconfesable, que nos remite al concepto lacaniano del fantasma: hacer su propia vida visible, supone no las improvisaciones, sino crear una serie de sketches en los cuales "lo que debo mostrar en este acto es precisamente lo que prefiero ocultar" (*Sourcebook* 107).

[11] Schechner enumera las pocas mujeres involucradas en la vida y proyecto de Grotowski, atribuye esa escasez al "sexismo estructural" del maestro polaco y concluye que "women have been in tiny minority as performers and absent as inheritors" (*Sourcebook* 484).

publicado con sus actores en estados de trance casi orgásmico, para no poder evitar la cuestión de la sexualidad en la propuesta y en el proyecto investigativo. Dichas fotos, si acordamos con Ferdinando Taviani, no fueron meras tomas realizadas durante un espectáculo, sino deliberadamente producidas para dar cuenta de una estética y, sin duda, involucrar la promoción de las producciones:

> Without so meaning, the photos of Cieslak in that performance [*El príncipe constante*] acquired a different value from normal stage photos, and became historically significant – part of the memory system of the production, something on the edge of theatre. For "something had happened" and the photos testified to that happening, bearing witness rather than documenting. (*Sourcebook* 191)

Es curioso, por lo demás, que Grotowski se interese por la diversidad de razas, culturas, lenguas y rituales, pero no parece interesarse por la diferencia sexual; se interesa por la dimensión pulsional en su registro corporal y orgánico, y no obstante, no sabemos cómo todo eso atraviesa su propio cuerpo y determina su propia perspectiva de género sexual, del teatro y del mundo. Eros es el antídoto para Thanatos, y sin embargo, nada sabemos de cómo estas figuras franquean su vida privada y su práctica profesional y magisterial, particularmente en una época de postguerra, con un paisaje de millones de cadáveres en trasfondo, una época como los llamados *sixties*, en que la sexualidad, el cuerpo, la angustia y el temor, la certeza de la mortalidad y de la brevedad de la vida, la soledad y el individualismo, son los parámetros siniestros que explican el surgimiento de la cultura juvenil, del feminismo, de la cultura gay, como actitudes contestarías a posiciones conservadoras de todo tipo. Y si estos movimientos y discursos apuntan al porvenir, a superar un pasado opresivo y letal, con un enfrentamiento blasfemo ante aquellos adultos capaces de haber llevado al mundo a una doble conflagración bélica y a los campos de concentración, Grotowski, paradojalmente otra vez, hace un primer gesto de rebeldía, rompe con los códigos teatrales, propone un trabajo de desnudamiento para el actor, pero elude la cuestión de la sexualidad y de su sexualidad. La primera impresión que todo esto me produce es la de un giro de tipo conservador: progresivamente, en las fases a partir del Teatro de Fuentes, pareciera retornar a un movimiento que intenta 'rehabilitar' un pasado remoto, ese origen que precede las diferencias, lo cual pareciera ser un gesto verdaderamente conservador, esencialista y universalista, en medio de los resultados de la conflagración de post-guerra, cuando urgía imaginar la libertad para el futuro de las nuevas generaciones y, sobre todo, a partir del rol de las diferencias en los reacomodamientos del capitalismo. Su búsqueda de un sagrado secular hace juego, sin duda, a la experimentación de los *sixties* con el sexo, con la droga, las desesperadas esperanzas canalizadas hacia los misterios de las religiones orientales, etc., pero no van en sentido precursor, esto es, orientadas hacia algo que permitiera, en medio de ese caos cultural, una salida hacia la emancipación individual y comunitaria. Grotowski imagina esa emancipación del mundo a partir de rehabilitar, fuera de las religiones, ciertos valores rituales que, según él imagina, tuvieron en el pasado una efectividad para mantener el contrato social por medio de una ley que, prohibiendo, hacía arder el deseo. Y si bien esta propuesta pudo tener alguna efectividad en grupos minoritarios —a veces demasiado alucinados con esas dimensiones cósmicas y místicas de cancelación del yo y unidad con la Naturaleza—, lo cierto es que hoy podemos evaluar su escaso rendimiento y hasta su efectivo bloqueo de otras corrientes revolucionarias de la época orientadas en la misma búsqueda de inventar una libertad y hasta una democracia más terrenal.

Solamente cuando se leen sus escritos al pie de la letra, puede uno interpretar de otro modo esta aproximación del maestro. Si Grotowski al principio coquetea con la búsqueda de un universal humano en los arquetipos esencialistas y termina proponiendo una lectura retrospectiva a cierta etapa primitiva de la humanidad en la que los individuos podrían recuperar lo perdido (honestidad, sinceridad, relación convivial con el otro, paz y libertad), mediante un "acto total" o "acto auténtico" (*Sourcebook* 83 y 111) —entendido como una auto-revelación a partir de ese puente entre el pasado y el presente mediado por los ritos (*Sourcebook* 82)—, más tarde, ya a partir de la etapa del Teatro de las Fuentes, dará un giro a su investigación reformulando sus preguntas iniciales. Volveremos varias veces sobre este punto; solo señalemos un aspecto: Grotowski remarcará la singularidad, casi en el sentido que Lacan le dará en el psicoanálisis. En todo caso, digamos que este libro está dedicado a recuperar el aporte grotowskiano desde otras aproximaciones teóricas, menos antropológicas.

El intento del maestro se nos va a mostrar menos ingenuo. No se postula en su propuesta la apropiación de lo universal arquetípico que se encontraría supuestamente en la base de los ritos originarios, anterior al lenguaje y la cultura, percibidos como mortificantes. Es más, ni siquiera le interesan los ritos como tales. Y ello es así porque Grotowski –que escasamente se refiere a lo arquetípico y a Jung— está muy involucrado con el psicoanálisis, más involucrado de lo que él es plenamente conciente. Lo mismo podríamos decir de las resonancias schopenhauerians, nietzscheanas y heideggerianas que vamos a poder puntualizar en este libro. No son influencias; imposible afirmar que fueron lecturas efectivas; se trata de resonancias transindividuales que están en la subjetividad de la época. Por otra parte, es sumamente controversial –o al menos hoy lo tenemos más claro que en las décadas pasadas— que esa dimensión arquetípica "antes de las diferencias" culturales, pueda ser alcanzada como un afuera del lenguaje; lo mismo es problemático –el mismo Grotowski lo sabe— sacar artificialmente a esos rituales fuera de sus contextos culturales, alienados y alienantes, de índole religiosa y social. Es aquí donde sitúo mi aversión en tanto la propuesta grotowskiana –como se ha divulgado-- pareciera estigmatizada con una actitud esencialista, conservadora y deshistorizada. Como dije antes, en algunos párrafos de sus textos, Grotowski, si apela a esa versión arquetípica, la sitúa en un espacio de contradicción; Grotowski vive la contradicción casi en sentido nietzscheano, como aquello negativo/afirmativo o destructivo/constructivo, a partir de una lucha de fuerzas, de tensiones, entre por un lado esos universales y por el otro el requisito de mantener lo personal, lo singular[12] de cada uno de sus actores/performers en relación a los ejercicios propuestos.

---

[12] En este libro distinguimos lo 'singular' de lo 'particular' ya que este último término viene de 'parte', es decir, presupone una totalidad (y un sistema como totalidad), que hoy es casi imposible de sostener desde las perspectivas teóricas contemporáneas. "Singular", en todo caso para mayor precisión, asume el sentido que toma en el psicoanálisis lacaniano.

¿De qué sirven hoy esas poses o esquemas corporales, por llamarlos de alguna manera, no solo en el arte en general, no solo en el arte teatral contemporáneo, sino en relación a la crisis que vivimos actualmente en este mundo crepuscular donde lo que menos necesitamos son propuestas que rocen lo religioso como tal? Es cierto, hay que insistir, en que Grotowski saca al rito de los marcos religiosos, pero la frontera estrecha entre uno y otros es tan evanescente y hasta peligrosa, que basta observar hoy cómo la desesperación de grandes masas se organizan en movimientos evangélicos de ultra-derecha con los peores rasgos fascistas (racismo, xenofobia, homofobia, por nombrar algunos) que parecen retornar con una violencia devastadora. Si los movimientos y discursos progresistas desde mediados del siglo XX se yerguen sobre el postulado de que "lo personal es político", Grotowski –quien favorece una evasión del mundo, un retorno a los bosques, a la naturaleza, a la clausura en grupos selectos, a los lugares alejados del ruido del mundo— pareciera, al principio, querer disolver lo personal en una especie de anonimización del sujeto, en el magna de los arquetipos, dejando así sin soporte a lo político, que siempre se instala en la dimensión agonística y nunca convivial, y que en la praxis teatral se sostiene en una dimensión de lucha "between performer and spectator", tal como menciona Eugenio Barba (*Sourcebook* 79) y la consiguiente confrontación entre texto y escena, entre pasado y presente, que Grotowski trata de superar o anular (*Sourcebook* 82). Al orientarse luego hacia la desdomesticación y a pesar de ciertos enigmas que rodean a esa búsqueda del origen, Grotowski va aproximándose al cuerpo gozante[13] y,

---

[13] A lo largo de este libro nos referiremos al 'cuerpo gozante' para retomar la cuestión que los psicoanalistas denominan "sustancia gozante", como aquella que, relativa al *parlêtre*, al hablanteser, el ser del cuerpo hablante, va más allá de la sustancia pensante y la sustancia extensa cartesianas, como lo psíquico por un lado y lo somático por otro, tal como lo vemos en la ciencia. Ese cuerpo gozante nos remite a *lalengua y lo real del cuerpo;* la sustancia gozante se localiza en el decir, el cual es válido incluso cuando se dicen necedades. No se trata, pues, de la idea de un cuerpo físico (*res extensa*) como alojando un pensar (*res cogitans*), sino de un cuerpo viviente afectado por el goce. Así, el cuerpo gozante es un cuerpo que se goza gracias a *lalengua*. Como no hay otro goce que el de una parte del cuerpo y nunca del cuerpo en su totalidad, el cuerpo gozante está en la dimensión del no-todo, en la *dit-mension* (dimensión del dicho o dicho-mansión) de una verdad que

por esa vía, a recuperar la potencia deseante en la singularidad del sujeto, de ahí que vislumbremos ya al final esa instancia afirmativa-constructiva que nos parece propicia para pensar la emancipación del sujeto.

Todas estas reflexiones me llevaron a comenzar un libro sobre Grotowski en tono blasfemo. En el fondo, creo que le hubiera gustado este tono y esta aproximación personal. Después de leer cientos de páginas dedicadas a Grotowski y su Teatro de Producción, uno se pone a mirar los videos online de *El príncipe constante*, *Akropolis*, *Apocalypsis cum figuris* y se sorprende que tantos críticos no se hayan percatado de la razón —para mí evidente— por la cual el maestro polaco decide abandonar su rol de director teatral y pasar a otras etapas como el Parateatro o el Teatro de las Fuentes. Obviamente, se nos cuentan razones de tipo investigativo y hasta de índole política y financiera relativas a esa etapa de Teatro de Producciones. Pero intuyo la posibilidad que haya percibido —como dicen algunos— no tanto los límites del teatro, sino sus propios límites personales y estéticos en ese campo. Las tres obras hoy serían insoportables para una audiencia, incluso un público de élite o snob. Es comprensible que estas obras hayan causado furor en el momento en que se representaron, si se las ubica en contraste con lo que el teatro —sobre todo el que frecuentan los sectores más educados— ofrecía hasta ese momento; se comprende que impactaran a una sociedad que se satisfacía en fenómenos de rebeldía o blasfemia. Basta pensar en los happenings, el nacimiento del performance, en las puestas de Living Theatre, para constatar que era bienvenido lo que fuera contra la tradición y el statu quo. Estamos en los llamados *sixties*, una época de post-guerra con muchos traumas letales, con una desesperación y angustia frente a la certeza de la muerte de dios, con una confrontación efectiva con la muerte y la brevedad de la vida, con una atención creciente del cuerpo y sus pulsiones, con la caída de la autoridad (paterna y de la Ley), entre otros factores, lo que explica en parte la desesperación social y la sed de exotismo que se despliega a nivel cultural, con experimentaciones de todo tipo (drogas, religiones orientales, música es-

---

no puede decirse toda, sino mediodecirse. Hay, pues, que hablar para hacerse de un cuerpo, ya que éste no está dado.

tridente y hasta psicodélica, sexualidades alternativas y festivamente practicadas, etc.). Si hoy nos encontráramos en un escenario con un actor haciendo las contorsiones histéricas de Cieslak, saldríamos corriendo del teatro. Me parece como una gran contradicción que Grotowski planteara al actor salirse del marco narcisista e histérico, tal como lo plantea en *Hacia un teatro pobre*, cuando la actuación de Cieslak, al menos desde la perspectiva actual, está extremadamente marcada por lo que precisamente se quería evitar.

Hay, además, cierta impostura: si uno ve el video de *El príncipe constante*, no sabe si cuando Cieslak se saca la ropa (varias veces durante la obra) cambia de actitud o es un error de actuación. Me explico: hay que observar cuidadosamente; Cieslak está como en trance, poseído, casi con los ojos cerrados, revolcándose sobre una tarima o mesa, todo su cuerpo casi desnudo está en una tensión que, a lo largo de la obra, resulta insoportable de ver.[14] De pronto, cambia de ritmo, por un instante, para sacarse la ropa; se interrumpe por una décima de segundo la continuidad de su actuación: deja ese cuerpo en éxtasis y realiza un movimiento completamente convencional para sacarse la ropa. Ese segundo es crucial para repensar la propuesta y me animo a pensar que no se le escapó a Grotowski. Dura, como digo, un *instante*, pero toda la perspectiva actoral pareciera caerse por ese *agujero*. También resulta increíble que actores tan dedicados a su cuerpo, a la búsqueda de sí mismos, a cierta purificación interior, fumaran al punto de llegar, como Cieslak, al cáncer de pulmón. Lo que rescato de mi paciente lectura de los videos (aun teniendo en cuenta de lo lejano que a veces puede ser un video teatral de la puesta en escena en vivo), es el trabajo vocal, pero solo por momentos, a la manera de una liturgia. Sé que la recepción de una obra teatral por medio del video es engañosa; me basta con recordar la hipnosis del público y la mía propia cuando Tadeuz Kantor visitó Buenos Aires con *Wielopole, Wielopole*. El mismo Kantor, levantando un mantel y doblándolo parsimoniosamente al final de

---

[14] La mayoría de las fotografías disponibles de Cieslak, de Richards, de Biangini y de otros actores, sea en una obra o durante el entrenamiento, repiten casi obsesivamente estos momentos de contorsión corporal y trance.

la obra, en medio de un silencio total de la sala, giró su cabeza hacia el público, chaqueó sus dedos y el aplauso irrumpió furiosamente y se mantuvo, si mal no recuerdo, por casi media hora. Es probable que la recepción en vivo de las obras de Grotowski haya producido el mismo efecto hipnótico en aquel entonces y es probable que la obra de Kantor en video produzca hoy el mismo estupor, como el mío, frente a las obras de Grotowski.

En esas obras grotowskianas el trabajo corporal se torna repetitivo, demasiado exagerado, de una artificialidad compulsiva, con sus constantes retorcimientos musculares que terminan fatigando la visión. Me gusta, en cambio, que se trate de una puesta despojada: más que teatro pobre, como lo plantea un crítico, se trata de un *teatro elemental*, particularmente si "pobre" hay que entenderlo, como quiere Grotowski, en sentido bíblico: "Ser pobre en sentido bíblico es abandonar todo lo externo. Y esa es la razón de por qué llamamos a nuestro teatro 'teatro pobre'" (*Sourcebook* 81). Indudablemente, el vocablo "externo" remite a sentidos muchos más simbólicos que el mero despojamiento de aspectos materiales del montaje. Ciertamente, y hasta paradojalmente, no hay pobreza en el teatro de Grotowski, al menos en esta primera etapa, en la cual sus obras muestran un intrincado tejido simbólico y filosófico, para las cuales ese renunciamiento consciente a ciertos aspectos materiales del teatro profesional (comercial, burgués o alternativo) –tales como la escenografía, el vestuario, el maquillaje, la iluminación, la utilería— son apenas un despojamiento empírico consistente, en todo caso, con una pobreza más profunda: la del teatro profesional. Hay en esas obras de Grotowski una gran riqueza de recursos textuales, interpretativos y rituales. En tanto teatro elemental tiene la capacidad, paradojalmente, de ser transportable, vendible, se lo puede presentar en cualquier parte, llegar a cualquier latitud. No hay que dejar de considerar esta dimensión cuando nos aproximamos, por ejemplo, al teatro latinoamericano, particularmente a partir de los *sixties*. Bastaría, una vez más, recordar las *Historias para ser contadas* (1957) de Osvaldo Dragún. Este teatro elemental, más allá de su propuesta estética y política, no deja de hacer puente con los estudios de marketing. Si hay al menos un aspecto que explica las múltiples giras de Grotowski y su grupo, se debe en parte a esta facilidad de transporte. Además, la exigencia de un público limitado entre 40 a 100 personas, no hace más que incrementar la demanda y el deseo de consumo: un crítico cuenta las dificultades de conseguir entradas para las presentaciones en New York y el irónico precio de la localidad en el mercado negro, donde se vendía a 200 dólares cada una, suma increíble para aquellos años.

Una vez más, por estas razones, se me antoja que el mismo Grotowski entendió sus propios límites: ¿cuánto tiempo podría seguir realizando ese tipo de puestas? ¿Cuánto tiempo podría seguir repitiéndose con tan escasos recursos? ¿Cómo resistir a las tentaciones del diablo capitalista encarnado en el teatro profesional, cada vez más comercializable? ¿Cuánto tiempo faltaba para saturar el mercado? ¿Cuánto tiempo duraría el mito Grotowski y el de su Laboratorio? Es sorprendente que bien pronto sus actores o colaboradores tuvieran que tomar otros rumbos, como el propio maestro. Un sentido de agotamiento de la perspectiva ya se (les) hacía sentir. La sed de exotismo del mercado teatral seguía, como un goce superyoico, pidiendo más, pidiendo otra cosa, otro objeto de consumo y Grotowski, coherente con sus ideas, se niega a repetirse y ceder a las incitaciones de dicho mercado. Ahora había que saltar a otra experiencia, a otra 'investigación'. Cieslak y otros viven de deambular por el mundo aprovechando la plusvalía de la enseñanza de Grotowski; plusvalía extraída de un mito, de un ídolo, de la figura de un gurú, de una propuesta que, por otra parte, no podía insertarse en el *mainstream* teatral europeo y estadounidense. Ya desde la publicación de *Hacia un teatro pobre*, Peter Brook notaba que muchos de sus actores se aburrieron durante el taller de Grotowski y él mismo como director subraya la casi imposibilidad de asimilar el método o la propuesta en el sistema de producción y la tradición del teatro inglés. En el *Sourcebook*, Jan Kott señala que en Inglaterra estaban sorprendidos que en un país supuestamente socialista surgiera un "teatro mítico de oscuras experiencias religiosas" (*Sourcebook* 133); Kott atribuye este misticismo a la situación de represión política en Polonia y a una actitud calificada de "uncompromising" políticamente de parte de Grotowski, que lo lleva a la decisión de suplantar la política con la metafísica (*Sourcebook* 133). Hoy, sin embargo, podemos apreciar el desplazamiento que Grotowski hace de lo político en el teatro, invisibilizándolo en la actitud blasfema respecto a los protocolos del teatro de representación, es decir, situando lo político no tanto en los contenidos sino en la forma y el diseño de la puesta en escena, en la consistencia del trabajo actoral. Cieslak mismo es conocido por su trabajo en *El príncipe constante*; luego realiza otros roles, como en el *Mahabharata* dirigido por Peter Brook, pero allí no hay nada notable, es una actuación *average*. No sorprende, pues, que Grotowski, quien tenía indudablemente una buena percepción de su época y la capacidad de detectar el malestar en la cultura de occidente, se fuera a la India y otros países asiáticos o del tercer mundo latinoamericano a explorar cómo reponer su stock para satisfacer la falta estructural (y dolorosa) del deseo y la necesidad de sublimar, por así decirlo, las pulsiones de un goce que cada día, a medida que progresaba el capitalismo, iba ya orientándose a lo que hoy conocemos como la etapa neoliberal: en ella se da un verdadero arrasamiento del sujeto del inconsciente (y por ende del deseo) y la imposición planetaria de un goce irrefrenable, como lo ejemplifican los gadgets descartables a una velocidad sorprendente—como forma típica del objeto en este sistema—, los cuales no logran detener la compulsión a gozar irrefrenablemente. La búsqueda de los rituales perimidos, del poder, quizá residual, de esos encuadres culturales (no siempre activos en las comunidades calificadas de 'primitivas' o tercermundistas), quiere justificarse en la idea o percepción que todavía están habitados por un Eros capaz de brindar cierto sentido de pertenencia a un grupo, cierta garantía del Otro y de su protección. Tal vez por ello abrían una puerta renovada a la investigación y Grotowski no duda de abrevar allí. Eso explica la necesidad de cancelar y/o superar el daño producido por los binarismos occidentales (la división de cuerpo y mente, lo físico y lo psíquico, entre otros). Sin embargo, la sociedad occidental, expandida a nivel global, con su orgullo científico, no pudo negociar masivamente con las sabidurías ancestrales, las cuales poco pudieron hacer para emancipar a las mayorías y, sobre todo, poco pudieron también con el teatro, salvo ciertos puentes técnicos con el teatro Nô, el Kabuki y el vudú. Y aquí entra la cuestión del rito en Grotowski a la que volveremos en este libro; por ahora, en esta lectura anamórfica que estoy intentando del aporte del maestro polaco, digamos que no resulta tan fácil deslindar el rito de sus orígenes religiosos. Freud leyó el rito desde la neurosis obsesiva y extendió esos procedimientos a la religión. Lacan también profetizó en *El triunfo de la religión* que el futuro del mundo iba a estar (¿diabólicamente?) marcado por la religión, frente a la cual era poco lo que se puede esperar del psicoanálisis el cual, según él, solo puede, frente a la religión, atinar a sobrevir: "El psicoanálisis no triunfará sobre la religión, justamente, porque la religión es inagotable. El psicoanálisis no triunfará, sobrevivirá o no" (78).

Si el rito no parece aportar demasiado ni a la emancipación del ser humano ni al teatro, el psicoanálisis como una salida posible también enfrentó en los últimos años un límite. La propuesta grotowskiana, como la psicoanalítica, siempre apuntaron a desdomesticar y anhelaron que por esa vía se podría alcanzar una emancipación del sujeto capaz de precaverlo de caer en la masa. Trabajar el deseo, trabajar sobre uno mismo aparece entonces como una alternativa posible, todavía individual, para no ser captado por el sistema y, tal vez, aportar gradualmente a la conformación de lo que se ha denomiando 'pueblo' como una nueva comunidad desdomesticada. Es imprescindible hoy, a estas alturas del neoliberalismo, interrogarse sobre qué es lo que todavía resiste en el sujeto a la colonización ejercida por el sistema. Las alternativas están allí como salida posible para enfrentar y resistir caer en esas masas desesperadas, atravesadas por el retorno actual del fascismo, del nacionalismo, de la xenofobia y otros horrores, incrementando la violencia a causa de la caída de la autoridad, de la ley; se busca amparo en padres atroces (hasta se los vota y se los consagra como líderes en cuyas manos se deja el gobierno y la dirección del Estado), se sostienen estructuras de poder verticalizado con exigencias de sometimietno y ciega obediencia. En todo caso, sea por la vía de lo sagrado secular o por la del análisis, todavía estamos limitados en dar el salto de la emancipación individual a la conformación de un pueblo. Esta es la gran preocupación actual que me interroga en mi propia praxis teatral.

Y, hay que decirlo, aunque algunas prácticas teatrales fueron efectivas a nivel político debido a novedosas modalidades de agrupamiento y gestión, la estructura de grupo no puedo transvalorar sus esquemas verticalistas. El esquema monacal, por ejemplo, que muchos grupos teatrales adoptaron a partir de la perspectiva grotowskiana tiene, pues, mucho que ver con esa precariedad de la vida en la sociedad contemporánea, con esa soledad, con esa necesidad de encontrar al menos un grupo artificial de pertenencia. En el caso de Grotowski mismo, tal como nos cuenta Jan

Kott, a pesar de que su teatro estaba subsidiado por el gobierno polaco –a diferencia de lo que ocurría en otros países de Europa— tal financiación no debe verse como un aspecto positivo en sí, ya que el Estado, aplicando una fuerte censura y represión política y cultural, se adjudicaba el derecho de controlar las producciones. Sea como fuere, lo cierto es que Grotowski y su grupo se las ingeniaron para blasfemar en sus espectáculos; además, dicha financiación no impidió que en los primeros años todo el equipo padeciera de una pobreza que, como sabemos, se refleja en las producciones iniciales y que, progresivamente, va transformándose en una estética. Comenta Kott:

> During the first two or even three years, Grotowski and his actors starved – and not by any means in the figurative sense of the word. Poverty was at first a practice of this theatre; only later was it raised to the dignity of aesthetics. I don't know whether the members of the group made their triple vows as monks and nuns, but this theatre was modeled along the strict lines of a cloister. (*Sourcebook* 132)

Hoy la pobreza generalizada y el arrasamiento ecológico parecieran ser algo lo suficientemente inmediato como para justificar el sacrificio del yo, de los placeres y los goces, en favor de una meta redentora o reveladora de aquello que estaría en lo más íntimo: el deseo. Tanto en Grotowski como en la política lacaniana, el intento es oponerse al arrasamiento —en esta atrocidad que el maestro polaco no dudaría en tildar de apocalíptica— del sujeto y de su deseo; hoy la situación se ha tornado más grave que en los *sixties*, ya que han caído las utopías; sin embargo, nuevas modalidades de protesta, de demandas y de denuncias se fueron instalando más allá de aquella alternativa de refugiarse o ampararse en grupos cerrados, selectos o en sectas de tipo religioso con diversa consistencia fascista. En América Latina la dinámica monacal pareció ideal en los *sixties* para aquellos grupos teatrales entusiasmados con la utopía revolucionaria: pensemos en el Teatro Escambray en Cuba, en cierto modo en el Teatro Experimental de Cali y en el Teatro La Candelaria en Colombia, y el Teatro de Los Andes en Bolivia, para nombrar los más paradigmáticos. Hoy no registramos esta modalidad de agrupamiento monacal; la resistencia ha tomado otros rumbos, incluso de tipo performático con convocatoria (a través de las redes sociales) de amplios sectores, frente a la violencia de género, la protección del medio ambiente, los abusos del Estado y el agotamiento de la democracia representativa. En estos movimientos es donde se puede apreciar –y con mejor rendimiento que en los trabajos en el Workcenter italiano— el impacto del Arte como Vehículo, en el sentido de que suceden "los efectos transformacionales del material performativo en los hacedores [...] sin referencia a otras justificaciones o beneficios" (*Sourcebook* 15).

Y con todo este panorama actual, ¿cómo y por qué retornar a Grotowski? Mi lectura, que intenta mantenerse –como lo planteaba el maestro polaco— en el campo de la contradicción, aspira a encontrar en su propuesta lo que ciertos analistas han comenzado a plantearse a nivel político. Pienso en Ernesto Laclau, en Jorge Alemán, en Nora Merlin entre muchos otros: ¿cómo resistir al neoliberalismo, ese sistema que carece de un exterior y que, como vimos, desmantela la dimensión del sujeto y del inconsciente y, por ende, del deseo, dejando un goce irrefrenable con niveles de violencia inusitada? Mi lectura blasfema y anamórfica sospecha que, a pesar de todo, Grotowski nos interroga todavía, nos sigue convocando para considerar nuestra praxis teatral orientada, política lacaniana de por medio, hacia un teatro de emancipación, que no parece orientarse ni a la obsesiva preparación del actor ni a resucitar rituales primitivos. Eso no quiere decir que no rescatemos la diversidad multicultural, algo incluso ya inevitable en nuestras sociedades multiétnicas, resultado de diásporas forzadas por el mismo sistema neoliberal y global. La emancipación, incluso como exploración del inconsciente, como rescate del sujeto del inconsciente y de su deseo, pasa hoy por otros desfiladeros conceptuales y políticos. Este libro, pues, se yergue en la certeza de que las preguntas de Grotowski siguen siendo válidas para convocar un debate en el que la praxis teatral con orientación psicoanalítica (pero no terapéutica ni como autoayuda ni como rehabilitación de supuestos orígenes rituales "antes de las diferencias" culturales) sea capaz de generar un teatro que respete la libertad del teatrista, que promueva su creatividad en estos tiempos crepusculares y la enmarque en un encuadre ético, desde la perspectiva de una ética de las consecuencias. Un teatro que también redefina su relación con el público, no ofreciendo desde la escena sentidos doctrinarios o subjetividades ya *ready made* (¿quién podría hoy proponerse como dueño de la verdad, quién podría hoy sostener el discurso del Amo, salvo el cinismo de los sectores conservadores y religiosos?), sino promoviendo también para ese público una dimensión de agencia creativa capaz de aportar a que éste defina su propio destino, esto es, acceda a la separación del goce del Otro, determine su *sinthome* y decida responsablemente cómo arreglárselas con su goce frente a la hegemonía de los grupos dominantes. En estas circunstancias, este libro quiere ser leído y hasta valorado, incluso desde la disidencia del lector, como un esfuerzo de poesía, tal como lo propuso Jacques-Alain Miller:

> una sesión de análisis siempre es un esfuerzo de poesía, un espacio de poesía que el sujeto se reserva en medio de una existencia, la suya, que está determinada, gobernada, por la utilidad directa – hoy en día, ésa es la situación de todos. (*Un esfuerzo de poesía* 160)

Desde esta perspectiva, una sesión de lectura, un ensayo teatral, como los encuentros promovidos por Grotowski, pueden ser pensados como "un espacio de goce que escapa a la ley del mundo" (*ibid.* 161).

# PRIMERA PARTE

## ¿Cómo leer a Grotowski?: hacia las preguntas preliminares

Y ahora nos enfrentamos al mayor desafío: ¿cómo leer a Grotowski desentendiéndonos de los prolegómenos y aproximaciones realizadas por otros autores? Se me ocurren dos abordajes posibles a manera de metodología: primero, leer a Grotowski salvajemente, es decir, arrojarme a la lectura de sus textos a partir de mi propio saber y mi propia experiencia; segundo, cotejar mi lectura con alguna bibliografía, no solo sobre Grotowski, sino sobre otros autores que podrían permitirme evitar la comprensión rápida, como aconsejaba Lacan: pienso en Michel Foucault, Walter Benjamin, Sigmund Freud y Jacques Lacan, incluso Martin Heidegger y hasta Arthur Schopenhauer y sobre todo Nietzsche. La amplia bibliografía actual sobre Jerzy Grotowski es de lectura casi inabarcable; sin embargo, conviene revisar al menos aquellos autores que más frecuentemente han abordado su obra, al menos para debatir e incluso para "no inventar nuevamente la rueda". Me propongo no repetir lo que ya se ha dicho hasta el cansancio, porque precisamente en la bibliografía sobre el maestro polaco hay muchísima repetición de temas. Me he planteado desmitologizar a Grotowski y además ver hasta dónde es aprovechable hoy su propuesta, particularmente en mi propia praxis teatral, en sus similitudes y diferencias con la del maestro.

Comencemos con el ensayo que lleva el mismo título que el libro: "Hacia un teatro pobre" (9 y ss).[15] Grotowski comienza deslindando lo que entiende por "experimental"; rechaza pensarlo como ese complejo "ecléctico" de lenguajes y disciplinas que intervienen en una puesta en escena de una obra "moderna", desde la escenografía al uso de la tecnología, desde la apelación a la música contemporánea y a los estereotipos actorales. Su intención, al rechazar el aspecto multidisciplinario del teatro, consiste en captar "qué es el teatro en sí mismo" y, por lo tanto, la investigación tal como él la pretende se orienta por este principio esencialista,

---

[15] A lo largo de este libro, salvo indicación en contrario, las citas de *Hacia un teatro pobre* corresponden a la publicación en español realizada en 1970 por Siglo XXI Editores en México.

de alguna manera concebido como una epojé fenomenológica, hacia explorar "la relación que se establece entre el actor y el público". Dicho esto, da un giro y de esa relación solo se queda con un aspecto: el actor, considerado como "el aspecto medular del arte teatral"; tenemos entonces una nueva "reducción". Es comprensible que investigar aquello que hace al actor no equivale a investigar la relación de éste con el público. Es probable que la investigación del público no fuera tan seductora como el misterio de la actuación. Pero esto, no obstante, supone ya desde el inicio desprender al actor del Otro para al cual se prepara, ese Otro no menos misterioso.

Curiosamente, aunque dice no poder dar cuenta de los orígenes, de "localizar las fuentes de este enfoque" (recordemos que nos ha hablado de "investigación"), no obstante va a insertarse en una tradición (un Otro), la cual tiene un nombre preciso: Stanislavski, con cuyo Sistema dice haberse entrenado. Admira la observación, la capacidad de renovación del maestro ruso que, desde entonces, se convierte en su ideal, pero del que prontamente va a distanciarse. Estamos aquí en un estadio del espejo inicial: Stanislavski es el Otro en el espejo que, en este encuadre imaginario, da lugar a su yo (*moi*). No es éste el lugar para desarrollar el estadio del espejo lacaniano. Lo he tratado en múltiples publicaciones. Corresponde aquí no olvidar que, en esa fundación imaginaria del yo, algo cae: un resto no especularizable, que más tarde en su enseñanza, al abordar la lógica del significante, denominará objeto *a*. El yo se constituye a partir de la imagen reflejada del sujeto que se desconoce como tal; se aliena a esa imagen del semejante y en esa operación da unidad a su imagen corporal, que lo llena de júbilo; sin embargo, también se instala allí el componente de agresividad (no de agresión) con ese reflejo que es él y es un intruso que ocupa su lugar: la relación con el Otro (a-a') es siempre ambivalente, de amor/odio. Stanislavski se convierte en su "ideal personal": por un lado, el maestro ruso planteó "las preguntas metodológicas clave", pero a la vez, las respuestas que Grotowski va a darles "difieren profundamente de las suyas".

Ese Otro no se limita, sin embargo, a Stanislavski; la tradición estudiada por Grotowski incluye a Dullin, Delzarte, Meyerhold y Vajtangov, amén de otros maestros polacos, y también las técnicas del teatro oriental, la ópera de Pekín, el Kathakali de la India y el No japonés. No hay en esto nada nuevo, muchos otros teatristas trabajaban sobre las mismas influencias. Lo grotowskiano se define a continuación: nos aclara inmediatamente que su método no es un emparchado de técnicas para facilitarle al actor su tarea, aunque en algunos ejercicios pueda haber hibridización. Y así llegamos a lo fundamental: el objetivo del método aspira a la "madurez" del actor a partir de la búsqueda "de una tensión elevada al extremo, de una desnudez total, de una exposición absoluta de su propia intimidad". Y agrega:

> El actor se entrega totalmente; es una técnica del "trance" y de la integración de todas las potencias psíquicas y corporales del actor, que emergen de las capas más íntimas de su ser y de su instinto, y que surgen en una especie de "transiluminación" (10).

Podemos detenernos aquí, no para hacer comentarios sino para no comprender, esto es, formulando preguntas sobre aquello que el enunciador indudablemente asume como del entendimiento de todo el mundo. Grotowski nos habla desde el Otro como discurso común, tal como lo llamaba Lacan:

> El empleo intuitivo de estos términos, basado en la noción de que uno los entiende, y que los entiende de manera aislada tal como despliegan su dimensión en la comprensión común, está evidentemente en la raíz de todas las confusiones y todos los deslices. Es el destino común de todo lo que pertenece al discurso. En el discurso de todos los días, quien habla, al menos en su lengua materna, se expresa con tanta seguridad y con tanto tino, que para averiguar el empleo adecuado de un término se recurre al usuario más común de la lengua, al hombre no instruido. (*Seminario 11* 252-253)

Parece resonar aquí Heidegger cuando, en su análisis del *Fedro* platónico en su libro *Nietzsche*, discierne una diferencia entre aquellos capaces de tener una "mirada al ser del alma humana" y contemplar el ente en cuanto tal y aquellos otros para los que es "tan penoso saber acerca del ser". En estos últimos, la mirada del ser no llega al final, "no alcanza todo lo que pertenece al ser", es decir, "miran a medias, como si bizquearan". Y esta mirada incompleta, amén de alejarlo del ser, también lo lleva a manejarse solo con la *doxa*, la opinión, echando mano a lo primero que sale a su "encuentro en cada caso, del parecer que en cada ocasión tienen inmediatamente de las cosas" (182).

Pero ese discurso común, ese uso intuitivo, no es propio de una investigación que se quiere científica, en los términos en que la ciencia suele autodefinirse. Por lo tanto, podemos pasar a las preguntas que nos surgen desde la no comprensión de la cita de Grotowski:

—El actor se entrega totalmente: ¿a quién se entrega? ¿Qué entrega? ¿De dónde proviene lo que da? Ese actor, ¿es o no es el individuo o la persona? No parece ser un *sujeto* en términos psicoanalíticos, como sujeto del inconsciente. Eso de "actor", ¿es una máscara del individuo que la soporta? ¿Cómo se llega a ser actor? ¿Es ya un actor que precede o proviene del método? ¿Cuál es el estatus de esa totalidad? ¿Es una entrega pensada como alienación o sometimiento a ese Otro al que se entrega? ¿Se procura un vaciamiento del pasado o historia del actor?

—Técnica del "trance": el Diccionario de la RAE nos define este vocablo como el momento crítico y decisivo por el que alguien pasa; como un último estado o tiempo de la vida, próximo a la muerte, como un médium que manifiesta fenómenos paranormales y finalmente la unión mística del alma con Dios. En todos los casos, trance supone el atravesamiento de una frontera entre dimensiones diferenciadas, lo que produce una crisis (no crítica, por cierto), transformadora, pero —en términos nietzscheanos— no necesariamente transvaluadora. Será necesario seguir puntualmente cada etapa y el pasaje de una a otra de la trayectoria de Grotowski para apreciar la superación de lo blasfemo como transgresión, de la transgresión como transformadora, pero no necesariamente transvaluadora o emancipatoria y, finalmente, quizá a otro instancia: cómo vislumbra ese paso hacia la emancipación del sujeto del inconsciente en el dominio de sí mismo y desde una perspectiva ética. El método grotowskiano quiere llevar al actor a ese límite en el que confronta un más allá de la conciencia y del conocimiento, de la ciencia misma. Es un trance concebido como un tránsito a otra dimensión en el que se produciría la anulación del yo y tal vez la afánisis, la desaparición del sujeto o del deseo: tendremos que explorar esta cuestión con detenimiento. Si fuera el caso de esta última posibilidad, ocurriría aquello que Lacan trabajó en su *Seminario 6* a propósito del fantasma: la afánisis o desaparición del sujeto frente a la confrontación con el deseo.

—Paradojalmente, este trance estaría orientado a integrar las potencialidades "psíquicas y corporales del actor", las cuales parecen estar situadas en "las capas más íntimas de su ser y de su instinto". Se admite, sin explicaciones, que hay una división entre lo psíquico y lo corporal, admisible para la década del 60 aunque ya hoy no podríamos sostenerlo y como más tarde el mismo Grotowski dejará de hacerlo. Lo instintivo mencionado remitiría a un trasfondo animal, aquello pensado como primitivo y que la cultura debe reprimir y/o capturar por medio de los significantes y la ley a fin de hacernos sujetos sujetados al contrato social. Freud nos ofreció la noción de pulsión [*Trieb*] para diferenciarnos de la naturaleza y del instinto animal. La pulsión es también fronteriza, divide naturaleza y cultura. El instinto, a su vez, no puede ser confundido con la pulsión; el deseo, por su parte, es en el ser humano siempre perverso, entendiendo por esto que no está constreñido a la reproducción biológica con un ejemplar de la misma especie y de sexo contrario. El espectro al que apunta el deseo humano, en cuanto al objeto, es variado y múltiple. ¿En qué sentido habría que leer "lo psíquico"? ¿Qué rendimiento espera el método en este atravesamiento de la frontera que divide lo humano de la naturaleza animal?

—¿Dónde deberíamos situar esas "capas más íntimas de su ser y de su instinto"? ¿Cuál es la arquitectura conceptual del método —si es que resulta válido exigir que sea conceptual habida cuenta de que se nos habla de investigación— en la que habría que ubicar lo íntimo (desprendido de lo público y lo privado)? ¿Qué pensar, finalmente, del uso del vocablo "ser"? ¿Habría que pensarlo desde Schopenhauer como voluntad de vida sin sentido? ¿O desde Nietzsche como devenir de la voluntad de poder? ¿Quizá desde Heidegger, como temporeidad del ser, "como aquellos juicios *más secretos* de la 'razón común'" (*Ser y tiempo* 34)? ¿O desde Lacan como falta, falta-en-ser?

—El remate del párrafo citado es la palabra "transiluminación". Ya comienza a aparecer este prefijo 'trans' que, más tarde, ha sido usado y hasta abusado para referir un más allá que pocas veces explicita su procedencia.[16] Lacan postula que ese más allá es lo femenino, Ła mujer (con el artículo tachado, para cancelar el sentido de universalidad), como una dimensión de goce (goce femenino) que escapa a la función fálica la cual involucra tanto a hombres como a mujeres —después de todo Lacan nos da el ejemplo de San Juan de la Cruz con su acceso a un más allá del lenguaje, ese "no sé qué que quedan balbuciendo"—. Ła mujer, que no existe como función universal, constituye esa otredad tanto para los hombres como para las mujeres; es no-toda (a diferencia de la pretensión fálica de totalidad) y por eso mismo se la puede comparar con la verdad, que no puede decirse toda, solamente admite el mediodecir. De todos modos, ese más allá no autoriza a hablar de lo transfálico. Si se cumple el método, entonces, el actor accedería por vía del *trance* a ese goce otro de Ła mujer; estaríamos así en el campo de lo místico o de lo femenino en la lógica de la sexuación lacaniana como un goce-otro distinto al goce fálico. Habría así una integración de lo corporal y lo psíquico en una dimensión de iluminación que iría —si ahora giramos al discurso de la filosofía— más allá del ente y apuntaría hacia un *origen* (otro goce no fálico) concebido como un real o bien el ser mismo, incluso como devenir propio de la vida (lo que explica el carácter feminino y hasta maternal atribuido a la Naturaleza). Sea como fuere, lo cierto es que Grotowski no especifica en esta primera etapa qué se espera de esta transiluminación. ¿Se tratará en Grotowski de un acceso al saber más allá del conocimiento provisto por la

---

[16] Me preocupa el uso que en las bibliografías de ciertos prefijos: pre-, post-, trans-, anti-, entre otros. Es probable que haya que atribuirlo a la difuminación de las fronteras disciplinarias. Sin embargo y a pesar de ello, me pregunto si el abuso de estos prefijos —además de ese del blablablá del que hablaba Lacan— no cae bajo sospecha de que no se sabe de qué se habla, en el sentido de que el objeto no está claro: o es un objeto que está más allá de algo (trans-), que está antes (pre-) o viene después de algo que ya no está (post-) o, incluso, es lo contrario o la negación de sí mismo (anti-). En todo caso, el objeto ha desaparecido, afánisis del objeto. Creo que este abuso hay que atribuirlo, si no a la debilidad mental, al menos a la incapacidad de pensar, en el sentido fuerte que le daba Heidegger.

conciencia, la razón, la ciencia? ¿Acceso a lo reprimido inconsciente? ¿Acceso al goce del Otro? ¿Sobre qué teoría apoyarse para explorar esta dimensión de lo psíquico (fuera del cuerpo, concebido como organismo)? Tengamos en cuenta que ya en Freud mismo la oposición cuerpo/mente se devalúa y hasta se cancela; en Lacan el cuerpo deja de ser un organismo y nos plantea la cuestión del goce, la sustancia gozante (Lacan, *Seminario 20*), como parece insinuarse en esa técnica del trance.

Antes de continuar conviene volver a insistir en que, leído desde la no-comprensión, poco sabemos lo que Grotowski pretende y menos aún cómo diseña la arquitectura de tu método, por eso este libro es una interpretación cuyo objetivo es retornar a Grotowski para compartir con él su propio preguntar y confrontarlo a fin de continuar con el itinerario de su búsqueda.

—Grotowski centraliza todo en el actor y nos propone un teatro pobre. Consideremos su propuesta blasfema, pero invertida (como Heidegger anota respecto del procedimiento frecuente al que apela Nietzsche). ¿El actor o su cuerpo es lo central? ¿Se despoja su teatro, el de la etapa de Teatro de Producciones, tal como lo detalla en *Hacia un teatro pobre*, de los otros componentes de lo teatral? ¿Hasta qué punto el actor ahora, además de actuar, hace música, manipula objetos, ilumina la escena? ¿No se ha cargado al actor con la responsabilidad sobre sus habilidades a la manera de una sobreexplotación comparada con el actor profesional que deja en mano de otros muchos los lenguajes que intervienen en la puesta en escena? Por otra parte, ¿por qué, por ejemplo, la luz no sería esencial, tan esencial como el cuerpo del actor o el actor mismo? ¿Hasta qué punto la luz no actúa? ¿Significa esto que seguimos dentro del teatro de la representación?

—La propuesta de Grotowski nos ha legado algo importante: la transformación de la política de la mirada de la teatralidad del teatro: una propuesta que se sale del diseño de la sala a la italiana. Esto aportó al teatro de varias maneras, aunque para esa misma época, un Osvaldo Dragún anduviera pergeñando algo similar cuando nos dio sus *Historias para ser contadas*. La proposición del maestro polaco, en primer lugar, autoriza diseñar una teatralidad acorde con la propuesta en escena, con su propia lógica, sin necesidad de responder a la política de la mirada del diseño frontal. Eso abrió la posibilidad de explorar nuevas teatralidades con diversas consecuencias estéticas y políticas, además de liberar a muchos teatristas de ciertos determinantes verosimilizados: en efecto, se invita a investigar la teatralidad en cualquier otro espacio, incluso aquel que carece de todos los recursos habituales de una sala teatral ya institucionalizada. Más que el despojamiento o la pobreza, se trata de la economía de recursos, que no necesariamente supone prescindir de música, luz, etc. Como es conocido, eso impactó mucho en el tercer mundo precisamente por la falta de acceso de los teatristas a salas bien equipadas, que son las que tenían y siguen teniendo aquellos ligados a organismos oficiales o empresarios privados y que, obviamente, no estaba al alcance de muchos teatristas de izquierda que asumieron las propuesta del teatro pobre en las décadas del 60 y 70 del siglo XX.

Si los aspectos monacales de la propuesta grotowskiana prosperaron en la medida en que admitían ir más allá de la sala equipada, en cuanto ponían al actor en el centro, en tanto se invitaba a inventar recursos a bajo precio (rasgos que se solaparon con la ideología de izquierda de esos grupos), la mística grotowskiana del trance, en cambio, no prosperó en igual medida, salvo en algunos pocos grupos que se aislaban y ensayaban por meses y meses un espectáculo que terminaba viendo un público excesivamente limitado. Así, lo que prosperó fue el sistema de producción anticapitalista inherente a la propuesta de Grotowski: a partir de allí, cualquiera puede hacer teatro sin importar demasiado el lugar, el presupuesto de producción, la existencia de tecnología, aunque fuera mínima; solo basta contar con unos actores técnicamente adecuados en su actuación y saber aprovechar estéticamente los recursos de "lo que hay". Actores, por lo demás, *comprometidos pasionalmente con un proyecto*, pasión cuya falta es notoria en espectáculos profesionales.

Así y todo, me parece que no hay ninguna relación lógica entre pobreza y esencia teatral. La pobreza no hace mejor al teatro, aunque desafíe la imaginación del teatrista.

Otro punto controversial con el que nos tendremos que enfrentar en este libro es la cuestión de la desnudez y caída de las máscaras impuestas por el Otro de la vida social; se trata de esa alienación al registro simbólico, ese sometimiento al lenguaje y la cultura, sin la cual no podríamos vivir en sociedad. Tenemos aquí que notar una diferencia entre la versión española y la versión inglesa de *Hacia un teatro pobre*:

La traducción al inglés dice:

This means that it is much more difficult to elicit the sort of shock needed to get at those psychic layers behind the life-mask. [Esto significa que es mucho más difícil provocar el tipo de shock necesario para llegar a esas capas psíquicas detrás de la máscara de la vida]. Group identification with myth –the equation of personal, individual truth with universal truth— is virtually impossible today [la identificación del grupo con el mito –la ecuación de la verdad personal, individual con la verdad universal— es virtualmente imposible hoy] (23)

La versión española dice otra cosa: "como los espectadores están cada vez más individualizados en su relación con el mito [...] Esto quiere decir que es más difícil decidir cuál es el tipo de *choque* que se necesita para llegar a las profundidades psíquicas que ocultan la máscara vital" (1970, 18). Mientras la versión inglesa supone una serie de capas a las que habría que conmover para acceder al inconsciente, ese saber no sabido por el yo, ubicado detrás de la máscara, la versión española, en cambio, parece más heideggeriana que arqueológica: se habla de un *ocultar* las capas psíquicas en las que yace la creatividad y que esperan el momento de abrirse a la presencia como verdad: Heidegger, como se sabe, trabajó esta relación entre verdad y *aletheia*, como desocultamiento de la verdad. En este libro nos orientaremos por esta segunda versión, más cercana al psicoanálisis. Será necesario pensar la cuestión de la memoria, del olvido y de la represión.

El deseo es, como se sabe, la otra cara de la ley: acatar la ley supone renunciar a ciertos goces, abrir una falta de satisfacción, la que el sujeto buscará a lo largo de su vida mediante objetos sustitutos, porque el objeto perdido en la operación de alienación está perdido para siempre. Lacan opone la alienación a la separación, entendida esta última como un modo de desalienar al sujeto de su adhesión inconsciente a ideales y mandatos que no corresponden a su deseo y su modo de goce. Grotowski va a proponer este mismo proceso y lo hará de diversa manera según la etapa de su trayectoria. Veremos que ya para la época del Teatro de las Fuentes, nos hablará de una desdomesticación. El desnudamiento inicial, el de la etapa del Teatro de Producciones es todavía muy poco sustentable en la medida en que lo liga al trance. Shakespeare nos desnuda sin piedad, igual que Lope de Vega, para mencionar dos clásicos, ni hablar de Sófocles y otros autores de la tradición occidental, sin entrar en ningún tipo de trance o dejar de lado la visualidad multidisciplinaria de la escena. Grotowski abandonará la dirección teatral y tomará otro rumbo, de ahí que ese 'desnudamiento' tomará otras modalidades.

Stanislavski proponía también la caída de las máscaras —la primera naturaleza— que el actor trae con los hábitos de su vida cotidiana, amarradas además a las inhibiciones de la vida social; también él proponía desenmascararlo, desnudarlo a fin de enfrentar la preparación del rol y del personaje con mayor creatividad. Sin embargo, el Sistema recurre a la técnica no tanto para dejarlo en esa instancia de desnudez ni para que se conozca a sí mismo, sino para imponerle otra máscara —la famosa 'segunda naturaleza' (impersonal), supuestamente más apropiada y eficaz para lograr los objetivos teatrales del propio Stanislavski. Hay en el Sistema un sustrato de tipo mecanicista y con el automatismo propio del fordismo, como ya hemos debatido en otra publicación:[17] un obrero impersonal capaz de realizar la tarea en menos tiempo, tarea que ni siquiera lo requiere personalmente, sino como un apéndice fácilmente reemplazable, independiente de la geografía, la cultura, la raza, la clase, la lengua, etc. El dominio sobre sí mismo del actor stanislavskiano, el dominio de su vivencia, solo es posible no por el propio proceso de un trabajo sobre sí mismo para iluminarse sobre su deseo y su goce, sino como resultado de una técnica actoral que se le impone para mejorar su rendimiento escénico. El actor stanislavskiano no trabaja para él/ella (si es que hay un 'ella' en el corpus textual del maestro ruso), sino para el Otro, el teatro, la efectividad escénica del negocio teatral. En general, sobre todo en las etapas de las acciones físicas y del análisis activo (tal como V. O. Toporkov lo detalla en su bitácora de ensayos del *Tartufo* de Moliere), Stanislavski siempre apunta a la

---

[17] Ver mi ensayo "Los cuerpos del actor".

elaboración del personaje, siempre –con diversas variaciones— establece improvisaciones pautadas que, aunque puedan aprovechar experiencias personales del actor, no necesariamente apuntan a mejorarlo como ser humano. Hay, como dice el maestro ruso, siempre un superobjetivo y no es precisamente el conocimiento y dominio de sí del actor, sino el establecimiento de un dispositivo que le permita economizar energía e incrementar el rendimiento escénico; la creatividad, aunque buscada a nivel inconsciente (subconsciente en terminología de Stanislavski), no obstante está siempre sobredeterminada y orientada, cuando no manipulada o disciplinada, por el director y hasta por la dependencia al texto. Hay, pues, siempre una voluntad de poder, pero como fuerza reactiva sobre las fuerzas activas de la imaginación del actor, para precisamente capturarlas y someterlas. Incluso, en términos de Spinoza, se busca negar lo que puede un cuerpo (gozante). En este sentido, el Sistema es una versión nihilista de un tipo de formación actoral. En efecto, como nos dice Deleuze,

> Indudablemente caracterizar a estas fuerzas activas es más difícil. Ya que, por naturaleza, escapan a la conciencia: «La gran actividad principal es inconsciente» [Nietzsche, *La voluntad de poder*]. La conciencia expresa solamente la relación de algunas fuerzas reactivas con las fuerzas activas que las dominan. La conciencia es esencialmente reactiva; por eso no sabemos lo que puede un cuerpo, de qué actividad es capaz. (*Nietzsche y la filosofía* 62)

Y más adelante, Deleuze agrega: "una fuerza activa *se convierte en reactiva* (en un nuevo sentido), cuando fuerzas reactivas (en el primer sentido) la separan de lo que puede" (83). Es por ello que, si bien Stanislvski y Grotowski, ambos intentan con el Sistema y el Método, respectivamente, partir de la consciencia para abordar la creatividad situada en el inconsciente o subconsciente (vía, por lo demás, propiamente psicoanalítica), difieren sin embargo en su abordaje: Stanislavski quiere controlar y vigilar ese proceso creativo del actor a partir de un atenerse a las fuerzas reactivas del texto o del proyecto de puesta en escena fraguado por el director, ambos instalados como criterio de autoridad; Grotowski, siguiendo de forma más aproximada la técnica psicoanalítica –como yo mismo la asumo en mi praxis teatral— opta por acercarse a lo activo del inconsciente mediante estrategias que, aunque muy pautadas y con exigencia de una gran disciplina, no cancelan el azar en su intento de desautomatizar el cuerpo y las resistencias conscientes, asumiendo, tal como lo plantea Nietzsche, que "toda accion perfecta es precisamente inconsciente y no querida; la conciencia expresa un estado personal incompleto y a menudo enfermizo" (*VP 287* 217).[18] Grotowski no parte de un análisis del texto de las canciones, si no que éstas son adosadas posteriormente a un ritmo pulsional dado por el timbre y el ritmo vocálico (*lalengua*), en tanto registro imaginario singular del performer: la canción, como rememoración biográfica, se acompla posteriormente y no impone su texto al cuerpo gozante. En Stanislavski, ese cuerpo gozante está capturado por las fuerzas reactivas que vienen del exterior (texto, proyecto de puesta, director, etc.). En este sentido, a pesar de las 'buenas' intenciones del maestro ruso, cualquiera de sus etapas apuntan no a desdomesticar la conciencia, no a desarticular sus fuerzas reactivas, sino, por el contrario, a usarlas para abordar lo subsconciente o la naturaleza, como él la designa. Tiene demasiada confianza en la conciencia y por eso blasfemo aquí diciendo que el Sistema tiene un rostro hipócrita, si es que, como dice Nietzsche, "La perfeccion personal, como condicionada por la voluntad, como conciencia. como razón con dialectica, es una caricatura, una especie de paradoja... El grado de conciencia hace imposible la perfeccion... forma de *hipocresía*" (*VP 287* 217). Para decirlo breve y cruelmente: siento que el Sistema no está interesado en la creatividad del actor para el actor (como persona y como artista), sino en ajustar dicha creatividad del actor a las exigencias externas del texto, del director y de su filiación estética (realismo, en este caso stanislavskiano), de la escenografía y otros lenguajes del montaje, de las expectativas del público, etc. Digamos que la 'gran política' stanislavskiana huele demasiado a Pavlov. Y es justamente de lo que Grotowski quiere alejarse a su modo elucubrando otra versión para esa 'gran política'.

---

[18] Las referencias a los textos de Nietzsche se realiza mediante abreviaturas: *VP*, *La voluntad de poder*; *CI*, *Consideraciones intempestivas*, *GM*, *Genealogía de la moral*. Se anota en bastardilla el número del aforismo y a continuación el número de página. Hay variaciones en la numeración de los aforismos en las diversas versiones utilizadas por autores como Jaspers, Heidegger o Deleuze.

Grotowski añora aquellos tiempos en el que el mito servía como "cielo común", o sea como puente entre la verdad personal y la verdad 'universal' [de la comunidad]:

> aunque se haya perdido "un cielo común" de creencias y hayan desaparecido los límites inexpugnables, la percepción del organismo humano permanece. Sólo el mito —encarnado en el hecho de la existencia del actor, de su organismo vivo— puede funcionar como un tabú. La violación del organismo vivo, la exposición llevada a sus excesos más descarnados, nos devuelve a una situación mítica concreta, una experiencia de la verdad humana común. (18)

A las capas psíquicas (que también Grotowski denomina "raíces", junto con "maduración", actor "maduro", van alertándonos sobre el fantasma fundamental que parece estar jugándose en el discurso de esta etapa y que, en parte, se prolonga en las futuras: un mito o fantasma vegetal), a esas capas psíquicas solo puede llegarse confrontando ese mito que ya no funciona como puente por sobre los individuos de la comunidad, porque el individualismo liberal y capitalista lo ha relativizado (y hasta cancelado en la etapa neoliberal). No parece ser adecuado ni tampoco hay posibilidades de identificarse al mito; se lo puede recuperar a partir de 'descarnar' nuestro cuerpo alienado, como quien usa un escalpelo o como lo haría un arqueólogo con la excavación. Fuera como fuere, lo cierto es que, si todavía hay una verdad humana común que importa, ella se sitúa en un más allá del yo, de la conciencia.

Tenemos aquí ya prefigurado el *origen* y el itinerario retrospectivo que el participante (ya no el actor) deberá realizar para encontrarse con su verdad, ya no universal, sino singularizada. No se nos propone, como vemos, una tarea crítica del mito, sino que se prefigura una recaptura de esa verdad por medio de un procedimiento retrospectivo a través de las afecciones corporales, por el recurso a *lalengua* y al cuerpo gozante; y es una verdad articulada por el significante a lo Real, vital y pulsional, imposible de significantizar. Se entiende entonces la apelación a viejas canciones tradicionales, al trabajo de armonización de la voz, etc. Esa verdad, como residuo mítico comunitario, ha quedado oculta, esto es, olvidada y reprimida, de ahí que el sujeto quiera alejarse, según Heidegger, y navegar despreocupadamente en la doxa para evitar enfrentarse a la cuestión del ser: Grotowski se refiere así a ese residuo mítico como un tabú. Y si esto es así, la propuesta nos lleva a preguntarnos sobre la emergencia de un tabú: Freud lo trató en *Tótem y tabú*. Por eso, tendremos que retomar ese mito freudiano de la horda, con la conspiración de los varones, el asesinato del padre, el regreso espectral del padre como ley (la prohibición de acceder a las mujeres del clan para evitar el incesto y la prohibición de matar), el banquete totémico, el surgimiento del tótem y los tabúes que resultan de toda esta operación. La praxis grotowskiana y nuestra praxis teatral, en tanto orientada a la emancipación del sujeto del goce del Otro, no puede desentenderse de explorar este aspecto. ¿Cuáles son los tabúes contemporáneos con los que tenemos que trabajar en la praxis teatral? ¿Cómo aparece la ambivalencia amor-odio que Freud descubre relativa al tabú en nuestra praxis? ¿Cómo se registra la 'muerte de dios' y la cuestión religiosa (institucional o no) en la praxis teatral?

No resulta sorprendente que la propuesta grotowskiana o su método prosperara en regiones de alta violencia neocolonial y que se convirtiera en una mística capaz de resistir la violencia de Estado y hasta favorecer la mística revolucionaria, a veces no menos violenta. Lo sacrificial era el núcleo discursivo de estas prácticas confrontativas, inscripto en el cuerpo, ya no como conocimiento de sí, sino como desenmascaramiento de la ideología y cancelación sacrificial de la singularidad del sujeto en beneficio de un sujeto grupal al cual había que inmolarse: la creación colectiva, en sus modalidades monacales más extremas, no fue ajena a esta dinámica, sea por incentivar a la lucha camuflada en grupos clandestinos (que apelaban conscientemente a las máscaras con cambio de nombres, claves, códigos militantes), o bien por alejamiento del mundo. En todo caso, hoy podemos leer esa evasión en lo monacal o lo sacrificial del 'patria o muerte, veceremos' como respuestas melancolizantes o maníacas para un duelo abortado por el fracaso revolucionario de la izquierda y las experimentaciones marxistas. Jorge Alemán plantea, por ello, "un anhelo de que el marxismo encuentre su lugar para hacer su duelo en la enseñanza lacaniana" (*Soledad: Común* 42). A pesar de la imposibilidad de afiliar a Jacques Lacan a la izquierda, su enseñanza brinda los conceptos con los cuales se puede renovar la pregunta sobre qué es la izquierda, si se aceptan razones tales como: que la división del sujeto es incurable, que el plus de goce no es cancelable históricamente, que la labor de repetición de la pulsión de muerte horada los espejismos de progreso de cualquier civilización, que la política y el discurso del Amo mantienen la voluntad de que "la cosa marche", que la Revolución es el retorno no de lo mismo al mi mismo lugar –a veces con consecuencias mortíferas—, que la singularidad del goce y del deseo, en definitiva, no es subsumilla en el "para todos" de la cosa política del Amo. (*Soledad: Común* 40).

Para interpretar los textos grotowskianos, como veremos en los capítulos de este libro, conviene enfocarse en algunos términos claves y hacer el esfuerzo de no comprender: es necesario perseguir las posibles ramificaciones semánticas que podrían tener, a la vez que resulta indispensable cotejar más tarde si pueden adecuarse a la arquitectura conceptual de su discurso. A medida que avanzamos en las etapas, el discurso grotowskiano se hace más metafórico, menos conceptual, más poético e incluso cifrado y enigmático, lo cual lo torna más potente; sin embargo, aunque Grotowski –como Nietzsche y a diferencia de Stanislavski— no está interesado en legar un sistema (el término 'método' solo indica un 'camino hacia', el Tao), resulta indispensable hacer jugar los vocablos confrontándolos entre sí para ver hasta qué punto nos orientan en su propio pensar. A continuación de las citas mencionadas más arriba, Grotowski agrega: "No es posible citar de nuevo con precisión las fuentes ra-cionales de nuestra terminología" (1970, 18). A pesar de, por un lado, in-tentar una investigación académica atenida a los protocolos científicos y de tener como ideal el instituto Niels Bohr, por otro, parece blasfemar contra la razón y dejar en suspenso el sentido de su terminología. La oposición "lo universal científico" versus "lo singular de cada actor" genera una tensión que se irá suavizando en etapas posteriores. También no acepta ser afiliado a Artaud, a Nietzsche o Jung, o a ser el propagador de filosofías orientales o del teatro chino, es decir, rechaza que lo encasillen en relación a discursos filosóficos y estéticos. Como veremos en este libro, poco importan las exactitudes académicas o las evidencias biográficas de lecturas puntuales de Grotowski; nos guiamos para realizar nuestra interpretación en la asociación sobre ciertos vocablos y, además, adherimos a lo que él mismo asume, cuando parece ya discernir la diferencia entre liberación y emancipación:

> No pretendo que todo lo que hacemos sea completamente nuevo, estamos destinados consciente o inconscientemente a tener una influencia de las tradiciones, de la ciencia y el arte, aun de las supersticiones y presentimientos peculiares a la civilización que nos ha moldeado, tal como respiramos el aire del continente particular que nos ha dado vida. Todo esto influye en nuestra tarea, aunque a veces podamos negarlo. Hasta cuando llegamos a cierras fórmulas teóricas y comparamos nuestras ideas con las de algunos predecesores que ya mencioné, nos vemos obligados a realizar ciertas correcciones retrospectivas que en sí mismas permiten ver más claramente las posibilidades que se abren ante nosotros. (19)

*Del ídolo y de las creencias*

> Hoy lo que tenemos en común no es el lazo social ni el lazo político ni el religioso, sino nuestro cuerpo, nuestra biología. Hemos transformado el cuerpo humano en un nuevo dios: el cuerpo como última esperanza de definir el bien común. A mí me parece que esto es el prototipo de las falsas creencias.
>
> Eric Laurent "Hemos transformado el cuerpo humano en un nuevo dios"

Resulta interesante cuestionar una frase repetida por muchos colaboradores de Grotowski: se cuenta insistentemente que el maestro polaco miraba el ejercicio o estudio asignado a un actor o un grupo de actores y remataba su comentario con "no lo creo", "lo creo", "no es creíble, no es posible", es decir, planteaba como evaluación un criterio de credibilidad. Sin embargo, no se nos dice nunca qué parámetros definían esa credibilidad. La creencia, tradicionalmente, se articula sobre un dios, esto es, sobre el padre; pero desde que Nietzsche anunció la muerte de dios, la creencia ha tenido que buscar un sustituto. Freud, en su ensayo "Fetichismo" (1927) (*O.C.* XXI, 142 y ss.), va a basar la creencia en la *Verleugnung* (renegación) del falo materno como modelo de todos los repudios de la realidad y de todas las creencias; como lo decía hace mucho Octave Mannoni en su libro *La otra escena: claves de lo imaginario*: el fetichista sabe que la madre no tiene falo pero aun así...cree que lo tiene. Freud Ya había abordado el tema de la creencia en "Acciones obsesivas y las prácticas religiosas" (1907) (*O.C.* IX, 97 y ss.).[19] Allí nos plantea cómo la neurosis (histeria y obsesión) puede ser concebida como una religión del padre/ley, con la prohibición y la renuncia a la satisfacción pulsional; al enfrentarse al neurótico obsesivo, con sus rituales privados, insensatos y absurdos, Freud extiende la cuestión y plantea que la religión es una neurosis obsesiva colectivizada: "la neurosis [obsesiva], como una religiosidad individual, y la religión, como una neurosis obsesiva universal" (109); en ambos casos, se trata de la represión de una pulsión sexual a la que hubo que renunciar, aunque no obstante siempre aparece como una tentación que genera angustia proyectada al futuro (angustia de expectativa) de que algo malo pase, por ejemplo, a un ser querido si no se realiza un ceremonial, a pesar del sinsentido del mismo. La conciencia de culpa remite a la prohibición y a la tentación, que ni el neurótico obsesivo ni el devoto logran contener. Los ceremoniales o rituales, por tanto, funcionan como una defensa frente al posible castigo que podría advenir si se dejaran arrastrar por la compulsión que los habita y cayeran en el pecado. Así, el neurótico —sacudido en su cuerpo por la represión, la prohibición y la tentación— se refugia en la creencia en un Otro (Dios, Padre) que podría contenerlo respecto de la tentación y realiza acciones cuya causa inconsciente desconoce y cuya falta de sentido, a pesar de no pasar la prueba de la razón, no lo detiene de cumplirlas escrupulosamente. El neurótico, como luego dirá Lacan en una conferencia en Yale, es religioso por estructura y, aunque se pretenda ateo o aunque llegue a ser un "ateo viable" al final del análisis, y advenga al Otro-que-no-existe, no obstante tiene que seguir sirviéndose

---

[19] No vamos a detenernos aquí en la neurosis obsesiva, ya que tendremos que volver a esta cuestión más adelante en este libro por la importancia que toma en la praxis teatral grotowskiana.

del Nombre-del-Padre, aunque ya no crea en él. Al menos le queda una creencia: creer en su sinthome.

Eric Laurent ha planteado que en nuestra sociedad y cultura actuales, definidas por "el espíritu cientificista y mecanicista", es decir, en una sociedad de 'individualismo de masa', con una creencia en la efectividad de la ciencia y de la tecnología para garantizar la felicidad, "deberíamos inventar el nuevo deporte del siglo XXI, un nuevo ritual que al mismo tiempo fuera una práctica del cuerpo y que permitiera la socialización" ("Hemos transformado..."). Grotowski parece haberse orientado hacia lo mismo cuando nos habla de un 'ritual objetivo" al referirse a la búsqueda del origen que precede las diferencias idiomáticas. Sin embargo, la sociedad actual, aunque busca garantías otrora divinas, religiosas, en el culto al cuerpo biológico, no parece interesada en inventar rituales que permitan la socialización, el encuentro con el otro. Grotowski va a dar, como veremos en este libro, gran importancia a la cuestión del encuentro y ese vocablo 'encuentro' va a abrirnos a muchas posibilidades de lectura. Entendemos también el intento de Grotowski por recuperar el mito (comunitario) a nivel del cuerpo del actor o el participante, por medio del proceso de desnudamiento o desdomesticación, a partir de un entrenamiento con ejercicios corporales, canciones tradicionales y el recurso a la rememoración de la biografía del practicante.

Más que 'ateos viables', tenemos en la sociedad a partir de los *sixties*, según lo plantea Eric Laurent en el epígrafe, una sustitución de ese dios/padre por el cuerpo, dejando intacto sin embargo la estructura libidinal obsesivo/religiosa, particularmente en lo que concierne a la pulsión, ahora incentivada por una decadencia de la autoridad, de la ley, y dirigida a buscar una satisfacción siempre imposible en un goce irrefrenable de objetos de mercado. Grotowski, como sabemos, nos planteará cuestiones relativas al organismo y, a medida que avanza en su búsqueda, irá reconsiderando la diferencia entre organismo y cuerpo. Lacan, por su parte, nos hablará de un cuerpo imaginario, un cuerpo simbólico y un cuerpo real; pero también nos hablará del cuerpo gozante, al que Grotowski también arribará al final de su trayectoria. Sabemos que esta exigencia de credibilidad dirigida al actor tuvo una base a partir de la afiliación stanislavskiana a la verosimilitud realista. Sin embargo, no resulta sorprendente que también la sostuviera Grotowski en su primera etapa, a pesar de su posición blasfema en cuanto al teatro y a la estética realista. A partir del Parateatro irá elaborando esa otra alternativa que ya hemos descrito: la de orientarse hacia el origen como recuperación de lo mítico y lo ritual comunitario pero localizado en el cuerpo del participante o del Performer. Lo hará con distintos grados de emancipación de lo religioso, pero paulatinamente irá —como pretendemos demostrar en este libro— adviniendo a una posición no esencialista, no universalista, sino atenida a la singularidad del sujeto, de su deseo y de su goce. De todos modos, no deberíamos los teatristas cancelar algunas preguntas que nos surgen en esta instancia: ¿Por qué lo que ocurre sobre un escenario debería ser creíble o posible? ¿No sería más interesante que la escena muestre justamente lo imposible, como una dimensión no realizable en la realidad o como un semblante de lo Real en sentido lacaniano? ¿Será que el trasfondo ideológico de esa credibilidad es de tipo teológico o antiteológico? En todo caso, ¿cómo trabajar la escena para que el público devenga un 'ateo viable'? Hay semblante de la verdad porque lo real, a diferencia de la realidad con la que opera la ciencia, no es significantizable en su totalidad. La realidad, hay que insistir una vez más, no es lo real; la realidad es una *construcción* fantasmática simbólico-imaginaria sobre aquello que, mediante consensos de todo tipo, opera la ciencia para fundar sus veleidades de objetividad, y esto explica que los paradigmas científicos se derrumben cada tantos años, como ya lo ha explorado Gastón Bachelard con sus obstáculos epistemológicos, retomado luego por Louis Althusser, como ruptura epistemológica, y Thomas Kuhn cuando nos habla de las crisis epistemológicas en la historia de la ciencias. La verdad como semblante es la que afecta singularmente a un sujeto, no es generalizable ni universalizable. Y es esa misma verdad como semblante la que un espectáculo intenta presentar al público.

Para el psicoanálisis la creencia se localiza en varios aspectos: en primer lugar, analista y analizante creen en el inconsciente; también está la creencia en el sujeto-supuesto-saber y sobre todo la creencia en que el síntoma tiene un sentido a develar porque éste aloja lo Real. Para aquellos que no están involucrados en el encuadre analítico, la creencia, como lo plantea Laurent, se instala en el cuerpo biológico, en el que se buscan las garantías que antes se buscaban en dios. Por eso, los legos, en su gesta por lograr la felicidad, recurren a buscar la ayuda de psiquiatras, neurólogos y de la industria farmacéutica (o la consulta a gurúes de todo tipo), cuando no de los gurúes de turno. Sin lugar a dudas, esta creencia trata de sostenerse a toda costa, a pesar de que los conflictos psíquicos no pueden ser maquillados y, repetición de por medio, después de un tiempo regresan y a veces con mayor ímpetu y virulencia. Particularmente en una sociedad basada en el consumo y orientada hacia la cancelación del deseo mediante una imposición superyoica de goces excesivos, el cuerpo (no sólo como organismo, sino como cuerpo simbólico, imaginario y real) no deja de manifestar y producir violencias de toda índole. Todo bloqueo del deseo tarde o temprano genera y remata —por énfasis en la pulsión de muerte y por la precariedad de la ley— en violencia. Grotowski criticará a los movimientos rebeldes de los *sixties* y paulatinamente irá modificando su propuesta siempre a favor del deseo. Si nos atenemos a la cuestión del síntoma, veremos cómo Grotowski pasará del *signo* de su primera etapa al síntoma, lo cual supone adherir a la lógica del significante. Y es que cree en el síntoma, cree en ese sentido (desconocido para el yo) que se goza y promueve una creencia en el Dios-Padre, esto es, en que dicho síntoma tiene relación con un deseo, un goce y un real al que se quisiera hacer "hablar" o "balbucear" (*lalengua*) por medio de una metodología que se propone como un desnudar o desenmascarar al actor para llevarlo a ese punto en el cual, anulando y sacrificando el yo construido por la cultura, lo revela en su sí mismo, en su singularidad.

Se busca también creer en el Nombre-del-Padre en una época en que se descree del padre, de la autoridad y de la ley, en una época que, desde los *sixties*, se instala como mandato el paradojal "prohibido prohibir". Podemos decir, entonces, que Grotowski nos plantea creer en el síntoma y propone estrategias de entrenamiento orientadas a develar ese sentido para arribar al *sinthome* de cada participante o performer, caso por caso. Por eso Grotowski apuntaba al principio al famoso "estado de trance" en el que el actor se rebelaba —no sin procedimientos de crueldad— contra el padre, blasfemaba; pero a lo largo de su trayectoria, como veremos, va a ir aproximándose al origen concebido como un resto vital no simbolizado en el cuerpo gozante, ya no en tanto transgresión o rebelión, sino como lo incurable desde donde habría que apuntar a la transvaloración de los valores.

    ¿Qué ocurría con la creencia del lado de aquellos que asistían a sus convocatorias? La creencia, como base de aquello que Freud denomina la religión del padre para la neurosis, está presente en casi todos los testimonios de quienes trabajaron con Grotowski: se crea en el maestro incluso cuando su respuesta era ambigua, confusa, insensata o incluso silenciosa. Gradualmente Grotowski irá asumiendo la posición de sujeto-supuesto-saber y por ello en la mayor parte de las situaciones no responde a la demanda de los asistentes, salvo con puntuaciones enigmáticas o bien el silencio. Grotowski, como el analista lacaniano, concibe su posición en el proceso de trabajo en la perspectiva de la dirección de la cura, es decir, procede a "no pavonearse de sus significantes amos" (Alemán, *Soledad: Común* 67). Esa misma religión neurótica, si bien se mira, es la que atraviesa casi toda la bibliografía sobre el maestro polaco, con matices diversos de mitologización, obviamente no (siempre) atribuibles a Grotowski mismo. Hay aquí un componente fetichista, tal como Freud lo planteó: se cree y no se cree en la castración del maestro, hay vacilación, los asistentes se desestabilizan y algunos no logran continuar. El sujeto queda con una actitud dividida en cuanto a creer y no creer, en cuanto a conservar la creencia o bien abandonarla. Esta actitud no deja de estar en cierto modo relacionada con una actitud ambivalente de amor/odio de algunos de quienes trabajaron con él. El maestro polaco es siempre presentado, además, como una figura doble, padre y madre, el que porta la ley y el que nutre. Se explica también que, más allá de Grotowski mismo, estos colaboradores y discípulos fueran construyendo un ídolo, un Grotowski-fetiche acomodado, en cada caso, a la idiosincrasia de cada teatrista o del cada grupo teatral.

    Se entiende que en la trayectoria y enseñanza de Grotowski se pasara de la primera fase, la de *Hacia un teatro pobre* o Teatro de Producciones, a la del Parateatro, en la que, desentendido de la producción de espectáculos, la propuesta hiciera su empuje a una dimensión de algún modo mesiánica en la que el trabajo del actor se convierte en una búsqueda de sí mismo para actores y no actores, incluso como una forma de comunión comunitaria con la Naturaleza. A partir de la etapa Teatro de las Fuentes se abandona el gesto mesiánico, de tipo masivo, y la aceptación para participar en sus encuentros se hace cada vez más selectiva, reduciéndose considerablemente el número de admitidos. El cambio fue percibido, según nos sugiere un comentario de Richard Schechner, como radical: los actores del Teatro Laboratorio no lo siguieron a la etapa del Parateatro (*Sourcebook* 115).

Lo que resulta innegable es que, alentada o no por Grotowski, su enseñanza fue promoviendo a su alrededor un culto de tipo religioso que, como se sabe, recapturó viejas prácticas monacales de tipo medieval. Y es que a la "muerte de dios" anunciada por Nietzsche y constatada por las masacres y guerras del siglo XX, se hizo necesaria la invención de un dios, de otro (singular o plural) que sostuviera la creencia en discursos incluso absurdos o que desafiaran cualquier tipo de racionalidad: véase esa dimensión "inefable" de la experiencia del trabajo con Grotowski evocada por sus actores, discípulos y colaboradores. Grotowski, para ellos, encarna a su modo el Otro que no existe y cada uno de ellos lo adora a su manera también. Desde esta adoración, poco es lo que se puede hacer para confrontar y retomar las preguntas grotowskianas en la praxis teatral. Un dogma busca imponerse, repetirse, apela al sometimiento, a la obediencia y al acatamiento acrítico. No es el mejor homenaje a Grotowski que se pueda hacer y este libro retoma la actitud blasfema del maestro polaco precisamente para leerlo, para interpretarlo, para retomar su pensar y su decir, en tanto "nos vemos obligados –nos cuenta— a realizar ciertas correcciones retrospectivas que en sí mismas permiten ver más claramente las posibilidades que se abren ante nosotros" (19)

Lacan va a sostener en el *Seminario 23 El sinthome* que el psicoanálisis puede llevar al sujeto al final de un análisis a una destitución subjetiva en que se instala un 'ateísmo', en cierto modo, una constancia de la falta de garantía del Otro; ya hicimos mención a ese 'ateo viable' que es el analizante al final de su análisis; sin embargo, Lacan también afirma respecto del Nombre-del-Padre, que "se puede prescindir de él con la condición de utilizarlo" (133), esto es, de un Otro simbólico que goza, incluso cuando constatemos que el Otro-no-existe. Y si ese Otro no existe, entonces el neurótico –a diferencia de la incredulidad estructural del psicótico y del paranoico— busca la garantía en su cuerpo y cree en él como posibilidad de felicidad gracias a la ciencia en la que, obviamente, cree. Es una circunstancia bien manifestada por los dichos populares y la sabiduría popular: "a falta de pan [dios], buenas son tortas" y "creer o reventar". Regresamos así a Eric Laurent: el cuerpo como un nuevo dios contemporáneo, ese cuerpo sobre el que se edifica el Método grotowskiano, no el organismo de la primera etapa del Laboratorio Teatral, con el discurso pavloviano que lo determina, sino el cuerpo gozante a partir del Parateatro. Creemos en ese cuerpo como sede de la voluntad de poder, creemos en el inconsciente, en el sentido gozado en el síntoma y en el sujeto supuesto saber; esas creencias atraviesan el corpus grotowskiano. Aunque Dios no exista, al menos creemos en algo que no engaña, esa angustia que no es sin objeto, tal como el sentido del síntoma que, creemos, tiene una relación con lo Real. Esta dimensión de creencia está en el psicoanálisis y en el Método. Y esa creencia en ese goce encapsulado en el síntoma explica que Lacan pa-sara a la idea de que se trata de un goce más allá de la función fálica, como un goce suplementario de aquello que él denomina La mujer.

# Nota preliminar: Nietzsche y Grotowski

Además de una aproximación desde Heidegger, Lacan y Foucault, el lector observará a lo largo de este libro que hemos establecido una cierta conversación entre Nietzsche y Grotowski. Sin duda, esa conversación es imaginaria, y no porque hayan vivido en tiempos diferentes, sino porque forma parte de mi propia interpretación. Y esta interpretación se justifica de varias maneras, más allá de los contenidos que hemos intentado poner en paralelo durante el tratamiento de ciertos temas en cada capítulo. Desde el punto de vista cronológico, Nietzsche apareció en mi camino casi al finalizar este libro y me obligó a repensar a Grotowski y a mi interpretación de su propuesta. En este apartado quisiera tratar varios aspectos, de alguna manera formales, que me parece importante subrayar entre ambos puesto que, de alguna manera, también han orientado la escritura de este libro y *afectado* mi praxis teatral.

1.- La lectura de Nietzsche, como señala Karl Jaspers, en un libro pionero sobre el filósofo alemán, desafía la estabilidad anímica del lector:

> El entusiasmo por el Nietzsche inmediatamente agradable se convierte, con brusquedad, en repugnancia por una complejidad abigarrada y, en apariencia, inconexa. La lectura de su obra llega a ser intolerable, porque constantemente hay que leerlo de otro modo. Pero tales reacciones no permiten alcanzar una verdadera comprensión ni tampoco entender la auténtica dificultad. (22)

Asimismo, la lectura de los textos grotowskianos que revisamos en este libro pareciera llevarnos de lo agradable a lo enigmático –no a la brusquedad (Grotowski no hace gala de la agresividad o de lo dionisíaco como el alemán): hay un devenir desde *Hacia un teatro pobre* hasta *el Performer*. A medida que avanza en su discurso, Grotowski se hace más oracular, lo cual lo acerca otra vez a Nietzsche; ambos carecen de un discurso sistemático; se percibe un saber que se va construyendo a medida que destruye. Como en Nietzsche, según el juicio de Jaspers, en Grotowski también se puede explicar que la arquitectura de su propuesta haya quedado parcelada en etapas en las que habría un antes y un después, descuidando ese Más-tarde y Más-temprano de los que Heidegger nos alerta. Lo testimonial que, por ejemplo, el *Sourcebook* incluye alrededor de cada texto grotowskiano tomado como representativo de cada etapa, pierde en general la perspectiva de fondo, es decir, no llega a "comprender" el hilo conductor que, retroactivamente, nos remite al origen el cual, como sabemos, aparece casi al final, aunque se propone como el principio. Asimismo, en este libro el lector debe ir, como ocurre con otros míos anteriores, avanzando y retrocediendo.

2.- Se puede leer los textos de uno y de otro en clave autobiográfica; esto no quiere decir que remitan a los acontecimientos de su vida cotidiana —"la realidad de la vida de Nietzsche", según la denomina Jaspers (35)—, sino al contrapunteo de su decir y sus propuestas con el cuerpo. No percibimos en ellos un discurso de tipo abstracto, sino un discurso cuyos temas se van desplegando en orden a su pasión, a sus interrogantes, a sus deseos y a sus goces. Es una escritura que avanza no como un conocimiento elaborado y contrastado, sino como una acción que da cuenta de un no-saber que la motiva, que avanza y luego retoma y retorna diferentemente, que se dispersa y hasta hace saltos cuyos vacíos o cuyos silencios quedan para la interpretación, abren una diseminación a futuridad.

3.- Uno y otro han sido leídos desde diversas tribunas: para unos, por ejemplo, Nietzsche es el poeta, el escritor, y para otros es el filósofo; lo evalúan desde una perspectiva en detrimento de la otra, cometiendo cada cual a su manera cierta injusticia. Frente a esto, Jaspers nos propone que "[l]a interpretación propiamente dicha, en cambio, consiste en penetrarlo [a Nietzsche], en vez de subsumirlo" (27). Leo a Jaspers desde el significante relativo a la penetración: una interpretación atenida a la sexualidad. La misoginia explícita de Nietzsche, por ejemplo, no tiene eco en Grotowski, quien —a pesar de las escasas mujeres ligadas a su proyecto— no hace mayor mención al tema. Y esto no es realmente relevante como dato, salvo cuando lo posicionamos como síntoma. Penetrar es un acto que tiene consecuencias, usualmente imprevistas; penetrar una textualidad supone jugar con los significantes y de repente toparse con el sinsentido, que nos obliga a retrospectivamente re-tomar la cadena significante y paso a paso ir siguiendo los avatares del deseo que la funda. Es una interpretación creativa que se opone a la adaptación, a subsumir —como dice Jaspers— el discurso a una ortodoxia fijada de antemano, como quien sospecha y actúa policialmente detectando desvíos punibles, en vez de sorprenderse y regocijarse por lo inesperado que, a su manera, nos desafía desde su misma irrupción. Liberar en vez de someter el texto a lo que suponemos que debería decirnos. Mi lectura de Grotowski la he realizado dentro de estas convicciones. Nunca escribo desde el saber; mi escritura parte de una frase inesperada y la escritura va descubriendo el camino hasta que llego a una encrucijada o una frontera que me exige tomar decisiones, realizar mi acto también lleno de consecuencias que no son intenciones, que no se conocen de antemano.

La interpretación, como se ve, en su dimensión sexualizada, supone no actuar perversamente, sometiendo el cuerpo textual grotowskiano —o nietzscheano— al goce del Otro; tampoco supone esclavizar o subyugar ese cuerpo leyendo como Amo o adorarlo repitiendo automáticamente desde la posición del esclavo intentando responderle desde el amor. Penetrar un texto es, sin duda, hacerle violencia, en el sentido en que Bataille la adhiere al erotismo, y que Nietzsche la adosa a la crueldad; penetrar es una acción a nivel de cuerpos que entran en otros cuerpos, que anhelan en su ilusión alcanzar la interioridad más íntima del otro y que hasta imaginan de ese modo una posesión: interpretar sería así un apropiarse de alguna verdad escondida en la interioridad. Y este acto se instaura sobre un engaño del que Lacan nos advirtió: no hay relación sexual; por más que se penetre, no hay proporción entre los deseos. El penetrar queda, así, limitado al acto sexual, pero no restringe la dimensión de la sexualidad que nos invita a ir más lejos. No hay manera de hacer Uno con el texto. Penetrar nos queda, así, dentro del registro imaginario: es abordar (o mejor, abordarse) con diversa intensidad ciertas zonas del cuerpo, auscultando su potencial de placer o dolor; se trata de abandonar el cuerpo como totalidad para concentrarse en los detalles, esos divinos detalles de los que habla Jacques-Alain Miller —nada de sistema, de unidad, de identidad— cuya elocuencia hay que recuperar persiguiendo su genealogía y destruyendo totalizaciones y jerarquías.[20]

Interpretar puede ser también una forma de dejar que el texto nos penetre, nos explore, intente seductoramente –pero también fracasando— apropiarse de nosotros, de nuestro deseo, dejar que el texto nos sobrecoja –para seguir con Jaspers— en nuestra más secreta y desconocida intimidad: de ahí la idea de leer el texto en clave autobiográfica, como he intentado con Grotowski y hasta con Nietzsche, para elucubrar el horizonte, si puedo llamarlo así, de mi demanda y mi deseo. Penetrar, finalmente, podemos pensarlo como sentirse atravesado, como cuando el frío nos penetra, o cuando entramos en un recinto que nos aloja y nos cobija, o peor, nos aprisiona. La interpretación –el penetrar en relación a lo simbólico— es siempre diferencia y –en relación a lo real— un agujero, un sinsentido, que nos lleva a inventarle creativamente algún sentido: el arte de inventar constantemente como un intento, siempre fallido, de alcanzar el deseo del otro.

Recordemos con Nietzsche que no hay hechos, solo hay interpretaciones; lo subjetivo y lo objetivo quedan desplazados, siempre diferidos, porque la verdad como esencia no tiene ya asidero en el devenir, no hay interpretaciones acertadas o falsas –y aquí no seguimos a Jaspers— sino a Nietzsche y a Freud: alabanza del error, puerta al saber de lo no-sabido,

---

[20] En su curso *Los divinos detalles* (1989), Jacques-Alain Miller nos platea enfocarnos en los detalles. La pequeñez del detalle nos permite evitar las totalidades, a veces corriendo el peligro de "perderse en los detalles" (11), aunque lo habitual es en realidad perderse en "las visiones de conjunto". El detalle, el pequeño detalle, incluso el divino detalle (divino por su unicidad), es lo que convoca nuestra atención: "Cuando alguien dice 'no es más que un detalle' o 'Hay un pequeño detalle', ahí paramos la oreja" (11). Miller concluye que "[e]ste poder del pequeño detalle quizás nos indique que vale más que el todo" (11). Miller agrega el sentido etimológico de 'detallar', como cortar en pedazos, lo cual convoca la idea de cuerpo y sobre todo de cuerpo fragmentado, "del que los psicoanalistas van a extraer los objetos parciales" (13). Y eso supone abordar la cuestión del objeto *a* y lo pulsional. En este libro nos hemos guiado por prestar atención a los pequeños detalles del discurso/cuerpo grotowskiano.

abandono de la metafísica occidental, plenitud de la sofística: la verdad como una mentira santificada se nos torna ahora en una apariencia, el semblante de un vacío o bien el escombro de un edificio derruido que insiste en sobrevivir al desastre del derrumbamiento y que siempre hay que volver a inventarle un sentido y una genealogía, la cual construye y a la vez destruye; reconstruir, pues, y volver a demoler como en un eterno retorno. ¿Quién es, pues Nietzsche? ¿Quién es Grotowski? No están, por cierto, fijados, no son símbolos; se trata de significantes que admiten pluralidades interpretativas. No hay, pues, ni un Nietzsche ni un Grotowski verdadero: *Grotowski soy yo*. Tal como lo plantea Ronald Grimes y como menta el epígrafe que hemos tomado para el Prólogo de este libro: uno no puede con fidelidad hablar meramente de Grotowski; uno debe hablar *con* él. Y agregaría: uno debe hablar *desde* y *hacia* él.

4.- Nietzsche apunta a transvalorar la moralidad platónico-judeocristiana que, como enfermedad, como ideal ascético, ha afectado a Europa, su cultura, sus ciencias, su arte, desde la decadencia de Atenas hasta su propia época histórica, en la que sitúa al 'último hombre' y vislumbra el superhombre como futuridad de la voluntad de poder, ya no negativa, sino afirmativa de la vida. Grotowski nos habla de desdomesticarnos de la impronta de la cultura moderna y también atraviesa y descalifica sus entusiasmos iniciales con la ciencia, blasfema la moralidad judeo-cristiana pero, a diferencia de Nietzsche —ya estamos en otra etapa del capitalismo y de la modernidad que ha enfrentado sus propios horrores con las dos guerras mundiales y los campos de concentración y luego con el stalisnismo— se siente compelido a enfrentar la diferencia y para ello aborda la diversidad multicultural en regiones alejadas de Europa aunque no fuera de su influencia neocolonial. Si Jaspers puede decirnos que "la crisis de Europa se condensa en Nietzsche, tomando figura humana" (28), casi lo mismo podríamos afirmar de Grotowski. No se trata de 'multiculturalidad' como la entenderá mucho después la academia; no es curiosidad para superar las limitaciones de la razón europea. En Grotowski se trata de un preguntar profundo a la manera heideggeriana que parece dispararse desde una falta que él nominará 'origen'. Y este giro nietzscheano es el que me parece ocurrir a partir del Teatro de las Fuentes, en el que Grotowski da su salto desde la metafísica occidental (basada en la razón, la Idea, la esencia, el tiempo-reloj, el ideal ascético, la voluntad de verdad) hacia la cuestión de otro tiempo, del devenir, de la diferencia, de la diversidad, la verdad como semblante, el error, etc.

En este sentido, mi propia praxis teatral concurre aquí en la medida en que se desenvuelve en un espacio neocolonial y en una etapa neoliberal global (ya ni siquiera restringida a occidente) —que no involucró obviamente ni a Nietzsche ni a Grotowski; sea en Argentina o algún otro lugar de la heterogénea América Latina, sea en el encuadre académico ejercido en una institución con altísima diversidad y además localizada en el sur de California también extremadamente diverso (con minorías sectorizadas racial, ética, sexual, religiosa, social, política y culturalmente), mis talleres-seminarios me obligaron a pensar la diferencia en cuanto tal y las diferencias con Nietzsche y con Grotowski. Sobre todo, la problemática tuvo que situarse en lo pedagógico, el acto performativo en el encuadre pedagógico, y de ahí proceder a las consecuencias.

## Jerzy Grotowski y la peligrosidad de los prólogos

*Introducción*

A l revisitar *Towards a Poor Theatre* (1968 [versión española 1970]), cuando uno quiere aproximarse a la palabra de Grotowski, tiene que tomar varias precauciones. La figura del maestro polaco, desde su impacto a partir de los *sixties* en el campo teatral y psicoterapéutico,[21] ha ido acumulando múltiples lecturas e interpretaciones, contando ya con una extensísima bibliografía académica. Aunque en otros capítulos, los de la tercera parte, voy a intentar aproximarme a su 'palabra', en el presente pretendo simplemente abordar la traducción española (similar a la publicada en inglés, pero con algunos agregados) en sus prolegómenos ya que, dispuestos como están antes de los textos de Grotowski, de alguna manera orientaron y todavía orientan el sentido de éstos y no siempre del mejor modo.

En efecto, la versión castellana de *Hacia un teatro pobre* incluye, además de una "Nota a la traducción española", una entrevista a Grotowski realizada por Margo Glantz –la traductora al español—, quien lo interroga sobre las relaciones del psicoanálisis con su propuesta técnica. La versión inglesa, por su parte, incluye una página con datos biográficos y contextuales de Grotowski y su Teatr Laboratorium que en la versión española toma el título de "El laboratorio teatral". A continuación tenemos el "Prefacio" escrito por Peter Brook y recién después de todos estos textos introductorios accedemos a la 'palabra' de Grotowski. En este ensayo queremos explorar estas introducciones a fin de ver hasta qué punto manipulan la recepción de la palabra del maestro antes que el lector se relacione con ella. ¿Hasta qué punto los prólogos, prefacios e introducciones contribuyen a la lectura e interpretación de un texto o, por el contrario, desvirtúan su recepción? Imaginamos que, en este caso, gran parte

---

[21] Ver en este libro "Praxis teatral: Jerzy Grotowski y el psicoanálisis".

de Europa occidental y de las Américas requerían cierta información previa para recibir una personalidad y una propuesta como las de Grotowski, proveniente de una sufrida Polonia, en una época de intensos cambios culturales de post-guerra, en los que ya se podía adivinar la caída de la función paterna, de la ley, la desaparición del cuerpo (después de una explosión de las ataduras que lo oprimían a partir de discursos patriarcales y conservadores), el despegue del feminismo y la cultura joven, la experimentación con nuevos vínculos personales, el uso de sustancias alucinógenas y el recurso a las tatoos como modos de darse un cuerpo, como decía Laurent; la exploración de nuevos modelos familiares, la búsqueda del sí mismo velada por las ilusiones del yo a partir de la incorporación de técnicas de meditación y filosofías orientales, etc.

Quizá esos prolegómenos se hicieron necesarios para facilitar la recepción de una propuesta tan a contracorriente en esa época, aunque la intención de permitir la compresión, no obstante, hoy podría leerse de otro modo, como verdaderos impedimentos u obstáculos, cuando no rechazos de la propuesta que se quiere presentar. Varios factores están en juego en el corpus de los 'textos' grotowskianos: en primer lugar, la mayoría de ellos son transcripciones de charlas orales del maestro o bien entrevistas; en segundo lugar, la diversidad de contextos socio-políticos y culturales entre Polonia y el mundo occidental oficiaba como una barrera de posibles incomprensiones. Como lo plantea Halina Filipowicz, no hay que olvidar que "Grotowski is a man of the margins who has turned his marginal position to his advantage. Born in a country along the edges of European culture, he has always situated himself on borders of artistic centers in every possible way" (183). Finalmente, la historia misma de Polonia operaba bajo los pliegues más sutiles de la propuesta grotowskiana.[22]

Volveremos el tema de las trascripciones en otro capítulo.[23] Como ocurre con los textos lacanianos, también en su mayor parte transcrip-

---

[22] Seth Baumrin ha explorado el contexto socio-político y cultural de la propuesta de Grotowski con bastante detalle.

[23] Ver "Praxis teatral: Grotowski y el psicoanálisis".

ciones, a pesar de los albaceas designados para su diseminación (Richards en el caso de Grotowski, Jacques-Alain Miller en el caso de Lacan), lo cierto es que, además de las etapas que dichos maestros registran en su enseñanza (como ocurrió con Stanislavski), el panorama se complica porque se registran diversas versiones, ya que las disponibles han pasado por la supervisión de otros y no siempre (es el caso de los Seminarios lacanianos) hay correspondencias entre las mismas. En el caso de Grotowski, como nos cuenta Schechner, la necesidad de contar con las autorizaciones de Richards y el riguroso cotejo realizado por Mario Biagini, sumado a la apertura de archivos en Italia y Polonia, ha generado una serie de debates que aún no se ha cerrado. Los problemas de traducción de algunos vocablos del polaco han traído también sus propias controversias, sobre todo en la medida en que el mismo Grotowski era consciente de su discurso oral y la dimensión performativa de sus presentaciones. Al respecto, Kris Salata and Lisa Wolford Wylam comentan que Grotowski no solo era cuidadoso en el proceso de transcripción de sus conferencias, sino que también le importaba mucho que el traductor captara lo fundamental del pensamiento: "Grotowski insisted that the task of the translator was neither to interpret nor improve, but rather to render meaning with as much precision and as little distortion as posible" (15). Y agregan:

> Grotowski had a particular relationship with the spoken and written word, one through which he sought something of the same truth and aliveness that he looked for in the actor as well as in the theatrical event, the core of which he located in the possibility for extra-quotidian meeting between actor and spectator. A charismatic and compelling speaker, Grotowski consistently deployed language with sensitivity toward its performative impact... (15)[24]

Así, por ejemplo, ciertos vocablos en polaco podrían dar lugar, sobre todo hoy con el avance del feminismo, a tergiversaciones, tal como

---

[24] Comentamos las relaciones de la palabra oral en Grotowski más adelante en "Pervivencia de lo monacal: el teatro de lo sagrado secular de Jerzy Grotowski".

ocurre con la palabra "człowiek, conventionally rendered as "man" in English versions of his texts, referenced a human fullness of becoming without reifying a masculine universal" (Salata y Wolford Wylam 16). Similarmente, como nos aclara Maja Komorowska, *"Boss* is an affectionate term for Grotowski used by his close collaborators" (59, nota 35) y no tiene connotaciones autoritarias. Desconozco el polaco, pero en las traducciones al inglés y al español siempre se usa *he*/él para referirse al actor, tanto en los textos de Grotowski como en los de sus críticos, colegas y comentadores. Nunca hay un *she*/ella, como también ocurre en Stanislavski, salvo una excepción, en la cual la actriz es presentada por el maestro ruso como desequilibrada por la muerte reciente de su hija.[25]

*Peter Brook y Margo Glantz ante Grotowski*

El prólogo de Peter Brook a la edición del libro de Grotowski merece unos párrafos, porque de alguna manera, siendo una lectura –no necesariamente complaciente— da los primeros síntomas de una recepción y, más importante aún, establece un marco para la lectura de los textos del propio Grotowski, el cual podría no coincidir completamente con la forma en que su pensamiento es presentado por el director inglés. Esto, pues, nos impone ya una alternativa: leer a Grotowski fuera del marco brookiano, o leerlo a partir de Brook.

Pero hay más. A esta aproximación brookiana –a la que volveremos más adelante— hay que agregar lo establecido en la "Nota a la traducción española" escrita por Margo Glantz, que no deja de imponer y condicionar una interpretación del título del libro, particularmente del abanico de sentidos que despliega el adjetivo "pobre", dejando de lado curiosamente el que deviene de la preposición "hacia". Glantz nos conmina desde antes de entrar en los textos de Grotowski a pensar lo pobre en tres vertientes: (a) la material, un teatro que prescinde de escenografía y otras "técnicas complicadas" de montaje (iluminación, música, maquillaje,

---

[25] Ver mi libro *Ensayo teatral, actuación y puesta en escena. Notas introductorias sobre psicoanálisis y praxis teatral en Stanislavski*.

etc.); (b) la esencial, en el sentido de que el teatro grotowskiano "se despoja de todo elemento superfluo" para concentrarse en el "pobre" cuerpo del actor considerado como "esencia del arte teatral" y finalmente (c) la ascética, que apunta a una nueva "moralidad" teatral entendida como "un nuevo código del artista" (1). Grotowski, por su lado, retoma el vocablo "pobre" de la tradición bíblica. Sospecho –porque no tengo evidencias– que la perspectiva grotowskiana recibe varias influencias de Arthur Schopenhauer, tal vez no de lectura directa, sino por medio de otros intermediarios. Volveremos sobre la relación entre Schopenhauer y Grotowski en otro capítulo.

Respecto a la "Nota", hay varias preguntas que formularse: la primera sería por qué se enfatiza el adjetivo "pobre" y no la preposición 'hacia' que, en todo caso, no tiene menos peso, habida cuenta de que, según el Diccionario de la RAE, "denota el sentido de un movimiento, una tendencia o una actitud" a la vez que se refiere a un "alrededor de, cerca de". La preposición "hacia" en el título del libro resulta crucial –un detalle divino– porque indica un camino o una meta. El teatro pobre, sin embargo, no es la meta, pues la investigación grotowskiana va más allá del Teatro de Producciones y atraviesa todas sus fases posteriores. Esa tendencia (d)escribe una trayectoria, un itinerario particular, que nunca se cierra. Siempre hay un "hacia" que deja abierto el itinerario y por eso vale la pena retornar a Grotowski. Además, no caben dudas de que la propuesta grotowskiana quiere situarse al principio como una continuidad al Sistema de Stanislavski y asumir ese 'sentido de movimiento o tendencia', que tendrá como campo exploratorio la actuación. Pero, ¿a qué apunta la tendencia, cuál es su objeto? La preposición 'hacia' nos invita también a interrogarnos sobre ese "alrededor de, cerca de". Podemos, desde la praxis teatral, interpretar ese movimiento o tendencia, primero, como alrededor y cerca de un vacío, una falta –ya que se habla de pobreza—, como aquello que funda el deseo y, segundo, como equivalente a la pulsión [*Trieb*] freudiana, que rodea el objeto sin alcanzarlo, aunque, no obstante, logra satisfacerse.

Si el adjetivo 'pobre' ya opera como un despojamiento de aquello que se supone era el teatro anterior y contemporáneo a Grotowski (al menos en Europa Occidental) con sus artificios técnicos y estéticos, hasta como arte total en sentido wagneriano, la propuesta de Grotowski –según Glantz nos invita a considerarla— puede hoy leerse a partir de una actitud de des-travestización del teatro y del actor, de desnudamiento o desvelamiento en vistas a captar o capturar un objeto siempre escamoteado/velado en la teatralidad del teatro, un Real en sentido lacaniano, un cuerpo gozante que solo puede entreverse a partir del juego de los códigos y los ropajes escénicos, y una verdad que –como lo plantea Lacan— solo puede mediodecirse sobre la escena. Si esto es así, estaríamos en una propuesta de des-erotización del teatro, en la medida en que lo erótico no es el desnudo, sino lo que está entrevisto en la hiancia provista por los velos. Roland Barthes decía en *El placer del texto* que lo erótico era no el desnudo sino la intermitencia causada por la abertura de la ropa, que deja ver la piel y a la vez la esconde.

> ¿El lugar más erótico de un cuerpo no es acaso *allí donde la vestimenta se abre*? En la perversión (que es el régimen del placer textual) no hay "zonas erógenas" (expresión por otra parte bastante inoportuna); es la intermitencia, como bien lo ha dicho el psicoanálisis, la que es erótica: la de la piel que centellea entre dos piezas (el pantalón y el pulóver), entre dos bordes (la camisa entreabierta, el guante y la manga); es ese centelleo el que seduce, o mejor: la puesta en escena de una aparición–desaparición.

Las fotos de las obras del Teatro de Producciones operan, a pesar de Grotowski, en este velar y desvelar el cuerpo desnudo, al que aspiraba como deserotizado (sin egotismo y sin regodeo):

> El nuestro no intenta ser un método deductivo de técnicas coleccionadas: todo se concentra en un esfuerzo por lograr la "madurez" del actor que se expresa a través de una tensión elevada al extremo, de una desnudez total, de una exposición absoluta de su propia intimidad: y todo esto sin que se manifieste el menor asomo de egotismo o autorregodeo. El actor se entrega totalmente; es una técnica del "trance" y de la integración de todas las potencias psíquicas y corporales del actor, que emergen de las capas

más íntimas de su ser y de su instinto, y que surgen en una especie de "transiluminación". (Grotowski 1970: 10)

Si la propuesta actoral apunta a un desnudo total, es posible extenderla, como lo hará Grotowski, al formato tradicional de la sala a la italiana, a esa teatralidad del teatro toda ella conformada por velos perversos y, por esa vía, desnudar a la vez la relación entre actor y público, la cual dejará de lado lo contemplativo para orientarse hacia una dimensión participativa y testimonial. El teatro 'pobre' inicia ese proceso de deserotizar el componente fetichista del teatro tradicional, favoreciendo un nuevo lazo entre el actor y la audiencia, para lo cual, además, se dispone una cercanía entre ellos, salas pequeñas, completa destrucción de "los estereotipos de visión" (Grotowski 1970: 16) de la teatralidad del teatro. Todo esto lleva a la necesidad de diferenciar nociones diversas como la diferencia entre lugar/espacio y particularmente las nociones de cuerpo a fin de diferenciarlo de organismo y comenzar a leer a Grotowski desde la triple perspectiva lacaniana: cuerpo imaginario, cuerpo simbólico y cuerpo real. Si el actor grotowskiano trabaja para ascéticamente acceder a esas "capas más íntimas de su ser y de su instinto" (transgrediendo las fronteras entre lo animal y lo humano), también la teatralidad grotowskiana aspira al atravesamiento de esa frontera escénica de la teatralidad del teatro en la que se vela el objeto *a*, de ahí que podamos explicar ese *trance* (del actor y del público) como un vínculo gozante, de cuerpos gozantes y ya no meramente placenteros (fingiendo, representando, imitando, contemplando, lo cual supone siempre una distancia). Por eso Grotowsk, abriendo la propuesta a una dimensión de alta peligrosidad, intentará desbaratar no la división irreductible sino la distancia entre escena y público y también destruir la posición de visibilidad contemplativa del teatro tradicional:

> Hemos prescindido de la planta tradicional escenario-público; para cada producción hemos creado un nuevo espacio para actores y espectadores. Así se logra una variedad infinita de relaciones entre el público y lo representado (1970: 14)

Si el actor, al plantearse públicamente como un desafío, desafía a otros y a través del exceso, la profanación y el sacrilegio injurioso se revela a sí mismo deshaciéndose de su máscara cotidiana, hace posible que el espectador lleve a cabo un proceso similar de autopenetración. (1970: 28)

La teatralidad grotowskiana —concebida como un despojamiento material y como ese encuentro entre actor y público— se orienta hacia la *verdad* y ésta es siempre incómoda y hasta siniestra, un Real carente de significantes, una verdad que no puede decirse toda (en sentido lacaniano), pero también una verdad, como la concibe Grotowski, que solo es alcanzable por un proceso de trabajo sobre sí mismo, interminable, retrospectivo y dirigido hacia ese más allá del lenguaje, donde él supone las esencias naturales (animales [instinto] y humanas [deseo, pulsión, ser], concebidas como universales y ahistóricas. Por eso las transformaciones técnicas que comenzó a plantear desde la etapa del Teatro de Producciones y que irá sofisticando después, ya conforman esa dimensión blasfema que atiende a la redefinición de nuevos objetivos teatrales:

> El espectador se alegra quizá, porque le gustan las verdades banales, pero no estamos allí para complacer o halagar al espectador, estamos para decir la verdad. (1970: 195)

La empresa grotowskiana, si partimos de estas asociaciones sobre la "Nota", nos abre a una serie de cuestiones que metodológicamente, incluso y sobre todo a partir de esta dimensión delirante y conjetural que queremos ensayar aquí, pueden guiarnos en la lectura de los textos del propio Grotowski, no para comprenderlos como intentan Glanz y Brook, menos aún para dogmatizarlo, sino, precisamente, para *evitar comprenderlos rápidamente*, tal como aconsejaba Lacan a sus analistas.

*La impronta de "El laboratorio teatral"*

Entre la "Nota" y el "Prefacio" de Brook, para colmo, se nos ofrece otro texto sin firma bajo el título "El laboratorio teatral", el cual es también una interpretación que nos condiciona en cierto modo la lectura directa de los textos de Grotowski. Demasiados preámbulos, pues, que anticipan un cierto malestar en el entramado de los textos grotowskianos, ya de por sí difíciles de descifrar.

Antes de comentar el texto de Peter Brook propongo detenernos brevemente en este texto sin firma que también se nos impone como intermediario, filtro o lente, para la lectura de los textos del maestro polaco. Como vemos, nada más peligroso que las notas y los prólogos, particularmente en estos textos que, como quería Foucault, intentan fundar una nueva discursividad, aunque no me parece, de todos modos, que éste sea el caso de Grotowski: si tenemos que nombrar a un "autor de discursividad" en sentido foucaultiano, ese nombre corresponde a Stanislavski y creo que Grotowski aceptaría esta propuesta. Queda por decidir si Grotowski realiza un "retorno a" Stanislavski (a la manera en que Lacan inicia un retorno a Freud) o si, en cambio, opera como una reactualización del Sistema. Vale la pena citar cómo Foucault en su famosa presentación al Collège de France titulada "¿Qué es un autor?", discierne estas dos posibilidades:

> el retorno al texto no es un suplemento histórico que se añadiría a la discursividad misma y la doblaría con un ornamento que, después de todo, no es esencial; es un trabajo efectivo y necesario de transformación de la discursividad misma. (29)

La reactualización, por el contrario, se entiende como "la reinserción de un discurso en un dominio de generalización, de aplicación o de transformación que es nuevo para él" (28). De ahí que sea necesario, como ocurrió con Freud, un retorno a Grotowski el cual, de alguna manera, desactive esos preámbulos o prolegómenos que manipulan al lector y al teatrista en una cierta dirección y empañan mediante la comprensión rápida aquello que requeriría de un trabajo analítico más detallado de la letra grotowskiana. En esta línea de 'revisión' parece estar el libro de Paul Allain y Grzegorz Ziólkowski titulado *Voices from Within: Grotowski's Polish*

*Collaborators* (2015),[26] orientado a desmitologizar en lo posible la figura y aportes de Grotowski: "While we cannot prevent ongoing mythologising of Grotowski, we might help reduce it. Mythologising can only begin to be undone through making materials available, such as the perspectives collated here" (12). Así, bajo el postulado de que "Theatre cannot be a solitary process" (8), se coleccionan entrevistas a muchos colaboradores de Grotowski, se presentan documentos y testimonios personales que estuvieron de alguna manera bajo la censura o autocensura durante la etapa de dominación soviética (12). Estas entrevistas introducen muchas otras voces que nos dan una idea mucho más abarcativa (y menos centrada en Grotowski) de la actividad desarrollada en el laboratorio teatral. Se trata de co-creadores (doce varones y cuatro mujeres [10])[27] cuya importancia quedó, en cierto modo, opacada por la figura monumental, casi de gurú, del maestro polaco; particularmente, se incluyen entrevistas y documentos que permiten hacerse una idea de otras etapas de la investigación grotowskiana más allá de la divulgada en *Hacia un teatro pobre*, esto es, la etapa del Parateatro, del Teatro de las Fuentes, del Drama Objetivo y la del Arte como vehículo. Dicen los compiladores:

---

[26] Se trata de un volumen publicado en la colección *Polish Theatre Perspectives*, que rescata mucha documentación e información de los archivos polacos, que quedaron desconocidos durante años en traducciones al inglés y otras lenguas.

[27] Los compiladores afirman que la mayoría de los colaboradores de Grotowski fueron hombres (Allain y Ziólkowski 10). Una razón posible para explicar esta preferencia se debe, obviamente, al patriarcado y al nivel de machismo (particularmente en países católicos), en la medida en que, a causa de las exigencias de profesionalismo y dedicación total que Grotowski demandaba de sus colaboradores y de sí mismo, resultaba muy difícil para las mujeres "to balance family life with such intensity of hours and frankly unsocial and varied commitments as work with Grotowski necessitated" (Allain y Ziólkowski 10). Por otra parte, la enorme bibliografía sobre el maestro polaco nunca hace mención a la cuestión de la sexualidad del maestro, quien nunca se casó ni tuvo hijos, lo cual no deja de ser sorprendente si cotejamos este silencio con la propuesta metodológica de "desnudarse" o "desenmascararse" que Grotowski plantea para sus actores. El material fotográfico al que he podido tener acceso siempre muestra a Grotowski rodeado de hombres o en intimidad durante los largos ensayos con alguno de sus actores varones.

Theatre can never be a solitary process. Yet so often what comes down to us as a history of the theatre, however recent this history may be, is singular, the vision of one person, usually a man, most often a director. This also applies to the work of the Polish theatre director Jerzy Grotowski. Celebration of his achievements often overshadows the work of his many collaborators. (8)

Se incluyen en este libro las contribuciones de colaboradores de todo tipo que abarcan actividades relativas a la vida diaria del teatro, más allá de los ensayos y de las puestas en escena; por ejemplo, algunos roles administrativos, cubiertos en general por mujeres, "which may be one reason for its relative marginalisation" de la actuación, debido a la imposibilidad de brindar tiempo completo por sus deberes como esposa y madre (10). Allain y Ziólkowski confían en que esta colección permita ir más allá de la mitologización (y hasta de "the narrowness of the conception of Grotowski's 'living tradition' presented in the TDR special issue '*Re-Reading Grotowski*' (summer 2008)" (11), volumen publicado por Kris Salata and Lisa Wolford Wylam en *The Drama Review*.

"El laboratorio teatral" nos ofrece una serie de datos relativos a la fecha (1959) y la pequeña ciudad (Opolé, Polonia) en la que Grotowski va a comenzar sus actividades. Nos aclara cómo en 1965 el "laboratorio teatral" se traslada a la ciudad universitaria de Wroclaw, con una población más extendida y, por contar con universidad, suponemos un poco más sofisticada culturalmente. Nótese que el Laboratorio no se instala en Varsovia: Grotowski y su laboratorio, luego sus talleres en California y sobre todo en Italia, vuelve a lo que, como mencionamos antes, Filipowicz denomina "a man of the margins", opción típica del ascetismo en cuanto ideal de la vida retirada, lejos del "mundanal ruido". Tenemos aquí un aspecto que, en otros trabajos, hemos denominado como determinantes de "la verdad escénica",[28] es decir, aquellos factores que operan y conver-

---

[28] Ver mi ensayo ""Una posible genealogía de lo político teatral: El régimen de verdad de la escena teatral" y mi libro *Praxis teatral. Saberes y enseñanza. Reflexiones a partir del teatro argentino reciente*.

gen en el producto artístico, que afectan la creatividad: locación, tipo de público, tipo de financiación, concursos, premios, publicidad, etc. Este traslado geográfico supone, además, un proceso de institucionalización, en tanto que el Laboratorio deviene ahora el Instituto de Investigación del Actor: estamos ya en una captura del Laboratorio por el aparato simbólico (Discurso del Amo, Discurso de la Universidad, según Lacan), al menos en cuanto allí la actividad teatral ha recibido desde entonces "el subsidio oficial a través de las municipalidades de Opolé y de Wroclaw" (Grotowski 1970: 3). Se nos dice en este texto que, desde entonces, ya no es un teatro, sino un instituto orientado a la investigación del arte teatral y del arte del actor. En el marco de estos protocolos institucionales, con el antecedente de las representaciones del Laboratorio, es que comienza a conformarse lo que el texto denomina "Método de Grotowski". Este instituto mantiene, no obstante, el carácter de laboratorio, lo cual supone aspirar a cierto estatus científico: es un lugar que cuenta con los medios necesarios para realizar una investigación acorde a ciertos principios epistemológicos, metodológicos y técnicos. Su línea básica es la experimentación y justificación de hipótesis; no olvidemos que uno de los significados que nos da el diccionario para 'laboratorio' es precisamente aquello "creado de forma artificial". Peter Brook nos dice en su "Prefacio":

> En el teatro de Grotowski, como en todos los laboratorios, los experimentos son científicamente válidos porque se observan las condiciones esenciales. En su teatro existe la absoluta concentración de un grupo pequeño y tiempo ilimitado. (5)

Sin embargo, más adelante leemos la palabra de Grotowski y podemos tener un ejemplo de las manipulaciones de su discurso ya que, como se puede apreciar, el maestro polaco dice precisamente lo opuesto a lo afirmado por Brook:

> La palabra investigación no debe plantearnos la idea de una investigación científica. Nada puede estar más alejado de lo que estamos haciendo que la ciencia *sensu stricto*, y no sólo porque carecemos de calificación para ello, sino también por nuestra falta de interés en ese tipo de trabajo. (21)

Lo cierto es que en esta nueva locación se cuenta con recursos precisos y adecuados para realizar una investigación, una concentración del trabajo sin mayores discontinuidades (particularmente financieras), lo cual admite una aspiración a resultados novedosos, generalizables y, hasta cierto punto, "vendibles" o promocionables: giras nacionales e internacionales, dictado de seminarios y cursos, etc., tal como las hará Grotowski desde ese entonces. Si pensamos en la situación política de Grotowski en Polonia,[29] podemos entender que —a pesar del estricto control de sus textos dados a publicación— estos preliminares que estamos considerando fueran aprobados por él mismo: el cuidado de la palabra no se desentiende del control del mercado y del futuro de su persona y su proyecto. Grotowski supo siempre controlar esta doble cara de su palabra.

Este texto anónimo agrega algo más: este instituto aspira a producir profesionales, en cuanto se espera de él que prepare "actores, directores y todo tipo de gente de campos que estén conectados con el teatro" (3). Sospechamos que este traslado de un Laboratorio desde una pequeña ciudad a una institución con protocolos precisos de producción (académica o no), conlleva no solo una demanda puntual de resultados, sino un marco diferente para el desarrollo de la creatividad, marco que no necesariamente hay que apresurarse a entender ni como limitativo ni como fértil *per se*. De hecho, el Laboratorio/Instituto —ahora asistido multidisciplina-

---

[29] Seth Baumrin ha explorado el contexto político en Polonia, las filiaciones de Grotowski, su delicado manejo de su situación como artista y lo que podemos suponer fueron, *a posteriori*, los determinantes de su exilio. Baumrin nos dice que 'During the Communist period, culture was Poland's most tangible indigenous asset in the otherwise Soviet-controlled Eastern bloc, and therefore a decidedly political asset. (53) Estaba siempre "the threat that they could be used in retaliation). The atmosphere of those times can be best described by a joke by Jerzy Grotowski: 1. Don't think. 2. If you think, don't speak. 3. If you speak, don't write. 4. If you have written something, don't sign. 5. If you have signed, take it all back immediately (Kozlowski 2004:55; trans. Amalia Wozna). (53) En ""Pervivencia de lo monacal: el teatro de lo sagrado secular de Jerzy Grotowski" y en "Praxis teatral: Jerzy Grotowski y el psicoanálisis" hemos detallado cómo los espectáculos de su Teatro de Producciones, con esa apariencia religiosa, fueron blasfemos y transgresivos políticamente, en sus temas y en su teatralidad.

riamente por psicólogos, fonólogos, antropólogos, incluso psicoanalistas, etc. –cuenta con "una compañía permanente cuyos miembros fungen también como maestros" (3). De un emprendimiento, si se quiere, artesanal, pasamos ahora a la captura del mismo por lo que Lacan ha denominado "Discurso de la Universidad", que impone precisos protocolos institucionales y determina la producción, no de *saber* en sentido psicoanalítico, sino de un *conocimiento* generalizable y distribuible. No olvidemos que el Discurso de la Universidad es una versión del Discurso del Amo, lo que aquí podríamos plantearnos en al menos tres posibilidades: el Amo soviético, por un lado, el Amo Teatral (de la tradición europea) por el otro, y finalmente el Amo como el Inconsciente, estructurado como un lenguaje, el Otro de la ley y la tradición, el tesoro de la lengua, etc.

Una vez más volvemos a los determinantes de "la verdad escénica" a la que ahora se suma la petición de *coherencia* en los repertorios, la cual impone la puesta en escena de clásicos polacos e internacionales. Curiosamente, se agrega a esto la siguiente exigencia: que dichas obras y dichas puestas en escena admitan la función de acercarse "a la del mito en la conciencia colectiva" (4). ¿Qué entender por esto? En principio, sin apresurarnos a imaginar qué pueda ser "el mito de una conciencia colectiva" (nótese de paso: no de un inconsciente colectivo), solo nos queda leer esto como una imposición –bastante enigmática— de la política soviética o bien, como una imposición solapada de la filiación cristiana reprimida, filiación religiosa y nacionalista viva en Polonia. No resulta sorprendente, por ello, que Grotowski responda a esto con varias obras, comenzando, según el texto, con *Caín* y concluyendo su famosa puesta de *El príncipe constante*, de Calderón de la Barca, mientras se dedica al montaje de "una producción basada en temas del Evangelio" (4). Al referirse críticamente a su puesta en esceba de *Kordian*, Grotowski nos enfrenta a dos aspectos cruciales: en primer lugar, afectar ciertos valores nacionales que tienen capturado al espectador, generando una incomodidad con ellos a fin de abrir la posibilidad de transvalorarlos: "At that moment, there happened hysterical cries among the spectators – certain deep national values were attacked in order to revalue them" (*Sourcebook* 46). En segundo lugar, tal como Lacan lo planteó para el chiste, Grotowski quiere mostrarnos cómo todo espectáculo siempre se inserta en el territorio parroquial del inconsciente transindividual: "I think it might be difficult for a foreign to understand the associative mechanism which operated in *Kordian*" (*Sourcebook* 46-47).

En esa serie de puestas en escena, es evidente cómo la constante religiosa está atravesando la selección y, es de suponer, afectando la consistencia misma de la investigación actoral y directorial. No debería escapársenos aquí este campo de problematicidad entre las exigencias científicas de la investigación y la dimensión religiosa que está operando, digamos, a nivel del deseo.[30] Es decir, por un lado, la demanda de la institución que aloja el Laboratorio y, por otro, la consistencia del deseo de Grotowski y su equipo. Es probable que no haya aquí conflicto, sino negociación entre una y otro. Queda como interrogante explorar cómo esta especie de transgresión grotowskiana podría ser posible en el encuadre supuestamente marxista impuesto por la política soviética. Queda, también, por interrogarse sobre el estatus religioso de la propuesta metodológica y estética del maestro, la cual, si primero apeló a temas cristianos, ya mucho más tarde va a orientarse por la ascesis según otros discursos religiosos, particularmente de Oriente, aunque este 'hinduismo' ya estaba presente en la infancia de Grotowski.

Lo dicho sirva, aún en su carácter de comentario conjetural, para darnos cuenta al menos de una cosa: si Foucault nos problematizó la figura del "autor", nosotros debemos estar muy precavidos por la figura del libro, ya que la sintagmática que usualmente se nos presenta (dedicatorias, epígrafes, notas, prefacios, etc., escritas por otras personas que no son el autor) suele ser un condicionante para la lectura de los textos que nos interesan; y esta manipulación podría no estar desentendida de la necesidad de velar un malestar en la cultura, tal como lo elabora ese texto que queremos leer, en este caso, lo dicho/transcripto/escrito por Grotowski.

---

[30] Ver "Pervivencia de lo monacal: el teatro de lo sagrado secular en Jerzy Grotowski".

*La lectura de Peter Brook*

Entremos ahora de lleno en el "Prefacio" de Peter Brook. Su comentario inicial dice:

Grotowski es único.

¿Por qué?

Porque nadie en el mundo, que yo sepa, nadie desde Stanislavski, ha investigado la naturaleza de la actuación, sus fenómenos, sus significados, la naturaleza y la ciencia de sus procesos mentales, psíquicos y emocionales tan profunda y tan completamente como Grotowski. (5)

La frase inicial se instala como un enigma: "Grotowski es único", un enigma que exige una aproximación interpretativa. ¿Único respecto a qué? Peter Brook, después de introducir su texto con esa frase, se pregunta "por qué", y según él mismo se responde, Grotowski es extra-ordinario, o sea, excepcional, y a la vez singular "en el mundo", mundo que tenemos que entender como europeo (blanco, burgués y hasta cristiano). ¿Habrá considerado Brook otros "mundos" para afirmar la excepcionalidad de Grotowski? Es una pregunta válida, aun cuando conozcamos la curiosidad del director británico por otras culturas y otras tradiciones teatrales. El hueso de la respuesta está, no obstante, orientado hacia otra cosa: a que nadie en ese mundo, salvo Grotowski, se ha tomado tan en serio el Sistema de Stanislavski; solamente él ha retomado las investigaciones del maestro ruso y ha profundizado "la naturaleza de la actuación" y "la ciencia de sus procesos mentales, psíquicos y emocionales". Comprendemos rápidamente las frases, pero si decidiéramos, siguiendo los consejos lacanianos, no apresurarnos a comprender, la interrogación recae al menos sobre varios significantes: naturaleza, ciencia y la posible diferencia entre lo mental y lo psíquico. No sabemos qué significan estos significantes para Brook. No es probable que Stanislavski percibiera su Sistema como una ciencia, sea que haya incorporado sutilmente debates de los formalistas rusos, de Pavlov y, probablemente, de Freud.[31] En todo caso, el Sistema parece mejor catalogado como metodología o, incluso, *praxis* (que no es equivalente a la oposición, dialéctica o no, entre teoría y práctica). ¿Verá Brook en los esfuerzos grotowskianos la pretensión de formular una ciencia de la actuación?

Respecto al vocablo "naturaleza" queda mucho por imaginar. Hub Zwart ha retomado el viejo debate sobre la naturaleza, particularmente la 'naturaleza humana" desde una perspectiva bioética, sobre todo a partir de las nuevas tecnologías médico-genéticas, nanotecnologías, neurociencias. La entrada "Human Nature" escrita por Zwart para la *Encyclopedia of Global Bioethics* se enfoca en la reactivación actual de la polémica entre los bioconservadores, quienes tratan de salvaguardar la naturaleza humana de los avances e infracciones de la tecnología, y los transhumanistas, para quienes los seres humanos podemos trascendernos gracias a la ciencia y la tecnología (8). Para ello, recorre la historia, hace en cierto modo la genealogía de lo que se ha entendido por "naturaleza humana", lo cual puede pensarse desde dos posturas opuestas: "we [human beings] *have* something which other animals *lack* (namely, rationality)" y "we *lack* something which other animals *have*". Y nos aclara que

> Both answers have something in common as well, however. They both aim to explain what we essentially are by comparing human

---

[31] Si es debatible la relación de Stanislavski con Freud, ésta es explícita en Grotowski. Resulta interesante saber, tal como lo cuentan Allain y Ziólkowski, que las primeras puestas de Grotowski en el Teatr 13 Rzędów (Theatre of the 13 Rows) fundado por la pareja formada por Stanisława Łopuszańska-Ławska and Eugeniusz Ławski, tuvo que ver con Freud: "The theatre opened officially on 16 May 1958 with *Freuda teoria snów* (Freud's Dream Theory) by Antoni Cwojdziński. Soon after, Łopuszańska invited Grotowski to direct Jerzy Krzysztoń's play *Pechowcy* (The Ill-Fated)" (13, nota 13). Para un desarrollo más detallado de la relación entre Grotowski y el psicoanálisis, así como el impacto del método grotowskiano en la clínica, ver en este libro el capítulo titulado "Praxis teatral: Grotowski y el psicoanálisis".

beings to (other) animals. In other words, they opt for a comparative ontological analysis. (2)

En su revisión de esta vieja discusión, Zwart se interesa en captar hasta qué punto se puede detectar hoy una mutación metafísica. Bajo la convicción de que "Technoscience is not a benevolent force in and by itself. Rather, it is uncanny by definition" (9), Zwart concluye que:

> In the human enhancement debate, both parties advocate a partial truth. On the one hand, the bioconservatives argue that, if transhumanism is unleashed without some kind of bioethical compensation, something which we currently "have" (our humanity) may well be lost. We may deprive ourselves of the very conditions that allow us to work on ourselves and improve ourselves (as we have been doing since time immemorial). On the other hand, given the fact that what we have (A+) is itself a product of culture (of science and technology), we cannot use it to advocate a moratorium on techno-scientific progress from now on. In dialectical terms, the compensation (science, technology, and culture, as compensation for our lack of being) must in turn be compensated by bioethics, philosophical reflection, and societal interaction, resulting in governance and policy strategies to prevent technology from sliding into overcompensation. (9)

Visto este debate –al que retornaremos más adelante— y enfocándonos en el teatro en general y la actuación en particular, lo menos que podemos decir es que no hay nada menos natural que el teatro y la actuación, salvo que haya una petición de principios en referencia a la "naturalidad" actoral anhelada por Stanislavski para las obras realistas (y solo para ellas), "naturalidad" apoyada en una supuesta realidad objetiva que, como sabemos a partir de Lacan y Foucault, no es más que una construcción fantasmática del sujeto. Sin duda, Grotowski no es ajeno a este debate: por un lado, porque al invitar a su actor a buscar su esencia humana bajo las máscaras de la cultura, lo lleva a un límite en que pareciera intentar trascender la frontera entre naturaleza humana y naturaleza en general, ésta última talvez percibida como cósmica. Si los ejercicios, desde el Laboratorio hasta las etapas finales, exploran los ritmos, los movimientos, las fonetizaciones, los estímulos corporales, danzas en búsqueda de una 'estructura' (como "leyes objetivas" del teatro [1970: 19] y más tarde como "objetividad del ritual"[32]), la frontera entre lo animal y lo humano se borronea, por cuanto los etólogos han descripto a puntualidad múltiples ritos de cortejo animal, de índole sexual, con ceremonias performativas que también recurren a danzas, movimientos, ritmos, vocalizaciones, etc. Si Stanislavski se proponía llegar –a partir de Pavlov— a ciertos mecanismos en la praxis actoral, éstos no estaban necesariamente fundados en el automatismo instintivo animal, sino en la convicción cartesiana del cuerpo como máquina. No es ésta la perspectiva de Grotowski: sus propuestas posteriores al Teatro de Producciones, al abordar lo ritual y la transculturalidad, apuntan a una esencia humana más allá del lenguaje, un origen que precede las diferencias. Si en su etapa temprana, como hemos visto, imagina ese origen como lo instintivo animal, capaz de permitirle al actor alcanzar una comunión cósmica, en etapas posteriores se orientará hacia el origen como fuente. Se trata de una propuesta que, siguiendo a Zwart y considerando las transgresiones grotowskianas desde su período inicial, se inserta en el debate entre transhumanistas y bioconservadores, lo cual, sin duda, merece una investigación detallada en el futuro. Se aspira a una purificación del yo (*moi* lacaniano) mediante un sacrificio que elimine las máscaras, espejismos e ilusiones productos de la alienación al Otro (capitalista, familiar, educativo, cultural) para acceder, mediante una purificación, a la dolorosa verdad del sujeto, al principio concebida como una dimensión cósmica, pensada como pacificación interior y una convivencia mística con lo sagrado secular, transcultural y translingüístico; más tarde

---

[32] "We can say "Art as vehicle," but also "objectivity of ritual" or "Ritual arts." When I speak of ritual, I am referring neither to a ceremony nor a celebration, and even less to an improvisation with the participation of people from the outside. Nor do I speak of a synthesis of different ritual forms coming from different places. When I refer to ritual, I speak of its objectivity; this means that the elements of the Action are the instruments to work *on the body, the heart and the head of the doers*" ("From the theater company to Art as Vehicle", en Richards 1995: 122)

como un itinerario del sujeto para trabajar su fantasma, liberar su deseo y arribar a su sinthome.

En esta línea de cuestionamientos, cabe poner en emergencia el enfoque gnoseológico que Brook atribuye a la diferencia mental/ psíquico/emocional: ¿será que lo mental remite al pensamiento consciente, lo psíquico a lo inconsciente (o ese subconsciente sospechoso, sin elaboración, del Sistema) y lo emocional como una dimensión separada, digamos, "del corazón", no involucrada con lo mental y lo psíquico? ¿Cuál es la base epistémica de esta tripartición? De no especificarla, la tríada significante queda en el limbo del sinsentido. Todos creemos, sin embargo, comprender lo que dice Brook y allí siempre nos entrampamos.

Nos cuenta Brook que al teatro Grotowski lo denomina Laboratorio (con mayúscula), concebido como un centro de investigación que admite la experimentación actoral a partir de los procedimientos científicos: "En el teatro de Grotowski, como en todos los laboratorios, los experimentos son científicamente válidos porque se observan las condiciones esenciales" (5). No se nos aclara cuáles sean esas condiciones "esenciales", solo se nos cuenta que en ese Laboratorio se sostienen dos condiciones: la concentración en un pequeño grupo (que Grotowski mantendrá mayormente a lo largo de su vida (pero no siempre), con protocolos muy exclusivos de selección, salvo la etapa del Parateatro con admisión más masiva), y tiempo ilimitado de trabajo. Brook no puede más que sorprenderse y admirar estas dos condiciones, porque –como lo señala al final de su "Prefacio"— su teatro inglés está basado en un sistema de producción que no podría sostenerlas: en efecto, "la vida de nuestro teatro es en todos sentidos diferente de la de él" (7).

El director inglés, viendo como obstáculo ir a Polonia a ser testigo del trabajo de Grotowski, ha optado por invitarlo al Reino Unido a trabajar dos semanas con su grupo de actores. Con cierta cortesía, Brook, mientras admira el trabajo minucioso de Grotowski, no deja de apuntar lateralmente que no todos sus actores se entusiasmaron con la propuesta del polaco. Y tal vez eso se deba no tanto a que la propuesta no les aportara lo esperado a su profesión, sino a la serie de diferencias que Brook detalla, con sutileza, entre dos procesos de producción y dos ideologías distintas.

Pasemos a detallar esas diferencias brevemente:

a) La espontaneidad buscada, según Brook, por Grotowski se basa, como ya vimos, en el trabajo con un grupo pequeño, lo cual no es el caso de los elencos del maestro inglés.

b) Dicha espontaneidad supone un grado elevado de confianza entre los miembros del grupo. También supone que esa confianza, base de la propuesta, "depende de que sus confidencias no se revelen", esto es, la propuesta exige una dimensión de intimidad que el sistema inglés de producción teatral no puede sostener.

c) La cuestión del dinero: la "pobreza" de la propuesta grotowskiana hace cortocircuito con el teatro como empresa orientada a la producción de réditos económicos. El dinero, según admite el maestro inglés, no es un obstáculo para desarrollar un teatro de vanguardia, pero esa pobreza, por más vanguardista que se quiera, no responde a las expectativas del público para el cual Brook trabaja.

d) El hecho de que el trabajo de Grotowski se desentienda de lo verbal es un punto clave para un teatro como el inglés, con su tradición basada en el texto dramático y el aprecio por lo verbal y el bien decir. Ese aspecto de la propuesta de Grotowski no deja de constituir un punto de rechazo de parte del elenco convocado para asistir al taller.

e) Brook afirma que, además, ese silencio en el que se realizan los ejercicios propuestos por Grotowski estaría amenazado por la verbalización, que atentaría contra la *simpleza y claridad* de los ejercicios (otros dos sustantivos de los que no sabemos bien qué puedan significar para Brook).

f) Los ejercicios, tal como lo testimonia Brook, están orientados a abolir la diferencia entre mente y cuerpo. No sorprende que le haya llamado la atención este aspecto a un director de la tradición de Brook, en donde, como todos sabemos, la palabra y lo que esta dice, el sentido de la escena en tanto verbal, constituye la característica tradicional del teatro británico y de su escuela. La economía de gestos y movimientos no equivale a la abolición de la oposición entre cuerpo por un lado y mente por el otro. Pareciera haber aquí, para el maestro inglés, un enigma sobre dónde situar esa dimensión en la que dichos opuestos se sintetizan o se anulan mutualmente.

  g) El resultado del trabajo durante la estadía de Grotowski es categorizado por Brook por una serie de "choques" ("shocks" es la palabra usada por Brook en su lengua) en sus actores. El resultado de estos choques es, en general, positivo desde la opinión de Brook, pero como luego lo plantea al final de su "Prefacio", si bien necesario en Inglaterra, parece ser poco probable su aplicación al teatro que allí se produce.

  h) El teatro y la metodología de Grotowski apuntan a un tipo de teatro que Brook califica como "monástico" (vocablo certero que orientará toda la mística posterior sobre Grotowski y su método): es un arte que no solo exige completa dedicación sino que, además, exige mantener una forma de vida basada en la "crueldad a sí mismo" preconizada por Artaud, y eso no parece estar en el horizonte profesional del actor inglés y los abultados elencos de los que forma parte. La propuesta grotowskiana, según Brook, está limitada a doce personas (referencia indudablemente apostólica) en un lugar cuya forma de vida es muy concentrada o limitada en cuanto a distracciones socio-económicas.

  i) El arte de la actuación es para Grotowski, como señala Brook, un *vehículo* (otra palabra clave con resonancia posterior en la trayectoria del maestro polaco), un modo de vida orientado a descubrir el camino mismo de la vida, y no un refugio. La propuesta grotowskiana se sustenta, tal como lo detecta Brook, en una dimensión religiosa y no laboral o comercial. Conviene citar este párrafo en su extensión, porque se lee la decepción de Brook en cuanto a la potencialidad del método de Grotowski en otro sistema de producción como el inglés y el del mundo occidental capitalista:

Una forma de vida es un camino para descubrir la vida. ¿Suena a eslogan religioso? Está bien. Y con eso lo hemos dicho todo. Nada más ni nada menos. ¿Los resultados? Improbables. ¿Son mejores nuestros actores? ¿Se han vuelto mejores como hombres? *No* en el sentido, en la extensión en que algunos pretenden, por lo que he podido apreciar (y por supuesto que no todos estaban fascinados con esa experiencia, algunos se aburrían). (6)

j) El teatro realizado por Brook responde a otras exigencias, no apunta a convertirse en un tipo de "misa". Lo católico y lo anti-católico, para Brook, parecen ser dos extremos que se tocan. Frase sin duda controversial, que apunta a cierto procedimiento de discriminación religiosa en el núcleo de la propuesta grotowskiana. La actuación en Inglaterra requiere de una formación actoral dirigida a una escena para públicos masivos y no selectos, minoritarios y poco numerosos. Además, detalla otras diferencias que vale la pena citar, porque nos dan las bases de la propuesta del propio Brook, de aquello a lo que responde su teatro:

> Nuestro objetivo no es crear un nuevo tipo de Misa, sino una relación del tipo de la isabelina que ligue lo privado a lo público, lo íntimo con lo abigarrado, lo secreto y lo abierto, lo vulgar y lo mágico Para esto necesitamos una *multitud*[33] tanto dentro del escenario como en el público

---

[33] Una anotación marginal: resulta interesante que Brook use el vocablo "crowd" a la manera de las democracias liberales del pasado y sobre todo del hemisferio norte, que las diferenciaría del tercer mundo; en la versión al español Glanz la traduce, paradojal o irónicamente, no como 'muchedumbre' sino como "multitud", tal como hoy se la usa para pensar la política postliberal. 'Multitud' tiende actualmente a significar —a partir de Michael Hardt y Antonio Negri— la potencialidad política de índole progresista de los colectivos, en tiempos de globalización o 'late capitalism'; en cambio, "crowd" remite a un valor regresivo. "Empire" en la propuesta de Hardt y Negri apunta a significar el pasaje del sistema de producción del Fordismo al del post-Fordismo, como creo que se puede ver en el pasaje de Stanislavski a Grotowski

y, dentro de esa multitud, individuos que *trabajen* en la escena y ofrezcan su verdad más íntima a los individuos que forman el público, para compartir una experiencia colectiva con ellos. (7, el énfasis es mío)

La palabra clave me parece precisamente "trabajar": ese trabajar está más cerca de Stanislavski y de la búsqueda de los rendimientos actorales para un teatro de repertorio y de eficacia artística. Ese trabajar a partir de un sistema de fórmulas que permitan el mismo rendimiento fuera de los determinantes de clase, género, raza, etc. es el objetivo que subyace al Sistema de Stanislavski, cuya perspectiva –como lo hemos trabajado en otros ensayos—[34] está dada por el fordismo y el taylorismo, y apunta al entrenamiento *corporal y mental* automatizado para el mejor rendimiento fabril, o sea, mejor rendimiento con menos inversión de energía, posibilidad de sustitución de personal entrenado de la misma manera (un actor vale igual que el otro, no es divo, es sustituible, es una parte reemplazable en un engranaje), eficacia universal de la fórmula (como en los musicales de Broadway, el formato es transportable y además el elenco responde de la misma manera en New York que en Bogotá), etc. Brook, por eso mismo, anota que su trabajo se realiza en condiciones signadas por la prisa, con exigencias de productividad en las que el tiempo es dinero, en compañías abrumadas por el repertorio con resultados de fatiga por el trabajo excesivo.

Brook, pues, aunque reconoce la validez artística de la propuesta grotowskiana, se cuestiona el grado de potencialidad de la misma en contextos donde el teatro es una empresa e incluso una industria (como el deporte), con protocolos de producción, contratación, tiempos pautados, eficiencia y éxito de taquilla, esto es, un teatro que responde a las condiciones capitalistas de trabajo y producción. No resulta sorprendente, en consecuencia, que la propuesta grotowskiana tuviera mayor éxito en países

---

[34] Ver mi ensayo "Los cuerpos del actor".

tercermundistas, particularmente Latinoamérica, en donde luego fuera reforzada por la antropología teatral barbiana.[35]

En este contexto, la pregunta se impone: ¿cómo perciben estos dos directores el arte? Se puede apreciar la disyuntiva, pero nos faltaría revisar toda la concepción teatral de Brook, lo cual dejamos para otra oportunidad. La única conclusión posible, de tipo formal, es preguntarse hasta qué punto conviene solicitar a alguien la escritura de un prefacio; como dijimos antes, es cuestionable que la nota de la traductora, el texto sin firma y el prefacio de Brook le hagan algún favor a la propuesta de Grotowski.

---

[35] La noción de 'multitud' fue elaborada para dar voz a los colectivos de la era global, particularmente en el Tercer Mundo. No nos sorprende que Grotowski haya tenido mayor resonancia allí, aun con la aplicación dogmática y hasta acrítica de sus proposiciones. Conviene leer algunos ensayos sobre Grotowski en América Latina en la colección de ensayos *Jerzy Grotowski. Miradas de Latinoamérica*, compilados por Domingo Adame y Antonio Prieto Stambaugh. Tambien se puede ver "La huella de Jerzy Grotowski en la escena argentina", de Silvina Alejandra Díaz.

## Jerzy Grotowski y el psicoanálisis

> El deseo es la más importante de las fuerzas económicas y políticas, más potente que la fuerza de trabajo. La robotización del trabajo y la inteligencia artificial avanzan en la línea de un control total de las fuerzas de trabajo. Las llamadas tecnologías de comunicación (sería mejor llamarlas tecnologías de consumo), las tecnologías digitales y las biotecnologías persiguen la captura de la totalidad del deseo y su transformación en capital.
>
> Paul B. Preciado.

*Introducción*

Me propongo revisitar *Hacia un teatro pobre*; mi objetivo es centrarme en ese tan famoso texto temprano, sabiendo que el maestro polaco tomaría más tarde en su trayectoria y en su enseñanza otros derroteros: del Teatro de Producciones al Parateatro, de ahí al Teatro de Fuentes, finalmente al Drama Objetivo y al Arte como vehículo. ¿Por qué razón es importante volver a Grotowski desde la praxis teatral? Por varias razones: la primera, porque la relación entre la enseñanza del maestro polaco y la praxis teatral tal como la hemos definido en otros ensayos[36] es bastante estrecha, aunque con sutiles diferencias que, en lo posible, trataremos de elaborar en capítulos posteriores en este libro. La segunda, porque hay una relación de base explícita entre la propuesta grotowskiana y el psicoanálisis, el cual constituye el discurso que hemos tomado como referencia para conceptualizar nuestra praxis teatral. Aunque desarrollaremos más adelante cómo Grotowski se sitúa respecto del psicoanálisis, baste por ahora señalar que, cuando vislumbra un instituto

---

[36] Ver mi libro *Sueño. Improvisación. Teatro. Ensayos sobre la praxis teatral.*

de investigación ideal busca "expertos especializados en problemas asociados al teatral: un psicoanalista y un antropólogo social" (46).[37] La tercera, que Grotowski, siguiendo a Stanislavski y yendo más allá del maestro ruso (quien no menciona el psicoanálisis), aunque con otro vocabulario, apunta a aquella dimensión más allá de la razón –el inconsciente— en la que ambos instalan la esperanza de creatividad.[38]

---

[37] Todas las citas de Grotowski corresponden a *Hacia un teatro pobre*, salvo indicación en contrario.

[38] En mi libro *Ensayo teatral, actuación y puesta en escena. Notas introductorias sobre psicoanálisis y praxis teatral en Stanislavski* ya exploro la cuestión del 'subconsciente' en Stanislavski (nunca definido conceptualmente por el maestro ruso) y otras conexiones entre ambas disciplinas, el psicoanálisis y el Sistema. Sin embargo, no hay que olvidar tres cosas: la primera, que hay en Stanislavski, según las investigaciones de Sharon Marie Carnicke, una etapa final, denominada *análisis activo*, en la que Stanislavski –no por nada la denomina 'análisis'— va más allá de la etapa de las acciones físicas; segundo, que por diversas razones, seguramente políticas en ese momento de intensa represión de Estado, Stanislavski no menciona a Freud, prefiriendo en cambio recurrir a propuestas menos perseguidas, tal como el Hatha Yoga o las investigaciones de Pavlov; y tercero, que la profunda diferencia entre el Sistema y el psicoanálisis, particularmente como lo elabora Lacan, reside en que el maestro ruso busca un Sistema general, universalizable, capaz de instrumentar al actor con técnicas cuya eficiencia esté garantizada más allá de lo racial, del género, de la clase social, etc. Como lo planteamos en un ensayo titulado "Los cuerpos del actor", Stanislavski está influenciado por el fordismo y el taylorismo, tal como es adoptado en la Unión Soviética; se trata de buscar un actor eficiente, reemplazable, separado de la planificación del proyecto escénico y capaz de brindar un rendimiento productivo más allá de las determinaciones de clase, raza, género, etc. Como vemos, el Sistema se desentiende de la singularidad del actor y, en cierto modo, aplasta al sujeto (como sujeto del inconsciente, es decir, como sujeto deseante). El actor termina alienado a una maquinaria de producción sobre la que no tiene mayor poder de decisión; deviene un actor "maquinizado" y "automatizado" que, más que agente, es un elemento parcial y ajustable a la gran maquinaria teatral, un apéndice de esa máquina de la puesta en escena, incluso seriada, como ocurre con los musicales de Broadway, fácilmente reproducibles en cualquier contexto social y cultural. Veremos en este ensayo cómo Grotowski precisamente intenta un camino inverso interesado en la singularidad del actor, al punto que –aunque no problematiza la cuestión de género—, sí, en cambio, apela a lo nacional, un cuerpo *nacional*, polaco, con una historia y con marcas de opresión que le son propias. Asimismo, en psicoanálisis, se apunta a la singula-

Otra razón, tal vez lateral pero no obstante indispensable desde mi trabajo en la praxis teatral, resulta en aproximarse a Grotowski sin convertirlo en un santuario, con esa dimensión casi religiosa y hasta dogmática que puede leerse en muchos trabajos académicos; Richard Schechner no deja de señalar –y pide perdón por ello— de que la enunciación grotowskiana pareciera acercarse a los *Gospels* (2008: 7) y agrega: "I realize that Grotowski did not intend to found a religion. But undeniably, his utterances are suffused with religious imagery and allusion. Those devoted to his work behave as if Grotowski's inner work has the quality of a sacred" (2008: 9). Preferimos en este ensayo, en todo caso, guiarnos por las sugerencias de Halina Filipowicz cuando invita a realizar, sin que ella lo haga, una lectura del corpus grotowskiano desde el feminismo y desde la deconstrucción:

> The lessons of de-construction and feminist criticism may be useful in examining –from different angles— creative tensions and productive interactions between the contradictory elements in Grotowski's work. [...] Deconstruction may allow us to unravel the central contradiction in his work: like the literary and philosophical texts of the Western culture, it contains both what may be called metaphysics and the putting in question of metaphysics. (184)

---

ridad del deseo, se va caso por caso. Aunque haya un corpus conceptual de referencia, el analista enfrenta a su analizante con ignorancia docta (Lacan), es decir, suspendiendo todo lo que supuestamente sabe, para poder escuchar la singularidad de la demanda de su analizante. El corpus conceptual del psicoanálisis, para llamarlo de alguna manera, es una *praxis* (y por eso evito la palabra 'teoría', para no contraponerla a 'práctica', ya que no es esa dialéctica teoría/práctica la que ocurre en esa disciplina) que opera como una referencia de orientación, por eso es una praxis que no obstruye el acceso a la *singularidad* del caso, que no lo etiqueta con referencias clínicas, que no lo encorseta a partir de un diagnóstico definitivo basado en tipos estandarizados, sino que se permite escuchar e interpretar –tal como lo hemos explorado en detalle en nuestro libro *Sueño. Improvisación. Teatro. Ensayos sobre la praxis teatral*— el deseo singular del analizante, el deseo singular de un grupo, de una propuesta de puesta en escena, en nuestro caso.

En todo caso, estas aproximaciones pueden permitir salir de los debates, bastante improductivos, respecto al legado de tipo iniciático que Schechner (1999, 2008) y otros han detallado respecto a la trasmisión de la enseñanza grotowskiana, la conformación de archivos en Italia y Polonia, la nominación de Richard Thomas como transmisor autorizado y heredero de quien además depende la publicación de los documentos, debidamente cotejados por Mario Biagini. Por otra parte, esos elementos contradictorios que Filipowics señala en Grotowski, como veremos, remiten al estatus de la contradicción y la actitud anti-metafísica que también encontramos en la filosofía de Nietzsche. La contradicción es inherente al devenir y a la voluntad de poder.

El rédito de un *retorno a* Grotowski o una *reactualización* podría ser múltiple: uno de ellos interrogarse nuevamente cuáles son los aportes de Grotowski al teatro; sabemos que en cierto momento de su enseñanza se desentiende de la dirección y su búsqueda se orienta plenamente (aunque estaba en sus orígenes) hacia el conocimiento de sí del actor o del artista y en la conformación de una ética artística, no necesariamente profesional. Filipowicz subraya que:

> Grotowski is not an artist in the conventional sense of the word. His work produces new ways to think, not tricks and artifacts that can revitalize the theatre. He works –has always worked— on the margins, constantly expanding them, constantly thinking beyond the limits. [...] If Grotowski's work has always resisted domestication or integration into the artistic and intellectual mainstream, it is precisely because he is not an avant-gardist but an innovator. Avant-gardists free us from the constraints of tradition; they throw the past to the wind and replace it with the new. Innovators resurrect and reconstitute the past by making it new for a new age. (183)

Otro rédito posible, y el que más nos interesa aquí, consiste en superar, como lo plantea Schechner (2008), los estereotipos de lo que se designa como "lo grotowskiano". La extensión de la cita se justifica porque Schechner detalla precisamente lo que la praxis teatral, nuestra praxis teatral, se propone revisar, habida cuenta de algunas coincidencias, pero también diferencias con la propuesta grotowskiana:

> It is not easy to describe exactly what "Grotowskian" means. But just as there is a stereotype of the "method actor" derived from Lee Strasberg's interpretation of Stanislavsky, so there is a stereotyped Grotowskian style. This stereotype includes "rituals" combining materials "researched" from cultural "archetypes" merged with one's own "deepest" personal experiences or "associations." The performers are dressed in simple clothing –never period costume— or partly undressed, but rarely if ever naked. The performers sing or chant "pure sounds" individually or in close harmony; they recite collages of texts stitched from classics, traditional literature, and/or religious writings. The means of production are renditions of what Poor Theatre is imagined to have been: an empty space illuminated by few lights or by candles; chanting and intense sometimes hoarsely whispered words; choreographed yet not balletic individual and group movement. The performances are not in proscenium theatres but in found spaces, rooms, churches, barns, fields –a variety of alternative urban and rural settings. The audiences are small, usually under 100 and sometimes only a very few, less than 10, so these few can "witness" rather than just watch the performance. Occasionally, spectators are invited to participate, to be "initiated." The audiences for Grotowskian theatre admire its seriousness of purpose, its spiritual dimension, its timeless qualities. Out of this mélange, some masterpieces may emerge ...maybe. It is too soon to tell, but why not? [...] Grotowskian theatre is nontechnological, nondigital. It is a handcraft, person-to person. It is made for a small audience. It is esoteric. (11)

Nuestra praxis teatral, por ahora, admite los postulados del Teatro Pobre: lugares no siempre teatrales, en lo posible vacíos, sin escenario, pequeños, donde se pueda acomodar al público, poco numeroso, a partir de múltiples combinaciones espaciales construidas según aquello que se quiere significar en el espectáculo; preferimos el nomadismo del público, a partir del cual éste ejerza su derecho a ver, desplazándose a veces con elementos de iluminación que, en cierto modo, comprometen su ojo. No siempre apelamos a la participación, pero en cambio intentamos promover el deseo y la interpretación, caso por caso (persona a persona, sean actores, sea cada miembro del público) sin ofrecer finales clausurados o propuestas socio-políticas doctrinarias desde la escena, como recetas de lo que "se debería hacer" o lo que "debería ser". Por eso promovemos enigmas escénicos sin llegar a lo críptico, que el público debe descifrar a partir de su experiencia vital, no convivial ni colectiva, sino singular, propia de cada miembro del público. La cercanía corporal entre actor y público nos es indispensable, pero no nos interesa lo iniciático, ni lo espiritual, ni tampoco lo ahistórico sino, por el contrario, lo crítico a partir de cada cual como modo de invitar a la búsqueda de una emancipación de aquellos mandatos culturales y socio-políticos bajo los cuales estamos sujetados, actores y público. No afiliamos al eslogan de que el teatro esté muerto; sostenemos que, desde una perspectiva psicoanalítica, puede tener una función política esencial en plantear polémicamente significantes capaces de abrir preguntas sobre las imposiciones superyoicas obscenas del neoliberalismo. Demás está decir que no estamos esperanzados en alcanzar la cima de una obra maestra. Trabajamos, además, como Grotowski, con poca o casi nula iluminación teatral y de forma artesanal, sin apelar a la tecnología, salvo alguna proyección de video. Nuestra praxis teatral no se enfoca —por ahora— en la técnica actoral, sino en promover la creatividad actoral de los integrantes del elenco —aunque no tengan formación actoral— a partir de las improvisaciones basadas en la asociación libre tal como Freud la conceptualizó en *La interpretación de los sueños* y luego retomó Enrique Buenaventura en Colombia.[39] No nos centramos en los rituales y menos aún en los arquetipos como producto de las improvisaciones; suponemos que Schechner está pensando en Jung, Turner y Mircea Eliade. Nuestra praxis teatral, aunque se propone abordar lo inconsciente, no lo piensa como 'colectivo' (ahistórico, esencialista, universal), sino como 'transindividual', tal como Lacan lo conceptualizó, es decir, un inconscien-

---

[39] Ver mi libro *Sueño. Improvisación. Teatro*.

te contextualizado, histórico, singular, en el aquí y ahora del actor y del público. Las improvisaciones son recepcionadas por el director desde su atención flotante[40] y esperando ese momento de falla en el que sorpresivamente el inconsciente se abre y se cierra; es ese momento de sinsentido, que Eduardo Pavlovsky llamaba "el coágulo", tomándolo de Julio Cortazar, pero que, según registra Valerie Wasilewski, pareciera ser también un término del Grotowski de su etapa en Polonia, cuando nos dice: "It is midnight, Grotowski begins to "explain" his new work. Explain is in quotations because the actual naming of the content of the present work is prohibited. Naming signals a "coagulation" (41). Igualmente, en mi praxis teatral nunca se permite el debate sobre el sentido de lo que se está produciendo.

Como en Grotowski, en nuestra praxis teatral usualmente los actores visten ropas de gran simplicidad y uniforme para todo el elenco, en la tradición de Meyerhold que, creo, inspiró en parte al maestro polaco. Aunque a veces hemos usado citas de textos clásicos o religiosos, no tienen una relevancia especial; de preferencia, se elimina cuanto texto verbal puede ser transferido a otros registros audiovisuales. Damos, en cambio, prioridad al trabajo corporal, coreografiando a partir de movimientos, sin llegar a la danza.

Por todo esto, como puede apreciarse, quedan muchas tareas pendientes a nuestra praxis teatral y el discernimiento sobre la relación entre Grotowski y el psicoanálisis nos resulta indispensable para continuar el trabajo y la investigación. Me abocaré a esta tarea de reactualizar a Grotowski desde la praxis teatral, es decir, desde la disciplina que he intentado fundar ateniéndome al *saber-hacer* del teatrista durante los ensayos y la puesta en escena, lo cual equivale a decir, en primer lugar, que no es una aproximación del tipo de las realizadas en la academia por académicos no habituados a los problemas del montaje y, en segundo lugar que, aun cuando Grotowski se focaliza en la técnica del actor y no tanto en la pues-

---

[40] Lacan la denomina "la clásica fórmula de la atención difusa y aun distraída del analista" (*Escritos* 246).

ta en escena, es el cotejo –una vez más– entre la praxis del maestro polaco y la praxis teatral, o bien, *desde nuestra* praxis teatral, lo que nos interesa en ese ensayo. No es un saber por un lado y un hacer por el otro: "[e]l trabajo del productor exige un *savoir-faire* táctico de cierto tipo, especialmente en el arte de guiar a la gente", afirma Grotowski (43). Este saber-hacer supone una diplomacia y sobre todo, un 'hacer el muerto', como lo planteaba Lacan para el analista, y de contar –en palabras de Grotowski– con "un talento frío e inhumano" (43). Ese aspecto "inhumano" aparece a cada paso en el relato de Thomas Richards cuando relata, en su libro *At Work with Grotowski on Physical Actions*, su experiencia en los talleres de California y de Italia. Grotowski instala en esta etapa temprana un campo perverso al sostener una correlación entre el rol masoquista del actor y el rol sádico del maestro o director, ilusorio complemento entre sadismo y masoquismo que Lacan se ha encargado de desmitificar. Veremos en otro capítulo cómo en etapas posteriores Grotowski se propone instalar a los participantes en un encuadre de tipo obsesivo y orienta su tarea a una histerización de los mismos. Nuestra praxis teatral, siguiendo a Lacan, ha desbaratado este campo pedagógico y artístico perverso.[41]

*La cuestión de las etapas*

Como ocurre con Stanislavski y Grotowski, al igual que con Freud y Lacan, estos maestros tienen etapas en su enseñanza. Ya el mismo Grotowski denunció el hecho de que Stanislavski tuviera discípulos que desparramaron el famoso Sistema por todo el mundo, pero en forma defectuosa, puesto que lo hicieron a partir de la etapa en la que habían estado junto al maestro ruso, sin considerar los desarrollos posteriores de esa enseñanza. En el caso de Grotowski, como el de Lacan, se complica en la medida en que, como dice Schechner, "Grotowski's writings, both technical and inspirational, often originate from carefully edited transcriptions of talks given in diverse situations" (2008: 7). Kris Salata and Lisa

---

[41] Ver nuestro ensayo "Pedagogía y deseo: Praxis teatral y creatividad en español en Estados Unidos".

Wolford Wylam también sostienen que "[s]uch a process was characteristic of Grotowski, whose "texts" almost always originated as spoken language and were subsequently revised and elaborated in writing" (15). Como lo plantea Alfredo Eidelsztein para el caso de Lacan y también relevantes para Stanislavski y Grotowski, las diversas etapas no deben tomarse como la última superando a las anteriores, como si el 'tercer' Lacan supusiera un progreso respecto del 'primer' y 'segundo' Lacan. Eidelsztein se pregunta:

> ¿Se debería concluir, pues, que Lacan termina abandonando el concepto de "sujeto", debido a que lo utiliza casi mil doscientas veces en *El Seminario, Libro 5* y menos de cien en *El Seminario, Libro 25*? Evidentemente, el problema debe ser planteado en otros términos. (18)

A partir de allí, Eidelsztein propone que hay que considerar el tema del tiempo en el psicoanálisis, dejando de considerarlo en su modo cronológico, unidireccional y unilineal:

> A mi entender debe rechazarse la tesis que sostiene un Lacan "primero", "segundo" y "tercero" considerados como índices de valor creciente, ya que la estructura en juego en la práctica analítica opera siempre con un *tiempo circular* que se establece como un *bucle* significante. (19).

Tal vez más que circular, tanto para Lacan como para Freud, para Stanislavski como para Grotowski, convenga mejor imaginar ese tiempo –si se quiere insistir en etapas sucesivas a partir de lo cronológico del tiempo-reloj— en forma de *espiral*, donde la línea del tiempo, aún en su circularidad, pasa y no pasa por la misma zona de cuestiones, reconceptualizando lo ya conceptualizado, dimensionando lo mismo a partir de lo otro y de lo nuevo, de los nuevos descubrimientos. Lisa Wolford ha notado también este movimiento espiralado al que llama "spiral development" (*Sourcebook* 287). Schechner, por su parte, afirma que "Art as Vehicle nearly closes the circle –spiral or gyre would be better figures— with the Theatre of Productions" (*Sourcebook* 488). En este capítulo solo abordaremos la relación con el psicoanálisis que se deja leer en *Hacia un teatro pobre*, dejando para la tercera parte de este libro explorar las otras etapas grotowskianas. No obstante, conviene tener presente aquello que Schechner, a la manera de Eidelsztein, sostiene: "From Theatre of Sources on to Objective Drama and then Art as Vehicle, Grotowski steadily moved closer and closer to his beginnings (1999: 6).

*Las preguntas de Margo Glantz*

La versión castellana de *Hacia un teatro pobre* tiene una ventaja sobre la versión inglesa: al final se agrega una entrevista a Grotowski realizada por Margo Glantz, la traductora al español, quien lo interroga sobre las relaciones del psicoanálisis con su propuesta técnica. Se trata de dos preguntas, porque Grotowski intenta, a su manera, evadir la primera de ellas, pero Glantz insiste. Es importante revisar estas páginas de *Hacia un teatro pobre*.

Glanz le pregunta a Grotowski sobre el origen de las tradiciones y las temáticas que él frecuenta. Grotowski se explaya sobre la cuestión del romanticismo en Polonia y en su gusto personal. Declara que siempre la mezcla de tradiciones es fecunda (228). A continuación Glanz introduce su pregunta sobre el psicoanálisis, de alguna manera suponiendo que entre las tradiciones que intervienen en la perspectiva grotowskiana está esa disciplina, particularmente por "la conjunción del consciente y lo inconsciente" (229): "He visto que en su libro menciona constantemente al psicoanálisis. ¿En qué medida influye éste sobre su obra?" (229). Grotowski responde que el psicoanálisis no es para él un punto de partida, habida cuenta de las diversas corrientes psicoanalíticas que, con conclusiones diferentes, existen en ese momento. Sin embargo, agrega que "personalmente" el psicoanálisis ha sido productivo para su trabajo, en razón de brindarle algún tipo de objetividad, pero aclara que "el psicoanálisis no me ha llevado a descubrir las cosas que me importan en este ámbito" (229). Tendremos que explorar en este ensayo hasta qué punto Grotowski piensa el inconsciente desde el psicoanálisis. Lo que es indiscutible es que está al tanto de las "diversas corrientes psicoanalíticas" que circulan en la época.

Por lo que dice después, su insatisfacción con la disciplina analítica parece estar en consonancia con las críticas lacanianas a la *Ego Psychology*, en el sentido de que ésta plantea el final del tratamiento como una identificación del analizante al yo del analista, proponiendo al analista como Ideal del yo a emular, lo cual, supuestamente, además de la ética controversial que esto supone, aseguraría para el analizante un cierto confort que lo alejaría del sufrimiento: "La visión del psicoanálisis –dice Grotowski— es la visión del mundo armonioso y liberado de contradicción, no la visión dramática de la vida" (230). Desde esta perspectiva psicoanalítica, obviamente muy particular de Grotowski y sin duda muy alejada de la propuesta freudo-lacaniana,[42] el maestro polaco critica ese afán terapéutico que quisiera "la aniquilación de la tensión interior" (230). Precisamente, Grotowski y su método se proponen algo diferente:

> no se trata de encontrar cierta serenidad primordial, como la serenidad que tiene un embrión en el vientre de su madre, sino de encontrar el camino donde nuestras contradicciones interiores puedan exteriorizarse y a través de ello trascenderse, para que podamos utilizarlas como un motor de creación. (230)

Retoma, de este modo, la dinámica, si se quiere infinita, entre el consciente y el inconsciente respecto a aquello que Foucault denominaría "el cuidado de sí mismo"; lo creativo está del lado de la contradicción, no del lado de la cancelación de los contrarios. Resuena otra vez aquí Nietzsche en cuanto, por un lado, al devenir y la contradicción y, por otro, en relación a cómo hay una transvaloración que sustituye un valor antiguo por otro nuevo. Es un campo agónico, de lucha de fuerzas, entre las imposiciones de la cultura, que mortifican lo vital, y lo pulsional que sigue

---

[42] Freud no dejó de insistir en el malestar en la cultura como algo estructural; no tuvo nunca esperanzas de una sociedad pacificada y conciliada consigo misma; Lacan, por su parte, mantuvo su visión pesimista sobre el progreso de la humanidad. En ninguno de los dos se habla jamás de un fin del análisis como "un mundo armonioso y liberado de contradicción". Es más, Lacan al final de su enseñanza nos habla de que el análisis debe apuntar a lo incurable del sínthome.

operando inconscientemente buscando a toda costa su satisfacción, no sin los riesgos de la transgresión a la ley y los mandatos sociales. "La ética creativa es correr riesgos" (201), nos dice Grotowski. Y agrega:

> Pueden permanecer en nosotros los polos extremos que luchan dentro, pero también podemos alcanzar una especie de cima en el momento mismo en que empieza a actuar esa contradicción, es decir, en el momento en que hacemos una especie de sacrificio. Así se llega a una nueva visión, de menor serenidad pero de mayor altura. (230)

En términos del psicoanálisis lacaniano, casi podríamos traducir esta cita en relación a ese doloroso proceso de trabajo con el lenguaje, con la asociación libre, con el síntoma, para alcanzar ese fantasma fundamental cuya fórmula estructura la economía libidinal del sujeto, sus resistencias, sus defensas, sus placeres y sobre todo su modo de goce (*jouissance*). Cuando Grotowski afirma que "[e]l cuerpo debe liberarse de toda resistencia; deber cesar virtualmente de existir" (30), agrega que este proceso "[n]os conduce a una liberación de complejos de la misma manera que la terapia psicoanalítica" (41). Entendemos que, como en los ascetas y los místicos, la estrategia es desautomatizar al cuerpo de los hábitos mortíferos inculcados por la educación y la cultura, por la vida alienada a la satisfacción de necesidades básicas o de demandas artificiales, esto es, cancelar la primacía del yo para dar lugar a la emergencia de lo pulsional, vital, a lo que hemos sido obligados a renunciar para poder ingresar como miembro de la sociedad.

Por esta conexión entre lo teatral y el psicoanálisis, la propuesta de Grotowski va a tomar rumbos en el campo psicoterapéutico y no tanto en el propio teatro. Relatando su experiencia con Grotowski en Polonia, tratando de entender cada etapa de la enseñanza del maestro en ese entonces, Valerie Wasilewski testimonia su confusión en cuanto a la Acting Therapy; nos dice:

> Less shrouded and obscured by silence is the Acting Therapy. 1 don't know why it is called therapy since its function exceeds the

therapeutic. I don't know why it includes the word acting since it is designed for anyone and does not apply exclusively or directly to members of the acting profession. Perhaps these words were selected exactly to be unequivocal. (42)

Asimismo, en un trabajo temprano, David Read Johnson da cuenta del impacto de la propuesta de Grotowski en Estados Unidos y Gran Bretaña sobre las psicoterapias, de la diversidad de sus aplicaciones, aunque al momento de la escritura de su ensayo (sin fecha), no logra todavía imaginar cómo estas terapias lograrían incorporar la etapa de Arte como Vehículo.

Se nos hace, pues, necesario, situar a Grotowski, a su Método, al psicoanálisis y a las psicoterapéuticas en el contexto de los *sixties*, para entender esta cuestión, en la medida en que lo actoral y la puesta en escena dejan de ser el foco de atención (salvo en Schechner, en parte en Peter Brook o en Eugenio Barba), no solo en el campo teatral sino en Grotowski mismo. Según Schechner:

> Grotowski's effects on the theatre will not be through the establishment of a method of actor training, an approach to mise-en-scène, or an insistence on a dramaturgy of political purpose. Grotowski will effect theatre through the effect he had on the people with whom he interacted on a personal, even intimate, level. Such an encounter might extend over years or it might last only a scintillation of time (1999: 7)

Como en la sesión analítica, con un matiz de análisis existencial, Grotowski trabaja sobre la relación de persona a persona; Schechner agrega: "Grotowski shaped himself to suit his encounters with unique individuals. In his work one-on-one he had the unparalleled gift to enter into what Martin Buber called the "Ich-du," the I-you, relationship (1999: 8).

*Psicoanálisis en contexto*

Es probable que esa crítica al psicoanálisis que Grotowski hace al decir que éste busca un mundo armónico liberado de contradicción se deba a los rumbos que el psicoanálisis había tomado en Estados Unidos y Gran Bretaña. Ya Lacan había emprendido por esos mismos años la crítica de ciertas versiones del psicoanálisis, particularmente en lengua inglesa. En "Función y campo de la palabra" va a remontar "las causas de esta deterioración del discurso analítico" (*Escritos* 238). Describe este cambio de perspectiva y de alejamiento de la palabra freudiana, al llamar la atención sobre cómo "la concepción del psicoanálisis se ha inclinado hacia la adaptación del individuo al entorno social, la búsqueda de los *patterns* de la conducta y toda la objetivación implicada en la noción de las *human relations*" (*Escritos* 238) que apunta a la *human engineering*.

Por otra parte, el ensayo de Johnson titulado "The Impact of Grotowski on Psychotherapy in the United States and Britain" nos resulta sumamente revelador al respecto, porque precisamente nos da un panorama de la situación por la década del 60, con ese impulso rebelde a cuestionar y superar una sociedad conservadora de post-guerra, en la que el psicoanálisis jugó un papel entre muchas otras aproximaciones al cuerpo, y su cancelación a fines de los 70s en las que el psicoanálisis, aunque no la *Ego Psychology*, pierde fuerza en la cultura estadounidense, siendo reemplazado por el conductismo cognitivo. Nos dice Johnson:

> Grotowski was a psychologist. Indeed, if a psychologist is someone who inquires into the nature of human experience to determine its laws and behavior; if a psychologist is someone who remains always curious, always questioning one's own assumptions; if a psychologist is someone who conducts rigorous research into human emotions and cognitions; then Grotowski was certainly a psychologist. (1).

Obviamente, Johnson no puede dejar de anotar la diferencia fundamental: una cosa es trabajar con un actor en un Laboratorio aislado, donde las técnicas se practican durante horas y por meses, y otra es trabajar con gente diagnosticada con esquizofrenia y trabajar terapéuticamente a partir del teatro; tampoco es igual a usar técnicas teatrales con pacientes que consultan una o dos veces por semana (3). Sin embargo, Johnson se plantea un puente entre ambas prácticas profesionales. Para ello nos detalla cómo en Estados Unidos y Gran Bretaña durante los *sixties* se busca una "completa transformación de la cultura represiva de postguerra" a partir de diversas experimentaciones con estilos de vida, entre los cuales está la psicoterapia. A eso se suma el yoga y la meditación, las experiencias grupales de todo tipo, diversas aproximaciones al cuerpo y otras terapias basadas en lo creativo del arte, como una respuesta a la rigidez del psicoanálisis (3). Aunque la propuesta grotowskiana pudiera haber tomado lugar y desarrollarse en este contexto, no fue ése el caso. Ni siquiera, a pesar de algunas similitudes de método, se registra una conexión entre el psicodrama de J.L. Moreno y la propuesta de Grotowski. Es entre 1967 y 1978 que Grotowski comienza a impactar en la cultura anglo, pero no tanto en el campo teatral, sino en el campo de la "drama therapy" (4); muchos habían leído a Grotowski, pero pocos van a ser capaces de articular el Método del maestro polaco con el campo psicoterapéutico. Incluso en el campo teatral, la propuesta de Grotowski no satisface las demandas de las compañías teatrales consolidadas: basta leer el "Prólogo" que Peter Brook escribe a *Hacia un teatro pobre* para medir la diferencia de objetivos entre Grotowski y el teatro de la era industrial, comercial o de arte. Sin embargo, inmediatamente de producida la publicación del libro de Grotowski que nos ocupa, se vive un momento de esplendor por su figura y su método; Johnson nos relata que en 1969, en Yale University, el libro de Grotowski era la biblia, los espectáculos del Living Theatre y del grupo de Schechner, una liturgia, y Cieslak, el gran actor de Grotowski, un semidiós.

El privilegio del cuerpo y del encuentro consigo mismo y con el otro, como bien plantea Johnson, tomaban en Estados Unidos una modalidad diferente a la que oficiaba en la cultura polaca, caracterizada, según Johnson, por haber sido poseída por un Otro a lo largo de su historia; con la consecuencia de un lenguaje particularmente controlado, a diferencia del total descontrol registrado al otro lado del Atlántico. Esto explicaría, además, cómo lo dionisíaco en el sentido de Nietzsche sólo parcialmente se registra en la propuesta grotowskiana: si la desdomesticación supone un trabajo de destrucción/construcción, lo festivo, la exuberancia, el exceso, en cambio, nunca toman lugar.

Hay, como se sabe, una controversia académica sobre el compromiso político de Grotowski en la Polonia de su juventud. Sin entrar en este tema, baste decir que es por el lado de las puestas en escena por donde Grotowski desafía al sistema. Los textos que monta, clásicos polacos del período romántico o barrocos como *El príncipe constante* de Calderón, pasaban con facilidad la censura estatal, por cuanto los censores no tenían mucho que cuestionar allí. Pero los diseños espaciales de sus puestas, los protocolos del Teatro Pobre y el trabajo actoral en cercanía y participación con el público eran en sí políticos, realizaban en sí mismos una crítica al sistema político, sin poner en riesgo la libertad o la vida. Set Baumerin señala, en su largo ensayo titulado "Ketmanship in Opole: Jerzy Grotowski and the Price of Artistic Freedom", el contexto político de la Polonia durante la juventud de Grotowski. El autor nos dice que "[d]uring the Communist period, culture was Poland's most tangible indigenous asset in the otherwise Soviet-controlled Eastern bloc, and therefore a decidedly political asset" (53). Y agrega ese chiste que ya mencionamos, atribuido a Grotowski, y que, como sabemos gracias a Freud, debemos tomar en serio y, en parte, tal vez explique su renuencia a escribir: "The atmosphere of those times can be best described by a joke by Jerzy Grotowski: 1. Don't think. 2. If you think, don't speak. 3. If you speak, don't write. 4. If you have written something, don't sign. 5. If you have signed, take it all back immediately (Kozlowski 2004:55; trans. Amalia Wozna)" (53).

En el campo teatral, según Johnson, "the early drama therapy methods in America were built upon [Viola] Spolin's work" y en Gran Bretaña por Peter Slade y Brian Way (4). Lo cierto es que el método de Grotowski fue a menudo confundido en Estados Unidos con la improvisación en general, libre, cuando el maestro polaco, como sabemos, insistía en la necesidad de la estructura, de los límites, del foco y de la disciplina. En Gran Bretaña, como lo sostiene Johnson, a partir de un espíritu siempre colonialista, el Método no resistió el peso de un teatro basado en texto y tradición (4). En 1971, nos cuenta Johnson, cuando él estaba estudiando en Gran Bretaña, la sensación que daba el Método grotowskiano, que fascinaba y a la vez atemorizaba por lo primitivo, era vivido como un retorno "from darkest Africa" (5). Para mediados de los 70s, sin embargo, la influencia de Grotowski, nada afortunada en el teatro, tuvo impacto entre los psicoterapeutas, que comenzaron una tarea de adaptación del Método a sus propósitos disciplinarios. Johnson nos detalla su propio camino de profesionalización ligado a Grotowski y la psicoterapia, mientras que Stephen Mitchell, a partir de Grotowski y Peter Brook, va a orientarse hacia un programa psicoterapéutico denominado Ritual Therapy.

A fines de los 70s, se produce aquello que Johnson denomina, no sin lamentarse, el fin de la Era del Cuerpo, y con ella el fin del psicoanálisis en Estados Unidos y las terapias del encuentro, ahora sustituidos por el tratamiento cognitivo conductual que sostiene el individualismo liberal. Dicho tratamiento se le aparece a Johnson como "antítesis del proyecto de Grotowski" (10), aunque hoy podamos revisar el Método del maestro polaco, el de su etapa temprana, en su convergencia con dicho conductismo, por cuanto ambos remiten al asociacionismo de raíz pavloviana. La meta de esta aproximación cognitiva conductual –nos dice Johnson— es la integración de la persona y su cultura; es un método práctico, no teórico, produce resultados en vez de preguntas, usa instrumentos en vez de arte, es calculable y apunta a la mente, no al cuerpo (10). Grotowski también buscaba resultados, pero en la dimensión del cuidado de sí mismo, más que en las habilidades actorales. Dejando de lado la evaluación de esta postura de Johnson, lo cierto es que hoy podríamos casi decir lo mismo del contexto en el que el psicoanálisis se practica frente al apogeo fármaco-imperialista de la neurociencia. Como no *somos* un cuerpo, sino que *tenemos* un cuerpo (simbólico, imaginario y real) mediado y otorgado por el Otro del lenguaje y la cultura, en la desaparición de éste promovida por el capitalismo, particularmente en esta etapa neoliberal, los hablanteseres hacen lo imposible por procurarse uno a partir de prácticas compulsivas incentivadas por el goce insaciable que promociona el sistema. El cuerpo desaparece a partir de los 70s en beneficio de la materialidad orgánica; el neoliberalismo hace de esta desaparición su conquista, porque obliga a los sujetos a darse un cuerpo a toda costa y a toda hora, por medio del consumo sin freno de la droga, los tatuajes, los piercings y otros tipos de flagelación. Al menos para Estados Unidos, el psicoanálisis tomó el rumbo de la *Ego Psychology* y apenas en los últimos años puede observarse un impacto del lacanismo, pero no tanto en el campo terapéutico o clínico, sino en el campo de las disciplinas humanísticas.

*Regresando a la entrevista con Margo Glanz*

Grotowski nos habla de la necesidad para el actor de contar con una técnica que le permita la "penetración psíquica" a fin de capacitarlo para disolver las máscaras cotidianas:

> Lo importante es utilizar el papel como un trampolín, como un instrumento mediante el cual estudiar lo que está escondido detrás de nuestra máscara cotidiana –el meollo más íntimo de nuestra personalidad—, a fin de sacrificarlo, de exponerlo. (31)

Este sacrificio –como ofrenda, como asesinato del yo, como renuncia a una satisfacción pulsional o como acto de abnegación— opera además como un momento de sublimación de aquello que, siendo doloroso y hasta incurable, puede alcanzar en un momento esa 'cima', esa 'altura' a través del arte como transcendencia del yo, evitándole al actor "caer…en la histeria", siempre "estéril y enfermiza" (230). En este sentido, el dispositivo de la disciplina es una exigencia ineludible: ella permite que el actor enfrente su 'locura', pero haga de ese trabajo metódico un marco capaz de conducirlo a "dominar el oficio y llegar al equilibrio difícil de la espontaneidad y la disciplina" (230). En traducción al psicoanálisis tal como lo conocemos hoy, podemos interpretar que Grotowski –siguiendo a Freud— plantea, en cierto modo, un análisis interminable[43] que, por me-

---

[43] Cotejar el ensayo de Freud "Análisis terminable e interminable" (1937). Conviene anotar aquí que, desde la perspectiva de Lacan, habría un fin del análisis: más allá de la propuesta de Freud de toparse con la castración, Lacan sugirió la travesía del fantasma como final y, más adelante en su enseñanza, al hablar del sinthome como lo incurable, nos platea la terminación de un análisis cuando el sujeto accede a subjetivizar su modo singular de goce.

dio del respeto al encuadre analítico, permite al actor alcanzar una destitución subjetiva y llevarlo al nivel de conocer, asumir lo no sabido de su modo de goce inconsciente, sin "caer en la histeria". Aunque Grotowski utilice aquí el vocablo "control", lo cierto es que, cuando leemos sus escritos sobre la técnica y su aproximación al actor, queda claro que apunta a una dimensión ética en la que el actor, accediendo a su deseo y goce inconscientes, debe 'actuar' responsablemente (sacrificialmente, sería el término grotowskiano aquí), es decir, puede dejarse llevar por el goce o puede asumirlo para promover la transcendencia de sí. Es aquí donde podemos situar su afirmación de que "el actor debe actuar en estado de trance" (32) y que, en la tercera parte de este libro, leeremos desde las fórmulas lacanianas de la sexuación. El grado de control y la apelación a la disciplina sería amarres a la función fálica que le impiden al actor un vuelo letal por el lado del no-toda y el goce, es decir, es un recurso para regresar del estado de trance.

A continuación, Grotowski le responde a Glanz que le resultó interesante en su vida artística "confrontar ciertos descubrimientos que, a través de la práctica, [le] permitían llegar no a una teoría, sino a una pragmática del oficio, con ciertas tesis de diferentes escuelas psicoanalíticas" (231). La cita es contundente: Grotowski entiende su trabajo como una praxis,[44] pero no en el encuadre de teoría versus práctica, la cual siempre supone una distancia entre ambas y un encuadre aplicacionista: la teoría se aplicaría, la práctica es la aplicación de la teoría, su contrastación, ajuste y justificación epistemológica. La praxis teatral es entendida por el maestro polaco como "pragmática del oficio" la cual, como dirá en otros escritos y conferencias, no garantiza la cualidad artística, pero opera como contexto de descubrimiento a partir de estar alerta a la emergencia, a la sorpresa con la que siempre se presenta el inconsciente. Reiteradamente en distintas etapas, Grotowski subraya la importancia de estar alerta a la sorpresa y propone confrontar lo inesperado incitando al actor a dar una "justificación personal a todos los detalles" (211, en la versión del *Sourcebook* se dice

---

[44] Recordemos que en griego hay una diferencia entre praxis y práctica.

"small details" [43], lo cual cambia la perspectiva radicalmente). Retornamos a los 'divinos detalles' referidos por Jacques-Alain Miller. Como esa praxis está orientada al caso por caso, actor por actor, espectáculo por espectáculo, y como apunta a lo desconocido, a lo no-sabido inconsciente como sede de la creatividad, demuestra que no estamos en el campo de la contrastación de hipótesis teóricas por medio de la práctica. Parece instalarse aquí una aparente ambigüedad, incluso una verdadera contradicción entre lo científico (centrado en el contexto de contrastación y justificación de hipótesis con expectativas de universalidad) y el arte, que opera en contexto de descubrimiento y cuyos "resultados" no son generalizables. Sin embargo, Grotowski resuelve dicha ambigüedad o contradicción de modo categórico: "La palabra investigación –le responde Grotowski a su entrevistador, Eugenio Barba— no debe plantearnos la idea de una investigación científica. Nada puede estar más alejado de lo que estamos haciendo que la ciencia *sensu stricto*" (21). Grotowki liga la investigación a la artesanía medieval como un saber-hacer; agrega que la palabra investigación también "incluye la idea de una penetración en la naturaleza humana misma" (21) y, por esa vía, en la naturaleza del teatro en una época de confusión de lenguas, entrevero de géneros, dominio de los medios audiovisuales. El teatro se orienta –es su función principal, su resistencia cultural y política— a recapturar lo vital y el sujeto arrasados por el goce superyoico del capitalismo en procura de movilizar las fuerzas del público para que éste comience a inventar su emancipación del Otro colonial y colonizante. Sin embargo, la praxis teatral, la grotowskiana y la que nosotros favorecemos— no se proponen como Amos de la verdad, no ilustran ideas, no pregonan sermones desde el escenario; por el contrario, las puestas ofrecen enigmas, diseñan máscaras espectatoriales y juegan con la distribución espacial del público para promover interpretaciones desde la experiencia de cada uno, caso por caso, y desde la convicción de un inconsciente transindividual.[45]

---

[45] Ver varios de mis artículos sobre las máscaras espectatoriales y también mi libro *Sueño. Improvisación. Teatro*, donde desarrollo estos temas en extensión.

*Diferencias entre las praxis: la objetividad, la subjetividad, las máscaras*

Tal vez la diferencia entre la praxis grotowskiana y la praxis teatral –tal como la he venido elaborando a partir de Freud y Lacan— yace en que hoy hemos desmitificado de alguna manera la cuestión de la objetividad: "Es fecundo—dice Grotowski— encontrar que las cosas realizadas por nuestro trabajo son objetivas; esto es siempre necesario, no es posible penetrar en un ámbito con demasiada subjetividad, hay que tener la oportunidad de validar lo que es objetivo" (231). ¿Cómo interpretar hoy esta cita? Por un lado, parece contradictoria con la propuesta del 'caso por caso', por ese afán de capturar lo personal de cada actor,[46] porque al dejar de lado la subjetividad pareciera sostenerse una objetividad a la manera de la ciencia, universal y generalizable. Sin embargo, Grotowski aclara una diferencia conceptual que hay que tener en cuenta: la diferencia entre la estructura y lo personal. "El proceso creativo –nos dice— consiste no en revelarnos nosotros mismos, sino en estructurar lo que se ha revelado" (201). Interpretamos que hay un salto entre aquello personal del teatrista y el modo en que la experiencia de cada cual devela su estructura como una transcendencia de lo individual en beneficio de lo comunitario; una vez más, es el modo de estructurar lo personal la vía por la cual llegamos a dar cuenta del inconsciente.[47] A pesar de estas afirmaciones, no obstante es

---

[46] Escribe Grotowski en contra del fordismo y taylorismo stanislavskiano: "El actor debe *descubrir* las resistencias y los obstáculos que le impiden llegar a una tarea creativa. Los ejercicios son un medio de sobrepasar los impedimentos *personales*. [...] Tiene que adaptarse *personalmente* a los ejercicios para hallar una solución que elimine los obstáculos que *en cada actor son distintos*" (94, el subrayado es mío). "Los elementos de los ejercicios—agrega más adelante— son los mismos para todos, pero cada uno debe llevarlos a cabo de acuerdo con su propia personalidad. El espectador debe advertir fácilmente las diferencias de acuerdo con las personalidades individuales" (180).

[47] Siguiendo a Eduardo Pavlovsky y Ricardo Bartís en Argentina, podemos decir que hay una diferencia entre lo personal y lo que Bartís –en la entrevista que le realicé para *Arte y oficio del director teatral en América Latina*— denomina lo biográfico, que trasciende lo individual y da cuenta del inconsciente grupal y comunitario (175-182).

observable, en la arquitectura del método o técnica grotowskinos, cierta fragilidad teórica, precisamente por el choque entre el psicoanálisis y el conductismo asociacionista –pavloviano o no—,[48] el cual deja en suspenso una profundización sobre la relación del teatrista con el Otro/otro. Los ejercicios descriptos en *Hacia un teatro pobre* son, en su gran mayoría, para el trabajo solitario del actor; hay pocos en los que se incorpora al otro como tal. Grotowski, de todos modos, reconoce que "[e]l principio es que el actor, para satisfacerse, no debe trabajar para sí mismo. Habría aquí un residuo del individualismo al que, en otra instancia, el Método se opone o resiste. Mediante la relación con los demás, en nivel profundo –al estudiar los elementos de contacto—, el actor descubrirá lo que hay en él" (203). Ese otro que, como vemos, pareciera oficiar como el Otro en el estadio del espejo lacaniano, *es y no es* el que permite al actor descubrir su yo [*moi*]. Lo es, en el sentido de que *satisface* su demanda de identidad y unidad por medio de una identificación, en la medida en que le da una *Gestalt* para percibir la unidad de su cuerpo y de su sí mismo, en esa ambivalencia de amor y odio que caracteriza este momento de formación del ego. No lo es, en el sentido de que Grotowski está buscando esa satisfacción a "nivel profundo", esto es, a nivel inconsciente, en ese resto que cae en el instante de la formación del yo, esa falta-en-ser, ese resto vital que Lacan vislumbra como un objeto de goce perdido, objeto *a*, una dimensión pulsional y real que, más tarde, como causa del deseo, desplegará la metonimia por la cual se desliza el deseo del sujeto. Agrega Grotowski:

> Cuando el actor empieza a trabajar mediante el contacto, cuando empieza a relacionarse con alguien –no con su camarada de escenario sino con su camarada *biográfico*— cuando empieza a penetrar

---

[48] La relación entre Ivan Pavlov (contemporáneo de Freud) y Lacan es analizada en detalle por Hub Zwart en su ensayo titulado "Conditioned Reflexes and the Symbolic Order: A Lacanian Assessment of Ivan Pavlov's Experimental Practice". En un capítulo de la tercera parte de este libro nos abocamos a trabajar sobre la técnica grotowskiana y su cotejo con las investigaciones pavlovianas y psicoanalíticas. Lo que importa aquí es solo indicar cómo Grotowski recurre a metáforas vegetales y sobre todo animales (el famoso 'tigre'), en correspondencia con la etología, a la que Lacan también recurre.

en el estudio de sus impulsos corpóreos, en la relación de este contacto, en este proceso de intercambio, se produce invariablemente un renacimiento en él. Luego, utiliza a los demás actores como *pantallas* para su compañero vital, empieza a proyectar cosas en los personajes y en la obra y éste es su segundo renacimiento. (204, el subrayado es mío)

Vemos, pues, en esos dos renacimientos, el juego de espejos en el cual, el otro como pantalla, le da, primero, un acceso a esa 'otredad' no-sabida, inconsciente, en tanto hablanteser; segundo, en tanto personaje de la obra, mediado por la presencia de los otros actores, le permite proyectar su singularidad, ese matiz propio; de ahí la dimensión creativa que explica por qué ningún Hamlet sería igual a otro. Por eso Grotowski insiste en que "[l]uchamos por descubrir, para experimentar la verdad acerca de nosotros mismos; de arrancar las máscaras detrás de las que nos ocultamos diariamente" (215). Ese "ir más allá de sí mismo", ese desenmascaramiento del yo como constructo imaginario alienado al Otro, que el método grotowskiano propugna, apunta a un imposible, esto es, a un real que involucra un goce o modo de goce: el método apunta a "tener una experiencia de lo real" (215). El maestro polaco subraya que "la creatividad nunca es cómoda" (206); es un riesgo y requiere por parte del actor valentía y un "esfuerzo insoportable" (206), un deseo decidido, según lo denominaba Lacan, por cuanto esa creatividad está instalada en la dimensión del goce, de ese sufrimiento (*"lettre en souffrance"*, "letras de sufrimiento en la carne del sujeto"[49] decía Lacan, para señalar lo doloroso pero a la vez la dimensión de la espera, de lo que está en suspenso, que de pronto surge a pesar del Otro y sorprende). Que se trata del goce tal como lo definiera más tarde Lacan, no quedan dudas: "No son los límites de nuestra naturaleza, sino los de nuestra aflicción", dice Grotowski (206), los que bloquean el proceso creativo; podemos traducir esto como 'no son los límites

---

[49] Lacan plantea que los analistas, al orientarse por el lado de la interpretación del símbolo, descuidan hasta qué punto al proceder de ese modo borran cómo el síntoma inscribe el malestar en la carne del sujeto con "letras de sufrimiento" (*Escritos* 294).

del organismo los que nos bloquean, sino los del sufrimiento del cuerpo, del cuerpo gozante'. Grotowski llega hasta el extremo de remontarse retrospectivamente a esa dimensión supuestamente 'anterior' al estadio del espejo, cuando más allá de la unidad del yo, se elucubra la fragmentación corporal supuestamente unificada por la *Gestalt* yoica; en la cita siguiente, la diferencia entre cuerpo y organismo parece más contundente:

> Un diálogo vivo con el cuerpo, con el compañero que habíamos evocado en la imaginación, o quizá entre las partes del cuerpo en que la mano conversara con el pie sin que pusiéramos ese diálogo ni en palabras ni en el pensamiento. Estas posiciones casi paradójicas van más allá de los límites del naturalismo. (210)

No obstante esto, anotemos que no hay en Grotowski una profundización sobre cómo se inmiscuye el Otro simbólico en cada ejercicio de su técnica, sea que el actor trabaje solo, con su otro o con otros. A lo largo de *Hacia un teatro pobre*, no obstante, como no siempre mantiene el discernimiento puntual entre organismo y cuerpo, su método queda en un limbo inconsistente. En nuestra praxis teatral nunca favorecemos el trabajo individual, el otro/Otro está siempre allí. Las puntuaciones sobre las improvisaciones precisamente solo se atienen a marcar esa interferencia de lo simbólico.

Grotowski, asimismo, a cada paso teme —y con razón— ese contagio y hasta infección entre el actor y el maestro, en esa supuesta confusión enfermiza —sobre todo la histeria, el narcisismo— que ocurre en las relaciones interpersonales, de ahí que intente a toda costa aislar algún componente 'objetivo'. Hoy sabemos cómo Lacan ha desconstruido la relación con el otro como "intersubjetividad":[50] el otro, para Lacan, es

---

[50] Alfredo Eidelsztein discierne entre el sujeto y el *hablanteser* (parlêtre) en el corpus lacaniano: "no trabajo—nos dice—con la noción de "intersubjetividad" debido a que, dada la definición de sujeto con la que opero, planteo que no puede existir una relación sujeto-sujeto —ya que "sujeto" es lo que se produce como asunto o materia que atañe al deseo entre al menos dos *hablanteseres* o instancias enunciativas" (86). Estas instancias enunciativas pueden "coincidir o no con un

siempre un objeto para el sujeto; no hay, pues, una relación entre dos sujetos. Ese otro como *a* especular del yo [*moi*], semejante y a la vez adversario, objeto de amor y de agresividad, es lo que Grotowski denomina el "camarada biográfico" (204), no el otro actor como individuo. El hecho de que el otro sea objeto en este sentido psicoanalítico difiere en mucho del término 'objetividad' que, como es usual, nos conduce por asociación al discurso científico el cual, en el discurso del Amo, sería el encargado de proveer el *conocimiento*[51] objetivo de la realidad, nunca de lo real.

En Grotowski, como venimos viendo, la cuestión de la ciencia es compleja y hasta contradictoria porque si, por un lado, apunta a que el actor haga consciente lo inconsciente, como en el psicoanálisis, por el otro no deja de utilizar un lenguaje pavloviano: *estímulo, respuesta, reacción, resultados*, con lo cual vemos que su perspectiva favorece el asociacionismo conductista, que poco tiene que ver con la asociación libre psicoanalítica basada en la palabra. Grotowski sostiene, al referirse a las asociaciones, que son personales y que no son pensamientos, entendemos que habla aquí de pensamientos conscientes; pero luego da entender que las asociaciones, al remitir a lo inconsciente, "no pueden calcularse" (185), no hay manera de tener una probabilidad científica sobre ellas porque juegan en el campo del azar, aunque luego se compruebe retroactivamente (*nachträglichkeit*)[52]

---

hablanteser, perfectamente podría tratarse del colegio, el instituto, los abuelos, la familia paterna, etc. Sin embargo, todo parece indicar que la encarnadura del A debe recaer en un *hablanteser*" (86, nota 5).

[51] Lacan establece una diferencia entre el *saber*, siempre inconsciente, solo trasmisible por el medio-decir, no previsible, singular, no generalizable, y el *conocimiento* como consciente, trasmisible, generalizable y con pretensiones de uniformidad.

[52] En "Freud y la escena de la escritura", ensayo incluido en *La escritura y la diferencia*, Derrida sostiene que el retardamiento y la alterabilidad de la huella mnémica muestran cómo la memoria está siempre rehaciéndose o, como lo dice el autor, retranscribiéndose en el aparato psíquico. De ahí que la 'pizarra mágina' freudiana no pueda ser pensada en términos arqueológicos. Y de ahí también que, como veremos más adelante en este libro, el 'origen' que Grotowski aspira a recuperar, no pueda ser pensado en términos de esencia o de arquetipos, ya que cada instancia retrospectiva resignifica y altera las huellas mnémicas; ese '*altera*r' configura su

que responden a una lógica más profunda: la del inconsciente, con su propia *in*temporalidad, su no respeto por la lógica analítica, etc.[53] Y luego enfatiza: "¿Qué es una asociación en nuestra profesión? Es algo que surge no sólo de la memoria, sino del cuerpo" (18).[54] En el fondo, si ese cuerpo es pensado todavía como organismo y no como cuerpo gozante, pareciera haber una contradicción o desajuste epistemológico entre la cuestión del inconsciente como 'motor secreto' de las asociaciones, como sede de la creatividad, y la cuestión del organismo como resonador de impulsos, provocador de reacciones, productor de resultados (186). Indudablemente, pesa todavía en Grotowski la concepción del cuerpo como organismo, cuyas leyes biológicas serían objetivas; conocerlas supondría dominarlas y

---

apertura a la otredad: cada texto anterior, entonces, modifica también la inscripción del nuevo trazo que, a su vez, contiene y transforma las huellas previas. Se dispara de ese modo un movimiento infinito, interminable en relación al sentido, tal como Grotowski lo planteará para 'el Performer'. En este sentido, la memoria queda capturada en la dinámica del espaciamiento y sobre todo de la temporalidad, por cuanto las huellas en ella inscriptas nunca son ni podrán ser las mismas, porque cada evocacion del sujeto las re-escribe y, por ello, ese presente no solo apela a lo pasado, sino que al resignificarse da lugar a esa futuridad que Derrida denomina "el por-venir".

[53] En nuestro libro *Sueño. Improvisación. Teatro. Ensayos sobre la praxis teatral* hemos comentado cómo durante los ensayos, comenzamos las improvisaciones apelando, bajo sugerencia freudiana, a los números, especialmente cuando no se parte de un texto dramático dado. Lacan mismo no deja de señalar, refiriéndose al azar, cómo puede alcanzarse "la eficacia de las asociaciones sobre números dejados a la suerte de una elección inmotivada, incluso de un sorteo al azar" (*Escritos* 260).

[54] El psicoanálisis, tal como Lacan lo ha propuesto, apunta a la "asunción por el sujeto de su historia, en cuanto que está constituida por la palabra dirigida al otro" (*Escritos* 249). El teatro es, fundamentalmente, una palabra dirigida al otro, de ahí que praxis teatral y praxis analítica convergen en este punto. Sin embargo, Lacan nos alerta en que "no se trata para Freud ni de memoria biológica, ni de su mistificación intuicionista, ni de la paramnesia del síntoma, sino de rememoración, es decir, de historia, que hace descansar sobre el único fiel de las certidumbres de fecha de la balanza en la que las conjeturas sobre el pasado hacen oscilar las promesas del futuro" (*Escritos* 248). Lo que importa no es poner en un tipo de orden los sucesos del pasado, reprimidos o no, sino acceder a la verdad.

controlarlas, llevarlas incluso a su extremo 'sacrificial', pero al mismo tiempo, si ésa constituye la base de su método, no resulta posible saltar a la dimensión del inconsciente como deseo y como dimensión de la creatividad. Si nos planteamos aquí al 'cuerpo' en este sentido, el estímulo y la reacción corporal no están capacitados para alcanzar al inconsciente en su dimensión deseante y hasta gozante, sino únicamente en su dimensión de memoria automatizada, maquinizada, de la que el método intentaría hacerse cargo para remontar hasta la satisfacción pulsional de las primeras inscripciones, tempranos trazos infantiles, recuperando así la dimensión lúdica, esto es, poco cercenada por el lenguaje y los aparatos educativos.

Grotowski insiste en que es necesario "el surgimiento de lo infantil que llevamos dentro" (227). Aquí otra vez confluye la intuición grotowskiana y la elaboración freudo-lacaniana, porque esa dimensión íntima que se quisiera capturar por medio, por ejemplo, de ejercicios físicos, corresponde a aquello que Lacan ha denominado la *lalengua*. Es conocida la definición del inconsciente como estructurado como un lenguaje, y Lacan subraya, al respecto, que "el inconsciente tiene que ver ante todo con la gramática" (*Hablo a las paredes* 24). Sin embargo, en su última enseñanza, Lacan, en su esfuerzo por apuntar al modo de goce singular e incurable del sujeto, nos introduce al sinthome y sobre todo a lalengua, la cual "no tiene nada que ver con el diccionario, cualquiera que sea" (*Hablo a las paredes* 23). El neologismo 'lalengua' surge como un lapsus que, de pronto, se transforma en un chiste e inmediatamente en un malentendido: es decir que el término involucra lo más propio del psicoanálisis (*Hablo a las paredes* 22). Lo fundamental aquí es que lalengua, anterior a la lengua en sentido saussuriano, supone marcas del goce en el cuerpo y por ello no sirve para la comunicación. Por eso, para el último Lacan, el inconsciente está hecho de lalengua, en tanto "es el asunto de cada quien, lalengua llamada, y no en balde, materna" (*Seminario 20* 166). Así, el inconsciente estructurado como un lenguaje, tal como había marcado toda la elaboración lacaniana sobre lo simbólico, pasa a un segundo plano. A partir de lalengua, el lenguaje —"que está hecho de lalengua" (*Seminario 20* 167)— se le aparece a Lacan como una elucubración del saber sobre lalengua, es decir, "lo que el discurso científico elabora para dar cuenta de lo que yo llamo lalengua" (*Seminario 20* 166). Al no funcionar para la comunicación, al no servir para el lazo social, lalengua, uniendo el significante –ya no ligado a la significación sino como "causa material del goce, y remitiendo al cuerpo como sustancia gozante, da cuenta del goce singular, solipcista, del sujeto. Por lo mismo, el inconsciente en tanto saber, se torna ahora en un 'saber-hacer con' lalengua (*Seminario 20* 167): el inconsciente sabe hacer sueños, chistes, lapsus, es decir, lo que llamamos formaciones del inconsciente. A diferencia del lenguaje, lalengua está constituida por $S_1$ solos que constituyen como un enjambre singnificante o zumbante para el sujeto (*Seminario 20* 172), que no se articulan a los $S_2$ del saber.

*De la verdad y de lalengua*

La objetividad, a su vez, remite en Grotowski a la cuestión de la verdad; es muy problemático imaginar en el arte la verdad como verdad científica, planteada como el resultado de hipótesis contrastadas y que responden al requerimiento lógico de lo verdadero y lo falso. En el campo del arte esto es contraproducente, y es lo menos que se puede decir. La verdad es, como Lacan la ha planteado, siempre un semblante y apunta a la singularidad del sujeto: no se la puede decir toda, opera por el medio-decir, hay que leerla entre líneas apelando al dispositivo significante. Incluso el 'decir veraz', como *parresia* (honestidad, sinceridad, palabras que Grotowski utiliza y que Foucault investigaría más tarde a profundidad) es crucial en el método. Dicha parresia, no obstante, no puede ser nunca completa, no se puede decir *toda* la verdad; tal como Lacan lo planteó, está siempre a medio-decir o, si queremos extremar la cuestión, permanece en el campo imaginario de lo subjetivo e inverificable por la ciencia. Dicha verdad emerge en el trabajo con el malestar en la cultura, con el sufrimiento anclado en el síntoma, con el modo de goce del teatrista y de la comunidad que lo rodea. Surge de lo no-sabido y sorprende: "El espectador –dice Grotowski— se alegra quizá, porque le gustan las verdades banales, pero no estamos allí para complacer o halagar al espectador, estamos para decir la verdad" (195); y en otro momento agrega: "Busquen siempre la verdad *real* y no la concepción popular de la verdad" (196, el subrayado es mío). Esa verdad popular es la de la *doxa*, la opinión pública, la de la realidad; Grotowski, nótese, habla de la 'verdad real', que sorprende, surge del inconsciente, está en la dimensión de lo no-sabido, de modo que no hay manera de imaginar una imposición doctrinaria u ortodoxa de ningún tipo (ni religioso, ni político) desde el escenario; de ahí que insista a cada paso en que no se trata de ilustrar una idea.[55] "We –dice Grotowski— don't want to illustrate these dramas on the stage" (*Sourcebook* 81); e insiste en *Hacia un teatro pobre*: "El actor no debe –enfatiza Grotowski— *ilustrar* sino *efectuar* un 'acto del alma'" (216).[56] En la etapa del Teatro de Producciones hay una confrontación con el texto, el cual interroga al teatrista para dar sus propias respuestas desde su experiencia presente y lo pone en la circunstancia de realizar un acto creativo como un puente con un pasado. Y este pasado no está fijado, no hay aquí arqueología; ese pasado está siempre historizado desde la perspectiva del teatrista y la subjetividad de su época. Por eso el maestro habla de un "acto del alma" o de un "acto total" en la medida en que no es una mera acción o una representación ilustrativa de un contenido que le fuera exterior. "'The total act' is total self-revelation in a moment of extreme honesty" (*Sourcebook* 83). Esa revelación, calificada de honesta, es el resultado de un riesgo con el trabajo con

---

[55] "La obra teatral –tal como Grotowski se lo explica a Margo Glantz— no significa ilustrar ni estar de acuerdo con el texto, ni tampoco en desacuerdo" (227). Refiriéndose a la experiencia en Irvine, California, I Wayan Lendra nos cuenta que, aunque se trabajaba sobre rituales, no se lo hacía desde una perspectiva religiosa y, además, no se trabajaba a partir de una idea: "He [Grotowski] did not wish the participants to start working with an 'idea'" (*Sourcebook* 320). De modo que se parte del 'no saber': "Not knowing –nos dice Grimes— is the prerequisite for knowing in another way" (*Sourcebook* 276).

[56] En mi libro *Sueño. Improvisación. Teatro. Ensayos para la praxis teatral* me he extendido sobre el 'acto analítico' tal como Lacan lo ha conceptualizado dentro de la ética hegeliana de las consecuencias, sacándolo del ámbito de la ética kantiana de la intención. Lo he investigado como *acto performativo*. Hay una correlación con la afirmación grotowskiana en la medida en que, como hemos visto en este capítulo, el acto se discierne retroactivamente a partir de un resultado no buscado. Agreguemos que ese 'acto' del actor grotowskiano "no puede darse si el actor tiene mayor interés en su encanto, en su éxito personal, en el aplauso y en el salario, que en la creación entendida en su más alta forma. No puede existir si el actor lo condiciona al tamaño de su papel, a su lugar en la representación, al día o al tipo de público" (222).

lo reprimido, con aquello displacentero, íntimo y éxtimo, con ese goce que anida en el síntoma o cualquier otra formación del inconsciente.

Asimismo, el actor, al revelarse frente al público, efectúa este 'acto total' evitando todo tipo de declaraciones doctrinarias: apela, pues, al otro/Otro, pero no sermonea, a la manera del teatro político o de ciertos espectáculos de militancias diversas: "Our rights as men should begin with our acts rather than with declarations or testimonials to ourselves" (*Sourcebook* 105). El teatrista, entonces, rehusa posicionarse o realizar su acto como ilustración o testimonio desde el discurso del Amo o desde el discurso de la Universidad.

El actor santo "que se revela a sí mismo, que sacrifica la parte más íntima de su ser, la más penosa, aquella que no debe ser exhibida a los ojos del mundo" (29), es decir, el que da cuenta de su abyección y que desde ella puede dirigirse dignamente a la abyección del público, debe ser capaz

> también de expresar, mediante el sonido y el movimiento, aquellos impulsos que habitan la frontera que existe entre sueño y realidad. En suma, debe poder construir su propio lenguaje *psicoanalítico* de sonidos y gestos de la misma manera en que un gran poeta crea su lenguaje de palabra. (29, el subrayado es mío).

Esta cita nos permite una vez más apreciar cómo Grotowski ya desea ir más allá del lenguaje y trabajar a nivel de lalengua. Asimismo, cómo, siguiendo lo que plantea Miller, el acto performativo tanto el acto analítico— supone hacer "un esfuerzo de poesía". Este actor santo, santo laico –en parte pero no totalmente como el santo religioso— al emanciparse mediante este 'sacrificio', irrumpe y perturba la continuidad del capitalismo y obviamente también la consistencia del Otro. Jorge Alemán nos dice:

> Las figuras retóricas del "Santo", el "guerrero aplicado", el "trabajador decidido" constituyen distintos intentos por parte de Lacan para elaborar en qué consiste la acción del Sujeto cuando la

misma se sitúa en un más allá del plano de las identificaciones. Son nombres sinthomaticos del "ser ahí" en una acción política. (*Soledad: Común* 68)

La referencia a *lalengua* nos resulta necesaria para pensar la praxis grotowskiana, incluso conectarla a la propuesta de A. Artaud. Volveremos en otro capítulo sobre esta cuestión, en la medida en que Grotowski también nos hablará de remontarnos al origen que precede las diferencias (que podemos pensar no como un origen anterior al lenguaje, sino anterior a las imposiciones de la gramática).

En un artículo periodístico, la psicoanalista Gabriela Basz va a interrogarse sobre cómo conceptualizar hoy el inconsciente. Nos interesa particularmente este breve artículo, no solo porque describe a puntualidad los conceptos de *hablanteser* y *lalengua* en Lacan, sino porque hace puente precisamente con el teatro actual. Basz comienza enfatizando en qué consiste el descubrimiento freudiano del inconsciente que, como sabemos, va más allá de tener efectos en la clínica, para promover una ruptura epistemológica en el campo del saber, tradicionalmente centrado en los límites del yo. Nos dice: "el descubrimiento de Freud es el de un lenguaje que dice más de lo que sabe, o no sabe lo que dice, o dice otra cosa que lo que quiere decir". Pasa luego a la perspectiva lacaniana del inconsciente; para el psicoanalista francés:

> "el inconsciente está estructurado como un lenguaje": se trata de una cadena de significantes que, en algún sitio, se repite e insiste para interferir en los cortes del discurso efectivo. A partir de la pregunta por el agente detrás de estos tropiezos, de los que no hay reconocimiento yoico en lo que se dice, surge la suposición de un sujeto del inconsciente.

Surgen más tarde en Lacan dos términos: *parlêtre* y *lalengua*: "*Parlêtre* es un neologismo que surge de la condensación entre *parler* (hablar) y *être* (ser)". Se lo ha traducido como 'ser hablante' o 'hablanteser' y, como nos dice Basz, "Lacan lo utiliza, siempre en relación al cuerpo, permite pensar que se trata de la resonancia de la palabra en el cuerpo. Es por hablar que se produce un ser. Ya no se trata de lo que se produce en un espacio psíquico, sino del efecto del lenguaje en el cuerpo". Estamos aquí cerca de Grotowski otra vez, siempre y cuando pensemos la palabra más allá de lo verbal.

    Respecto a *lalengua*, cuando Lacan une el artículo al sustantivo, apunta "a la primariedad de esta *lalengua* con respecto al lenguaje. ¿Cómo aproximarnos a ella? –se pregunta Basz– Pensemos la *lalengua* del sonido, *lalengua* materna, *lalengua* como depósito de las huellas de los que nos han hablado...". Lo infantil, el juego de las improvisaciones y la tradición son componentes de la praxis teatral grotowskiana y de la nuestra. Además, Basz subraya que *lalengua* "vive del malentendido, donde los sonidos y los sentidos se cruzan". De ahí que, enfatiza la autora:

> Un punto de aproximación interesante para captar algo de *lalengua* lo encontramos en el teatro: cada puesta muestra cómo la misma cadena significante se modifica según quien la diga, cómo la diga, según las resonancias del texto en el cuerpo del actor.

Interrogándose sobre cómo aproximarse a ese inconsciente 'torbellino' en la actualidad, Gabriela Basz, concluye:

> Posiblemente podríamos iluminarnos con el así llamado teatro posdramático, donde en nuestros cuerpos resuena lo fragmentario, lo poético, lo disruptivo, lo fuera de sentido, para seguir hablando del inconsciente, aún.

    Podemos entender desde esta vía ese trabajo del actor que, según Grotowski, debe construir su propio lenguaje psicoanalítico (adjetivación indudablemente apropiada) recuperando para la creatividad ese balbuceo de sonidos y gestos ("trazos" los llama Grotowski, todavía vitales, ligados a lo pulsional, por cuanto no están tan marcados por el carácter mortífero del significante, por el lenguaje, por el Otro). Por este escorzo captamos la intención grotowskiana de relacionar al actor con lo real, no con la realidad, en tanto este real es esa dimensión todavía no significantizada.

No obstante, sea por intermedio de la técnica o de la transgresión sacrílega del mito, queda claro que Grotowski se interesa por esa zona salvaje más allá del contrato social, y así aspira a ser cómplice del modo de goce del público al que se dirige; de ahí la idea, una vez más, de un inconsciente transindividual. Para Grotowski hay un sentido agónico entre la escena y el público, nada convivial por cierto:[57]

> El teatro debe *atacar* lo que podría catalogarse como los complejos colectivos de la sociedad, el meollo del inconsciente colectivo o quizá de lo superconsciente (no importa cómo lo llamemos); los mitos que no son una invención de la mente sino que, por decirlo así, nos han sido trasmitidos por la sangre, la religión, la cultura y el medio ambiente. (37, el subrayado es mío)

Y es que Grotowski extiende aquello que dice para al actor a su concepción del público; no un público cualquiera, no el que asiste al teatro comercial en búsqueda de entretenimiento, sino a "un auditorio especial" (35), el que *"desea analizarse"*, esto es, no solo mirar y escuchar, sino entrar en transferencia con lo que la escena le propone:

> Nos interesa el espectador que tiene genuinas necesidades espirituales y que realmente *desea analizarse*, a través de la confrontación con el espectáculo; estamos interesados en el espectador que no se detiene en una etapa elemental de integración psíquica, aquel

---

[57] El encuentro del actor y del público es agónico para Grotowski, no convivial; tampoco lo es la relación de los miembros del público entre sí, ya que hay públicos diferenciados: "El encuentro surge de una fascinación. Implica una *lucha* y también algo profundamente similar que provoca una identidad entre aquellos que toman parte y el encuentro" (52, el subrayado es mío). No por casualidad Grotowski ha atentado siempre a la teatralidad del teatro promoviendo diseños novedosos para experimentar con la política de la mirada, buscando no solo una mayor cercanía del público a la escena, sino fundamentalmente sumiendo a éste en un riesgo como participante y, sobre todo, estableciendo una conexión especial entre la estructura del texto dramático y la del texto espectacular. Cotejar en *Hacia un teatro pobre* los diseños espaciales para *Dr. Fausto*, *El príncipe constante*, *Acrópolis*, *Kordian*, etc.

que no se contenta con su estabilidad espiritual mezquina y geométrica, no en aquel que sabe exactamente qué es lo bueno y qué es lo malo y que nunca cae en la duda. (35, el subrayado es mío)

En cierta forma, podemos traducir a terminología lacaniana esta afirmación de Grotowski: como lo plantea el ultimísimo Lacan, el del *Seminario 21*, "lo no incautos yerran". Solo el incauto se abre a la posibilidad de la duda, sale de las ortodoxias al uso, pone en cuestión lo bueno y lo malo. El ideal grotowskiano de actor también es la vez un actor incauto. El actor y el público, entonces, cada uno por su lado, aunque trabajan juntos, lo hacen agónicamente, en una zona de conflicto en el que cada cual se posiciona como incauto, en la medida en que ambos, caso por caso, dirigen su trabajo a "una búsqueda de su verdad íntima y de su sentido vital" (35).

El cuerpo, desde la perspectiva psicoanalítica lacaniana, se conceptualiza como hemos visto de otra manera: cuerpo simbólico, cuerpo imaginario, cuerpo real. Y son estos cuerpos con los que opera la praxis teatral tal como he tratado de conceptualizarla, en la medida en que, como praxis, no se trata de una ciencia que trabaja con la teoría y la práctica, sino con la ignorancia docta y con los cuatro conceptos fundamentales del psicoanálisis: pulsión, inconsciente, transferencia y repetición. El inconsciente no es aquí un mero más allá de la conciencia, como un campo tensional escondido o secreto que habría que liberar, sino que está estructurado como un lenguaje y, por ende, hay que escucharlo en su juego metafórico-metonímico durante las improvisaciones, más allá de cuál sea el entrenamiento físico-vocal del actor; y hay que escucharlo, además, en la dimensión de *lalengua*. Ciertamente, aunque la técnica grotowskiana puede ser una propedéutica para comenzar el proceso creativo con las improvisaciones y a pesar de su precisión y detalle, no llega a explorar cómo intervienen en lo actoral y directorial otras cuestiones ligadas al psicoanálisis, particularmente la importancia de la transferencia.

*Signo, significante / lo parroquial y lo nacional*

El inconsciente, como vimos, no es un lenguaje, sino que está estructurado como tal por las leyes del significante, no del signo. Grotowski plantea que el actor debe alcanzar el signo: "Cuando se desempeña un papel, la partitura ya no está formada de detalles, sino de signos" (193). Sin embargo, al referirse a su puesta en escena de *Akropolis*, rechaza la idea de abstracción y realismo para enfatizar la materialidad de los elementos escénicos, tales como "pipes, shoes, wheelbarrows, costumes" (*Sourcebook* 50), para destacar la materialidad de los mismos y su capacidad de funcionar como significantes evocadores de Auschwitz. Nuestra concepción de la praxis teatral, como en el maestro polaco, parte de un trabajo con el significante; pero en nuestro caso, evitamos en lo posible llegar al signo, si lo entendemos como un elemento estable ya codificado. Hoy —en tiempos en los que todo es *ready made* y hay consumo compulsivo— importa que el público se enfrente a zonas o momentos escénicos enigmáticos, cifrados, para promover la interpretación, tal como ocurría en los espectáculos montados por Grotowski. Sobre todo, y siguiendo las últimas elaboraciones políticas en el debate sobre los aportes del psicoanálisis a la crisis causada por el neoliberalismo,[58] apuntamos a que la escena promueva en el público significantes flotantes (Laclau), a la manera de esa articulación de sus demandas al Estado como Otro, en ese momento que Alemán denomina instituyente cuando las diferencias de las demandas se ponen en relación de equivalencia a fin de construir una contrahegemonía. Hay una relación entre el inconsciente del teatrista y el de la comunidad para la cual trabaja; no podría no haberla. Y no porque haya un inconsciente colectivo, a veces solo limitado a una simbología estereotipada. El inconsciente con el que opera el psicoanálisis no es colectivo sino transindividual, nunca generalizable ni ahistórico, está siempre determinado por el aquí y ahora del contexto socio-histórico, es —según rescata Lacan de *La risa* de Bergson— lo parroquial. Y así como el cuerpo histérico revela que se trata de un más allá del organismo, el chiste precisamente demuestra los límites

---

[58] Pienso en los trabajos de Ernesto Laclau, Jorge Alemán, Nora Merlin, entre otros.

del territorio inconsciente: cuando se lo enuncia, solo se ríen los que conocen las claves culturales de la que surge la risa, es decir, solo los miembros de la parroquia. No por nada Grotowski subraya siempre el carácter 'nacional" para establecer ese puente entre escena y público, el cual es entendible por la consistencia transindividual del inconsciente y, sobre todo, por el lazo instaurado por *lalengua*:

> [e]se teatro debe ser nacional porque está basado en la introspección y en general en nuestro superego social que ha sido moldeado dentro de un clima *particular* y nacional, convirtiéndose así en su parte integrante.
>
> Si deseamos enfrentarnos profundamente a la *lógica* de nuestra mente y de nuestra conducta y alcanzar sus más íntimos recovecos, *su motor secreto*, entonces el sistema completo de *signos construidos* dentro de la representación debe apelar a nuestra experiencia, a la realidad que nos ha *sorprendido* y que nos ha moldeado, a ese lenguaje de gestos, de murmullos, de sonidos y de entonaciones recogidos en la calle, en el trabajo, en los cafés, en suma, a toda esa conducta humana que nos ha marcado. (47-48, el subrayado es mío)

Esta cita es fácilmente traducible al psicoanálisis lacaniano: subraya y privilegia, en primer lugar, lo particular frente a lo universal; la lógica de nuestra mente es asimilable al inconsciente estructurado como un lenguaje (motor secreto) y la lógica del significante, tal como Lacan la estableció. Precisamente, el teatrista no trabaja con signos ya dados, semánticamente fijados en un diccionario, sino con significantes cualesquiera para producir, *construir* los signos que necesita su espectáculo. La realidad que sorprende es la realidad psíquica, la del inconsciente, esto es, lo real, lo no-sabido, el sinsentido que nos desafía. "*Traten siempre de mostrar el lado desconocido de las cosas al espectador*", aconseja Grotowski (196, subrayado del autor). Finalmente, tenemos *lalengua*, una vez más, fuera del signo establecido, como un balbuceo ("un no sé qué que quedan balbuceando", según San Juan de la Cruz), formado por murmullos, cierto nivel lingüístico larvado, muy ligado a lo pulsional que se puede 'escuchar' en la calle, en el trabajo, etc., más allá de lo que se dice. Tenemos aquí, con *lalengua*, esa función poética cuyo soporte significante apunta a lo real. Aunque no sin cierta imprecisión de vocabulario, Grotowski remata su perspectiva sosteniendo que la representación teatral "es nacional porque es una búsqueda sincera y absoluta de nuestro *ego* histórico ('sujeto' sería el término psicoanalítico más adecuado aquí, incluso para ser consistente con su misma propuesta teatral), es 'realista' porque es un exceso de verdad; es social porque es un desafío al ser social, al espectador" (48). Ese exceso de verdad, dolorosa sin duda, enlaza lo particular (nacional) con el goce y con la falta-en-ser del sujeto en lo social. El término 'desafío' vuelve a subrayar el carácter agónico del teatro.

## *Regresando a las preguntas de Margo Glanz*

Llegados hasta aquí, retornemos a Margo Glanz quien no quedó conforme con la primera respuesta de Grotowski. De ahí que le lance nuevamente al maestro la pregunta a calzón quitado; conviene transcribir completamente su intervención:

> Sí, yo encuentro que en su teoría sobre los actores y hasta en la práctica con ellos se logra en cierto modo lo que hace un analista con su paciente. Se trata de hacer desaparecer los obstáculos que impiden la expresión, no se trata de llegar a la armonía total, sino de permitir que se libere aquello que impide la creación, se busca la armonía necesaria para poder crear en el ámbito en el que uno se encuentra. Liberar los problemas para enfrentarlos y poder actuar, ¿no es eso lo que usted logra con sus actores? (231)

Glanz percibe en el método grotowskiano un paralelismo entre analizante/actor y analista/director. La idea de la entrevistadora respecto al psicoanálisis no es totalmente adecuada desde la perspectiva actual; sin embargo percibe una convergencia entre ambas técnicas. Más que obstáculos, el analizante tiene que lidiar con las inhibiciones y la represión, las resistencias y las defensas. La transferencia no deja de tener un rol relevante en el análisis y, aunque aparezca en la praxis grotowskiana tal como se la puede observar en el libro de Thomas Richards, no está visibilizada ni conceptualizada como tal.[59] Más que "liberar los problemas para enfrentarlos y poder actuar", el analizante va enfrentando, en el trabajo con su discurso y *lalengua*, la verdad de su deseo; progresivamente, puede alcanzar la cima, esto es, la escena del fantasma fundamental y la constancia del goce implicado en lo que Lacan denominó el *sinthome*.

Grotowski le admite a la entrevistadora que "en cierta medida es muy justo lo que usted dice" (231); sin embargo, por lo que luego agrega, podemos ver que tiene una concepción de tipo clínico sobre la intervención del psicoanálisis en su trabajo: "pero insisto que sólo en cierta medida, porque si un director quiere cumplir el papel de analista frente al actor crea una situación enfermiza entre los dos" (231). Sin discusión, Grotowski está en lo cierto, pero es porque restringe el psicoanálisis a lo clínico, de ahí que en todo lo elaborado por mí en los últimos años sobre la relación praxis analítica y praxis teatral no he dejado de insistir en que el psicoanálisis no debe operar en esta dimensión clínica durante los ensayos.

---

[59] En su libro *At Work with Grotowski on Physical Actions*, Thomas Richards, quien asistió a talleres dictados por Grotowski en los Estados Unidos y en Italia, nos cuenta con detalles su viaje actoral, su experiencia a lo largo de la enseñanza del maestro. Nos abocaremos a la lectura de este libro en otro trabajo; sin embargo, nos importa subrayar ahora la cuestión de la transferencia. Vale la pena esta larga cita: "I cannot say that I was trained technically in that first workshop with Grotowski. There was not enough time. But I did have another taste of something very deep, and, as after the workshop with Cieslak, I felt quite confused. The songs had such a strong effect on me; they continued to live singing in me long after the work had finished, even though my sleep. Often after work some of us would go to a restaurant called Bob's Big Boy. One night we arrived, sat down and started giving each other strange looks. Suddenly we began uncontrollably laughing: this spontaneous laughter lasted for quite some time. It turned out that we had all simultaneously had the same impulse, to leap over the counter and attack the cook. Also, the quality of my sleep had changed. I sometimes woke up in the middle of the night to find myself swimming in the bed like a fish; or I dreamed for example, that I was running in the desert and as I jumped in the air to avoid falling into a hole, I woke up with a sudden start because my body in bed had also jumped with the same impulse as in the dream. My dreams were becoming more vivid and colorful. (22). Vemos cómo el sueño es efecto de la transferencia con Grotowski y Cieslak, de lo no verbalizado, de lo no significantizado en presencia de los maestros.

No se trata de psicoanalizar a los actores, sino de asumir los conceptos psicoanalíticos desde otra perspectiva. El director puede cubrir el rol del analista si y solo si se pone en posición de escuchar, de la famosa escucha flotante frente a los ejercicios y las improvisaciones; si guarda silencio y solo interpreta a partir no del contenido de la escena improvisada sino de algún detalle aparentemente insignificante (como ya lo vio Enrique Buenaventura en su charla a sus actores de Cali),[60] si aprovecha la sorpresa tíquica (*tyche*) de la apertura del inconsciente a partir de un lapsus, una equivocación, un olvido, un chiste, etc., tal como la planteó Lacan en su *Seminario 11*, distinguiéndola del *automaton*. Agrega Grotowski: "La improvisación [como el discurso que el analizante realiza frente a su analista] no debe prepararse, porque lo natural [la espontaneidad de la asociación libre] se destruye". Aún más, la improvisación –sostiene Grotowski— no tiene sentido si las minucias [los detalles o las 'escorias' como las llamaba Buenaventura] no se ejecutan con precisión" (161). "[M]ediante detalles concretos es posible encontrar lo personal", afirma Grotowski (193).[61] Nos dice además respecto al trabajo del director o maestro: "es mejor expresarse mediante un silencio o una guiñada de ojos que por instrucciones, y observar las etapas en que se produce la *ruptura psicológica* y *el colapso del actor*, de tal modo que pueda ayudarle" (42-43, el subrayado es mío). Se trata de realizar pequeñas puntuaciones que lubriquen el proceso hacia la destitución subjetiva, ya que la interpretación queda, como en el psicoanálisis, más a cargo del analizante/actor que del analista/director.

Grotowski, aunque indirectamente, percibe que el rol del director, como el del analista, consiste precisamente en trabajar su propia resistencia frente a lo que ve y escucha; Lacan aconsejaba, al respecto, no apresu-

---

[60] He trabajado la charla de Enrique Buenaventura en el primer capítulo de mi libro *Sueño. Improvisación. Teatro. Ensayos sobre la praxis teatral*.

[61] "Detalles" es el término usado por Freud para la interpretación de los sueños en *La interpretación de los sueños* (1900). Freud sugiere al analista no quedar capturado por el contenido del relato realizado por el analizante, sino apreciar los detalles más insignificantes, ya que ellos son la mejor puerta de entrada a lo inconsciente. Jacques-Alain Miller hablará mucho después de los 'divinos detalles'.

rarse a comprender. Hay que enfocarse en lo que no se comprende desde la perspectiva de la ignorancia docta, de la suspensión de lo que se sabe, para poder captar lo singular de aquello que se le ofrece desde la improvisación de los actores o las propuestas de los artistas creativos involucrados en el proyecto de puesta en escena. Dice Grotowski: "El director puede ser fecundo si no pretende serlo, ésta es una de las paradojas del oficio, si el director quiere renunciar a su propia creación y ayudar a la de los otros, es decir, permitir a quienes trabajan con él que sean fecundos y él solo ayudarlos en la sublimación de sus propias dificultades" (231). Tal vez el verbo "ayudar" no sea adecuado –aunque el de sublimación lo es— desde la perspectiva analítica actual, pero es evidente que Grotowski intenta la menor intervención posible para dejar al actor trabajar sobre sus propias dificultades; en tal caso, la interpretación desde el director solo se admite como puntuación, no como receta ofrecida por el director o imitación por parte del actor de lo que él hace para que supere sus obstáculos. "Hacer el muerto", sugería Lacan al analista, trabajar no desde el Discurso del Amo, menos aún desde el Discurso de la Universidad, o de la Histérica, sino desde el Discurso Analítico, para no sofocar eso "no sabido" que surge en el actor y en su trabajo, con saberes que no son los involucrados en la singularidad de su deseo.

"Es una especie de péndulo que va del director al actor" (232), agrega Grotowski respecto al proceso de trabajo; sin embargo, conviene recordar que ese péndulo no solo pivotea entre director y actor, sino que también requiere considerar al Otro, por un lado, y admitir que no se trata de una relación intersubjetiva, de sujeto a sujeto, sino de sujeto a objeto, desde cada uno de ellos, mediada por un tercero: el Otro.[62] Grotowski plantea que el rol del director es crucial como "trampolín" para el actor: el

---

[62] Aunque, como demostró Lacan, no hay posibilidad de hacer del masoquismo y el sadismo estructuras complementarias, lo cierto es que, como dijimos al principio, la perspectiva perversa grotowskiana podría explorarse con más detalle, pero teniendo en cuenta la fórmula lacaniana del fantasma perverso ($a \Diamond \$$), en la que el sujeto ocupa la posición de objeto respecto de su partenaire, nunca el complementario. Regresaremos a esto en otro capítulo.

director es ese otro que, además, encarna al Otro, es el sujeto supuesto saber que al final decantará en un resto, cuando el actor 'libere' su deseo, justamente ese objeto *a* causa del deseo: el director aquí como desecho.[63] Grotowski entiende ese "liberar", ese 'fin' (como conclusión y como finalidad) de su técnica como un "[s]acar el tigre [que] existe de contradictorio dentro de nosotros" (233). Margo Glanz alude al tigre en la obra de Borges y Grotowski admite que "el tigre de Borges y también el de una historia oriental, ese tigre simboliza las fuerzas dramáticas y contradictorias de la naturaleza" (233). Dejando de lado la recurrencia grotowskiana a las metáforas vegetales y animales para designar lo pulsional (y lo que, quizás sostiene su noción de 'organicidad' como ligada a cierta idea de cuerpo como organismo), lo cierto es que dichas metáforas apuntan al sujeto y a su verdad, a la manera nietzscheana. Esa irrupción del sujeto del inconsciente, como quería Picasso con su frase tantas veces mencionada por Lacan: "Yo no busco, encuentro", es aquello que irrumpe sin ser buscado. Grotowski lo dice casi con los mismos términos: "para lograr un resultado —esta es la paradoja— no hay que buscarlo. [...] Por ello tenemos que buscar, sin pensar en el resultado" (202). No hay pues una idea previa, disparadora, que haya que ilustrar con improvisaciones, sino afrontar aquello que emerge desde lo no-sabido. La ciencia busca porque necesita confirmaciones a sus hipótesis, pero el arte no tiene nada que validar. Eso vital a lo que se aspira en el método, en tanto pulsión y deseo, no es lo natural, sino precisamente la frontera entre naturaleza y cultura donde se instala la pulsión. Y para abordarla, para acceder a lo pulsional, al inconsciente, Grotowski, como el Freud de *Interpretación de los sueños*, convocará la via de la asociación, la memoria y el cuerpo gozante:

---

[63] En otro capítulo me ocuparé de la relación entre actor santo en Grotowski y el analista santo en Lacan. Solo dejo constancia de la conexión con esta elocuente cita de Catherine Millot en su libro *Gide, Genet, Mishima* cuando sostiene, a partir de Lacan, que "*déchariter* es también asumir por todos la degradación invisible de cada uno, para descargarlo de ella. Y es también reservar en el seno del mundo el lugar de fuera del mundo en el que se funda siempre la universalidad de su orden: una alteridad rebelde, algún goce inasimilable, alguna singularidad irreductible".

Pero ¿qué buscamos? Por ejemplo, cuáles son mis asociaciones, mis memorias-clave, reconociéndolas no en el pensamiento [la conciencia] sino en los impulsos del cuerpo: tomar conciencia de ellas, dominarlas y organizarlas… (202)

Tal como veremos más adelante, hay aquí ya una doble referencia: la primera, a Nietzsche, por cuanto lo caótico del devenir de la vida, la ebullición pulsional de lo dionisíaco, coloca al arte en la perpectiva de lo apolíneo, como un fijar aquello que fluye, de modo que el arte no puede prescindir de la forma; y por la misma razón, Grotowski conecta este momento apolíneo a la disciplina, y así puede diferenciar lo amateur, lo diletante (capturado por lo dionisíaco) del verdadero arte. "This discipline –tal como el maestro la entiende— is organized and structured; without it we have chaos and pure dilettantism" (*Sourcebook* 84). La segunda referencia nos lleva al último Lacan: ese mundo pulsional, ese goce incurable del sujeto instalado en el sinthome, implica que el fin de un análisis consiste precisamente en arreglárselas con él, en 'saber-hacer-con' ese modo de goce, orientando el sufrimiento que lo define, no hacia el mero padecimniento, sino hacia la dimensión creativa.

Lo dramático y contradictorio que toda técnica actoral o teatral debería explorar no está localizado en la naturaleza sino en el inconsciente, en la dimensión desgarrada que el ser humano tiene respecto de la naturaleza. Sea como fuere, es justamente en este fin del análisis o fin del trabajo actoral en que el analizante puede pasar a ser analista, a autorizarse por sí mismo; precisamente Grotowski nos dice: "El actor se ha vuelto, por ello mismo, el analista; el director escucha y observa, es ahora el paciente" (232). El péndulo, para él, consiste en el hecho de que, después que el director "recoge el desafío [del actor] y puede plantearle una nueva proposición al actor, [el actor] se transforma en analista" (232). Hay, pues, un intercambio de roles. El director debe entonces no proceder a sofocar con su saber 'general' al actor: debe proceder con enigmas, con lo cifrado, porque solo así puede mantener abierta la instancia creativa, el contexto de descubrimiento. Aunque a veces Grotowski mencione al "maestro", es evidente que esta palabra es completamente contraproducente porque, como lo planteó Lacan, no hay nada que enseñar, en todo caso, hay mucho que aprender, el director debe manejar su resistencia a responder a las demandas de saber de su actor, debe resistirse a colocarse en un lugar de magisterio y, en cambio, permanecer –si es que realmente algo puede enseñarse— en posición de aprendiz: "La situación entre el director y el actor es la de la creación común" (232). Esa posición de Amo-Maestro y la cuestión de la transferencia es bastante controversial a partir del relato de Thomas Richards y otros testimonios de quienes trabajaron con Grotowski, y corresponde explorarla en otro trabajo.

Ahora bien, la diferencia más profunda entre las dos praxis, la analítica y la grotowskiana, reside en la dimensión de la palabra. Aunque Grotowski no habla sobre las improvisaciones sino sobre el modo en que el actor trabaja contra su yo, contra su narcisismo, sigue por un lado la regla analítica de dejar que el analizante elabore sus propias interpretaciones, pero por otro se aleja del psicoanálisis radicalmente cuando afirma que la respuesta del actor "no deberá nunca explicarse con palabras" (232). Esta dimensión de la palabra es calificada, arbitrariamente, por Grotowski como "explicaciones teóricas" (232), de allí el enorme prejuicio que existe con la teoría en el campo teatral, desde Stanislavski en adelante. Y es que los maestros de actuación parecen favorecer la respuesta del actor como un *acting out*, que Grotowski denomina "esbozo de actuación" (232). No debe escapársenos aquí la ambigüedad del método, cuando no su contradicción, con lo que vimos respecto de *lalengua*. En todo caso, la ambigüedad o contradicción se resuelve si no tomamos el vocablo "palabra" como signo, sino como significante, verbal o gestual. Nosotros mismos en nuestra práctica no admitimos explicaciones sobre las improvisaciones, puesto que aquello que no está en la escena, aquello que no se ha visibilizado, pues no está. En esos casos, siempre conviene volver a improvisar y hacerlo a partir de los detalles insignificantes, y nunca del conflicto de la escena. La palabra del actor es su actuar; el director, por su parte, responde a la consigna lacaniana de que "el arte del analista debe ser el de suspender las certidumbres del sujeto, hasta que se consuman sus últimos espejismos" (*Escritos* 244).

La perspectiva grotowskiana y la praxis teatral tal como nosotros la entendemos acuerdan en que el psicoanálisis apunta no a curar sino a despejar el terreno para que la creatividad y la invención se hagan efectivas, aun cuando sabemos que no hay garantías respecto de lo artístico. Demás está decir que ni el Método de Grotowski, ni el Sistema de Stanislavski ni nuestra praxis teatral, posicionados como un Otro para el trabajo teatral pueden garantizar nada a nivel artístico. No se puede curar al tigre, el análisis apunta, como lo vio Lacan al final de su enseñanza, a lo incurable, al goce no removible implicado como *sinthome*: "hay que sacar al tigre que hay en nuestro motor y no curarlo, sino encontrar una plenitud que hay que sublimar siempre" (1970 233). Y como Freud, pero a diferencia de Lacan, Grotowski admite que el proceso de trabajo del actor sobre sí mismo, como el análisis, "es un proceso sin final" (233).

# Pervivencia de lo monacal: el teatro de lo sagrado secular en Jerzy Grotowski

> la política y la religiosidad, si son sinceras, son meras defensas ante la falta de un discurso estético propio, refugios tan inestables como la teatralidad de un político o la política de un religioso.
>
> Alberto Ure, *Sacate la careta* (2003:199)
>
> La carne es indómita, sobre todo para nosotros mismos.
>
> Darío Sztajnszrajber, *Filosofía a martillazos* (2019:29)

*Introducción*

En su famosa *Poética*, Aristóteles resume en el capítulo VI su definición de tragedia:

> En tanto reservamos para una consideración posterior la poesía y la comedia en hexámetros, proseguiremos ahora con la discusión de la tragedia; antes de hacerlo, sin embargo, debemos resumir la definición resultante de lo que se ha dicho. Una tragedia, en consecuencia, es la imitación de una acción elevada y también, por tener magnitud, completa en sí misma; enriquecida en el lenguaje, con adornos artísticos adecuados para las diversas partes de la obra, presentada en forma dramática, no como narración, sino con incidentes que excitan piedad y temor, mediante los cuales realizan la catarsis de tales emociones. Aquí, por "lenguaje enriquecido con adornos artísticos" quiero decir con ritmo, armonía y música sobreagregados, y por "adecuados a las diversas partes" significo que algunos de ellos se producen, sólo por medio del verso, y otros a su vez con ayuda de las canciones.

¿Qué relación puede haber entre Aristóteles, la tradición aristotélica y Grotowski? ¿Cercanos o lejanos? La respuesta no es simple y nos permitirá evaluar similitudes y diferencias que hoy siguen siendo relevantes para la praxis teatral. ¿Cómo piensa Grotowski la imitación y la catarsis? Sin duda, una aproximación al teatro pobre, en el sentido más estrecho o material del adjetivo (que no necesariamente es el del maestro polaco) deja claro que se trata de una propuesta en la que no cuentan algunos de los "adornos artísticos". Grotowski –sin renunciar a los valores poéticos del lenguaje— piensa la pobreza más allá de su renuncia a los artificios y recursos del "teatro rico"; apunta al desnudamiento de la escena y del actor, al desenmascaramiento de las marcas culturales inscriptas sobre el cuerpo, a la búsqueda del sí mismo del sujeto sepultados bajo los mantos de la alienación. Por otra parte, se orienta hacia una subversión de los códigos de la teatralidad del teatro mediante una propuesta que él mismo tilda de blasfema y transgresiva. No debe escapársenos, por otra parte, el hecho de que la tragedia griega y el teatro/propuesta grotowskianos, cada cual a su manera, se relacionan con lo sagrado, con el mito, con el ritual, abriéndonos así un campo de interrogaciones que superan la lectura manipulada y dogmatizada de Grotowski realizada, en parte, por sus comentadores y divulgadores.[64]

> Como director, me he visto tentado a utilizar situaciones arcaicas que la tradición santifica, situaciones (dentro de los reinos de la tradición [¿teatral? ¿aristotélica?] y religión) que son tabú. He sentido la necesidad de enfrentarme a esos valores. Me fascinaban y me llenaban de una sensación de desasosiego interior, al tiempo que obedecía a un llamado de blasfemia. Quería atacarlos, trascenderlos o confrontarlos con mi propia experiencia, que a la vez está determinada por la experiencia colectiva de nuestro tiempo [los famosos *sixties*]. Este elemento de nuestras producciones ha sido intitulado de muy diversas formas: "encuentro con las raíces", "la dialéctica de la burla y la apoteosis" o hasta "religión ex-

---

[64] Ver el capítulo "Jerzy Grotowski y la peligrosidad de los prólogos".

presada a través de la blasfemia; el amor que se manifiesta a través del odio. (1970: 16-17, agregados míos entre corchetes)

Aristóteles daba como efecto de la tragedia la catarsis, capaz de purificar el alma de los espectadores por medio del miedo y la piedad. Obviamente, asumimos que ese efecto no solo calmaba las pasiones del alma popular, sino que pacificaba de ese modo la vida social. Los errores (ἁμαρτία) y excesos, la famosa *hybris* y la justicia poética final, ocurrían a los personajes sobre la escena. La famosa 'mímesis", como sabemos, no tenía nada que ver con lo que, desde el Renacimiento europeo, comenzó a fraguarse como "representación o reflejo de la realidad" a cargo de la escena teatral. El realismo, tal como lo entendemos hoy, es ajeno a la escena griega. El público griego sabía de memoria las historias que ocurrían sobre el escenario porque correspondían al mito. Es lícito, entonces, presuponer que dicha mímesis tenía que ver con ese mito, el cual, a la manera del sueño, apelaba a un Real en sentido lacaniano y no a la realidad; la escena era un complejo montaje de máscaras, coro, canciones y recitativos (se requería mayormente del verso, lo cual era otro elemento de 'inverosimilitud' realista) y la catarsis, siendo una especie de descarga o purga de las pasiones, operaba a nivel pulsional e inconsciente, bajo la superficie del entretenimiento consciente. Ese inconsciente, como hoy, lejos estaba de ser colectivo y tampoco era individual: Lacan lo define como transindividual, en la medida en que no es ahistórico, ni universal, ni esencialista sino, por el contrario, situado históricamente, parroquial, singular, solo vale para esa comunidad, concebida como el Común, no como un colectivo de individuos. Así se puede postular que la recepción de la tragedia griega por el público de aquel entonces difiere mucho de la nuestra para la misma obra. De modo que la frontera entre escena y público –con ese 'sujeto' que emerge del *entre-dos*— podemos imaginarla, más allá del entretenimiento que pudiera proveer, en la dimensión del inconsciente. No por nada, Freud recurrió al *Edipo* de Sófocles para dar cuenta de uno de los aspectos del inconsciente más ligados a la socialización (sexual) del sujeto.

Grotowski reconoce los orígenes religiosos del teatro y, en cierto modo, como lo demostrará su trayectoria posterior a la etapa del Teatro de Producciones, va a intentar reavivar, aunque sea secularmente, ese aspecto. Nos dice:

> Cuando todavía formaba parte de la religión, el teatro era ya teatro: liberaba la energía espiritual de la congregación o de la tribu, incorporando el mito y profanándolo, o más bien trascendiéndolo. El espectador recogía una nueva percepción de su *verdad personal* en la verdad del mito y mediante el terror y el sentimiento de lo sagrado llegaba a la catarsis. No es una casualidad que la Edad Media haya producido la idea de la "parodia sagrada".
>
> La situación actual es muy diferente, sin embargo. (1970: 17, el subrayado es mío)

Durante los *sixties* la deflación religiosa, sobre todo de las instituciones religiosas, dejaban un vacío que los jóvenes comenzaron a colmar 'secularmente' consumiendo otras prácticas religiosas, como las religiones orientales y, sin duda, diversos narcóticos.[65] Sabemos, además, que las bases religiosas del teatro griego —como, por lo demás, ocurre para muchos otros 'teatros' en otras tantas culturas en el mundo— están ligadas al ritual, religioso o pagano, o a fechas específicas de celebración comunitaria. También sabemos que la relación escena-público está muchas veces mediada por la actitud contemplativa del público respecto a la escena ofrecida; se trata de una política de la mirada basada en la visión y de la pulsión invocante, tal como Lacan la conceptualiza, ambas como evocaciones del Otro, aunque probablemente menos pasivas que aquella que involucrará la relación escena/público mucho más tarde a partir de la teatralidad del teatro, estructura ésta surgida en el siglo XVI y que nos rige hasta hoy, cada vez con mayores interdicciones para el público, en lo que conocemos como 'sala a la italiana', que no es solo un diseño arquitectónico, sino una estructura caracterizada por la fórmula lacaniana de la per-

---

[65] Ver el capítulo "Praxis teatral: Jerzy Grotowski y el psicoanálisis". Para una perspectiva más amplia sobre la cultura de los sixties, ver mi *Teatralidad y experiencia política en América Latina (1957-1977)*.

versión (a◊§). El diseño del anfiteatro griego supera el ángulo de 180° de visión sobre la escena, la cual avanza hacia el público, tal como puede apreciarse en las ruinas que nos han quedado; además, la escena no estaba cerrada por detrás, lo que permitía al público completar el círculo (figura muy típica de los rituales) con la visión de la Naturaleza, procediendo de ese modo a dar una dimensión cósmica al mito expuesto por los actores sobre el escenario. Fueron los romanos los que iniciaron un proceso de cierre de la retroescena, construyendo un muro con columnas y tres entradas para salida de actores, como todavía puede verse en los anfiteatros griegos remodelados por los romanos.

La Edad Media va a desplazar la escena a los templos cristianos, aunque progresivamente ésta irá invadiendo el espacio público, como calles y plazas y, además, paralelamente, se irá iniciando un proceso de secularización del teatro que culminará con los teatros de la burguesía comercial incipiente en el siglo XVI, con salas palaciegas y salas públicas, en espacios cerrados o a cielo abierto como vemos en el Globe isabelino o los corrales españoles. La tragedia pierde su prestigio –retomado a fines del XVI y sobre todo en el XVII— dando paso a la farsa, la parodia blasfema de los ceremoniales religiosos. La política de la mirada en los espectáculos religiosos y públicos corresponde mayormente a la estructura de teatralidad de la fiesta, no del teatro. Es multifocal, móvil; algunos espectáculos palaciegos –sobre todo durante el período barroco— admitían un público itinerante, pero lentamente la teatralidad del teatro se va consolidando, retomando la posición frontal del público respecto de la escena, la instalación de un espacio de representación que ya no avanza sobre el público, sino que se separa y hasta se distancia de él; promueve una jerarquización de la visión a partir de un punto crucial: el palco del rey, ubicado en un lugar central a la misma altura que el escenario, desde donde se tiene una visión total de la escena enmarcada (lo cual la relaciona con la fórmula lacaniana del fantasma) y desde donde se organiza la perspectiva visual a nivel escenográfico; a partir de ese punto, hacia arriba y hacia abajo, hacia los costados, se van generando ángulos de visión con ciertas restricciones, con visiones parciales de la escena. 'Tanto pagas, tanto ves' parece ser la fórmula que el capitalismo diseña para la teatralidad del teatro.

Como todo lector familiarizado con la historia teatral occidental sabe, no hemos hecho más que dar un panorama apretadísimo –además de incompleto y esquemático— de dicha historia a los efectos de brindar un cierto marco a este ensayo, que se quiere completamente especulativo y que no responde a los protocolos de la investigación histórica. Me propongo partir de una hipótesis y proseguir su potencialidad: ¿cómo imaginar el proceso de secularización del teatro a partir de los trabajos sobre la formación de subjetividades monásticas en el cristianismo europeo a partir del siglo II d.C., tal como Michel Foucault lo detalla en el último tomo de su *Historia de la sexualidad*, titulado *Las confesiones de la carne*? ¿Cómo situar la praxis teatral grotowskiana, con todas sus etapas –Teatro de Producciones, Parateatro, Teatro de las Fuentes, Drama Objetivo, Arte como Vehículo— con su búsqueda del origen (*arché*) de una *"secular holiness"* (Grtowski 2002: 34)? En cierto modo, este capítulo 'ensaya'[66] la posibilidad de desmitologizar a Grotowski, siguiendo esa vía de revisión a la que nos invita el libro de Paul Allain y Grzegorz Ziólkowski titulado *Voices from Within: Grotowski's Polish Collaborators*, orientado precisamente a desmitologizar en lo posible la figura y aportes de Grotowski: "While we cannot prevent ongoing mythologising of Grotowski, we might help reduce it"

---

[66] Karl Jaspers, en su libro *Nietzsche*, no deja de subrayar cómo Nietzsche procede por *ensayos*, concebidos como intentos, que pueden o no terminar en fracaso, y que, al ir hasta el extremo del argumento, aspira a encontrarse con su opuesto, para mantener el curso contradictorio del devenir. De alguna manera, es el modo de sostenerse en una "negatividad absoluta" (Jaspers 510). Sin duda, el ensayo remata en una interpretación cuya meta es la transvaloración de todos los valores: "Su propia teoría significaba, para Nietzsche, el ensayo de una nueva interpretación" (Jaspers 465). La cita que me parece aquí relevante para ir acercándonos a los capítulos de la tercera parte de este libro, en tanto parece introducir temas grotowskianos, dice: "la vida misma, en la autocomprensión de Nietzsche, se transforma en una serie de ensayos. "Queremos ser los experimentos y los animales de laboratorio de nosotros mismos" (5, 243). El pensamiento de que la "vida debiese ser un experimento del que conoce", constituye, para él, una grandiosa liberación. De ese modo, el conocimiento se convierte "en un mundo de riesgos y de victorias" (5, 245). Incluso, "para llegar al saber, se tienen que querer vivir ciertas experiencias, es decir, dejarse tragar por ellas. Tal cosa, naturalmente, es muy peligrosa"". (Jaspers 447). Las citas de Nietzsche realizadas por Jaspers llevan "indicación de tomo y de página, según las ediciones, realizadas por encargo de la hermana de Nietzsche, en formato grande y pequeño (en octava)"

(2015: 12). Y esta desmitologización se presenta necesaria si, como cita Elka Fediuk, al anunciarse el fallecimiento del maestro polaco, "El suplemento *Culture* de *Le Monde* (17/18 de enero 1999), comentó ampliamente la noticia de su desaparición subrayando que *"D'Europe en Amerique et en Asia, il est accueilli comme un dieu* (Godard 1999, 22)" (2011: 21). Y cuando se trata de un dios, siempre uno termina en los dogmatismos o la sumisión acrítica a su palabra. En esta línea de pensamiento, la desmitologización nos lleva a una desdivinización del maestro que permita, sin embargo, leerlo a la letra y aprovechar aquello que todavía resulta epistemológica y artísticamente eficiente para la praxis teatral.

Como lo he planteado en muchos trabajos, la praxis teatral se ocupa de cuestiones ligadas al ensayo y al saber-hacer del teatrista; indudablemente, también esto involucra la puesta en escena, sea a partir o no de un texto, como en el caso de Grotowski después de su etapa inicial en el Teatro de Producciones y sus puestas en escena. Esperamos que esta especulación ensayística nos permita aproximarnos al resurgimiento de ciertas cuestiones, como el actor-santo grotowskiano, en las que todavía se pueden observar residuos o recuperación de esas prácticas monásticas a nivel de la técnica de formación actoral, aunque las mismas no se realicen en el marco de instituciones religiosas; en todo caso, convendrá en su momento retomar el debate sobre qué supone la religiosidad, en el encuadre de religiones o instituciones religiosas instituidas o fuera de él. Hasta qué punto, nos preguntamos, ciertas instituciones (artísticas, educativas, partidistas) se estructuran vertical y piramidalmente a manera de iglesias. "De lo que estamos hablando es de la posibilidad de crear un *sacrum* secular en el teatro" (1970, 44). Elka Fediuk afirma que, en la tradición de Osterva, en la que el teatro aparece como "un medio para la unión espiritual de una hermandad cristiana" y habida cuenta de que Grotowski no suele manifestar expresamente sentimientos religiosos, cabe la posibilidad de imaginarlo, en términos de Gianni Vattimo, como "'medio creyente', una nueva categoría de la fe en el borde de la religión y el humanismo" (36-37).

Grotowski da una vuelta de tuerca, no sólo al Sistema de Stanislavski (más orientado por el taylorismo y fordismo del capitalismo de principios de XX, con obreros sustituibles, con destrezas uniformes e internacionalizadas, con cuerpos automatizados y capaces de producir plusvalía y repetición en cualquier contexto sin alterar el sistema de producción capitalista), sino que lentamente va a reinsertar en lo secular protocolos que otrora definieran la dimensión religiosa de lo sagrado en la formación actoral; y no solo eso, también va a poner en emergencia la teatralidad del teatro como tal al atentar contra la contemplación perversa favorecida por dicha teatralidad mediante la distribución espacial del público acorde a los requerimientos de la puesta en cada obra, respetando la singularidad de la obra, caso por caso, como en el psicoanálisis. Grotowski retoma, así, la dispersión festiva del público, aunque ahora en forma controlada ('estructurada' sería el término que Grotowski utilizaría aquí), como puede verse en los diseños espaciales de sus puestas en escena incluidos en *Hacia un teatro pobre*. Al privilegio de una mirada totalizante que organiza la perspectiva visual del teatro a la italiana, Grotowski disemina los puntos de visión, viola "los estereotipos de visión" (1970: 16) y por esa vía parcializa la captación de la escena, en cierto modo particularizándola para cada miembro del público. Hay una fragmentación espacial y visual que desafía la oposición entre mirada privilegiada y miradas marginales o marginadas de la teatralidad del teatro moderno, ese 'tanto pagas, tanto ves' de cualquier sala a la italiana. En Grotowski, la diseminación visual desconoce un foco privilegiado, pues apunta a una *falta* capaz de disparar el deseo, y no a una precariedad socio-económica del público. Podemos leer este gesto inicial de sus famosas puestas en escena como un verdadero acto político de su praxis teatral.

Asimismo y una vez realizada esa subversión, su investigación lo lleva a alejarse del rol de director de puestas en escena en su etapa de Teatro de Producciones, para llevar su interrogación mucho más lejos, *hacia* la redefinición de muchos conceptos teatrales: por ejemplo, el rol directorial pasa a ser el de un maestro que guía ya no en cuanto a la representación teatral, tampoco en cuanto a la formación actoral como instrumento técnico para promover profesionales del teatro capaces de competir en el mercado laboral, sino *hacia* una verdadera purificación del actor en su gesta *hacia* la verdad de sí mismo. Roza, de este modo, el rol del psicoanalista, aunque con ciertas restricciones. Es en este sentido que puede debatirse hasta qué punto podríamos hablar de una estética grotowskiana; parece más adecuado referirse a su contribución como una *técnica*, si no de profesionalización del actor según las demandas del mercado,[67] al menos como un trabajo del actor consigo mismo, ya no tanto en el sentido stanislavskiano; la 'técnica' grotowskiana está dirigida al sujeto, más que al actor; se instala como un procedimiento similar a la meditación y apunta, como el síntoma y la pulsión en el psicoanálisis, a una satisfacción que no es exhibicionista ni financiera:

> la satisfacción que tal trabajo ofrece es muy grande. El actor que en este proceso especial de disciplina, autosacrificio, autopenetración y moldeo no tiene miedo de ir más allá de los límites normalmente aceptables, obtiene una especie de armonía interior y una paz mental. Se convierte en una persona mucho más sana de mente y de cuerpo y su forma de vida es más normal que la de cualquier actor de *teatro rico*. (1970: 40)

En esto se diferencia de Stanislavski, cuya técnica está específicamente orientada a la profesionalidad del actor y al sostenimiento de un discurso estético específico: el realismo. No podemos decir lo mismo de Grotowski, no hay en él una búsqueda específica a nivel estético, con lo cual, según el epígrafe suscripto por Alberto Ure, podemos entender que la búsqueda grotowskiana se oriente *hacia* otros rumbos, si no políticos en la intención,[68] sin duda religiosos (seculares o no) en la trayectoria del

---

[67] Recordemos las reservas de Peter Brook tal como las plantea en el "Prólogo" al libro de Grotowski, *Hacia un teatro pobre*, respecto a la 'utilidad' o eficacia del aporte grotowskiano al teatro profesional, sea éste comercial o alternativo.

[68] Lo político es ineludible siempre: Seth Baumrin ha investigado a detalle cómo, en su aparente apoliticidad –tal como pretende mostrarlo *Hacia un teatro pobre*—, la fundación del Laboratorio teatral y las puestas en escena que surgieron de allí fueron la respuesta política de Grotowski al establishment soviético: "From March 1964 to February 1965, Jerzy Grotowski was a skilled political player who turned local disfavor into national clout. This period, and what led up to it, demonstrate the extent to which Communist Party officials, secret police, journalists, and professors all played roles that strengthened Grotowski's position in the face of adversity" (49). "In Soviet-controlled Communist-occupied Poland –

maestro. Si desde los 60s y 70s categorizamos ciertas propuestas escénicas como grotowskianas porque se nos presentan despojadas, pobres, con actores semidesnudos gesticulando y balbuceando, es porque se encorsetó la experimentación escénica del maestro polaco a partir de sus puestas del período inicial pero que, como lo deja claro su trayectoria posterior, él dejó atrás para dar lugar a otras indagaciones. Esas puestas, al menos para Grotowski, no significaron conformar un discurso estético específico, como ocurre con Stanislavski y el realismo para las puestas de Chéjov.

De ahí que, en Grotowski, la relación actor/público se redefine en sus etapas posteriores al Teatro de Producciones: se focaliza primero en el actor y, en cierto modo, su doble, ese otro biográfico que ya no es otro actor ni el personaje; la técnica se centra ahora no tanto en proporcionar medios para mejorar el trabajo escénico del actor, sino que, alejada de la representación teatral, apunta al "trabajo sobre sí mismo" del actor.

> Cuando el actor empieza a trabajar mediante el contacto, cuando empieza a relacionarse con alguien –no con su camarada de escenario sino con su *camarada biográfico*, cuando empieza a penetrar en el estudio de sus impulsos corporales, en la relación de este contacto, en este proceso de intercambio, se produce invariablemente un renacimiento en él. Luego, utiliza a los demás actores como pantallas para su compañero vital, empieza a proyectar cosas en los personajes y en la obra y éste es su segundo renacimiento. (1970: 204, énfasis mío)

---

agrega Baumrin—, Grotowski's theatre work required diplomacy, trickery, and courage" (61). Resulta innegable apreciar hasta qué punto Grotowski es "a skilled political player" (Baumrin 51) incluso en sus etapas posteriores, aparentemente evadidas de los avatares del mundo que lo rodeaba. Su búsqueda, con grupos masivos o con minorías selectas, reproduce las estrategias cristianas frente al imperio romano, lo cual explica la organización monacal de sus institutos o seminarios y el cuidado y control obsesivo con las palabras (sobre todo orales, y luego en sus versiones escritas y traducidas), como si se tratara de un discurso evangélico

El público pasa, además, de ser espectador en actitud contemplativa, a ser participante y testigo, lo cual nos replantea el estatus no sólo de la mímesis sino también de la catarsis, si quisiéramos insistir sobre esas nociones aristotélicas. El objetivo de investigación grotowskiana, aun manteniendo la disciplina de la primera etapa, va a ir redefiniéndose posteriormente en las fases posteriores: en general, se trate de un trabajo con grupos selectos y limitados, o con admisión de grupos más numerosos, se propende a un itinerario personal del actor en su búsqueda de una 'identidad' auténtica y personal por medio de una exploración de su inconsciente con el correspondiente sacrificio del yo y la caída de sus máscaras, lo que Grotowski llama 'desnudamiento'. Con la mirada en propuestas orientales (no tanto como lo contrario de lo occidental, sino como lo Otro de lo occidental) a las que se suma Stanislavski y otros maestros polacos,[69] la brújula grotowskiana se dirige retrospectivamente *hacia* una recuperación del rito, de su potencial energético, de una dimensión originaria (y hasta

---

[69] Elka Fediuk se enfoca en la compañía Reduta (32 y *ss*) como "la vertiente que tiene resonancia en el proyecto teatral de Grotowski". Valerie Wasilewski, por su parte, nos informa que "Grotowski's group itself is modeled after a theatre founded by Juliusz Osterwa in the beginning of the 20th Century. Osterwa, a famous Polish actor, named his troupe Teatr Reduta. His is considered as the *first* Polish Laboratory Theatre. A community of people who shared a love of theatre and had *mystical yearnings* joined Osterwa's group. He organized them according to the *rules of a cloister*. No names were popularized, the work was ensemble, no personal salary was paid and *prayers and meals* were shared *communally*. Osterwa set out to discover if there could be any psychological truth in acting. He rejected lying in the theatre. Acting was an art and therefore could not be divorced from human Ethics. *A good actor could not be a bad person*. Their logos, the symbol of infinity, was the same chosen by Grotowski. Both men sought at first to reform the art of the actor and to form a community dedicated to exploring an aesthetic idea, not to set up a commercial enterprise. Both backed away from the fads of the theatre of their time. *Myth and ritual* provided the substance, apotheosis and ridicule the means. In more ways than this does Grotowski's work spring from roots that travel deep into the traditions of the Polish theatre. Like many other Polish artists (Mickiewicz, Schiller, Krasiński) Grotowski began as an angry rebel. He organized a youth movement against the oppressions of the Stalinist Era. Years later *Grotowski reappeared as the mystic, founder of the (almost) religious order of the Poor Theatre*. Perhaps only for a Pole is this transition from rebel to mystic so direct and obvious (43, el subrayado es mío).

esencialista y universal) de un "antes de las diferencias" multiculturales, una especie de antes de las representaciones, como Arthur Schopenhauer lo plantea denominándola 'voluntad'.[70]

En fin, este breve encuadre nos invita a reconsiderar la propuesta grotowskiana y su eventual eficacia en la praxis teatral como la hemos venido conceptualizando últimamente a partir del psicoanálisis freudolacaniano.[71] ¿Qué permanece todavía hoy de aprovechable en Grotowski para la praxis teatral contemporánea? ¿Qué hay de cuestionable que pudiera hoy operar como obstáculo para la emergencia de una emancipación capaz de separarnos de los determinantes impuestos por el neoliberalismo globalizado el cual arrasa hoy con el sujeto (siempre sujeto del inconsciente), sujeto del deseo, para incitar a un goce irrefrenable comandado por un superyó atroz y obsceno que remata en una necropolítica devastadora?

*Michel Foucault, la carne y la construcción de subjetividades*

Es muy cierto y hasta curioso que Foucault no haya investigado la institución teatral, es decir, la teatralidad del teatro con sus protocolos panópticos y represivos, como lo vio para las cárceles, los hospitales para enfermos mentales, las instituciones educativas. Si uno coteja lo que Foucault plantea para esos 'espacios',[72] puede comprender mejor que la burguesía haya construido salas teatrales adecuadas a la política de la mirada de la teatralidad del teatro y haya favorecido el realismo, como un ilusorio reflejo concebido además como el velo de una falta, el famoso objeto *a* lacaniano, que queda siempre detrás en la retroescena, sea como causa del

---

[70] En la segunda parte me propongo ver la relación de la filosofía de Schopenhauer, tal como la plantea en *El mundo como voluntad y representación* (1844) con Lacan y, sin duda, con Grotowski.

[71] Ver mi libro *Sueño. Improvisación. Teatro. Ensayos sobre la praxis teatral.*

[72] Distinguimos el *espacio*, formación discursiva, de los *lugares* físicos.

deseo o como lo Real, ese malestar no significantizado por la cultura.[73] No sorprende, entonces, que interpretemos aquí los montajes de Grotowski en su etapa del Laboratorio como profundamente políticos en su ataque a la concepción representativa del teatro, en su arremetida al espacio, el desbaratamiento de la mirada en la teatralidad del teatro y la redistribución de los ejes de visión, en el despojamiento ascético de la escena frente los exhibicionismos efectistas y tecnológicos de la industria teatral.

Michel Foucault va a explorar en su libro póstumo[74] la construcción de subjetividades en el occidente cristiano. Me animo a decir que casi todo su proyecto de hacer una historia de la sexualidad desde el siglo V a.C. hasta el V d.C., es un intento de investigar aquello que, siguiendo su propia terminología, podríamos denominar una arqueología del psicoanálisis. Pareciera, en principio, por lo menos controversial que un intelectual de su talla de pronto dé un giro hacia la antigüedad, cuando venía planteado temas tan de actualidad como la genealogía del poder, el biopoder y las formas de control, vigilancia y castigo en las sociedades modernas. Como plantea Francisco de la Peña M., "la obra tardía de Foucault es objeto de un interés cada vez mayor en los últimos años, y las inquietudes éticas que la caracterizan, aunque parece que son opacadas por las cuestiones epistemológicas y políticas que dominan los trabajos más célebres del filósofo francés, *sólo en apariencia son secundarias en el sistema foucaultiano*" (el subrayado es mío). Para este autor, quien ha revisado a puntualidad las etapas y transformaciones del pensamiento foucaultiano, hay un hilo profundo que unifica la obra de Foucault, a saber, "el surgimiento y la constitución del sujeto moderno en su relación con la verdad". Y en cuanto a las relaciones de Foucault con el psicoanálisis, de la Peña nos dice:

---

[73] Ver en mi libro *Sueño. Improvisación. Teatro. Ensayos sobre la praxis teatral* el desarrollo de estas ideas; particularmente en la Adenda, donde he esquematizado en un gráfico estas cuestiones teatrales desde el psicoanálisis lacaniano.

[74] En adelante, todas las citas corresponden a *Las confesiones de la carne* (2019).

En este contexto, una clave de lectura del corpus foucaultiano poco discutida, y que acompaña y aclara el desplazamiento de los intereses de Foucault del ámbito epistemológico al político, y de ahí al ético, tiene que ver con la relación entre su pensamiento y el psicoanálisis. Como es sabido, dicha relación está presente a lo largo de toda su obra, pero se trata de una relación, como lo ha puesto de relieve Jaçques Derrida, marcada por muchos altibajos y una fuerte ambivalencia, por un extraño vaivén a favor y en contra del psicoanálisis, una suerte de ir y venir que Derrida ha comparado con el célebre "Fort-Da" freudiano (Derrida, *Resistencias del psicoanálisis* 1997).

Al leer *Las confesiones de la carne* y sus últimos cursos en el Collège de France, no pude dejar de hacer anotaciones marginales punteando o cotejando algunas de sus afirmaciones con los seminarios de Lacan; pareciera como si—a pesar de diferencias considerables— hubiera un diálogo velado o privado entre ambos. No es éste el lugar para confrontar ambas discursividades, pero vale la pena imaginar esta dimensión de convergencia entre ambos. Sabemos, por ejemplo, que la confesión cristiana no es equiparable al discurso del analizante en la sesión analítica, pero no obstante dicha confesión es un antecedente que no corresponde desestimar en la medida en que pone en juego la cuestión del deseo, del cuidado de sí, de la apelación a otro/Otro. Foucault va pautando paso a paso la forma en que se incrementa la represión sobre la sexualidad en los textos de los teólogos cristianos y el modo en que cada vez se exige hablar más y más sobre el sexo y sus ramificaciones como un inconfesable al que hay que transparentar, poner a plena luz, para proceder a sanciones y control del sujeto por medio de protocolos o instituciones cada vez más pertrechados para realizar dicha tarea. Obviamente, su inicial aproximación al psicoanálisis como un dispositivo ligado a una modernidad que, en vez de reprimir la sexualidad, incentiva hablar sobre ella para favorecer el control sobre la misma, ha sido muy debatida. Tengo para mis fueros que Foucault ha intentado poner al psicoanálisis en una secuencia con esa arqueología en la que el judeo-cristianismo ha jugado un rol relevante. Coincido con de la Peña M., quien también sostiene que "la historia del dispositivo de la sexualidad puede ser considerada también como una arqueología del psicoanálisis, en la medida en que este último no sólo no escapa al discurso de la sexualidad sino que puede ser considerado como un heredero del dispositivo confesional y de la tecnología de la carne y de la pastoral cristiana". Hoy sabemos que el discurso del analizante no encuadra bien en el aparato de la confesión cristiana, pero también podemos elucubrar gracias a las investigaciones de Foucault los puentes entre ambos, desde aquella "estética de la existencia y un arte de vivir [del mundo greco-romano] que se perdió con el arribo del cristianismo y su ansiedad por la salvación, momento a partir del cual el hombre confesional sustituyó la estética del placer por la analítica del deseo" (de la Peña M.). Para decirlo con los términos de un Foucault más temprano, las últimas investigaciones que enfocan la teología cristiana y cómo se instala esa analítica del deseo que compulsa a hablar del sexo, parecen configurar esa genealogía (de sangre), en la línea de Nietzsche, en la que algunos conceptos psicoanalíticos –tal como algunas escuelas los han instrumentado— parecieran ser parte de la larga historia del pensamiento, con sus prácticas represivas, de control y disciplina, que convergen modernamente en formas de gubernamentalidad orientada a consolidar tecnologías del sujeto, el ejercicio del biopoder que invade la vida y la constitución de disciplinas encaminadas a dominar el cuerpo, el sujeto y las poblaciones.

No es sorprendente que Lacan, crítico feroz de la *Ego Psychology*, diera un giro hacia el cuerpo, lo real y el goce en sus últimos seminarios, mientras Foucault, por su parte, pautara las sutilezas teológicas que van a ir acorralando y encausando el deseo del sujeto, capturándolo en subjetividades pre-formadas, insertándolo en una dimensión de goce y de regulación de los placeres. En ambos, también, hay una reconsideración de la *tejné* o arte, como un horizonte de tecnologías precisas con sustento – cuando no complicidad— con las ciencias. Es que pareciera como si en ambos intelectuales sobrevolara la interrogación sobre el estatus de la ley y el deseo en un momento de reacomodación del capitalismo hacia la etapa neoliberal y su despliegue del goce generalizado, con lo que ésta tiene de letal y compulsivo.

Procreación, bautismo, penitencia, virginidad, el pecado, matrimonio y deberes de los cónyuges, regulaciones de las relaciones de sexo en el marco de la no existencia de la relación sexual (tal como Lacan la teorizó) y los procesos de libidinación del sexo, son los temas que explora Foucault en este libro póstumo a partir de la monumentalidad de los escritores cristianos. Como nos informa Baumrin, estas cuestiones no fueron ajenas a las exigencias de Grotowski frente a sus actores; Bielska, ligada al gobierno y, en cierto modo, protectora de Grotowski, declara:

> Bielska describes Grotowski as an enemy of marriage, who provoked arguments, turning wives against husbands, friends against friends, and married women against single girls. "Right before a premiere or an important spectacle he gathered the whole team and said, 'You are a national cadre. I do not allow any physical contact. Enough!'" (Bielska in Wojtowicz 2004:232; trans. Daniela Lewinska). (Baumrin 70)

Por debajo de este largo debate Foucault insiste en la relación del hombre con la naturaleza y con *su* naturaleza,[75] y el modo en que el lenguaje va interviniendo en la constitución de esos procedimientos de vigilancia y castigo a la vez que va requiriendo del fortalecimiento de instituciones *ad hoc* para realizar esa tarea mediante dispositivos de obediencia, de sacrificio, de penitencia –y esto es lo que nos interesa en este ensayo— concebidos en su intrínseca teatralidad. Foucault siempre establece para cada uno de los temas tratados en su investigación este 'puente' entre el individuo, el discurso que los captura y las instituciones. Y al final de cada capítulo de su libro, remata en enfatizar cómo todos estos procedimientos constituyen *un arte*, esto es, una técnica o tecnología de probada eficacia. Así por ejemplo, para todo aquello que rodea el debate sobre el bautismo, nos dice:

> La institución de catecumenado, la voluntad de someter a los candidatos a reglas de vida rigurosas, *la puesta en juego* de procedi-

---

[75] Para una discusión sobre la redefinición de la naturaleza humana y sus implicaciones bioéticas actuales, ver el ensayo de Hub Zwart titulado "Human Nature" (2014).

mientos de verificación y autentificación, no pueden separarse de los nuevos desarrollos de la teología del bautismo tal como puede observarse a partir del siglo III. En estos, hay un conjunto de elementos donde la *liturgia*, las instituciones, la práctica pastoral y los elementos teóricos se atraen y se refuerzan mutuamente. Sin embargo, no se trata de una nueva teología bautismal, sino antes bien de un nuevo énfasis. Esto resulta notorio en dos cuestiones en particular: *el tema de la muerte y el del combate espiritual*. (93, el subrayado es nuestro)

En *Hacia un teatro pobre*, Grotowski plantea cómo su trabajo con el actor le permite no solo *revelar* un saber que reside en el actor mismo, sino que esta liturgia los afecta a los dos, al maestro y al discípulo, provocando en ambos un nuevo "nacimiento", equivalente al bautismo:

Esta no es la instrucción que se le ofrece a un alumno, sino una apertura total hacia otra persona en la que el fenómeno de "nacimiento doble o compartido" se vuelve posible. El actor vuelve a nacer, no sólo como actor sino como hombre y con él yo vuelvo a nacer. Es una manera muy torpe de expresarlo pero lo que se logra es la total aceptación de un ser humano por otro. (1970: 20)

*Hacia la modalidad monacal*

Nos interesa aquí enfocarnos en la confesión (*confessio peccatorum*) como una forma de extraer de la profundidad del alma aquella falta, mancha o pecado, y la *exomologesis* concebida, en principio, como un "acto global mediante el cual uno se reconocía pecador" (91). No solo se trata, nos aclara Foucault, de que el individuo reconozca sus faltas, de extraerle a toda costa *su* verdad, sino que, a continuación o a la vez, ejecute un *acto* o varios por el cual dicho individuo se reconoce pecador frente a la mirada del Otro (Dios, la Iglesia, su confesor, la comunidad, etc.). Si hay aquí implicada una mirada, es porque está en juego una teatralidad, una liturgia, un ritual y un acto teatral que visibiliza la falta y la intención o, mejor, la voluntad de redimirse o *regenerarse*, renacer. Grotowski también atribuye al arte en general y al teatro en particular esta potencia de revelación de la verdad oculta en el actor, en el texto y en el público:

> ¿Por qué nos interesa el arte? Para cruzar nuestras fronteras, sobrepasar nuestras limitaciones, colmar nuestro vacío, colmarnos a nosotros mismos. No es una condición, es un proceso en el que lo oscuro dentro de nosotros se vuelve de pronto transparente. En esta lucha con la verdad íntima de cada uno, en este esfuerzo por desenmascarar el disfraz vital, el teatro con su perceptividad carnal, siempre me ha parecido un lugar de provocación. (1970: 16)

> El espectador se alegra quizá, porque le gustan las verdades banales, pero no estamos allí para complacer o halagar al espectador, estamos para decir la verdad. (1970 195)

> Busquen siempre la verdad real y no la concepción popular de la verdad. (1970: 196)

> Luchamos por descubrir, para experimentar la verdad acerca de nosotros mismos; de arrancar las máscaras detrás de las que nos ocultamos diariamente. Vemos al teatro, especialmente en su aspecto carnal y palpable, como un lugar de provocación, como un desafío que el actor se propone a sí mismo e, indirectamente, a otra gente. (1970: 215)

 Y Foucault nos recuerda también, habida cuenta del binario adentro/afuera, o invisible/visible (para pensar la dicotomía alma/ cuerpo), que hay, si se quiere, recursos de tipo policial, basados en interrogatorios, indagaciones para conseguir testimonios que den cuenta del decir veraz del individuo, de su arrepentimiento y buena disposición para regenerarse (107). Por ejemplo, el bautismo supone una serie de actos, como la inmersión en el agua y otros protocolos, que despojan al individuo de la vida pasada en el pecado o fuera de la religión, y por ese rito de pasaje lo tornan a su nueva vida, lo cual deja entender una cierta dialéctica con la muerte: para pasar a una vida de luz, el individuo debe matar su vida anterior, por eso "es necesario concebir el bautismo como muerte de la muerte" (94). Procedimientos parecidos van a tramitarse teológicamente también para la virginidad y para el matrimonio, con sus correspondientes premios y sanciones. En realidad, el hombre no hace sino desplegar esa muerte producto de la caída y la transgresión: "Es preciso, en consecuencia, concebir que el hombre, al salir de las manos del Creador, llevaba en sí mismo la posibilidad de la muerte" (417). De modo que, en la escena del mundo, en cierto modo el hombre (el actor en la escena) recrea (el verbo en inglés "to reenact" parece aquí más apropiado, como un 're-actuar') la muerte original: es, pues, el gran acontecimiento escénico y teatral. No hay que confundir esta muerte con la mortalidad de los seres humanos: la mortalidad, digamos rápido, podemos pensarla como natural, biológica; la muerte, en cambio, como un acontecimiento que supone un *ars moriendi*. Foucault, en este caso, convoca ciertos matices heideggerianos al escribir que:

> Hay que distinguir pues la muerte y la muerte o, mejor, definir la mortalidad anterior al pecado como condición ontológica del hombre tal cual fue creado. Lejos de señalar un defecto, sería capaz de señalar su virtud y su sabiduría, habida cuenta de que quedaría en suspenso en carácter de condición general mientras el hombre siguiera fielmente la ley de Dios. Y es preciso definir la mortalidad posterior al pecado como el derrotero efectivo de la muerte a lo largo de toda una vida de la que la falta original ha hecho, para todos los hombres, una especie de prolongada enfermedad. La mortalidad de la condición humana no es el efecto de una corrupción, aun cuando llegue un día en que todos los hombres, fatalmente, estarán muertos por la corrupción de su cuerpo. (418).

Se nota aquí esa exigencia cristiana de sometimiento frente a la ley divina como salida a la angustia del pecado original y la muerte corporal inevitable. La referencia a la enfermedad nos lleva al tema de la cura, por medio de la purificación penitencial, de ahí la exigencia de hacer un puente con los filósofos de la antigüedad greco-romana en cuanto al cuidado de sí, que en el cristianismo queda *sometido* a la esperanza de salvación y a la ley de Dios. Si ahora retomamos el giro de los teólogos cristianos en su lectura de la Biblia, fundamentalmente del Génesis, con todas las elucubraciones y prescripciones relativas a la virginidad y al matrimonio –que Foucault detalla en sendos capítulos de su libro póstumo—, nos vemos llevados a la cuestión de género, ya que la creación y caída del hombre, la vida de Adán en el Paraíso, su insatisfacción frente a los otros animales que Dios le crea para su compañía y para que ejercite el lenguaje por medio de la nominación, se complica con la creación de Eva como compañía y parte extraída de su propio cuerpo de varón: la famosa costilla. Reside en ella, sobre todo, la problemática de la corrupción: "Y por corrupción hay que entender –escribe Foucault— a la vez el atentado contra la integridad corporal de la mujer y la violencia de un movimiento que arrastra involuntariamente el cuerpo del hombre" (419). Sea como fuere, la centralidad del cuerpo masculino impacta y se reinscribe en el discurso grotowskiano, como antes lo hizo en el de Stanislavski: en efecto, en estos maestros el paradigma es siempre un actor varón. El legado de Grotowski, además, fue para Thomas Richards y Mario Biagini. ¿Habrá modificaciones técnicas cuando se trate de una actriz?[76]

Por ahora nos interesa el hecho que, en todos los casos, "[e]l 'decir veraz sobre uno mismo' es esencial en ese juego de la purificación y la salvación" (92). Tendremos que ver si la propuesta de Grotowski, su concepción del actor santo, su voluntad de establecer un laboratorio que, progresivamente, se va convirtiendo o bien recuperando la modalidad monástica (luego emulada y exagerada por grupos teatrales en todas partes, como una especie de medievalización[77] insertada en la modernidad, tal

---

[76] En el caso particular de Grotowski, hay que tener en cuenta que ""*cztowiek*, [is] conventionally rendered as "man" in English versions of his texts, referenced a human fullness of becoming without reifying a masculine universal" (Salata y Wolford Wylam 2008: 16).

[77] En mi *Teatralidad y experiencia política en América Latina (1957-1977)* he explorado con más profundidad la apelación a y la permanencia de estas modalidades cristianas en la conformación de los grupos teatrales de los 70s en América Latina, así como también en la concepción del artista y del guerrillero de la época. He estudiado la forma en que el Che Guevara recupera un perfil del militante y de la

vez como estrategia para evadir la mercantilización del cuerpo y la fuerza de trabajo; una especie de resistencia al taylorismo y fordismo inherente al Sistema de Stanislavski). Son numerosos los testimonios de quienes han trabajado con Grotowski sobre las exigencias diarias en el comportamiento y las expectativas creadas para mostrar al maestro el resultado de los ejercicios. Richards, en su libro *At Work with Grotowski on Physical Actions*, da multiples ejemplos de las estrategias implementadas en los talleres y la forma en que el actor va detectando cambios en sí mismo, incluso en el sueño; en muchos casos, estas experiencias suponen un esfuerzo enorme y una dedicación completa, las frustraciones son frecuentes y las transformaciones íntimas, a veces muy sutiles, muchas veces ni siquiera se pueden verbalizar (1995: 22, 58). Nos cuenta Richards:

> The Objective Drama Program had no funding to pay us. So, upon arriving in California with almost no money, I found a job as a cashier at a local mall to pay my apartment and expenses. That job I worked about five hours a day; then I would go home for a quick nap before the car from Grotowski's Program would drive by to take me down to Irvine, where we would work into the night, normally from six in the evening until about two in the morning. The schedule was tough and I was almost continually exhausted. This did not discourage me, however. I found it invigorating after the last year I had spent in New York where work was inconsistent. Because of this full schedule, some interesting

---

militancia bajo procedimientos monásticos de inspiración jesuítica. Aunque Foucault, al trabajar los modos en que el discurso cristiano va diseñando, cada vez con mayor énfasis y hasta crueldad, los protocolos de obediencia, no llegue a Ignacio de Loyola, me resultó fascinante cotejar los textos del Che con los del fundador de la Compañía de Jesús. Ese "jesuitismo", avalado por la famosa Carta sobre la Obediencia de Loyola (evocada por la obediencia debida solicitada por los militares de la dictadura en Argentina) parece basarse en ese documento atroz y resumir o culminar todo el proceso de estricto aplastamiento del deseo en la cristiandad temprana. Mi propuesta en aquel entonces (1999), al escribir mi tesis doctoral, fue ver hasta qué punto ese jesuitismo obstaculizó el discurso y la práctica revolucionaria marxista de los grupos de izquierda en la región.

changes also manifested themselves in my sleeping: whenever I would arrive home, the instant my head hit the pillow I would be fast asleep. (1995: 51)

"En el desarrollo de la penitencia canónica—escribe Foucault— son numerosos los procedimientos destinados a manifestar la verdad" (106). En efecto, el penitente va realizando una serie de acciones desde el momento en que solicita la penitencia, acciones que han sido pautadas por varios autores cristianos. Estas acciones consisten en una teatralidad ya ritualizada –"dramaturgia penitencial", la denomina Foucault (383),[78] que no deja nada a la espontaneidad, desde acercarse al "umbral [de la iglesia], golpeando a la puerta y solicitando entrar" (112) hasta formas más espectaculares de auto-humillación, martirio y aplastamiento del yo en el espacio público. Es sabido cómo la propuesta grotowskiana también se orienta hacia la cancelación del yo (*moi* en Lacan), como en el caso de los místicos, a fin de permitir la emergencia de lo que, en términos psicoanalíticos, denominaríamos hoy el sujeto del deseo. Foucault, como lo vemos también en el maestro polaco, nos recuerda cómo en la penitencia no se trata solo de una solicitud verbal, sino que involucra al cuerpo, en una teatralidad que alcanza a veces niveles espectaculares frente a la mirada no solo de los sacerdotes sino también de la comunidad entera: el penitente "a quien se conduce a la iglesia a recibir la reconciliación: lleva el cilicio y la ceniza; está pobremente vestido; lo toman de la mano y lo hacen entrar en la iglesia: se prosterna públicamente ante las viudas y los sacerdotes, cuya ropa aferra por los faldones; besa la huella de sus zapatos y les abraza las rodillas" (112). Es el caso de Fabiola, una mujer divorciada que volvió a

---

[78] Amén de la mirada y escucha del director de conciencia o del confesor, la penitencia es una dramaturgia porque tiene un público: "La dramaturgia penitencial encuentra su lugar en una comunidad de fieles en la que se trata de tender a quien ha caído una segunda tabla de salvación, pero de manera tal que a la flaqueza pueda responder una esperanza de perdón, al mismo tiempo que el resplandor manifiesto de la satisfacción se convierte en un eco del escándalo de la falta" (383).

casarse antes de la muerte de su primer marido, según relata San Jerónimo, y ante "la mirada de la ciudad de Roma", vemos cómo

> durante los días que precedían a las Pascuas, ella formaba parte de las filas de penitentes; el obispo, los sacerdotes y el pueblo la acompañaban en su llanto, y ella, desgreñada, pálido el rostro, descuidadas las manos, la cabeza sucia de cenizas y humildemente inclinada, hería su pecho abatido y el rostro con que había seducido a su segundo marido. Mostró a todos sus heridas y, sobre su cuerpo palidecido, Roma contempló llorosa sus cicatrices. (San Jerónimo, *Epistolario*, carta 77, 4-5, citado por Foucault 113)

Richards relata sus experiencias subrayando la importancia del silencio para Grotowski y la teatralidad del cuerpo del actor frente a los otros integrantes del grupo, pero sobre todo frente a la mirada del maestro, dando muestras de su trabajo solitario y de su progreso diario, con las sucesivas frustraciones: "After he had told me all this I was completely devastated. He spoke with such authority. I think I went upstairs to cry. It was as if a death sentence had been pronounced. I sensed the truth in everything he said. My ego was crushed, my illusions shattered" (1995: 51). La dramaticidad de la penitencia, como se puede notar, ya no tiene las características de la tragedia clásica; aquí no hay máscaras que marquen una diferencia entre actor y personaje, no hay mito ni prototipos que generen cierta distancia con una verosimilitud realista; por el contrario, esta estrategia cristiana de la *exomologesis* muestra la pasión misma del monje/actor centrada en su propio cuerpo, en su propio dolor y sufrimiento y, sobre todo, en su propia tarea consciente de hacer lo posible por anular su yo. La penitencia es un ejercicio continuo y a la vez un estado, ambos dirigidos a la contemplación de la divinidad: esa contemplación posiciona al monje/actor como público en relación a Dios. Frente a la "muerte de Dios", Grotowski, aunque reconoce la necesidad del actor de 'ser mirado', desplaza el eje hacia el "mirarse a sí mismo':

> El hombre siempre necesita a otro ser humano para que pueda realizarse completamente y entenderlo, pero esto es como amar el Absoluto o el Ideal, amar a alguien que nos entiende pero que

nunca veremos. Alguien a quien se busca. No existe una respuesta única y simple, pero algo resulta claro: el actor debe ofrendarse y no actuar ni para él ni para el espectador. Su búsqueda debe orientarse de su interior al exterior, pero no para el exterior. (1970: 204)

Por los testimonios de Richards y otros discípulos de Grotowski, sabemos que esa temprana afirmación del maestro no se cumplía al pie de la letra, ya que la gran expectativa de los actores era mostrarse frente a él y obtener su aprobación.[79] Sea como fuere, en la exomologesis como en los talleres, el sujeto deviene, así, actor y público en sí mismo, su penitencia no deja de ser —como el actor grotowskiano— *su* propio espectáculo lo cual, paradojalmente, nos retorna a la cuestión del yo, al exhibicionismo del cual quería apartarse. Por esta vía, haciendo un bucle, aunque forzado, volvemos al principio de este ensayo: la penitencia, por un lado, como una exploración de los excesos, como una *hybris*, aunque en este caso cristiano, signados por el pecado;[80] por el otro, la penitencia como una purificación de las pasiones del alma, esto es, como una catarsis. Así se procede a aplastar las tentaciones de la vida, tal como Aristóteles intentaba con la tragedia pacificar las pasiones sociales. La contemplación, sin duda pasiva, se nutre a su vez del olvido y el silencio (Foucault 2019: 388), como un pacto del sujeto consigo mismo para renunciar a sus pulsiones y someterse a las exigencias del contrato social.

Varias complicidades se fraguan en toda esta perspectiva aristotélico-cristiana, si las pensamos, como sugerimos aquí, desde la perspectiva de la praxis teatral. Grotowski, no obstante y a pesar de suscribir muchas de las propuestas cristianas y medievales en su proyecto de teatro pobre, parece haber sentido la incomodidad de la contemplación propia de la

---

[79] Ya he comentado cómo Grotowski colocaba a los asistentes en un encuadre obsesivo. Desarrollaré esta hipótesis en otro capítulo.

[80] La *hamartía* (ἁμαρτία), tal como aparece en la tragedia griega, consiste en un error de juicio; el pecado, en cambio, es impureza, mancha original.

teatralidad del teatro, ya que, como sabemos, le dio al público un lugar no convencional en sus puestas en escena, sea para acercarlo al actor y su pasión, a la *exomologesis* pública de éste, sea para involucrar al público, en su propio cuerpo y por medio de esa reducción de la distancia con la escena, a un malestar o un éxtasis no contemplado por el teatro comercial. En el mejor de los casos, proveer al público —como hizo Cristo— con la posibilidad que éste acceda (ascesis) a su propia verdad por medio de la cercanía al actor, con su sacrificio y su éxtasis en la escena. Se trata de un sufrimiento en la búsqueda de sí mismo, de la purificación y sobre todo de la salvación que, como lo interpreta Baumrin, no dejan de estar presentes en Grotowski desde el inicio, aunadas a la cuestión de la identidad e historia nacional polaca;[81] según declara Ludwik Flaszen, colaborador de Grotowski:

> There was this idea of the suffering nation? Poland: Christ of nations, a country divided, like Christ on the cross. *The Constant Prince* is connected with it. The great master of mysticism, [Andrzej] Towiafiski, who thought he was a prophet, and some considered a messiah, came from Lithuania to Paris on a small cart [in 1841]. He enchanted Mickiewicz and Slowacki. His disciples had a strict moral code. They believed in suffering, and that Polish salvation and independence depended on individual salvation and independence. There was an aura of despair to it because Polish liberation was hopeless. (Citado por Baumrin 2009: 58-59)

Obsérvese en la cita el vocabulario crístico unido al nacionalismo polaco, lo cual permite comprender el contexto sobre el que se construye la propuesta grotowskiana. Lo irónico y hasta paradójico es que Grotowski haya instrumentado este teatro secular con apariencia cristiana —incluso como gesto blasfemo— capaz de burlar la censura estatal, lo cual nos deja entrever cómo la resistencia y crítica al sistema convergía con sus más caras creencias religiosas de la infancia.

---

[81] Para un panorama en castellano del contexto socio-político de Grotowski, sus ideas y sus prácticas, ver el ensayo de Elka Fediuk.

Y ya en las fases posteriores a la del Teatro de Producciones, Grotowski apunta a cancelar la distinción entre actor y público; tendremos así al participante-testigo de su propio itinerario personal en busca de sí mismo, en la destrucción de las máscaras socio-culturales que el Otro le ha impuesto. Como lo señala Foucault, estas aleturgias no dejan de ser formas de vigilancia y control, esto es, de poder frente al otro/Otro: "Poder que tiene entre sus funciones más importantes la de conducir la vida de los fieles [público] como vida de penitencia, y exigir sin cesar, como precio del mal, el despliegue de los procedimientos de verdad: *exomologesis* o *exagoreusis*" (394). Muchos críticos han subrayado el impacto de las puestas iniciales de Grotowski y cómo éstas exigían reacomodamientos del público a todo nivel, saliendo de lo contemplativo tradicional y sumergiéndolo en la pasión y el sacrificio del actor en la escena, involucrando al público en su deseo y su goce. Ese "exigir sin cesar" parece tomar dimensiones superyoicas, tanto en lo moral como en lo obsceno de esa figura freudiana. Como ya hemos visto, Thomas Richards, en su libro *At Work with Grotowski on Physical Actions*, al relatar sus primeros acercamientos a Grotowski nos informa sobre sus reacciones y frustraciones frente a esas demandas del maestro, percibidas como demandas superyoicas. Es conocida la forma en que, durante su estadía en el sur de California y luego en Pontedera, Grotowski incorpora procedimientos exhaustivos de selección de los participantes, de protocolos disciplinarios, que no están alejados del concepto de penitencia y que, a su manera, buscan la verdad del sujeto como extracción del mal causado por el capitalismo y, sobre todo, por el occidente cristiano. Se trataría, si podemos designarlo así, de una 'penitencia secular'.

El público en la perspectiva cristiana deviene así como un rebaño que el pastor [actor] debe –con palabras y gestos— reunir y dirigir al corral, cancelando la singularidad de cada una de sus ovejas, uniformizándolo (398). Los verbos que Foucault analiza puntualmente para definir esa figura del pastor son elocuentes de por sí: congregar, guiar, alimentar, velar, salvar, rendir cuentas (398-403); cada uno de ellos podría servirnos en la praxis teatral para revisar los ideales del teatro de los *sixties* y del teatro político como tal. Además, la 'muerte' del individuo como actor en escena, en tanto pastor y en tanto santo, en ese despojamiento de su yo para dar lugar a ese otro, a la epifanía de su ser más secreto y recóndito frente al otro/Otro, remite a la pasión de Cristo: "Sobre la base del modelo crístico, la muerte del pastor, o al menos su muerte en este mundo, es la condición de la salvación del rebaño. Relación sacrificial en la que el pastor se ofrece por todos y cada uno y gana así su propio mérito por el gesto que salva a los otros" (404). Ese actor-pastor asume en sí mismo, *experimenta en sí mismo*, "'el *desvalimiento* de las almas débiles', y se *regocija* con 'el adelanto de sus hermanos como si fuera propio'" (404-405, el subrayado es mío). Como puede apreciarse aquí, hay un goce del actor, goce sacrificial que no obstante asume una posición de liderazgo a partir de la suposición –típica de la izquierda revolucionaria del siglo XX o lo que Alemán denomina "ideología canónica de la izquierda" (*Soledad: Común* [38])— del desvalimiento del otro/Otro, del otro-público, del otro-pueblo. Y eso tiene su genealogía: Foucault va más lejos al elaborar cómo el cristianismo fue capaz de convertirse en una iglesia y, en tanto institución, aprovechar todos los aparatos del estado del imperio romano, lo cual facilitó su tarea de inserción política y social (403); se trata así de una secreta complicidad entre lo imperial y lo cristiano, sobre la que queda siempre mucho por decir.

A la religiosidad que obtura el discurso estético, tal como la plantea Ure y que en cierto modo explica la renuncia de Grotowski a continuar dirigiendo teatro, se suma ahora la política como obstáculo para que una estética teatral preceda a toda búsqueda artística. Baumrin detalla la inserción de la figura y la propuesta de Grotowski en la serie de un teatro político polaco, particularmente en su primera etapa:

> How fundamentally Polish Grotowski and his Opole work was can best be understood in the context of Poland's cultural and geopolitical history from 1795 through 1956, especially the November Uprising (1830-1831), which inspired the Romantic poets Adam Mickiewicz (1798-1855), Juliusz Slowacki (1809-1849), and Zygmunt Krasinski (1812-1859); the works of Stanislaw Wyspiahski (1869-1907) during Mloda Polska (the Young Poland literary movement) prior to WWI; Nazi and Soviet occupation during and after WWII; and Gomulka's regime (1956-1970). Each war and postwar period impacted the Polish national character.

Though Grotowski is important internationally as a theatre reformer, the relationship between Poland's literary culture and the Poles' struggle for national identity serve as the context for his local identity. (2009: 56)

Conscientemente o no, Grotowski va explorando la consistencia política de su propuesta frente al mundo que le es contemporáneo; y en ese proceso va recuperando prácticas medievales y cristianas, a las que torna seculares:[82] se convierte en ese pastor al que concurren las almas/actores descarriados o insatisfechos de la industria teatral profesional; no olvidemos, como lo plantea Halina Filipowicz, que "Grotowski is a man of the margins who has turned his marginal position to his advantage. Born in a country along the edges of European culture, he has always situated himself on borders of artistic centers in every possible way. He did his theatre work in Opole and Wroclaw rather than Warsaw or Cracow (1991: 183). Y es también un hombre de exilios, no solo de Polonia, sino de cada etapa de su trayectoria, dejándola siempre abierta, por eso, como planteamos en el capítulo sobre la peligrosidad de los prólogos, se ha dado mucha importancia al adjetivo "pobre" en el título de su libro *Hacia un teatro pobre*, cuando lo significativo está más del lado de la preposición "hacia", como indicando una tendencia siempre abierta al futuro.[83]

---

[82] Heidegger señala en su libro sobre Nietzsche cómo funciona en éste el procedimiento de inversión argumentativa: "El proceder de Nietzsche, su modo de pensar al llevar a cabo la nueva posición de valores, es una constante inversión" (38). Esta inversión, que a veces parece ser el resultado de una manía de Nietzsche (39), puede ir paralela o no con la contradicción; tal como Jaspers la ha abordado, no llega, sin embargo, según Heidegger, a la transavaloración de todos los valores: "la inversión es sólo una negación, pero con la eliminación del anterior orden de valores no surgen aún valores nuevos" (39). Este procedimiento de inversión lo vemos en Grotowski precisamente en cuanto a lo sagrado vs. lo secular, pero eso no significa que se transvalore lo religioso como tal, particularmente lo religioso judío-cristiano.

[83] Heidegger comenta la fuerza de la preposición 'hacia' en Nietzsche y los filósofos que lo precedieron cuando se plantearon el tema de la 'voluntad': "querer es un movimiento hacia...., un ir hacia algo" (47 y ss.). Este 'ir hacia...' tiene relaciones con el camino (Tao) y con el método, lo cual puede observarse en la tra-

## Grotowski soy yo

Desde sus inicios, tanto su Laboratorio de la fase Teatro de Producciones hasta más tarde con su trabajo en las etapas posteriores, Grotowski no ha optado por los centros capitalinos; hay una especie de rechazo de la vida mundana[84] capaz de favorecer el ascetismo del artista y por eso no sorprende que haya recurrido a procedimientos monacales, a la formación de una iglesia secular no orientada a la formación actoral, sino a un autodisciplinamiento para lograr el develamiento de la verdad del sujeto en una ascesis, que rematará en prácticas ritualísticas, pero no al modo de las comunitarias, sino singularizadas para cada sujeto en su propio *ir hacia* su origen como un Real no significantizado. No debe escapársenos, una vez más, cómo el rol de Grotowski en los talleres, su relación con sus elegidos, se establece en un punto entre la sesión analítica y la confesión. Como lo plantea Richard Schechner:

> Grotowski's effects on the theatre will not be through the establishment of a method of actor training, an approach to mise-en-scène, or an insistence on a dramaturgy of political purpose. Grotowski will effect theatre through the effect he had on the people with whom he interacted on a personal, even intimate, level. Such an encounter might extend over years or it might last only a scintillation of time (1999: 7)

> We are all blind men giving opinions about the elephant. Grotowski shaped himself to suit his encounters with unique individuals. In his work one-on-one he had the unparalleled gift to enter into what Martin Buber called the "Ich-du," the I-you, relationship. (1999: 8)

---

yectoria de Grotowski, en sus sucesivas etapas que, sin duda, aunque culminen en el Performer, sigue quedando abierta (en sentido heideggeriano), como corresponde a la idea del devenir.

[84] ¿Es preciso recordar la "Oda a la vida retirada" de Fray Luis de León? Dichoso "el que huye del mundanal ruïdo, / y sigue la escondida / senda por donde han ido / los pocos sabios que en el mundo han sido". Me atrevo a imaginar el 'hacia' grotowskiano equivalente al encabalgamiento de la estrofa de Fray Luis.

No debemos pasar por alto, además, el hecho de que todos esos procedimientos monacales "pasa[n] por el lenguaje" (382), que no es solamente verbal. Foucault nos refiere que muchos penitentes hacían de la *exomologesis* un proceso continuo, duradero, cotidiano, orientado a lograr no solo el perdón de sus pecados sino la gracia de Dios (114), tal como los asistentes seleccionados por Grotowski esperaban ansiosamente su aprobación, lo cual demuestra hasta qué punto solapaban aquí los dos discursos (el religioso y el de la propuesta grotowskiana), explicando de ese modo que se haya convertido al maestro polaco en una figura de culto. Esta espectacularidad de la confesión y del arrepentimiento —como hemos visto— exige los rituales de demostración y testimonio, los cuales tienen un "valor demostrativo" que pasa por el alma y el cuerpo del penitente frente a la comunidad posicionada como público. Foucault distribuye estos procedimientos en forma de binarismos, tales como lo privado y lo público, lo verbal y lo no verbal, lo jurídico y lo dramático, y lo objetivo y lo subjetivo (116-118), para constatar los diversos parámetros que entran en juego en estas prácticas. Dichos binarismos se encuentran a cada paso en los textos suscriptos por Grotowski, aunque las prácticas seculares que el maestro favorece no estén ni marcadas ni orientadas hacia el perdón o el arrepentimiento.

*Ascetismo: arte de las artes... del poder*

Foucault va a detallar la progresiva codificación que va desde la *exomologesis* hasta las formas más sutiles y sofisticadas de construcción del ascetismo, hasta convertirlo en un *ars artium*, arte de las artes en la exploración y extracción de los secretos del corazón del individuo. San Jerónimo, según Foucault —y como ocurrirá luego con Jerzy Grotowski—trasladará muchos de estos procedimientos de Oriente a Occidente (137).[85] A

---

[85] La educación de Grotowski fue inspirada y controlada por Emilia, su madre, una creyente quien además consideraba que la "self-education was a necessary patriotic act" (Baumrin 59). Emilia también era una hinduista y por eso Grotowski siempre recuerda sus tempranas lecturas de *A Search of Secret India* (1934), de Paul Brunton (Baunrim 60). Volveremos sobre estos recuerdos del maestro en otro capítulo.

su manera, San Jerónimo parte de un laboratorio centrado en su propia experiencia de cómo alcanzar "la corrección de las costumbres y la manera de llevar la vida perfecta" (137). Sin embargo, esa experiencia propia no se desentiende del "principio de dirección" el cual, siguiendo el *Proverbio* que menta "Quienes no son dirigidos caen como hojas muertas", va a ser el disparador de la construcción de instituciones monásticas, con sus reglas y mandatos, sobre todo de obediencia ciega a un superior, desde la base hasta la cima de la jerarquía de una pirámide en cuya cúspide está Jesucristo o el mismísimo Dios. Lo que nos interesa en la praxis teatral —porque no nos proponemos detallar el largo proceso de constitución de estas instituciones y sus reglamentos, tal como los detalla Foucault— es que la tarea ascética *no es sin* un otro/Otro, tal como lo apreciamos en la propuesta grotowskiana donde todo pasa por la supervisión de Grotowski, incluso cuando sus discípulos más avanzados y autorizados han trabajado previamente con los participantes. La relación que media entre el director y el dirigido se da a través de la regla de la obediencia; se busca la obediencia perfecta: aquella que —como lo planteará más tarde Ignacio de Loyola— jamás cuestiona al inmediatamente superior en cada uno de los niveles de la pirámide y menos aún al director en la cúspide (Cristo/Grotowski). El participante trabaja bajo la fe depositada en el director y actúa en consecuencia ciegamente, sin mayor atisbo de cuestionar el mandato, ni siquiera en su corazón, de ahí la necesidad de unir la obediencia a la humildad —concebida como "estado permanente de obediencia, que supone renunciar a la voluntad propia para aceptar ciegamente la voluntad del otro/Otro *como principio de toda acción* (146)—, como formas de aplastamiento del yo y su posible instancia personal y crítica.

Por esta vía vemos una diferencia notable de la confesión con el análisis: si bien hay una regla, un pacto dado como encuadre en el que el analizante acepta responder a la asociación libre y el analista a la atención flotante, si bien hay un cuestionamiento de las ilusiones promovidas por el yo en procura de un saber capaz de captar el deseo inconsciente —del que nada se quiere saber—, no se opera en psicoanálisis con la obediencia ciega ni con la humildad. Muy por el contrario, se incita a la transferencia con todas sus exaltaciones y peligros; se favorece incluso ese *acting out* del analizante cuya teatralidad supone al analista en posición de soporte como semblante del otro/Otro y del (desconocido) objeto *a* del analizante, al que éste tiene que arribar como fin del análisis y enfrentamiento a su *sinthome*, como verdad/modo de goce incurable con el que tiene que aprender a arreglárselas. Desde el mismo inicio de su libro, Richards describe el encuadre pedagógico grotowskiano y que, no solo requiere de paciencia para enfrentar largos procesos, casi interminables (como lo planteó Freud para el análisis), sino el devenir del proceso analítico a partir de lo fallido:

> Grotowski would often give me a specific task; for example, to resolve with our group some technical problem which had appeared in the work. If I asked Grotowski how to resolve this problem, there would normally come no reply or just *a knowing smile*. At that moment, *I knew I had to figure it out for myself*. Only when I had accomplished the task to the best of my ability, would he step in and analyze my mistakes. Then the process would begin again. This method of teaching takes an enormous amount of *time and patience*. The person learning will inevitably arrive at *moments of failure*. Such *"failures" are absolutely essential*; for here, the apprentice begins to see clearly how to proceed along the right climb. (3-4, énfasis mío)

Según nos explica Foucault, la regla de obediencia en estos encuadres monásticos se orienta a cultivar "el principio de la *patientia*, que lleva a aceptar todo lo que el director quiera y soportar todo lo que provenga de él" (145). Dicha paciencia, a su vez, cancela toda temporalidad para promover una instancia crítica, por medio de varias técnicas de apoyo: asumir el carácter *absurdo* del mandato (no debe cuestionarse la significación del mismo); la prueba de *inmediatez* (debe ejecutarse el mandato enseguida, sin demora); la prueba de la *no rebelión* (incluso cuando el mandato es injusto) (143-144). La paciencia asegura la eliminación de todo tipo de resistencia, "hace del monje una suerte de materia inerme en manos de quien lo dirige" (144). ¿Acaso esta paciencia, como sustrato para adquirir una técnica actoral determinada, de tipo ascético, no subyace a un *ideal de actor* que todo director teatral, de antes y de ahora (sobre todo con esas puestas en escena internacionalizadas, como los musicales de Broadway, que se reproducen con cualquier actor y en cualquier región del planeta) necesita para realizar su trabajo en un tiempo pautado por la producción? Foucault transcribe una cita de San Nilo que nos resulta elocuente y vale la pena hacer constar aquí: "En nada diferir de un cuerpo inanimado [hoy diríamos automatizado, como en Stanislavski] o de la materia utilizada por un artista, [...] como el artista da pruebas de su destreza sin que la materia le impida en absoluto perseguir su meta" (144). A todo esto, Foucault enfatiza cómo, para esta forma de vida cristiana, "la obediencia monástica no tiene otro fin que ella misma" (144). Se trata, pues, de un arte por el arte mismo, un *ars vivendi* que no se realiza a los fines de lograr un perdón por una falta en un momento dado y en forma esporádica, sino como un modo de vida permanente, puesto que "la obediencia constituye un ejercicio de la voluntad sobre y contra de sí misma" (145). No hay que dejar de prestar la debida atención de hasta qué punto la cuestión de la voluntad de poder susbyace a todas estas prácticas; Heidegger en su *Nietzsche* nos recuerda que el tema de la voluntad ha atravesado la historia de la filosofía y, en tal caso, salvo como voluntad de poder tiene cierta originalidad en Nietzsche. Dicho arte exige, además, complementarse con "los ayunos, las vigilias, las oraciones, el trabajo y las obras de caridad" (146). ¿Acaso no reconocemos de inmediato, aunque en forma parcial, esta 'dieta', estas prácticas en algunos de los grupos teatrales de los años 70s y hasta en la antropología teatral?

Foucault anota, de paso, un aspecto que, en cierto modo, es paradójico: este ascetismo, mediado por la sumisión al maestro, "jamás lleva al punto en que pueda establecerse una soberanía sobre sí mismo, sino al punto en que, desasido de todo dominio, el asceta solo puede querer lo que Dios quiere" (147). Paradojal, en el sentido de que allí donde se quisiera una praxis (teatral, ascética o ascéticamente teatral) de purificación como impugnación de una vida mundanal pecaminosa, la de ese Otro cultural alejado de dios, se termina finalmente sometido a la voluntad de un superior, dios o cualquier otro tipo de autoridad. Una vez más, Baumrin, entrevistando al hermano de Grotowski, nos brinda esta faceta del maestro polaco:

> Kazimierz Grotowski described his brother's search for God as his most ardent modus vivendi (2008), and Croyden likened Gro-

towski's work to the Armenian-Russian mystic Georgij Ivanovitsj Gurdjieff's work with his followers on self-realization during Russia's revolutionary period and while in exile in France (Croyden 2007). Yet Grotowski was also something more than an international theatre reformer, master of "poor theatre," and quasi-mystic. (57)

Se disuelve, pues, el yo como árbitro posible del dominio del individuo, como último residuo de su identidad convertida ahora en una 'otredad íntima' del sujeto, completamente arrasado por la voluntad de goce del Otro, tal como Lacan la describió para la estructura perversa. No resulta sorprendente que este ascetismo, al instalarse en lo teatral, particularmente como resistencia al capitalismo y sus males mundanales, haya terminado absorbido por dicho sistema de producción, que no solo ha aislado o marginado a esos grupos, sino que los ha neutralizado en su dimensión crítica y hasta estética. En todo caso, la anulación del yo y su dominio de sí, al menos desde la perspectiva psicoanalítica y sin un trabajo con el sujeto del deseo, solo abre a un goce ilimitado, tal como lo describen los investigadores actuales para caracterizar el neoliberalismo, como etapa actual del capitalismo. Y eso significa estar a merced de un superyó obsceno y atroz que delata una caída o bien la ineficacia de la ley, una invalidación del contrato social como resultado de la renuncia a la satisfacción de las pulsiones y la restricción del narcisismo, por ende, una imposibilidad de transgresión y cuestionamiento socio-político y cultural. Es interesante que esta posibilidad ya se le hubiera ocurrido a San Antonio, cuando se vio en necesidad de alertar "contra el ascetismo inmoderado" (Foucault 2019: 149).

*Grotowski y las liturgias monacales*

Mucho antes de que Foucault se ocupara de estas cuestiones, Grotowski recupera estas liturgias monacales cristianas, de esplendor medieval, durante la post-guerra y la Guerra Fría, como una resistencia a la Modernidad de un capitalismo asentado en la ciencia, la tecnología y el consumismo, por medio de una técnica actoral orientada a cancelar el individualismo del yo y por medio de un trabajo con la puesta en escena capaz de desbaratar los códigos de la teatralidad del teatro. Aunque Grotowski afirma que su técnica no es deudora de una religión, los componentes de religiosidad, incluso de religiosidad medieval y monacal, son evidentes y se irán enfatizando, siempre en su inversión blasfema, todavía más a lo largo de su trayectoria en búsqueda de ese Real al que denomina origen y que también puede leerse como una inversión de lo sagrado.

La cuestión del deseo siempre está abierta y debe ser controlada, vigilada con cautela. En los pensadores cristianos aparece como la *cogitatio*, esto es, un examen del pensamiento, pero no como una contabilización de lo realizado durante el día antes de dormir, sino como una especie de paranoia que apunta al pensamiento como tal, incluyendo lo que se ha hecho, lo que no se hizo y lo que podría llegar a hacerse. Otra vez nos topamos con el tema de la temporalidad, lo cual es esperable en cuanto a que el deseo se desplaza metonímicamente. Se trata de captar lo bueno y lo malo no tanto en lo realizado, sino en el fluir mismo (imaginario, diríamos hoy) del pensamiento como tal, más allá de la efectividad misma del acto. Esto instala un campo de batalla al interior del sujeto, lo que Foucault denomina "el combate interior", un alerta permanente hacia la inestabilidad y movilidad acelerada del pensamiento que no siempre da tregua para la decisión acertada en el desorden aprovechado por el demonio. Una vez más pareciera haber ya desde los principios de la era cristiana una premonición del inconsciente como tal: Casiano, nos dice Foucault, se pregunta "¿quién piensa en mi pensamiento? ¿No soy en cierta forma engañado?" (159), esto es, se percibe que el yo más que hablar es hablado por Otro. Y ésta es la dimensión a la cual el actor-santo grotowskiano parece apuntar; Stanislavski también ya había puesto la creatividad del lado del 'subconsciente'. De la relación del pensamiento con el objeto, de su certeza y ajuste mutuo, pasamos a la instancia de dudar del pensamiento mismo: es como si ya se estuviera rumiando lo cartesiano: dudo, pienso, ergo existo. Y eso supone, como es fácil adivinarlo, ya no cotejar por observación lo que se conoce en cuanto relación pensamiento/objeto, sino en asumir la ilusión o máscara, incluso el hábito, que es el yo y que a su vez promueve el engaño. A partir de esta inflexión, el ego, en vez de orientar su mirada al objeto, al mundo, la torna sobre sí mismo: se autovigila, se examina, duda de sí, presta atención a su modo de verbalizar su estado. Ver y decir convergen en un acto único (159), con dimensiones dramáticas, en la medida en que dichas operaciones requieren a su vez de otro/Otro, un confesor, un director de conciencia como alguien que fundamentalmente escucha. Y es por este procedimiento que el sujeto se purifica: "Articular palabras, pronunciarlas, dirigirlas a otro —y hasta cierto punto a otro cualquiera, con tal que sea otro—, estas acciones tienen el poder de disipar las ilusiones y conjurar los engaños del seductor interior" (160). No debería escapársenos la similitud con el psicoanálisis, en esta cura por la palabra y en este preanuncio del superyó. La diferencia, obviamente, residiría en que el analista, a diferencia del director o confesor, se abstiene de sancionar; uso el condicional porque es sabido que no siempre ocurre esto en ciertas versiones del psicoanálisis. Hay escuelas en que el analista se propone como Ideal del yo a imitar por el analizante o que aconseja a partir de un Bien que no es el del sujeto sino el del propio analista.

Interesa también aquí la articulación que los pensadores cristianos hacen de la vergüenza: es esta barrera la que el monje tiene que superar, sobrepasar, para dar cuenta de los fantasmas malignos que lo habitan en su interior. En la terminología stanislavskiana, podemos pensar esta vergüenza como inhibición. Justamente el fantasma, tal como lo plantea Lacan, no siendo totalmente inconsciente, es lo más duro para el analizante de verbalizar, justamente porque lo avergüenza. Vemos en las descripciones que Foucault toma de los teólogos cristianos una especie de atravesamiento del fantasma como una instancia para promover una destitución subjetiva del monje: "La confesión, que lo saca a la luz [a Satanás], lo arranca de su reino y lo hunde en la impotencia [...] Por el mero hecho de decirla, pronunciarla en voz alta y sacarla, de tal modo, de la interioridad secreta de la conciencia [del inconsciente, diríamos hoy], la idea mala [la incitaciones del superyó obsceno] pierde su fuerza de seducción y su poder de engaño" (161). La posición del director o confesor es efectiva en este caso, incluso si no habla, o mejor justamente porque guarda silencio, aun cuando tenga el poder de sancionar y dar penitencia: "Tu liberación está consumada sin que yo haya dicho una palabra, la confesión que acabas de hacer ha bastado para ello" (162). Muchos participantes a los talleres de Grotowski señalan esta actitud del maestro que guía, pero deja al actor solo para que haga su propio trabajo de acuerdo a su propia personalidad o carácter. Esta *exagoreusis* no funciona a la manera de un tribunal en el que el individuo confiesa para hacerse responsable de sus faltas por haber infringido la ley (procedimiento que hoy algunos psicoanalistas promueven con aquellos que han cometido delitos y para los cuales la condena y la cárcel no necesariamente les permite subjetivar su crimen);[86] la *exagoreusis* apunta a la verdad del sujeto por medio de la verbalización de su pensamiento más secreto frente a otro que lo escucha (164-165). Esta *exagoreusis* se establece, entonces, como "cierta manera de morir a uno mismo" (165), es decir, un cambio de posición subjetiva respecto del que se era *antes*. Foucault parece especificar bien lo que entiende por "uno mismo", y luego por el cuidado de sí mismo, cuando escribe que el poder de la confesión reside en "algo distinto del reconocimiento de las faltas cometidas. [...] Es un trabajo para descubrir no sólo al otro, sino además a uno mismo, lo que sucede en los misterios del corazón y sus sombras oscuras" (164). Se ve bien que ese otro es el yo, en su propio desconocimiento de sí, y que el "uno mismo" casi equivale al sujeto del inconsciente. A la vez reconoce que ese trabajo de ver y decir no es sin mortificación (165). Grotowski, como hemos ya mencionado, lo denomina el "camarada biográfico" (1970: 204).

*Otra vez el gran teatro del mundo: el Otro y la memoria*

En estos desarrollos teológicos cristianos se retoma la famosa metáfora del mundo como un teatro. Lacan mismo en su *Seminario 10 La angustia* la evoca cuando dice que

> Todas las cosas del mundo entran en escena de acuerdo con las leyes del significante, leyes que no podemos de ningún modo considerar en principio homogéneas a las del mundo" [...] primer tiempo, el mundo. Segundo tiempo, la escena a la que hacemos que suba este mundo. La escena es la dimensión de la his-

---

[86] Ver los trabajos compilados en varios volúmenes por Marta Gerez Ambertín bajo el título *Culpa, responsabilidad y castigo en el discurso jurídico y psicoanalítico*.

toria. La historia tiene siempre un carácter de puesta en escena. (43-44)

El mundo como lo Real `solo sube a escena por medio del lenguaje y que nosotros no podemos captar más que por medio de él, lo cual siempre deja afuera un resto, un imposible de significantizar. Desde los estoicos hasta Platón y luego hasta Calderón de la Barca, la metáfora que pone en juego la vida y el teatro ha subrayado ese carácter de comedia en que, al no hablar sino ser hablados, todos los individuos de alguna manera representan un guion que los precede (ese gran Otro); somos to-dos actores, máscaras, personas que repetimos, con decorados y vestuarios diferentes, las mismas acciones, los mismos crímenes (188-189).[87] En cierto modo, estas cuestiones regresan en el cuestionamiento del 'sujeto' a partir del psicoanálisis, con Louis Althusser, Lacan y Foucault, con las diferencias de cada uno, pero en la convergencia de negar la centralidad del yo y del individuo. Recordemos que para Althusser los verdaderos sujetos no son los hombres, sino las relaciones de producción a nivel de estructura, que distribuye roles y lugares, que anteceden al nacimiento del individuo (1969: 194). El sujeto, en este sentido, es un sujeto desde siempre sujetado, un individuo al que la estructura (económica, edípica o religiosa) ya le tiene asignado un rol y un lugar en el mundo. Es un individuo 'vestido' con los hábitos provistos por el discurso del Amo, al que —como procura Grotowski con sus actores y con el teatro mismo— hay que desvestir, desnudar, desdomesticar:

> ¿Por qué nos interesa el arte? Para cruzar nuestras fronteras, sobrepasar nuestras limitaciones, colmar nuestro vacío, colmarnos a nosotros mismos. No es una condición, es un proceso en el que lo oscuro dentro de nosotros se vuelve de pronto transparente. En esta lucha con la verdad íntima de cada uno, en este esfuerzo por desenmascarar el disfraz vital, el teatro, con su perceptividad

---

[87] ¿Alguna relación de esta repetición con el eterno retorno y la voluntad de poder en Nietzsche? Dejamos abierta la cuestión.

carnal, siempre me ha parecido un lugar de provocación. Es capaz de desafiarse a sí mismo y a su público, violando estereotipos de visión, juicio y sentimiento; sacando más porque es el reflejo del hálito, cuerpo e impulsos internos del organismo humano. Este desafío al tabú, esta transgresión, proporciona el choque que arranca la máscara y que nos permite ofrecernos desnudos a algo imposible de definir pero que contiene a la vez a Eros y a Carites" (1970: 16).

La vuelta de tuerca de los teólogos cristianos, nos dice Foucault, consistió en retomar esta metáfora trivial del gran teatro del mundo y darle una orientación religiosa: no solo representamos un papel, la escena no es solamente el lugar de la historia, sino el "drama de la verdad", entendiendo por tal una representación ascética, esto es, que tiende a provocar "el ascenso hacia la realidad incorruptible" donde residen los verdaderos placeres, ya no carnales, sino celestiales (189). Demás está decir —y no vamos a transcribir aquí los desarrollos a los que se aboca Foucault— que este camino ascético conlleva múltiples consecuencias relativas al cuerpo y al alma: por eso Foucault investiga la construcción de subjetividad que todo este marco teológico supone: virginidad, matrimonio y sexualidad, celibato y reproducción, cuestiones de género, restricciones y permisos, con sutiles debates a partir de lecturas y relecturas de los textos canónicos. La pregunta para nuestra praxis teatral, en esta reconsideración de la técnica grotowskiana, podría enunciarse así: ¿es el actor-santo, en su ascesis, también un actor-célibe? No tanto por el hecho de que tenga o no sexo, sino por la interrogación sobre el rol o estatus de la sexualidad, el deseo y el goce en una técnica actoral.[88]

---

[88] El tema del santo aparece en Grotowski y en Lacan. No es este el lugar para detenerse en esta cuestión, ya que volveremos al tema en otro capítulo; sin embargo, vale la pena anotar, como nos lo propone Eric Laurent (2015), que ambos recurren al pensamiento cristiano y sobre todo a la tradición china. "Lacan se apoyó —nos dice Laurent— no solamente en la lengua sino también en la tradición chinas para calificar de manera sorprendente el lugar del psicoanalista como siendo el del santo. Al comienzo de su enseñanza (*Seminario 1*), se refirió al modelo de la interpretación fuera de lugar que hace el maestro Zen en respuesta a las

En estas consideraciones, Basilio –nos dice Foucault– propone justamente que esta ascesis, basada en la vida como un teatro, implique un despojamiento, una especie de "teatro pobre", puesto que la forma de complacer a Dios (a ese Gran Otro), consiste en renunciar a "todos los ornamentos y las formas de coquetería" por cuanto "todos los cuidados del cuerpo inducen en el alma tanto de los espectadores cuanto de la que se presta a ellos, sensaciones, imágenes, deseos" (227). Se va diseñando así tanto una "economía de la mirada" como una "economía del oído", pues este teatro pobre, despojado, es el que hace posible no distraerse con placeres, sensaciones y deseos que no conducen a lo incorruptible, a lo esencial divino, celestial (228).

Por esta vía, Basilio va a plantear aquello que Freud no pudo tampoco evitar: la cuestión de la memoria, como ese "block mágico o maravilloso", esa "tabla" según Basilio en la cual se inscriben los pensamientos como en una pizarra (Foucault 2019: 231). Memoria, trazo, escritura: tanto a Freud como más tarde a Derrida en su lectura del famoso ensayo de Freud les ha preocupado esta dimensión. Laurent también da como causa del cambio de reflexión lacaniana en la consideración de la escritura china. La tesis que hay que explorar detenidamente en el futuro es la siguiente: hasta qué punto lo monacal y las subjetividades cristianas constituyen la escritura grotowskiana sobre la que, secular o no, se construye su búsqueda y trayectoria, en la medida en que escritura y goce están ligadas a la repetición. Por ahora, digamos que Basilio comprueba que en esa pizarra los trazos son imborrables. Un pensamiento es un acto, una percepción pasa velozmente por la conciencia y va a registrarse en la piza-

---

demandas que le son dirigidas. En el *Seminario 18*, Lacan da un paso diferente al calificar al analista de "santo". [...] Lacan no hizo siempre del analista un santo". Primero, nos dice Laurent, siguiendo la tradición jesuítica de Baltazar Gracián, lo hace un moralista. Luego, a partir de la tradición china, lo hace un santo. "La aproximación entre la realización, la santidad del hombre, según Gracián y según el santo chino evidentemente es sorprendente – sobre todo si se lo aproxima al santo taoísta y su éxtasis", nos dice Laurent. Este éxtasis, como vacío o como goce junto a la certeza de que 'no hay relación sexual', es lo que nos permitirá, en otro capítulo, aproximar estos autores al actor santo grotowskiano.

rra; uno puede no haber notado esa inscripción, puede incluso olvidar, pero no puede borrar ese trazo. Basilio, a diferencia de Freud, propone precisamente el camino de la ascesis como una posibilidad de borrar y volver a escribir. Es necesario imaginar que se puede borrar, para tener una superficie libre a fin de volver a escribir lo bueno. Puede quedar, no obstante, un resto, el cual saldrá a la luz después de la muerte, cuando el alma se libere y los secretos no puedan ocultarse a la mirada de Dios. Se instaura de ese modo una dimensión de visibilidad del alma, ofrecida a la mirada del yo, a la del director o confesor, a la de la comunidad, y sin duda a la de dios. Sin embargo, esa mirada "o, mejor, esas miradas infinitamente numerosas, no son las suyas [del alma misma]" (2019: 233). Es siempre el otro/Otro el que objetiva la subjetividad del individuo.

En Grotowski, en las etapas posteriores al Teatro de Producciones, se va abordando la cuestión de la memoria ligada al ritual, como una vía retrospectiva como en el psicoanálisis, no basada en la reminiscencia sino, como en Freud y Lacan, en la rememoración. Al tomar este camino, al principio más junguiano y posteriormente más freudiano, Grotowski puede imaginar un remontarse de la ascesis del actor hasta el origen el cual, como ya vimos, es al inicio imaginado como *Ursprung*, de ahí su conexión con los arquetipos y todo tipo de esencialidades, y más tarde como *Entstehung* y/o *Herkunft*. Richards cita a Grotowski:

> "One access to the creative way consists of discovering in yourself an ancient corporality to which you are bound by a strong ancestral relation. So you are neither in the character nor in the non-character. Starting from details, you can discover in you somebody other—your grandfather, your mother. A photo, a memory of wrinkles, the distant echo of a color of the voice enable you to reconstruct a corporality. First, the corporality of somebody known, and then more and more distant, the corporality of the unknown one, the ancestor. Is this corporality literally as it was? Maybe not literally—but yet as it might have been. You can arrive very far back, as if your memory awakens. This is a phenomenon of reminiscence, as if you recall the Performer of primal ritual. Each time I discover something, I have the feeling

that it is what I recall. Discoveries are behind us and we must journey back to reach them." (1995: 77-78)

Al referirse al Arte como vehículo, Grotowski aclara:

We can say "Art as vehicle," but also "objectivity of ritual" or "Ritual arts." When I speak of ritual, I am referring neither to a ceremony nor a celebration, and even less to an improvisation with the participation of people from the outside. Nor do I speak of a synthesis of different ritual forms coming from different places. When I refer to ritual, I speak of its objectivity; this means that the elements of the Action are the instruments to work *on the body, the heart and the head of the doers*. ("From the theater company to Art as Vehicle", en Richards 1995: 122)

El arte como vehículo, como puede verse, al proceder con canciones, ritmos, movimientos, apunta a una estructura que concierne al actor, no tanto a la manera del fantasma en Lacan, sino a supuestos *patterns* (modelos o arquetipos) de índole filogenética, supuestamente esenciales y universales de la naturaleza humana. Revisaremos esta cuestión en capítulos posteriores, aproximándonos de diverso modo a ese 'origen' que precede las diferencias y las modulaciones que puede tomar en la propuesta grotowskiana. La cita que antecede da una faceta que nosotros intentaremos cotejar de otro modo más adelante.

*La lucha interior sin concesiones y la resistencia de la carne*

Foucault nos recuerda, además, que el examen de sí mismo en la teología cristiana se desarrolla siempre en un terreno agonístico. No hay aquí convivios pacificantes ni celebraciones cómplices. Casiano, nos cuenta Foucault, habla de este combate del sujeto consigo mismo y con los otros apelando a vocablos como *"colluctatio, agon, certamen, pugna, bellum"*, es decir, metáforas deportivas y guerreras, lo atlético y lo militar. Es una lucha espiritual constante con la tentación, como un Otro dentro del individuo, para la que no hay tregua. El objetivo consiste en liberar al cuerpo de la carne; esta última agobiada, asediada siempre por la tentación. Hay que hacer morir la carne, la inclinación a la que está en cierto modo condenada, pero no el cuerpo (252). Imaginamos que, en la cita que sigue relativa a ese combate espiritual, Foucault llama 'sujeto' al yo, a lo que Lacan denominaría el *moi*. Ese 'yo', como sede de la voluntad (consciente), tiene que ser de alguna manera cancelado –tal como luego sucede para los místicos— a fin de dejar fluir el pensamiento inconsciente:

> Se trata de una labor perpetua sobre el movimiento del pensamiento (sea que prolongue y trasmita los del cuerpo, sea que los induzca), sobre sus formas más rudimentarias y sobre los elementos que pueden desencadenarlo, de manera que el sujeto jamás esté implicado en él, ni siquiera por la forma más oscura y aparentemente más 'involuntaria' de la voluntad. (257)

Ese combate, con todo lo que implica respecto del sexo y la sexualidad –concebido, además, como un "análisis permanente" (261) del "hombre del deseo" (359), que ya, tal como lo plantea San Agustín, nace como "sujeto de la concupiscencia" (362)— se dirige no solo a deshacer la "implicación sensible", sino incluso la onírica, que Foucault llama "representativa" (258), esto es, eliminar no solo los objetos como incitación posible del deseo –pensado como concupiscencia, como libido (fálica [2019: 352])[89] y hasta como lo pulsional—, sino el deseo mismo que todavía puede yacer en las imágenes involuntarias del sueño. Se trata de un trabajo con la represión orientado –mediante la relación con otros a cargo

---

[89] La libido, originariamente fálica, involuntaria (Foucault 2019: 354), caracterizada por el sexo masculino, conlleva o surge de "la visibilidad del órgano masculino [que] está en el centro del juego" (2019: 352-353). Para San Agustín, según Foucault, es la "forma sexual del deseo", que viene desde la caída y por eso supone un "lazo transhistórico que liga la falta original que la tiene por consecuencia a la actualidad de ese pecado en todos los hombres" (363). Se sugiere aquí ese carácter transindividual y hasta filogenético del inconsciente. La vida sexual y amorosa de los seres humanos, desde esta perspectiva, constituye una *degradación* (364), pecaminosa para Agustín, de otra índole que para Freud. Y es desde estos orígenes que lo fálico llega a la teatralidad del teatro. En mi libro *Sueño. Improvisación. Teatro. Ensayos sobre la praxis teatral* me he extendido sobre este tema relativo a la teatralidad y la política de la mirada.

de la escucha— a "desalojar de uno el poder del Otro, el Enemigo [imagino que podemos asimilarlo al superyó obsceno, no el moral]" (263). Por la vía de hacer del sujeto de deseo un sujeto jurídico, tal como lo indica la empresa agustiniana, se pasa de la concepción antigua del acto sexual, como "bloque paroxístico, unidad convulsiva en que el individuo se abismaba en el placer de la relación con el otro, al extremo de remedar la muerte" a la concepción cristiana, plagada de "reglas de vida, artes de conducirse y conducir a los otros, técnicas de examen o procedimientos de confesión, una doctrina general del deseo, la caída, la falta, etc." (375). El énfasis del cristianismo, su creación teológico-conceptual, supone el deseo y el sujeto, una "analítica del sujeto de la concupiscencia [capaz de vincular] el sexo, la verdad y el derecho, mediante lazos que nuestra cultura tensó, en lugar de desanudar" (375).

Hemos hecho antes referencias a un aspecto que requiere de desarrollos más extensos de lo que podemos abordar aquí: me refiero a cómo se inscribe la sexualidad en la propuesta grotowskiana, no solo por lo poco que sus críticos y comentadores dicen de la vida sexual del maestro, relevante desde la perspectiva de una posible contradicción con su propuesta de anular la diferencia entre el sujeto y el otro, sino por cómo se instrumenta el trabajo del taller, mayormente en solitario, con ejercicios con características de un marcado solipsismo.

Al respecto, Richard Schechner se interroga:

Grotowski plays his cards very close to his vest. Nor do I feel right in getting too personal about him. Does he have a sex life? If so, where are his lovers, present or former? Are the categories "straight," "gay," "bisexual," or something else? Does it matter in relation to his work? Was it appropriate for me to revel his fucky birthday caper? To what degree ought what is private about a well-known person be left alone? Why am I worried? Why should Grotowski so thoroughly control what gets out about him? Is this control central to his work? The control steers all enquiries about the man to his work, giving the impression which amazingly may be the truth, that the work is all there is of the man. (*Sourcebook* 461-462)

Tal vez aquí tengamos que preguntarnos, con el Nietzsche de *La genealogía de la moral*, "¿Qué gran filósofo ha estado casado hasta ahora? El matrimonio, según la crítica de Nietzsche a los filósofos (Heráclito, Platón, Descartes, Spinoza, Leibniz, Kant y Schopenhauer –yo agregaría a Nietzsche mismo—,[90] inclusive Sócrates, casado por ironía), es uno de los obstáculos para alcanzar lo que él denomina el *optimun*, que no es la felicidad sino el poder, "el camino hacia la acción, hacia el más poderoso hacer, y, de hecho, en la mayoría de los casos, su camino hacia la infelicidad" (*GM* 123-124). En este control sobre la vida sexual convergen una vez más Nietzsche y Grotowski. Quizá haya que imaginar que se trataba para ellos de una estrategia más en esa dura labor de construirse un nombre, ese pasar del Nombre-del-Padre al Padre-del-Nombre al que Lacan se refiere cuando aborda a James Joyce. En todo caso, podríamos responder las preguntas de Schechner no tanto desde cuáles fueron las experiencias sexuales de Grotowski o de cómo etiquetarlas, sino en cómo la sexualidad, entendida desde Freud hasta Lacan, filtra al arquitectura de su propuesta: el deseo, la neurosis en su pedagogía (histeria y obsesión), el cuerpo gozante al que aspira para el Performer, son, ente otras, las figuraciones de la sexualidad en el proyecto grotowskiano.

La idea de camino nos remite al "rumbear' 'andar errante' grotowskiano, a su 'wandering'. La vía, el Tao que, como hemos mencionado en otro lugar, es la que el santo (chino o no) incita y acompaña pero sin dar el mapa. Nietzsche atribuye al sacerdote ascético la idea de la vida como "un puente hacia aquella otra existencia [...] un *camino errado* que acaba por tener que desandar hasta el punto en que comienza" (*GM* 136, el subrayado es mío). Ese punto en que comienza es el origen; ese residuo ascético lo encontramos en Grotowski, sin que nos proponga una vida transmundana, en el más allá. Es un camino errado, agrega Nietzsche,

---

[90] Silvio Juan Maresca, en su libro *En la senda de Nietzsche*, propone leer la obra del filósofo alemán en clave de autobiografía (28).

"que se refuta –se le *debe* refutar— mediante la acción" (*GM* 136); hay que seguir las pistas de ese error/errancia puesto que es el que impone su *valoración* a la existencia (*GM* 136). Y precisamente son esos valores los que hay que transvalorar para pasar de una negación de la voluntad a su afirmación, para desalienar al sujeto y separarlo, independizarlo, emanciparlo de las moralidades enfermas y/o enfermantes, debilitantes de la voluntad de poder. Nietzsche, en *La voluntad de poder*, afirma precisamente que "se debe preferir el dominio sobre las pasiones, no su debilidad, ni su extirpacion. Cuanto mayor es la fuerza de dominio en la voluntad, tanta mayor libertad se puede conceder a las pasiones" (*927*, 612). El sacerdote asceta –con "el resentimiento de un insaciado instinto y voluntad de poder que quisiera enseñorearse" (*GM* 137)— es quien nos mantiene en el camino del error, como los psicoanalistas de la Ego Psychology y sus técnicas adaptativas; el analista lacaniano, en cambio, opta por la vía de la errancia, del camino siempre abierto, con resonancias heideggerianas. En este sentido, si hay una ascética grotowskiana, ésta no aboca por la cancelación de las fuerzas (como un vaciado del contenido de un cántaro en otro) sino, por el contrario, aboga por nutrirlas; si no promueve explícitamente la alegría dionisíaca, tampoco nos propone el goce del sufrimiento para ser recompensados después de la muerte, no hace del goce un sacrificio porque, como veremos, está del lado de la ética del deseo. Grotowski, a diferencia del sacerdote asceta, no niega el cuerpo; al contrario, parte de la corporalidad, de lo sensual (sonido, ritmos) en este camino (verdadero) hacia el origen, que no culmina con ponernos a nosotros contra nosotros mismos, como hace el sacerdote ascético. No nos invita, pues, a mantenernos en ese camino errado; su regreso al origen, como veremos, parte de otras premisas y tiene otros fines. En este sentido, Grotowski parece seguir a Nietzsche cuando éste nos estimula a:

> Ver alguna vez las cosas de otro modo, querer verlas de otro modo, es una no pequeña disciplina y preparación del intelecto para su futura 'objetividad" –entendida esta última no como 'contemplación desinteresada' [...] sino como la facultad de tener nuestro pro y nuestra contra *sujetos a nuestro dominio* y de poder separarlos y juntarlos: de modo que sepamos utilizar en provecho del cono-

cimiento cabalmente la *diversidad* de las perspectivas y de las interpretaciones nacidas de los afectos. (*GM* 138-139)

¿Podríamos dudar que hoy designaríamos como *sinthome* esta propuesta nietzscheana? Grotowski también puso el acento en la objetividad —una vez fuera de la trampa del concepto[91] y de la distinción sujeto/objeto, de un sujeto puro del conocimiento ajeno a la voluntad, al dolor, a la vida y al tiempo, típico de la metafísica y la teoría del conocimiento occidental— en este proceso de desenmascaramiento donde el yo a fin de alcanzar una emancipación (transvaloración) del sujeto en la modernidad neoliberal. Aunque Grotowski admita la 'degeneración' de la vida en la modernidad, su decadencia, y reconozca la "condición enfermiza" del tipo de hombre domesticado por aquella ('el último hombre' nietzscheano), no por eso trata, como el asceta, de protegernos. En consecuencia, si hubo y/o todavía hay una ortodoxia grotowskiana, como forma ascética de adoctrinamiento y adaptación, ésa no es atribuible al maestro.

El ideal ascético de estos filósofos apunta a lograr, mediante "un auténtico rencor […] contra la sensualidad" (*GM* 124), la independencia, salir de la casa como "hombres decididos que un día dijeron no a toda sujeción y se marcharon a un *desierto* cualquiera" (*GM* 125), se alejan del mundanal ruido. El filósofo, al sostener el ideal ascético, busca "afirmar su existencia y *sólo* su existencia […] piensan en sí mismos" y por ello está lejos del santo (*GM* 125); "las tres pomposas palabras del ideal ascético

---

[91] Ya para su visita a Nueva York, como lo demuestra la entrevista con Schechner y Hoffman, Grotowski se ha desprendido de la "lógica tradicional" y desde sus veleidades cientificistas: "Hubo una época de mi carrera —confiesa— en que trataba de encontrarle explicación lógica a todas las cosas. Hasta compuse fórmulas abstractas para que pudieran abarcar dos procesos divergentes. Pero estas fórmulas abstractas no eran reales; logré crear frases hermosas que daban la impresión de que todo era lógico, pero era un fraude y decidí no volver a hacerlo jamás. Cuando no sé cómo contestar a algo, trato de no poner fórmulas" (205-206). Es importante no confundir las fórmulas de tipo —digamos— retórico, formuladas como "frases hermosas" apelando al lenguaje, con las fórmulas lacanianas expresadas en términos matemáticos o topológicos, que evitan precisamente ser capturadas por el significado y la subjetividad del analista.

[son] pobreza, humildad, castidad" (*GM* 126). Nietzsche anota cómo para Schopenhauer la sexualidad es su enemigo personal, incluido el instrumento diabólico llamado mujer – misoginia que también es imputable al mismo Nietzsche;[92] Schopenhauer busca en el efecto de la contemplación contrarrestar el "'interés sexual' [...] para liberarse de la voluntad" (*GM* 122). De alguna manera, este ideal ascético está presente en Grotowski y su trayectoria, particularmente si, reconociendo cierta impronta nietzscheana, lo contraponemos al artista, tal como lo describe Nietzsche con su agresividad típica –a veces con bastante injusticia— y que no calza para nada con la figura del maestro polaco que, a lo largo de su trayectoria irá propendiendo a la emancipación, particularmente financiera provista por instituciones *ad hoc*:

> Los artistas han sido en todas las épocas los ayudas de cámara de una moral, o de una filosofía, o de una religión; prescindiendo totalmente, por otro lado, del hecho de que, por desgracia, han sido muy a menudo los demasiado maleables cortesanos de sus seguidores y mecenas, así como perspicaces aduladores de poderes antiguos o de poderes nuevos y ascendentes. Cuando menos, siempre tienen necesidad de una defensa protectora, de un apoyo, de

---

[92] En Nietzsche la referencia a la mujer, sobre todo en *La voluntad de poder*, es siempre negativa; en cambio lo femenino, sobre todo cuando es atribuido a la Naturaleza, tiene tonos afirmativos. Deleuze en *Nietzsche y la filosofía* niega la misoginia del filósofo alemán: "No hay ninguna misoginia nietzscheana: Ariana es el primer secreto de Nietzsche, el primer poder femenino, el Anima, la inseparable novia de la afirmación dionisíaca" (34). Sin embargo, en *La voluntad de poder*, cuando Nietzsche se refiere a los fuertes y a los débiles, entre estos últimos (enfermos, delincuentes, etc.), coloca a la mujer: "la mujer. Una mitad de la humanidad es debil, típicamente enferma, variable, inconstante; la mujer tiene necesidad de la fuerza para agarrarse a ella, para inventar una religión de la debilidad que venere como a cosas divinas a los seres débiles, el amar, el ser humildes; o. mejor: la mujer hace debiles a los fuertes, y reina, claro esta, cuando consigue dominarlos. La mujer se ha aliado siempre con los decadentes, con los sacerdotes, contra los 'poderosos', contra los 'fuertes', contra los 'hombres'. La mujer pone de su parte a los niños por el culto de la piedad, de la compasión, del amor: la madre representa el altruismo del modo más convincente" (*858*, 573). La paradoja es que para Nietzsche la humanidad no existiría sin los débiles, sin su señorío (*VP* 879, 576).

una autoridad ya asentada: los artistas no se sostienen nunca de por sí, el estar solos va en contra de sus instintos más hondos. (*GM* 118-119).

De ahí que emanciparse constituye un paso adelante, afirmativo, respecto de la descolonización;[93] en efecto, descolinizarse es el inverso negativo de lo colonizado; en cambio la emancipación, tal como la entiendo para mi praxis teatral, está relacionada con la voluntad de poder en cuanto no se queda en la crítica de los valores decadentes, sino que apunta a producir nuevos valores por medio de la invención. Es por eso que en las propuestas escénicas de los últimos años no he alentado en el grupo quedarse en la inversión, por ejemplo, de lo patriarcal-heteronormativo, sino imaginar en lo posible otros valores como emancipación. Me parece que el teatro y el performance deben evitar quedar capturados en la inversión negativa de la moralidad vigente. A los efectos de nuestra praxis teatral, lo que nos ha importado subrayar en este ensayo es el hecho de ese medievalismo monacal o monástico, la modalidad en que los tempranos textos cristianos, los cuales llegan hasta los *sixties*, particularmente la concepción ascética, alcanzan la técnica grotowskiana y su propuesta de un teatro pobre y un actor-santo, aunque se la proponga como secular. Esa religiosidad, como puede verse, llega también a los grupos teatrales de los años 70s en América Latina, los cuales, a pesar de sostener la creación colectiva, estuvieron sometidos a estructuras piramidales de la voluntad de poder, con protocolos de obediencia, vigilancia y control. Este componente religioso cristiano parece siempre estar deslizándose e infiltrándose en los intersticios a los que la ciencia y sobre todo el marxismo no pueden o no logran responder. Ese "imperio cristiano", que ha arrasado con las culturas nativas alrededor del mundo, conforma una impronta de domina-

---

[93] Nora Merlin afirma que "las posibilidades de liberación de la colonización que nos domina [...] solo es posible si surge un deseo de desidentificación, un deseo de descolonización, una apuesta emancipatoria vehiculizada a través de una construcción hegemónica fundamentada en la voluntad popular" (*Colonización de la subjetividad* 17). En su libro, Merlin va a dedicarse capítulo por capítulo a enfocar cómo el neoliberalismo coloniza la subjetividad en diversos niveles; explora, además, el poder de los medios masivos en esta empresa de colonización.

ción colonial de la que no nos hemos desalienado. A su manera, el cristianismo se ha infiltrado en cualquier intento de separación o liberación, en la medida en que, tanto para lo religioso como para lo revolucionario, se necesita de una fe y una utopía. Muchos de los grupos que adhirieron a la propuesta de Grotowski, con diverso grado de aceptación dogmática o parcial, en distinto grado practicaban un ascetismo centrado en el conocimiento de sí y de los otros miembros del grupo, también en la idolatría de un maestro, en las dietas y protocolos disciplinarios adheridos a la conciencia grupal y a la técnica, en el control y vigilancia de posibles restos antirevolucionarios de sus propuestas, en el mesianismo y ortodoxia de sus puestas en escenas, apoyadas en la verdad, la verdad revolucionaria, como mensaje de redención frente al avance del capitalismo. Se trataba de una ascesis, si se quiere, planteada como una forma de purificación, salvación y hasta liberación de todos los mandatos de ese discurso patriarcal que comienza a agrietarse a partir de las Segunda Guerra Mundial.

Quizá la propuesta más cercana a lo que es mi praxis teatral sea la del Teatro del Oprimido de Augusto Boal, no sólo porque a su manera se trataba de un teatro pobre, sino porque Boal concibió el teatro como un arma de emancipación en la que podían participar personas sin mayores habilidades actorales o intereses profesionales. Boal entendió que el acto performativo era en sí liberador. Y liberarse, como creo que la historia reciente nos enseña, es apenas un instante: esa liberación no se sostiene si no hay una transvaloración que reemplace los viejos valores por los nuevos. En todo caso, para el psicoanálisis, la idea de una 'liberación' resulta poco eficaz, incluso imposible: desde que hay un incurable, un sinthome, resulta difícil sostener la idea de un sujeto liberado. No se puede sostener desde el psicoanálisis la vieja idea de la emancipación como "la liberación de una supuesta fuerza opresiva por los intereses dominantes" (Alemán, *Soledad: Común* 49). Desalienarse, separarse en sentido lacaniano abre una perspectiva más compleja para trabajar polítcamente la emancipación en la medida en que implica ir más lejos que enfrentar un enemigo externo; hay otro enemigo, interno, éxtimo, cuya residencia es el inconsciente, con la servidumbre voluntaria, los mandatos e ideales impuestos por el Otro, la implacabilidad del superyó heredero del Ello. En consecuencia, posteriormente, la izquierda lacaniana comenzó a utilizar el término 'emancipación' que, indudablemente, se inserta mejor en la tradición psicoanalítica y que nosotros asumimos para la praxis teatral. Jacques Derrida lo planeó contundentemente en *Estados de ánimo del psicoanálisis* cuando escribió: "Ya que si lo que se llama psicoanálisis nos enseñó al menos una cosa, está en nosotros desconfiar de una esponteneidad alegada, de la autonomía y de la libertad supuesta" (29). Conviene tener esto presente cada vez que se nos sugiere la ilusión de liberación que aspiraría y hasta prometería liquidar la heterogeneidad de lo social (cuyos conflictos y antagonismos son lo que sostienen la democracia), haciéndonos imaginar una sociedad totalmente homogénea y reconciliada consigo misma. Lo político debe conservar la diferencia y resistir a que sea capturada por discursos totalizadores o totalitarios, incluso con la excusa de autodenominarse revolucionarios. El surgimiento del discurso feminista hoy está avanzando en esta etapa emancipatoria más allá del procedimiento de inversión, sin embargo, la tarea que queda por realizar es la que implica el mayor desafío, el más alto riesgo, la más extrema peligrosidad. Solo cabe interrogarse cómo prescindir de la impronta cristiana, con sus subjetividades opresoras y cómo elucubrar de ese modo una praxis teatral emancipadora.

# SEGUNDA PARTE

## Nihilismo, ascetismo y santidad:
## Grotowski con Schopenhauer, Nietzsche y Lacan

> Los conceptos nietzscheanos son categorías del inconsciente. Lo importante es la manera en que el drama prosigue en el inconsciente: cuando las fuerzas reactivas pretenden seguir sin «voluntad», ruedan cada vez más lejos dentro del abismo de la nada, dentro de un mundo cada vez más despojado de valores, divinos e incluso humanos.
>
> Gilles Deleuze, *Nietzsche* 40

A los juveniles entusiasmos de Nietzsche con Arthur Schopenhauer, tal como todavía resuenan en sus *Consideraciones intempestivas* (1873-1876) (*CI*), vendrá después su crítica feroz, tal como lo relata en la *Genealogía de la moral* (*GM* 5, 22 y ss.). El punto de revulsión va a ser el nihilismo de Schopenhauer y su aspiración a la negación o cancelación de la voluntad de vivir, que Nietzsche deja completamente en todo su potencial activo, violento y cruel, destructor-constructor. Rechazaba en su maestro Schopenhauer "la voluntad volviéndose *contra* la vida" (*GM* 5, 22), la gran tesis de *El mundo como voluntad y representación* (1844), a la que Nietzsche consideraba "la última enfermedad anunciándose de manera delicada y melancólica" y que "era el síntoma más inquietante de nuestra cultura europea", una especie de nuevo budismo para europeos (*GM* 5, 22). A la voluntad de vivir de Schopenhauer, Nietzsche va a confrontarla con su voluntad de poder, fuerza ligada a la afirmación de la vida, a la violencia, la crueldad y la destrucción, pero también a lo orgiástico, el erotismo, el exceso, la alegría, particularmente la danza, en fin, lo dionisíaco. Nietzsche, a diferencia de Schopenhauer que busca cancelar la voluntad, propone dispararla y hasta incrementarla como antídoto contra la enfermedad del nihilismo, contra la moralidad platónico-iluminista (racionalista), de base judeo-cristiana y, sobre todo, contra el cristianismo en general. No obstante, en ambos filósofos,[94] la voluntad es concebida co-

---

[94] Heidegger, en su *Nietzsche*, va a señalar dos aspectos: el primero, que la voluntad ha sido tema filosófico desde la filosofía griega, no es algo novedoso en

mo un campo de batalla de fuerzas en tanto los fenómenos se confrontan continuamente (Schopenhauer § 52, 157).[95] La voluntad en Schopenhauer es siempre voluntad de vivir y carece de todo conocimiento: "no es más que un afán ciego e incontenible" (§ 54, 161) en constante presente; en esa voluntad "el individuo es solo fenómeno [que] [...] nace de la nada, luego con la muerte sufre la pérdida del regalo y vuelve a la nada" (§ 54, 162); la desaparición de este individuo no altera la continuidad de la voluntad ya que los seres humanos son un fenómeno pasajero "surgidos en la forma del tiempo", debido a lo cual Schopenhauer es llevado a distinguir vida de existencia: "la existencia misma es un continuo tan lamentable como terrible" (§ 52, 158). En Nietzsche también la voluntad de poder se distingue de la Existencia. Como vemos, se nos anticipa en ellos a Heidegger y, en cierto modo, a Lacan. La existencia, o como mucho más tarde la escribirá Lacan como ex-sistencia,[96] se refiere en Schopenhauer a la caída del individuo en un mundo repleto de dolor y sufrimiento. Es en dicha existencia en la que el hombre tiene posibilidad de ser sujeto en el mundo como

Nietzsche, salvo cuando éste le adisiona "de poder", voluntad de poder. El segundo, que el ataque nietzscheano es al nihilismo inherente a todo idealismo, en la medida en que éste, desde Platón en adelante, desprecia el mundo y supone algo más elevado: un mundo suprasensible, mundo de las ideas como más valioso y verdadero. Al atacar el nihilismo, Nietzsche involucra a toda esa línea de pensamiento idealista desde Sócrates hasta Schopenhauer por su desprecio de la vida. Dice Heidegger: "Según la interpretación de Nietzsche, el principio supremo de la moral, de la religión cristiana y de la filosofía determinada por Platón, dice así: este mundo no vale nada, tiene que haber un mundo «mejor» que este que está enredado en la sensibilidad, tiene que haber un mundo «verdadero» por encima de él, lo suprasensible. El mundo sensible es sólo un mundo aparente" (76).

[95] Las citas con el símbolo § corresponden al apartado seguido de paginación en *El mundo como voluntad y representación*, de Arthur Schopenhauer.

[96] La ex-sistencia (que no se confunde con el ser, tal como ocurre en Schopenhauer y en Nietzsche) significa, como lo plantea el prefijo *ex*, que hay un fuera de sí mismo en el lenguaje. Se relaciona con lo éxtimo, en el juego de palabras con lo íntimo: es algo propio, singular del sujeto, pero a la vez le es exterior; eso exterior es el propio goce, que le es ajeno, cuyo sentido le es opaco, y por eso el sujeto lo odia.

fenómeno, como representación; solo cuando este hombre renuncia a la voluntad, a esa fuerza ciega (como la pulsión en Freud, aunque ésta era muda) puede alcanzar la santidad. El vocablo "representación" dispara múltiples sentidos: tiene que ver, como exploraremos más adelante, con aquello que Freud discernirá en cuanto a la representación de cosa y representación de palabra. Pero también tiene que ver con cierta perspectiva del mundo como un teatro, el gran teatro del mundo, que a su manera Lacan retoma en el *Seminario 10 La angustia*. Al respecto, nos dice Schopenhauer:

> Si todo el mundo como representación no es más que la visibilidad de la voluntad, el arte es la explicitación de esa visibilidad, la *camera obscura* que muestra los objetos en su pureza y permite abarcarlos y reunirlos mejor, el teatro en el teatro, la escena en la escena, como en *Hamlet*. (§ 52, 158)

Lacan, a su vez, nos dice:

> *primer tiempo, el mundo. Segundo tiempo, la escena a la que hacemos que suba este mundo. La escena es la dimensión de la historia. La historia tiene siempre un carácter de puesta en escena* (*Seminario 10*, 43-44).

El mundo es un teatro que hace visible la voluntad, la cual, como veremos, nos acerca a nuestra tesis en la praxis teatral respecto a que el teatro de emancipación –no el diletante, como diría Grotowski, sea profesional, de arte o comercial— es aquel que hace visible lo Real del malestar en la cultura de una época con subjetividades determinadas. "[N]o hay más que una penuria: –escribe Nietzsche— la del hombre que aún no se ha emancipado; la virtud y el bien son cosa fácil" (*CI* 193). Lacan también se referirá, como tercer tiempo, a la reduplicación de la escena y convoca él también la escena famosa de *Hamlet* cuando éste monta frente a su tío la escena del asesinato de su padre. Lo que importa retener en el caso de Schopenhauer y que, obviamente, es una manera de imaginar el inconsciente tal como Freud lo conceptualizará y denominará precisamente "la otra escena", en la que vemos la realidad externa invertida por la lente que muestra, nos dice Schopenhauer, los objetos en su pureza, esto es, no como ilusiones de lo imaginario, como fenómenos, sino como concernientes a lo Real, ese real que el arte –particularmente la música que tanto Schopenhauer y Nietzsche consideran especialmente— se encarga de mostrar mediante la invención procurando una representación purificada de los tormentos, sin dejar de referirse a ese malestar en la cultura. El artista, como el asceta, es aquel que sufre y encarna el sufrimiento del mundo, lo capta en su esencia dolorosa "sin que su razón lo sepa" (§ 52, 156,), pero que se consuela con "el placer de todo lo bello […] que le compensa del sufrimiento […] y de la soledad que sufre en medio de una especie [humana] heterogénea" (§ 52, 158). El artista, sin embargo, no está –para Schopenhauer— en la misma dimensión que el santo, por cuanto, aunque nos brinda un conocimiento purificado, profundo y verdadero de la esencia del mundo, dicho conocimiento "se convierte para él en un fin en sí mismo, y en él se queda" (§ 52, 158). El arte no se convierte en un aquietador de la voluntad, salvo momentáneamente; el artista no cancela la voluntad y no llega a la resignación ni a la redención. Demás está decir que Nietzsche tiene otra perspectiva: el arte es para él, como versión inversa a la de Schopenhauer, un "estimulante" de la vida, la afirma, la incentiva y la acrecianta, porque como toda voluntad de poder, el arte también propulsa la transvaloración, es siempre un querer siempre más.

En Schopenhauer el mundo es un lugar de extrema miseria que causa horror y el hombre, el que no queda encerrado dentro de su egoísmo, reconoce ese dolor del mundo en sí mismo y viceversa; ese hombre es un asceta que "se apropia así del dolor del mundo entero […] conoce el mundo, comprende su ser y lo encuentra condenado a un constante perecer, una vana aspiración, un conflicto interno y un sufrimiento permanente" (§ 67, 213). Ese dolor esencial a la vida ("El deseo es por naturaleza dolor" [§ 57, 181], *"toda vida es sufrimiento"* [§ 56, 179])[97] es inevitable y se

---

[97] A veces Schopenhauer lo llama necesidad o carencia y lo atribuye a la vida, a la voluntad como la cosa en sí, a la "inquietud por la conservación de la vida" (§ 57, 181), que él propone negar para alcanzar el estado ascético como superación de lo orgánico, lo natural y lo fenoménico; eso lo diferencia del deseo en el psicoanálisis que, aunque admite un objeto *a* como causa del deseo, ese objeto *a* es un

presenta por casualidad, es –podríamos decir hoy— muy similar al trauma como golpe de lo real en lo azaroso de lo tíquico (§ 56, 182). Procede, entonces, a partir de ese conocimiento de "la totalidad, del ser de las cosas en sí" para convertirse –a diferencia de aquellos hombres que todavía están rodeados del velo de Maya— en un aquietador de todo querer (§ 68, 214). El nihilismo consiste, en este sentido, en la renuncia a la voluntad de vivir, en arrancarnos "el aguijón de los deseos" (§ 68, 214) porque estos nos mantienen ligados a lo fenoménico, a los objetos, en una cadena metonímica que, citando a Lucrecio, Schopenhauer no deja de mostrar su desprecio por ellos y por el cuerpo en el que estos deseos se alojan; escribe Lucrecio: "Pero mientras está lejos lo que deseamos, nos parece que supera / a todo lo demás; pero después de alcanzar aquello deseamos otra cosa; y una sed semejante nos mantiene siempre codiciando la vida" (§ 57, 183). En realidad, el término 'deseo' o 'querer' en Schopenhauer se refiere más a lo natural o bien a lo orgánico propio del cuerpo: "el querer humano en general en tanto que expresado universalmente por su objetividad, el cuerpo humano" (§ 39, 121); la naturaleza está "en movimiento tormentoso" y quebranta la voluntad cuando luchamos contra su fuerza hostil. Como Schopenhauer nos dice que "el hombre es al mismo tiempo un impetuoso y sombrío afán de querer (significado por el polo de los genitales como su foco) y un eterno, libre y sereno sujeto del conocimiento puro (significando por el polo del cerebro)" (§ 39, 121), no nos obliga a arriesgar demasiado si vemos ya aquí un esbozo del inconsciente, el deseo y el goce de su lado, radicado en el cuerpo libidinal, pulsional, con completa presencia de la sexualidad (siempre productiva), y la conciencia como sede de lo conceptual yermo, estéril, frente a los engaños del mundo. En Nietzsche la voluntad de poder está íntimamente ligada a lo sexual: si la embriaguez que dispara la creatividad artística tiene esa potencia vital, es justamente por esa relación a lo sexual. Esto explica, según Heidegger, que Nietzsche relacione la voluntad de poder en el artista con lo fisiológico, no entendido como el bios de la biología, sino como aquello que supone

---

residuo que no es naturaleza, como la voluntad; es un Real no significantizado producto de la operación de lo simbólico sobre el cuerpo.

un cuerpo gozante (un cuerpo no como organismo, ni tampoco como el binario cuerpo/alma [Heidegger 106]). En *La voluntad de poder*, la sección IV, aforismos 788 y siguientes, Nietzsche desarrolla "La voluntad de poder como arte" (524 y ss.). Allí nos dice que "En la embriaguez dionisíaca descubrimos la sexualidad, la voluptuosidad, que tampoco fallan en la apolínea" (IV, 793, 526). Heidegger precisamente toma esta misma cita para rebatir las lecturas erróneas de Nietzsche cuya vulgata contrapone lo dionisíaco a lo apolíneo (99): si bien es cierto que lo dionisíaco estaba en *El nacimiento de la tragedia* planteado como embriaguez –ya mucho más tarde, a partir de *El ocaso de los dioses*, como bien lo dice en la cita mencionada— también constituye lo apolíneo. Esta embriaguez –como Heidegger la trabaja puntualmente y a pesar de las ambigüedades típicas del aforismo nietzscheano—no se puede confundir con la 'borrachera' de la vida normal, aunque Nietzsche utilice la misma palabra: en un caso, la embriaguez es un "sentimiento de fuerza" y un "sentimiento de plenitud" propios de la voluntad de poder que afecta al cuerpo y tiene cierta constancia; no se confunde con lo temporario de la embriaguez producto de la alcoholización. Esa embriaguez de la voluntad de poder es la que dispara *hacia* un más allá del yo [*moi*], por eso es creativa en cuanto –como venimos interpretando aquí— localiza la creatividad en relación a lo Real del no-saber, del inconsciente.

> 792. *Apolíneo-Dionisíaco.*—De dos estados de ánimo surge el arte del hombre como una fuerza natural, disponiendo de él por completo: como síntesis de la visión y como consecuencia de lo orgiástico. Ambos estados de ánimo, aunque más débilmente; suelen encontrarse en la vida normal: en el sueño y en la embriaguez.
>
> Pero entre el sueño y la embriaguez hay una diferencia, aunque los dos desencadenan en nosotros tuerzas artísticas, lo hacen de manera diferente. El sueño dispone a ver, a entrelazar, a poetizar; la embriaguez, a la pasión, a los gestos, al canto, a la danza. (*La voluntad de poder* 525-526)

Resulta relevante notar que esta dimensión de embriaguez constituyente de la voluntad de poder en el arte, aparezca en Grotowski a partir de su etapa de Teatro de las Fuentes, en la medida en que la búsqueda del origen como procedencia que el participante realiza supone un cierto nivel de contacto –por cierto no completamente orgiástico— con lo gestual, el canto y la danza, en fin, el movimiento corporal, el trabajo con la voz, el timbre, etc. La embriaguez nietzschena involucra el sueño y el en*canta*miento, de ahí que la minuciosidad de Grotowski respecto de los cantos tradicionales toma fundamento aquí. Sin embargo, falta casi completamente en Grotowski, la referencia al sueño; nos hablará, como veremos en otro capítulo, del dormir y del despertar *(awakening)*, pero no del sueño como tal. De ahí que, en cuanto a mi propia praxis teatral, yo me tuviera que enfocar en el sueño y *La interpretación de los sueños* en mi libro *Sueño. Improvisación. Teatro*, retomando la inicial propuesta de Enrique Buenaventura en su trabajo teatral a partir del famoso libro freudiano, para retomar la dimensión poética de/en la praxis teatral.

Ahora bien, cuando Nietzsche localiza la embriaguez de la voluntad de poder en el artista, en su cuerpo, no la debemos entender como un orgiástico desatado, caótico; Heidegger hace un análisis muy puntilloso para mostrarnos cómo en la perspectiva estética de Nietzsche lo orgiástico, lo dionisíaco está de alguna manera ordenado, reglado por lo apolíneo: Heidegger habla de 'lo templado', una forma de lo mesurado y regulado (apolíneo); es precisamente este aspecto el que abre a una existencia más elevada: "el estar templado abre la existencia como existencia ascendente y la amplía en la plenitud de sus capacidades, capacidades que se excitan y aumentan recíprocamente" (106); por eso, Nietzsche no plantea esta embriaguez como pasión en el artista, sino como sentimiento.

En su *Nietzsche*, Heidegger repasa el "querer' como constitutivo de la voluntad en la filosofía alemana (Schelling, Hegel, Liebniz, Schopenhaur) y nos muestra cómo es inherente al "ser originario" (43). La esencia de la voluntad de poder es precisamente ese querer concebido como "voluntad de voluntad; es decir, querer es: quererse a sí mismo" (44). Heidegger luego discierne la diferencia entre querer y deseo: el querer es, principio, "un movimiento hacia…" (47); querer una cosa, aunque es un movimiento hacia dicha cosa, sentida como posesión o querer poseer, es el deseo, y solo lo es tal, cuando es puro, esto es, cuando el sujeto "tiene la esperanza de que lo deseado suceda sin su intervención" (47). Por eso nos aclara que "querer no es de ninguna manera desear, sino someterse a la propia orden, es la resolución de ordenarse a sí mismo que en sí misma es ya su ejecución" (47). Tenemos ya aquí deslindado un campo para aventurarnos en Grotowski: por un lado, el querer como movimiento hacia…, que ya hemos notado en el título de su libro famoso: *Hacia un teatro pobre*. Querer es una voluntad de poder disparada a un objeto, pero cuya razón de ser no es tanto el objeto en sí, sino el dominio de sí del propio sujeto. Es que en el querer tal como Nietzsche lo entiende, están involucrados "lo querido y el que quiere" (Heidegger 48), de modo que no habría, como pretendía Schopenhauer, un querer puro.

El arte, en tanto bello y/o en tanto sublimación, si bien no llega a la dimensión ascética de renunciar y cancelar la voluntad, tampoco —como en Grotowski— se ubica del lado de la consciencia: en Schopenhauer, el conocimiento que procura el arte es sobre la idea y es de tipo intuitivo, no conceptual. La suya es una de las muchas filosofías que piensan el arte –arguye Heidegger— desde la perspectiva de la recepción: es decir, desde "quienes lo 'gozan' y 'vivencian'" (73). Nietzsche, en cambio, dará un giro: aborda al arte no solo como forma de la voluntad de poder, ligada a la vida y opuesta a la moral, la religión y la filosofía, sino desde la perspectiva de la producción, esto es, desde el artista como productor, como creador (incluída la Naturaleza), de ahí que se enfatice el tema del saber-hacer. Ya no es una 'representación' de la idea asumida como la verdad, no es ilustración de una idea, sino exactamente lo contrario: en Nietzsche las verdades de la metafísica idealista son precisamente mentiras, por eso para él la única verdad es la *apariencia* puesto que el mundo sensible es justamente el mundo aparente. Por esta vía, el arte es un arma contra el nihilismo. Esta dimensión de sensualidad nos retorna al cuerpo gozante y de ahí a cómo hay que entender que Nietzsche sitúe el arte en relación a lo que denomina 'fisiología', aunque no tenga nada que ver con las ciencias naturales.

El artista, en Schopenhauer, se enfrenta a los objetos (presentes o remotos, lo cual involucra a la percepción y la memoria), pero no en su individualidad, sino que se orienta a captar la esencia "no como individuo sino como *puro e involuntario sujeto del conocimiento*" (§ 38, 117), conocimiento que no pasa por la razón. Como vemos, hay aquí residuos de tipo romántico. Al proceder de esta forma, el artista, por decirlo rápido, desde su condición subjetiva, es capaz de liberar el conocimiento que está al servicio de la voluntad, para lo cual procede mediante "el *olvido de su propio yo* como individuo y la elevación de la conciencia al sujeto del conocimiento puro, involuntario, intemporal e independiente de toda relación" (§ 38, 119). Conviene retener esta última cita por las implicaciones que, luego veremos, tomarán en Grotowski, particularmente en la etapa del Teatro de las fuentes y el Arte como vehículo: el tema del tiempo, el tema del yo y el otro, el Yo-Yo, el yo y el sujeto, la dimensión del inconsciente como transindividual, el trabajo con la memoria, etc. En este sentido, el título de este libro –*Grotowski soy yo*—, a pesar de sus resonancias flaubertianas, se abre a varias otras interpretaciones que no involucran ni se limitan a mi narcisismo.

Todo el desarrollo schopenahuaeriano de su extenso libro *El mundo como voluntad y representación* apunta hacia un momento culminante que el filósofo o el sujeto debería alcanzar: la cancelación de la voluntad misma para lograr la unión con la nada del mundo. Concibe a "Jesucristo como el símbolo o la personificación de la negación de la voluntad de vivir" (§ 70, 229). Y también se referirá al *Fausto* de Goethe –como lo hace Grotowski. Schopenhauer ve en este personaje no aquel que niega su voluntad al ver el sufrimiento ajeno, sino quien la niega "por medio de un exaltado dolor propio sufrido por él mismo" (§ 68, 221). El asceta es la figura de plena expresión de esta actitud, en la medida en que éste es capaz de alcanzar "aquella calma total del espíritu, aquella profunda paz, la confianza y alegría imperturbables" (§ 71, 230) y, con todo ello, cancelar la voluntad para quedarse con un único saldo, el del conocimiento: "solo ha quedado el conocimiento, la voluntad ha desaparecido" (§ 71,230). Ese conocimiento, sin embargo, no es a la manera abstracta, conceptual, del tipo articulado que, por ejemplo, va a buscar el Sócrates platónico. En Schopenhauer el conocimiento que él favorece, porque promueve la cancelación de la voluntad, es de tipo inmediato e intuitivo que la razón no puede proveer, un conocimiento que no se puede transmitir, interno al sujeto, tal como la autorrevelación en el Grotowski de *Hacia un teatro pobre* o la auto-evidencia que planteará en la etapa del Teatro de las fuentes. Es un conocimiento que se lo encuentra —como ocurrirá en Grotowski cuando nos hable de la acción y el movimiento— "en los actos y la conducta" (§ 68, 216), es solo allí donde se hace visible (§ 67, 209). "[S]olo la acción —señala Schopenhauer— es la expresión de la máxima inteligible de su obrar, el resultado de su querer más íntimo" (§ 55, 174).

"Con la expresión *ascetismo* —escribe Schopenahuer— [...] entiendo, en el sentido estricto, ese quebrantamiento *premeditado* de la voluntad por medio de la renuncia a lo agradable y la búsqueda de lo desagradable; la vida de penitencia elegida por sí misma con vistas a una incesante mortificación de la voluntad" (§ 68, 220). Se entiende que Nietzsche levantara contra esta definición toda la furia de su voluntad de poder. La 'alegría interior" del asceta que menciona Schopenhauer (§ 68, 219), ligada a la paz y la tranquilidad, alejada del placer, sumida en la contemplación, no es la alegría dionisíaca nietzscheana ni tampoco la grotowskiana. En efecto, la alegría nietzscheana es afirmación de la vida: pulsionante, promotora del deseo y del goce, creativa, encaminada a la transformación del hombre en superhombre entendido como quien tiene dominio de sí mismo, y que ejerce su violencia y hasta su crueldad para transvalorar todos los valores. El ascetismo de Schopenhauer tiene conexiones con el actor santo grotowskiano, pero éste, a pesar de lo doloroso que pueda ser el proceso de trabajo interior en el entrenamiento, nunca busca fundirse con la nada. Grotowski rechaza el nirvana. Tampoco busca el conocimiento, sino el saber sobre esa dimensión singular de su goce, sobre su origen, el que yace en la dimensión del no-saber sabido del inconsciente.

No deja de ser paradojal que la cancelación de la voluntad propuesta por Schopenhauer suponga no obstante una cierta voluntad de poder por cuanto hay todavía un cierto dominio sobre la voluntad misma por parte del individuo, precisamente para tener la fuerza de cancelarla. La vía negativa de la filosofía, para Schopenhauer, consiste en propender a "la completa negación de la voluntad" (§ 71,230), la cual, nos informa, "se ha designado con los nombres de éxtasis, ensimismamiento, iluminación, unión con Dios, etc." (§ 71,230). El nihilismo es el resultado de toda esta operación filosófica porque "lo que queda tras la total supresión de la voluntad es, para todos aquellos que están aún llenos de vida, nada. Pero también –agrega– a la inversa, para aquellos en los que la voluntad se ha convertido y negado todo este mundo nuestro tan real, con todos sus soles y galaxias, es nada" (§ 71,230). La voluntad, "en cuanto cosa en sí [...] está presente e indivisa" en cada uno de los fenómenos que la repiten en el mundo como representación; es, pues, en la voluntad, en su interior, donde se aloja "lo auténticamente real" (§ 61, 190). La voluntad, nombre con el que Schopenhauer bautiza la *cosa en sí* de Kant, no puede ser conocida porque no es "representación ni objeto de conocimiento sino que únicamente se hace cognoscible cuando ingresa en aquellas formas", las formas de los fenómenos capturadas por los conceptos que nunca logran captarla completamente (§ 22, 77, § 24, 82). Ese real es, a su manera, una nada que la constituye interiormente y que no deja de tener sus lazos con la pulsión de muerte: en la voluntad de vivir "se afirma su relación con la muerte: ésta, en efecto, no supone un obstáculo para la voluntad, puesto que es algo que está ya contenido y pertenece a la vida" (§ 61, 190), juntamente con el eros y los genitales, en tanto impulso sexual, sometidos a la voluntad y, por ende, según Schopenhauer, no al conocimiento. Al negar la voluntad, llegamos a la cuestión del Nirvana, a la que volveremos en otro capítulo. En nota final, se nos aclara que esta 'nada' corresponde al "*Prajna-Paramita* de los budistas, el 'más allá de todo conocimiento', es decir, un punto en que ya no hay sujeto y objeto" (§ 71, 230, nota 127). En varias partes de su libro Schopenhauer alude al budismo, que Nietzsche también criticará. Ya veremos cómo este Nirvana no es lo buscado por Grotowski a pesar de la vulgata dogmática que muchos teatristas le atribuyeron.

Hay en Schopenhauer un punto que luego tendrá muchos desarrollos: se trata de su concepción del mundo como un "sufrimiento incurable y la miseria infinita [que] son esenciales al fenómeno de la voluntad, al mundo" (§ 71,230). Encontramos aquí un 'dolor de existir' que llegará, como veremos, hasta el psicoanálisis lacaniano, pasando por Heidegger. Al suprimirse la voluntad, según nos dice, se extingue ese dolor y se alcanza la santidad:

> Así, pues, de esa forma, examinando la vida y la conducta de los santos, a los que raras veces tenemos posibilidad de encontrar en

la experiencia propia, pero cuya historia nos presenta el arte dibujada y garantizada con el sello de la verdad interior, hemos de ahuyentar la tenebrosa impresión de aquella nada que se cierne como el término final de toda virtud y santidad, y que tememos igual que los niños la oscuridad; ello en lugar de eludir el tema, como hacen los hindúes por medio de mitos y palabras carentes de sentido como la reabsorción en el *Brahma* o el *Nirvana* de los budistas. (§ 71, 230)

La cita merece varios comentarios porque es, a mi modo de ver, la matriz de muchas cuestiones que más tarde, en la filosofía occidental y en el psicoanálisis, tomarán designaciones específicas. La cita inaugura, así, el legado de una perspectiva que, bajo múltiples transformaciones, llega hasta hoy con diferentes nomenclaturas e integrando diversas arquitecturas teórico-discursivas. El santo es el que ha alcanzado esa convicción de la nada del mundo o del mundo como nada. Esa 'nada' podemos pensarla como lo Real para quien al final de un análisis, después de recorrer discursivamente su 'selva de fantasmas', arriba al fantasma fundamental y, con él, se confronta con su objeto *a*, su castración y su *sinthome*, sus modos de goce.

El segundo punto importante de la cita, que Nietzsche retomará y que Freud entenderá como la sublimación, concierne a la función del arte como vía certera para elaborar ese Real como nada del mundo; Lacan nos hablara también de *das Ding* en su *Seminario 7* sobre la ética del psicoanálisis. El arte permite acceder, digamos, a lo éxtimo como un Real que ha escapado a la simbolización; el arte, como la virtud, no funciona tampoco por medio del concepto: "el concepto es estéril para la verdadera e íntima esencia de la virtud como lo es para el arte, y solo totalmente subordinado como instrumento, puede prestar servicio en la ejecución y conservación de lo que ha sido y resuelto por otra vía" (§ 66, 208; ver también § 49, 140). Para Schopenhauer el concepto es "un recipiente muerto" (§ 49, 140), por eso el arte poco tiene que ver con él; el arte apunta a la idea, en el sentido de esencia, a lo que está más allá de lo fenoménico y de la representación, es decir, el arte apunta a lo Real como vacío. La idea, a diferencia del concepto, "es la unidad disgregada de la pluralidad [...] desarrolla en aquel que la ha captado representaciones que son nuevas respecto de su concepto homónimo; se parece a un organismo vivo, en desarrollo, con capacidad procreadora, que produce lo que no estaba incluido en él" (§ 49, 140). De ahí que califique al concepto de estéril y ponga el arte del lado de la creatividad. Nietzsche, en sus *Consideraciones intempestivas*, cuando todavía no había radicalizado su crítica a Schopenhauer, calificará a los conceptos, como "necrópolis de las intuiciones" (14).

El arte se resuelve como un trabajo para alcanzar la "verdad interior" del sujeto; el concepto, en todo caso, puede aportar secundariamente a la comunicación de una técnica, porque se plantea a nivel de la conciencia limitada a lo fenoménico, pero incapaz de alcanzar la voluntad como "*fuente* de sufrimiento" (§ 65, 206, el subrayado es mío); sufrimiento que nace de la carencia, como el deseo y como la *souffrance* lacaniana— que es a la vez dolor y goce (*jouissance*), sufrimiento que afecta al cuerpo en tanto éste "no es más que la voluntad misma convertida en objeto" (§ 65, 266). Nietzsche, a partir de su metodología genealógica, va a interrogarse también sobre las fuentes, es decir, la historia *olvidada* de su origen: la fuente de la moral, del resentimiento, de los valores. Como luego hará Foucault al explorar las fuentes de las subjetividades cimentadas durante el cristianismo temprano en *Las confesiones de la sangre*, Nietzsche apuntará a establecer la genealogía de sangre de la que el concepto emerge, esto es, ver cómo la metafísica a lo largo de su historia ha convertido en abstracto aquello que *proviene* de acontecimientos atroces; el concepto aparece como algo muerto en el sentido de que ya no manifiesta la vida y la crueldad a la que se refiere y de la cual ha surgido. El ejemplo paradigmático –que comentaremos más adelante— criticado por Nietzsche es precisamente el Sócrates platónico como apropiador del saber-hacer del esclavo para convertirlo en un concepto al servicio del Amo quien, obviamente, lo utiliza luego en su asepsia, para incrementar la explotación posterior del esclavo.

Schopenhauer descalifica la voluntad porque su sufrimiento y violencia [pulsional] "no es más que el querer incumplido y contrariado" (§ 65, 20 6), esto es, porque, precisamente, es una voluntad que queda siempre insatisfecha (como el deseo y hasta la pulsión, la cual se satisface no con el objeto sino en su propio recorrido) e, incluso más, atormenta al sujeto insaciablemente, como el superyó obsceno y atroz heredero del Ello en Freud. En la *Genealogía de la moral,* Nietzsche se refiere al superyó cuando nos habla de la deuda que se contrae con los antepasados, convertidos en dioses, una deuda (culpa) infinita que nunca se termina de saldar (101 y ss).[98] El concepto, entonces, poco puede aportar a la creatividad, pero sí puede el querer y el deseo que se sitúan en el inconsciente. Sin dudas, Grotowski está involucrado en este aspecto, cuando ya para la etapa del Teatro de las Fuentes, haga a un lado la ciencia y el concepto con los que pretendía contar en *Hacia un teatro pobre.* La "tenebrosa impresión" de la que habla Schopenhauer se refiere, en cierto modo, a la verdad de la voluntad a la que hay que cubrir con el velo de Maya; es también el velo llamado 'entretenimiento' —como lo veremos en Heidegger y Grotowski— al que el sujeto recurre para no pensar en su muerte y con el cual el sujeto alienado se defiende del goce y que, sin duda, es un velo promocionado por el goce del Amo como "este sentido oscuro [que] es el de la verdad" (Lacan, *Seminario 17* 54). ¿Qué pretende ocultar el Amo? Pues precisamente el hecho de que la verdad no es una esencia universal que habita el mundo de las idealidades en un *topos uranos*, sino el resultado del juego de los significantes; ocultar, además, que la verdad es "hermana del goce" (*Seminario 17*, 71), es efecto del lenguaje y propia del sujeto; ocultar que el sujeto está dividido y castrado, que no hay relación fija entre significante y significado, que el sujeto no tiene manera de acceder a una satis-

---

[98] De alguna manera se puede leer estas páginas sobre la deuda/culpa con los antepasados y el origen del dios como un mito fundacional, al estilo del mito de la horda en *Tótem y tabú* de Freud; se podría correlacionar este mito nietzscheano con el tema de las masas en *Psicología de las masas y análisis del yo*, leyéndola a ambas como anuncios del fascismo. La genealogía que hace Nietzsche nos introduce en la explicación de sus diferencias con Schopenhauer y el nihilismo como desprecio de la voluntad y de la existencia. Toda la descripción apunta a demostrar que la salida para este nihilismo que cancela la voluntad en beneficio de llegar a la nada es la acción, como voluntad de poder liberada y creativa, incluso con sus dimensiones de crueldad y violencia (sobre el sujeto mismo y sobre los otros). Este origen del "dios santo" (no de todos los dioses), de la mala conciencia, de la culpa y del cristianismo resultan para Nietzsche los inhibidores fundamentales que le impiden a los seres humanos volver a ser "bestias de la acción" (*GM* 106).

facción completa,[99] ocultar sobre todo que "no hay relación sexual". En fin, el psicoanálisis o, mejor, el discurso del Analista es por todo esto el reverso del discurso del Amo, de ahí su permanente peligrosidad para el *statu quo* de cualquier formación social en la medida en que levanta el velo que cubre la 'verdad' mentirosa y engañadora del Amo. Grotowski habla, precisamente, de la necesidad de desmontar las máscaras del yo [*moi*], tarea que involucra paralelamente el desenmascaramiento del Amo en su pretensión de ser un Otro completo. Y este proceso de desenmascaramiento no es grato, es más bien doloroso y hasta siniestro; tal como lo plantea Schopenhauer, "[a]l final llegamos a conocernos como totalmente distintos de como *a priori* nos considerábamos, y con frecuencia nos horrorizamos de nosotros mismos" (§ 55, 172). Nietzsche, por su parte, arrima lo suyo a esta problemática del enmascaramiento, del engaño y la simulación en el mundo ya no solamente –como veremos en Heidegger—como entretenimiento de la certeza insoportable de la muerte de uno mismo. "Si tocamos tales máscaras –nos dice— creyendo que se trata de cosas serias y no de un juego de marionetas –pues todos ellos afectan seriedad—, súbitamente encontramos en las manos tan solo harapos y coloridos remiendos" (*CI* 48). Por eso, en ese teatro del mundo lleno de vanidades, particularmente el de la burguesía, donde todos están uniformados, propone gritarle a cada enmascarado que pasa: "'¡Alto! ¿Quién va?' y arrancarle la máscara de la cara" (*CI* 49). Como en Schopenhauer y en la larga lista de autores barrocos, sobre todo Calderón de la Barca, lo que hay que desenmascarar es la vanidad del mundo y sus consecuencias nefastas; el concepto –como producto del intelecto y de la consciencia— no deja de ser, para Nietzsche, una de las modalidades de este enmascaramiento, que lo lleva a despreciar el teatro por su dimensión inauténtica:

---

[99] Para Schopenhauer, como el sufrimiento es esencial a la existencia –dolor de existir—, como lo constitutivo del mundo son la carencia, la privación y el sufrimiento, por ello "la verdadera satisfacción es imposible. [...] Toda satisfacción, o lo que normalmente se llama felicidad, siempre es propia y esencialmente negativa [...] nunca pueden ser más que la liberación de un dolor" (§ 58, 184).

El intelecto, como medio de conservación del individuo, desarrolla sus fuerzas principales fingiendo [...] En los hombres alcanza su punto culminante este arte de fingir; aquí el engaño, la adulación, la mentira y el fraude, la murmuración, la farsa, el vivir del brillo ajeno, el enmascaramiento, el convencionalismo encubridor, la escenificación ante los demás y ante uno mismo, en una palabra, el revoloteo incesante alrededor de la llama de la vanidad es hasta tal punto regla y ley, que apenas hay nada tan inconcebible como el hecho de que haya podido surgir entre los hombres una inclinación sincera y pura hacia la verdad. [...] En realidad, ¿qué sabe el hombre de sí mismo? (*CI* 4).

La dirección hacia la verdad y el desenmascaramiento de la domesticación mundana son las líneas constantes en la trayectoria de Grotowski. Su búsqueda a través de lo artístico hace puente, por ello, con la adjetivación usada por Schopenhauer en la cita que venimos comentando (§ 71, 230): la verdad está "dibujada y garantizada" por el arte en la historia de esa experiencia humana por la cual se accede a la santidad, la cual oficia como una inscripción, una memoria "dibujada" como los trazos o huellas que Freud menciona en la pizarra mágica; además, esa memoria se garantiza "con el sello de la verdad interior", la cual más tarde, a su manera, Lacan retomará ya no como sello, pero sí como *letra*. Es una verdad que no está 'garantizada' por el mundo, por el Otro, sino por el propio itinerario del santo como si se tratara del pase en el psicoanálisis. De ahí que Lacan pueda decir, cuando habla del analista como santo ("Televisión" en *Otros escritos* 545), que éste se garantiza a sí mismo.

Ese Real es una nada que aparece como una *virtud*; aunque siendo una nada, es a la vez un desecho. Lacan plantea que el analista es un santo porque, como dijimos, se autoriza por sí mismo, no en el Otro (el psicoanálisis no hace del analista un adaptador de pacientes a cierta perspectiva del mundo); pero también, el analista lacaniano, al responder al discurso del Analista, se instala como semblante del objeto causa del deseo del analizante; mantenerse en esa posición es su virtud, por cuanto le permite no involucrar su goce y evitar así 'adoctrinar' al analizante. Su virtud es no posicionarse como filósofo, a la manera del Sócrates platónico, respondiendo al discurso del Amo, esto es, el analista es sujeto-supuesto-saber, pero no es quien tiene el conocimiento –*episteme*– de aquello que sea el Bien del sujeto (la *areté* del sujeto, que Sócrates articula cuando el otro, el esclavo, que no sabe, está impedido de *definir* lo que sabe-hacer durante su diálogo con el maestro, por más que éste acicatee su reminiscencia, que no es la rememoración freudiana). Aunque el Sócrates platónico afirme su ignorancia, como aquel que 'sabe que no sabe', no apunta, sin embargo, al deseo y goce del otro, ni a ser causa del deseo del otro, sino a demostrarle su falta de conocimiento en los temas que (políticamente) importan, a demostrarle su incapacidad de articular aquello que sabe-hacer en la forma de un *concepto* válido epistemológicamente que devele la *esencia* de las cosas. Al pasar al nivel del concepto ese trabajo duro y sufrido del esclavo, realizado con su cuerpo y su acción, Sócrates inicia esa metafísica que deja de lado la historia y el contexto de sangre y sufrimiento en el que se halla el saber-hacer del esclavo, de ahí que Foucault en "Nietzsche, la genealogía y la historia" retome el proyecto del filósofo alemán de desandar el camino que ha llevado al concepto a un nivel de abstracción y universalidad a costa de ocultar su *origen* siniestro.[100] El concepto es el que, en el fondo, sostiene la idea de una actitud contemplativa y de una teoría del conocimiento válida para todo tiempo y lugar, situada en la razón, postulada como universal, ahistórica y opuesta al cuerpo y a la acción. El analista no aspira a que el analizante defina su no-saber inconsciente como un concepto, en la dimensión del conocimiento; no aspira a convertirlo en un experto de sí mismo, sino, en todo caso, el analista puede facilitarle el pase, esto es, proceder con su deseo para devenir analista, operación que viene de la *praxis* y se prolonga como tal en la praxis, es un trabajo perma-

---

[100] Foucault nos alerta para no pensar la genealogía como un remontarse al origen en el sentido del *Ursprung*, que Nietzsche descalifica por ser el que constituye la tarea de la metafísica. Este significado de origen como *Ursprung* suele aparecer en algunos momentos de la propuesta grotowskiana cuando sostiene la búsqueda de un origen "que precede a las diferencias"; Foucault señala que se ha traducido por origen lo que Nietzsche denomina *Herkunft* (fuente, procedencia) y *Entstehung* (emergencia, punto de surgimiento). Grotowski, como veremos en otro capítulo en el que retomaremos el aporte de Foucault, va a favorecer estos sentidos de origen como *Herkunft*.

nente que no culmina en un corpus conceptual universal, válido para todos. Justamente Foucault va a recordarnos cómo el origen como procedencia está ligado al cuerpo: "la procedencia se enraiza en el cuerpo" (14).

Schopenhauer nos habla de la incapacidad del concepto y de la conciencia para alcanzar lo Real de la voluntad, esa cosa en sí: "cuando el hombre abandona todo el conocimiento de las cosas individuales sometido al principio de razón y a través del conocimiento de las ideas traspasa el *principium individuationis*; entonces se hace posible la aparición de la verdadera libertad de la voluntad como cosa en sí" (§ 55, 175). Y es que esa voluntad "le resulta [al hombre] totalmente inaccesible e incluso, como hemos visto, insondable" (§ 55, 170): hay aquí ya un presentimiento de un más allá de la razón y hasta del objeto que ha escapado al lenguaje y resulta imposible de decir o que hay que mediodecir entre líneas a partir de una invención significante.

Nietzsche se interroga sobre la relación entre el lenguaje y la realidad: "¿Es el lenguaje la expresión adecuada de todas las realidades?" (*CI* 6). Al plantear la arbitrariedad del lenguaje respecto de su referente (por ejemplo, por qué tal palabra es femenina o masculina), Nietzsche sostiene que no se puede plantear que la verdad sea un componente alcanzable por medio de la palabra; solo podemos arreglárnosla con las metáforas, "la construcción de metáforas —nos dice—, ese impulso fundamental del hombre del que no puede prescindir ni un solo instante, pues si así se hiciese se prescindiría del hombre mismo" (13). Por eso procede a preguntarse: "¿Qué es entonces la verdad? Una hueste en movimiento de metáforas [...] las verdades son ilusiones de las que se ha olvidado que lo son; metáforas que se han vuelto gastadas y sin fuerza sensible" (8). El signo lingüístico es una metáfora en sí mismo desde la perspectiva de la verdad: en realidad, está vaciado de la verdad; la relación imagen acústica/concepto, luego significante/significado se ha petrificado en el signo al punto que ya no percibimos su arbitrariedad respecto de la verdad. Al usarlas, y debido al olvido de su carácter metafórico, no hacemos más que mentir, mentir inconscientemente, "mentir borreguilmente" (*CI* 9), como un rebaño sometido a un lenguaje postulado como un Otro supuestamente verdadero al que nos sometemos. No nos es necesario señalar cómo Lacan llega al "semblante de la verdad" a partir de su deconstrucción del signo saussuriano. Sin duda captamos algo de la verdad por medio de la cadena de significantes y de la metaforización singular del analizante en su mediodecir. Más tarde, Lacan va más lejos cuando introduce *lalengua*. Retomaremos la relación entre lalengua y el *origen* ya que el tema es pertinente a Grotowski por la búsqueda que él comenzará a partir de la etapa del Teatro de las Fuentes cuando quiere alcanzar el origen anterior a las diferencias impuestas por el lenguaje, por los distintos idiomas. Escribe Nietzsche en el primer ensayo de *Consideraciones intempestivas*:

> Los diferentes lenguajes, comparados unos con otros, ponen en evidencia que con las palabras jamás se llega a la verdad ni a una expresión adecuada pues, en caso contrario, no habría tantos lenguajes. La "cosa en sí" (esto sería justamente la verdad pura, sin consecuencias) es totalmente inalcanzable y no es deseable en absoluto para el creador del lenguaje. [...] la enigmática x de la cosa en sí se presenta en principio como impulso nervioso, después como figura, finalmente como sonido. (6)

Siguiendo a Schopenhauer en cuanto a la cosa en sí como voluntad, vemos cómo nuevamente lo Real escapa al lenguaje, de ahí que Lacan se viera en la necesidad de retomar a Saussure y desmontar desde el psicoanálisis la idea de signo favoreciendo la del significante. Nietzsche insiste en que:

> La omisión de lo individual y de lo real nos proporciona el concepto del mismo modo que también nos proporciona la forma, mientras que la naturaleza no conoce formas ni conceptos, así como tampoco ningún tipo de géneros, sino solamente una x que es para nosotros inaccesible e indefinible. (*CI* 8)

El origen anterior a las diferencias (imaginado como *Ursprung*) será esa x que Grotowski quiere alcanzar, pero no por medio de conceptos, sino precisamente por un proceso de desmantelación de la falacia del lenguaje, apuntando a la falta en el Otro, y de alcanzarla además por medio de lo más afín a esa voluntad (natural/pulsional): el cuerpo y el movimiento (esto es, reconsiderando el origen como *fuente y emergencia*). Del lenguaje retomará el trabajo con el sonido y el ritmo, las canciones de carácter iniciático o primitivo, en todo lo cual aspira a esa x propia de la vida, de la voluntad como fuerza vital anterior a las formas y los conceptos. Si, como sostiene Nietzsche, "toda metáfora intuitiva es individual y no tiene otra idéntica", Grotowski, alejándose ahora de Schopenhauer tal como sutilmente lo hace Nietzsche, deja de lado lo general y universal, deja de lado el idealismo de una x esencial para todos, y decide favorecer lo singular del sujeto, de cada uno de los participantes, a los cuales le solicitará —como veremos en otro capítulo— acercar al ejercicio con las canciones un recuerdo personal. Se desliza así una crítica a la verdad científica, producto de la razón, que nunca supone un descubrimiento, ya que "si alguien esconde una cosa detrás de un matorral, a continuación la busca en ese mismo sitio y, además, la encuentra, no hay mucho de qué vanagloriarse en esa búsqueda" (*CI* 10). De ahí que el artista, como lo planteaba Picasso, realiza un movimiento contrario, no busca, sino que *encuentra* aquello que no buscaba, y reconoce allí un *re*-encuentro con aquello que estaba en la dimensión inconsciente: es que el artista, el creador como hombre intuitivo —sostiene Nietzsche— es aquel que "habla en metáforas rigurosamente prohibidas o mediante concatenaciones conceptuales jamás oídas" (*CI* 16): metáforas y metonimias novedosas que destruyen preconcepciones y abren la existencia a lo Real, pero a un Real que no es el de la ciencia y del hombre racional con sus conceptos abstractos. Grotowski, en su trayectoria, al plantear la desdomesticación de las improntas del lenguaje en nuestro cuerpo y nuestra subjetividad, quiere emancipar al Performer de la cárcel del lenguaje y la cultura, del Otro simbólico, para que alcance la verdad de su deseo, verdad como semblante y su *sinthome* en tanto verdad de su modo de goce. Esta operación es, como lo plantea Nietzsche, un salir de la conciencia y *rumbear hacia* el inconsciente:[101] "si [el

---

[101] Ya hemos mencionado la potencia de la preposición 'hacia' en el título de *Hacia un teatro pobre*; retomaremos luego dicha preposición cuando la consideremos ligada al rumbear, a la errancia (*wandering*), tal como aparece en el título de una conferencia magistral de Grotowski. Siempre hay esa direccionalidad hacia un futuro, desde un presente que retorna al pasado (origen). Esta direccionalidad es la que justifica el uso de la palabra "método" en Grotowski, como camino, como

hombre] pudiera salir, aunque sólo fuese por un instante, fuera de los muros de esa creencia que lo tiene prisionero, se terminaría en el acto su 'conciencia de sí mismo'" (*CI* 11). Más adelante, Nietzsche aconseja, en el camino de conocerse a sí mismo, que el individuo se pregunte "qué es lo que [ha] amado hasta ahora verdaderamente [...] [porque ésa es] la ley fundamental de tu ser íntimo" (*CI* 100), anotando que "el auténtico sentido originario y la materia fundamental de tu ser" –que como el goce no puede ser educado ni formado— están más allá del yo [*moi*].

Como lo plantea François Regnault en su lectura de "Televisión" de Lacan, donde éste último se refiere al analista como santo, el santo le muestra al pecador la vía, el Tao, el rumbo, el camino; el analista acompaña el tratamiento también mostrando la vía, pero "sin quererlo, sin nombrarla, a su manera". Como dice Nietzsche,

> Nadie puede construirte el puente sobre el que precisamente tú tienes que cruzar el río de la vida. [...] Existe en el mundo un único camino por el que nadie sino tú puede transitar: ¿Adónde conduce? No preguntes, ¡síguelo! ¿Quién fue el que pronunció la sentencia: 'Un hombre no llega nunca tan alto como cuando desconoce adónde puede conducirlo su camino? [...] ¿cómo podremos encontrarnos a nosotros mismos? ¿Cómo puede el hombre conocerse? [...] es una empresa tortuosa y arriesgada excavar en sí mismo de forma semejante y descender violentamente el camino más inmediato en el pozo del propio ser. (*CI* 99-100).

A diferencia de Sócrates (y de la filosofía) que cancela el *saber-hacer* del esclavo para recuperarlo en un saber articulado, conceptual y ponerlo al servicio del Amo, el analista promueve en el analizante el saber-hacer,[102]

---

Tao, y también la que –siguiendo a Nietzsche— lo llevan a rechazar la palabra 'sistema' la cual, entedida como totalidad, es también la que designa la propuesta stanislavskiana.

[102] Por esto, el psicoanálisis no se define como 'teoría' que tendría una aplicación, una práctica. Se trata, en cambio, de asumir el psicoanálisis como una praxis, tal

el arreglárselas con su modo *singular* de goce, para el que no hay recetas universales, porque ese goce supone un resto vital propio del sujeto que no ha podido ser capturado por el Otro, de ahí que ese mismo Otro, aunque finja su completitud, es siempre un Otro [*Autre*] incompleto, tachado: S(A̸). El analista no parte, pues, de un conocimiento que se postula como garantía, como completo y validado en una dimensión universal, precisamente porque, como el santo, se desgarra de la comunidad, se aísla, aunque provisoriamente: no puede entonces sostener ningún universal del tipo 'qué es lo Justo, qué es lo Bueno' a la manera de un *logos* ideal válido para todo el mundo que rescataría la esencia de la justicia y del bienestar. La única garantía, como plantea Schopenhauer, reside en el santo en sí mismo. Grotowski, al momento de arribar a su etapa del Teatro de las Fuentes, dará un giro a su primera etapa del Teatro de Producciones, y ese giro va a estar concernido con las cuestiones que ahora estamos describiendo y a las que volveremos en otro capítulo.

El psicoanálisis no explota el trabajo del esclavo para ponerlo al servicio del Amo bajo la forma de la ciencia, fortaleciendo los poderes del Amo en el control social (de ahí que el psicoanálisis no sea una psicología); por el contrario, se propone como una ética en tanto el analista renuncia a su goce y el analizante admite su *plus-de-gozar*, esto es, no satisfacerse con un goce absoluto con el objeto *a*, imposible, sino satisfacerse por la mediación del fantasma (Lacan, "Televisión" en *Otros escritos* 468).

---

como Lacan ya la define desde el inicio del *Seminario 11*: "¿Qué es una praxis? Me parece dudoso que este término pueda ser considerado impropio en lo que al psicoanálisis respecta. Es el término más amplio para designar *una acción* concertada por el hombre, sea cual fuere, que le da la posibilidad de tratar lo real mediante lo simbólico. Que se tope con algo más o algo menos de imaginario no tiene aquí más que un valor secundario" (14, el subrayado es mío). Se trata, pues, de una acción y no de un cotejo entre una teoría y su demostración en la práctica. Y esa acción es *concertada*: esto es, acordada entre dos individuos, pactada (ya veremos la importancia que Grotowski va a dar al yo y al otro). Concertado puede ser leído también desde lo musical como partes bien ensambladas o instrumentos musicales bien armonizados (Grotowski va a insistir en la armonización de las voces entre dos participantes y entre ellos y la 'realidad').

Al proceder de este modo, debe arreglárselas (saber-hacer) con su modo de goce y, por ende, debe hacerse responsable de sus actos (conscientes e inconscientes), sabiendo que todo acto tiene consecuencias. Es a partir de esta ética que procura la emancipación o separación del sujeto de la alienación a la que lo ha sometido el Amo (lenguaje, cultura, familia, escuela, etc.) y, en ese sentido, se pueden esperar efectos políticos transformadores. El psicoanálisis es una praxis anclada y orientada a la singularidad del modo de goce del sujeto, sin garantías en un Otro externo. Está, pues, del lado de la falta-en-ser y no del lado de la completitud brahamánica, para apelar al vocabulario de Schopenhauer.

Veremos más adelante en otro capítulo cómo procede Grotowski frente a aquellos que acuden a él como 'maestro': los decepciona –y hasta los desespera— al colocarse como sujeto-supuesto-saber y, a su modo, instalarse desde el discurso del Analista. Como el analista, Grotowski suspende su goce para que el participante de sus talleres pueda sostener su deseo; ésta es su virtud. El analista y Grotowski mismo, como el santo schopenhaueriano, resulta también un desecho, un resto, de la operación analítica, por cuanto se coloca como el objeto *a*, como ese Real del analizante; ésa es su abyección. El analista es el que hace semblante de ese objeto *a* del analizante –Grotowski lo hace de los participantes— y que éste le demanda; demanda por lo demás siempre frustrada porque ni el analista ni el maestro tienen ese objeto en la medida en que el Otro está incompleto o el Otro no existe. El santo reúne en sí la virtud y la abyección: "el santo *décharite*", comentaba Lacan: "un santo, para hacerme entender, no hace caridad. Más bien se pone a hacer de desecho: descarida (décharite)" (1973/2012, 545).[103] Como el analista, el santo no hace caridad; tampoco ostenta o exhibe su amor al otro, necesitado o abyecto, no

---

[103] No hay manera de mantener en español la homofonía entre *déchet* (desecho) y *charité* (caridad) tal como procede el neologismo francés inventado por Lacan. François Regnault agrega, en su ensayo titulado "Santidad", el sentido también de descarga: contra la opinión común, Lacan señala que el santo se descarga de la caridad. Recomendamos la lectura del ensayo de Regnault sobre "Televisión", de Lacan; hace referencias a cómo, en "la relación imposible entre los ritos chinos y los ritos cristianos, Lacan le encuentra justamente su punto de real: el santo".

es un salvador; de ahí que se revuelva en la abyección porque precisamente el santo se vive a sí mismo como un desecho de la humanidad.

En *Hacia un teatro pobre* Grotowski se refiere al actor santo, que no hay que confundir con el Performer tal como lo planteará muchos años después en su última etapa.[104] Grotowski sostiene esa dualidad del santo como virtuoso y como envilecido: "De la misma manera en que sólo un gran pecador puede ser santo de acuerdo con los teólogos [...] la vileza del actor puede convertirse en una especie de santidad" (28). El teatro es, por ello, ascético, pobre, y su actor es santo. Sin embargo, Grotowski aclara de inmediato que no se trata de religión: "no se debe tomar la palabra 'santo' en el sentido religioso. Es más bien una metáfora que define a la persona que con su arte puede ascender la escala y realizar un acto de sacrificio" (38). ¿Qué es lo que sacrifica? Ya lo vimos: su goce, para instalarse como causa del deseo del público y llevarlo a la desalienación. En este sentido, el santo grotowskiano no está del lado de la negación de la vida y, por ello, a pesar de los rasgos ascéticos del teatro 'pobre', la santidad grotowskiana no es la de Schopenhauer, particularmente porque la voluntad aquí parece estar más del lado de la voluntad de poder nietzscheana. Grotowski extirpa así –otra vez la blasfemia– la santidad del discurso religioso: el santo religioso lo es todo el tiempo; el actor santo, como el analista, lo es en circunstancias especiales (la del el encuadre teatral, como el encuadre analítico, en una praxis [arte] determinada) en las

---

[104] Disiento de la perspectiva plantada por Wendolín Ríos Valerio, en su ensayo "El actor santo o performer como símbolo": en primer lugar, porque Grotowski no plantea la equivalencia entre actor santo y el Performer (con mayúscula); aunque Ríos Valerio más adelante en su ensayo no los confunde, el título de su artículo sí parece ponerlos al mismo nivel. En segundo lugar, el Performer no alude a la representación teatral, que ha quedado muy atrás en la primera etapa de Grotowski, el Teatro de Producciones. Lo "inefable" de lo Real aspira a llegar a ser 'signo' –y no símbolo– en *Hacia un teatro pobre*; en el caso del Performer tampoco aspira a expresarlo por símbolos sino por significantes, por la sencilla razón de que un símbolo supone un registro simbólico compartido por la comunidad y el significante que el Performer admite para decir *su* Real es, precisamente, suyo, singular (lalengua), es siempre un *decir* en devenir. Volveremos a esto en otro capítulo.

que sacrifica su propio goce, se coloca como desecho para que el público pueda alcanzar la dimensión del deseo: "Es mucho más fácil –dice Grotowski— encontrar un espectador 'santo' [=analizante] [...] porque sólo viene al teatro por un breve momento a fin de esclarecer una cuenta consigo mismo, y de esta manera no necesita imponerse la terrible rutina del trabajo cotidiano [como el analista]" (38). Es el público el que acude al teatro para que el actor santo, la escena santificada y sacrificial de éste, como en el análisis, le permita ponerle significantes a ese Real que constituye el malestar en la cultura que lo rodea. Tal como lo plantea Heidegger, en Nietzsche y tal como lo vemos ahora en Grotowski, el rol artístico está puesto del lado del productor o creador, y no de receptor. Grotowski, como Nietzsche, se interesa en el artista, dejando sin plantear en las etapas posteriores al Teatro de Producciones la cuestión del público y sobre todo del contenido de la obra artística:

> [Nietzsche] exige consecuentemente que la estética sea una estética del creador, del artista. La recepción de la obra no es más que un subproducto, una ramificación del crear; por eso vale respecto de la recepción artística lo que se ha dicho de la creación, manteniendo una correspondencia exacta, pero derivada. [...] Nietzsche no desarrolla la esencia del crear a partir de la esencia de lo que se crea, de la obra. (Heidegger, *Nietzsche* 116)

Y este punto es relevante, porque deja claro el giro que hace Grotowski: abandona el campo de la dirección de obras, de la puesta en escena, del trabajo sobre el texto y pasa, a partir del Parateatro, a acompañar el proceso del participante posicionado ahora como artista, como creador y productor de sí mismo. Se trata de una búsqueda que tiene otros postulados, estéticos si todavía se quiere calificarlos de alguna manera, en cuanto competen al arte, pero entendiendo ese arte como arte de creación de la vida. Y por eso, además, como Grotowski sugiere, es más difícil encontrar un productor santo, porque éste, en realidad, ocuparía el lugar del Otro que aliena, que con sus tácticas y su saber-hacer (a la manera de Sócrates) se deja llevar por "la necesidad de aprender a manejar a la gente" (43).

Este giro no lo lleva a Grotowski de golpe del actor del Teatro de Producciones al Performer. En *Hacia un teatro pobre* todavía fluctúa entre el discurso del Analista y el fantasma perverso, cuando no logra discernir precisamente la diferencia entre el actor santo (analista santo) con el perverso: "lo que podría llamarse el componente *masoquista* en el actor es la variante negativa de lo creativo en el director, en su forma de componente *sádico*" (43, el subrayado es mío). Esta fluctuación es, digamos, perdonable en el maestro polaco, por cuanto en ese momento los famosos cuatro discursos lacanianos también estaban en elaboración.[105] La confusión

---

[105] No me propongo desarrollar en este libro la productividad de estas fórmulas. Solo me limito a aquello que me interesa en mi comentario sobre los textos de Grotowski. Valga, sin embargo, recordar que las cuatro posiciones en cada discurso son:

$$\frac{\text{Agente}}{\text{Verdad}} \quad \frac{\text{Otro}}{\text{Producto}}$$

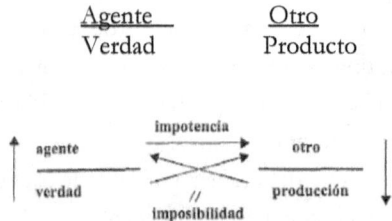

Los cuatro elementos que van rotando en el sentido del reloj son:

- $S_1$: el significante Amo.
- $S_2$: el saber
- $\$$: el sujeto dividido (sujeto del inconsciente)
- $a$: el objeto $a$ o excedente de goce.
  - Discurso del Amo:

$$\frac{S_1}{\$} \quad \frac{S_2}{a}$$

entre discurso del Analista y fórmula del fantasma perverso $a \Diamond \$$, tal como se puede ver en el gráfico en la parte superior del discurso del Analista, parece al menos sospechosa y confundió a muchos analistas: ¿se posiciona el analista como un perverso frente al analizante? ¿Se comporta el analista como un instrumento para el goce del Otro posicionando a su analizante como partenaire? ¿Es el analista un obediente que quiere completar al Otro en la escena perversa con su analizante? Esta fluctuación aparece, como vimos, en Grotowski: actor masoquita y director sádico, ambos santos. Pero el analista como santo no es un perverso y eso lo dilucidará Grotowski mucho más tarde cuando nos proponga al Performer. Se trata

- Discurso de la Universidad:

$$\uparrow \frac{S_2}{S_1} \underset{//}{\rightrightarrows} \frac{a}{\$} \downarrow$$

- Discurso de la Histérica:

$$\uparrow \frac{\$}{a} \underset{//}{\rightrightarrows} \frac{S_1}{S_2} \downarrow$$

- Discurso del Analista:

$$\uparrow \frac{a}{S_2} \underset{//}{\rightrightarrows} \frac{\$}{S_1} \downarrow$$

- El (no) Discurso Capitalista como versión del Discurso del Amo:

   Discurso del amo                Discurso capitalista
   $\uparrow \frac{S_1 \rightarrow S_2}{\$ // a}$         $\frac{\$ \phantom{x} S_2}{S_1 \phantom{x} a}$

de una mera apariencia o espejismo entre el discurso del Analista y la fórmula del fantasma perverso (opuesto a la del neurótico $\$◊a$).

Si en la parte superior del discurso del Analista leemos ($a \to \$$) y eso resulta muy cercano al fantasma perverso ($a◊\$$), el engaño de nuestra lectura se decanta rápidamente: en efecto, basta fijarse en la presencia del rombo y en el nivel inferior de la fórmula del discurso del Analista, para comprobar que el lugar de la producción lo ocupa el $S_1$ el Significante Amo, precisamente porque lo que evacúa la operación analítica, lo que el analizante logra al final de su análisis, es percatarse de cómo estaba capturado en la tácticas del Otro. El analista, en cambio, está en posición de agente como objeto $a$: como sujeto-supuesto-saber ya hace de semblante para que el analizante advenga al objeto $a$ de su deseo una vez atravesado el fantasma. A la postre, el analista queda como desecho o residuo del análisis, porque –como vimos— si impusiera su propio goce, saldría de la dimensión ética del psicoanálisis y no sería más que un portavoz e instrumento perverso del discurso del Amo, del discurso de la Universidad o incluso del cuasi-discurso capitalista. No es casual que Grotowski fuera paulatinamente desligándose de compromisos y exigencias impuestos por los protocolos universitarios y lograra acceder al Discurso del Analista con la fundación del Workcenter en Pontedera. Es decir, el analista se coloca aquí como el santo, un santo que no es religioso, que no responde a la iglesia y que solo lo es en el encuadre analítico: es un resto y no hace caridad, no funciona como auto-ayuda, no responde a la demanda de amor del analizante. Es por esta vía que Grotowski, en su vaivén entre actor-santo-analista y actor-perverso, ya desliza en *Hacia un teatro pobre* el comentario sobre Fausto, cancelando a partir de ahí y con inspiración nietzscheana el aspecto perverso al sugerir la rebelión contra Dios:

> Fausto es un santo y su santidad misma se muestra con un deseo absoluto por buscar la verdad pura. Si el santo quiere integrarse a su propia santidad, deberá revelarse contra Dios, Creador del mundo, porque las leyes del mundo son trampas que zahieren la moralidad y la verdad. (1970: 66)

Doble juego con "revelarse" y "rebelarse": en la traducción al inglés se usa "to rebel", de lo contrario, de haberse usado "to revel", se hubiera aludido a jaranear, a divertirse, parrandear, en la línea de lo dionisíaco nietzscheano. En español, "rebelarse" es sublevarse, salir de la obediencia y oponer resistencia, mientras que "revelarse" es "descubrir o manifestar lo ignorado o secreto" y, en el caso de Dios, según el Diccionario de la RAE, "manifestar a la humanidad sus misterios". También aquí se insinúa lo nietzscheano en el sentido de que el superhombre –a partir del famoso 'Dios ha muerto'— debería desmantelar la moralidad cristiana y la verdad como mentira ('trampas' las llamas Grotowski) que el platonismo y el cristianismo han propagado, según Nietzsche lo elabora en sus obras. A propósito de esto, Grotowski señala en su tono blasfemo más preciado cómo el santo se separa del Otro como completo y modelo, cómo lo denuncia por su prepotencia superyoica malintencionada y cómo promueve mentiras bajo la forma de verdades inapelables y universales:

> Hagamos lo que hagamos –bueno o malo— estamos condenados. El santo no es capaz de aceptar como modelo este Dios que acorrala al hombre. Las leyes de Dios son mentiras, Él busca el deshonor en nuestras almas para condenarnos mejor. Por tanto, si se busca la santidad hay que estar en contra de Dios. [...] Fausto no está interesado, por lo tanto, en la filosofía o en la teología; debe rechazar ese tipo de conocimiento y buscar algo más. (1970: 66)

Regresaremos en otro capítulo a este rechazo de la religión y de la filosofía en Grotowsk; también veremos cómo Grotowski inicia la búsqueda de ese 'algo más'. Por ahora, señalemos que, siguiendo a Benveniste y a Freud sobre el sentido antitético de las palabras, Regnault –como otros autores— retoman –como hace también Lacan— la etimología de *sacer/sanctus*: sólo hay relación del santo con lo sagrado, por cuanto "está cargado de la presencia divina [...] está consagrado a los dioses", pero a la vez porta "una mancha imborrable, augusta y maldita, digna de veneración y [que suscita] horror" (Benveniste, citado por Regnault). Y es por esto último que le está prohibido a los hombres el contacto con él. En realidad, el santo prefiere, como el analista, pasar desapercibido, por eso Roland

Barthes apunta en *Mitologías*, que "la idea de la moda es antipática a la idea de la santidad" (citado por Regnault).[106] Este proceso y esta operación no apuntan a una fusión con esa nada (queda, como lo plantea Schopenhauer, el conocimiento y que, hoy, en el psicoanálisis distinguimos del 'saber'); el santo no se une, no hace Uno con la nada del mundo, pero tampoco la encubre con simbologías de tipo mítico o ritual.

La relación de ese Real con lo infantil a la que alude Schopenhauer tendrá también su progenie: ese Real concierne a la sexualidad infantil, al objeto *a* como causa del deseo, al resto de la operación en el estadio del espejo lacaniano, a la Cosa (*das Ding*), a la angustia, etc. Como veremos, este Real, bajo el vocablo 'origen', será el gran tópico grotowskiano que exploraremos en relación a lo infantil en otro capítulo.

Grotowski nos dice:

> El hombre que realiza un acto de autorrevelación, el que establece contacto consigo mismo, es decir, una extrema confrontación, sincera, disciplinada, precisa y total, no meramente una confrontación[107] con sus pensamientos sino una confrontación que en-

---

[106] Veremos más adelante cómo Heidegger se refiere a la moda y a la cotidianidad y cómo ambas son precisamente rechazadas por Grotowski.

[107] El término 'confrontación' aparece muchas veces a lo largo del libro de Heidegger sobre Nietzsche: "Confrontación es auténtica crítica. Es el modo más elevado y la única manera de apreciar verdaderamente a un pensador, pues asume la tarea de continuar pensando su pensamiento y de seguir su fuerza productiva y no sus debilidades. ¿Y para qué esto? Para que nosotros mismos, por medio de la confrontación, nos volvamos libres para el esfuerzo supremo del pensar" (19). Me detengo en este término porque, de alguna manera, así como Heidegger se confronta con Nietzsche para "continuar pensando su pensamiento" y así como toda "auténtica confrontación" (82) pone en perspectiva lo histórico para, a su modo, transvalorar a Nietzsche y prefigurar el futuro (127), de igual modo el participante grotowskiano a partir del Parateatro está invitado a confrontarse consigo mismo, con su yo y su otro/Otro ("su ser íntegro"), para captar aquello esencial a sí mismo mediante el proceso de desdomesticación y la retrospección *hacia* su origen, tarea que redundará, si es realizada a profundidad, en una transva-

vuelva su ser íntegro, desde sus instintos y su aspecto inconsciente hasta su estado más lúcido. (1970: 51)

La cita muestra una oración incompleta: a la larga subordinada adjetiva, le falta precisamente el predicado. Podríamos agregarlo diciendo: "el hombre que realiza un acto de autorrevelación… es un santo". Se trata de una autorrevelación a la que él arriba por sí mismo: "cada uno —escribe Nietzsche— tiene que organizar el caos que tiene en sí, concentrándose en sus verdaderas necesidades. Su sinceridad, su carácter fuerte y verídico, se opondrá algún día a que todo se reduzca siempre a repetir, aprender, imitar; empezará entonces a comprender que la cultura puede ser otra cosa que la *decoración de la vida*" (*CI* 95). En psicoanálisis es el analizante el que analiza, *se* analiza a partir de las puntuaciones enigmáticas del analista. No es una tarea basada en una demanda en la que el analista le respondería con un conocimiento articulado sobre el deseo de su paciente.[108] El analizante acepta disciplinadamente las reglas del encuadre analítico, particularmente la de la asociación libre; en la medida de lo posible —ya que esa asociación lo que menos tiene es de libre desde el punto de vista del inconsciente—, responde con sinceridad y eludiendo en lo posible la coerción de los pensamientos conscientes, se confronta con ellos y, en la transferencia y el *acting out* también se *confronta* con lo inconsciente. Este largo proceso de desenmascaramiento del yo —aquello que Grotowski denomina, como Schopenhauer, *la vía negativa*— conduce, no sin sufrimiento, a la desnudez, esto es, un ser despojado de la cotidianidad del tiempo-reloj y que ha accedido a su falta-en-ser, desnudez que ocurre a medida que van cayendo las imágenes y los ideales en los que el sujeto estaba alienado. Accede, por esta vía negativa, al atravesamiento del fan-

---

loración (emacipación de los mandatos del Otro) como forma de prefigurar su futuro. Indudablemente, este libro también se piensa en esa dimensión: confrontar mi praxis teatral con la del maestro polaco en vista a una transvaloración emancipatoria.

[108] La interpretación del analista debe proferirse como un enigma, no como un conocimiento ya elaborado y demostrado. He trabajado en detalle esta cuestión en mi libro *Sueño. Improvisación. Teatro. Ensayos sobre la praxis teatral*.

tasma fundamental de su propia singularidad y al sinthome. En Schopenhauer esta vía busca la anulación del deseo; en Grotowski, por el contrario, como veremos, esta vía es la que impele el deseo para alcanzar retrospectivamente el origen que "precede a las diferencias" (*Sourcebook* 263). En ambos, sin embargo, se trata de un proceso de desenmascaramiento del yo, de desmantelar las imposiciones culturales que han domesticado al sujeto.

En esa vía negativa, Schopenhauer nos alerta de hasta qué punto el santo y el asceta deben constantemente renovar su cancelación de la voluntad de vivir, ya que tiene "que ganarla siempre de nuevo a través de una continua lucha" (§ 68, 220).[109] Es una lucha contra la voluntad de vida propulsada, como puede entenderse, por la pulsión de muerte: el santo aspira a la muerte, al menos de su cuerpo, y sin duda a fundirse con la Cosa. Contra esto se yergue la máxima lacaniana de la ética analítica: "no ceder en cuanto al deseo", es decir, no dejarse arrasar por el goce. El santo siempre enfrenta tentaciones, siempre lucha con el Diablo, pero finalmente, al abolir la voluntad de vivir, llega a ese estado que "proporciona la paz más profunda y abre la puerta de la libertad" (§ 68, 220). Esa libertad, sin embargo, es concebida como la nada, a diferencia de lo propuesto por Nietzsche y luego por Grotowski. Acercarse a esa nada supondría, desde lo analítico, atravesar el fantasma y dejarse succionar por el goce letal. De ahí que Lacan nos hable del plus-de-gozar, es decir, del mínimo goce que podemos alcanzar gracias al fantasma; pero el análisis nunca propone la cancelación de la voluntad de vivir, es decir, no tiene como meta la supresión del goce: el objeto *a* está perdido, es imposible, pero no es eliminable. Al respecto, Nietzsche nos dice que la existencia del ser humano es "un imperfectum que nunca llega a perfeccionarse" (*CI* 21). Alcanzado cierto

---

[109] Una vez más, resulta evidente que esta voluntad de vivir se confronta con la voluntad de poder; solo la voluntad de poder puesta al servicio del nihilismo puede vencer en esa lucha a la voluntad de vivir. No podría haber para el santo y el asceta, en el sentido de Schopenhauer, posibilidad de cancelar la voluntad de vivir si no fuera gracias a otra voluntad más poderosa orientada al dominio de sí mismo.

estado en que "nada le puede ya inquietar, nada conmover (pues ha cortado los mil hilos del querer que nos mantienen atados al mundo y que, en forma de deseos, miedo, envidia o ira, tiran violentamente de nosotros hacia aquí y allá en medio de un constante dolor" [§ 68, 220]), el santo alcanza –según Schopenhauer— una especie de despertar (*awakening*), en el que "la vida y sus formas flotan ante él como un fenómeno pasajero, como ante el que está medio despierto flota el ligero sueño matutino a través del cual brilla ya la realidad y que no puede así engañarle" (§ 68, 220). Volveremos al tema del despertar que Grotowski menciona en su etapa del Teatro de las Fuentes; apuntemos, por ahora, que la vía negativa grotowskiana no se orienta a la cancelación del deseo o de goce y tampoco a la separación del sujeto del mundo. No se busca en la vía grotowskiana una fusión cósmica o un Nirvana como un estado de indiferencia o de cancelación de la voluntad al punto de no saber si el sujeto existe o no. El despertar grotowskiano, como veremos, es justamente lo contrario, no se dirige a la primera muerte, la del cuerpo, como plantea Schopenhauer mencionando el testimonio de una santa, Mad. de Guion, cuando, como una Antígona leída por Lacan, expresa: "Mediodía de la gloria; día en el que ya no hay noche; vida que no teme ya la muerte, en la muerte misma porque la muerte ha vencido a la muerte y *el que ha sufrido la primera muerte ya no experimentará la segunda*" (§ 68, 220, el subrayado es mío).

¿Hay todavía algún residuo cristiano en la propuesta de Grotowski? Es cierto que en general apela a la blasfemia en estos temas; sin embargo, como vimos en el capítulo sobre la insistencia de lo monacal, *algunos* rasgos del ascetismo, tal como los señala Schopenhauer, parecen todavía estar activos (incluso fueron exacerbados por ciertos teatristas de los *sixties*). Escribe Schopenhauer:

> Encontramos prescrito por los apóstoles: amar al prójimo como a sí mismo, hacer el bien, pagar el odio con amor y caridad, ser paciente, amable, soportar sin resistencia todas las ofensas, abstenerse en la comida para eliminar el placer, oponerse al instinto sexual, si se puede, totalmente. Aquí vemos ya los primeros grados del ascetismo o la verdadera negación de la voluntad; esta última expresión designa precisamente lo que en los Evangelios se

denomina negarse a sí mismo y tomar sobre sí la cruz. [...] En el ulterior cristianismo culto vemos que aquel germen ascético floreció plenamente en los escritos de los santos y los místicos. Estos predican, junto al amor puro y la total resignación, la absoluta pobreza voluntaria, la serenidad verdadera, la completa indiferencia hacia todas las cosas mundanas, la muerte de la propia voluntad y el renacimiento en Dios, el total olvido de la propia persona y el abandono en la intuición de Dios. (§ 68, 218)

En las primeras etapas de Grotowski algunos de estos rasgos, solo algunos, parecen estar presentes, claro está que transformados e invertidos: tal vez persistan los rasgos de pobreza –"voluntaria e intencional" dice Schopenhauer— tomada como fin en sí misma y no como renuncia a los bienes propios para ayudar al prójimo [§ 68, 215]), acoplados a cierto tipo de aislamiento y práctica de la paciencia; algunos testimonios hablan también de cómo Grotowski favorecía un cierto apartamiento del mundo al elegir los lugares de sus talleres o seminarios, cómo había en estos una dieta y un régimen de horarios bastante estricto, los cuales podrían adjudicarse a la necesidad de una disciplina, en la que Grotowski insiste en todas sus etapas. La pobreza, término del título de su libro, es en todo caso causa y consecuencia: se refiere, como se sabe, no tanto a una negación de las tecnologías del teatro burgués o cierto estatus económico del teatrista, sino al despojamiento y des-domesticación de aquello que, en el teatro y en la vida, por decirlo de alguna manera, es mundanal, cotidiano, superfluo, alienante. Es consecuencia, porque apunta a una transformación del actor en su proceso de desenmascaramiento del yo [*moi*] que culmina en una ética del deseo cuya función es la separación del sujeto de los ideales –mentiras propuestas como verdades eternas— capitalistas. La práctica de la pobreza en Grotowski, no apunta a cancelar la voluntad como voluntad de poder, sino a reforzarla, potenciarla, para mantener el constante trabajo de desalienación del sujeto en procura, como nos planteará en su etapa del Teatro de las Fuentes, de recuperar y develar su *origen*. Tal vez estos rasgos cristianos que todavía perviven con cierto tono de ascetismo solo hayan sido estrategias o tácticas temporarias de resistencia frente a la alienación capitalista y las circunstancias de la post-guerra; una especie de alejamiento del mundo: de su vanidad, del consumismo. Difícilmente constituyan hoy esa especie de veneno que, como quiere Nietzsche, pudiera tener eficacia frente al avasallamiento imperial actual:

> Pobreza, humildad y castidad: ideales peligrosos y difamadores, pero que sirven, como los venenos en ciertas enfermedades, de medicinas útiles, por ejemplo, en la época imperial romana.
>
> Todos los ideales son peligrosos, porque rebajan y difaman lo real; todos son venenos, pero indispensables como remedios momentáneos. (Nietzsche, *La voluntad de poder*, § 223, 175)

Nietzsche, con su método genealógico, no se cansa de recordarnos el precio que la humanidad tiene que pagar "por el establecimiento de *todo* ideal. ¿Cuánta realidad —se pregunta— tuvo que ser siempre calumniada e incomprendida para ello, cuánta mentira tuvo que ser santificada, cuánta conciencia conturbada, cuánto 'dios' tuvo que ser sacrificado cada vez?" (*GM* 108). Ideales "hostiles a la vida" e impuestos por el Otro, un Otro creado por los mismos hombres para auto-torturarse.

Georges Bataille, por su parte, elabora otra aproximación a partir del ritmo pendular entre erotismo y trabajo —ocio y negocio— que, según él, está casi desde los orígenes de la humanidad en la base de la necesidad de regular la sexualidad y la relación con la muerte o los muertos por medio de prohibiciones y restricciones que, a pesar de todo, no pudieron cancelar la violencia de la vida, de lo pulsional. "El trabajo —nos dice— exige una conducta razonable, en la que no se admiten los impulsos tumultuosos que se liberan en la fiesta o, más generalmente, en el juego. [...] Ya desde los tiempos más remotos, el trabajo introdujo una escapatoria, gracias a la cual el hombre dejaba de responder al impulso inmediato, regido por la violencia del deseo" (29). El trabajo, por lo tanto, se opone a los excesos violentos en la búsqueda de satisfacciones pulsionales, exigiendo un grado de racionalidad y cálculo que, obviamente, impone prohibiciones y restricciones en beneficio de la sobrevivencia de la comunidad. De alguna manera, volvemos a tener aquí el juego de lo dionisíaco, el exceso, y lo apolíneo, lo templado, ambos como formas inherentes a la voluntad de poder. Esas leyes culturales que regulan el contrato social tienen como función domesticar al individuo para dominar su violencia constitutiva, animal o natural. Si bien el trabajo supone un acatamiento de las regulaciones y, por ende, de una disciplina, Grotowski pareciera sostener la diferencia puntual que Nietzsche establece entre disciplina y domesticación:

> No hay peor confusión que la de equiparar los conceptos domesticación y disciplina, y esto es lo que se ha hecho... La disciplina, tal como yo la entiendo, es un medio de acumular enorme cantidad de fuerzas en la humanidad, de modo que las generaciones puedan edificar sobre el trabajo de sus antepasados, no solo interior, sino exteriormente, levantando organizadamente su fortaleza sobre ellas... (*La voluntad de poder* § 393, 278)

Retomaremos en otro capítulo el tema de la domesticación, tal como Grotowski la enfrenta. Subrayemos ese carácter voluntarioso y productivo de la disciplina como trabajo sobre lo exterior, pero sobre todo, como veremos, sobre lo interior. Conjeturo, de todos modos, otra pervivencia cristiana: en primer lugar, porque a pesar de las resonancias nietzscheanas y psicoanalíticas que podamos encontrar en su propuesta, con las variaciones que toma en cada etapa, el actor como el Performer parecieran acercarse más a la figura del santo y del asceta de Schopenhauer, que a lo orgiástico y revulsivo de la voluntad de poder, cuya presencia es casi nula en sus textos. En segundo lugar, me parece percibir resonancias cristianas, ya no tanto a partir de lo que Grotowski dice, sino de la forma en que se organizaban sus talleres y seminarios, tal como lo refieren sus asistentes. Si, como escribe Nietzsche, "la 'santidad del trabajo' se convierte en la magnificación de [la utilidad y el placer], entonces habría una "[i]ncapacidad para el 'otium'" (*La voluntad de poder* § 752, 499).

Me surge, entonces, la pregunta sobre cuál era el espacio del ocio en la praxis grotowskiana. Me lo pregunto, a su vez, para interrogarme a mí mismo sobre cómo concibo el ocio en mi propia praxis teatral. ¿Hay que concebir que el trabajo artístico conlleva una cuota de sufrimiento en relación al malestar en la cultura, al Real que lo convoca, y otra cuota de voluntad de vivir, de saber y de poder que en sí misma compensa dionisíacamente de todas las penurias, de todos los obstáculos que en general enfrenta el artista? Imagino que la actividad artística no pasa (solo) por el placer, sino por el goce que provee (sufrimiento, pero también exceso de gasto, pura inutilidad, como lo planteaba Lacan): goce que, con o sin éxito del artista, le permite elaborar su relación con su mortalidad y su falta-en-ser, como veremos en otro capítulo. Imagino que el producto artístico, no importa si valioso en sí mismo, es siempre producto de lo creativo cuando "encuentra", y no cuando busca; y eso que encuentra, con mayor o menor efecto, en su inherente peligrosidad para el sistema, apela y satisface lo pulsional más que el trabajo que satisface la sobrevivencia fisiológica y social.

**TERCERA PARTE**

# Etapa del Teatro de Producciones: Grotowski y el Teatro Laboratorio

*Advertencia e introducción*

Con este capítulo que inicia la tercera parte de este largo libro comenzamos a recorrer las etapas en la exploración de Jerzy Grotowski. En este capítulo dedicado a la primera etapa, conocida con el nombre de Teatro de Producciones y su inmediato desplazamiento hacia el Teatro Laboratorio ubicado en el marco de una universidad, vamos a abordar la compleja trama de postulados, explícitos e implícitos, que sostienen el discurso del maestro polaco, con aquello que más tarde eliminará y eso otro que, con variaciones y trasnsformaciones diversas, irá guiándolo en su trayectoria posterior. El lector debe estar advertido que en este capítulo la escritura se nos ha impuesto en forma bastante laberíntica o, en todo caso, tan espiralada como el mismo itinerario de Grotowski. Para facilitar la lectura, le propongo al lector imaginar que este capítulo —a diferencia de los que lo seguirán y debido a la complejidad de las cuestiones involucradas—es como una casa con múltiples puertas, sin ninguna pretendiendo se la entrada principal. Por cada puerta que se ingrese y aunque se hagan distintos itinerarios, se está de todos modos recorriendo la misma casa. Intuyo que esta metáfora elemental ayudará al lector a superar la impresión de dispersión que la diversidad de tópicos me ha impuesto.

Los teatristas solemos tomar algunas propuestas como evidentes de por sí sin calibrar las connotaciones en ellas implicadas. Asumimos que todo es claro y distinto, y afiliamos o rechazamos la propuesta. Desde esta actitud, se generan afiliaciones o rechazos acríticos que muchas veces proliferan como dogmatismos y, lo que es todavía peor, como fanatismos irracionales. Después de extensas lecturas sobre Grotowski y, como vimos en los capítulos anteriores, y después de haber llamado la atención sobre algunos términos muy evocados en la bibliografía sobre el aporte grotowskiano –la mayoría de las veces acríticamente— me han quedado más preguntas que respuestas. Mi acercamiento a Grotowski, como ya he manifestado, forma parte de mi itinerario personal en la praxis teatral; muchos de sus aportes me han servido para repensar mi propio trabajo teatral. Sin embargo, hay aspectos de su ofrecimiento que todavía me siguen preocupando. En lo que sigue, quiero dar cuenta de estas inquietudes personales en mi lectura de *Hacia un teatro pobre* y, en algunos casos, con extensión a otros textos grotowskianos. Quiero aproximarme a ciertos aspectos desde perspectivas teóricas y filosóficas diversas e intentar, hasta donde alcance mi experiencia y mi conocimiento, debatir algunas que me parezcan relevantes, no solo para la lectura de Grotowski, sino para mi propia praxis teatral.

Mi plan es revisar en este capítulo algunos términos de su primera etapa, la del Teatro de Producciones, a mi entender problemáticos en la propuesta de Grotowski (estímulo, laboratorio, respuesta, etc.) y sus consecuencias teatrales y políticas, habida cuenta de que *Hacia un teatro pobre* corresponde a la etapa más divulgada del maestro y, probablemente, la menos determinante de su aporte. Mi itinerario, entonces, se orienta a retomar debates sobre la cuestión actoral que el maestro polaco toma de Stanislavski y que este último, a su vez, basa en investigaciones de Iván Pavlov en el marco de una Revolución en la que se admite —vaya la paradoja— el fordismo-taylorismo estadounidense como modo de producción. A partir de ahí, me propongo considerar las reflexiones de Lacan sobre los aportes de Pavlov. Finalmente, en este capítulo y en los siguientes, abordaré algunas cuestiones de más largo alcance que me imponen –como ya vimos— a involucrar a Grotowski con Nietzsche, Freud, Heidegger y Lacan.

*Grotowski y su Teatro Laboratorio: la ilusión cientificista*

En *Hacia un teatro pobre*, el maestro polaco parte de establecer un paradigma de trabajo actoral al que bautiza como "Teatr Laboratorium" (Teatro laboratorio)". ¿Qué supone esta opción, si la diferenciamos de 'instituto' (como el de Niels Bohr, que él tiene en mente como modelo), de taller o de estudio? Sabemos que Stanislavski y Danchenko prefirieron 'estudio', dentro de la tradición de trabajo artístico en general, preferentemente visual, plástico. El estudio –tal como lo define el Diccionario de

## Grotowski soy yo

Real Academia— es un lugar que supone un *discurso* como espacio de trabajo artístico (el realismo en el caso de Stanislavski) en el que se ensayan diversos bocetos preparatorios para la elaboración de una obra artística. El vocablo 'taller' tiene raigambre medieval y pre-capitalista, esto es, un cierto sistema de producción más afín al feudalismo y su sistema de producción; allí se trabaja artesanalmente –lo cual pareciera estar acorde con la susodicha 'pobreza' planteada por Grotowski en su resistencia a la industria teatral— y la transmisión del saber se hace de persona a persona dentro de un grupo selecto, de maestro a discípulo en un esquema paternalista en el que hay un legado, una herencia atribuida a aquellos que, según el maestro, son capaces de guardar la tradición de ese saber. Veremos que más adelante, en 1978, en su presentación durante el Simposio Internacional del ITI, el maestro polaco va a definir lo que considera un 'hombre viejo' y un 'hombre joven' ("Wandering..." 20), insinuando una genealogía. No es necesario forzar demasiado la lectura de Grotowski para saber que este encuadre artesanal de enseñanza y transmisión va a estar presente en su trabajo con diversos matices: grupos de alta competitividad y selección, transmisión del maestro al discípulo y luego el nombramiento de sus herederos, en este caso Thomas Richards y Mario Biagini.

Revisemos la opción relativa al 'laboratorio', en tanto es la que se especifica mejor en *Hacia un teatro pobre*. Nunca viene mal comenzar por el diccionario: laboratorio, según la RAE, es un "lugar dotado de los medios necesarios para realizar investigaciones, experimentos y trabajos de carácter científico o técnico". Grotowski suscribe a esta definición, teniendo en cuenta el Instituto Bohr, pero a la vez quiere conservar la cualidad medieval del taller, cuando bastante ambiguamente desea, por un lado, realizar un trabajo técnico y científico (generalizable y universalizable), pero a la vez, por otro lado, quiere separarse de las implicaciones epistemológicas de la ciencia de su tiempo y favorecer, en cambio, la singularidad del arte: "El teatro no es por supuesto una disciplina científica y lo es menos aún el arte del actor" (88). Nos dice Grotowski:

> ¿Qué es el Instituto Bohr? Bohr y su equipo fundaron una institución de carácter extraordinario. Es un lugar de reunión en el que médicos de distintos países experimentan y dan los primeros

pasos en la "tierra de nadie" de su profesión: comparan sus teorías y aprovechan la "memoria colectiva" del Instituto. (88)[110]

El Instituto Neils Bohr fue fundado en 1921[111] para agrupar investigadores de diverso origen internacional, fundamentalmente físicos, sobre cuestiones nucleares. A Grotowski le llama la atención la reunión de médicos (sic) y enfatiza el aspecto internacional, que guiará en el futuro gran parte de su itinerario profesional. Su propio laboratorio teatral, tal como parece indicarlo –aunque retoma los aportes stanislavskianos— sería una "tierra de nadie", un lugar y espacio discursivo virgen capaz de producir materiales que oficien de memoria colectiva, es decir, conformen un corpus transferible a futuridad y, en cierto modo, un legado internacionalmente influyente. Le interesa, pues, que esa memoria –cuidada con el celo que ya vimos en los capítulos anteriores— guarde "un inventario minucioso de todas las investigaciones que se han hecho, incluyendo las más audaces" (88). Su ideal queda bien claro cuando afirma que:

> Niels Bohr y sus colaboradores trataron de descubrir ciertas tendencias esenciales dentro de este enorme acervo de investigación común. Lograron servir como inscripción y estímulo dentro del ámbito de su disciplina. (88)

El laboratorio se instala, en su perspectiva, como un *contexto de descubrimiento* de "tendencias" para consolidar un campo profesional. Agrega, además, su intención manifiesta de influir en la disciplina teatral a nivel global:

---

[110] Todas las citas de Grotowski en este capítulo, salvo indicación en contrario, provienen de *Hacia un teatro pobre*.

[111] Originalmente, Instituto de Física Teórica, fundado en 1921; llamado Instituto Niels Bohr en 1965.

Gracias al trabajo de aquellos a quienes habían estimulado y recibido con beneplácito, lograron compilar datos esenciales y aprovechar los potenciales industriales de los países más desarrollados del orbe. (88)

Ya hemos visto que no hubo reconocimiento por parte de Grotowski para tantos colaboradores del Laboratorio, tal como lo deja ver la necesidad que Paul Allain y Grzegorz Ziólkowski tuvieron al publicar en 2015 el libro *Voices from Within: Grotowski's Polish Collaborators*.

El arte del actor y el teatro en general no pueden responder a los requisitos epistemológicos de las ciencias ya que su marca distintiva es su carácter singular, esto es, captar lo Real todavía no significantizado; la ciencia aspira también a dar cuenta de un Real, pero numerable, contabilizable, predecible; busca las regularidades y generalidades que le permiten la ilusión de lo probabilístico aunque, como sabemos por la historia de la ciencia, nunca es posible prever completamente un acontecimiento. La ciencia supone un saber en lo real del que espera poder dar cuenta. El arte, en cambio, no afilia a regularidades o a lo probabilístico. El psicoanálisis está en la mira de Grotowski y es la disciplina base sobre la que he venido trabajando para construir la praxis teatral. Por ello, tenemos que confrontar ahora la pregunta por el estatus científico del psicoanálisis, la cual surge desde los inicios de la disciplina. Freud aspiraba a ello. Sin embargo, desde la perspectiva de los científicos, el psicoanálisis no podía ser considerado una ciencia y, a lo sumo, se lo admitía como pseudocientífico. El tema tiene que introducirse aquí habida cuenta de que la praxis teatral, tal como la hemos venido sosteniendo desde el psicoanálisis, no aspira a ser una ciencia ni tampoco quedar afiliada a una filosofía del teatro con pretensiones racionalistas; su relación es con el arte.

Como Grotowski en *Hacia un teatro pobre* parece aspirar también él a una aproximación científica al actor, es válido preguntarnos: ¿Qué relación podemos hoy plantearnos entre la ciencia y la praxis teatral, es válido sostener algo semejante a la manera del primer Grotowski? Teniendo en cuenta que hoy la ciencia es tecno-ciencia, corresponde preguntar: ¿Qué lugar tiene hoy el discurso científico en los estudios teatrales, incluido el boom actual de la neurociencia a la que prontamente se vuelven a montar los teatristas sin meditar las consecuencias de su acto y sin plantearse cuestiones básicas relativas al arte, al sujeto que lo habita, en comparación con el sujeto de la ciencia? Si el psicoanálisis, como he venido sosteniendo en estos últimos años, es una praxis sobre la que podemos partir para elucubrar nuestras propias preguntas en la praxis teatral –tal como Freud lo planteaba en "Pulsiones y destinos de la pulsión" para el mismo psicoanálisis cuando nos dice que él estaba fraguando la nueva discplina a partir de conceptos *"que se recogieron de alguna otra parte,* no de la sola experiencia nueva" (113)—, entonces resulta productivo ver cómo el psicoanálisis resolvió su relación con el discurso científico. Anticipemos que el psicoanálisis no diaboliza la ciencia, sino que se interesa críticamente en cómo ésta, sobre todo como tecnociencia cuyo soporte ya no es el discurso del Amo sino el discurso capitalista, promueve tremendos impactos sobre los hablenteseres y las subjetividades.

No tendríamos el sujeto del psicoanálisis (inconsciente), sin el sujeto cartesiano fundador de la ciencia moderna. Por eso Lacan dirá en "La ciencia y la verdad" que el sujeto del psicoanálisis "sigue siendo el correlato del sujeto de la ciencia" (*Escritos* 818). La ciencia moderna se yergue a partir de la duda que pone en tela de juicio los saberes anteriores, genera así una ruptura con la tradición y procede a entronizar la razón, la lógica, sobre la experiencia y la observación (de ahí la importancia del discurso matemático); todo lo cual lo hace a costa de suprimir el sujeto del inconsciente, del deseo. El sujeto de la ciencia es un sujeto vaciado, puro, sobre el cual se asienta el nuevo saber de la ciencia moderna. Obviamente, siempre queda velada la cuestión del deseo del científico. Se pretende una separación entre el sujeto de la ciencia, propuesto como universal, y el saber inconsciente, que indudablemente es lo que va a replantear el psicoanálisis al establecer el sujeto en el campo del saber-no sabido del inconsciente más allá del cogito. El sujeto del psicoanálisis –habida cuenta de que se refiere al sujeto que habla, el hablanteser— no es universal sino singular, de ahí que el psicoanálisis tampoco sea una psicología o una rama de la psicología entendida ésta como pretendida ciencia. Lacan, al respecto, subrayará que "la ciencia es una ideología de la supresión del sujeto" ("Radiofonía" 460). Toda ideología (religiosa o tradicional) que esté fuertemente anclada en el individuo, será un obstáculo para que aflore el sujeto del psicoanálisis; de ahí que Grotowski asuma desde un principio una posición blasfema respecto de lo religioso y lo tradicional, actitud cada vez más radicalizada en las etapas a partir del Parateatro. No se interesa en reproducir rituales o en acopiar un saber antropológico sobre ellos. Más tarde, como veremos, procederá a histerizar a los participantes para abrirlos al deseo y uno de los procedimientos que propone es adjuntar a una canción tradicional, por ejemplo, un recuerdo biográfico del participante. La mentada propuesta de un teatro 'pobre', alude obviamente a un renunciamiento a dejarse capturar por la tecnología y los recursos teatrales. Se desinteresará de intentar una aproximación científica al teatro y hasta se desinteresará del teatro como tal, porque apunta a ese 'origen que precede las diferencias' el cual, como veremos, está del lado de un Real sin ley, esto es, no es cuantificable, medible, predecible o numerable. Con diversas modulaciones propias de cada etapa, Grotowski se inclina por el deseo y el sujeto del deseo al que denominará el Performer.

El saber científico estaría desprovisto de toda singularidad, inmaculado respecto del deseo, válido en cualquier lugar y tiempo (como el actor stanislavskiano). Como vemos, en la medida en que haya una aproximación 'científica' al actor, al teatrista y a la praxis teatral, estaremos cada vez más lejos de abordar la dimensión inconsciente como sede de la creatividad, cuyo sujeto no puede ser nunca universal ni desprovisto de deseo. Entedemos ahora que, frente a la ciencia que no reflexiona sobre el conocimiento que produce casi automáticamente por el juego mismo de los significantes involucrados (usualmente de tipo matemático), que se desentiende de las consecuencias de aquello mismo que produce y promociona, el psicoanálisis se proponga, en cambio, como una ética del deseo y una ética de las consecuencias: al capturar al sujeto por las fallas del lenguaje (lapsus, chiste, olvido, etc.) y al escuchar el murmullo de *lalengua* (completamente singular para cada sujeto), el analizante afronta su *sinthome* y se hace responsable por su modo de goce. Muy escandalosamente Heidegger había proferido en *¿Qué significa pensar?* aquella frase que mentaba "la ciencia no piensa", precisamente para planear que la ciencia no puede pensarse a sí misma: si quiere investigar y enfocarse en sus objetos, no puede pensar sus fundamentos filosóficos. Lacan hará resonar esa frase cuando en *El triunfo de la religión* nos diga que "la ciencia no tiene la menor idea de lo que hace" (75), salvo cuando entra en estados de angustia frente a aquello que no sabe ni puede dominar. Heidegger hablará en otras publicaciones sobre la diferencia entre el "pensar calculante" y el "pensar meditativo", que es el que corresponde a la filosofía como un pensar que apunta al sentido de todo cuanto es. Por ello mismo la praxis teatral debe buscar una zona intermedia entre el pensar calculante y el pensar meditativo, ya que ninguno de ellos le sería adecuado. La opción por el psicoanálisis es, pues, más pertinente y deseable políticamente por cuanto el sujeto del psicoanálisis (y el de nuestra praxis teatral) se nos manifiesta como la alternativa más eficaz para obstaculizar el avance irrefrenable, catastrófico ('siniestro' es el adjetivo usado por Hub Zwart) y humanamente irresponsable de la ciencia y la tecnología. Y a la vez para propender a la desalienación del sujeto y su consecuente emancipación. Va de suyo que el psicoanálisis –al igual que la praxis teatral y el teatro— tenga que estar a cada instante poniéndose a tono con la "subjetividad de la época", ya que la ciencia impacta las subjetividades y la vida cotidiana de manera tal que constantemente se registran nuevos síntomas. No por casualidad los psicoanalistas han organizado congresos sobre las *neo*psicosis contemporáneas, para diferenciarlas de la psicosis clásica.

*Lo Real en la ciencia y en el psicoanálisis*

Nos importa subrayar aquí otro aspecto en cuanto a la diferencia entre la ciencia y el psicoanálisis, porque tendremos que referirnos a él en este libro: me refiero a la cuestión de lo Real en una y en otro; no se trata de la 'realidad' que es siempre una construcción, perspectivística y fantsmática. Para la ciencia hay un saber en lo Real y ella sería la encargada de interrogar y dar cuenta de ese saber, usualmente por modelos matemáticos y dispositivos tecnológicos. La ciencia *cree* en ese saber en lo real. Para ella hay significantes en lo Real sobre los que se propone operar. Quiere darle a ese saber la forma sistemática y autosuficiente desde el punto de vista lógico de todo conocimiento. Procede entonces a clasificar, numerar, medir, etc. Si recurre a símbolos matemáticos o similares, lo hace para desentenderse de las implicaciones semánticas del lenguaje cotidiano, humano. Es por medio de esas ecuaciones que incide en la Naturaleza. Su ideal es someter lo Real a lo simbólico, que agotaría cualquier posibilidad – digamos— de toparse con un agujero de sinsentido. Y, como sabemos, la vida, en su contingencia e imprevisbilidad, no deja de irrumpir y astillar esa pretensión. En el psicoanálisis, en cambio, se sostiene lo contrario, que "lo real es sin ley", esto es, lo Real escapa al conocimiento, no es capturable en su totalidad por el discurso de la ciencia; es un imposible. Particularmente, la sexualidad es la dimensión que no puede ser reducida a las ecuaciones científicas: "no hay relación/proporción sexual" sería la frase que mejor capta ese desajuste a nivel del deseo (no del instinto); amén de los impasses que llevan a un sujeto a una posición sexuada, tenemos esa imposibilidad de acoplarnos, digamos, con nuestra media naranja: no hay armonía entre los sexos y nunca tenemos lo que el otro desea, ni el otro tiene lo que deseamos. Siempre hay un resto de satisfacción imposible. Hay allí una brecha, un imposible, que solo podemos suturar con la invención, inventar a cada momento algo para el otro y, en general, fracasar en el intento.

Lo Real en psicoanálisis se refiere al sinsentido, a ese agujero, a ese malestar en el saber que no tiene significantes, no puede inscribirse y escapa a lo simbólico, de ahí que solo podemos mediodecirlo; es también lo imposible y lo que vuelve siempre al mismo lugar, esto es, se plantea como repetición o, como lo dice Lacan, 'no cesa de no inscribirse'. En fin, en el arte en general, y en la praxis teatral en particular, tenemos que abordar la vida, precisamente en lo que tiene de singular, de contingente, de imprevisible, de sufrimiento al que no le caben las ecuaciones, incluidos los desastres que la ciencia misma produce en la Naturaleza, en nuestros cuerpos y formas de vida. Desdomesticar, dirá Grotowski; separar al sujeto de la alienación, nos propondrá Lacan; se trata de esa enajenación a los mandatos del Otro (lenguaje, cultura, familia, etc.), especialmente en la actualidad cuando ese Otro pretende arrasar el sujeto del inconsciente, el deseo, para siniestramente 'liberarnos' a un goce irrefrenable y a un consumo de objetos que alteran nuestros parámetros humanos y terminan objetalizándonos a nosotros mismos. Se pretende que con esos gadgets, a los que se nos hace depender bajo el velo de la felicidad, vamos a suturar la falta-en-ser, cuando lo que verdaderamente se quiere es afectar y cancelar incluso nuestra relación con el otro, el semejante, por medio de un individualismo atroz; poco a poco se nos va aislando, dejándonos en un goce autoerótico como único modo de responder al goce del Otro-que-no-existe. El propósito, en esa alianza de la ciencia con el discurso capitalista que nos rige, es paulatinamente obstaculizar nuestro saber sobre el mundo y el dominio sobre nosotros mismos, engañarnos respecto de la libertad, reducida ahora a nuestra capacidad y competencia en la supuesta libertad de mercado, en nuestra libertad de consumo lo cual, como sabemos, se va limitando progresivamente hasta excluirnos finalmente del mercado mismo dejándonos como desecho: *nuda vida* (Agamben), que no es precisamente esa vida desnuda que Grotowski pretende alcanzar, o el "*in*empleado estructural", según Jorge Alemán, el cual, a diferencia del *des*empleado, es irrecuperable para el sistema ("Capitalismo y sujeto").

*El teatro, la ciencia y las pestes*

Este libro se ha escrito durante la pandemia del Covid19 o coronavirus; mi lectura e interpretación de Grotowski está directamente relacionada con la pandemia y con una meditación sobre la ciencia, el psicoanálisis y la praxis teatral. Grotowski se me apareció como alguien que, tempranamente, tomó una posición clara al respecto, aunque la vulgata y la adoración de los audenominados grotowskianos extendieran un velo de Maya sobre aquello que, desde mi perspectiva, es su aporte más relevante a la praxis teatral. En *Hacia un teatro pobre* hace una referencia a Artaud. Como sabemos, Artaud comienza su famoso libro *El teatro y su doble* refiriéndose a las pestes (hace un recuento de las más famosas), pone en correlación a éstas con el teatro: "Ante todo importa admitir que, al igual que la peste, el teatro es un delirio, y es contagioso" (Artaud 26). En ese sentido, el teatro como la peste, "nos restituye todos los conflictos que duermen en nosotros, con todos sus poderes [...] sólo puede haber teatro a partir del momento en que inicia realmente lo imposible" (Artaud 26); eso imposible es justamente lo Real sin ley, son fuerzas que "estallan como increíbles imágenes", que perturban "el reposo de los sentidos, libera el inconsciente reprimido, incita a una especie de rebelión virtual (que por otra parte ejerce todo su efecto permaneciendo virtual) e impone a la comunidad una actitud heroica y difícil" (Artaud 26). Casi como escrito en la mañana del Covid19, con todos los debates sobre el teatro y la virtualidad,

Artaud no deja de confrontarnos con el inconsciente, con el cuerpo (referencia al psicoanálisis) y con las fuerzas en conflicto en el devenir de la vida (tal como Nietzsche las ha convocado), abriendo la posibilidad –no siempre consciente, sino 'virtual'—de incitar a la rebelión y, si se da un paso más, a la transvaloración de los valores que guiaban esa vida comunitaria antes de la pandemia. Se trata de una transformación que solo puede transvalorar en la medida en que se ejerza una actitud heróica, esto es, destructiva (crueldad) y constructiva (emancipatoria). Y si convenimos con Artaud que "[c]omo la peste, el teatro es una formidable invocación a los poderes que llevan al espíritu, por medio del ejemplo, a la fuente misma de los conflictos" (Artaud 30), estamos ya instalados en el núcleo de la praxis teatral.

Grotowski, como decíamos, nos va a recordar cómo la sociedad contemporánea tuvo que enfermar a Artaud para acallar en él esa voluntad de poder, esa blasfemia que estallaba en sus actos, en sus textos. El diagnóstico de esquizofrenia, la locura que le endilgaron, lo llevaron –como era de práctica y cómo Foucault hizo la genealogía en estos casos— a procesos de internación con torturas de todo tipo. Retengamos una cita de Grotowski en *Hacia un teatro pobre* que, ya tempranamente, nos alerta sobre aquello que constituye su creencia fundamental y que atravesará, como veremos, todas la etapas de su propuesta:

> Artaud definió su enfermedad, con extraordinaria lucidez, en una carta dirigida a Jacques Rivière : "no soy totalmente yo". No era totalmente él, era otro. Captó la mitad de su dilema: cómo llegar a ser uno mismo. Dejó la otra mitad sin tocar: cómo llegar a ser total, cómo completarse (85).

La cita nos ofrece varias claves para recorrer el pensamiento grotowskiano: la primera (aunque el orden podría ser otro) que Artaud definió su 'enfermedad", se dio su autodiagnóstico para contrastarlo con el de los psiquiatras, y en eso, se autorizó por sí mismo, es decir, denunció, se rebeló y finalmente transvaloró el diagnóstico pestilente de la psiquiatría alcanzando así su emancipación. Segundo, ese diagnóstico lo comunicó vía la escritura, no lo dejó librado a los avatares a veces traicioneros de la memoria y la manipulación social. Tercero, dejó constancia de una dimensión más allá de la conciencia y del yo, admitió que el yo es otro, lo cual podemos interpretar de muchas maneras, pero apuntemos al menos una, dejando abierta la cuestión del imaginario: el yo es hablado por otro. Y finalmente, aquella que le interesa a Grotowski, esta lucidez sobre el yo y el otro lo inducen a buscarse a sí mismo, obviamente más allá del yo, de lo cartesiano, de lo científico, en una dimensión en la que se hallaba su verdad, su sí mismo, su autenticidad. La frase final de Grotowski anticipa su búsqueda del origen y, en esta etapa inicial, aunque no lo bautiza como tal, lo imagina en términos de totalidad y completitud.

*Grotowski: la ciencia, la tecnología y el capitalismo*

Este libro quiere testimoniar justamente aquello que fue excluido y a veces suprimido del aporte grotowskiano a causa de la conversión del maestro en objeto de culto y a su propuesta en una dogmática o, lo que es peor, en un método más de entrenamiento actoral o performativo. Grotowski, a su modo, partiendo de su experiencia, se propone enfrentar la enfermedad del capitalismo. Ciencia y tecnología se le aparecen como lo mórbido del sistema que contagia, con su poder nefasto, ese nihilismo –que Nietzsche combatiera hasta los límites de su propia locura— que amenaza la vida misma en lo que tiene de creativo y transvalorante. En la trayectoria grotowskiana, tal como Heidegger también aprecia en la obra de Nietzsche, se siente, a pesar de las oscilaciones que veremos en cada etapa, "la inquiethud de su pensar" (Heidegger, *Nietzsche* 345), es decir, aquello que me ha importado captar en este libro como vía para recomenzar el pensamiento sobre la praxis teatral. Me ha interesado, en lo posible, abordar entre las múltiples posibilidades que abren sus textos, aquello que, otra vez en términos heideggerianos, constituye la "forma propia" de su decir, sin preocuparme de captarlo como totalidad o como sistema, menos aún como "*un* modelo definido de la estructura" (Heidegger, *ibidem*, 345). Me ha interesado observar en sus textos cómo Grotowski *ha fijado su verdad* precisamente a partir de percibir en su momento histórico aquella fuerza muda que avanzaba y avasallaba el deseo y al sujeto: para decirlo con palabras de Jorge Alemán, Grotowski advirtió cómo "el capitapismo tiende al estado de excepción" –aunque en las décadas que le tocó vivir, el capitalismo todavía recurriera a los golpes militares de estado y otras formas de opresión política. Si el maestro polaco se fue paulatinamente independizando de las academias, sin duda fue porque ya percibía que el capitalismo, en lo que hoy denominamos su etapa neoliberal, iba lentamente fraguando una alianza siniestra con la ciencia y la tecnología, y también con la academia, lo cual significa que a nivel global se trastornaran todos los parámetros conocidos de soberanía nacional. En efecto, como apunta Alemán en su nota "Política o Nopolítica", el capitalismo "se desplaza y se condensa en un poder que constituye un conglomerado de corporaciones, grupos financieros y conexiones internacionales" que, se entiende, escapan al poder y soberanía de los gobiernos de cada país. Escribe Alemán:

> Este nuevo "Soberano" decide ahora sobre la vida y la muerte de la población. Denomino con el neologismo 'nopolítica" una modalidad donde la política ya no tiene pundo de anclaje. Va hacia una deriva sin límites donde la relación con la verdad, la ética, los legados históricos quedan suspendidos sin necesidad de declarar el estado de sitio.

Así, frente a la supuesta esquizofrenia diagnosticada a Artaud, como individuo, ahora tenemos otra enfermedad pero generalizada, a tal punto que no se la percibe y que es, según Alemán, aquello que sostiene la "nopolítica": se trata de la paranoia y su ebullición delirante de la que ya Lacan también nos había advertido: "todo el mundo delira", por eso, como lo dice Alemán, hoy, en nuestro mundo actual, "cada vez hay más sujetos que más que demandar sus derechos democráticos piden que sus delirios sean reconocidos", particularmente desde las derechas y ultraderechas neoliberales.

Y en el contexto de pandemia de Covid19, estos delirios, forma contemporánea del nihilismo, están a la orden del día desafiando las recomendaciones nacionales, cuyo poder soberano aparece, como vimos, impotente. Este libro no puede desentenderse de este panorama atroz y por eso reclama, retornando a Grotowski, un cuidado de lo político. Ese cuidado de sí mismo de Grotowski ya tiene las marcas políticas dadas por la inversión del nihilismo y por la actitud blasfema que lo sostiene; en nuestro caso, siguiendo a Alemán, hemos denominado 'emancipación', la praxis teatral como emancipatoria, más allá, como en Grotowski, de todos los debates de la formación actoral, del actor profesional o no. Es en la dimensión creativa performativa en la que situamos la praxis teatral como apuesta por la vida.

Me parece ahora que queda esclarecido mi abordaje de Grotowsk en este libro: carece de todo interés académico, en todo caso, si lo tiene, es completamente lateral y accesorio. Por la globalización pandémica y por los avatares personales de mi salud, esta amalgama de lo global y lo personal coincide en cuanto a la inminencia de la muerte (tema que retomaremos en Grotowski) y en cuanto a la selección de lecturas que he realizado: Schopenhauer, Nietzsche, Heidegger, amén de Freud, Foucault y Lacan. Y es que esta pandemia ha demostrado la fragilidad de la ciencia, el desamparo en el que siempre estamos; la pandemia *irrumpe* (como el inconsciente) más allá del dominio de la ciencia y de los científicos.

En efecto, el pánico o –como decía Lacan— la angustia de los científicos –proporcional al desamparo de los individuos a nivel global— se manifiesta cuando les aparece un real no cuantificable ni predecible, sin ley, y que no pudieron predecir ni pueden controlar. Es el *instante*[112] en el cual la ciencia-ficción deja de ser ficción; ella existe precisamente para dar

---

[112] Heidegger señala cómo el instante es, para Nietzsche, ese momento de *choque* que oficia como enfrentamiento y confrontación de fuerzas entre el futuro y el pasado, y que no es exterior al sujeto, sino que lo habita: ""hay allí un choque. Pero sólo para quien no se queda en observador sino que *es él mismo* el instante, instante que actúa adentrándose en el futuro y, al hacerlo, no abandona el pasado sino que, por el contrario, lo asume y lo afirma. Quien está en el instante está girando en dos direcciones: para él, pasado y futuro corren *uno contra otro*. Hace que lo que marcha en direcciones opuestas llegue en él a un choque y sin embargo no se detenga, en la medida en que despliega y soporta el conflicto de lo que se le encomienda y entrega. Ver el instante quiere decir: estar en él" (253). Ese 'choque' parece ser aquello a lo que Grotowski apunta cuando propone, como en psicoanálisis, realizar un movimiento retrospectivo hacia el origen, pero desde el choque con el futuro, choque indispensable para desdomesticar al sujeto y emanciparlo.

cabida a lo que la ciencia no puede enfrentar; la ciencia-ficción es la que todavía nos habla de ese sujeto excluido de la ciencia y de ese real sin ley no cuantificable, no mensurable, impredecible. La pandemia del Covid19 nos ha puesto a todos los habitantes del planeta, en mayor o menor medida, frente a esa dimensión de un real que acosa y no fue anunciado (aunque, la ciencia-ficción lo hubiera previsto); la pandemia ha inscripto, ha desplazado o localizado el sujeto de la ciencia-ficción —como síntoma de la ciencia misma— en nuestra realidad cotidiana, ese sujeto del inconsciente rechazado por la ciencia, condición ésta de la ciencia para poder ser lo que es, para poder ser precisamente 'científica'. Como la ciencia-ficción es capaz de elaborar esa dimensión excluida de la ciencia en forma poética, es por lo que solemos decir que se ha anticipado a los horrores que luego el 'progreso' irresponsable de la ciencia instala en la realidad sin poder controlar. En ese debate del que nos hablaba[113] Hub Zwart entre los bioconservadores y transhumanistas (o también conocidos como tecnófobos y tecnófilos, e incluso como bio-catastrofistas y tecno-profetas), hay que colocar el rol de la ciencia-ficción como elaboración de aquella dimensión siniestra de la cual la ciencia no quiere saber nada y de la que no se hace responsable. Todos los síntomas que se han detectado como causa de la pandemia ponen en primer plano la orfandad del individuo frente a ese real sin ley que la ciencia no puede controlar; incluso el panorama es todavía peor si resultaran ciertas las teorías conspirativas que hablan de un virus creado por los científicos en el ejercicio de su profesión sin ética, sin sujeto, capturados ellos mismos por la pulsión de muerte que sostiene sus laboratorios.

---

[113] Me ha sorprendido que, cuando detallé en otros capítulos el aporte de Zwart sobre las controversias entre los bioconservadores y los transhumanistas, me pareció que había algo que se escapaba a su análisis. Más tarde, cuando comencé a escribir estas líneas, después de revisar la bibliografía relativa a la relación entre psicoanálisis y tecno-ciencia, produje un fallido: en vez de "hablaba", escribí 'hablabla', como un significante que daba cuenta del blablablá de los científicos y de los medios masivos sobre el coronavirus. Ese lapsus era la respuesta de mi inconsciente a ese debate circular, como la serpiente que se come la cola, en el que los mismos científicos parecen andar a tientas.

## Gustavo Geirola

*Grotowski y el arte: tyche y automaton*

Como veremos, si aprovechamos la famosa distinción de Lacan entre *automaton* y *tyche* (*Seminario 11*), ambos encuentros fallidos con lo Real, podríamos decir que la ciencia está más del lado del *automaton* y el arte indudablemente del lado de la *tyche*. Retomaremos enseguida esta distinción.

¿Cuál es, sin embargo, el problema con el actor y la dificultad de una aproximación científica a su hacer? Grotowski concuerda con Stanislavski: no es posible dejar librado el trabajo actoral al talento y a lo impredecible e imprevisible de la inspiración. El talento y sobre todo la inspiración son, como lo adjetiva Grotowski, "sorpresivos" (*tyche*), esto es, particulares y contingentes,[114] pueden o no ocurrir, precisamente porque ambos maestros sitúan la fuente de la creatividad en lo inconsciente. Sin embargo, si llevamos las cosas un poco lejos, lo sorpresivo podría llegar a ser un escollo durante un espectáculo, tanto en el teatro profesional con su modelo industrial, como en el teatro que resiste a ese modelo. Pero lo sorpresivo es precisamente lo creativo cuando se trabaja en los ensayos a partir de la improvisación. ¿Qué es lo sorpresivo? ¿En qué dimensión tenemos que pensarlo? Sin duda, lo que está aquí funcionando como problemático es el carácter tíquico del inconsciente (*tyche*, lo denomina Lacan en su *Seminario 11*, a partir de vocablos aristotélicos), en donde justamente reside el valor del arte ya que se trata de un encuentro (siempre fallido) con lo Real, pero un Real singular que está en la dimensión de lo traumático. Ese Real, nos dice Lacan, "yace siempre tras el *automaton*" (*Seminario 11* 62) que consiste en el retorno de los signos. Si durante los ensayos y las improvisaciones de pronto algo retorna y nada se resuelve, es porque estamos en la dimensión del *automaton*; si, en cambio, aparece algo en la

---

[114] Veremos más adelante las fórmulas de la sexuación elaboradas por el último Lacan; para un acercamiento a la convergencia de la lógica de la cuantificación (lo particular y lo universal) y la lógica modal (lo imposible, lo posible, lo contigente y lo necesario), ver el capítulo final "Lo real de lalengua y La [tachado] mujer", págs. 82 y ss., en el libro de Diana S. Rabinovich titulado *Sexualidad y significante*.

dimensión de la *tyche*, completamente inesperado y sinsentido, entonces estamos en presencia de una irrupción de lo creativo que no podemos desconocer. Mal haríamos en cubrir con un velo esos momentos tíquicos en que un sinsentido irrumpe durante la improvisación. Tendemos, en general, a clausurar eso sorpresivo por medio de un cierre a cargo de lo imaginario siempre ávido de otorgar sentido. En cierto modo, ese apresurarse a comprender y cerrar el sentido con lo imaginario, hace que el teatrista proceda acercándose a la ciencia y alejándose del arte. En efecto, como nos advierte Pura H. Cancina, la ciencia al operar con el Yo como sujeto de la ciencia tiene "una tendencia al cierre, a esa cobertura imaginaria del sujeto del inconsciente" (36).

En el Grotowski de *Hacia un teatro pobre* esta tensión entre abordar la creatividad en lo inconsciente y las exigencias científicas determinadas por el Laboratorio y la Universidad alcanza un alto grado de contradicción. La *tyche*, pues, es lo Real como repetición, lo que no cesa de no escribirse, y obviamente se relaciona con esa 'función pulsativa" propia del inconsciente: éste se abre y se cierra, y deja algo de lo no realizado en una especie de evanescencia (*Seminario 11* 38, 51). Como sabemos los teatristas, en los ensayos teatrales *eso* puede aflorar a veces hasta el punto del horror. Stanislavski lo denominaba 'subconsciente', sin prestar mucha atención a la arquitectura teórica en la que dicha noción se ubicaría dentro de su Sistema. Y todos los que lo siguieron continúan usando ese vocabulario sin ninguna precisión. Todo concepto –lo apreciamos hoy muy bien— toma sentido a nivel teórico si hace red con otros en la arquitectura general de una teoría, lo que Heidegger, leyendo a Nietzsche, denomina "el edificio principal" (18, 24 y ss.). Vocablos sueltos son nociones, ideología pura, que solo producen confusiones y nunca alcanzan el estatus de un concepto; en esos casos, ni vale la pena intentar la crítica. A Freud, en cambio, como es bien sabido, le llevó mucho diseñar, por ejemplo, lo que se conoce como las dos tópicas, modificando sustancialmente la arquitectura del psicoanálisis como tal. Hay, pues, que llevar el concepto al límite de su eficacia en la experiencia, particularmente cuando se aspira a lo Real, porque es allí donde es posible un salto cualitativo en una teoría, único modo de avanzar en el conocimiento y de evitar el dogmatismo. Quedarse, como hacen los teatristas, en la confortabilidad de repetir a Stanislavski o Grotowski, no aporta nada a la praxis teatral. Entonces, de lo tíquico que irrumpe (lapsus, olvido, chiste, etc.) hay que hacerse cargo, hay que ir a ver, hay que explorarlo porque es el modo en que lo Real se manifiesta. Por eso, el psicoanálisis se instala en esa dimensión ética del 'cuando *eso* habla, hay que ir a ver'.

Una aclaración se impone aquí: regresemos a la distinción realizada por Lacan: él opone la *tyche* al *automaton*; si lo tíquico es un encuentro incalculable, impredecible, sorpresivo con lo Real, si no hay forma de dominarlo, si escapa o desborda lo simbólico que no logra ponerle significante, pareciera haber, sin embargo, una dimensión del inconsciente (si no calculable, menos contingente o arbitraria) cuando nos aproximamos al *automaton*, concebido como una máquina de repetición, una red de significantes (orden simbólico) en su relación con lo Real, red en la que lo Real tíquico irrumpe: el *automaton* no es lo Real, se trata más bien del retorno o de la insistencia de lo Real velado por el fantasma cuya función es precisamente recubrir un primer encuentro (causa) de lo traumático que vuelve siempre al mismo lugar, aunque sea bajo diversos relatos/sueños del sujeto (diversos sueños pueden referirse a un mismo trauma inicial, a un mismo Real, es decir, *repiten* ese encuentro original). En tanto tal, y debido a su carácter de insistencia, no siempre es verdaderamente creativo. Lo Real como *tyche* es, en cambio, lo que Lacan considera la verdadera repetición; una irrupción que sorprende porque no hay modo de ponerle significantes. El sueño, obviamente, o mejor, el relato del sueño que hace el analizante, le pone significantes a ese no-saber del deseo. Pero en la irrupción sorpresiva, tíquica, se trata de un Real como esa dimensión *otra* respecto de lo simbólico y lo imaginario y, sin duda, es la que más importa al arte porque es en lo Real como agujero o vacío donde yace el malestar que aqueja al sujeto y a la cultura.

*Praxis teatral: el fantasma de la actuación*

Si llevo estas cuestiones a mi praxis teatral, tengo que interrogarme por qué siempre me ha ido mejor trabajando con individuos que no tenían formación actoral; he tenido muchos problemas cuando se trataba de actores profesionales; Grotowski parece coincidir en cuanto a desconfiar que algo novedoso emerja del teatro profesional: así, cuando se refiere a Stanislavski como uno de los "santos seculares" (quienes, en la historia del teatro, han producido los cambios más significativos), nos dice:

> En cualquier caso, estoy seguro de que esta renovación no vendrá del teatro dominante. Al mismo tiempo existen y han existido algunas personas en el teatro oficial que deben considerarse como "santos seculares": Stanislavski, por ejemplo. Él sostuvo que las diversas etapas sucesivas de desarrollo y renovación en el teatro se han originado entre los *amateurs* y no dentro de los círculos profesionales endurecidos y desmoralizados. (*Hacia un teatro pobre* 45)

Y es que en el amateur todavía hay, bajo la alienación por la cultura de la que fue objeto, un resplandor neurótico de deseo que puede permitir la creatividad, como lo manifiesta la fórmula del fantasma: $\$ \Diamond a$. En cambio, en el profesional, ya pervertido, esta condición de sujeto deseante se ha objetualizado hasta el extremo de haberse puesto al servicio del goce del Amo teatral, como instrumento obediente, tal como lo manifiesta la fórmula del fantasma perverso $a \Diamond \$$. En mi praxis teatral con actores profesionales siempre parecía haber una *automatización* que obstaculizaba, más que favorecía, la irrupción del inconsciente como *tíquico*, con toda su potencia creativa. Los actores profesionales parecieran manifestar un cierto tipo de *fantasma de la actuación* (verosímil realista, místico o de cualquier otro tipo ya institucionalizado en lo simbólico y favorecido por la academia o la industria teatral) que se dispara automáticamente obstaculizando el proceso creativo orientado a ese Real no significantizable. Muchos teatristas se conforman con una creatividad solo a nivel imaginario, una especie de decoración de ideas previas (del autor, del texto, del grupo) de manera novedosa. Sin duda, la transferencia analítica, tal como aparece en los ensayos, nos permite trabajar esta circunstancia repetitiva en la que insiste el trauma inicial de su formación actoral. Me cuesta, muchas veces, desactivar esta "segunda naturaleza", tal como la denominaba Stanislavski. Me resulta más penoso el trabajo con esta 'segunda na-turaleza' del actor, provista por la academia o los talleres acumulados sin demasiado criterio, que trabajar directamente con individuos que me ofrecen solo su 'primera naturaleza', la de la vida cotidiana, ese conjunto de hábitos impuestos por la cultura.

He aquí precisamente la paradoja a la que me enfrento: si la segunda naturaleza es una máquina de estímulo-respuesta que, mediante un entrenamiento pedagógico, supone facilitar al actor su proceso creativo, en mi caso, la pregunta es qué tipo de sorpresa puede haber, según venimos viendo, cuando se trata del *automaton*. He ahí el misterio de los métodos de formación actoral: asumir que una dimensión maquinal y hasta artificiosa garantizaría lo creativo *per se*, particularmente cuando Stanislavski y Grotowski, entre otros, sitúan lo creativo del lado del no-saber inconsciente y de lo azaroso. Sin duda, Stanislavski planteó estas cuestiones en el marco del fordismo-taylorismo y a partir de las investigaciones de Pavlov, como veremos más adelante, para producir cierto rendimiento profesional en el actor. Grotowski lo plantea contundentemente: "Un actor no puede confiar en un estallido de talento ni en un momento de inspiración" (89). Ahora bien, que dicho rendimiento tenga algo que ver con la creatividad concebida como tíquica, como un encuentro con lo Real sorpresivo, no significantizado —el famoso "yo no busco, encuentro" de Picasso, tantas veces evocado por Lacan— es algo cuestionable, y esto es lo menos que se puede decir. Desde mi praxis teatral, en la que favorezco la creatividad sobre la eficiencia profesional del actor, la afirmación del Grotowski en *Hacia un teatro pobre*, con su raigambre stanislavskiana, me ha parecido siempre controversial, en la medida en que parece convocar, por un lado, una confianza en la ciencia y, por el otro, aspirar a lo artístico (*tyche*), pero confiando en un método con pretensiones científicas:

> ¿Cómo se puede lograr que esos factores surjan en el momento en que se necesitan? Obligando al actor que intenta ser creativo a dominar un método. (89)

Como vemos, hay aquí demasiada confianza en el método y mucha hibridez epistemológica controversial. Para colmo, se confunde muy asiduamente 'método' orientado a la creatividad teatral con 'técnica' en cuanto formación actoral. La técnica (corporal, vocal, acrobacia, etc.) solo puede brindar una mayor destreza física, pero no se puede desprender de allí que sea propulsora de creatividad. Retomaremos estas cuestiones más adelante cuando tratemos el tema del estímulo-respuesta o del reflejo condicionado que subyace a la propuesta de *Hacia un teatro pobre*.

*Del teatro al laboratorio y el regreso a la escena*

Por ahora, es preciso retomar la cuestión del 'laboratorio" porque en él se asienta la confianza o creencia de que podría dar lugar a un método. Sin embargo, los ejercicios incluidos en el libro parecen más bien orientados a consolidar una técnica. Más adelante, como veremos, en las etapas posteriores al Teatro de Producciones, los ejercicios o propuestas de trabajo configuran una vía, un camino, un método hacia algo que ya no es la adquisición o desarrollo de destrezas actorales (Grotowski precisamente hablará de 'wandering', esto es, de andar errando, vagabundear hacia el encuentro con lo Real, incluso en el sentido del Tao), sino el saber y dominio sobre sí mismo del performer. Ya no se trata, como puede verse, del actor (figura central en *Hacia un teatro pobre*); Grotowski abandona la dirección y abandona la escena para instalar un método cuya dimensión ético-política hemos comentado varias veces en este libro. Si a veces vacilo en usar el vocablo 'performer' en mi praxis teatral (y no hablo, por ejemplo, de 'praxis performativa') es porque, apuntando al Performer grotowskiano, no abandono, sin embargo, la escena teatral, aunque en ella se instale el 'acto performativo', homólogo al acto analítico, y porque sostengo todavía la presencia del público, aunque ya no desde una posición contemplativa sino también analítica. Desde su etapa del Parateatro hasta la del Arte como vehículo Grotowski ha cuestionado —si podemos decirlo así— la frontera entre escena y público en un intención de disolver o reducir al mínimo la distancia entre ambas: nos hablará del participante o del Performer, que trabaja concentrado en sí mismo, o trabaja con otros, pero sin pretender construir un espectáculo. Los participantes elaboran escenas que comparten con los otros participantes y ofrecen a la mirada de Grotowski, pero éstos no se confunden con el público teatral, ajeno a la elaboración de dichas escenas.

Me parece que es tiempo de regresar a la escena; incorporar la propuesta grotowskiana para inventar un tipo de trabajo teatral muy diferente al tradicional y, consecuentemente, concebir un posicionamiento del público también diferenciado, fuera de lo contemplativo. Se puede trabajar a partir de un texto o no; hay que evitar partir de una idea y proceder a su ilustración, como hemos comentado varias veces, sin importar cuán relevante o urgente puede ser dicha idea políticamente. Lo Real sin ley solo puede abordarse desde lo visceral del cuerpo gozante, no desde lo representativo y esto vale también para el público: la escena debe ser lo suficientemente enigmática (no críptica) como para permitir a cada miembro del público, uno por uno, caso por caso, posicionarse de tal modo que, al tener que interpretar, ponga en juego los mismos o bien similares procedimientos que los 'actores' han atravesado durante las improvisaciones. Grotowski sostiene que "[e]ach spectator has different needs and, in the course of his life, his needs maybe change" (*Sourcebook* 110). Si traducimos "need" como demanda o deseo desde la perspectiva lacaniana, la perspectiva se ahonda y se complejiza. No hay en la praxis teatral nada nuevo, si se piensa en ese gesto de colectivizar la creatividad[115] tal como ocurría, por ejemplo, en el trabajo del Teatro del Oprimido de Augusto Boal o actualmente ocurre en el teatro comunitario con los vecinos del barrio, según se ha desarrollado posterior a caída de la dictadura argentina. La diferencia se instala, en todo caso, en que en esas experiencias se parte de una idea o un tema y se procede a ilustrarlos; en la praxis teatral, en cambio, partimos de la errancia a partir del cuerpo, sin plan prefijado y a la espera de la irrupción del inconsciente. Aunque siempre todos partimos de improvisaciones, en la praxis teatral no están orientadas a ilustrar o decorar la idea, sino a poner significantes a ese Real sin sentido y sin ley que irrumpe y nos golpea, en la convicción de que el inconsciente es transindividual y por ello confiamos en que el malestar en la cultura que nos duele como elenco hace puentes con el malestar en la cultura de la comunidad para la que trabajamos. Y es que, como lo plantea Grotowski, "[e]very great creator builds bridges between the past and himself, between his roots and his being", por eso, recurre al vocablo latino "pontífi-

---

[115] Obsérvese que no me refiero a la creación colectiva.

ce" el cual, etimológicamente significa precisamente "el que construye puentes" (*Sourcebook* 51).

Por ello mismo, se trata de una praxis teatral que no se basa en la formación actoral académica y promueve la creatividad con efectos políticos notables en cuano al cuerpo gozante de sus integrantes y de la comunidad. Mi esfuerzo en estos últimos años ha sido *pensar* (en sentido heideggeriano) y promover un *decir* (en el sentido de Lacan) sobre la praxis del teatrista, fuera de la obsesión por una técnica y lejos de intentar brindar un sistema totalizante como 'receta' de trabajo. La praxis teatral apunta, como he insistido en este libro, a la emancipación del sujeto del inconsciente (de los que están en la escena y de cada miembro del público) porque ésa es la vía, como lo vimos en Jorge Alemán, de *cuidar* de lo político como tal y evitar caer en la *nopolítica* a la que nos quieren condenar; es el modo de cuidarnos.

*El Laboratorio Teatral de Grotowski: paradojas y contradicciones*

A partir de la larga pero necesaria digresión (si es que se trate de tal) o, mejor, de ciertos prolegómenos indispensables para continuar nuestra interpetación blasfema, regresemos al Grotowski de *Hacia un teatro pobre*, quien aspira a un laboratorio cuyo modelo es, como ya vimos, el Instituto Bohr, interdisciplinario y multicultural:

> Un instituto que se dedica a investigaciones de este tipo debe, como el Instituto Bohr, ser un lugar de reunión, para observar y refinar los experimentos obtenidos por los individuos más talentosos en esta profesión, que provengan de los distintos teatros de otros países. (90) [...] Un instituto que realiza investigaciones metodológicas no debe confundirse con una escuela que entrena actores y cuya finalidad es "lanzarlos" al teatro. (90-91)

Una vez más insiste en la tensión entre lo científico y lo artístico, sospechosamente reunidos ahora bajo la idea de "zona limítrofe", y que además pasan a diferenciarse de lo pedagógico. A pesar de que "Para llevar a cabo una investigación semejante es necesario colocarse en la zona limítrofe de disciplinas científicas como la fonología, la psicología, la antropología cultural, la semiología, etcétera" (89) y a pesar de que el instituto o laboratorio dentro de la institución universitaria que lo aloja no está concebido como formador de actores, sino que trabaja desde el principio con actores probadamente profesionales (sin especificarse cuáles criterios se tienen en cuenta para esta diferenciación), lo cierto es que la consigna directriz, en su ambigüedad, se mantiene: "No es posible crear un método y permanecer apartados del acto de creación" (91). Grotowski redondea todos estos aspectos agregando entre paréntesis una reserva que aterrorizaría a la paranoia del científico, cuando asume que hay ciertas cuestiones que no deben ser definidas. Lo cierto es que allí donde quiere hacer un puente, se termina denunciando el río que separa las orillas:

> Tomando en cuenta el hecho de que el ámbito al que nuestra atención se dirige no es científico y de que dentro de él no todo puede definirse (en realidad, muchas cosas no deben ser definidas), tratamos sin embargo de determinar nuestros fines con toda la precisión y consecuencia necesarias para la investigación científica. (90)

La pregunta no debería hacerse esperar: ¿para qué modelizar un laboratorio teatral como un instituto científico si lo que se quiere abordar escapa a la ciencia como tal? Ahora es el momento de reflexionar sobre ese vocablo 'laboratorio'. Muchas veces a lo largo de su enseñanza Lacan tomó como punto de partida investigaciones como las de Konrad Lorenz (particularmente para el estadio del espejo), la etología (nuevamente con Lorenz y también con Pavlov) para diferenciar lo humano de lo animal y captar la emergencia del orden simbólico distinto de lo imaginario y, como ya es evidente, la lingüística, a partir de Ferdinand de Saussure y luego con los aportes de Roman Jakobson (significante como diferenciado de signo, metáfora y metonimia, etc.). Sin embargo, nunca se le ocurrió a Lacan desarrollar estos temas bajo el modelo de un instituto científico; por el contrario, el ámbito de su palabra es la enseñanza, imposible, del psicoanálisis,[116] practicada en el contexto del *seminario* y disparada como un retorno a Freud, un poco a la manera como Grotowski lo hará con Stanislavski. Es por esta senda que Lacan se interesa en las investigaciones de Pavlov como precursor de la psicología conductista del siglo XX, de la que busca apartar al psicoanálisis. Es constante en Lacan su necesidad y deseo de desligar al psicoanálisis de versiones como la *Ego Psychology*. Particularmente, Lacan denuncia cómo el sujeto, al ser desgajado de la naturaleza por el registro simbólico, pierde la armonía con ella y desde ese momento en que se inscribe la falta propia del deseo, hay una maladaptación, digamos, crónica, generalizada y definitiva frente a la cual poco puede hacer el conductismo. Adaptar al sujeto a la realidad, como propone la *Ego Psychology*, es siempre adaptarlo a la construcción fantasmática de la realidad que tiene el analista o la institución y, por esa vía, no hace falta decir que el punto crítico es, precisamente, la filiación ideológica del analista o la institución, con lo cual éstos se convierten, como Pavlov, en agente del control y disciplinamiento social.

*La sombra de Iván Pavlov: voluntad de poder y biopolítica*

Como ya vimos, el laboratorio es aquel lugar perfectamente equipado con instrumentos modernos y tecnológicos capaces de sustentar los experimentos. Esto supone, como ocurrió en el caso de Grotowski (y obviamente con el Instituto Bohr y con el mismo Pavlov), cuando hay una financiación adecuada y un marco institucional que involucra una disciplina, diseños programáticos, recursos humanos y laborales diversos. Se espera que en dicho laboratorio ocurran descubrimientos idóneos para ser divulgados, generando así mayores inversiones y un prestigio internacional. Estamos, como puede verse, en el campo del dominio, de la voluntad

---

[116] Freud decía que gobernar, educar y psicoanalizar eran tres tareas y profesiones imposibles. Esta imposibilidad no conduce a la desilusión o el abandono, sino justamente a lo contrario: cuanto más imposible, el sujeto más se empeña en proseguirlas. La imposibilidad debe situarse, a diferencia de las ciencias, en la dificultad de establecer una relación entre causa y efecto, entre estímulo y respuesta. Porque el sujeto está implicado en esa imposibilidad es por lo que hablamos de ciencias conjeturales.

de poder en sentido nietzcheano: es el poder del Discurso de la Universidad, como subrogado del Discurso del Amo. En efecto, basta pensar cuáles fueron las razones por las que el gobierno ruso de la Revolución apoyó las investigaciones de Pavlov: Lenin y Trotsky, tal como nos lo detalla Hub Zwart,[117] vieron en el laboratorio de Pavlov una ventana al futuro y la versión de un modelo para la futura sociedad comunista. Según Zwart, "[t]he laboratory was a knowledge factory driven by desire, by a will to know, but also by a will to power, a desire to acquire behavioral control" (60). La cita ya nos pone en la pista de la voluntad en Schopenhauer como *voluntad de vivir* del científico o del artista de laboratorio y seguidamente en el marco de la reconceptualización de esa voluntad como *voluntad de poder* en Nietzsche.

Lacan se aproxima a Pavlov para mostrar, entre otras cosas sobre las que volveremos más adelante en este capítulo, cuál fue el motivo que sus investigaciones contaran con el apoyo del Estado revolucionario. Es que el reflejo condicionado –tal como lo explora Pavlov con animales— fue visto como un instrumento para la ingeniería social tan pronto como los animales fueran reemplazados por seres humanos. Así, la base científica conseguida a partir de experimentos con animales –aparentemente presentada como ideológicamente desinteresada y puramente científica— fue tomada como modelo para la manipulación, explotación y control social, es decir, fue la promoción políticamente interesada a partir de investigaciones de laboratorio. El laboratorio aparece como el modelo a nivel micropolítico para reorganizar la sociedad sobre bases racionales y experimentales, y a la vez imaginar un estado comunista ideal por medio de un instrumento de manipulación psíquica la cual, junto con el fordismo y el taylorismo –también denominados 'americanismo'—, fungirían como modos de producción social y cultural. El conductismo, obviamente, fue el resultado de investigaciones orientadas a la manipulación de organismos

---

[117] En gran parte de este capítulo seguiré a Hub Zwart en su ensayo "Conditioned Reflexes and the Symbolic Order: A Lacanian assessment of Ivan Pavlov's experimental practice", al que citaré o glosaré en español para facilitar la lectura de los argumentos.

vivos, que luego se extendería a nivel global y, sobre todo en los Estados Unidos, afectaría al psicoanálisis en forma relevante. En este sentido, como lo dice Zwart, el utopianismo del siglo XIX da lugar a la ciencia respondiendo al mandato de producir incesantemente *conocimiento* (ya no *saber*, como sería el caso del arte y del psicoanálisis, incluso de la religión). Si en un principio Trotsky intentó conciliar lo científico de Pavlov con lo artístico del psicoanálisis freudiano, esa postura cambiaría a partir de 1949 cuando la doctrina pavloviana fue declarada oficial y el psicoanálisis demonizado y perseguido en la sociedad soviética.

Ocupando el lugar de Pavlov en el laboratorio y más allá de las críticas del científico al régimen, Lenin desea emularlo, instalándose como un entrenador de animales, pero esta vez a nivel socio-político y cultural, a partir de una misión definida como la re-educación del pueblo ruso (¿segunda naturaleza stanislavskiana?), el control de las conductas humanas y, en general, el dominio de la naturaleza. Nuevamente, su propuesta está dirigida al dominio y manipulación de los seres humanos y el modo de sociedad que los agrupa, pero también a buscar una eficacia y un mayor rendimiento de la producción en la gran industria (ya no el taller), en el marco de ciertos niveles de profesionalización.

¿Qué posición puede tomar el artista en este contexto? En el ámbito teatral, el de una profesionalización orientada a reducir el tiempo de trabajo para lograr el mayor rendimiento y, sobre todo, la uniformización de las habilidades, basadas en la repetición y sobre todo en la posibilidad de sustitución de un actor por otro en un proyecto de producción teatral con los mismos rendimientos y la cancelación de la más mínima diferencia relativa a la singularidad del artista.[118] Factores tales como raza, edad, gé-

---

[118] Recomiendo al lector leer las entrevistas realizadas por mí a directores latinoamericanos residentes en Estados Unidos en el volumen correspondiente de *Arte y oficio del director teatral en América Latina. Centroamérica y Estados Unidos*. Se aprecia en ellas cómo se trabaja en el teatro profesional (comercial o no, académico o no) en Estados Unidos: el tiempo pautado, la casi cancelación de procesos de improvisación creativos (el director debe tener completa su puesta en escena, incluido el trabajo con los artistas creativos) desde mucho antes de iniciar los ensayos; el actor debe ajustarse a la propuesta elaborada sin su presencia y creati-

nero, orientación sexual, etc. nunca son problematizados ni tenidos en cuenta en el Sistema. Basta pensar en la puesta en escena de los musicales de Broadway en todo el planeta para saber de qué estamos hablando aquí. ¿Es ése el teatro que pretendemos hacer? ¿Hasta qué punto el llamado teatro de arte no sigue involucrado en esta ideología?

Habida cuenta de lo dicho sobre las implicancias del vocablo 'laboratorio', algunas preguntas advienen al primer plano, particularmente cuando pensamos que el laboratorio de Grotowski, instalado en una universidad, supone que además de responder al Discurso de la Universidad (en cuanto a financiación, administración, protocolos académicos, etc.), está activo el Discurso del Amo polaco de ese momento. Mi primera interrogación es por qué hubo que abandonar un encuadre no solo pobre, sino pobrísimo, tal como el de Grotowski y su grupo en Opole antes de trasladarse a Wroclaw. ¿Voluntad de vivir o sobrevivir? ¿Voluntad de saber? ¿Voluntad de poder? ¿Resguardo de las posibles sanciones políticas que un grupo independiente podría sufrir fuera de cierto encuadre institucional? En segundo lugar, y por lo que hemos ya planteado en otros capítulos, me pregunto si ese marco cientificista del laboratorio para trabajar sobre lo artístico fue la manera solapada de plantearse la cuestión del inconsciente tal como lo hace el psicoanálisis, evitando sanciones estatales. Lo mismo, me parece, ocurrió con Stanislavski, quien recurrió al hatta yoga mientras a su vez proponía una nueva aproximación a la que denominó "análisis activo". ¿Cómo esta instancia de laboratorio influenció las experiencias posteriores de Grotowski en Nueva York, en California y en Italia? En este proceso vemos el largo pasaje del laboratorio al Workcenter (Centro di Laboro, Centro de Trabajo), con una etapa intermedia en la Universidad de New York y luego en la Universidad de California, Irvine, donde Grotowski asumió como profesor y su tarea fue entendida como 'investigación' (*research*), tal como es habitual en las universidades estadounidenses, hasta su localización en Italia, incluidos los viajes intermedios.

---

vidad; el actor solo aporta sus destrezas técnicas y puede ser sustituido por cualquier otro, con igual rendimiento, en caso de haber eventualidades diversas durante el ensayo o durante la temporada.

## Grotowski soy yo

Como veremos en los capítulos siguientes, hubo en este itinerario muchas transformaciones. Lo que parece claro es que, incluso en la continuación de los aportes stanislavskianos, centrados en el actor y el teatro, la visión grotowskiana va a dejar la etapa del Teatro de Producción y va a ir orientando su investigación en sentido triplemente global: en primer lugar, global para abarcar la personalidad del actor más allá de sus rendimientos profesionales; en segundo lugar, global en el sentido de que va a comenzar a viajar y organizar actividades en otras partes del mundo y, finalmente, global en tanto incorporará paradigmas performativos y religiosos de más allá del territorio europeo.

*De la investigación al encuentro*

El propósito de Grotowski en esta etapa de Wroclaw es acceder a leyes objetivas que superen el nivel de la mera receta. Todavía en *Hacia un teatro pobre* Grotowski habla del actor; más tarde, como ya hemos comentado, esta figura va a ampliarse: hablará de participantes y finalmente del Performer, al modificarse también los objetivos ya no tanto 'de investigación', sino de *encuentro*. Según lo plantea en *Hacia un teatro pobre*, metodológicamente se propone tres objetivos:

a) estimular el proceso de autorrevelación, llegando hasta el inconsciente, pero canalizando los *estímulos* a fin de obtener la *reacción* requerida;

b) Ser capaz de articular el proceso, disciplinarlo y convertirlo en *signos*. En términos concretos esto significa construir una partitura cuyas notas sirvan como elementos tenues de contacto, como *reacciones* a los *estímulos* del mundo externo: a aquello que "llamamos "dar y recibir";

e) eliminar del proceso creativo las resistencias y los obstáculos causados por el propio organismo tanto físico como psíquico (ya que ambos constituyen la totalidad). (89, el énfasis es mío)

La palabra "autorrevelación" ya parece indicar que no se trata de equipar al actor con mecanismos de efectividad, rendimiento y eficiencia actoral, sino de ir más allá, involucrando al sujeto. Si "lo medular [en el teatro] es el encuentro" (49), si "el meollo del teatro es el encuentro" (51), la extensión de ese 'encuentro' debe ser calibrada: Grotowski la despliega en varios sentidos. El término 'encuentro' no está usado en la perspectiva de Picasso; apunta a un ideal de intersubjetividad que, mucho más tarde, tal como hará Lacan, el mismo Grotowski deconstruirá. En este momento de su carrera, se refiere en primer lugar al encuentro del hombre consigo mismo y con sus colegas: ¿debemos deducir que al ser un hombre de teatro, estamos pensando en el actor, el director, o bien generalizamos en el teatrista, involucrando técnicos y artistas creativos? Veremos que Grotowski piensa en todos esos encuentros entre diversos profesionales.

> El meollo del teatro es el encuentro. El hombre que realiza un acto de autorrevelación, el que establece contacto consigo mismo, es decir, una extrema confrontación, sincera, disciplinada, precisa y total, no meramente una confrontación con sus pensamientos sino una confrontación que envuelva *su ser íntegro*, desde sus instintos y su aspecto inconsciente hasta su estado mis lúcido.

> El teatro es también un encuentro entre la gente creativa, soy yo, como director, quien se enfrenta al actor, y la autorrevelación del actor me permite una revelación de mí mismo. (51, el subrayado es mío)

La autorrevelación concierne a la conciencia y al inconsciente pero, según parece indicar al referirse a los instintos, también involucra al cuerpo como organismo. Y va todavía más lejos: apunta al 'ser', al ser íntegro más allá del ente (cuerpo, mente, etc.). Tendremos que explorar los avatares de este ser, como vida y como voluntad de poder, porque allí reside esa "inquietud de pensar" de Grotowski, si se quiere —siguiendo a Heidegger— la metafísica grotowskiana.[119]

---

[119] Si, como afirma Heidegger, "El preguntar por la ἀρχή, el preguntar la pregunta τί τὸ ὄν; es metafísica; o, a la inversa: metafísica es aquel cuestionar y buscar que

El vocablo 'instinto' nos pone en un aprieto si lo asumimos desde las elaboraciones que se han realizado en diversas disciplinas desde la publicación de *Hacia un teatro pobre* hasta hoy. La traducción de *Instink* en los textos freudianos, por ejemplo, trajo, como se sabe, muchos problemas al psicoanálisis, porque cuando se lo ha traducido como 'instinto', muchas veces se refería al *Trieb*, término usado por Freud: con *Trieb*, hoy ya normalizada la traducción, sabemos que Freud se refería a la *pulsión*, lo cual nos saca del plano de la animalidad y nos ubica en el borde entre lo animal y lo humano, entre naturaleza y cultura, pero a la vez nos saca del determinismo orgánico para apuntar a un *cuerpo* que ya tenemos obligación de pensar de otro modo sin reducirlo a lo biológico. Nos vemos necesitados de diferenciar, tal como lo plantea Freud, entre los estímulos y la pulsión; el estímulo viene del exterior, podría ser evitable y se corresponde con una reacción o respuesta; la pulsión, en cambio, viene desde el interior del organismo, lo cual nos llevará a observar que, en el caso de Pavlov, el experimento consiste en producir una respuesta a partir de un estímulo al que se expone al animal. No sería posible esto a nivel de las pulsiones. Reproduzcamos el texto freudiano cuando se plantea la pulsión a nivel de una teoría de la libido (no a nivel del instinto maquinal):

> Una pulsión se distingue de un estímulo, pues, en que proviene de fuentes de estímulo situadas en el interior del cuerpo, actúa como una fuerza constante y la persona no puede sustraérsele mediante la huida, como es posible en el caso del estímulo externo. En la pulsión pueden distinguirse fuente, objeto y meta. La fuente es un estado de excitación en lo corporal; la meta, la cancelación de esa excitación, y en el camino que va de la fuente a la meta la pulsión adquiere eficacia psíquica. La representamos como cierto monto de energía que esfuerza en determinada dirección. De este esforzar {*Drangen*} recibe su nombre: pulsión {*Trieb*}. (*Obras completas*, XXII, 89)

---

está siempre conducido por la pregunta única: ¿qué es el ente? Por eso llamamos a esta pregunta la pregunta conductora de la metafísica" (*Nietzsche* 363), entonces, en tanto Grotowski comenzará a preguntarse por el origen, podemos pensar que hay en su propuesta un preguntar metafísico.

Al involucrar el inconsciente en la autorrevelación, Grotowski también nos propone –según hoy sabemos— ir más allá del ego, del yo [*moi*], como causa de la creatividad. En ese más allá del yo encontramos el sujeto, siempre sujeto del inconsciente y, para esta tarea, curiosamente, Grotowski acude a la propuesta de estímulo-respuesta, tal como aparece en Pavlov.

Dicho sea de paso, no nos dará en ningún momento pistas sobre cómo entiende el inconsciente; dicho así, se trata de una noción, de un mero más allá de la conciencia, pero sin la arquitectura teórica del psicoanálisis. De tratarse del sujeto y del inconsciente psicoanalítico, poco es el rendimiento que puede esperarse de un entrenamiento basado en estímulo-respuesta. No se sabe quién fija, selecciona, rechaza los parámetros que habilitan a hablar de una reacción requerida, tal como hacía Pavlov con sus perros. En este marco grotowskiano la pregunta sería: ¿rendimiento requerido por quién o por qué? Veremos más adelante las críticas de Lacan a Pavlov a este respecto.

El segundo encuentro propiciado por el teatro, según el maestro polaco, es el que ocurre "entre gente creativa" (51), en particular la relación de autorrevelación mutua que surge del encuentro entre director y actor. Un tercer encuentro ocurre entre el director y el actor con el texto. Aquí nuevamente la metáfora es anatómica: el texto como bisturí:

> Para ambos, para el director y para el actor, el texto es una especie de escalpelo que nos permite abrirnos a nosotros mismos, trascendernos, encontrar lo que está escondido dentro de nosotros y realizar el acto de encuentro con los demás; en otras palabras, trascender nuestra soledad. (51)

Esta cita da cuenta de una sutil pero *radical* transformación o cambio de perspectiva en cuanto a la puesta en escena de una obra dramática: (a) Teatristas y texto concebidos como cuerpos; (b) ni el director ni el actor aparecen como bisturí que cortarían el cuerpo o corpus textual, sino precisamente a la inversa, el texto es el bisturí que corta los cuerpos (ya no orgánicos) de los teatristas; (c) el corte promueve el encuentro con lo que está escondido en el teatrista y no en el texto, un encuentro que ya no es intersubjetivo, sino ahora en la ecuación sujeto-objeto: lo cual supone – pero no garantiza— la posibilidad de la sorpresa, el 'yo no busco, encuentro'.

Se desliza en esta cita, además, la idea de cierto sacrificio o autoflagelación del teatrista: el texto-bisturí es capaz de abrir el cuerpo y explorarlo visceralmente como forma de trascenderse a uno mismo y encontrarse con los demás. En términos lacanianos, podríamos re-escribir esta operación como un acceso del texto a la soledad del sujeto, ese vacío desde el cual se pueda posteriormene acceder a un Común una vez que se haya tocado ese núcleo incurable que Lacan denominó el sinthome, el cual constituye la singularidad del sujeto a fin de articularla al "hecho colectivo de la política" (Alemán, *Soledad: Común* 23), desde cuya lógica es precisamente posible captar esa singularidad. Alemán subraya el hecho de que entre la Soledad y el Común hay una brecha –el vacío de lo real— en la que se instala el lazo social bajo alguno de los cuatro discursos lacanianos, particularmente el discurso del Amo a partir del cual surge el sujeto, marcado por los significantes que mortifican su cuerpo y lo mantienen capturado a los mandatos e ideales del Otro. No siempre es posible *liberarse* de esos mandatos, que suelen conservar su eficacia, aunque sea en forma debilitada; pero sí es posible –bajo diversas técnicas orientadas a recuperar el cuerpo gozante— *emanciparse* de dichos ideales y mandatos, lo cual no es un proceso feliz. A esa emancipación Lacan la ha designado como separación del sujeto respecto a la alienación al Otro en la que estaba capturado su deseo y su goce. En las etapas de Grotowski es posible ver cómo a su modo apunta a una separación que le permita al sujeto tomar "una distancia inédita, una perspectiva en 'anamorfosis' sobre lo que es su propio fantasma, siempre impregnado del poder constituyente de las figuras del Otro" (Alemán, *Soledad: Común* 29). Esta distancia respecto a las identificaciones que lo tenían fijado a un plus-de-gozar en su fantasma se procura de modos diversos en diferentes culturas y períodos históricos. No siempre, sin embargo, esta separación o emancipación va dirigida a establecer una salida o salto hacia lo colectivo.[120] Hay diversas formulaciones respecto a cómo podría realizarse ese salto; se trata de un problema extremadamente complejo: Grotowski va a darnos diversas posibilidades en las sucesivas etapas de su búsqueda. Nuestra praxis teatral aporta su propia versión. Tanto en el maestro polaco como en nuestra propia búsqueda se apunta por medio de lo teatral a evitar lo político como una totalidad homogénea que cancele el conflicto o el antagonismo inherente a toda propuesta democrática; se trata de apuntar a aquello que Ernesto Laclau retomó como 'pueblo', evitando una masificación basada en identificaciones, tal como Freud ya había planteado, de modo que tanto Grotowski como nuestra praxis teatral no pueden orientarse hacia la constitución de una masa o un convivio, con la ilusión de un público en el que se metaforizaría el ideal de una sociedad pacificada y en armonía consigo misma. En todo caso, si es muy difícil responder a las preguntas de cómo construir un Común sin taponar su vacío con un significante amo, la praxis teatral se propone la emancipación de cada sujeto en el público, pero deja en manos de dicho público la operación de construir hegemonía siempre y cuando tengan el deseo decidido de separarse del "circuito de la mercancía y sus servidumbres" (Alemán, *Soledad: Común* 36).

---

[120] En su libro *Colonización de la subjetividad*, Nora Merlin plantea "el sofisma de la emancipación" a partir del ensayo de Lacan titulado "El tiempo lógico y el aserto de certidumbre anticipada. Un nuevo sofisma", incluido en sus *Escritos* y del que yo mismo partí para trabajar la cuestión del ensayo teatral ("Ensayando la lógica o la lógica del ensayo"). No describiremos aquí el apólogo de Lacan de los tres presos. Merlin, muy puntualmente, demuestra dos cosas que nos importan en este libro: en primer lugar, que la construcción de hegemonía parte de "un acto que se produce y que luego, a posteriori, demuestra su lógica, sus razones y su derecho – y no al revés: primero la solución lógica y luego el acto" (21). En segundo lugar, que al proceder de esa manera, estamos en la ética de las consecuencias propia del psicoanálisis y no de las intenciones como en Kant. Por eso Merlin agrega: "De igual modo sucede con las construcciones populares: lo común no surge por identificación, como acontece con la masa, ni es un punto de partida, sino el efecto de una lógica articulatoria de demandas, relaciones sociales, antagonismos, deseos, afectos y posiciones discursivas. La posibilidad de nombrarse, la identificación, será consecuencia de un acto político" (21).

Notamos todavía en Grotowski la pervivencia de una dimensión cristiana y monacal, del orden sadomasoquista de la penitencia. ¿Sobre qué evidencia se sostiene esta cirugía? La metáfora de la auto-vivisección da a entender que es el itinerario que uno tiene que realizar para hallar 'eso' escondido o velado para el ego, que además de obstaculizar el conocimiento de uno mismo, también obstaculiza la relación con el otro y con el texto. No obstante, nótese que todavía se mantiene la ecuación cuerpo/organismo y por ello es contraproducente pensar que se puede alcanzar desde allí el saber-no sabido del inconsciente. Si esta lectura es válida, podemos conjeturar que se trata de aquello inconsciente que se halla oculto, reprimido y que habría que exponer a la luz del otro, esperanzados en que el otro también haga lo mismo y procure el encuentro pero a nivel de un Real como tíquico y sin sentido. Pasamos, pues, del ego al sujeto, siempre entendido como sujeto del inconsciente que escapa al conocimiento del yo. Insistimos: el que busca no es el teatrista; el que busca y *quizás* encuentra es el texto. El sujeto es el texto; el teatrista es objeto, cuerpo mortificado, alienado, sobre la mesa del quirófano.

Texto/escalpelo – cuerpo del teatrista: asoma aquí la cuestión de la carne (la del texto), agitada o atravesada por las pasiones y el deseo donde se podría captar la verdad del sujeto, verdad por lo demás siempre deviniendo, siempre rehaciéndose, de ahí que solo podamos hablar de 'semblante' de la verdad. Y es que el texto mismo funge como cuerpo palpitante cuya voluntad de poder puede vivificar el cuerpo anestesiado del teatrista. Solo ese cuerpo textual es capaz de tornar la carne del teatrista en un sacudimiento vital para reavivar lo pulsional, esto es, su dimensión de carne en la cual habría un sentido oculto que hay que sacar a la luz, que hay que revelar; operación que —según Grotowski— no se realiza por medio de una interpretación a la manera de la lectura literaria (que precisamente constituye el correlato invertido —sujeto=teatrista / texto=objeto, tal como la sostiene la metafísica occidental pre-nietzscheana que Grotowski invierte con su gesto blasfemo). La palabra de la escena se vivifica por intermediación de los actores, pero gracias a la operación realizada por el texto y no al revés, no se vivica el texto por la fuerza vital del actor (la diferencia aquí con Stanislavski es crucial); por eso no importan demasiado los procedimientos literarios (adaptación, collage, fragmento) que se utilicen para montar dicho texto y el sentido cifrado del mismo. Las preguntas heideggerianas aquí serían: ¿qué ve el público? ¿Qué es lo que adviene a la presencia: el sentido cifrado del texto por medio de los cuerpos de los actores, ahora vivificados gracias a dicho texto, o bien el sentido oculto del inconsciente del elenco? ¿Qué verdad, o mejor, que tipo de verdad se pone en escena? Me parece que la respuesta más adecuada la provee el vocablo "encuentro". El texto sale a la búsqueda y *quizás* logre encontrar algo en el elenco; el teatrista busca aquello que no sabe a través del trabajo con el texto y *tal vez* encuentre algo de sí mismo: en ambos casos, los encuentros serán siempre fallidos, por el Real en juego y porque la verdad no puede decirse toda. Texto y sujeto son, en todo caso, apenas un momento de *fijación* del devenir.[121]

---

[121] Para Nietzsche, según la interpretación de Heidegger, la verdad es un momento de fijación del devenir del ente; no hay manera de eludir la verdad como fijación: "lo que sale al encuentro se convierte para el ser viviente en cosas fijas y «objetos», en algo consistente con propiedades permanentes según las cuales se rige" (199), pero eso constituye un intento de paralizar la vida: "La verdad es, por el contrario, el parecer que se ha fijado en cada caso y que hace que la vida quede amarrada a una determinada perspectiva y se conserve. En cuanto tal fijar, la «verdad» constituye una detención y por lo tanto una inhibición y destrucción de la vida" (201). Y, en tanto es apenas una fijación incompleta e históricamente determinada de la vida, podemos decir que la verdad es siempre 'no-toda', solo podemos formularla en un mediodecir. Esa verdad es la manera temporaria de mostrarse del ente y quien se apoltrona en ella queda en cierto modo congelado, muerto en relación al proceso de transvalorar los valores. Un nuevo valor es precisamente un momento de fijacion de la verdad que sustituye a los valores viejos y, eventualmente, será también sustituido por otro. Se entiende, de paso, por qué esta perspectiva de la verdad tenemos que pensarla, en nuestra praxis teatral como lo político: en efecto, nos habla del proceso emancipatorio como tal, siempre rehaciéndose, en ese juego de lo instituyente (contrahegemónico) e instituido (hegemónico) que no puede nunca satisfacer todas las demandas y que, por ello, no puede dejar de reiniciarse en cada *instante*. La actitud que de aquí se deduce es que hay que estar constantemente preguntando para mantener una actitud elevada que supere cada vez la verdad fijada y sostenga "la fuerza vinculante [del devenir y de la vida] que todo supera y todo domina" (152). Se entiende de ese modo que Nietzsche diga que la verdad es siempre una ilusión y que Lacan la plantee como un semblante. Y es que "este parecer sólo es una apariencia en el sentido de mera apariencia cuando lo que se muestra en la perspectiva se solidifi-

## Grotowski soy yo

ca y fija como lo único determinante, en perjuicio de otras perspectivas que presionan alternativamente por abrirse paso" (199). Ahora bien, para la metafísica occidental platónico-cristiana la verdad está fijada en el 'conocimiento'; Nietzsche invierte esta metafísica y al postular lo sensible y no la idea como esencia del ente, transforma completamente el planteo de la metafísica occidental: la verdad, a partir de su voluntad de poder, es inherente al saber y al cuerpo gozante, ya no es ni universal, ni predecible, ni enseñable, como ocurre con el conocimiento científico. En tanto es singular y contingente, no puede dar lugar a ningún sistema. Esa verdad ahora remite al sujeto (del inconsciente) y, como ya lo planteó Freud, nunca se la puede (nunca se la debe) fijar de una vez por todas: cada interpretación obliga a reformular la verdad como un decir –aunque temporalmente fijado– que es no obstante siempre incompleto, nunca total, indefinido, en el cual vamos transvalorando todos los valores, si es que no nos quedamos fijados a una verdad como definitiva, y por lo tanto nos ponemos de parte de esa voluntad de poder destructiva (de lo viejo) y constructiva (de lo nuevo), como afirmación de la vida y no como fijación al nihilismo o a cualquier otro discurso hegemónico que se proponga como 'la' verdad. "Visto perspectivistamente, este ser [el de la metafísica platónico-cristiana hasta Nietzsche] sólo es el parecer que ha sido fijado unilateralmente como el único determinante y es, por lo tanto, con mayor razón, una mera apariencia; el ser, lo verdadero, es mera apariencia, error. [...] La verdad, es decir el ente verdadero, es decir lo consistente y fijado, es siempre, en cuanto fijación de una perspectiva determinada, sólo una aparienciaidad *que ha llegado a dominar, es decir un error.*" (199, el subrayado es mío). En esta concepción de la verdad queda claro que ésta no puede ser catalogada, clasificada en tratados filosóficos, en doctrinas sistemáticas o manuales escolares (180). Por eso Heidegger combate todos los argumentos de algunos críticos de Nietzsche para quienes éste nunca logró construir 'su obra' como un tratado sistemático a la manera de Platón, de Hegel, de Spinoza, en los cuales se ha 'fijado' el ser: es que justamente la concepción nietzscheana de la verdad está del lado del saber, del fluir del devenir y no del lado de un conocimiento congelado y postulado como universal. Nietzsche mantiene una actitud perpesctivista respecto del ser a fin de mantenerlo en su muliplicidad. Grotowski, como veremos en este libro y a partir de su etapa del Teatro de las Fuentes, va a recurrir a otras tradiciones, no por afanes multiculturalistas tal como hoy la academia occidental hace lo posible por elaborar su culpa 'orientalista', sino por la posibilidad de acceder perspectivísticamente al devenir, al origen (no histórico del tiempo-reloj, sino como principio siempre involucrado en el *instante* de una temporalidad no cronológica). El sujeto del conococimiento, en consecuencia, no es el sujeto del saber. La praxis teatral está, pues, de parte del sujeto del saber y, además, comparte con Nietzsche la convicción de que "*El arte en cuanto transfiguración acrecienta la vida más que la verdad en cuanto fijación de un parecer*" (202), sin importar los niveles de profesionalidad aquí involucrados, sino la voluntad de poder en lo que ella apuesta a lo creativo y al dominio.

Tradicionalmene, se procede a hacer cortes en el corpus textual. Se trata de *encarnar* las palabras muertas del texto, insuflándole alma para reanimarlo. Lo vemos en la posición de Stanislavski, que ahora Grotowski sutilmente invierte. Y es que en la concepción tradicional parece instalarse otro matiz religioso –que Grotowski blasfema— ligado a la resurrección. El texto –siempre muerto, residual en el sentido de cuerpo cadaverizado— es resucitado por el trabajo del teatrista como demiurgo: Grotowski transforma esta 'verdad' fijada por la metafísica platónico-cristiana (a) sacando, en primer lugar, al autor dramático de su privilegio sobre la verdad del texto y en parte la desplaza hacia el director y el actor en un gesto interesado por independizar la escena y darle autonomía frente a los determinantes textuales, solo verbales. Sin embargo, (b) Grotowski, al postular el texto como momento de una verdad fijada en el devenir, como ilusión y error, pero como ente dominante, incita la voluntad de poder del teatrista para transvalorar dicho texto y dicha verdad, acudiendo a los procedimientos que mejor se adecuen para dicha tarea contrahegemónica. Y en este proceder, que es un preguntar sobre la pregunta del texto, logra *despertar* al teatrista del sueño en el que lo tiene sumido la metafísica occidental, a la vez que transforma al teatrista para tornarlo capaz de desenmascarse, asumir una posición de dominio sobre sí mismo y desplegar aquello todavía oculto en el ente, aquello que en el texto, como momento fijado del devenir, todavía no ha podido acceder a la presencia. Esta operación, ya en términos del psicoanálisis, supone una actitud parricida, esto es, matar o negar al autor, matar o negar a dios –el famoso 'dios ha muerto' nietzscheano—, para ir dejando lugar gradualmente a la instalación del superhombre (el Performer), como aquel que logra el dominio de sí y, a la vez, apuesta por la vida, en ese juego de fuerzas dionisíaco-apolíneo propio del devenir como voluntad de poder.

Gilles Deleuze, en su *Nietzsche*, va a ir pautando el proceso desde la muerte de dios al superhombre, pasando por diferentes etapas: el último hombre y el hombre que quiere perecer. No hay ahora ningún dios ni ningún demiurgo: dios ha muerto, aunque haya una dimensión simbólica en la que el Otro todavía persiste y tenemos que servirnos de él, aunque más no sea porque estamos determinados por el lenguaje. En esta etapa de *Hacia un teatro pobre*, Grotowski parece estar todavía en el inicio de ese camino, posicionado como aquello que en *Así hablaba Zaratustra* se denomina "Hombres superiores" y que Deleuze describe como los que, dada la muerte de dios, asumen ocupar su lugar y cargar con "los valores humanos [creyendo] incluso recobrar la Realidad, recobrar el sentido de la afirmación [de la vida]" (39), pero no obstante todavía no han podido acceder a la transvalación de los valores, siguen capturados por las fuerzas reactivas y, por ende, reproduciendo el nihilismo en alguna de sus formas, como la ascética.[122] Aunque blasfemo, el planteo grotowoskiano todavía parece ser deudor, al menos, de la metafórica religiosa judeo-cristiana a la que apela, como cuando habla del carácter vivificador del Verbo. Escribe Grotowski:

> En cuanto a mí, no deseo ni hacer una interpretación literaria ni un tratamiento literario porque ambos están más allá de mi competencia, porque mi campo es el de la creación teatral. Para mí, *creador* de teatro, lo importante no son las palabras sino lo que hacemos con ellas, lo que reanima a las palabras inanimadas del texto, lo que las transforma en "la Palabra". Iré más lejos: el teatro es un acto engendrado por *reacciones* humanas e *impulsos*, por contactos entre la gente. Es *a la vez* un acto *espiritual y biológico* [¿pulsional?]. Pero seamos completamente claros, no quiero decir que debamos hacerle el amor al público, eso nos convertiría en una especie de artículo de venta. (52, el subrayado de 'creador' es mío)

De las palabras muertas, se pasa a la Palabra con mayúsculas, debido a la creación del director con sus criaturas (actores); la puesta en escena deviene, entonces, en cierto modo sagrada o divina, en la medida

---

[122] Escribe Deleuze: *"Hombres superiores.-* Son múltiples, pero son la prueba de una misma empresa: tras la muerte de Dios, reemplazan los valores divinos por valores humanos. Representan por tanto el devenir de la cultura, es decir, el esfuerzo por poner al hombre en el sitio de Dios. Como el principio de evaluación permanece igual, como no se ha producido la transmutación, ellos pertenecen plenamente al nihilismo" (*Nietzsche* 57).

en que se homologa al Verbo con el que dios creara el mundo y al hombre.

Finalmente, está el encuentro con el público, en el que se produciría también una mutua autorrevelación pero, curiosamente, como *automaton*, esto es, a partir de "un acto engendrado por *reacciones* humanas e *impulsos*, por *contactos* entre la gente" (el subrayado es mío). Público y escena como resonadores mutuos, reacciones a estímulos cuya consistencia y locación teórica resulta difícil de discernir. ¿Habrá que imaginar estas reacciones y estímulos tal como Pavlov los estudiará en las ratas y los perros? La impronta pavloviana se deja sentir aquí, generando una contradicción o tensión entre los postulados religiosos y los científicos. Volveremos sobre esto; por ahora nos interesa la aclaración final, en la que Grotowski quiere ser claro y, sin embargo, alcanza su máxima oscuridad: no se trata de hacerle el amor al público. ¿Cómo leer esto? ¿Desde qué discurso? Es claro que Grotowski está pensando, en primera instancia, en ese 'hacer el amor' como darle al otro lo que desea, ceder a la demanda del otro, ofreciéndose la escena como un objeto, una mercancía para su consumo, disfrute y divertimento. Grotowski no favorece esta vía de objetalización, tal como ocurre en el teatro comercial. ¿Crítica indirecta a Peter Brook?

¿Cómo conectar ese 'hacer el amor' con la venta de un objeto en el mercado? Hacer el amor ha sido entendido en occidente como dos que aspiran a ser Uno. Desde el psicoanálisis, hacer el amor, además, pone en juego la sexualidad, la no-relación sexual y la cuestión del deseo, pero también la del fantasma.[123] Se podría incluso pensar que Grotowski desliza un gesto temprano frente a ese tipo de performance en el que el cuerpo de los performers desdibujan el límite entre escena y público, transformando la contemplación en participación y regresando así a la ilusión del Uno. Y si ésta es la propuesta, concebida como comunión de los cuerpos una vez disuelta la división entre escena y platea, ya sabemos cuán fallida es, porque —si Lacan acierta con su famoso lema 'no hay relación/proporción

---

[123] Retomaremos esta cuestión en otro capítulo.

sexual'— sabemos que no hay manera de colmar el deseo y goce del otro, que el goce es autoérotico, que el otro en cuanto tal es radicalmente otro, siempre más allá, etc.

*De las inhibiciones a las resistencias*

Otro rasgo pavloviano aparece en b), cuando con disciplina, aspira a que el proceso permita observar "signos". Volveremos a esto inmediatamente, porque será el foco para nuestros comentarios en relación a Pavlov y Grotowski. En cuanto a c), se habla de resistencias y obstáculos, pero tampoco se los define o se los refiere a un corpus teórico determinado, salvo que asumamos una vez más el horizonte pavloviano. En psicoanálisis la resistencia poco tiene que ver con las inhibiciones, que es lo que Grotowski parece estar teniendo en mente; son las defensas del yo las que operan en el actor mientras que la resistencia se pone del lado del analista o del director. Y por eso el maestro polaco parece acercarse a la resistencia analítica cuando ubica perfectamente a ésta en la dinámica de la transferencia: "Los obstáculos mayores los crean el director y sus camaradas actores" (206), ambos resisten al texto dramático. En física, la resistencia es la fuerza que se opone a la acción de otra fuerza o que impide la circulación de la energía. Filosóficamente, la resistencia como fuerza frente a otra fuerza nos lleva, desde Schopenhauer hasta Foucault, pasando por Nietzsche, a la cuestión de la voluntad y del poder. La cancelación de las inhibiciones en el actor ya era un objetivo del Sistema de Stanislavski. Nada nuevo aquí. Sin embargo, cuando nos habla del organismo en su totalidad, se va a implicar el nivel *natural* del cuerpo, y lo hará, según parece, dentro de la tradición cartesiana de mente y alma, de lo físico y lo mental (*res extensa* y *res cogitans*), que en etapas posteriores Grotowski superará.

En lo que concierne a esta primera etapa, donde hubiéramos esperado una superación de esta oposición binaria, se retoman en cambio los lastres de una vieja tradición filosófica de la que poco cabe esperar para entender ese sujeto que emerge del malestar en la cultura de postguerra y en la cultura de los *sixties*. En psicoanálisis la resistencia, como ya lo planteó Lacan, es la del analista, no la del analizante. La resistencia no se confunde con la represión que el yo ejerce sobre el inconsciente. Hoy, por otra parte, nos resulta bastante difícil pensar en una 'totalidad'; ni siquiera el Otro simbólico carece de una falta, menos aún el Otro-que-no-existe. Lo psíquico, en cuanto concierne al yo y al sujeto, nunca se establece como totalidad; la necesidad como carencia hace que el organismo tampoco pueda ser concebido como una totalidad autosuficiente, mucho menos la demanda que ya está decididamente dirigida al Otro.

Dicho lo cual, vemos que Grotowski debate su propuesta metodológica entre dos formaciones discursivas difíciles de conciliar: por un lado, lo relativo al inconsciente como fuente de la creatividad y la necesidad de mantenerse al nivel de la singularidad de cada actor y la individualidad de la experiencia religiosa; por el otro, la necesidad de establecer leyes objetivas, las cuales, como en toda ciencia, van de la mano de la expectativa universal y general. Grotowski se pregunta:

> ¿De qué manera pueden exponerse objetivamente las leyes que gobiernan esos procesos individuales? ¿Cómo llegar a definir solamente las leyes objetivas sin caer en las recetas? (Porque las "recetas" terminan siempre en lo banal.) (89)

Desde el psicoanálisis lacaniano, la encrucijada a la que Grotowski se enfrenta en lo teatral parece diseñar la tensión entre el todo de la función fálica (a nivel de lo científico) y el no-todo del goce Otro (de La Mujer). Generalidad y universalidad vs. singularidad y contingencia.[124] En

---

[124] Corresponde anticipar aquí aquello que trabajaremos en más detalle en la tercera parte de este libro. Se trata de pensar la relación entre las fórmulas de la sexuación y las lógicas de la emancipación (tal como se las ha designado en un encuentro organizado en España y centrado en los aportes del psicoanalista argentino Jorge Alemán). En el libro que compila los trabajos presentados en ese encuentro, José Alberto Raymondi dice asumir "la política como una práctica de un cuerpo, de un cuerpo-que-habla desde los efectos de la *lalengua* producto de él" (57). Bajo esta consigna, el autor se propone situar el deseo emancipatorio o la emancipación a partir de las fórmulas de la sexuación en Lacan; como vemos, estamos hablando de lógicas (lo fálico de un lado, el no-toda de La Mujer, del otro), no de esencias masculinas o femeninas, sino posiciones de sujeto. Al hacerlo, el autor instala la emancipación, en tanto deseo, en el inconsciente. Y aunque

este trayecto hay que situar el *sinthome*, la singularidad del goce del sujeto, con el cual éste debe arreglárselas, tal como Grotowski lo planteará al sostener que cada actor debe realizar los ejercicios para encontrar su propia 'individualidad'. Precisamente a continuación de la cita anterior, Grotowski proclama que:

> Cada actor debe advertir claramente cuáles son los obstáculos que le impiden expresar sus asociaciones íntimas, y que originan *su falta de decisión*, el caos de su expresión y su falta de disciplina; qué le impide experimentar el sentimiento de su propia libertad, qué obstáculos hay para que su organismo sea totalmente *libre y poderoso* y para que nada esté más allá de sus capacidades. (90, el subrayado es mío)[125]

Grotowski parece referirse al famoso "tener un deseo decidido" de Lacan, sin el cual, no hay análisis posible. Su meta es alcanzar un método cuyas leyes objetivas permitan a cada actor liberarse de obstáculos, malos hábitos, caos, represión, a fin de alcanzar un estado en el que pueda

---

Jorge Alemán en su *Soledad:Común* —nos dice Raymondi—afirme que "lo igualitario estaría del lado de lo imposible-contingente" (58), esto es, del lado del notoda, lo cierto es que "estrictamente, la lógica de la sexuación no puede leerse sin una consideración de ambos lados, el del "Todo" (lo posible y lo necesario) y el "No-todo" (lo imposible y lo contingente)", enfatizando el hecho de que ese lado "No-todo" no es un complemento sino un suplemento de la función fálica (58-59). Y es que, para Lacan, como nos recuerda Raymondi, "el inconsciente es la política" (*Seminario 14* inédito, citado por Raymondi 63). De modo que al inconsciente, en esta etapa ya avanzada de la enseñanza lacaniana, "Ni la fábrica [referencia a Deleuze y Guattari, *Antiedipo*] ni el edipo lo determinan, su horizonte último es la política y su escritura instituyente [es] lo político de la *lalengua*" (63). Se entenderá desde ahora en este libro desde dónde queremos leer a Grotowski y *hacia* dónde nos orientamos en la relación entre praxis teatral y emancipación.

[125] Para un lacaniano, esta cita le hace resonar el famoso ensayo de Lacan sobre los tres prisioneros en "El tiempo lógico y el aserto de certidumbre anticipada. Un nuevo sofisma", que he trabajado en relación a la praxis teatral en mi artículo "Ensayando la lógica o la lógica del ensayo: Construcción de personaje y temporalidad de la certeza subjetiva".

sentirse "libre y poderoso". ¿Cómo leer esta propuesta? Sin duda, acopla voluntad de saber y voluntad de poder que, como tendremos que debatir más adelante, podrían estar signadas por diversas líneas filosóficas: Schopenhauer y Nietzsche, y que hoy podemos trabajar también desde Foucault. Como Grotowski hablará del actor 'santo', como insistirá en la idea del sacrificio, pareciera rumbear hacia la propuesta de Schopenhauer, aunque la impronta nietzscheana y heideggeriana, como veremos en otro capítulo, será más relevante.

*Vía positiva y vía negativa*

Grotowski comenzó diseñando una serie de ejercicios que configuraban lo que él designa como una *técnica positiva*:

> Durante este tiempo buscaba yo una técnica positiva o, en otras palabras, un cierto método de entrenamiento capaz de darle objetivamente al actor una habilidad creativa, enraizada en su imaginación y en sus asociaciones personales. (94)

La referencia a Stanislavski es evidente. Se trata, como vemos, de una técnica con pretensiones de alcanzar el inconsciente donde yace la fuente de la creatividad. Esta aproximación no parece ser adecuada a los ojos de Grotowski, no tanto porque no sea efectiva en la formación de actores, sino porque el maestro polaco no está pensando en formar actores profesionales, sino apuntando al conocimiento que el actor tenga de sí mismo. Una cosa es el mandato délfico de conocerse a sí mismo y otra cosa es el trabajo del actor sobre sí mismo. El objetivo es lo suficientemente diferente, como puede verse, y progresivamente irá llevando a Grotowski a superar incluso la noción de actor para sustituirla, ya al final de su trayectoria, por la del Performer.

Después de algunos intentos, Grotowski va a reorientar su investigación hacia lo que denominará metodología como *vía negativa* entendida como un proceso de eliminación (94). En la cita siguiente, puede percibirse si no la influencia, al menos el coqueteo con el psicoanálisis:

El actor debe descubrir las resistencias y los obstáculos que le impiden llegar a una tarea creativa. Los ejercicios son un medio de sobrepasar los impedimentos personales. El actor no debe preguntarse ya: ¿cómo debo hacer esto? sino saber lo que no tiene que hacer, lo que lo obstaculiza. Tiene que *adaptarse* personalmente a los ejercicios para hallar una solución que *elimine los obstáculos que en cada actor son distintos*. (94, énfasis mío)

El reconocimiento de la singularidad del actor nos lleva, como ya hemos comentado, a la cuestión del sinthome, es decir, ese goce de cada cual no modificable y con el que cada cual tiene que saber lidiar, saber-hacer, saber arreglárselas. Enfrentar lo que obstaculiza la creatividad supone ir elaborando un saber sobre sí mismo respecto a la relación entre consciente e inconsciente. La praxis teatral por la que abogo no difiere de esta aproximación. Mi diferencia se establece alrededor de ese "adaptarse" y las consecuencias que se desprenden de dicho vocablo. Es aquí donde el encuadre psicoanalítico se cortocircuita en Grotowski con el reflejo condicionado pavloviano y la cuestión del estímulo-respuesta.

*Pavlov, Stanislavski, Grotowski, Lacan*

Vamos ahora a acercarnos a las investigaciones de Pavlov y ver hasta qué punto constituye el basamento de la metodología grotowskiana, al menos en esta etapa de *Hacia un teatro pobre*. Asimismo, habida cuenta de la relación de nuestra praxis teatral con la perspectiva freudo-lacaniana, nos corresponderá exponer aunque sea brevemente los comentarios de Lacan a las investigaciones de Pavlov.

Desde la época de los griegos, y sobre todo desde Aristóteles, la filosofía se preocupó por discernir la diferencia entre lo animal y lo humano. Esta cuestión atraviesa siglos. Hub Zwart, en la entrada "Human Nature", escrita para la *Encyclopedia of Global Bioethics*, afirma que "el deseo de entendernos a nosotros mismos, de captar conceptualmente nuestra 'naturaleza' de lo que somos, es tan antiguo como la filosofía misma;[126] a continuación resume los momentos culminantes de este proceso en la historia de occidente. Desde esos orígenes –y esto nos importa para entender a Grotowski y también porque nos llevará de Schopenhauer a Foucault pasando por Nietzsche— la diferencia entre lo animal y lo humano está en que estos últimos tienen la capacidad (o la utopía) de conocerse a sí mismos y esa constituye desde el principio la voluntad de saber que llega incluso hasta las investigaciones más recientes sobre el genoma humano, aunque ésta tampoco arrojó una respuesta definitiva, según Zwart, a lo que realmente somos. Las implicaciones bioéticas sobre el mejoramiento de la naturaleza humana siguen sin resolverse.

Recordemos que Zwart[127] reseña dos posturas básicas en esa larga historia: la de los bioconservadores y los transhumanistas: por una parte, la perspectiva que afirma que los seres humanos tenemos 'algo' que a los (otros) animales les falta; por la otra parte, están aquellos que sostienen una tesis según la cual a los seres humanos nos falta 'algo' que los (otros) animales tienen. Para la primera perspectiva, la diferencia está puesta en la racionalidad: aunque compartimos con los animales lo instintivo en cuanto a la autopreservación, la reproducción y la participación en la vida social, los seres humanos contamos con la autoconciencia y con el inconsciente como marca del lenguaje. Somos conscientes de estar motivados por la voluntad (insaciable) de saber pero, sobre todo, somos conscientes de nuestra mortalidad, somos –como quería Heidegger— esencialmente tiempo. Todo esto nos involucra en una serie histórica que, a la vez, supone la posibilidad de un progreso a nivel del conocimiento, la racionalidad y la ética orientada a un Bien social, a la felicidad y a lo Bello por medio de la cultura. Los humanos tenemos, según los filósofos, que ajustar nuestras metas animales a las metas morales, lo cual, desde Aristóteles,

---

[126] Para no abundar en citas en inglés, en lo que sigue he preferido glosar a Zwab y agregar reflexiones de mis propias lecturas.

[127] Tomo como base el ensayo de Hub Zwab ya mencionado que tiene paginación.

sabemos que ese ajuste nos convierte en animales políticos capaces de participar del Estado que nos proveería del acceso a la felicidad siempre y cuando lo hagamos en conocimiento de sus límites y con moderación. En cuanto al inconsciente, nuestra sexualidad es perversa y polimorfa, esto es, no está necesariamente disparada por el instinto –con funcionamiento maquinal— y tampoco apunta exclusivamente a la reproducción. Schopenhauer ya señalaba cómo el impulso sexual en los animales se distingue del humano, por cuanto aquellos se satisfacen sin una elección perceptible y el ser humano eleva tal impulso instintivo a nivel de la pasión (§ 26, 87). La cuestión del objeto, desde Freud, es crucial porque se relaciona con el deseo, el goce y el cuerpo (no como organismo, del cual se ocupan la biología y la medicina) para la singularidad de cada sujeto. Desde Freud sabemos de la imposibilidad de satisfacer el deseo y de la frustración que esto lleva consigo, por lo cual podemos hablar de un malestar en la cultura como algo permanente. Como animales patológicos mortificados, domesticados por la cultura, al principio del placer lo sobrepasamos con la pulsión de muerte que anida en nosotros con todos los efectos de destructividad imaginables. Solo la culpa, completamente humana, puede de alguna manera atormentarnos desde dentro y poner algún freno a nuestros impulsos agresivos, mientras el superyó obsceno y atroz (no el moral) por su parte no deja de acuciarnos con su mandato a gozar y dejarnos llevar por una insaciable necesidad de satisfacción que la tecnología aprovecha para, lenta y paradojalmente, ir llevándonos a un mundo muy parecido al laboratorio pavloviano, tratándonos como ratas o perros e incluso peor, alienados y sometidos a goces irrefrenables programados por poderes incognoscibles. Deleuze ha enumerado y puesto en una serie esos valores nefastos del nihilismo tal como Nietzsche los ha tratado, pero que, no obstante, han llegado a una culminación catastrófica en nuestra sociedad neoliberal: resentimiento, mala conciencia, ideal ascético, muerte de dios, el último hombre y el hombre que quiere perecer (*Nietzsche* 36 y ss.); todos ellos suponen un proceso avalado por la moralidad platónico-judeo-cristiana, en el que se va depreciando la vida al punto –como vemos hoy con sujetos alienados a un goce irrefrenable— de preferirse "antes una nada de voluntad que una voluntad de nada" (*Nietzsche* 41).

De individuos agentes capaces de dominar la naturaleza con saber y trabajo, vamos progresivamente convirtiéndonos en sujetos pacientes o, peor, en objetos manipulables, dominados y explotados por la tecnología y por una ciencia salida de los marcos bioéticos y desquiciadamente aliada a la ceguera del mercado. Pasamos a ser, pues, 'recursos humanos', como los animalitos de Pavlov, comandados en nuestro caso por un científico anónimo al que no tenemos acceso. Ambas, ciencia y tecnología, de ser fuerzas benevolentes capaces de compensar al ser humano de sus deficiencias, de ser algo familiar (*heimlich*), van tornándose siniestras, ominosas (*unheimlich*), por cuanto la voluntad de poder que anima a la ciencia y la tecnología aspira a colonizar el inconsciente y arrasar de ese modo con el sujeto deseante.[128] Llegamos así a ser enemigos de nosotros mismos y de nuestra propia sobrevivencia en un planeta cada día más pequeño e insuficiente, cada día más maltratado. Las neurociencias juegan aquí un rol ya prefigurado en el laboratorio de Pavlov.

Los defensores de la perspectiva bioconservadora subrayan el hecho que, entre todos los animales, el ser humano es uno de los más vulnerables, desorientados e indefensos. Esta precaria situación se compensa precisamente con la vida social, el desarrollo del conocimiento y de las tecnologías. Dicha tecnologías, paradojalmente, a lo largo de la historia – como ya lo vio Marx en *El capital*[129]— tienen un estatus ambiguo, tanto benéfico como destructivo; al alcanzar grados altos de sofisticación, estas tecnologías que en principio pueden aportar a la preservación del cuerpo y de la vida, pueden simultáneamente convertirse en amenazantes y salirse del control humano, amén de reprogramar y poner en peligro la existencia biofísica. Pasamos sutilmente de la voluntad de vivir, a la voluntad de saber y a la voluntad de poder. No hay que entender esta última, tal como

---

[128] Schopenhauer cita al *Eclesiastés* 1, 18: "Quien aumenta la ciencia, aumenta también el dolor" cuando sostiene que "en la misma medida en que el conocimiento alcanza la claridad y aumenta la conciencia, crece también el tormento" (§ 56, 179).

[129] Me refiero al capítulo "Maquinaria y gran autómata", en el que Marx hace una historia de la tecnología. He trabajado este capítulo en su relación con el teatro y la formación actoral en mi libro *Teatralidad y experiencia política en América Latina (1957-1977)*.

la plantea Nietzsche, como querer dominar; en realidad, solo los débiles o esclavos son los que se proponen dominar. En Nietzsche la voluntad de poder está ligada a la afirmación de la vida y sobre todo a la posibilidad de crear. Por ello, escribe Deleuze:

> La relación de la fuerza con la fuerza se llama «voluntad». Por eso es por lo que, ante todo, hay que evitar los contrasentidos sobre el principio nietzscheano de voluntad de poder. Ese principio no significa (por lo menos no lo significa en primer lugar) que la voluntad quiera el poder o desee dominar. Mientras se interprete voluntad de poder en el sentido de «deseo de dominar», se la hace depender forzosamente de valores establecidos, únicos aptos para determinar quién debe ser «reconocido» como el más poderoso en tal o cual caso, en tal o cual conflicto. Por ese camino se desconoce la naturaleza de la voluntad de poder como principio plástico de todas nuestras evaluaciones, como principio oculto para la creación de valores no reconocidos. La voluntad de poder, dice Nietzsche, no consiste en codiciar, ni siquiera en tomar, sino en crear y en dar. (*Nietzsche* 31-32)

Lo sorprendente y que Nietzsche captó puntualmente es que son las fuerzas reactivas, negativas nihilistas, las que triunfan: "parece difícil explicar –agrega Deleuze— cómo las fuerzas reactivas, cómo los «esclavos», los «débiles», vencen" (34); y lo hacen precisamente separando "al fuerte de lo que él puede" (34). En consecuencia, quedamos a merced de aquello que hoy denominamos lo biopolítico como una forma de gobernabilidad que, en algunos casos, ya está dando muestras en esta etapa del capitalismo neoliberal-financiero de ir pasando a otro nivel más ominoso: lo necropolítico (A. Mbembe) y lo fármacopornográfico (P. Preciado). Todo lo cual, claro está, no debe ser generalizado: hay resistencias, sectores que luchan contra la hegemonía, y que están en un proceso de transformación de lo que Nietzsche denomina "el último hombre" hacia el superhombre. La masa, el rebaño –para usar la terminología del filósofo alemán— está formada por esos individuos no solo manipulables sino *auto*manipulados, felizmente sometido, es decir, el que por su inconsistencia frente a la vida, acepta los cánones de consumo y confortabilidad, incluso cuando carece de todo, al punto que espera ser recompensado en el más allá prometido por las religiones nihilistas. En el otro extremo está el superhombre, el que acepta el peligro y trabaja por el dominio de sí y por la afirmación de la vida, el que podrá al final enseñorearse con los nuevos valores los cuales, fijados como una nueva verdad, institucionalizados como nueva hegemonía, detendrán a su modo el devenir de la vida y a su turno provocarán nuevos movimientos contrahegemónicos.

Zwab se interroga sobre cuáles son las implicaciones bioéticas en cada caso y nos dice que en ambas posturas (transhumanistas y bioconservadores) hay algo en común: ambas proceden por comparación entre lo animal y lo humano a partir de un "análisis ontológico comparativo". Ambas posturas, siguiendo la dialéctica hegeliana, siendo la primera la afirmación y la segunda la negación, advienen a superarse en la negación de la negación: la tercera etapa sería 'devenir humano', construirnos a nosotros mismos, mejorarnos, aprovechando nuestra plasticidad en la medida en que nuestra 'naturaleza' es fundamentalmente histórica. Resuena en esta tercera postura el superhombre nietzscheano. El interés de Zwart yace en el hecho de la importancia que el debate sobre la naturaleza humana ha tomado nuevamente debido a los desarrollos de las tecnologías biomédicas, generando una transformación de la discusión que ahora se establece –como hemos ya mencionado— entre los bioconservadores y los transhumanistas. Mientras los primeros tratan de salvaguardar la naturaleza humana de los avances incontrolados de la ciencia y la tecnología, los transhumanistas –confiando en que seremos capaces de emplearlas prudentemente— insisten en que son justamente la ciencia y la tecnología las que permiten al hombre trascender y hacerse dueño de su destino. Ambas posiciones, según Zwab, no tienen en cuenta la inestabilidad y la fragilidad de la mente humana –incluida la pulsión destructiva— y el lado siniestro de las tecnologías.[130]

---

[130] "¿Debe la vida —se pregunta Nietzsche— dominar el conocimiento y la ciencia o debe el conocimiento dominar la vida? [...] Nadie dudará: la vida es la fuerza superior y dominante, porque cualquier conocimiento que destruya la vida, al mismo tiempo se destruirá a sí mismo" (*CI* 93).

No resulta necesario subrayar que en este debate al menos dos aspectos toman otra vez gran relevancia: primero, replantear nuevamente desde esas tecnologías biomédicas (desde la genética, la nanotecnología, los implantes de órganos, reasignación de sexo, etc.) la redefinición de la naturaleza humana, otrora resguardada o apoyada en discursos religiosos, filosóficos y políticos diversos; segundo, regresa a primer plano la necesidad de reconceptualizar el organismo y sobre todo el cuerpo como diferenciado de aquel. A propósito de esto Zwab cita al novelista francés Michel Houellebecq, quien se interroga sobre si estamos ante una "mutación metafísica" que de lo humano nos va llevando lentamente a lo inhumano. Zwab propone varias 'compensaciones' a estas nuevas faltas de lo humano: el debate social, la deliberación moral, la investigación bioética y el análisis crítico. Sin duda, desde una praxis teatral que se quiera emancipadora, el teatro puede situar aquí su aporte. La pregunta que ahora nos regresa a Grotowski es justamente cómo su trayectoria se ubica en este panorama de resistencia al avance de esta tendencia deshumanizante, aun cuando, como hemos visto, insista al principio en la idea de laboratorio.

*El sustrato pavloviano en la propuesta de Grotowski*

Ya hemos apuntado la ambigüedad grotowskiana en relación al organismo y al cuerpo. En *Hacia un teatro pobre* se menciona varias veces el término 'reflejo' y en todos los casos pareciera también tomar una significación ambigua: por un lado, el reflejo parece ser *efectivo* en el sentido de que le garantiza al actor una 'reacción' rápida (en escena frente algún error que surja durante la representación), y por otra, parece ser negativo en cuando mantiene al actor adosado a la máscara de su yo, sin permitirle llegar al desnudamiento total como forma de alcanzar su autorrevelación. A esta constelación de vocabulario pavloviano hay que agregar dos más que Grotowski menciona: estímulo y respuesta.

Vayamos por parte: el teatro, desde la perspectiva de Grotowski, tiene la virtud de desactivar estereotipos, sobre todo de visión, si es que se trabaja la política de la mirada sacándola de la esclerotizada por la teatralidad del teatro, con su diagrama frontal y perverso en el modelo de la sala a la italiana. También deconstruye estereotipos culturales afincados en juicios y sentimientos, valores –diría Nietzsche— asumidos acríticamente como universales que hay –o al menos el arte debería— necesariamente someter a una transvaloración. Sin embargo, el teatro es el reflejo del hálito, es decir, un reflejo positivo en tanto es aliento, es soplo vital que reconocemos desde el término griego *psique*: alma.

> [El teatro] Es capaz de desafiarse a sí mismo y a su público, violando estereotipos de visión, juicio y sentimiento; sacando más porque es el reflejo del hálito, cuerpo e impulsos internos del organismo humano. (16)

Aquí ya aparece el vocablo 'impulso' y una distinción entre organismo y cuerpo. Ahora bien, ese organismo, como insinúa la cita siguiente, parece funcionar fuera de la conciencia, en cierto modo puede reaccionar automáticamente, dando la impresión de espontaneidad; en este sentido, se nos amplía la distinción entre organismo y cuerpo. Este último estaría afectado por otros aspectos y sería menos automático, más contingente, menos calculable. El organismo no siempre funciona en todas sus capacidades, de ahí que el entrenamiento, como por ejemplo a nivel del aparato vocal, puede brindarle al actor mayores posibilidades:

> Si por ejemplo tomamos en consideración el problema del sonido, advertirnos que la plasticidad del aparato vocal y respiratorio del actor debe estar infinitamente más desarrollada que la del hombre común de la calle. Es más, este aparato debe poder producir *reflejos* de sonido instantáneos sin que el pensamiento intervenga en absoluto, porque se perdería toda espontaneidad. (29-30, énfasis mío)

La técnica artística, casi como cualquier técnica, tiene como objetivo, además de ahorrar energía, ampliar las destrezas de nuestras capacidades físicas, usualmente limitadas por la vida cotidiana, proceder a la automatización para crear un hábito que pueda ser efectivo sin intervención de la conciencia que, de hacerlo, paralizaría la acción. Las ideas de reflejo y estímulo, trasladadas al teatro, se supone que operarían en la escena y también fuera de la escena, en la relación con el público. Voz y sonidos, al variar gracias al entrenamiento, se instalan como una escritura escénica (Grotowski habla de ideogramas) que promueven la autorrevelación en el público, que se produce cuando el actor ha alcanzado aquello que Grotowski llama "acto total":

> Es un problema de la esencia más profunda del actor, de una reacción de su parte que le permita revelar una a una las distintas facetas de su personalidad, desde las fuentes biológicas e instintivas hasta el canal de la conciencia y el pensamiento, para alcanzar la cima que es tan difícil de definir y en la que todo se vuelve una unidad. Este acto de develación total del propio ser se convierte en una ofrenda de uno mismo que alcanza a transgredir las barreras y al amor. Yo le llamo a esto un acto total. Si el actor actúa de esta manera, crea una especie de provocación para el espectador. (92)

Obsérvese que esos ideogramas ofician como cifras a interpretar y son los que capturan la atención del público, lo seducen, lo involucran como participante.[131] Estos ideogramas están más del lado del cuerpo que del organismo. Autopenetración y autorrevelación son términos grotowskianos para describir el asesinato de la máscara que el individuo porta por imposición del lenguaje y la cultura, por esclerosis yoica.

En esta lucha con la verdad íntima de cada uno, en este esfuerzo por desenmascarar el disfraz vital, el teatro, con su perceptividad carnal, siempre me ha parecido un lugar de provocación. Es capaz de desafiarse a sí mismo y a su público, violando estereotipos de visión, juicio y sentimiento; sacando más porque es el reflejo del hálito, cuerpo e impulsos internos del organismo humano. Este desafío al tabú, esta transgresión, proporciona el choque que

---

[131] Me abstengo de interpretar la referencia al ideograma propuesta por Grotowski desde la perspectiva lacaniana de la letra. Sin embargo, esta perspectiva abre un camino que no podemos recorrer aquí aunque indudablemente quedará para trabajos posteriores. Baste decir que la letra no es el significante.

arranca la máscara y que nos permite ofrecernos desnudos a algo imposible de definir pero que contiene a la vez a Eros y a Carites. (16)

El actor que logra un acto de autopenetración va por un camino que se determina a través de reflejos variados de sonido y de gestos que funcionan como una especie de invitación para el espectador. (33)[132]

El teatro, pues, humaniza, en el sentido de que apela al cuerpo, yendo más allá del organismo que nos mantiene presos del reflejo negativo, esto es, de lo automático e instintivo.

La humanidad se ha reducido a sus reflejos animales más elementales. (57)

El cuerpo, no obstante, también funciona con reflejos, pero estos ya parecen más contingentes, no siempre se activan automáticamente; el organismo, como totalidad en pleno funcionamiento, pareciera diferenciarse del cuerpo en el discurso grotowskiano en la medida en que el cuerpo admite la capacidad de fragmentarse y hacer proliferar los reflejos no siempre en forma coherente o lógica, sino contradictoria, generando estados de tensión entre unos y otros:

---

[132] La primera cita es rica en referencias: por un lado, hay una línea casi nietzscheana de ir contra la moralidad mortificante de lo vital; el desafío que el teatro realiza por medio de la visión, el juicio y los sentimientos parece tener raigambre schopenhaueriana y nietzscheana. La referencia a Eros y las Carites (las tres gracias) nos dejan ver referencias al psicoanálisis, también deudor a su vez de Schopenhauer y Nietzsche, en cuanto a la pulsión de vida y la creación poética situadas en la dimensión del inconsciente. La segunda nos irá llevando –junto al itinerario del maestro polaco—a las cuestiones ligadas a la búsqueda del origen (no de los orígenes) como instancia anterior a las diferencias lingüísticas y culturales y, desde nuestra perspectiva lacaniana, tal como comentaremos más adelante, a la cuestión de *lalengua*. La voz tendrá nuevas consideraciones en el Teatro de las Fuentes, como veremos en el capítulo correspondiente.

## Grotowski soy yo

>Las distintas partes de su cuerpo [del actor] dan rienda suelta a los diferentes reflejos, a menudo contradictorios, mientras que la lengua niega no sólo la voz sino hasta los gestos y la mímica. [...] Los medios de expresión verbal se han aumentado considerablemente porque se utilizan todas las formas de expresión vocal, empezando con el balbuceo confuso del infante hasta la recitación o la retórica más sofisticada. Gemidos inarticulados, aullidos animales, canciones populares tiernas, cantos litúrgicos, dialectos, declamación de poesía, todo existe. Los sonidos están entretejidos en un conjunto complejo que evoca en la memoria todas las formas del lenguaje, formas que en esta nueva Torre de Babel se advienen en el choque de pueblos extranjeros y lenguajes extranjeros justamente antes del exterminio. La mezcla de elementos incompatibles, combinada con la urdimbre del lenguaje, crea reflejos elementales. Restos de sofisticación se superponen a la conducta animal. Los medios de expresión literalmente "biológicos" se unen a las composiciones más convencionales. (64)

La extensa cita nos abre a múltiples consideraciones: la cultura, por medio del lenguaje (entendiendo por tal los significantes verbales y no verbales) ha ido acumulando a lo largo de la historia humana todo tipo de fórmulas expresivas. Para el caso de significantes verbales y en relación a la voz —en tanto medio 'biológico' relativo al organismo—, vemos cómo cada una de las manifestaciones mencionadas por Grotowski da cuenta de un registro o huella mnémica que sobrepasa la capacidad de memoria animal. El psicoanálisis, como sabemos, ha hecho de la memoria una pizarra mágica o un block maravilloso en el que quedan depositadas todas las percepciones que la conciencia es incapaz de retener. Sin duda, esta memoria grotowskiana, así como la psicoanalítica, no está conceptualizada en relación al organismo, sino al inconsciente y, por esa vía, al cuerpo en tanto aparato psíquico. Resuena también una tesis filogenética que llevará a Grotowski, en etapas posteriores, a trabajar sobre archivos antiguos de culturas diversas (particularmente canciones) en su búsqueda de ese origen que precede a las diferencias idiomáticas. A los reflejos elementales del organismo se superponen, pues, restos de sofisticación humana, cultural, aunque eso no quiera decir que lo animal quede cancelado o inactivo. Los instintos animales se han tornado en pulsiones (*Trieb*) por intervención del lenguaje y la cultura.

Conviene ahora situarnos respecto a las investigaciones de Pavlov. Como es sabido, el científico ruso durante la era soviética va a realizar investigaciones con ratas y perros. Esto lo conducirá a la conceptualización del 'reflejo condicionado'. El anecdotario nos informa que Pavlov había notado (contexto de descubrimiento de la hipótesis) que los perros salivaban cuando aparecía el técnico que los alimentaba; se trataba de lo que él luego llamó 'secreción psíquica'. Esta observación lo llevó a diseñar un experimento según el cual se hacía sonar un timbre (estímulo) antes de darles la comida a los animales. Obsérvese que ya el experimento en su artificialidad sustituye al técnico por un aparato tecnológico o mecanismo (timbre) y que la señal da cuenta más de la presencia del sujeto humano que manipula el experimento que del animal mismo. Al repetirse (la repetición es aquí fundamental) la relación timbre-comida, los perros comenzaron a salivar con anticipación como *respuesta o reacción* al estímulo. Es por ello que el reflejo condicionado da lugar a un comportamiento dirigido y controlado por el investigador, no es el resultado de ninguna intención, espíritu, alma o conciencia del animal; es el experimentador el que incorpora el estímulo artificial y genera, por repetición, una respuesta condicionada, es decir, calculable precisamente porque no se generaba por reacción natural sino condicionada-artificial. Se trata, pues, de producir conductas programadas y preformadas como reflejo condicionado de diseños científicos *ad hoc*. Obviamente, hay reflejos condicionados neutros o naturales, pero el diseñado en laboratorio es un estímulo fuerte que produce por medio de la repetición una reacción definida y esperada. No es necesario subrayar cómo el mercado capitalista fue sofisticando, en la publicidad y en los medios, este reflejo condicionado como productor de necesidades artificiales.

Este descubrimiento pavloviano va a ser la base del conductismo, tanto para el estudio de los animales (etología) como para el de las conductas humanas. El conductismo en sus orígenes se desinteresa de lo intrapsíquico y del inconsciente, deja de lado lo singular y subjetivo, para limitarse a la observación de conductas 'objetivas' generales o generalizadas: a tal estímulo corresponde tal respuesta, siempre en relación a la repetición, ya no solo del estímulo, sino también de los datos arrojados por la observación, lo que permitiría en cierto modo conformar un cuadro de leyes o reflejos condicionados dadas ciertas circunstancias. Indudablemente esta aproximación confía en resultados estadísticos en los que el sujeto ha desaparecido, solo se cuentan individuos. Nos interesa subrayar que, en el experimento pavloviano, el estímulo –al que denominamos antes artificial– es un significante arbitrario (un timbre, pudo haber sido cualquier otra cosa); el animal responde a él después de varias exposiciones. La respuesta resulta, entonces, una reacción al significante (timbre) que adquiere un significado (¡salivar!). La saliva del animal, fluido usualmente banal, se convierte, así, en el elemento visible de la voluntad de saber y de poder del investigador, y constituye el objeto *a*, enigmático, que dispara su tarea en el laboratorio y alrededor de la cual va a construir su aporte y prestigio científicos. Esa saliva da cuenta del deseo del investigador y de su "neurosis académica" (Zwart 90)[133] en la medida en que trabaja fascinado y hasta obsesionado con procesarla y categorizarla a fin de dar lugar a publicaciones y promociones universitarias. De alguna manera, Pavlov intenta hacer entrar a los animales en el terreno del lenguaje y, obviamente, la domesticación[134] es el resultado, básico pero resultado al fin, de la mortificación de lo vital realizada por el significante, por más elemental

---

[133] Cuando menciono a H. Zwart y agrego paginación, corresponde a su ensayo "Conditioned Reflexes and the Symbolic Order: A Lacanian Assessment of Ivan Pavlov's Experimental Practice".

[134] En una conferencia dada por Grotowski el 5 de junio de 1978 publicada bajo el título "Wandering Toward Theatre of Sources", a la que nos referiremos más adelante, el maestro enfatiza varias veces la cuestión de la domesticación realizada por la cultura (la traducción al inglés usa el verbo "to tame"): su propuesta es destruir la domesticación: "Untaming demands greater effort and self-discipline than taming" (12). Nótese que, en inglés (no sé qué verbo polaco ha usado Grotowski), el verbo 'to tame' refiere a lo animal (y a la mujer), como domar y domesticar, fundamentalmente "to make (something) less wild or difficult to control: to bring (something) under control", hacer a algo o alguien "docile and submissive"; se refiere también a "lacking spirit, zest, interest, or the capacity to excite" (Merriam-Webster).

que sea, sobre el animal. Y la respuesta es, como ya vimos, calculable en términos probabilísticos. La atribución de estos reflejos condicionados a actividades fisio-cerebrales configura un desplazamiento —si se quiere, inductivo pero improcedente— del experimento.[135] Esto significa que dicha respuesta no es contingente, es 'normal' en el sentido de que es esperada y generalizable, esto es, resulta el resultado de la manipulación del investigador. Ya hemos hecho mención a cómo Lenin y Trotsky vieron en estas investigaciones la oportunidad de construir una sociedad ideal planificada en un laboratorio de gobierno con estrategias políticas controladas.

Pavlov, no obstante, con prudencia, en su "Lecture XXIII. *The experimental results obtained with animals in their application to man*" nos alerta para no ceder rápidamente a la tentación de suponer en el ser humano los mismos mecanismos que en el animal:

> Al aplicar al hombre los resultados de la investigación de las funciones del corazón, el tracto digestivo y otros órganos en los animales superiores, aliados como estos órganos están en la estructura humana, se debe ejercer una gran reserva y se debe verificar la validez de las comparaciones en cada paso. Obviamente, se debe tener una precaución aún mayor al intentar aplicar de manera similar nuestro conocimiento recientemente adquirido sobre la mayor actividad nerviosa en el perro, tanto más, ya que el desarrollo incomparablemente mayor de la corteza cerebral en el hombre es preeminentemente ese factor que ha elevado al hombre a su posición dominante en el mundo animal. Sería una presunción muy alta considerar estos primeros pasos para dilucidar la fisiología de la corteza cerebral como la solución de los intrincados problemas de las actividades psíquicas superiores en el hombre, cuando en realidad en la etapa actual de nuestro trabajo ninguna aplicación

---

[135] Me permito, de paso, exponer mis reservas a los entusiasmos recientes de los teatristas con la neurociencia. Los teatristas ceden a las modas y reaccionan como los perros de Pavlov al timbre.

detallada de sus resultados al hombre es todavía permisible. (395, mi traducción)

Sin embargo, en un párrafo seguido al de la cita, el investigador ruso admite que, en circunstancias normales, pueden realizarse algunas inferencias generales entre el ser humano y el animal. Esas circunstancias 'normales', habida cuenta de la similitud a nivel de la corteza cerebral entre humanos y animales superiores, son válidas para ambos. También imagina que, con experimentos más precisos, en el futuro se alcance un conocimiento más detallado y más completo de comportamientos *elementales* de y entre unos y otros, siempre y cuando se tengan en cuenta variables debido a "los diferentes tipos de hábitos basados en el entrenamiento, la educación y la disciplina de cualquier tipo [los cuales] no son más que una larga cadena de reflejos condicionados", es decir, tanto para el animal como para el ser humano dichos reflejos condicionados, como generadores de hábitos, son el resultado de su inmersión en el lenguaje (con diversos grados de sofisticación), de la mortificación por el significante a nivel cultural y educativo y de las imposiciones disciplinarias (cuya misión es reforzar los hábitos 'buenos' e *inhibir* –castigos de por medio— los considerados malos, indecentes o improductivos). Estos hábitos resultan de asociaciones repetidas, persistentes, entre estímulos y respuestas 'definidos' por el investigador (el Gran Otro del experimento) que "se reproducen automáticamente, a veces incluso aunque luchemos contra ellas" (Pavlov, mi traducción).

Pavlov hace mención a la memoria en esta "lecture" solo una vez, cuando menciona cómo a su avanzada edad ésta ha desmejorado en sus funciones. No hay ninguna tesis sobre la represión, porque al adjudicarse lo patológico a un deterioro de la corteza cerebral, no hay postulación de un aparato psíquico, como el inventado por Freud, que considere el inconsciente. Pavlov adjudica esos desajustes a la inhibición. No obstante, Pavlov nos va a hablar de distintas formas de disturbio en el animal, dependiendo del tipo de sistema nervioso del mismo: en perros con un sistema nervioso resistente, se produce mayor excitación; en aquellos con menor resistencia, se produce la inhibición.

En Grotowski, ambas, excitación e inhibición, aparecen como resistencias y obstáculos impuestos por "la costumbre o la conducta" (86) y deben ser destruidos porque atentan contra la sinceridad del acto y del actor, es decir,

> [el actor] debe advertir claramente cuáles son los obstáculos que le impiden expresar sus asociaciones íntimas, y que originan su falta de decisión, el caos de su expresión y su falta de disciplina; qué le impide experimentar el sentimiento de su propia libertad, qué obstáculos hay para que su organismo sea totalmente libre y poderoso y para que nada esté más allá de sus capacidades. En otras palabras: ¿cómo eliminar los obstáculos? (90)

Y por ello afirma, de alguna manera, en referencia al budismo, que: "La nuestra es una *vía negativa*, no una colección de técnicas, sino la destrucción de obstáculos" (11). Más adelante sostendrá que la investigación sobre el arte de la actuación debe enfocarse en "eliminar del proceso creativo las resistencias y los obstáculos causados por el propio organismo tanto físico como psíquico" (89). Nuevamente comprobamos la falta de una tópica que determine el estatus conceptual de 'organismo', ahora dado como físico y como psíquico; cuerpo y organismo vuelven a superponerse. Nos resulta muy difícil a esta altura del siglo XXI, después de años de freudismo y lacanismo, imaginar el 'aparato psíquico' como un organismo. Rescatamos el hecho de que, al menos, los obstáculos, a veces producidos por la época o la cultura (150), pertenecen sin embargo a la singularidad de cada actor (178, 185). Lo que nos importa aquí –y que luego veremos cuando abordemos la lectura de Lacan de estos experimentos pavlovianos— es que el científico ruso compara la excitación y la inhibición en los animales a dos formas de neurosis en el ser humano, "in the pre-Freudian terminology neurasthenia and hysteria" (Pavlov 397). Se remite, como lo deja explícito, a lo pre-freudiano, lo cual deja entrever que conocía en cierto modo el aporte posterior de Freud. Zwart supone que Pavlov había leído el caso de Anna O., publicado por Breuer y Freud (86).

Sin pretensión de competencia científica, me atrevo a rescatar un párrafo de esta clase de Pavlov que, según mi criterio, nos devuelve a Grotowski:

> en el caso de los juegos y diversos actos de habilidad, es tan difícil abolir todo tipo de movimientos superfluos como adquirir los movimientos necesarios [...] y es igualmente difícil superar los reflejos negativos establecidos, es decir, las inhibiciones. Una vez más, la experiencia nos ha enseñado que una tarea difícil debe abordarse por etapas graduales. También sabemos cómo los diferentes estímulos adicionales inhiben y discoordinan su rutina de actividad bien establecida, y cómo un cambio en un orden preestablecido disloca y dificulta nuestros movimientos, actividades y toda la rutina de la vida. Una vez más, sabemos cómo los estímulos débiles y monótonos nos hacen lánguidos y somnolientos, y muy a menudo conducen al sueño. (395-396, mi traducción)

El ideal que parece funcionar aquí es el de la máquina de funcionamiento regular y automatizado, esto es, un individuo con una rutina no perturbada por estímulos adicionales. El levantamiento de las inhibiciones a nivel actoral, desde Stanislavski, supone desactivar la 'primera naturaleza', la rutina de hábitos 'normales', faltos de interés artístico, de poca profundidad a nivel del sentido estético, para luego promover un entrenamiento orientado a conformar una 'segunda naturaleza', con hábitos o rutinas propias y exclusivas del campo actoral. Ambas 'naturalezas', no obstante, recurren a lo maquinal.[136] A diferencia de Stanislavski que alienta en el actor la observación de conductas, incluso sin acceso a lo verbal, y promueve el realismo supuestamente objetivo de las mismas, Grotowski trata de construir signos[137] en la escena a partir de un combinado entre forma y espíritu que, de alguna manera, no son ni normales ni habituales

---

[136] Nunca hay en Stanislavski una elaboración del levantamiento de la inhibición a partir de un trabajo con el registro simbólico y la mirada del Otro.

[137] En mi praxis teatral el objetivo es proponer significantes, no signos.

en las conductas observables en la vida cotidiana y, por ello, son artísticas en la medida en que configuran una 'composición artificial"; al disolverse la máscara de hábitos cotidianos emerge una dimensión en la que yace la verdad:

> Hemos encontrado que la composición artificial no sólo no limita lo espiritual sino que conduce a ello (la tensión tropística entre el proceso interno y la forma los refuerza a ambos. La forma actúa como un anzuelo, el proceso espiritual se produce espontáneamente ante y contra él). Las formas de la simple conducta "natural" oscurecen la verdad; componemos un papel como un sistema de signos que demuestran lo que enmascara la visión común: la dialéctica de la conducta humana. En un momento de choque psíquico, de terror, de peligro mortal o de gozo enorme, un hombre no se comporta "naturalmente". Un hombre que se encuentra en un estado elevado de espíritu utiliza signos rítmicamente articulados, empieza a bailar, a cantar. Un signo, no un gesto común, es el elemento esencial de expresión para nosotros.
>
> En términos de técnica formal, no trabajamos con una proliferación de signos, o por acumulación (como en los ensayos formales del teatro oriental). Más bien sustraemos, tratando de destilar los signos eliminando de ellos los elementos de conducta "natural" que oscurecen el impulso puro. (11-12)

Grotowski –desinteresado del realismo y del naturalismo— parece proponerse, como ocurrirá en etapas posteriores de su investigación, instalar la repetición de los ejercicios precisamente para llevar al organismo a un estado de exhaustación, esto es, tal como lo plantea la etimología y el uso tecnológico del término, a un vaciado o consumo de lo cotidiano, a la expulsión o salida de los productos de un motor a causa de la combustión. Este vaciado debería dejar emerger tíquicamente la verdad y, por ende, el cuerpo como Real, en tanto cuerpo gozante:

> El primer deber del actor es comprender el hecho de que nadie quiere darle nada; al contrario, que se piensa *quitarle mucho, arreba-*

*tarle* aquello a lo que se encuentra muy ligado: sus resistencias, sus reservas, su tendencia a ocultarse tras de máscaras, su insinceridad, los obstáculos que su cuerpo coloca en su camino creativo, sus hábitos y hasta sus "buenos modales". (221)

En términos lacanianos podemos expresarlo diciendo que se propone pasar del *automaton* a lo tíquico, esto es, vaciar las energías del yo al punto de posibilitar la emergencia del inconsciente, que Lacan quiere pulsativo, un abrirse y cerrarse muy instantáneo: se lo toma o se lo pierde. En ambos casos, opera la repetición, pero en sentidos diferenciados: en el *automaton* se trata de la reproducción de una conducta, pero no se capta allí lo Real (error de Stanislavski, que solo reproduce la 'realidad'); en la *tyche* se trata del retorno, de una repetición en sentido estricto en el que insiste un acontecimiento traumático del pasado y propio del sujeto, no del yo. He puesto a prueba estas dos posibilidades de trabajo en mi propia praxis teatral:[138] la primera es realizar entrenamiento físico hasta llegar al cansancio y agotamiento del actor; Grotowski ya había percibido hasta qué punto el agotamiento físico era un modo de quebrar el control de la conciencia: "Hay ciertos niveles de fatiga que rompen el control de la mente, un control que nos bloquea" (206). En ese momento de cansancio, implemento un ejercicio con números que, en un determinado instante, los actores deben asociar con palabras cualesquiera. Tomo nota y luego comienzan las improvisaciones a partir de una combinación azarosa de dichos vocablos, repartidos entre los grupos. Esas breves listas, luego rotan a otros grupos. Van apareciendo escenas no previstas, que tienen que ver con lo Real; una hebra invisible las va conectando: el inconsciente es transindividual e históricamente localizado. De ahí va a ir construyéndose el espectáculo; no ha habido, como puede verse, ni una idea ni un tema previo, que usualmente lleva a improvisaciones débiles concebidas como ilustración de dichos temas y, para colmo, disparan las inhibiciones del actor.

---

[138] He explicado en extenso el procedimiento en mi ensayo "Pedagogía y deseo: Praxis teatral y creatividad en español en Estados Unidos".

Grotowski advierte que la metodología de trabajo y sus ejercicios no garantizan ni se mezclan con el trabajo al momento creativo:

> Educar a un actor en nuestro teatro no significa enseñarle algo; tratamos de eliminar la resistencia que su organismo opone a los procesos psíquicos. El resultado es una liberación que se produce en el paso del impulso interior a la reacción externa, de tal modo que el impulso se convierte en reacción externa. El impulso y la acción son concurrentes: el cuerpo se desvanece, se quema; y el espectador sólo contempla una serie de impulsos visibles. (10-11)

Educar no es enseñar: como en el psicoanálisis, se trata de una de las tareas imposibles que Freud agrupa con gobernar y analizar. La tarea —tal como Grotowski lo sugiere— consiste en eliminar las resistencias que el organismo opone a la sorpresa tíquica inconsciente: al liberarse lo inconsciente, accedemos al cuerpo. Vemos aquí que el vocablo 'organismo' de alguna manera remite al yo y a la represión; la frase "procesos psíquicos" parece referirse al aparato psíquico en general, pero sobre todo al inconsciente y preconsciente tal como Freud los ha conceptualizado y en donde tanto Stanislavski (la denominó 'subconsciente') como Grotowski sitúan la causa de la creatividad. Al atacar esas 'resistencias', emerge lo real del cuerpo, el goce, el cuerpo gozante: un cuerpo que, condicionado por lo imaginario y lo simbólico cultural, arde y se quema, desvaneciéndose al punto de exhibir el vacío de sentido de lo Real. Estamos, pues, más allá del organismo y la consciencia. Vamos, pues, del organismo al cuerpo. El procedimiento pavloviano de 'reflejo condicionado' se ha reposicionado, ya no como impulso desde el exterior (el timbre para los perros), sino como elaboración interna en el actor entre sus resistencias y su búsqueda de liberación de aquellos corsés impuestos por el lenguaje y la cultura, por las tradiciones, por la rutina cotidiana y por los determinantes de su anatomía a nivel animal. Y ese cuerpo gozante que emerge es el que hace mella en el público, lo estimula, estimula el inconsciente de la audiencia al confrontarlo con el sinsentido como impulso puro dirigido a demandar la lectura de la escritura escénica, conmoviendo de esa forma su organismo y su cuerpo también mortificado por el lenguaje y la cultura. Sin duda, basta leer las reseñas de los espectáculos de la etapa de Teatro de Producciones de Grotowski para comprobar hasta qué punto esta propuesta teatral, tanto para el actor como para el público, se llevaba a cabo a plenitud.

Grotowski da un paso más y, en cierto modo, sitúa ahora la cuestión del trabajo con las resistencias en la dimensión de la transferencia, tal como Lacan la ha elaborado.[139] Nos dice: "El trabajo del actor es también ingrato porque exige une supervisión incesante" (39); esa supervisión está dada por el director (también por el productor), con quien se establece una relación mediada por la confianza: "confianza mutua *más allá de las barreras de la conciencia*" (39, el subrayado es mío); se trata de un lazo transferencial que va más allá del acuerdo en trabajar juntos en cierto proyecto y a tales horarios. Es un lazo que escapa a la conciencia y al yo de ambos. Ahora bien, y ya no dentro del encuadre lacaniano, Grotowski instala este lazo como una relación de poder: en esta etapa Grotowski apuesta más al director exigente que se posiciona como Amo, que trabaja desde el discurso del Amo, pretendiendo saber, a diferencia de un analista que trabaja desde el discurso del Analista, sin pretender saber y sólo ofreciendo un semblante del objeto *a* con el fin de permitir la transferencia:

> Pero aun en este caso [el director] sigue siendo un tirano y el actor debe lanzar contra él ciertas *reacciones mecánicas* inconscientes, como las de un alumno contra su maestro, como las de un paciente contra su médico o las de un soldado contra sus superiores. (39, el subrayado es mío)

Al ser 'reacciones inconscientes', no están filtradas ni manipuladas por el yo: el actor entra en transferencia y da lugar a la repetición de lo traumático reprimido sobre la figura del director. Esas 'reacciones mecánicas' podemos pensarla como "reacción terapéutica negativa' la cual obstaculiza el proceso y, en el peor de los casos, hasta lleva al participante a abandonar el taller. Hay múltiples ejemplos en la bibliografía sobre Grotowski que testimonian de la reacción de los actores a la presencia e impo-

---

[139] He desarrollado in extenso el tema de la transferencia y la praxis teatral en mi libro *Sueño. Improvisación. Teatro. Ensayos sobre la praxis teatral*.

siciones del maestro: aunque se produce la transferencia, el director grotowskiano no la trabaja y deja las resistencias ya no en el actor sino, como quería Lacan, del lado del analista: la resistencia es siempre la del analista, que en posición de saber y queriendo comprender, no logra escuchar ni dar lugar al análisis de la transferencia. Es en este sentido que volvemos a Pavlov: al situarse la resistencia del lado del maestro, a éste solo le queda esperar que el actor salive. De este modo, al quedar la transferencia sin analizar y al quedar la resistencia del lado del director, un Real se le escapa al método grotowskiano, aun cuando proponga ese conocerse a sí mismo.

Sin embargo, cuando Grotowski enfrenta su proceso creativo, no el docente, se sitúa en el discurso del analista, tal como lo demuestra esta cita, que también conforma mi propia praxis teatral:

> No monto una obra para enseñar a los demás lo que ya conozco. Es después de que la producción de la obra se termina, y no antes, cuando me siento más sabio. Cualquier método que no se proyecte hacia lo desconocido es malo. (92)[140]

En mi caso, como no apunto a formar actores, como me inclino por el acceso del participante a su modo de goce, no hay distinción entre el proceso pedagógico y el proceso creativo, ambos avanzan conjuntamente. Ese Real puede ser significantizado inmediatamente después del espectáculo o bien muchos años después.

*Retornando a Pavlov, Lacan y Grotowski*

Lacan, como apuntamos más arriba, va a tomar muy en serio las investigaciones de los etólogos (Pavlov, Lorenz), así como también las investigaciones de la lingüística estructural (Saussure, Jakobson). A lo largo de su enseñanza también apeló a la cibernética, la matemática, la

---

[140] En mi praxis teatral siempre parto del no-saber. Ver *Sueño. Improvisación. Teatro. Ensayos sobre la praxis teatral*, y mi ensayo en la colección de Karina Mauro.

topología, etc. El estudio de los animales le permitió trabajar el registro imaginario en la medida en que lo visual predomina en el animal; allí, un *estímulo* particular –imágenes de otro animal de su especie para el acoplamiento o para la competencia sexual, imágenes de otro animal depredador o imágenes de una presa— da lugar a una *respuesta* con un comportamiento en cierto modo predecible. El registro imaginario también es válido para los seres humanos que reaccionan de diverso modo a imágenes – como ha estudiado la psicología gestáltica. La lingüística le permitió, en cambio, abordar el registro simbólico de la cultura por medio del lenguaje: ya no como Saussure y el predominio del signo, sino a partir del significante bajo el cual se desliza el significado; el deseo también siempre deslizándose en la cadena metonímica del habla. El lenguaje ya nos abre un espectro más amplio que el de las imágenes como estímulo y las reacciones orgánicas que puedan producirse; el lenguaje nos impone clasificaciones, taxonomías de diverso tipo, regulaciones, cuantificadores, números, conceptos, tratados, etc. El registro simbólico marca al individuo desde antes de nacer y hasta después de su muerte, y permite la emergencia del sujeto, como sujeto del inconsciente el cual, como sabemos, se abre y se cierra para dar lugar a un síntoma, a un lapsus, un sueño, un olvido, un chiste, formaciones a partir de las cuales podemos tener acceso a él y al deseo. Más adelante, Lacan virará hacia el registro de lo Real, al plantear ya no tanto la primacía del lenguaje, sino la cuestión del cuerpo, del goce y sobre todo de lo que denominó *lalengua*. Y es también al final de su enseñanza que retomará el registro imaginario, y lo pone al mismo nivel de los otros dos registros, pero atribuyendo al imaginario un poder de invención, de tipo creativo, al otorgar sentido a aquello que se presenta sin tal. Al plantear que lo imaginario "detiene el desciframiento", Lacan pareciera referirse al devenir nietzscheano cuya 'verdad' es un momento de fijación, finalmente una ilusión y un error:

> Yo imagino [...] Es que lo imaginario, sea como fuere lo que ustedes hayan entendido - por lo que ustedes se imaginen comprender-, lo imaginario es una DI-MENSION [dit-mansion] (que como saben he escrito) tan importante como las otras. [...] Lo imaginario es lo que detiene el desciframiento, es el sentido. Como les dije, es preciso detenerse en alguna parte, e incluso lo más

pronto que se pueda. Lo imaginario es siempre una intuición de lo que hay que simbolizar. Simbólico, Imaginario y Real [...] esas tres categorías son estrictamente equivalentes. [...] ustedes siempre comprendieron pero equivocadamente- que el progreso, el paso hacia adelante, estaba en haber marcado la importancia aplastante de lo simbólico con respecto a ese desdichado Imaginario por el cual comencé [...] R.S.I., o sea aquello que realiza lo simbólico de lo imaginario. ("Los no incautos yerran" - 13 de noviembre de 1973)

Es justamente en relación a las investigaciones de Pavlov que Lacan se interesa en cómo éstas consisten en la *puesta en escena* del significante (Zwart 77), promoviendo así un rudimentario registro simbólico para los animales que, sin duda, altera su misma consistencia animal al entrar en un encuadre 'pedagógico' de domesticación manipulado por Pavlov. Esta puesta en escena muestra, además, el impacto del significante a nivel del organismo cuya respuesta resulta condicionada. A la supuesta 'naturalidad' de los experimentos, Lacan la lee como 'artificialidad' en la medida en que los animales —en tanto organismos— son sacados de su ambiente natural y llevados a un laboratorio en el que son sometidos a estímulos creados por el investigador quien los manipula a partir de sus hipótesis de trabajo. En este sentido, Lacan muestra que la señal (el timbre), a pesar de todo, no llega a constituir un significante ni un lenguaje: es solo aquello que permite la relación del animal con el experimentador en un contexto muy acotado como es el del laboratorio y a los fines de la manipulación de aquél por éste (Zwart 78). La interacción entre ambos no llega a constituir un diálogo, el animal no aprende un lenguaje y no responde a la pregunta. "El experimentador —traduzco a Zwart— permanece como el Gran Otro en el proto-micro-estado totalitario de Pavlov, y los animales solo pueden percibir y responder" (79). La saliva como respuesta de los perros es solamente una 'respuesta' involuntaria, pero para el investigador únicamente, y está orientada a satisfacer, en todo caso, una necesidad, la de comer. El animal no tiene posibilidad de dejar el laboratorio o suicidarse. Tampoco puede mentir y no podemos atribuir un deseo al animal que le permitiría sustituir con cualquier otra cosa un objeto perdido para siempre.

Para Lacan el laboratorio de Pavlov era en sí mismo un ambiente simbólico en el cual cada objeto es producto de una selección particular, las actividades están planificadas de antemano, están fijadas y repetidas según protocolos investigativos que no corresponden al animal sino al investigador. Cada experimento está además controlado y detallado en informes o bien grabados. La mayor parte de los experimentos fueron realizados por los practicantes y no por Pavlov y los resultados, publicados por Pavlov, son compilaciones de las disertaciones doctorales de dichos practicantes (Zart 81, nota 6).

Resulta interesante ver cómo en la conferencia "Wandering on the Theatre of Sources" de 1978, que comentaremos en extenso en el próximo capítulo, Grotowski agrega al final unos párrafos para aclarar algunos puntos ligados a las publicaciones: en primer lugar, aclara que "no guardan ningún tipo de documentación" (22), pues hacerlo sería contrario a las "reglas decentes de procedimientos entre nosotros y aquellas personas externas que vinieron a participar activamente de nuestras actividades abiertas" (22). Reflexiona en hasta qué punto descripciones y publicaciones realizadas por algunos de los participantes pueden llegar a generar malentendidos, particularmente en la diferencia entre la diacronía del tiempo-reloj en que fueron realizadas dichas actividades y la sincronía propia de la actividad misma. No obstante, más allá de acordar con esas publicaciones, las mismas son recolectadas, compiladas y publicadas, incluso en fragmentos; se entiende que pasan primero por la lectura y supervisión de Grotowski, como más tarde lo harán bajo la vigilancia de Richards y Biagini.

Los animales que habitan este ambiente simbólico del laboratorio están bastante alejados de su hábitat natural en el cual sus reacciones podrían ser otras. Lo mismo nos dirá Grotwoski respecto de la selección de maestros invitados a participar del proyecto Teatro de las Fuentes ("Wandering..." 21). Las señales a las que los animales son expuestos (timbre, por ejemplo), constituyen, según Lacan, significantes que actúan sobre el animal como un aprendizaje a partir del cual reaccionan de cierto modo (no necesariamente natural), sea con la producción de saliva o algunos otros fluidos del organismo. Lacan demuestra que los experimentos de

Pavlov, aunque practicados sobre animales, dejan visualizar precisamente la "escena primaria' de la emergencia del significante y del orden simbólico como tal. Es por esta artificialidad del encuadre y por la manipulación realizada por el investigador lo que convierte a los animales en máquinas fuera de su contexto natural, funcionando según las reglas del laboratorio. Y es esta dimensión artificial, esta manipulación y esta maquinación lo que hace de las investigaciones de Pavlov un modelo de ingeniaría social que, como ya vimos, interesó a Lenin y a Trotsky.

No hay que olvidar que la psicología como ciencia —a diferencia del psicoanálisis que ni es una psicología ni es una ciencia como intentaba Freud, ni siquiera, como lo ha planteado Lacan, una de las ciencias humanas, ni tampoco subsidiaria del discurso de la Universidad—, cuando está basada en los desarrollos posteriores del conductismo, es una disciplina del capitalismo orientada al control social y a la ingeniería de la mente. La investigación de Pavlov corresponde al discurso de la Universidad el cual, como sabemos desde que Lacan formalizó los cuatro discursos, está marcado por la voluntad de saber y es siempre una derivación del discurso del Amo, en este caso, la política soviética. Es decir, el discurso de la Universidad cumple una función ancilar respecto de los mandatos y demandas del discurso del Amo, marcado por la voluntad de poder. Los expertos discuten cuestiones teóricas y técnicas, intercambian el resultado de sus investigaciones, publican, participan de conferencias, pero no se hacen cargo —o pretenden ignorar— las derivaciones políticas e ideológicas de sus propuestas. Y es por eso que Foucault recomendaba, a partir de su lectura de Nietzsche, desandar la genealogía de sangre de los conceptos filosóficos o científicos. Su investigación confirma un tipo de modelo político basado en el control de la conducta humana o lo que Lacan denominó 'ingeniería humana" anticipándose a su manera a la biopolítica foucaultiana. Es por ello que Lacan hizo esfuerzos por desligar al psicoanálisis de la ciencia —a pesar de las ilusiones de Freud— y la tecnocracia, esto es, el discurso de la Universidad y el discurso del Amo.

Lo que nos interesa a los efectos de analogar estas cuestiones al Teatro Laboratorio, es que los animales con los que Pavlov trabajaba colaboraban, de alguna manera, como *participantes* activos de la investigación, lo cual hizo que Pavlov les hiciera un agradecido reconocimiento. Sin embargo, lo hacen en condiciones de inferioridad y subalternidad respecto del investigador. No hay un verdadero diálogo de iguales y los intercambios están limitados a unas pocas señales o significantes que funcionan en un encuadre artificial como es el laboratorio o el espacio doméstico con las mascotas. No funcionarían, por cierto, en medio de la selva. Algo similar ocurre con los colaboradores de Grotowski en el Teatro Laboratorio y los asistentes a los talleres, como lo atestigua el libro ya mencionado de Paul Allain y Grzegorz Ziólkowski y múltiples trabajos publicados por participantes que, en general, asumen una actitud sumisa, poco blasfema, escasamente crítica.

A pesar del hecho que el laboratorio estuviera modernamente equipado para mantener a los animales en un ambiente propicio, lo cierto es que, para los animales, no era un lugar amistoso, ya que los experimentos les causaban bastante sufrimiento y varios síntomas que, como comentamos más arriba, llevó a Pavlov a hablar de "neurosis experimental" de sus animales.[141] Lacan atribuye esta 'neurosis' (que no es equivalente a la del psicoanálisis como resultado de 'la voz de la conciencia' o de la culpa) a la intervención del significante y a los conflictos que dicho significante promueve en los perros como resultado de la manipulación llevada a cabo por el investigador. Si la neurosis humana es el resultado de "la tiranía del registro simbólico" (Zwart 90), la 'neurosis experimental' de los perros de Pavlov es el resultado del sufrimiento causado por el experimento mismo y sobre todo por el investigador. Esto lleva a Zwart a decir que el laboratorio de Pavlov:

> era un ambiente patógeno, un régimen totalitario que cuidaba a sus animales pero explotaba sus cuerpos como factores de pro-

---

[141] Zwart nos refiere cómo los perros de Pavlov reaccionaron después de la inundación del río Neva el 23 de septiembre de 1924. Los perros lograron sobrevivir, pero al regresar al laboratorio no todos lograron responder al reflejo condicionado, ya que el trauma de sobrevivir a dicha inundación los inhibió para salivar. Algunos fueron rehabilitados, pero otros experimentaron una regresión que los devolvió a sus reflejos primordiales. Lacan interpreta la inundación como la intrusión de lo Real (Zwart 89-90).

ducción, mientras que finalmente fue el maestro científico quien disfrutó de los frutos del trabajo de los perros, en forma de conocimiento publicable. El laboratorio era una fábrica de conocimiento impulsada por el deseo, por la voluntad de saber, pero también por la voluntad de poder, el deseo de adquirir control del comportamiento (1964/1973: 264; cf. Zwart 2014). (60, mi traducción)

Siguiendo la actitud blasfema que he elegido para leer a Grotowski, tal como él se lo proponía en su propio trabajo, me animo a decir que los talleres del maestro polaco, en Polonia y sobre todo después, en New York y en California, también suponían un régimen totalitario –incluso bajo su figura amable, paternal pero inapelable— en el que el cuerpo de los actores (especímenes cuidadosamente seleccionados, como los perros de Pavlov, que debían ser normales y saludables [Zwart 82]) eran explotados en sus cuerpos y en sus comportamientos, en el régimen casi militar en el que debían permanecer por un tiempo acordado (los testimonios dan cuenta de un contrato entre Grotowski y los participantes a la manera de los contratos que Lacan menciona para la perversión); es también notorio que dichos participantes eran objeto de la voluntad de saber y sobre todo de la voluntad de poder de Grotowski; ambas voluntades atraviesan todas las etapas de su enseñanza bajo el lema de la voluntad de verdad, esto es, como un deseo que, aunque velado por la internacionalización y la fama, no deja de ser el propio y exclusivo del maestro como modo de enfrentar su conciencia de mortalidad. Además, como los practicantes de Pavlov, los resultados de los entrenamientos y experimentaciones realizadas por dichos participantes en los talleres terminaron siendo, en cierto modo, publicados en intensos ensayos firmados solo por Grotowski. ¿Será que el maestro polaco también ambicionaba su laboratorio y sus talleres[142] como proto-micro-estado ideal y utópico de una humanidad redimida?

---

[142] Después de los primeros experimentos con perros, cuando se pasa de la fisiología a la psicología animal, Pavlov va a recibir recursos del estado soviético para diseñar un nuevo laboratorio que fue denominado por él "las torres del silencio", donde se reforzaban los sistemas de control de los animales y donde se facilitaban

Zwart desarrolla la relación de las investigaciones pavlovianas con el discurso de la Universidad en Lacan (68 y ss.). En este sentido, plantea cómo el laboratorio experimental es financiado por el Amo, quien les da los recursos para los equipamientos tecnológicos necesarios para producir conocimiento científico a través de la manipulación de objetos (el objeto *a* lacaniano como objeto parcial), encarnado en el cuerpo o partes del cuerpo de los animales[143] a fin de observar la producción de ciertas sustancias o comportamientos organizados bajo datos cuantitativos capaces de ser dados a conocer en publicaciones académicas y citados (como una plusvalía de reconocimientos). Zwart comenta cómo Pavlov, al comprobar la hipótesis del reflejo condicionado, transforma el campo investigativo de la fisiología animal en una psicología animal que, como vimos, su modelo va a anticipar y servir a las intenciones políticas, ya no solo en la Unión Soviética, sino en el capitalismo en general en el cual la dominación requiere de una psicología conductista. El laboratorio pavloviano –a pesar de las críticas de Pavlov al régimen comunista que lo financiaba[144]—se convierte así en el *teatro* –dice Zwart— donde segmentos de la investigación pueden ser probados y examinados para diseñar la sociedad del futuro. Zwart

---

las interacciones amistosas entre investigadores y animales para dar paso a una simplificación del ambiente con el fin de ejercer el máximo control sobre los más mínimos detalles de los comportamientos. Los animales dejaron de ser participantes para convertirse en el objetivo de la investigación. (Zwart 84). Los talleres organizados en la Universidad de California, Irvine dan cuenta de esta misma circunstancia: pocos participantes cuidadosamente seleccionados y sometidos a un régimen de control exhaustivo. Richards da cuenta de los detalles de su experiencia en California.

[143] Pavlov realizaba incisiones en los cuerpos de los animales para extraer muestras de saliva o jugos gástricos a fin de someterlos luego a pruebas de laboratorio (Zwart 69).

[144] Zwart nos deja saber cómo Pavlov y su esposa no gozaron de mayores privilegios personales del gobierno soviético, recibiendo la misma ración alimenticia que cualquier otro ciudadano. En ese sentido, Pavlov, el premio Noble, fue irónicamente considerado como una clase de perro experimental por las autoridades soviéticas (74).

habla de una transvaluación de los valores que produjo el pasaje del deseo de entender a los seres vivientes, tal como ocurría en el siglo XIX, a la voluntad de manipular a los organismos vivos, como ocurre en el siglo XX; se pasa de la biología a la biotecnología y de éstas a la biopolítica, y ésa es la razón por la cual Lacan se interesa en las investigaciones de Pavlov (Zwart 71-72).

Lacan vio que la sociedad comunista quería reorganizarse sobre bases racionales transformándola en un laboratorio a gran escala de la ingeniería social; se trataba de una sociedad apoyada en el discurso de la Universidad idealmente diseñada por expertos funcionando como ingenieros políticos capaces de generar productos estratégicos (Zwart 74). Recordemos que, además, desde el polo ideológico opuesto también se había ya llegado a un capitalismo organizado bajo los principios del taylorismo y el fordismo los cuales, como hemos estudiando en otros trabajos, puede verse con claridad en el Sistema de Stanislavski. Esta idealidad del laboratorio como micro-mundo capaz de promover un conocimiento que podría redimirnos de la alienación capitalista, aunque luego muy atenuada, podemos leerla en *Hacia un teatro pobre*.

*Hacia un teatro pobre* es un libro que da cuenta de las mismas estrategias y tácticas del discurso de la Universidad; los escritos posteriores de Grotowski, esporádicos y cada vez más cifrados, aunque no menos diseminados, muestran un esfuerzo por salir del marco de dicho discurso universitario y del encuadre pavloviano. Su 'shift' irá del *actor* al *participante* y luego al *Performer* junto al cambio resultante que va del laboratorio al seminario y la búsqueda de otras posibilidades en técnicas multiculturales. Vamos, pues, a recorrer estas transformaciones en los textos del maestro posteriores a *Hacia un teatro pobre*.

## Etapa del Parateatro: "El día sagrado"

En *The Grotowski Sourcebook*, para la etapa conocida con el nombre de Parateatro, se incluye un texto conformado por fragmentos de varias respuestas dadas por Grotowski al final de sus presentaciones de ese momento. Se trata de conferencias dictadas en Nueva York, en Francia y en Polonia entre 1970 y 1972. El Sourcebook arma un paquete entre la etapa del Parateatro y la del Teatro de las Fuentes, pero me ha perecido más conveniente diferenciarlas, tal como lo veremos en el análisis de los textos correspondientes a cada una. El Parateatro es una etapa breve, intermedia, si se quiere de ruptura, entre el Teatro de Producciones y el Teatro de Fuentes: a partir de este momento Grotowski se despega del rol de director, abandona el teatro en sentido tradicional y comienza a vislumbrar otras posibilidades que, paulatinamente, irán tomando forma, haciéndose más precisas en las etapas posteriores al Parateatro. "Holiday" [el día sagrado] es el texto representativo de esta etapa intermedia en la podemos ya notar cómo el maestro ha perdido la fe en el teatro y la ciencia; el tono es ambiguo, enigmático a veces y hasta poético, nunca conceptual. El Parateatro es la etapa del momento 'hippy' o de la ilusión populista de Grotowski. Se llevan a cabo eventos participativos y multitudinarios, como *Vigil* (1976-77), *The Mountain of Flame* (1977) y *Tree of People* (1979). Miles de personas asisten como si se tratara de un peregrinaje a un santuario: cualquier individuo puede ponerse en movimiento en el camino de Grotowski (como quien piensa en el Camino de Santiago). Nomadismo, alejamiento de los centros urbanos, meditación, asilamiento, sed de experiencias extra-ordinarias eran las motivaciones de los asistentes a estos eventos parateatrales y, a la vez, como dice Ronald Grimes, pararreligiosos (*Sourcebook* 246).

Una nota inicial nos aclara varias cosas: en primer lugar, que "Holiday" (título en inglés), como "El día que es sagrado", no se corresponde con un tiempo de vacaciones o de ocio temporal del año de trabajo; en segundo lugar, que en polaco, el vocablo "Swieto" –aunque no ligado etimológicamente a *swiatlo* (luz)— puede traducirse por "sacred" o "holy" (sagrado/santo), aunque sin referencia a ninguna religión en particular, ya que es usado en sentido secular. Según la nota, "indica algo especial, excepcional, extra-cotidiano" (213). Sea como fuere, lo evidente es que lo blasfemo (en cuanto a usar términos religiosos de modo secular y muchas veces apelar a la inversión del sentido de los términos o textos religiosos) no logra, sin embargo, salirse completamente del discurso religioso (con su estructura similar a la neurosis obsesiva, tal como veremos en otra parte de este libro). Podemos imaginar lo religioso y lo secular unidos por una actitud blasfema como las dos caras de una misma moneda.

Iremos recorriendo este largo texto paso a paso, particularmente porque no he localizado traducción al español del mismo. El hecho que se trate de fragmentos ya comienza a diseñar una larga parábola —por aproximarnos a ese concepto geométrico—, una línea que irá atravesando la trayectoria espiralada de la propuesta grotowskiana a lo largo de las varias etapas de su investigación. Como tales, dichos fragmentos, escritos además con vuelo poético, no dejan de evocar el uso del aforismo en Nietzsche. Esta línea o curva llegará hasta "el Performer", el último texto incluido en el *Sourcebook*: desde "Holiday" el discurso grotowskiano irá cifrándose, haciéndose cada vez más oracular y enigmático, lo cual nos pone en la necesidad de interpretarlo. Si en "Holiday" ese tono pareciera estar ligado a la incertidumbre de aquello que se busca, a partir de los textos de la etapa del Teatro de Fuentes lo oracular y enigmático constituirán una estrategia adoptada conscientemente para combatir el concepto, esto es, para evitar la trasmisión por medio de una abstracción que, con su pretensión universalista, sería contradictorio con la propuesta misma que se nos hace: captar lo vital-pulsional, que escapa al concepto y a la ciencia, captarla en el modo que se presenta como *singularidad* de cada sujeto, nunca generalizable ni particularizable (es decir, fuera de sistema y nunca como parte de una totalidad). [145]

---

[145] Cabe anotar, siguiendo la investigación de Hub Zwart en su ensayo "Scientific iconoclasm and active imagination: synthetic cells as techno-scientific mandalas", que a pesar de apuntar al concepto y atenerse a la lógica, la ciencia no puede evitar el uso de metáforas (teléfono celular, agujero negro, Big Bang). Así, por ejemplo, nos dice que "And even the key signifier "cell", one of the primordial terms of modern scientific biology as such, is definitely a metaphor, introduced

I.¹⁴⁶

Ya desde el título mismo, "Holiday", se nos pone en situación de interrogarnos qué pueda ser algo sagrado no religioso, en qué consiste eso sagrado secular. Comienza a producirse un dislocamiento entre el uso cotidiano del lenguaje y el despegue de los significantes para desembarazarse del peso del significado del diccionario: hay una actitud de tipo destructivo-creativa del signo, en sentido saussuriano. Grotowski comienza a percibir la necesidad de un lenguaje propio –tomando distancia de las pretensiones científicas o cientificistas expresadas en *Hacia un teatro pobre*—, para captar algo cuya búsqueda se irá acotando paulatinamente a lo largo de los años y de las famosas etapas. Por eso el primer fragmento de "Holiday" expresa la deficiencia del lenguaje para captar algo, un Real, que todavía no se puede significar: "Algunas palabras están muertas, aun cuando las seguimos usando" (213);¹⁴⁷ dichas palabras son las que afectan la praxis teatral grotowskiana de ese momento, es decir, las referidas a la tradición teatral: "show, espectáculo, teatro, público, etc." El vocabulario teatral y aquello a lo que se refiere está muerto y por eso la pregunta –que

by Robert Hooke in his science classic *Micrographia*" (2). La célula, además –y nos resulta interesante en esta interpretación que estamos realizando de los textos grotowskianos— cuando observada por medio del microscopio "reminded him [Hooke] of the rooms of monks in a monastery" (2). Si la célula nos interroga sobre una ontología de la vida, podemos imaginar al actor o performer como una metáfora grotowskiana en la que, en un régimen monacal, deja ver, hace observable en un ámbito concreto y micro, la vida del cuerpo gozante bajo los ropajes o máscaras alienantes impuestas por la cultura y el lenguaje. Recordemos que una metáfora implica siempre una sustitución de sentido de un significante por otro.

¹⁴⁶ Iré interpretando cada apartado del texto, separándolo por numeración romana, para facilitarle al lector regresar al texto grotowskiano. En el *Sourcebook* se usa asterisco (*). Según se nos dice en la nota inicial a "Holiday", el orden de los fragmentos sigue el orden de las preguntas formuladas a Grotowski por los asistentes a las conferencias.

¹⁴⁷ Las traducciones son mías. El paginado para las citas, salvo indicación en contrario, corresponden a *The Grotowski Sourcebook*. En muchos casos, traduzco glosando el texto.

atravesará las etapas y tendrá diversas transformaciones— irrumpe como la interrogante direccional de un movimiento hacia un no-saber: si el teatro y su vocabulario están muertos, entonces "¿qué está vivo?", es decir, qué está vivo todavía, si es que hay un resto: aparece ya la idea de algo que escapa al lenguaje, como el objeto *a* en Lacan, un resto vital que, como sabemos, funcionará primero como *meta* del deseo, pero luego como *causa* del deseo.

Grotowski se posiciona desafiando al Otro, histéricamente interroga la falta en el Otro, aquello para lo que el Otro no tiene respuestas, ese 'algo' pulsional que escapa a los formatos teatrales tales como llegan hasta Grotowski y tales como él los ha desafiado en el Teatro de Producciones, causando la admiración del mundo. La respuesta a dicha pregunta que nos da en "Holiday" es: lo vivo es todavía "la aventura y el encuentro", no cualquiera, sino el que ocurre a los teatristas, para lo cual se necesita, nos dice, "un lugar y *nuestro propio tipo*" (213). Ese "nuestro tipo" es todavía un aspecto desconocido, pero Grotowski sospecha que, no obstante, irá convocando a algunos, en la medida en que se trata de quienes respiran el mismo aire (seguramente nauseabundo de la industria teatral, del diletantismo, del negocio teatral profesional). Lo básico es que esa tarea no se puede realizar en soledad: "yo no debería estar solo, entonces nosotros no deberíamos estar solos" (213). "¿Qué es lo que es posible juntos?" Y la respuesta configura el primer enigma: es posible "swieto", *holiday*, lo sagrado secular.

II

Este segundo apartado nos pone en la pista de ciertas referencias nietzscheanas. Hay una insistencia en términos que fueron el foco de preocupación del filósofo alemán: la vida, la captura alienante del ser humano por parte de las moralidades platónico-cristianas, la relación entre verdad y apariencia, la referencia al mundo antiguo en comparación con el presente, la certeza de que hay 'algo' que supera a la conciencia y al conocimiento, la falaz convicción de alcanzar la realización profesional en un ámbito de corrupción política y laboral, la cuestión de la voluntad de poder y de lo que opera a partir de la oposición entre los débiles y los fuertes, etc. La pregunta que ya comentamos "¿qué es lo que está vivo?" bajo los mantos o máscaras de la profesión actoral, en particular, o la modernidad capitalista en general, guiará e impulsará a Grotowski en cada una de sus etapas.

La pregunta inicial, nos dice el maestro polaco, concierne a la situación del actor, a cierta interrogación íntima que lo habita: "que aquello que lo previene de realmente *desarmarse* es la razón por la cual uno se involucra en la actuación" (213, énfasis mío). El verbo "to disarm" ya nos abre a dos posibles lecturas: por un lado, es un vocablo ligado a lo bélico, armarse/desarmarse, portar armas/deponer armas. El actor estaría armado y quisiera desarmarse, lo cual nos plantea cómo la voluntad de poder se instala en el campo teatral: la voluntad de poder, como constitutiva del devenir del mundo (tal como la ha planteado Nietzsche) es también constitutiva de la existencia como tal, pero aquí todavía el verbo 'desarmarse' la mantiene ligada a la idea de voluntad de poder como un ejercicio de dominación sobre los débiles o, más precisamente del sometimiento que los débiles tienen sobre los fuertes (Deleuze, *Nietzsche* 31-32). Dicha voluntad —que no es la nihilista voluntad de vivir schopenhauriana— opera en un campo de fuerzas entre dos posiciones antagónicas; como vimos, Nietzsche da una vuelta de tuerca, casi invierte, la dialéctica hegeliana del Amo y del Esclavo: en efecto, no se puede pensar en el poder como atribuido solo a los fuertes y mejores; hay un poder de los débiles e inferiores, justamente los que sostienen el nihilismo; el poder es cualidad y en parte también cantidad: el poder de los débiles, plantea Nietzsche, por ser mayoritario, puede dominar, instalar su moralidad, su tabla de valores, para gozar (masoquistamente) de su propio sometimiento. Su ejemplo paradigmático es el cristianismo. El poder de los mejores, por el contrario, puede ser selectivo, elitista y en parte aristocrático, pero como una minoría que no siempre tiene la posibilidad de dominar. A este último poder le corresponde en Nietzsche la figura del santo, del artista y del filósofo. El teatrista, en este sentido, tendría el arma de intentar imponer una visión del mundo, una tabla de valores desde la escena, pero, como vemos, la pregunta realizada a Grotowski muestra que allí precisamente reside el malestar y la insatisfacción del teatrista. ¿Puede un teatrista cambiar el mundo? Es una pregunta difícil que, si se responde afirmativamente, solo es desde una perspectiva (*una* perspectiva) relativista, desde una interpretación que opera por retrospección histórica. ¿Cambió Shakespeare la Inglaterra de su tiempo? Probablemente no, pero hoy esa Inglaterra no sería inteligible sin su teatro, algo que, obviamente, el dramaturgo inglés ya no puede comprobar por sí mismo. ¿Por qué alguien buscaría satisfacer sus más íntimos deseos o pulsiones por medio de la actuación? ¿Supone esto una forma de armarse? En todo caso, ¿qué insatisfacción podría llevar a trabajar con Grotowski para desarmarse?

El segundo sentido que se nos ocurre de "desarmarse" tiene que ver con una imagen de tipo maquinal o un *puzzle*, un rompecabezas (¿indirecta referencia a Meyerhold?): se arma un aparato que se puede desarmar y viceversa.[148] El actor como una construcción formada por partes en-

---

[148] En el artículo de Zwart ya mencionado, el autor procede a mostrarnos cómo la célula sintética, en tanto metáfora, supone la confluencia de varios elementos que pueden estudiarse separadamente, pero el propósito holístico de la tecnociencia y la biología sintética actuales intentan luego ensamblar esas partes a la manera de un mandala. "Synthetic cell visualisations often take the form of circular-quadratic diagrams, with a nucleus and a spherical membrane, suggesting recovered wholeness" (2). La idea está tomada del psicoanálisis junguiano. Se trata de una representación visual que intenta mostrar las fuerzas y las tensiones creadas por cada parte, pero contenidas en el marco de una totalidad. Zwart lleva esta cuestión incluso un poco más lejos: interpreta este volver de las partes al todo dentro de un cambio en el que adviene desde una fragmentación inicial que solemos reconocer como 'especialización', a un regreso a la totalidad y síntesis al que denominamos 'transdisciplinaridad' (3). Uno podría imaginar desde lo planteado por Zwart el itinerario grotowskiano respecto del cuerpo como organismo tal como aparece dividido en partes en *Hacia un teatro pobre* —con auspicio de la ciencia— hasta una concepción del cuerpo como mandala en sus etapas posteriores, es decir, con una versión holística sintética o integrada. Como en este libro interpretamos desde la perspectiva psicoanalítica (freudo-lacaniana), la lectura de Zwart nos es insuficiente, porque no partimos de la idea de la totalidad, sino justamente de la falta. Organismo como partes o cuerpo gozante, ambos no constituyen totalidades, porque hay algo que falta y, precisamente por ello, el viaje grotowskiano toma sentido, ya que se orienta a la dimensión del deseo (que, siendo motor de la vida psíquica, no se corresponde sin embargo con la 'vida' de los biólogos). No obstante, si esta larga nota toma un sentido, es para en cierto modo ver cómo hay en Grotowski un movimiento de pasaje desde la especialización teatral a la transculturalidad.

sambladas que, según parece, no siempre pueden mantenerse unidas o bien no siempre es una totalidad: algo falta, una pieza falta, lo cual deja al actor insatisfecho. Es probable que esa pieza faltante sea la más importante, la vital, la que se pierde en el campo profesional del negocio teatral. Se trabaja y, cuando se puede y todo va bien, hasta se puede vivir de ello, pero a sabiendas de que el negocio teatral es "impuro" (214): puede satisfacer a veces las necesidades de sobrevivencia, puede incluso satisfacer las demandas narcisistas y hasta perversas del exhibicionismo por la aclamación del público, la prensa, los otros. Pero no puede satisfacer su deseo, ése que no conoce. Esta aclamación ("aprobación o reconocimiento de los otros" [214]) constituye una de las maneras que un actor posee para 'armarse', tener un cierto poder frente a otras instancias del negocio teatral (selección de personaje, cierto tipo de salario, cierto poder frente a la producción, al director, etc.), lograr cierto estatus social o prestigio y hasta recibir regalos o premios de la sociedad. Sea como fuere, íntimamente el actor sabe, nos dice Grotowski, que hay algo deshonesto aquí, algo incluso estéril. "El ser humano [*czlowick*][149] que da su presencia corporal [a un personaje] en retorno por alguna ganancia material —en un sentido o en otro— por esto mismo se pone en una falsa posición" (214). Ese 'en un sentido o en otro' pareciera referirse a la prostitución, aunque luego Grotowski recurre a lo histórico para recordarnos el sentido que, en el pasado, el actor tenía como bufón, personaje servil, proveedor de entretenimiento grotesco y chocarrero a los reyes y cortesanos, pero consciente de ocupar la más baja posición en la escala social. Esta situación puede —en la década setentista en la que Grotowski emite su juicio— estar velada, pero así y todo no oculta la impureza y abyección con las que la profesión fue estigmatizada por siglos. Es más, viviendo hoy en un mundo de imperios, se los puede comparar con el romano, que cubría gran extensión del mundo occidental conocido —imperio romano que, a gusto de Nietzsche, nunca alcanzó la grandeza de Atenas pre-socrática— y, en ambos casos, ayer y hoy, en esa situación de alta corrupción y decadencia, se podía encontrar

---

[149] La traducción al inglés usa 'man' para traducir este vocablo polaco. Suele acoplarle el término polaco entre paréntesis. He optado por restituir su sentido más general no marcado por el género traduciéndolo por 'ser humano'.

seres que caminaban en el desierto en busca de la verdad. Lo hacían, como era esperable en aquel contexto histórico, por la vía religiosa. En aquel entonces como ahora, con las diferencias del caso, lo cierto es que podemos establecer una semejanza entre ellos y nosotros: querían y queremos encontrar un sentido. La falta de ese sentido nos hace vivir en constante temor. Grotowski, en situación de post-guerra, aclara: "Uno piensa que tal temor está causado por eventos externos, y sin duda dicho temor emerge de ellos, pero ese algo con lo que no podemos fluye desde dentro de nosotros mismos" (214). Aquí tenemos una distinción que Lacan se encargó de diferenciar: el miedo no es la angustia. El miedo aparece frente algo externo que nos amenaza y que, en última instancia, podríamos evitar. El miedo se dispara ante un objeto externo y peligroso. Pero la angustia, en cambio, es interna, no es sin objeto, dice Lacan: en la angustia falta la falta y en ese sentido queda bloqueada la posibilidad de deseo. Agrega Grotowski: ese "algo" que fluye desde el interior de nosotros mismos "es nuestra propia debilidad y la debilidad es la falta de sentido" (214). Nada podría estar más cercano de Nietzsche: el débil es aquel que necesita estar en rebaño, el que tiene una falta de sentido que compensa con lo religioso o con lo moral; el débil se ampara en la moralidad, en valores de sometimiento y obediencia, que también, como vimos, forman parte de una voluntad de poder reactiva. Muy nietzscheanamente, Grotowski agrega: "Esto es por qué hay una conexión directa entre coraje y sentido" (214). El devenir del mundo carece de sentido. Recordemos que el ultimísimo Lacan planteaba que "lo imaginario es lo que detiene el desciframiento, es el sentido" (*Seminario 21*) y lo imaginario es la dimensión de invención fundamental en el arte. El sentido apacigua la angustia. No hay hechos, sino interpretaciones. Cada interpretación supone una voluntad de poder que se contrasta con otra fuerza equivalente y opuesta. Aquí el maestro polaco inserta su ejemplo tomado de Jesús de Nazaret y sus discípulos: eran gente joven, nos dice, no los viejos que nos suelen imponer tradicionalmente en las interpretaciones canónicas; estaban —como los jóvenes de los *sixties*— insatisfechos con la moralidad romana, "hablaban cosas extrañas y a veces hasta se comportaban imprudentemente, pero en el aire había una necesidad de abandonar la fuerza, abandonar los valores prevalecientes y buscar otros sobre los cuales uno podría construir una vida sin mentira" (214). Recordemos, de paso, cómo Nietzsche nos dice que la tradición metafísica occidental, fraguada en la decadencia de Atenas e iniciada por Platón y luego retomada por el cristianismo, nos ha impuestos una serie de verdades que no son sino mentiras, son errores que hoy nos vemos necesitados de transvaluar.

De modo que aquello que ocurría por aquella época lejana, con las diferencias del caso, está ocurriendo también en los *sixties* y los setenta; no hay nada nuevo, no hay ninguna novedad de la cual e-norgullecerse. Además, si se está en el negocio teatral, si se busca reconocimiento, un buen salario, fama, etc., y uno es consciente de la futilidad de estos determinantes, la cuestión no es muy grave. Sin embargo, hay muchas otras salidas y hasta formas de evasión o escape en la vida. Se puede, por ejemplo, en vez de ocuparse de política, hacer política en el teatro; uno puede buscar revelarse a sí mismo, aunque proceder a desnudarse en el escenario —que no es el sentido grotowskiano de desnudarse— como un elemento decorativo no va más allá de ser casi pornografía. Todo esto, dice Grotowski, es peor que escaparse. Y otras alternativas, dice el maestro con tono irónico, enumerando alternativas típicas que asumen los teatristas en su vida cotidiana: "inventar una nueva filosofía, invocar nuevos nombres, proclamar nuevos métodos, practicar alguna clase de ejercicios y cierta clase de dieta macrobiótica, por ejemplo, siempre se puede encontrar algo nuevo para uno mismo, *en apariencia*" (215, énfasis mío). Grotowski apela aquí a otra palabra nietzscheana pero no necesariamente dentro del sentido que éste le daba: "en apariencia" significa "al parecer", tiene que ver con una posibilidad eventual. En Nietzsche, el devenir solo es captable en su apariencia; el ente, interpreta Heidegger leyendo a Nietzsche, se abre a la presencia, sale al encuentro, y ésta constituye lo verdadero en tanto refiere al mundo sensible, por eso el arte con su voluntad de apariencia es la forma más intensa de la voluntad de poder porque, siendo la fuerza propia de la vida, tiene la capacidad y posibilidad de oponerse a la fuerzas reactivas del nihilismo: "La voluntad de *apariencia*, de ilusión, de engaño, de devenir y cambio es más profunda, más "metafísica" que la voluntad de verdad, de realidad, de ser" (Nietzsche citado por Heidegger 77). Como podemos apreciar, Nietzsche una vez más invierte aquí lo platónico, donde lo verdadero estaba a nivel de la idea y el mundo suprasensible.

III

Pasamos ahora a un párrafo que continúa al anterior en tono nietzscheano. Como veremos en la conferencia titulada "Wandering...", la cuestión que preocupa, que nos sacude frente a la futilidad y rutina de la vida cotidiana es la muerte, el miedo a la falta de sentido. Es que dicha rutina ha tomado el lugar de la vida y nuestros sentidos se han acostumbrado a esa nulidad. A veces nos rebelamos contra esta situación, pero solo por el bien de las apariencias. Hasta podemos intentar un escándalo modesto, no demasiado violento, para contrarrestar el peso de esta rutina, siempre y cuando no amenace el edificio completo de nuestra posición y todavía conserve la simpatía de los demás. El resentimiento –la gran pasión que Nietzsche atribuye a los débiles— no se hace esperar: "comenzamos a odiar a todo aquel en el que una pequeña chispa de vida sigue parpadeando" (215). Es que el mundo nos envuelve en una alienación tal que, sin saberlo, estamos muertos, y envidiamos la vida en el otro, aunque sea una chispa. Tememos así –como ocurre en las pandemias— el más mínimo contacto con los demás o el exponernos nosotros mismos. Estos dos temas serán recurrentes en Grotowski: la cuestión del yo y el otro, del sujeto y los otros. Llegará hasta "el Performer", tal como veremos. Nos avergonzamos de la piel desnuda, pero no de vendernos en el mercado. "No nos amamos, no amamos nuestros propios sí mismos (*selves*); odiando a los otros tratamos de curar aquella falta de amor" (215). Como vemos, Grotowski ya comienza, como Niezsche, a confrontar las máscaras que la vida social, sobre todo en el capitalismo, deposita sobre un rostro, el nuestro, que desconocemos; tampoco podemos, por igual motivo, alcanzar el rostro del otro.

Esta cuestión abre a una compleja trama en la que está involucrado el narcisismo, pero también la ambivalente relación del sujeto con el otro y el Otro. Desde el estadio del espejo, Lacan ha trabajado esta alienación a la imagen del otro en la base de la formación del yo y su desconocimiento de sí. Es también desde esta relación a la imagen de sí en el espejo, percibida como otro amenazante, que se instala la agresividad (que no tiene por qué llegar necesariamente a la agresión). Se ama y se odia al otro, por distintas razones. Si hay un odio velado, digamos 'positivo', entendiendo por tal el que diferencia al sujeto con el semejante, también hay un odio 'negativo', sin velos, segregacionista, que se sitúa como odio a la alteridad como tal. Este odio supone en ese otro el acceso a un goce que estaría interdicto para el sujeto mismo, y si ese otro goce supuesto en el otro puede llegar hasta la aniquilación del otro como tal, entonces todas estas distinciones —más aquello que se contrapone: el amor y el enamoramiento— configuran un campo en el que hay que discernir lo político y la emancipación del sujeto. Una vez más, cuando Lacan en el *Seminario* 20 elabora las fórmulas de la sexuación y atribuye al lado del no-toda, lado de lo femenino, de La Mujer (que no se confunde con las mujeres ni tampoco con la feminidad), la dimensión de un goce otro, otro goce más allá del goce fálico (en el que están incluidos tanto los hombres como las mujeres), nos pone en la pista de trabajar artística y políticamente sobre aquello que el capitalismo quiere avasallar y que, como veremos, no escapó a la preocupación de Grotowski. Este goce del lado del no-toda, goce femenino, enigmático y misterioso, no complementa al goce fálico, sino que lo suplementa, aunque queda a merced del sujeto (hombre o mujer) colocarse de un lado u otro en la lógica de la sexuación. Un rédito aquí se configura en tanto podemos establecer la diferencia entre la teatralidad del teatro y la praxis teatral: si ese objeto misterioso es el objeto *a*, la teatralidad del teatro, del lado de la función fálica y como se aprecia en algunas mujeres, intenta velarlo, porque es la forma de seguir negando la castración; la praxis teatral apunta, en cambio, a enfrentar ese vacío estructural. Se entiende entonces a dónde apunta Grotowski cuando habla de desenmascarar, desnudar, desvelar para acceder a ese vacío que él denomina origen. Y tampoco sorprende que ese objeto *a*, ese *Das Ding*, esa cosa en sí ubicada del lado del no-toda y que las mujeres sienten pero del que nada saben decir, lleve a Grotowski a hablar inmediatamente de la muerte.

Pareciera haber una evocación de la danza macabra cuando Grotowski afirma que "con gran agilidad, por medio de esconder nuestra oscuridad, nos mantenemos ocupados con nuestro propio funeral" (215). Es que aquello que *parece* vida, la rutina, la enajenada rutina diaria, las moralidades que encubren nuestra 'oscuridad' (el inconsciente, como sede de nuestros deseos y goces, como sede de la vida y de la voluntad de poder), es realmente la muerte. Y ¿qué queda más allá de esta muerte? El bosque.

Grotowski acude a un dicho polaco y, como vemos, ya entra en el campo del enigma o el oráculo, que nos pone en situación de interpretar, en el riesgo y peligrosidad de todo interpretar: *"No estamos allí –el bosque está allí; no estaremos allí – el bosque estará allí"* (215). Adjunta a este dicho sus preguntas, las que marcarán su trayectoria posterior y que ya no están restringidas o limitadas al teatro; nótese el cambio de registro discursivo, que anuncia un cambio respecto a su relación con el lenguaje: ya no el conceptual, el de la ciencia o la práctica académica, sino una dirección firme hacia ese 'un esfuerzo de poesía" del que nos hablará Jacques-Alain Miller muchos años después; no descuento que, en relación a la cuestión de la apariencia, como verdad mentirosa, Grotowski también apele a la seducción y ambigüedad del lenguaje, particularmente el poético, pero –otro rasgo valorado por Nietzsche— también sofístico en tanto la verdad es también un semblante:

> Y entonces, ¿cómo ser, cómo vivir, cómo dar luz como lo hace el bosque? Me puedo también decir a mí mismo: soy agua, pura, que fluye, agua viviente; y entonces la fuente es *él*, *ella*, no *yo*: *él* a quien voy a encontrar, ante quien no me defiendo. Solamente si *él* es la fuente puedo yo ser el agua viviente. (215).

El juego de pronombres comienza ahora a aproximarse a diversos registros: cada uno de dichos pronombres va a ubicarse diferentemente y, nuevamente, la referencia es Nietzsche: el yo, como conciencia, completamente impotente para responder sobre el fluir de la vida, el *moi* del registro imaginario producto de lo especular; y luego esa otredad, ese él o ella que me habita y a quienes voy a encontrar en la 'otra escena', la oscura, del inconsciente, en la zona del no-saber: es desde allí que mana el agua viviente (registro simbólico y registro real). A ese *él* o *ella* podemos, desde ya, llamarlo sujeto en términos del psicoanálisis. No es el *individuo*, no es el *yo* [*moi*], siempre producto de espejismos. Veremos cómo ese itinerario hacia el *él*, luego tomará el nombre de *origen*, solo alcanzable por un movimiento retrospectivo y doloroso (frente al que no cabe defenderse) hacia la infancia, a la filogenia, al eterno retorno. La palabra *fuente* ya nos anticipa lo que vendrá.

Retomando las preguntas pero poniendo el acento en la muerte, Grotowski ya casi da el salto heideggeriano a la muerte como única certeza futura. Tendremos que sumergirnos en esta cuestión cuando abordemos "Wandering…". Ya no estamos en el registro schopenhaueriano de la muerte como una nada. Ahora estamos en esa otra temporalidad, ya no la del reloj y la secuencia cronológica engañosa de pasado/ presente/ futuro: estamos en esa futuridad desde la cual se puede, y hasta se debe, formular la pregunta por la vida y la existencia, por el pasado y por el presente. Grotowski alude al dicho popular de que, en el momento de morir, toda la vida del individuo pasa como destello frente a él o ella, a la manera de una película. "¿Qué crees que vamos a ver en ese momento? ¿Qué es importante, qué *retornará*?" (215, énfasis mío). Y da respuestas irónicas, con fuerte impacto para sacudir al receptor, tal como lo haría el mejor de los sofistas: "¿será el momento en que compraste un carro, cuando tu jefe te dio una palmadita de reconocimiento, cuando jugaste algún truco que te hizo sentir mejor o más inteligente que los demás?" Sin duda, ninguna de estas respuestas es capaz de recuperar la dimensión existencial y digna de la muerte como un acontecimiento definitivo en la vida de un ser humano. Algo retorna, sin duda, en la perspectiva de Grotowski; y ese algo es la preocupación de los antiguos por la muerte y la necesidad de un *ars moriendi* como puerta de entrada a una interrogación profunda sobre la vida.

IV

El breve fragmento continúa con el tono poético y retoma la relación con el otro, ese otro que es como muchos de nosotros, frente al que se siente una necesidad tangible como la de tocarlo con los dedos, aunque no tengamos palabras para expresar esta necesidad. "Le hago pregunta tras pregunta –preguntas que realmente me hago a mí mismo: él replica y cuando siento que no puedo decir si se trata de su respuesta o la mía, anoto lo que dice" (215-216). ¿Quién es ese otro? ¿Es externo, un individuo que no soy yo? ¿O es alguien como yo? ¿O bien es un yo interior, mi espejo, deformado o no, ideal o no? Creo que se puede leer este apólogo en varios registros: alguien responde, soy tal vez yo el que responde, y sea como sea es mejor escribir. Hay un encuadre mediado por la mirada: "ser mirado (sí, 'ser mirado' [*to be looked at*], y no 'visto' [*not 'seen'*]); ser mirado, como un árbol, una flor, un río, el pez en ese río" (216). Estamos ante una experiencia en la cual de la necesidad de un contacto táctil, a la cual no nos atrevemos o es imposible, pasamos a una instancia verbal y de ahí a un espacio escópico, visual: querer tocar y no poder, hablar y luego desear ser mirado como un objeto, pero un objeto lleno de vida y de candor (árbol, flor, etc.), un objeto que es un devenir inapresable y el yo un ser vivo, igualmente inapresable en mi ser, en ese mismo devenir. De la necesidad, pasamos a la demanda y de allí al deseo, a ser objeto de deseo del Otro, objeto de la mirada del Otro.

En el *Seminario 11* Lacan nos cuenta una experiencia de juventud cuando un día compartía con una familia de pescadores; navegando con un pescador llamado Petit-Jean, de pronto aparece un punto de luminosidad en el mar cuya majestuosidad lo atrae: se trata de una lata de sardinas, una especie de mancha en el mar. Petit-Jean le pregunta a Lacan si la ve; pues bien, dice el pescador: ella, la lata, en cambio, no te ve. Lacan era en ese momento un paisaje vivo, un intelectual, una mancha en el cuadro del ambiente de los pescadores. Sin embargo, la lata de sardinas, aunque no lo veía, lo estaba mirando, haciéndolo parte de un cuadro en el que Lacan era ahora una mancha en un paisaje que no era el suyo, su cotidiano. Lacan siente que en el fondo de su ojo se pinta un cuadro que lo incluye, es decir, un cuadro en el que *se veía verse*. Lacan era, en ese cuadro, el punto de llegada de la mirada de la lata. Hay así una esquizia entre el ojo y la mirada, entre ver y mirar. Como tal, esa mirada que provenía del exterior, lo interpelaba en su ser (como mancha en un paisaje ajeno, en su diferencia con ese paisaje), más allá de cómo él se percibiera a sí mismo, de los semblantes de sí mismo como yo [*moi*], a nivel imaginario. Así, donde creía ver, Lacan era mirado. Allí donde se creía agente del ver, era objeto de la mirada (del deseo) del Otro. No hay interesubjetividad: se trata siempre de un sujeto y un objeto. Sin duda, desde la perspectiva de Foucault, tenemos también aquí la cuestión del panóptico: somos objetos de la mirada del Otro, ese Otro que desconocemos, que no vemos, pero que está por su ausencia en su misma invisibilidad, un Otro que nos objetualiza, nos vigila, nos controla y nos pone a merced de su deseo y de su goce. Pero el apólogo de Lacan, sin embargo, nos lleva por otro rumbo: la pulsión escópica le va a permitir a Lacan captar la dimensión de un objeto que escapa a nuestro ver, a nuestro ojo: es ese objeto éxtimo (ubicado en nuestra mayor intimidad, pero a su vez como exterior a nosotros), el que ha quedado como resto de la operación imaginaria de formación del yo [*moi*] y que, en el estadio del espejo, todavía no se visualizaba. Es ese objeto *a* que el yo desconoce y que constituye aquello que quedó fuera de la imposición simbólica del Otro, fuera del significante, del lenguaje.[150] Un resto vital, de goce, que cayó en la operación especular, pero que todavía allí quedaba invisibilizado. Ahora, el apólogo de la lata de sardinas, le permite refinar el dispositivo: solo puedo acceder a ese objeto *a* (causa de deseo, goce, real no significantizado), por intermedio de la mirada del Otro. Ese objeto éxtimo, Grotowski lo quiere, como vimos, ligado a la vida, al devenir: árbol (fálico, duradero, permanente, compacto y erguido), flor (goce instantáneo, *carpe diem*, abierto, vaginal), río (fluyente, inapresable, indetenible, cambiante, desde la tradición heraclíteana) y finalmente pez (habitante del río, *Dasein*, puro tiempo).

El apartado regresa a lo nietzscheano: "La vida es mentira, tira lana sobre los ojos de las personas, fingiendo: ¿cuánto tiempo puede durar? Renunciar a "lo que puedo esperar"; bajar a la tierra y dar la mano –no importa si limpia— lo que importa es el calor del cuerpo. Sacarse las ropas y las gafas y sumergirse en la fuente" (216). Ese calor es aquello que, como lo planteó Lacan (*Seminario 11*, 88), invade el cuerpo y nos muestra un sujeto situado confortablemente al sentir dicha temperatura. Hay allí una percepción del cuerpo propio –digamos— directa, sensual, que ya no es la del "ver verse", mediada por el Otro.[151] Pues bien, Grotowski aboga por

---

[150] Ese objeto *a* es lo no colonizable que el capitalismo quiere capturar, según lo sostiene quienes trabajan las lógicas de la emancipación.

[151] Me parece que Lacan, en cierto modo, ya prevee en el *Seminario 11* esa sustancia gozante que nos propondrá en el *Seminario 20*, al diferenciarla de la visión respecto "al pensamiento en la representación": "Porque *me caliento al calentarme* es una referencia al cuerpo como cuerpo; esa sensación de calor que, a partir de un punto cualquiera en mí, se difunde y me localiza como cuerpo, es una sensación que me invade. En el *me veo verme*, en cambio, no es palpable que yo sea, de manera análoga, invadido por la visión" (88).

un zambullirse en el fluir de la vida, en la fuente de la vida, con todos sus riesgos y peligros, dejando de lado cualquier especulación sobre la duración o el cálculo del tiempo.

V

En esta viñeta Grotowski resume –con bastante corrección— la propuesta de Stanislavski y su sistema. No tiene sentido aquí reproducir su texto. Nos conviene, en cambio, para mantener la línea interpretativa que venimos exponiendo, un par de afirmaciones que ajustan, en cierto modo, lo dicho anteriormente en IV. En primer lugar, su relación con Stanislavski. Grotowski la refiere en pasado y como una etapa superada: "Lo consideré una vez mi padre". Se afirman aquí dos aspectos: el primero 'ya, pues, no es su hijo'; el segundo, que ahora Grotowski –parricidio de por medio— buscará otros padres o bien su propio rol como posible padre de una propuesta. Sin duda, el Sistema trabaja en función de la representación, en el pasaje del texto literario a la escena. Conocidas son las etapas: memoria emotiva, luego superada por las 'acciones físicas' y, en la etapa final (aunque Grotowski no la menciona), el 'análisis activo'.[152] Su psicotécnica, en todos sus matices, apunta al actor, a la vivencia escénica y obviamente se encuadra dentro del realismo. Reconoce en el actor un individuo dividido entre el personaje y lo que el actor quiere ofrecer a su público. Su mira es el trabajo profesional del actor y su elaboración del personaje. Busca una lógica de las acciones a partir de los datos provistos por el texto y a partir de preguntarle al actor qué haría *si* se encontrara en la misma situación. Ambas vertientes convergen sobre el escenario. Para lograr su cometido, para trabajar esa lógica de acciones, se realiza el trabajo sobre las conductas de la vida diaria.

Y aquí es donde Grotowski se separa del maestro ruso. Su meta se dispara a partir de otras preguntas; sus respuestas no están –al menos

---

[152] Ver mi libro *Ensayo teatral, actuación y puesta en escena. Notas introductorias sobre psicoanálisis y praxis teatral en Stanislavski*.

este apartado es sumamente ambiguo— ligadas a la profesión actoral en el sentido de contribuir a mejorar la actuación en el campo profesional. También en Grotowski el actor (¿actor?, ya veremos que recurrirá a otros vocablos a partir del Parateatro) está también dividido, pero de otro modo, mucho más cercano a lo que hoy conocemos como la designación de 'analizante' en el psicoanálisis: por un lado, el yo [*moi*], la conciencia, supuestamente unificado, engreído, viendo el mundo y construyendo imaginariamente la realidad a su medida; por el otro, el sujeto, sujeto siempre del inconsciente, no-sabido, fuera de la lógica racional, sujeto de un deseo desconocido, aquel que de pronto irrumpe en la conciencia para sorpresa del yo: sueño, lapsus, olvidos, etc. Es a este 'actor' dividido que Grotowski ahora le formula otra pregunta, ya no ligada a lo profesional (aunque sin decirnos qué relación o qué aporte le podría brindar la respuesta; ya comentamos en otro capítulo la opinión de Peter Brook sobre esta cuestión): "¿Qué quieres hacer con tu vida?" (216). Se ha cambiado, como vemos, de problemática: si más tarde se propone algún entrenamiento, no estará dirigido al mejoramiento profesional del actor, al menos directamente.

La respuesta a dicha pregunta la da Grotowski a partir de convocar dos palabras claves: "*discover/uncover*" (216), es decir, descubrirse a uno mismo en el sentido de 'encontrarse a sí mismo'. Pero también descubrir cómo quitar velos (máscaras) que cubren a ese sí mismo, a ese sujeto verdadero, que es el del querer:[153] en Nietzsche el 'querer' es más primordial que el deseo, tiene que ver con la voluntad de poder y el devenir como un flujo sin sentido y sin meta. Prefiero situar mi interpretación a partir del psicoanálisis, del lado del deseo, porque me parece que se ajusta a la perspectiva grotowskiana. Se trata ahora de descubrirnos y a la vez trabajar para desactivar esos velos los cuales, como depositaciones del registro simbólico (cultura, lenguaje, familia, tradición, etc.), nos alejan de la verdad. En "Wandering...", en la etapa del Teatro de Fuentes, se precisará la pers-

---

[153] La traducción al inglés apela al verbo "to want", que tiene una significación muy amplia (necesitar, querer, desear, demandar, etc.). Lo he traducido por 'querer' y lo interpreto como 'desear'.

pectiva acudiendo a la oposición 'domesticar/desdomesticar". Por ahora, Grotowski solo afirma que, si el actor necesita hacer este trabajo de doble descubrimiento a partir de una obra, es válido en la medida en que, por ejemplo, no se acerque a Hamlet como personaje, sino que trate de considerarlo un "área viviente con la que puedas medirte", "un rayo de luz cayendo sobre tu propia existencia capaz de iluminarte al punto de que ya no mentirás, no representarás [will not play]" (217). Una vez más, es el texto el que "cae" sobre el actor y no al revés, es el texto-bisturí el que abre la carne del cuerpo actoral y no a la inversa.

Las acciones físicas no pueden, según afirma, hacer otra cosa que reproducir ciertas conductas cotidianas, rutinarias, que no son precisamente las esenciales desde la perspectiva de Grotowski: "Ciertamente, hay acciones que resultan del hábito, pero las más importantes no son tales" (217). Regresa, entonces, al tema del alcanzar táctilmente al otro: "cuando tocamos, tocamos con nuestro propio sí mismo [*self*], y cuando tocamos en la vida diaria, siempre pensamos en algo más" (217). Así cierra esta viñeta, retornándonos al discurso enigmático. ¿Qué es ese 'algo más'? ¿Cómo pensarlo? ¿Dónde situarlo? Sabemos que Grotowski no apuesta por el platonismo, si así fuera, podríamos pensar que ese algo más allá de la percepción es el alma y ésta en conexión con la idea. Si convenimos en la impronta nieztzscheana en Grotowski, entonces tenemos que admitir que "[t]odo ente es en sí mismo perspectivista-perceptivo, es decir, en el significado ahora definido: "sensible"" (Heidegger, *Nietzsche* 198) y, por ende, "ya no es lo encubierto, es lo único real, por lo tanto lo "verdadero"" (ídem). ¿Será entonces que en ese tocar pensamos en lo real, pero no como un pensar racional, consciente, sino ahora entendido como lo sensible, propio del devenir y de la vida, con toda "su multiplicidad de pulsiones y facultades" luchando entre sí" (ídem)?

Como veremos en el próximo capítulo, una interpretación posible consiste en que ese "algo más' es aquello que supera la percepción misma, una intensidad que escapa a toda designación conceptual, en tanto el concepto es una forma congelada y pretendidamente objetiva y universal de un objeto, que se constituye a costa de anular el registro de las diferencias subjetivas. En este sentido, la temperatura que yo percibo al tocar un objeto, no es la misma que tú percibes al tocar el mismo objeto, porque se trata de una percepción que va más allá del concepto 'frío'. Y un algo más en mi percepción táctil, que atiende a mi singularidad, a mi historia, a mi memoria. Asimismo, Grotowski, tal vez invirtiendo a su manera la metafísica occidental que siempre puso el énfasis en lo visual como percepción suprema (de ahí la importancia dada a la visión y a la contemplación en la teoría del conocimiento tradicional), nos habla de 'tocar' para poner en primer lugar uno de los sentidos reprimidos en la moralidad judeo-cristiana en tanto está ligado a lo corporal y lo sensual. Retomando la cuestión de la formación actoral, desde esta nueva aproximación, todo sistema, como el de Stanislavski, ya queda muy limitado, porque atiende la generalidad, la uniformidad, en cierto modo cancela la particularidad y diferencias del individuo al proponernos una técnica para un 'actor' abstracto, no marcado por la raza, la clase, el género sexual, la historia, la geografía, todo eso que *lalengua* hace resonar en el cuerpo gozante. ¿Qué efectividad puede tener ese sistema para abordar la creatividad inconsciente si ha procedido a eliminar la dimensión sensible, entendida como lo pulsional, lo más visceral de la vida? Hay allí una contradicción. Grotowski se inclina entonces por invertir esa aproximación stanislavskiana, pero esa inversión todavía no logra transvalorar la figura del actor que, como dijimos, Grotowski conmueve, invierte, pero no saca de la ambigüedad, como hará en las etapas posteriores.

## VI

Teniendo en cuenta que estos fragmentos resultaron de respuestas a preguntas formuladas por quienes asistieron a sus conferencias de aquel entonces, de alguna manera, no sin ciertos saltos y silencios, se van reformulado y acotando las nuevas cuestiones que empiezan a proliferar en el Grotowski posterior a *Hacia un teatro pobre*. En esta breve viñeta Grotowski da una vuelta de tuerca que aporta varias precisiones (leídas desde la perspectiva que hoy tenemos de sus textos, pero que posiblemente no fueran tan específicas para sus oyentes): en primer lugar, niega estar hablando en metáforas, lo cual nos aleja de lo que planteaba Zwart y de considerar su discurso como poético o bien connotativo. Quiere situar, pues, lo que dice al nivel de un lenguaje supuestamente denotativo, casi literal, pero no conceptual; afirma estar instalado en lo "tangible y práctico". Por eso afirma que no está haciendo filosofía, que no está centrado en un pensar, no está interesado en formular pensamientos abstractos, universales y racionales, sino en un terreno concreto, el de la experiencia, la experiencia de tocar en el encuentro con un ser humano ("experience of meeting with man [*czlowick*]" [217]). La pregunta que cierra la viñeta retorna a aquello que, me imagino, debe haber sido lo que interesaba a su audiencia y que, nuevamente, Grotowski deja en el limbo: "¿Estoy hablando de cierto tipo de existencia más que de teatro?" (218). La palabra "existencia", aunque el maestro no lo quiera, confunde, porque pertenece al vocabulario de la filosofía y la preocupación milenaria de esa disciplina, de la que dijo antes no estar interesado. Solo imaginando la relación entre devenir y existencia, tal como Nietzsche la ha planteado, entre el sinsentido del primero y el esfuerzo de interpretarlo de la segunda, es que podríamos hablar de lo tangible y lo práctico.

VII

Hay prácticas (yoga, Budismo) que surgen en algunas épocas y que también ocurren en otras. Y también hay una constante para aquellas épocas en que, nos dice Grotowski, hay gente que tiene conciencia de la condición humana y entonces hay algo que las caracteriza: la búsqueda. No siente el maestro necesidad de atribuirle una denominación religiosa, aunque esas prácticas han adquirido diversos nombres. Esa búsqueda se refiere "a lo que es más esencial en la vida" (218). Puede haber gente, incluso triste, para quienes esta búsqueda no es relevante, no se hacen dicha pregunta y hasta la rechazan: son los débiles. La pregunta surge cuando, a pesar de haber logrado muchos bienes y/o poseerse muchas cosas, todavía 'algo' falta en la vida. ¿Hay alguna respuesta a esta pregunta? "Uno no puede formularlo, solo puede hacerlo" (218). Una vez más tenemos aquí una referencia nietzscheana: el ser es para el filósofo alemán el devenir y éste tiene "el carácter de la acción y de la actividad del querer" (Heidegger, *Nietzsche* 20). Podemos convenir en ver en esto todavía un residuo de la intuición stanislavskiana de las 'acciones físicas', de ahí que la intención grotowskiana de invertir completamente la propuesta del maestro ruso podría no ser tan contundente. Lo que comienza, sin embargo, a resonar aquí es la singularidad del sujeto, por eso la aclaración heideggeriana sobre el estatus de la voluntad en Nietzsche, respecto de la acción; nos dice:

> Al subrayar repetidamente el carácter de orden de la voluntad, Nietzsche no se refiere a un precepto o una instrucción para ejecutar una acción; tampoco se refiere al acto volitivo en el sentido de una decisión, sino a la resolución, a aquello gracias a lo cual el querer toma las riendas sobre el que quiere y lo querido, y lo hace con una firmeza permanente y fundada. (48)

La decisión es la del querer propio del sujeto singular (no de un sujeto universal) cuyo 'deseo decidido' (esa 'firmeza permanente y fundada', nada eventual) apunta no al desarrollo de destrezas actorales para mejorar su rendimiento profesional, sino al dominio de sí mismo y de su objeto. Se ha producido aquí un primer paso en el proceso de transvaloración cuyas consecuencias empezarán a percibirse más fuertemente a partir de la etapa del Teatro de las Fuentes.

## VIII

Hacemos mucho para no encontrar la respuesta a esa pregunta por la vida. Nos dice el maestro que queremos aprender medios, por ejemplo, cómo pretender ser algo o alguien, cómo representar obras clásicas o modernas, trágicas o cómicas, etc. Sin embargo, nos aclara: "Pero aprender cómo hacerlo, no nos revela a nosotros mismos, solo revelamos la habilidad de hacerlo" (218). Según Grotowski, al proceder de este modo solo buscamos refugiarnos o buscamos asilo en un método y entonces evitamos preguntarnos la pregunta fundamental. Así, como es típico de los actores, trabajan para aprender más e incorporar más habilidades; sin embargo, al final, más que aprender, hay que desaprender, y en vez de saber cómo hacer algo, saber cómo no hacerlo, correr el riesgo de una derrota total, no tanto enfrente de los demás, sino en "un encuentro fracasado, fallido, con uno mismo" (218).

## IX

En esta viñeta, muy breve, comienza a plantearse aquello que podríamos denominar, a la manera de Nietzsche, la gran política de Grotowski, al menos para los años posteriores a este texto: me atrevo a bautizar dicha política –ya que Grotowski no lo hace— como "lo monacal laico o secular" que no es la de nuestra praxis teatral. Si, como nos plantea, uno se desarma en esos instantes de intimidad frente al otro, pero luego vuelve a armarse para enfrentar la vida cotidiana, si uno debe esconderse, sería mejor no hacerlo e imaginar "una situación en la cual rechazarías todo tipo de ocultación [...] y comenzar con algún lugar en particular" (218). Grotowski afirma que "cree que hay una necesidad urgente de un lugar donde no nos escondamos y simplemente seamos como somos" (218). Ese lugar emergerá, según piensa, del mismo lugar en el que estamos, saliendo de "una pequeña apertura, brecha, ventana, puerta que *penetre el afuera*" (219, el subrayado es mío). Estamos ante dos posibilidades interpretativas, pero en ambos casos, se trata de situaciones que Lacan llamaría 'éxtimas', es decir, siendo íntimas, nos son sin embargo ajenas: por un lado, un lugar específico, material, en cierto modo aislado pero inserto en el mundo, en donde trabajar a partir de la pregunta sobre las deficiencias en nuestra vida; por otro lado, esa 'otra escena' que es el inconsciente y que asoma de pronto (*tyché*), siguiendo el movimiento pulsativo que lo caracteriza. Es algo extraño, a veces sin sentido, que "penetra el afuera", algo irrumpe y produce una discontinuidad del discurso consciente y, cuando eso ocurre, como sabemos por el psicoanálisis, hay que ir a ver de qué se trata; es una cuestión ética de la que uno no debería ni desentenderse ni entretenerse con otra cosa hasta saber por qué, por ejemplo, allí donde quise decir una cosa, dije otra.

## X

Frente a esta irrupción, tal como Freud la vio, solo cabe hacer asociaciones. Se trata de "limpiar [*cleansing*] nuestra vida" (219), es decir, de eliminar la suciedad en la que nos revolcamos, sobre todo en este mundo capitalista neoliberal. Grotowski no lo plantea en el sentido actual de una autoayuda. Tal como Nietzsche lo hacía respecto de la enfermedad de

Europa causada por el nihilismo, Grotowski lo hace ahora para referirse a la enfermedad global causada por el capitalismo y sobre todo por el avance fuera de toda ética de la ciencia y la tecnología. Se trata de un limpiar concebido como un decir 'sí', como actitud afirmativa de la vida opuesta al 'no' nihilista negador de la misma. Solo por medio de las asociación libre (por más ridículas o embarazosas que parezcan dichas asociaciones) podemos llegar, dice el maestro, a reconocernos uno a otro. Asociar es asumir un riesgo: el riesgo de la interpretación. Como Zaratustra, hay que entrar, una vez producida la irrupción, en el momento del ocaso, es decir, en el del convalesciente que asume el proceso doloroso de iniciar una transvaloración de todos los valores.

En mi praxis teatral, con ejercicios específicos que mantengan en lo posible el azar, se favorece la asociación: como dije en otros escritos, nada puede iniciarse en la praxis teatral actual a partir de una idea. La idea mata el arte. Cuando se propone una idea, se trata de ilustrarla por todos los medios. Se termina repitiendo algo que se sabe, aunque no se sabe bien para quién o a quién podría importarle (el teatrista se engaña cada vez que su yo supone que hay un público al que le interesan las mismas cuestiones que a él). En la asociación cabe la posibilidad de la irrupción de lo inconsciente y, por esa vía, de lo Real, de aquello que nos duele y, sin embargo, todavía no podemos nominar. El arte no debe apuntar a la realidad (construcción de cada cual, completamente imaginaria), sino a lo Real, particularmente si aceptamos la tesis del inconsciente como transindividual: aquello que me afecta y que desconozco, es lo que afecta a los otros, a mi comunidad en este preciso momento histórico que todos estamos compartiendo. Grotowski nos da una serie de ejemplos de asociación, pero enfatiza la que proviene de "hermano", porque dicha asociación contiene "la semejanza con Dios" y el ser humano. El vocablo 'hermano' nos retorna a la gran política grotowskiana (volveremos sobre esto). Y agrega —rematando la viñeta con un tono poético que él quiere no metafórico— "hermano de la tierra, el hermano de los sentidos, el hermano del sol, el hermano del tocar, el hermano de la Vía Láctea, el hermano de la hierba, el hermano del río" (219). Aquí Grotowski establece redes de hermandad (¿democrática o aristocrático-elitista?) que nos invitan a asociar, a correr el riesgo por nosotros mismos. Toda interpretación es siempre un riesgo; toda interpretación, además, es una voluntad de poder frente a otra, que se le opone. En esta perspectiva, la gran política grotowskiana está sostenida por esa hermandad entre los participantes de su proyecto (aun cuando haya un régimen vertical bien marcado: maestro vs. aprendices), y la hermandad con la Naturaleza, el cosmos y sobre todo el tiempo, el devenir, ese río de Heráclito.

XI

Derivado de lo anterior, Grotowski pasa a preguntarse si, en cuanto al gesto como signo, hay por un lado un contenido y por otro una manera de expresarlo. No vamos a internarnos por todo lo que ya se ha dicho del signo a partir de Ferdinand de Saussure, particularmente a partir de la revisión lacaniana. Hay una concepción, dice Grotowski, según la cual uno tiene una idea (significado) y luego la expresa (significante). Y esa modalidad le parece falsa; tan falsa como lo que hemos dicho en la viñeta X: la idea/el concepto mata el arte y tal vez mata muchas más cosas en nuestra vida. No se puede partir de lo que se sabe, no se puede partir de pensar y luego hacer: no es la tarea ni la función del arte. Al contrario, hay que asumir el riesgo de hacer, dejar que la misma acción vaya desplegando aquello que no sabemos, o que no sabíamos que sabíamos. La división entre pensar y actuar, entre intención y vida solo culmina en la ilustración y, digamos, nunca en el encuentro con lo real. Al proceder a partir de la idea e ilustrarla con la acción, reproducimos la vieja dicotomía metafísica de alma y cuerpo o, en su versión más moderna, mente y cuerpo, entre lo físico y lo psíquico.

Dejar de lado esas dicotomías nos permite trascender la actuación como fingimiento o representación ["*playing*"], porque al lanzarse a la acción y asumir dicho riesgo, es el ser humano en su totalidad quien "es arrojado a la balanza" (219). Al proceder de este modo, al revelar nuestra propia vida, podemos querer venderlo a los demás. Si se trabaja para esa venta, uno permanece en la esclavitud que no deja lugar a la emergencia de una verdad afirmativa; no se trabaja para lograr la aceptación del público [*audience*], palabra que a Grotowski, por ser parte del vocabulario teatral, le parece muerta. Es la aceptación de sí mismo lo que el teatrista debe buscar y, a partir de allí, el encuentro del ser humano con otro ser humano. Nuestro coraje por descubrirnos a nosotros mismos, por quitarnos los velos o máscaras, enfrenta una dificultad causada por "los ojos del extraño" (220), frente al que hay que revelarse pero "a plena luz, no furtivamente, sino abiertamente". Como sabemos, fue su intención en el trabajo con Ryzsard Cieslak. Grotowski cierra la viñeta con una pregunta: "¿es entonces tal vez éste un 'signo' o se convierte en uno?" (220). La cuestión del signo aparece varias veces en los textos grotowskianos. Como planteamos en otro capítulo de este libro, resulta evidente que hoy hablaríamos de significante: se trata de adjuntar a un significante un significado singular que es el propio de un ser humano particular, de ese artista y de su deseo. No se trata de tomar un signo del Diccionario de la lengua, o un símbolo del diccionario de símbolos, sino de confrontar ese significante que emerge en un proceso de trabajo, que insiste en repetirse incluso en su falta de sentido y que va asumiendo significaciones sin precedentes. Como veremos, la capacidad del artista es otorgar nuevos sentidos a significantes cualesquiera en la medida en que, por ese camino, logra mediodecir la verdad, significantizar en parte eso Real que se resiste a ser capturado por el lenguaje.

XII

El ser humano es una totalidad y ella constituye el "material creativo" (220). En este apartado, ya con un tono demasiado sacerdotal para mi gusto, Grotowski retoma la experiencia de abrirse a otro: "Soy como soy"; ese otro puede estar presente o lejano, en el espacio o en el tiempo. Es alguien tangible o bien "existe como una necesidad que se actualiza" (220); se trata de alguien (él, ella, ese otro que viene) que emerge de las sombras, impregna nuestra vida, está encarnado, es de carne y sangre. "Somos —nos dice— como un libro abierto en el cual los demás registran su presencia" y allí comprometen nuestra propia experiencia: "algo está pasando conmigo" (220) y lo hace de un modo concreto: "en los sentidos, en la piel, en los tejidos" (220). No tomamos posesión de ello, por el contrario, *eso* nos posee y por ende "todo nuestro ser tiembla y vibra [porque] somos una corriente viva, un río de reacciones, un torrente de impulsos, que abraza nuestros sentidos y nuestro cuerpo todo" (220).

Como puede apreciarse –y me propuse por ello traducir en extenso la viñeta—todo esto carece de cualquier tipo de fundamento. Es un párrafo que quiere decir mucho y sin embargo uno podría preguntarse en qué se sostiene o, al menos, en qué registro: hay una veleidad de predicador en el Grotowski de esta etapa. Salvo el giro a lo sensible anti-platónico que ya hemos mencionado, el resto parecen ser enunciados que flotan en un limbo. Veremos que más tarde va a ir acotando el marco en el que este tipo de 'afirmaciones' podría sostenerse, cuando su propuesta alcance una dimensión arquitectural más ajustada. ¿Hacia dónde apunta en esta viñeta? ¿Hacia una revelación de tipo salvífico en este mundo obsceno del capitalismo? ¿A lo ascético? Esa fuerza que nos posee, ¿es el superyó? ¿El inconsciente? Imposible saberlo. ¿Ese otro es el otro especular? ¿Somos acaso la memoria en la cual el otro imprime sus huellas? ¿Hay alguna metodología posible para ese descubrirse? Nada nos ha dicho todavía. Leo esta viñeta como un intento de sacudir a esa audiencia muerta que le está haciendo preguntas anticuadas, irrelevantes o inesenciales.

Sin embargo, aunque lo dicho por Grotowski flota en el aire, entre las múltiples posibles interpretaciones que uno podría hacer, me atengo a una que me parece fundamental para mi praxis teatral, en la medida en que mi intento es volver a retomar la escena que Grotowski abandonó cuando dejó de dirigir. La idea controversial que me interesa comentar es la de que el teatro estaba muerto. Sabemos que estamos en la etapa del Parateatro, inmediatamente posterior a la del Teatro de Producciones. Grotowski ha abandonado la dirección teatral. ¿Realmente lo hizo bajo la convicción de la muerte del teatro? Esta pregunta se une, como puede imaginarse, a ese giro en el que se orienta hacia un "más allá" del teatro, del actor, de lo profesional y del negocio teatral. Ya nos hemos preguntado sobre qué tipo de relación hay entre la formación de un actor, como todavía lo vemos en *Hacia un teatro pobre*, y el hecho de ocuparse de trabajar sobre la alienación en la que, como individuos (artistas o no), despilfarramos tiempo y esfuerzo en aquello de más trivial, inesencial, puro entretenimiento para no hacernos las preguntas fundamentales sobre las deficiencias y multiplicadades ofrecidas por la vida, individual y social.

Frente a esto, mi interpretación se orienta hacia dos aspectos: el primero, no creo que el teatro esté muerto. Tal vez cierto tipo de teatro, pero no la pulsión teatral, lo vivo que solo admite ejercerse en un contexto vivo de seres vivientes. En este momento de pandemia en que escribo estas líneas, es conmovedor ver cómo los teatristas, a pesar de reconocer lo vivo del teatro, no bajan sus brazos y menos aún su imaginación para mantener la llama viva del encuentro vital a través de lo virtual. Sí, el teatro, a diferencia de otras artes, es un hecho presencial y vivo, nadie podría discutir esto. El teatro en video o filmado —que hoy solo responde a la emergencia— no va más allá de ser un documento para los investigadores o aquellos que, por diversas razones, no han podido tener contacto con algún espectáculo en particular. Ese video solo es, además, testimonio y muy parcial del hecho vivo teatral: no porque sea producto de una mediación tecnológica o distante del momento performativo en sí, sino porque la cámara es siempre un ojo muy cuestionable —y no es el nuestro como videoaudiencia— que impone su punto de vista sobre aquello que, sentados en la butaca, nosotros podríamos ver de otro modo. Sin embargo, el teatro en video o filmado no equivale al teatro como experiencia virtual: en algunos espectáculos ofrecidos durante la pandemia directamente en vivo no se cancelaba lo presencial ni del lado de la escena ni del lado del público.[154]

El segundo punto que rescato es la pregunta sobre el arte: la necesidad de un *ars vivendi*, tal como Grotowski la plantea al abandonar el oficio teatral, podría hacer pensar que quiere reemplazar un arte por otro. Es evidente que el público que asistía a esta conferencia cuyas preguntas están implícitas en las respuestas del maestro, insiste en que el maestro les explique 'concretamente y practicamente' la relación entre el artista teatral (fundamentalmente el actor) y esta nueva propuesta. ¿Cuál es el puente entre ambos? Grotowski no responde. Su pregunta sobre la necesidad de enfrentar los riesgos de la vida y el devenir, de conocernos, ocuparnos de

---

[154] Leer mi reseña de *5 Pesos*, una adaptación muy libre de *El Público* de Federico García Lorca realizada por tres grupos del Noroeste Argentino.

nosotros mismos y cuidar la vida en lo que tiene de más verdadero, puede servirle a cualquier persona, artista o no. Sea en teatro, pintura, música, arquitectura o escultura, por ejemplo, ocuparse de lo más serio de nuestra vida, de nuestra verdad y hacernos cargo del tiempo y de la muerte, debería ser algo que compete a todo el mundo. ¿Y entonces? ¿Habría un arte mejor o peor si el artista se preocupa o no de su sí mismo? Es una pregunta incontestable. En cuanto a la praxis teatral, tal como la he venido realizando en estos últimos años, creo dar mi respuesta en el doble nivel, el de lo teatral y el del saber sobre el deseo.

La propuesta de Grotowski no es para todos; no es para el rebaño, diría Nietzsche. Es selectiva, no necesariamente aristocrática, pero indudablemente elitista, incluso en esta etapa del Parateatro con su trabajo con muchedumbres. Estamos nuevamente dentro de una perspectiva nietzscheana. Karl Jaspers en su libro *Nietzsche* va a puntualizar esta perspectiva educativa de Nietzsche y va a detallar cada una de las etapas por las que el filósofo la fue conformando. La educación es un componente fundamental en la Gran Política nietzscheana y, sin duda, lo será también en la Gran Política grotowskiana. En el apartado "Educación y adiestramiento" (326 y ss.), Jaspers va a recolectar una serie de citas de diversos textos de Nietzsche para acercarnos a su perspectiva educativa que, como veremos, tiene muchos puntos en común con las etapas grotowskianas a partir del Parateatro. Lo primero que nos dice Jaspers es que "La educación constituye, para él [para Nietzsche], el origen de la transformación del hombre venidero, el campo en que lo futuro crecerá", precisamente porque el último hombre tendrá la responsabilidad de avanzar sobre lo afirmativo de la vida y transvalorar todos los valores a fin de destruir el nihilismo. Nietzsche nos hablará del 'acto educativo', así como Lacan nos hablará de un acto analítico y Grotowski de un acto performativo: se trata no de una mera acción pedagógica en este caso, sino de un acto en la medida en que éste involucra la relación crucial entre vida y existencia; el acto educativo es un hacer con consecuencias: "consiste en la producción de la nobleza suprema del hombre". La educación, entonces, no deja de presentar una antinomia: esperamos todo de ella, el cambio y la transvaloración, pero a la vez depende del ser del educando, quien tendría que mostrar su deseo decidido de acceder a la superioridad, esto es, deseo de desalienarse y separarse de la moralidad nihilista. No todos los educandos están preparados para enfrentar este doloroso proceso de desalienación, lo cual nos coloca frente a la difícil disyuntiva ideológica de una educación para la élite de estos educandos alertados (que Nietzsche denominará 'adiestramiento') y otra para aquellos que no muestran señales de aspirar a aquella superioridad, que no aspiran al peligro de cuestionar la vida y su existencia conformándose con una vida confortable, pacífica, dentro de los parámetros de sometimiento y obediencia a los mandatos hegemónicos (Nietzsche utiliza aquí el vocablo clave que luego veremos en Grotowski: 'domesticación'). Podemos entonces pensar el adiestramiento como desdomesticación, y de ello Grotowski nos hablará en "Wandering...", ya en su etapa del Teatro de las Fuentes. Nos dice Jaspers (328):

> El acontecimiento capaz de conmover profundamente y que produce el ser del hombre tiene, para Nietzsche, una doble naturaleza. Es "domesticación" o "adiestramiento". La domesticación de la bestia "hombre" significa pacificarlo, en el sentido de reducirlo a medianía, como también calmarlo y debilitarlo. El adiestramiento, en cambio, significa el impulso que eleva la jerarquía del ser humano. Considera que ambos son necesarios, aunque, en el sentido propio de Nietzsche, "la educación es adiestramiento".

Rescato una de las citas hechas por Jaspers: "Tus verdaderos educadores te muestran la sustancia verdadera y originaria de tu ser, algo por completo ineducable... tu educador sólo podrá ser tu liberador" (1, 391). Está tomada de la "Tercera consideración intempestiva" en sus *Consideraciones intempestivas*, libro temprano de Nietzsche; el subtítulo de esta consideración intempestiva es "De Schopenhauer como educador". Voy a reproducir el texto en el que supuestamente estaría la cita hecha por Jaspers, no porque ésta sea incorrecta (aunque al menos está modificada según veremos en la traducción al español del libro de Nietzsche), sino por dos motivos relativos a Grotowski: el primero, el tipo de lenguaje poético al que Nietzsche recurre y que nos deja ver las resonancias de éste en el uso que hace el maestro polaco a partir de esta etapa del Parateatro, como hemos visto en párrafos anteriores; el segundo, porque nos plantea una visión de la educación como grados en una escala en la que los valores superiores, desconocidos para el yo, estarían elevados, por encima del ego, de modo tal que educarse deviene conocerse a sí mismo al punto de alcanzar lo ineducable en uno mismo, sorprendente anticipación nietzscheana para lo incurable del ultimísimo Lacan. Obsérvese cómo las preguntas nietzscheanas son casi idénticas a las formuladas por Grotowski a su público en estas conferencias cuyos fragmentos estamos comentando. Paso a reproducir la extensa cita:

> Pero he aquí una vía para llevar a cabo este interrogatorio tan importante. Que el alma joven observe *retrospectivamente* su vida, y que se haga la siguiente pregunta: ¿Qué es lo que has amado hasta ahora verdaderamente? ¿Qué es lo que ha atraído a tu espíritu? ¿Qué lo ha dominado y, al mismo tiempo, embargado de felicidad? Despliega ante tu mirada *la serie de esos objetos venerados* y, tal vez, a través de su esencia y *su sucesión*, todos te *revelen una ley, la ley fundamental de tu ser más íntimo*. Compara esos objetos, observa de qué modo el uno complementa, amplía, supera, transforma al otro, cómo todos ellos conforman una escalera por la que tú misma[155] has estado ascendiendo para llegar hasta lo que ahora eres; pues tu verdadera esencia no se halla oculta en lo más profundo de tu ser, sino a una altura inmensa por encima de ti, o cuando menos, por encima de *eso que sueles considerar tu yo*. Tus verdaderos educadores y formadores te revelan cuál es el auténtico sentido originario y la materia fundamental de tu ser, *algo que en modo alguno puede ser educado ni formado* y, en cualquier caso, difícilmente accesible, capturable, paralizable; tus educadores no pueden ser otra cosa que tus liberadores. He aquí el secreto de toda formación: *no presta miembros artificiales, narices de cera, ojos de cristal*, antes bien, lo que tales dones ofrecen sería el envés de la educación. Mientras que aquella no es sino liberación, limpieza de la mala

---

[155] Imagino que el uso del femenino corresponde a una licencia del traductor, ya que no es nada habitual en el discurso nietzscheano.

hierba, de las inmundicias, de los gusanos que quieren alimentarse de los tiernos brotes de las plantas; es torrente de luz y calor, dulce caída de lluvia nocturna; es imitación y adoración de la Naturaleza allí donde ésta muestra sus intenciones maternas y piadosas, también es su retoque cuando procura evitar sus crueles e implacables envites transformándolos en algo beneficioso al cubrir con un velo las manifestaciones de sus propósitos de madrastra y de su triste locura. (*CI* 100-101, el subrayado es mío)

El juego del presente con el pasado (la idea de lo retrospectivo que Freud apreciará y que Grotowski nos planteará cuando nos hable de buscar el origen), aunque siempre en la perspectiva de un futuro emancipado; la idea de la serie de objetos venerados (como la serie de objetos que aparecen en la serie metonímica por la que el deseo se despliega); la meta de alcanzar la ley fundamental de tu ser íntimo (ese *sinthome* del que nos hablará el último Lacan como aquello incurable y que no puede ser educado); la creencia en un yo que de pronto se muestra impotente frente a la escala de valores que, aunque flotando sobre él, ya podemos pensar como el inconsciente, en la medida en que éstos, como valores de vida, no se presentan espontáneamente a la razón y, finalmente, la idea de una educación despreciable orientada a fortalecer las máscaras (miembros artificiales, narices postizas, ojos falsificados), todo ello converge en esa función de la educación verdadera, para los educandos selectos, que Grotowski denominó 'limpieza' y que Nietzsche ya había previsto como un método de liberación o emancipación.

Jaspers hace una crítica a la propuesta de Nietzsche, y concluye diciendo que "Lo esencial, en cambio, está en la mirada intrépida, dirigida a los límites y al estallido de todos los prejuicios no cuestionados" (329). Pero para nuestros fines, conviene subrayar cómo se puede percibir una propuesta ética, tal como veremos en otros capítulos; ética en el sentido de Hegel y no de Kant: ética de las consecuencias y no ética de las intenciones. El acto educativo orientado por un maestro atiende, sin embargo, al propio hacer del educando, a su deseo decidido de develar y revelar lo más íntimo de sí como una forma de poner en tela de juicio los mandatos moralistas a los que está alienado y promover su propia emancipación. Sin duda, mi praxis teatral sigue estos mismos lineamientos, pero abandona el sentido elitista y aristocratizante dado por Nietzsche, para colectivizar la posibilidad emancipatoria a partir de la escena, del lado del performer, y junto al público. Mi lectura o interpretación de esta cuestión, en la medida en que desde hace años vengo realizándola en el marco de la universidad, ha tenido que elucubrar una pedagogía que, en lo fundamental, está en consonancia con lo dicho por Nietzsche y luego por Grotowski. Brevemente, puedo explicar del siguiente modo:

(a) Abandono del teatro profesional o amateur. Creo que hay que transvalorar estas dos alternativas e imaginar otras posibilidades performativas a partir de Grotowski, pero ya no monacales ni menos aún elitistas. Precisamente es la pandemia la que ha dejado visualizar hasta qué punto los 'conceptos' que habitualmente usamos para pensar lo teatral, son demasiado sospechosos de nihilismo. Esas alternativas me parecen plagadas de imposiciones que traban mi libertad y la del los estudiantes: no solo financieras o de producción, sino que —con mayor o menor énfasis— uno siempre se topa con la necesidad de resistir imposiciones morales con la que está en desacuerdo total o parcialmente. Mi trabajo con actores profesionales, en las pocas oportunidades que he tenido de hacerlo, ha sido de enorme frustración; son actores formados en alguna escuela, tienen demasiados clichés, demasiados intereses personales (válidos cuando son temas laborales), pero que, en todo caso, hacían a veces casi imposible el trabajo creativo debido a esas resistencias a desaprender. En el fondo, cuando uno trabaja en este encuadre, tarde o temprano —como imagino le pasó a Grotowski durante su etapa del Teatro de Producciones— uno se topa con la sensación de estar en un gueto, tratando de sobrevivir, incluso a costa de desafiar la imaginación y al punto de producir, de vez en cuando, algo que valga la pena y que satisfaga a nivel de lo artístico. En este sentido, el trabajo teatral se me hizo éxtimo: íntimo y a la vez exterior, ajeno. Un pequeño mundo dentro de un mundo mayor que, a mi ver, cada vez tenía más urgencias y más necesidad de atención desde lo teatral, ya no como grupo de arte, sino a nivel comunitario. Este giro no lo he hecho solo ni es novedoso. A partir de los horrores de la década del 70 y el 80 en América Latina, incluso desde antes, con el movimiento revolucionario y las exigencias que éste le planteaba a los artistas, se fue dando un proceso en el que el actor profesional cada vez importaba menos, en que la 'pulsión performativa' –por llamarla de alguna manera— se presentaba como una necesidad visceral de expresión para la comunidad en general. Aparecen grupos más abiertos. El Teatro del Oprimido de Augusto Boal tal vez sea el más paradigmático y el que más resuena en mi praxis teatral. Incluso operan grupos de teatro comunitario, vecinos que quieren sacarse de una vez la mordaza que los estaba oprimiendo durante los largos tiempos dictatoriales y retomar lo vital que anida en su cuerpo. Todo el mundo quería y quiere actuar, todo el mundo quería y quiere decir algo; todo el mundo quería y quiere... ¿Pero qué quiere? Ahí está el punto crucial y para ello me he valido de no imponer *mi* querer, he rechazado la posición magisterial o de liderazgo para asumir la posición del analista. Una vez más, este querer hay que pensarlo ligado a la voluntad de poder como fuerza activa tendiente a la emancipación de la opresión capitalista neoliberal.

(b) Y allí, en ese *quería*, me fui interesando –al principio sin mayor consciencia de lo que hacía— en trabajos fuera del circuito profesional o semiprofesional. Empecé a trabajar con algún barrio de Orán (Salta, Argentina), con inmigrantes indocumentados en Washington DC (mujeres afrocaribeñas) o en Phoenix, Arizona (inmigrantes mexicanos); luego con grupos estudiantiles que me planteaban su necesidad de 'hacer algo' teatral o performativo en general (Pasadena City College, Whittier College). Y desde entonces tuve que ir revisando cuidadosamente mis certezas artísticas para hacer ese pasaje del grupo teatral cerrado con formación profesional a una praxis más abierta en la que cualquier ciudadano pudiera, con *dignidad* –en todos los sentidos— manifestarse y exponerse frente a sus conciudadanos. De todo ello resultó lo que he denominado "praxis teatral" que, como en el caso de Grotowski, no es ningún método, sino una serie de certezas ético-políticas elaboradas a partir de la única praxis que tenía a mano y que, en lo fundamental, preparaba mejor el terreno para que yo avanzara en mi proceso: el psicoanálisis, particularmente la propuesta lacaniana. Ya he explicado muchas veces que no se trata de psicoanalizar a nadie. No es una praxis terapéutica, sino una convicción ética ligada, indudablemente, a enfocarse, como quería el maestro polaco, en las deficiencias de la vida que venimos llevando en el capitalismo neoliberal y global, que avasalla nuestro deseo y nos va dejando como objetos descartables, incluso *nuda vida*, como la llama Agamben o, todavía peor, *necropolítica* como la extrema Mbembé.

(c) Me di cuenta de que el teatro estaba vivo, vivo en cada ser humano; cada cual tiene la potencia performativa que le permite expresar su verdad y, en este sentido, me fui abocando a establecer ciertos protocolos (de tipo pedagógico, institucionales o no), pedagógicos en el más amplio sentido de la palabra, cuya ética básica era propender, como lo hace el psicoanálisis, a convocar a los ciudadanos, no tanto a 'representar' la realidad que los agobia, sino a elaborar el malestar que les duele, ese Real sin palabras, ese goce desconocido y a veces siniestro que los habita. En este sentido, dejé de lado esas cosas de rebaño o de hombres superiores, en la convicción de que el superhombre, tal como Nietzsche lo define, está alojado en cada sujeto. El psicoanálisis nos ha legado la idea del sujeto hablado por el lenguaje y además la de la sustancia gozante o cuerpo gozante en que el hablanteser está anudado a un decir como modo de acceder a lo Real. De modo que, no es ya necesario seleccionar a los supuestos mejores. Y es aquí donde hago puente con este libro sobre Grotowski. Fue esta necesidad de avanzar en mi praxis teatral lo que me llevó a retornar a Grotowski, que había leído en 1999, facilitando, en lo posible, no el mejoramiento actoral o la conciencia del actor sobre su propia vida (tal como Grotowski la sostiene en esta etapa del Parateatro), sino aportar a la emancipación de todo aquel para quien la vida en general y la vida diaria se le haya tornado intolerable; emancipación, como puede verse, realizada a través de un trabajo creativo porque hay que inventar e imaginar algo para arreglárselas con lo incurable del síntoma y el malestar en la cultura. La praxis teatral, como le ocurre a Grotowski y lo retomaremos cuando él haga la crítica de los *sixties*— no podía ya recurrir a estrategias y tácticas de rebeldía. Había que calar más hondo. No se trataba para mí –que viví las dictaduras argentinas— ni de revolución ni de reforma. Se trataba de ir elevando las compuertas de los diques para que el río pudiera retomar su curso, pero sin proponerle doctrinalmente ningún cause predeterminado, ninguna meta específica: esa meta, en cada trabajo que hemos realizado los estudiantes (que no eran estudiantes de teatro) y yo, debía decidirla cada grupo cada vez. Solo era válida para ellos: enfrentar su modo de goce, responsabilizarse de ese *sinthome* y arreglárselas con él en la vida futura. Quedaba pendiente –y sigue pendiente— hasta qué punto esa experiencia performativa redundaría más allá del individuo o de ese grupo particular, para convertirse en una iniciativa colectiva para facilitar una contrahegemonía que afectara los núcleos más petrificados del capitalismo, de sus mentiras y del patriarcado con sus obscenos tentáculos. Algunos estudiantes irían lejos, otros no tanto. Y fue así que pude visibilizar este encuadre de la praxis teatral cuando depuse mi interés por el teatro tal como se lo practica a nivel profesional; fue cuando llegué a Grotowski para ir más allá del actor y la formación actoral; fue cuando me di cuenta de que, si había una demanda performativa para expresar demandas e insatisfacciones sociales y políticas de todo tipo –incluso considerando el surgimiento de movimientos diversos de base feminista, con sus reclamos aunados a lo performativo—, había que tomarse en serio la pregunta por lo Real y el goce. Y es que no se trataba de ilustrar nuestro dolor como grupo y menos aún reproducir la realidad; fue cuando supe que había que comenzar por la acción y no por la idea; y también cuando tuve que plantearme visceralmente mi rol en este encuadre,[156] enfrentando con cada grupo y cada espectáculo el obstácu-

---

[156] Grotowski nunca revisó explícitamente su rol en los talleres, aunque realizó algunos cambios significativos para alterar, no siempre con éxito, el esquema vertical de maestro-discípulo. En otros capítulos volveremos sobre este tema.

lo que se había presentado para luego (y dije 'luego') trabajarlo teóricamente *a posteriori*. Mis escritos publicados pueden dar la impresión de un trabajo que intenta poner en acción ciertas premisas concebidas en lo teórico, como quien *aplica* (verbo que nunca me canso de despreciar) lo abstracto a la práctica. No me canso de sostener que la praxis teatral nada tiene que ver con la famosa dialéctica de teoría-práctica. Parto del no saber, partimos juntos con los participantes, desde ese no saber; asumimos riesgos, incluso el de no llegar a nada, porque no llegar a nada o llegar a algo fallido es siempre un paso gigante en este proceso. Obviamente, he dejado de lado la idea de lograr mejores actores (solo busco que el participante haga un trabajo digno en la escena); mi trabajo se limita a acompañar un proceso emancipatorio, tal como el que realiza un analista. He procurado salirme del Discurso del Amo, primero, y luego del Discurso de la Universidad; recurro al Discurso de la Histeria para histerizar al grupo y ponerlo en situación de transferencia; he luchado en cada caso para mantenerme, dentro de lo posible, en el Discurso del Analista. Me parece que, como lo planteo en este libro, Grotowski fue pasando por estas mismas instancias. Así lo interpreto y no reclamo para ello la absoluta verdad. Sus textos me permitieron afinar mi posición desde su experiencia, habida cuenta de que he trabajado casi siempre en contextos multiculturales y multirraciales (Orán, en Argentina, Washington DC, Arizona, sur de California); muchos de estos lugares alojan poblaciones de diáspora, con identidades dislocadas, grupos expelidos de sus tradiciones, enfrentados a todo tipo de choque cultural. ¿Cómo trabajar con un grupo de estudiantes entre los cuales el 20% es monolingüe del inglés, un 40 o 50% bilingüe inglés y otra lengua, fundamentalmente el español, y el resto estudiantes provenientes de otras lenguas y otras culturas no occidentales? ¿Cómo trabajar con un grupo cuya diversidad racial (y hasta religiosa) es tan impactante, a la vez que fascinante, la cual podría funcionar como un obstáculo insuperable? Como puede verse, los desafíos se iban acumulando y toda pretensión de hacer un teatro como se venía haciendo, a partir de un texto, con los protocolos de la teatralidad del teatro europeaburguesa-blanca-cristiana, se tornaba cada vez más imposible e, incluso, en algo innecesario políticamente. La cuestión del arte, tal como la entendemos en occidente, se tambaleaba. Y es la complejidad de ese temblor aquello que adivino en este pasaje de Grotowski desde el Teatro de Producciones al Parateatro y lo que vino después; es este temblor el que da razón de este libro.

XIII

Esta breve viñeta nos lleva a la cuestión del cuerpo, entendido como un organismo, cuyas resistencias obstaculizan la creatividad. Grotowski diseñará desde esa convicción una serie de ejercicios que no disparan milagrosamente la creatividad, porque no están dirigidos a ningún montaje o a la realización de ninguna obra de arte en particular. La función de estos ejercicios es la de proveer rigor, disciplina y *"cierta moral"* (221, énfasis mío). Constituyen apenas un punto de partida para enfrentar las resistencias de un organismo que ha sido sometido, desde la infancia, a los protocolos de lo que Nietzsche denominaba la moralidad platónico-judeo-cristiana. Usualmente se olvida remarcar esta dimensión cuando se habla del 'método' de Grotowski. No son ejercicios físicos para mejorar o adiestrar (como una segunda naturaleza, según Stanislavski) al individuo en busca de un mejor rendimiento; en efecto, no son ejercicios que apunten, como Stanislavski y su adopción del fordismo-taylorismo, a automatizar ciertas reacciones supuestamente más provechosas para la tarea teatral. Tendremos que explorar más detenidamente el estatus del cuerpo en Grotowski: no siempre es organismo (aunque haya asumido, como Stanislavski, la perspectiva de Pavlov); paulatinamente, como veremos a lo largo de sus etapas posteriores, este organismo se irá proponiendo como un cuerpo que ya no es ni físico ni psicofísico, sino gozante. ¿Qué resiste? La pregunta es compleja, porque ese organismo que todo individuo es a nivel animal e instintivo, ha sido capturado por la cultura y el lenguaje para convertirlo en un cuerpo, en el cual lo vital-pulsional ha ido quedando cada vez más de lado. Y es ese cuerpo gozante al que hay que dejar emerger si es que nos tomamos en serio la cuestión de la emancipación y la contrahegemonía. ¿Quién resiste? Después que Lacan dijera que el único que resiste es el analista, todo planteo directorial o de liderazgo al estilo tradicional verticalista se desmorona, toda la concepción bancaria, como quería Paulo Freire, se torna inútil, ideológicamente falaz y retrógrada.

## XIV

He aludido a la dignidad y alguien podría preguntarme qué entiendo por ello o, para ser más preciso, por dignidad performativa. Pues he calificado de tal a aquello que me parece lo más relevante de la propuesta de Jerzy Grotowski, aunque él no la llame de ese modo. *Dignidad performativa* es aquello que cuido durante todo el proceso de trabajo, termine o no en un espectáculo consumado. Importa que el participante se muestre como tal, una vez destruidas las máscaras: sea quien es, exponga su desnudez (la de su goce) y se haga responsable por ello, habida cuenta de las consecuencias que el acto performativo (no la mera acción o actuación) supone. Esa desnudez, como Grotowski la plantea, es siempre frente a otro, con el que se pretende el encuentro. No se trata de dignidad en el sentido de rango jerárquico tal como lo vemos en el campo religioso o militar. Menos todavía se trata de dignidad como un recurso para ser aceptado por los otros, al estilo de lo que se conoce como 'decencia burguesa' y su asquerosa tolerancia. Se trata de que el performance de cada participante le permita mostrar quién es, realizar acciones escénicas acordes con su ser develado, con su verdad; nada más odioso que el público se ría o llore por ciertos rasgos propios del actor como ser humano y no por aquello que quiere exponer y para lo que ha trabajado tanto durante los ensayos. Se trata de una dignidad que apunta al respeto (jamás a la tolerancia) por la diferencia que él o ella encarna y lo hace ser lo que es, diferencia que ahora emerge como parte de una verdad propia del sujeto. Es fundamental que aquello que se presenta forme parte de un proceso, nunca terminado, de exploración del sí mismo, que el participante perciba en ello el testimonio de aquello que lo constituye como ser humano y, por su mismo acto performativo, también en performer. Como puede verse, esta perspectiva está lejos de un mero entrenamiento físico y técnico, cualquiera sea su consistencia (Stanislavski, Brecht, Meyerhold [221]).

El fragmento que ahora leemos apunta a diferenciar precisamente la habilidad técnica de un proceso de revelación personal. Grotowski va a confrontar a su público sosteniendo que el llamado 'su' método, no está condicionado por "las categorías de 'saber cómo hacer'" (221). Lamenta que se hable de un "sistema Grotowski", ya que eso constituye un tremendo malentendido. Un sistema, cualquiera, de un modo u otro apunta a contribuir a 'armar' al actor; la perspectiva de Grotowski, como ya vimos, es inversa: consiste en desarmarlo y, fundamentalmente, no se limita al actor. "Nos armamos para ocultarnos; la sinceridad comienza donde estamos indefensos" (221). ¿Cuáles son las máscaras que impiden la sinceridad (que entiendo como complemento de la dignidad performativa)?

La sinceridad no es posible si nos estamos escondiendo a nosotros mismos detrás de ropas, ideas, signos, efectos de producción, conceptos intelectuales, gimnasia, ruido, caos. (221)

Todo método, nos dice, debe apuntar a desarmarnos, de lo contrario corre el riesgo de convertirse en un sistema. En la cita, la palabra 'caos' es clave: etimológicamente —según nos aporta el saber de Heidegger— χάος es lo que se abre (*Nietzsche* 283) y por eso está en relación a la ἀλήθεια, la verdad, como desocultamiento. Recordemos que en Nietzsche el devenir, la vida como voluntad de poder —el mundo como totalidad del ente (283)— no es solo dionisíaca; la embriaguez caótica de la vida, el mundo como tal, está compensada por lo apolíneo como medida, disciplina, autocontrol. Tal como lo señala Heidegger en su *Nietsche*, "Si el arte tiene su esencia propia en el gran estilo, esto quiere decir ahora: la medida y la ley son puestas sólo al subyugar y sujetar el caos y lo que tiene el carácter de embriaguez" (124). No se trata de ponerle forma al caos, sino de aportar la ley que le es necesaria para alcanzar precisamente una forma. "Yo —escribe Nietzsche— os digo: hay que tener aún caos dentro de sí para poder dar a luz una estrella que dance" (citado por Heidegger 233). Ese caos y esa estrella —que Grotowski bautizará con el vocablo 'origen'— son los que han desaparecido en el último hombre, de nosotros en la actualidad y que debemos recuperar aunque no como trance, sino por medio de la ley, esto es, la disciplina, el orden. El devenir es siempre abierto, por eso el 'sistema' le es en cierto modo inadecuado o insuficiente, porque sería un esquema fijo ofrecido como totalidad que quisiera dar cuenta de aquello que constantemente cambia. En este sentido, 'método', como camino, como Tao, es más apropiado, siempre y cuando no se lo utilice para buscar resultados: el método grotowskiano intenta desamarnos y por ello no puede anticipar nada porque depende de la acción de quien la realiza. Es interesante que la traducción al inglés utilice aquí la frase "who fulfils the deed" (221). No dice 'action'. En inglés 'deed' es hecho, pero también es escritura. Por eso, en este libro, dedicaremos párrafos a diferenciar acción y actuación de acto, *acto performativo*. En psicoanálisis el acto –que no es cualquier acción— no es intencional, pero tiene consecuencias que se aprecian después de realizado; ese acto remite a lo más propio del sujeto, a aquello inconsciente que ya no es un significante sino lo que Lacan denomina 'la letra'. Tal como lo dice Grotowski y tal como ocurre en mi propia praxis teatral, partimos del acto y no sabemos a dónde vamos a ir a parar; esto no significa que avancemos 'descaminados', sin método, sin Tao. Sin duda, en ese itinerario nos toparemos con algo: aquello que Grotowski denomina 'encuentro' y que, por el mismo motivo, Lacan cita la frase de Picasso: "yo no busco, encuentro".

> En el camino para el desarme, no es posible prever ningún resultado por anticipado, conocer qué y cómo eso sucederá [...] Uno no puede posiblemente prever las formas a las que llegaremos, los temas a cuya tentación caeremos, los hechos que advendrán después. Pues esto dependerá de cada personalidad. No hay ninguna respuesta que podría ser tomada como una fórmula a la que uno podría adherir. (221)

En mi praxis teatral de los últimos años me he atenido –sin haber leído a Grotowski, solo por el mismo movimiento de mi proceso de trabajo— a esta propuesta. Por eso he tenido que pensar cuidadosamente desde el psicoanálisis la cuestión del acto, pero fundamentalmente, mi rol en el proceso: aunque los estudiantes quieran hacer una representación sobre temas que los afectan (inmigración, falta de documentos, feminicidio, violencia doméstica, explotación socio-económica, racismo, diversidad sexual, destrucción de la naturaleza, etc.), les advierto que eso no será posible. Empezamos a partir de cualquier detalle trivial, que he denominado 'el axioma', porque un axioma es algo de lo cual se parte y no necesita demostración (puede estar dado por el espacio en el que vamos a trabajar, sala o espacio no tradicional; por alguna silla o una columna, por alguna palabra cualquiera, etc.); tengo un par de ejercicios para disparar el proceso, una vez establecido el axioma.[157] Resulta imposible saber por anticipado a dónde vamos a llegar y qué forma adquirirá el espectáculo, si es que llegamos a él, lo cual tampoco constituye una exigencia. Sabemos —o vamos sabiendo juntos— que lo crucial es tener confianza en el inconsciente (somos incautos, porque, como dice Lacan, "los no incautos yerran") por dos razones fundamentales: la primera, es que tarde o temprano la irrupción del inconsciente se registra y hay que hacerse cargo de lo que allí asomó —y esto en cualquier momento del proceso, incluso el día antes del estreno, si fuera necesario; lo Real clama, insiste, no cesa de no escribirse. En segundo lugar, que ese Real y ese inconsciente no es personal, sino transindividual y por ello, lleguemos a donde lleguemos, tenemos la confianza de que lo compartimos con el público que asistirá y forma parte de la comunidad en la que trabajamos.[158]

## XV

Como puede verse y como lo planteará Grotowski en esta viñeta, no tenemos demasiada preocupación por si la obra gustará o no, si habremos seleccionado el texto adecuado a los tiempos que corren —generalmente no partimos de textos—, si habremos logrado una factura estética conforme al texto y a las *intenciones* del grupo. Todas estas preocupaciones típicas del negocio teatral han quedado si no fuera, al menos invalidadas. Ofrecemos el testimonio de un trabajo al que hemos dedicado no solo tiempo, sino un itinerario doloroso (aunque los ensayos tengan un tono hilarante) en el que hemos hecho todo lo posible, dentro de los tiempos

---

[157] No repetiré aquí lo que he destallado en mi libro *Sueño. Improvisación. Teatro. Ensayos sobre la praxis teatral*, y en el ensayo "Pedagogía y deseo: Praxis teatral y creatividad en español en Estados Unidos".

[158] Si hablamos de sujeto (siempre del inconsciente), es para diferenciarlo de los individuos, sean los que componen el elenco como los miembros del público. En el trabajo de ensayos de pronto aparece el sujeto de ese grupo, uno solo, no importa el número de integrantes del elenco.

que, en mi caso, marca la institución educativa, para desarmarnos y exponer nuestra perspectiva de nuestro Real. "No es teatro que sea indispensable –dice Grotowski— sino: cruzar fronteras entre tú y yo, llegar a conocerte, de modo de no quedar perdidos en la muchedumbre –o entre las palabras, o las declaraciones, o entre los pensamientos bellamente precisos" (221). De ahí que el sujeto de nuestro espectáculo, por lo que dijimos del inconsciente transindividual, se *encuentra* con el sujeto del público (más allá de las diferencias entre cada miembro del mismo), se encuentra con ese otro que oficia de objeto. Somos el objeto del público; el público es nuestro objeto: ya dijimos que no se trata de intersubjetividad. No hay desde mi praxis teatral modo de ilustrar una ideología, una subjetividad o una doctrina, incluso si adherimos a ellas en lo personal. Se trata del encuentro, que es doble: con el otro y con lo Real compartido que nos duele a todos. No adherimos a ningún discurso que nos garantice lo que hacemos o decimos en la escena; nos autorizamos en nuestra propia desnudez, incluso si es políticamente incorrecta. Menos aún tratamos de 'pasar un mensaje' supuestamente válido y que proclamamos desde un espectáculo ilustrativo como quien advierte al público de su error o su ignorancia. ¿Qué nos autorizaría a imponer nuestros criterios? No tiene sentido, como lo plantea el maestro polaco, apaciguar nuestras dudas y nuestra conciencia (yo me animaría a agregar 'nuestra culpa o complicidad', aunque la pensemos como contrahegemónica) con discursos grandilocuentes o autorizados, que serían los correctos. Un trabajo de este tipo, tal como lo asume el teatro profesional, no llega lejos. Incluso si, como lo han intentado algunos grupos supuestamente seguidores del maestro polaco, se pretende –y es superfluo, dice el maestro— "analizar si –y cómo— existe allí un área colectiva de mito, un arquetipo" (222). En todo caso, no se parte de ello sino que eventualmente se podría llegar al mito o al arquetipo, si tal "área existe naturalmente, cuando nuestra revelación, nuestro acto, llega lejos, y si es concreto" (222).

Ser dignos y sinceros, en cambio, promueve el encuentro. No necesariamente se trata de compartir una verdad validada o total:

> Si uno lleva la sinceridad a su límite, cruzando las barreras de lo posible, o admisible, y si esa sinceridad no se confina a las pala-

bras, pero revela al ser humano en su totalidad, ello –paradójicamente— llega a ser la encarnación del ser humano total [*czlowiek zupelny*] con todo su pasado y su historia futura. (222)

Tal vez señalaría una disidencia parcial mía en cuanto a la totalidad. No creo que alcancemos nunca la posibilidad de una relevación total. El criterio de totalidad es inherente al concepto de sistema, propuesto como lo universal, etc., y ya lo hemos comentado antes. Como lo vio Freud al final de su vida, en "Análisis terminable e interminable", la elaboración de lo inconsciente nunca tiene un punto final. El final del análisis ha sido muy discutido y retomaremos este aspecto en este libro. Importa ahora solo señalar la referencia al pasado y al futuro que, como veremos en el capítulo dedicado al Teatro de las Fuentes, tomará una dimensión muy expandida en la propuesta grotowskiana.

## XVI

La breve viñeta está dedicada a refutar la diferencia entre el encuadre con un director y sus actores y la creación colectiva, como un grupo en el que todos dirigen: "la creación colectiva no es otra cosa que un director colectivo" (222). Las dificultades, según Grotowski, que enfrenta un actor para revelarse a sí mismo son idénticas en uno y otro caso. La dictadura ejercida por un director ahora se convierte en la dictadura ejercida por el grupo. En el grupo, incluso, se torna todo más complicado en la medida en que en vez de primar una perspectiva, como en el caso de un director, "se oscila entre caprichos, oportunidad y compromiso de diferentes tendencias y da como resultado medias tintas" (222).

A lo largo de los años fui descreyendo yo también de la creación colectiva. Nunca, en mis pocas incursiones profesionales como director, asumí un rol autoritario. Usualmente voy a los ensayos, particularmente cuando había un texto convocante, sin la menor idea de la puesta en escena, ni del vestuario, ni de la escenografía, ni de la propuesta en general. Eso me trajo múltiples problemas. No puedo visualizar nada hasta empezar el trabajo con los actores. Espero las propuestas de los actores y, desde allí, despego. Siempre en silencio. He pasado por diversas etapas, como la de intelectualizar a fondo y desde el inicio la lectura del texto hasta llegar al otro extremo: jamás contarle al elenco lo que pienso de la obra. En los últimos años, insisto, me he dedicado a la praxis teatral con estudiantes no actores y eso me ha dado enormes satisfacciones, no por la supuesta 'calidad' artística del espectáculo (algo siempre muy discutible), sino por la transformación de cada uno de ellos y del trabajo en conjunto que hemos llevado a cabo. Es una transformación para toda la vida, independientemente de que algunos estudiantes decidan proseguir una carrera teatral o no. Tampoco me ha convencido jamás la idea de líder; en tal caso, me atengo a la posición del analista a la que podría denominar 'coordinador'. Mi posición es la del sujeto supuesto saber, la cual cae al final del proceso de ensayos y deja al elenco autorizarse por sí mismo. Me he detenido en esta cuestión en las publicaciones anteriores ya mencionadas, de modo que no tiene mayor sentido repetirlas aquí.

## XVII

Ahora Grotowski enfatiza la necesidad de libertad durante los ensayos a partir del encuentro en el sentido del descubrirse, desnudarse. Tanto el director como el actor deben ejercer su sinceridad: el director debe existir *hacia* el actor y el actor *hacia* el director. Ese 'hacia' tan grotowskiano es siempre el ir hacia algo no sabido, es siempre un abrirse y por eso constituye la base de su método, como un camino hacia, pero que siempre continúa, aunque hallamos llegado a una meta que es solo un momento, una posta para continuar la búsqueda. Ese desenmascararse parece fácil decirlo, pero no resulta ser una tarea espontánea o que dependa de la voluntad de cada uno. Grotowski no dispone de una perspectiva en la que su visión se haga posible. No estoy pensando en una receta. Me refiero a observar en qué disciplina esto constituye un ideal y, sin embargo, el encuentro no se produce: el psicoanálisis otra vez. Es una disciplina que ha enfrentado las dificultades para resolver las resistencias, las defensas, una disciplina que sabe qué es y cómo manejar la transferencia, etc. Y es una praxis, justamente porque no es una receta que se aplica: es un *horizonte* conceptual al que se puede recurrir *en cada caso* para facilitar el trabajo con ese descubrirse.[159] No se pueden *aplicar* los conceptos psicoanalíticos; ellos están disponibles solo para tener una orientación técnica durante el análisis. Grotowski cierra esta viñeta diciendo algo fundamental: cada uno debe hacer el trabajo que le es propio, nadie puede hacerlo por él o ella. En análisis, el analizante es quien hace su propio análisis a partir de las puntuaciones enigmáticas u oraculares del analista. En mi praxis teatral ocurre algo similar. He trabajado hasta donde ha podido mi competencia analítica para despejar una serie de protocolos a los que he llamado pedagógicos para coordinar el trabajo de todos, donde cada cual hace su trabajo.

## XVIII

Insiste ahora Grotowsi en que ese proceso de ir despojándose de los velos no es algo que pueda llegar a la perfección por medio del entrenamiento. Señala, como lo he planteado antes, cómo aquellos participantes que se acercan a trabajar con él y no tienen experiencia actoral, suelen "gracias a la determinación humana" (223), alcanzar los objetivos más rápidamente. Sin embargo, esos resultados, al día siguiente, pueden fallarles, porque el participante intenta repetir lo logrado el día anterior. Lo único que surge de ellos es un truco que funciona como 'efecto', y efectos es aquello de lo que está llena la vida profesional. Dos cosas rescatamos en esta viñeta para nuestra praxis teatral: lo primero, no intentar repetir lo logrado, sino empezar siempre en cada ensayo con la misma frescura y espontaneidad; lo segundo, aprovechar lo fallido. Freud hizo avanzar el psicoanálisis a partir de los casos fallidos, en los que no acertó y, por ello, se vio obligado a revisar su propuesta. De ahí que haya etapas en el psicoanálisis freudiano, como las hay en la enseñanza de Lacan e, indudablemente, en la trayectoria de Grotowski.

---

[159] Heidegger en su *Nietzsche* dedica varias páginas al 'horizonte'. Recomendamos leer el apartado "La necesidad práctica como necesidad de esquema. Formación de horizonte y perspectiva" (455 y ss.)

## XIX

"¿Qué es el talento? Solo es cierto que existe algo como la falta de talento" (223). Grotowski apenas dice que este tema del talento emerge "cuando alguien ocupa un lugar el cual –de un modo natural, manifiesto— no le pertenece" (223). ¿Pero cómo saber que uno está en el lugar correcto? ¿Qué es un lugar natural o manifiesto? Nunca me ha preocupado esta cuestión: pienso que cada cual tiene su talento para ciertas cosas y no para otras, que el talento es una eventualidad con la que no vale la pena contar, que el talento requiere en cada individuo un tiempo singular. Además, me parece que plantearse el talento en la praxis teatral devolvería a ésta a una perspectiva segregacionista, lo cual iría contra el postulado de conformar un espacio creativo para descubrirse a sí mismo y encontrarse con el otro. Este apartado, en su brevedad, muestra que no es tampoco una preocupación del maestro polaco.

## XX

Esta viñeta finaliza, justamente, acercando una respuesta a la pregunta anterior: "el lugar de aquellos quienes han venido a nosotros emergerá por sí mismo" (223). Es que el descubrirse no puede hacerse sin la mediación del otro. Recordemos que esta etapa del Parateatro fue de tipo masivo, muchas personas respondían a la convocatoria; ya para la etapa siguiente, el Teatro de las Fuentes, se regresa a lo selectivo: pocos elegidos para participar. En este fragmento Grotowski responde alguna pregunta que le ha sido formulada: "¿Qué rol juega el público? ¿Por qué preocuparse acerca de la parte que el público debería tener? ¿Qué significa realmente "el público"?" (223). Siempre hay alguien que por alguna razón se acerca a nosotros, dice Grotowski. Esta cuestión queda, como las que venimos comentando, en cierto limbo y, en particular ésta referida al público, la cual ya no se retoma en las etapas posteriores. Sin embargo, me he visto en la necesidad de pensar mucho la cuestión. El público son nuestros compañeros de comunidad; nuestra tarea la ejercemos en el marco, dentro y junto a la comunidad, de ahí que la praxis teatral no intente colonizar el deseo del público. El teatro profesional hace de este tema algo muy delicado porque las inversiones financieras que sostienen un espectáculo deben producir un rédito que justifique ambos, la inversión y el trabajo; en cierto modo este teatro se propone "fabricar el deseo" del público imponiéndole demandas artificiales, tal como lo plantea Paul Preciado. Pero no es una cuestión preocupante para la praxis teatral "pobre". En otros trabajos he intentado discernir entre público y máscara espectatorial, como un instrumento de trabajo, pero sobre todo entre *masa* y *pueblo*.[160] No celebramos el encuentro como convivio: en todos los momentos preferimos sostener la singularidad de cada integrante del público, a partir de su experiencia de vida, de sus valores, de su relación con la propuesta que le brindamos. Se trata aquí del encuadre propuesto por Jorge Alemán, para quien, en vez de cancelar el conflicto o intentar pacificarlo, resulta indispensable sostener el antagonismo fundamental de la sociedad entre naturaleza y cultura. El convivio es una mera ilusión del encuentro, típica del registro imaginario, un espejismo. El convivio es una reunión de individuos heterogéneos que coinciden en un lugar y un tiempo, pero está lejos de ser un encuentro en sentido grotowskiano y de la praxis teatral. Como en la interpretación psicoanalítica, no hay ni verdad ni falsedad en lo que diga alguien del público a la salida del espectáculo; solo con los efectos posteriores a nivel del elenco y, a nivel del ese mismo público, se puede ir conociendo hasta qué punto hemos logrado ese encuentro, hemos movilizado el deseo nuestro y de los otros. El encuentro se confirma por sus consecuencias porque la praxis teatral es una ética de las consecuencias. Grotowski se mantiene un poco limitado al teatrista o a su grupo de participantes: su perspectiva aquí es un poco endogámica y hasta demasiado selectiva para mi gusto y para la praxis teatral como yo la concibo. "¿Qué es aquello que hacemos y con qué gente queremos encontrarnos?" (223). Si volvemos al tema de lo Real y del inconsciente como transindividual, entonces la pregunta y la respuesta son diferentes.

---

[160] Particularmente he discutido esa noción tan insostenible de "convivio" que se ha popularizado entre los teatristas en los últimos años. Cfr. "La praxis teatral y lo político: la demanda, el teatrista, el público".

## XXI

Es la última viñeta de "Holiday". Una vez más nos plantea la muerte del teatro, pero ahora la pone al mismo nivel que la muerte de la Iglesia. Ambas cosas son discutibles. La Iglesia permanece, aunque Dios ha muerto, y justamente por ello sigue viva y hasta diseminada en diversas versiones más allá del catolicismo. Hoy los fanatismos religiosos han comenzado a tener participación directa con los gobiernos fascistas y deciden cómo llevar a candidatos nefastos al poder para lo cual realizan suculentas inversiones. Dice Lacan en *El triunfo de la religión* que ésta

> No solo triunfará sobre el psicoanálisis, también lo hará sobre un montón de otras cosas. Ni siquiera se puede imaginar lo poderosa que es la religión.
>
> Hace poco hablé de lo real. Por poco que la ciencia ponga de su parte, lo real se extenderá, y la religión tendrá entonces muchos más motivos aún para apaciguar los corazones. La ciencia, que es lo nuevo, introducirá montones de cosas perturbadoras en la vida de cada uno. Sin embargo, la religión, sobre todo la verdadera, tiene recursos que ni siquiera podemos sospechar. Por ahora basta ver cómo bulle. Es algo absolutamente fabuloso.
>
> Se tomaron tiempo, pero de pronto comprendieron cuáles eran sus posibilidades frente a la ciencia. Será necesario que den un sentido a todas las perturbaciones que introduzca la ciencia. Y sobre el sentido conocen bastante, ya que son capaces de dar sentido a cualquier cosa: un sentido a la vida humana, por ejemplo. Se formaron para eso. (78-79)

El teatro, ya lo comentamos, solo ha muerto en cierto sentido, cierto teatro para la masa (comercial o no): utilizaría aquí una denominación facilitada por un amigo: "espectáculo global". Se refiere a esos shows cuyo formato se repite en múltiples propuestas escénicas sin atención a las diferencias culturales, uno puede encontrarlos en cualquier festival, provienen de cualquier país y, sin embargo, son similares al extremo. No se

## Grotowski soy yo

trata solo de las ofertas de Broadway. Se trata de espectáculos en donde los actores despliegan las sofisticadas habilidades técnicas (expertos bailarines, correctísima actuación, perfecta dicción vocal, excelentes cantantes, arriesgados acróbatas, etc.); la escena despliega los más intrincados procedimientos de la máquina escenográfica; vestuarios, maquillajes hacen galas de su invención. En fin, pareciera como que hemos alcanzado el más alto nivel de preparación y, sin embargo, los espectáculos –independientemente del tema— carecen de total consistencia emotiva, se advierte la falta de compromiso del equipo con aquello que se quiere manifestar, más allá de lo que conocemos como *épatér le burgeois*; este tipo de espectáculo recurre a cada momento a un *coup de theatre*, acumula uno tras otro para capturar y enajenar la mirada del público como masa, es decir, completamente identificado a la escena e incapaz, como quisiera Grotowski, de descubrirse para acudir al encuentro con la propuesta.

Antes de cerrar este capítulo, rescatemos las últimas afirmaciones de Grotowski en "Holiday". El encuentro que propugna su propuesta es la del hermano. Queremos compartir nuestro ser con otro en las mismas condiciones, bajo las mismas premisas. Se trata de un encuentro ya no regido por la figura del padre: estamos en un mundo pospaternal, el Otro-no-existe, Dios ha muerto. Grotowski nos propone hacer de ese hermano nuestro un Dios: "¿Cómo saber, cómo referirse al hermano como a Dios? Y entonces, ¿cómo llegar a ser hermano? ¿Dónde está mi natividad – como hermano?" (223). No se trata de lazos de sangre. Se trata de preguntas de un exilado, de un nómade que tiene que crear la hermandad, porque ésta no es algo dado, ni siquiera amparada en su misma cultura o lenguaje. Estamos precisamente ante aquello que caracterizará la etapa siguiente, el Teatro de las Fuentes: salir a buscar al hermano para encontrarse con quien también busca encontrarse con nosotros y que, más allá de las diferencias del caso, se proponen nacer juntos como tales, crear su propio suelo común, a partir de alcanzar un *origen* que precede las diferencias en el rescate del cuerpo gozante.

## Etapa del Teatro de las Fuentes: una etapa de transición

Antes de ocuparnos del famoso texto de su última etapa titulado "el Performer" (en minúscula el artículo, pero con mayúscula el sustantivo, tal como lo escribió Grotowski),[161] el cual se ubica en la etapa del Arte como vehículo, conviene detenernos en este capítulo en la etapa del Teatro de las Fuentes, dejando para el capítulo siguiente considerar la del Drama Objetivo. Para la etapa de Teatro de las Fuentes vamos a considerar dos textos grotowskianos: vamos a leer el texto de la conferencia brindada en Varsovia el 5 de junio de 1978 titulada "Wandering Toward Theatre of Sources" ["Rumbeando/Errando hacia el Teatro de las fuentes"], versión estenográfica en polaco traducida al inglés por Jenny Kumiega y publicada dos años después, y luego el texto "Theatre of Sources", una compilación de textos publicados en *The Grotowski Sourcebook*. No he localizado traducciones de estos textos al español. La etapa del Teatro de las Fuentes es la que sigue al Teatro de Producciones y al Parateatro, y es anterior a las etapas del Drama Objetivo y al Arte como vehículo. Hay, pues, un Más-temprano y un Más-tarde en la trayectoria de Grotowski, formas temporales expresivas usadas, como lo veremos, por Martín Heidegger. Aunque sus etapas se ordenen en forma sucesiva en un tiempo lineal y cronológico, no se cancelan entre ellas: la etapa posterior incluye la anterior; en todo caso, si lo pensamos dentro de la perspectiva marxista del tiempo, todavía lineal y cronológica, tendríamos que imaginar, como hemos visto en otro capítulo, una espiral en la cual la línea va ampliando el círculo, pero pasa por las mismas zonas de las anteriores: hay, así, superación de lo anterior, pero dada como negación de la negación, esto es, afirmación de una nueva etapa. La etapa posterior recupera, conserva, amplía y desarrolla lo nuevo. A su manera, Grotowski procede como Freud, por etapas a partir de cada postulación fallida. A su modo, la espi-

---

[161] Desconozco cómo lo dice en polaco; en la versión al inglés solo se dice "Performer" y como en el primer renglón del texto Grotowski subraya que "Performer, with a capital letter, is a man of action" (*Sourcebook* 374), la versión al español publicada por la *Revista Máscara* opta por "el Performer", sin duda para dar cuenta del énfasis dado al vocablo por Grotowski.

ral circula alrededor de un enigma que Grotowski llamará 'origen', y este rodeo se parece, por cierto, al de la pulsión en psicoanálisis.

Revisemos los dos documentos mencionados. En "Wandering...", se establecen ya ciertos lineamientos que el documento posterior del *Sourcebook* elaborará —según mi parecer— con menos invención. "Wandering..." es un texto, desde mi perspectiva, mucho más sugestivo que el publicado en el *Sourcebook*. Veamos si puedo demostrarlo.

*Los divinos detalles de "Wandering..."*

En 1978 Grotowski tiene 39 años. La conferencia comienza con una pregunta: "¿De qué debería hablar?" ¿Se trata acaso de un mero *shifter* para presentarse y captar la atención del público? Sin duda, pero conociendo el cuidado que Grotowski siempre tuvo con su discurso, tenemos que ir más allá y con precaución. El psicoanálisis me ha acostumbrado a detenerme en esas frases aparentemente parasitarias de un discurso; los críticos y estudiosos de Grotowski, en cambio, quedan capturados y algunos hasta hipnotizados por los contenidos supuestamente más contundentes y, como se puede ver en la bibliografía, los repiten hasta el cansancio. Prefiero ir a los detalles, los "divinos detalles", tal como los denomina Jacques-Alain Miller.

La pregunta instala una hesitación, pero ¿respecto de qué? Si, como quería Nietzsche, "no hay hechos, sino interpretaciones", entonces vamos a intentar interpretar esta aparente vacilación. Para decirlo desde el principio (si es que lo hubiere), el habla de esta conferencia (no es todavía un escrito y pareciera estar más cerca de *lalengua*) pone en urgencia la cuestión del tiempo: se despliega en un tiempo cronológico con presencia de cuerpos vivos, pero a su vez introduce una interrogación sobre el tiempo, un tiempo otro: percibo en esa pregunta inicial una toma de conciencia sobre el uso del tiempo-reloj que, a su vez, remite a un tiempo existencial en el cual la certeza de la muerte en el medio del camino de la vida —tal como lo decía Dante Alighieri— impone saber-hacer un buen uso de él: así la pregunta podría glosarse como un "en qué voy a usar mi tiempo de ahora en adelante", "en qué voy a usar el tiempo de esta charla".

La pregunta y la conferencia misma son, en este sentido, un parteaguas en la trayectoria de Grotowski. Y no en el sentido de que haya un antes y un después de ese 'ahora' de su discurso, sino en que hay una toma de conciencia de aquello que Martin Heidegger, en su temprana conferencia titulada "El concepto del tiempo", denominó "*Vorbei*", y que Pablo Oyarzun Robles, el traductor al español de dicha conferencia, traduce como "haber-pasado", el que emerge a partir de un "*Vorlaufen*", traducido como "precursar" (verbo del que la RAE no da existencia), pero que podemos entender como un "adelantarse": en efecto, al interrogarse sobre "de qué hablar" hay un giro hacia la futuridad, y allí ya salimos del tiempo-reloj, de la temporalidad del *Dasein* (el ser humano, la existencia humana, traducido a veces como 'ser-ahí'), para entrar en la dimensión de la *temporeidad* del *Dasein*.[162] Y esa futuridad, tal como Heidegger nos la presenta, es como la aparición brutal del Amo Absoluto en la dialéctica hegeliana del Amo y del Esclavo, esa figura –retomada por Lacan vía A. Kojève— vislumbrada por aquel que, en la lucha a muerte por puro prestigio, devendrá el Esclavo: el que experimenta no un miedo sino una angustia la cual, más adelante, disparará su deseo de libertad frente al Amo.

Para dar continuidad a mi lectura e interpretación blasfema de los textos grotowskianos, me animo a imaginar que en esta conferencia Grotowski cierra un ciclo y abre otro, lo cual es evidente por las escansiones realizadas por él y sus discípulos, pero también porque vislumbra al Amo Absoluto, su muerte futura, lo cual dispara su deseo de liberarse. ¿Liberar-

---

[162] El vocablo 'temporeidad' no está usado por Heidegger en esta conferencia temprana, pero fue luego muy desarrollado en su obra fundamental, *Ser y tiempo*; lo menciona el traductor en una nota. Pero la diferencia entre temporalidad y temporeidad ya está desarrollada en *Ser y tiempo*; allí, desde el comienzo, Heidegger nos alerta sobre la necesidad de plantear una "*explicación originaria del tiempo como horizonte de la comprensión del ser a partir de la temporeidad en cuanto ser del Dasein compresor del ser*. [...] el concepto del tiempo y, en general, la comprensión vulgar del tiempo, brotan de la temporeidad*" (*Ser y tiempo* 28, énfasis del autor). Obsérvese el uso del vocablo 'horizonte' que ya hemos mencionado en el capítulo anterior. No vamos a desarrollar en este libro la compleja urdimbre filosófica heideggeriana tal como la desarrolla en *Ser y tiempo*.

se de qué? Definitivamente liberarse del teatro como representación. Se inicia el *rumbo* hacia el Performer, hacia una dimensión que ya no está signada como un trabajo esclavo para mejorar el rendimiento del actor, sino dirigida a algo más global, por adjetivarlo de alguna manera: el saber y cuidado de sí frente a la avasallante tecnificación instrumentada por el capitalismo y por su producción de conocimiento (y no de saber) de las que –como vimos con Hub Zwart– muchas veces somos víctimas. Es en este punto, obviamente crítico y ético, en el que me parecen confluir Grotowski y Lacan: ese esfuerzo para impedir la desaparición o arrasamiento del sujeto dividido del inconsciente y, con él, del deseo como tal, para sustituirlo por una máquina productora de goces letales, con los cuales se tapona la falta constitutiva del sujeto a nivel del deseo y, con ello, se lo objetaliza socialmente: la *nuda vida* de G. Agamben, la *necropolítica* de A. Mbembe no dejan de apelar a los horrores de esta fase neoliberal del capitalismo frente a la cual Grotowski y Lacan, en sus contextos, hicieron lo posible para instrumentarnos a fin de no dejarnos capturar por el sistema y, además, cada uno a su manera, darnos los elementos conceptuales necesarios para imaginar, inventar nuestra emancipación. Hoy los analistas llaman a esto "política lacaniana" y otros hablan de "izquierda lacaniana". Podemos, en consecuencia, hablar de una "política grotowskiana"; nos hemos ya referido a ella como Gran Política grotowskiana, en resonancia con la nietzscheana. Las tres (la de Nietzsche, la de Lacan y la de Grotowski), se instalan como una ética del deseo.

Como ya mencionamos, el itinerario hacia el Performer va a tener como etapas previas el Teatro de las Fuentes y el Drama Objetivo. En "Wandering..." se irá consolidando una exploración (que ya la palabra 'investigación', usada en *Hacia un teatro pobre*, no describe adecuadamente) que involucra lo interior y lo exterior al individuo. Se trata de una puesta en crisis del yo que ya venía de las etapas anteriores y un afianzamiento más expansivo de la cuestión del inconsciente; pero también se trata de una expansión de los *horizontes* para interrogar otras culturas: ya no por las lecturas eruditas, sino por la presencia y los contactos con otras prácticas performativas y rituales en diversas culturas y latitudes. De ahí, por ejemplo, sus viajes a Haití, (del 18 julio al 8 de agosto de 1979), a Nigeria (del 9 al 15 de agosto) y a Białystok en Polonia (del 22 al 25 de agosto del mismo 1979), a México (desde el 1ro. de enero al 1ro. de febrero de 1980) y a India (del 2 al 25 de febrero de 1980) y su selección de participantes-maestros provenientes de otras latitudes y culturas: India, Colombia, Bengala, Haití, África subsahariana, Japón, Polonia, Francia, Alemania y Estados Unidos (Gałdińska-Mazan 211). Grotowski, a pesar de esta inmersión en lo multicultural, en la que pareciera adelantarse a las convicciones o modas académicas multiculturalistas posteriores, no es un multiculturalista: él apunta, por el contrario, a 'eso' anterior a las diferencias culturales, a aquello que "precede a las diferencias" ("Theatre of Sources" 263), a una 'esencia', una estructura común en el ser humano, cuyo estatus discursivo nos queda por determinar. Por ahora anotemos que, en "Theatre of Sources", comenta la imposibilidad de referirse a la diferencia entre cuerpo y alma; así, para responder a la pregunta sobre las fuentes, afirma: "es mejor decir que existe el ser humano [*czloviek*] quien precede las diferencias" (257). Hay, así, una anterioridad –al menos lógica— del ser.

*Grotowski y Heidegger: tiempo-reloj y tiempo existencial*

Conferencia sobre conferencia, me atrevo a cotejar la de Grotowski con la que Heidegger pronunciara el 25 de julio de 1924, publicada bajo el título "El concepto del tiempo", donde ya *se anticipa* en forma más "cotidiana" (por decirlo de alguna manera) los difíciles tratamientos que la cuestión adquirirá *posteriormente* en *Ser y tiempo*.[163] Hay en Heidegger también un Más-temprano y un Más-tarde. No hago este cotejo de ambas conferencias por ostentación y/o mera erudición, sino porque la espiral de la trayectoria grotowskiana pasa ahora por la misma zona del *principio* pero en función de la *futuridad* constitutiva de la existencia del *Dasein*. "Wandering..." es el momento en que la secuencialidad del habla, cadena metonímica sin duda, pasa ahora por zonas ya contenidas en el comienzo de la trayectoria de Grotowski, pero abre a otras cuestiones que no pueden ser, como dije en el prólogo, limitadas a los afanes técnicos de los teatristas, a

---

[163] Obsérvese que esta conferencia es anterior a los cursos reunidos en su libro *Nietzsche*, que fueron dictados en 1936 y 1940, con algunos agregados de textos publicados en 1946.

las limitaciones epistemológicas actuales de los estudios teatrales, tan "cotidianas" en el sentido heideggeriano del tiempo vulgar. Bajo esa cadena de significantes, metonímica, podemos leer el fluir del deseo que anima la búsqueda grotowskiana.

Demás está agregar que Heidegger y Lacan mantuvieron una relación bastante puntuada en la que el pensamiento de uno repercute en el otro y ambos se resignifican. Ya hay varios libros que tratan la relación de Heidegger y Lacan; me aprovecharé de esas lecturas para *leer* –leer en la medida en que lo permitan mis posibilidades y ateniéndome al tema de este libro— la conferencia de Grotowski. El lector teatrista, apurado por el tiempo-reloj, que pretenda en el menor tiempo posible (y ya veremos lo que dice Heidegger de esto) consumir la receta grotowskiana para ser mejor teatrista, solo logrará al leer mi aproximación salirse de quicio y, si como quería Shakespeare *"time is out of join"*, entonces, con suerte y en el mejor de los casos, tal vez la furia de su impaciencia lo lleve a interrogarse, no tanto sobre qué es el tiempo y si podría perderlo, sino orientarlo a aquello que Grotowski, como Heidegger, quiere llevarnos en esta charla: *cómo* es el tiempo o *quién* es el tiempo. No por nada Heidegger comenzará la suya también poniendo en juego tiempo y eternidad, junto con aquello que sobrevuela también en "Wandering…": teología y filosofía.

Conviene, pues, acercarnos –incluso a costa de los riesgos que siempre impone la brevedad— a la cuestión del *Dasein* y del tiempo tal como Heidegger la recorre en esa conferencia. Me atendré en mi propio acercamiento a aquellos puntos que, a mi entender, resuenan en la charla del maestro polaco. Desde ya, poco interesa aquí si Grotowski leyó o no a Heidegger. Interesa abrir la lectura de Grotowski a una dimensión que salga de lo doméstico del pensamiento teatral y lo lance, como diría Heidegger, a la extrañeza ominosa del tiempo no lineal, no sucesivo, no irreversible. Leído o no, Heidegger está en la *pizarra mágica* de la memoria[164] europea y occidental cuya temporalidad involucra el saber gratowskiano.

---

[164] Ver el famoso ensayo de Freud "Nota sobre la 'pizarra mágica'".

Estamos en la necesidad de salirnos de esa historización vulgar y tradicional de acontecimientos como uno detrás del otro, de un *antes* y un *después* (diferente a *Más temprano* o *Más tarde*), una etapa grotowskiana detrás de la otra, y de las investigaciones detectivescas típicas del pensamiento policial de la modernidad y de la historia en la modernidad que quiere certificar exactos contactos, contagios validados, testimonios o influencias certificadas.

El giro que Grotowski dará en esta charla a sus exploraciones, entre otros temas que comentaremos más adelante, basculará a partir del vocablo "origen", que el maestro –y explícitamente nos lo aclara— no lo refiere ni equipara a los *orígenes*. A su manera, esta búsqueda del origen no deja de ser una genealogía: Nietzsche usaba el método genealógico para remontarse al origen de la moral preocupado, es verdad, no tanto por el origen mismo, como por el valor de la moral (*GM* 5), tema que no deja de estar presente en el maestro polaco. Un origen supone un *principio* (un Uno original, único) y, por ende, nos conduce a la cuestión del tiempo, a un *fin*, un tiempo por venir, por adelantado (*Vorlaufen*) (si hay principio es porque hay un fin), que Grotowski quiere abordar en la medida en que lo concibe como "*anterior* a las diferencias" impuestas por las lenguas y las culturas. A fin de introducirnos –dejando para luego comentar la resonancia del término 'origen' en otros sentidos— digamos que es por la cuestión del tiempo que acercamos "Wandering…" a Heidegger.

Heidegger al principio de su conferencia ya plantea que la eternidad es una cuestión que compete a la fe y por ende a la teología; la filosofía, por su parte, al no asentarse en la fe, "no tendrá jamás la eternidad" (5). El teólogo, entonces, se apoya en la fe para plantear la relación entre la eternidad y el tiempo, un tiempo que tiene un comienzo, un origen, en tanto comienzo de la existencia humana con su ser temporal, judeocristianamente arrojado del no-tiempo del Paraíso (éste tal vez alojado desde entonces en el *Dasein* como inconsciente); ese origen toma el nombre de Dios como causa incausada, promotor inmóvil del movimiento que supone el tiempo-reloj, pero a su vez fuera del tiempo él mismo. En cambio, "el filósofo no cree" (5) y eso lo lleva a "*comprender el tiempo a partir del tiempo*" (5). Heidegger evita ambas perspectivas, y admite que su presentación consistirá en una *pre-ciencia* cuyo discurso sobre la existencia misma y la del mundo se mueven dentro de la esfera del concepto (6). Así, la perspectiva vulgar o tradicional del tiempo se basa en el reloj que mide y permite el cálculo: se trata de un tiempo homogéneo, medible; el reloj da cuenta del 'ahora' arbitrario y organiza un antes y un después que Heidegger saca de la linealidad del tiempo-reloj para llevarlo a otro tiempo, el existencial de la temporeidad, a los que prefiere denominar un Más-temprano y un Más-tarde.

Hay, dice Heidegger, "un reloj que la existencia humana ha adoptado desde siempre, el reloj natural de la alternancia del día y la noche" (8). Se trata de aquello cósmico sobre lo que Lacan apoyó su primera definición de lo Real, a partir de Aristóteles: lo real es lo que vuelve siempre al mismo lugar. Las preguntas que se desprenden ponen en relación el 'ahora' con el ser del tiempo: "¿Soy yo mismo el ahora y mi existencia el tiempo?" (8). Heidegger nos dice que

> El reloj nos muestra el ahora, pero ningún reloj muestra jamás el futuro ni jamás ha mostrado el pasado. [...] Cuando se intenta derivar del tiempo natural lo que es el tiempo [...] el tiempo es interpretado ya como presente, el pasado es interpretado como ya-no-más-presente, el futuro como indeterminado aún-no- presente: el pasado es irrecuperable, el futuro, indeterminado. [...] una sucesión de la cual se dice que el sentido direccional es único e irreversible. Todo lo aconteciente rueda desde un futuro sin fin hacia el pasado irrecuperable. (17)

Sin embargo, el *Dasein* "como vida humana es *primariamente ser-posible*" (13) y, en tanto "ser-temporal (*das Zeitlichsein*)" (9), tiene entre esas posibilidades una de la que tiene certeza: la muerte, esto es, "un estar-por-delante-con certeza" aunque "caracterizada, a su vez, por una total indeterminación" (13). Sabemos con certeza que nos vamos a morir, pero no cuándo.

En "Wandering...", al comienzo de la charla, Grotowski va a hablarnos de aquello "que tiene auto-evidencia para mí" (11). Aunque comentaremos más en detalle el estatus conceptual de esta auto-evidencia, importa ahora señalar que a sus 39 años pondrá a un lado la ciencia y hasta la filosofía y la religión, para interrogarse sobre el 'origen', para plantearse cómo alcanzarlo *retrospectivamente* en un itinerario interior que desdomestique la domesticación alienante a la que la cultura lo ha sometido. La 'futuridad' de su investigación depende ahora de esta toma de conciencia de la mortalidad, de esta certeza, que ya no cabe disimular: si el "*Dasein* tiene en sí mismo la posibilidad de encontrarse con su muerte como la más extrema posibilidad de ser de él mismo" (Heidegger 12-13), si en cuanto a la muerte, solemos decir "ya lo sé, pero no pienso en ello" (Heidegger 13), entonces esto es porque el *Dasein* ejerce la posibilidad de disimular, evadir su muerte. Schopenhauer ya había notado que, entre los seres vivos, "[ú]nicamente el hombre lleva consigo en conceptos abstractos la certeza de su muerte: pero esta solo le puede angustiar —cosa extraña— en el instante en que un motivo se la hace presente en la fantasía. Poco puede hacer la reflexión frente a la poderosa voz de la naturaleza [...] cada uno va viviendo como si hubiera de vivir eternamente [...] nadie tiene una convicción verdaderamente viva de la certeza de la muerte. [...] aunque el fenómeno individual de la voluntad comienza y termina en el tiempo, la voluntad misma en cuanto cosa en sí no es afectada por él [...] a la voluntad de vivir siempre le es cierta la vida" (§ 54, 165). Para Schopenhauer, al ser humano en tanto sujeto del conocer y como correlato del mundo objetivo le correspondería el fenómeno individual de la voluntad cuya angustia solo emerge a su conciencia en instantes puntuales del tiempo-reloj, pero la voluntad de vivir como cosa en sí lo sobrepasa, porque la vida es tiempo y eternidad. Así, cuando Schopenhauer, aunque privilegia el presente, pareciera no obstante ya anticiparnos a Heidegger cuando el individuo, al preguntarse "¿por qué este ahora, su ahora, es precisamente ahora y no *fue* ya hace tiempo? [...] ve su existencia y su tiempo como independientes entre sí y aquella [la existencia] como echada dentro de este [el tiempo]" (§ 54, 163). En el mundo como fenómeno, como representación, donde el objeto es el correlato del sujeto, donde "el presente es la forma esencial del fenómeno de la voluntad", la coincidencia de ambos es, para Schopenhauer, solo atribuible al presente: "[s]olo el presente es lo que siempre existe y es definitivo" (§ 54, 164),[165] de lo cual se desprenden dos aspectos: (a) que ese presente hace del sujeto (y del objeto) algo instantáneo, evanescente en sentido temporal y (b) que "el pasado y el futuro contienen meros conceptos y fantasmas" (§ 54, 164). ¿Cómo concebir desde esta perspectiva la historia de ese sujeto? Para Nietzsche, el ser humano pronto aprende la palabra 'fue', que capitaliza el olvido al que quisiera realmente cerrarle la puerta del presente para no volver a sufrirlo; es justamente la muerte la que lo satisface porque le "aporta el anhelado olvido, ella suprime el presente y el existir, plasmando así su sello a la noción de que la existencia es un ininterrumpido haber sido, algo que vive de negarse, destruirse y contradecirse a sí mismo" (*Consideraciones intempestivas* 21). Para Nietzsche la felicidad[166] consiste precisamente en la capacidad de olvidar y la capacidad de sentir de forma *no-histórica*, es decir, una manera animal de vivir. El "hombre del instante"[167] es precisamente el

---

[165] No puedo evitar abrir aquí una línea de reflexión a causa de la frase que Jorge Alemán ha escrito recientemente: "El capitalismo opera en la dimensión del presente absoluto" ("Derechas y rechazos del amor").

[166] Heidegger analiza cómo Nietzsche plantea el nihilismo como la esencia de la historia de occidente, no como una etapa en esa historia, sino que "el nihilismo *es* la historia" (*Nietzsche* 596). Como nos recuerda Heidegger, en el nihilismo existen etapas que pueden establecerse en el proceso de transvaloración de todos los valores. Transvalorar valores no consiste, desde la perspectiva nietzscheana, solamente en invertir y sustituir los valores antiguos por otros nuevos, sino en aniquilar completamente el lugar del origen, procedencia y proveniencia (genealogía) en el que esos valores se han generado. Solo una sociedad capaz de inventar un origen será existosa en proponer nuevos valores. Si se quiere instalar nuevos valores en el lugar del origen de los viejos, el fracaso está, según Nietzsche, asegurado de antemano. Para Nietzsche es lo que ocurre "con las 'doctrinas que tienden a la felicidad universal' y con el 'socialismo', [...] con el 'ideal' cristiano" (597-598). Por eso la pregunta no se hace esperar: ¿está la propuesta grotowskiana planteando nuevos valores en el lugar de los viejos (por mera inversión), o bien apunta a cambiar el lugar mismo del origen de los valores?

[167] Como vimos en un capítulo anterior, Heidegger en su *Nietzsche*, retoma la cuestión del *instante*, hace en cierto modo la genealogía de este vocablo en los

que puede cerrar la puerta al pasado para que no interfiera en la conciencia y la deja como tabula rasa lista para nuevas percepciones:

> la capacidad de olvido [es una fuerza] activa, positiva. [...] Cerrar de vez en cuando las puertas y ventanas de la conciencia; no ser molestados por el ruido y la lucha con que nuestro mundo subterráneo de órganos serviciales desarrolla su colaboración y oposición [...] la capacidad de olvido [es] una guardiana de la puerta, por así decirlo, una mantenedora del orden anímico, de la tranquilidad, de la etiqueta [...] sin capacidad de olvido no puede haber ninguna felicidad, ninguna jovialidad, ninguna esperanza, ningún orgullo, ningún presente. (*GM* 65-66)

La memoria es, para Nietzsche, una facultad también poderosa que suspende la salud vigorosa del hombre del presente, del hombre olvidadizo, del hombre feliz; se trata de la memoria que le permite al hombre hacer promesas, esto es, hacer puente con su futuridad, ya que se trata de una palabra empeñada cuya huella es imborrable en la 'pizarra mágica', como la llamará Freud. La memoria a la que la conciencia quisiera cerrarle las puertas y ventanas es precisamente esa "otra escena" –dolorosa (*GM* 70), turbia, reprimida— más allá de la conciencia, a la que hoy denominamos 'inconsciente' y a la que Freud también llamó 'otra escena'. Y esta memoria, en la que tendremos que ubicar el origen tal como Grotowski nos lo plantea, no es una fuerza pasiva para Nietzsche. Grotowski, como Freud, nos propone asumir el riesgo de abrir puertas y ventanas a la peligrosidad del deseo, a enfrentarnos con aquella parte de nosotros mismos que si bien amenaza nuestra felicidad, nos retorna, por decirlo rápido, al tiempo existencial en el que la muerte no deja de jugar, como vimos, un rol enfático. Por eso Nietzsche nos dice que no se trata de tener una actitud pasiva, en el sentido de no poder volver a liberarse de la impresión o huella grabada una vez sino, por el contrario, se trata de un "activo no-

---

textos de Nietzsche y llega a una perspectiva diferente, más adecuada a la que desarrollará en esta conferencia y luego en *Ser y tiempo*.

*querer*-volver-a-liberarse, un seguir y seguir queriendo lo querido una vez, una auténtica memoria de la voluntad" (*GM* 66). Tenemos aquí esa inscripción original cuya satisfacción buscamos nuevamente, sin volver a lograrla, por eso insistimos, repetimos, para colmar la falta de ese objeto causa del deseo. Agrega Nietzsche que, entre el "yo quiero" y el "yo haré" –tal como lo vemos en Grotowski, tal como se conectan en su propuesta el deseo y la acción—, y el *acto* como descarga de la voluntad –y del cual debemos asumir las consecuencias—, podemos interponer un mundo de cosas, "actos de la voluntad nuevos y extraños" sin que la cadena (metonímica) de la voluntad se altere. La domesticación, esa "camisa de fuerza social" impuesta al hombre (*GM* 67), apunta a hacer seres humanos uniformes y calculables –capaces de responder responsablemente de la promesa o palabra empeñada; Nietzsche bautiza a esta domesticación –la nuestra, como hombres modernos—[168] "eticidad de la costumbre" que, como hemos venido trabajando, se opone de plano a la responsabilidad de la 'ética del deseo', aquella que, en términos nietzscheanos, aboga por un ser humano desalienado, vigoroso, soberano de sí mismo, emancipado.[169]

---

[168] Conviene no perder de vista durante la lectura de Nietzsche que su propósito es transvalorar todos los valores de la modernidad, de su moralidad enfermiza cuya genealogía es, para el filósofo, el judeo-cristianismo; de ahí que queden excluidas la cultura greco-romana y la del Renacimiento. Esa necesidad de desmontar las alienaciones modernas no escapa a la propuesta de Grotowski.

[169] El binarismo nietzscheano entre lo noble, aristocrático y superior frente a lo plebeyo, esclavo y rebaño, es hoy un poco difícil de sostener con la radicalidad a veces cruel y brutal con la que el filósofo alemán la plantea. Ese ser humano autónomo, según Nietzsche, es un ser superior que tiene derecho a ser respetado, al que le corresponde el temor de los hombres inferiores, que merece ejercer lícitamente su poder sobre el rebaño (débil, judeo-cristiano, no-ario, femenino, discapacitado). Entiendo que Nietzsche apela a una metafórica muy propia de él y que no conviene tomar literalmente. Aun así, esta dimensión política es bastante difícil de asimilar desde el encuadre político del psicoanálisis, por restringirnos a una sola disciplina y perspectiva. Aunque, como nos dice Dolores Castrillo Mirat, prologuista de la versión castellana de *La voluntad de poder*, "[l]a verdadera creación, donde se expresa su más alta cualidad artística, es la voluntad de transfigurarse a sí mismo, de sobrepasarse eternamente" y aunque "[l]a Voluntad de Poder no es, pues, querer el poder, sino querer ir más allá de uno mismo" (*VP* 18), lo

## Grotowski soy yo

El psicoanálisis se interesa en la elaboración que el analizante hace de su pasado en función de su deseo como futuridad; no es una historia fáctica, sino la "novela" que constantemente reconstruye retroactivamente el analizante desde ese punto presente de la enunciación. ¿Tiene esto alguna implicación en la praxis teatral? Indudablemente, sea el caso del actor en relación a su personaje, siempre hay una tensión temporal: hay un pasado que debe fantasear desde un futuro anunciado por el desenlace del relato conocido por él. También sucede este juego temporal si lo referi-

---

cierto es que el sentimiento aristocrático nietzscheano, con su derecho a "subyugar y enseñorearse" (*GM* 88), con su crítica a veces casi racista –contra los negros tomados como monos o "representantes del hombre prehistórico" (*GM* 77), con su actitud crítica pero a veces xenofóbica de todo lo judeo-cristiano (más allá de su radical desmontaje de las moralidades que le son inherentes), más su perspectiva misógina (solo la verdad y la sabiduría son 'mujeres' venerables) y su eurocentrismo –verdaderamente injustificable ya para su época— nos hacen ser cautelosos frente a su obra. Son conocidos los debates sobre la apropiación nazi de algunas de sus propuestas; y aunque en la mayoría de los casos sean injustas, lo cierto es que la forma en que Nietzsche se expresa permite cualquier tipo de apropiación. Aunque soy solamente lector y no especialista en Nietzsche, así y todo me parece que ese "dominio de sí mismo" no *necesariamente* debe culminar en un dominio sobre los demás, sobre la naturaleza y sobre las circunstancias (*GM* 68), lo que no equivale a decir que no tenga efectos posteriores sobre los demás: un individuo que se ha analizado no puede no producir efectos sobre su entorno. La afirmación de la vida, me parece y aunque entiendo el planteo del autor, podría quizá no estar necesariamente ligada a la violencia y al ejercicio de la crueldad, ligada a una "sublime maldad" (*GM* 109); entiendo que esa violencia de la voluntad de poder como vida es esencialmente parte de su aspecto de embriaguez dionisíaca, pero la palabra 'violencia' o 'crueldad' (incluso como la toma Artaud) hoy nos es muy cara y peligrosa, y por ello me parece que hay que tener cuidado de apelar al vocabulario nietzscheano frente a una audiencia de no especialistas en su filosofía. No creo necesario subrayar que algunos rasgos nietzscheanos que estamos viendo –tal como hemos venido puntuando— resuenen en la obra de Grotowski, y presenten su propuesta en un encuadre donde la voluntad de poder ha tomado el sentido vulgar de ser un ejercicio del poder de los hombres superiores sobre los otros inferiores, a una visión aristocrática merecedora del sometimietno del rebaño; hemos ya apuntado cierto sentimiento de temor de los asistentes a sus encuentros hacia su persona y, lo que es peor, el modo en que éstos lo tomaban como autoridad con derechos a imponer sus valores sobre los demás. Como veremos, a medida que Grotowski refina su propuesta, esta versión verticalista del poder se va trasladando del Discurso del Amo al Discurso del Analista.

mos a cómo Grotowski va a comenzar a trabajar el tema del tiempo, de la certeza de la muerte, ya no para el actor sino para el Performer, lo involucra retrospectivamente en el pasado desde un presente ya tensionado por la certeza futura de su mortalidad, tal como veremos en otro capítulo.

Pareciera incluso esbozarse ya en Schopenhauer el famoso futuro anterior, ese "habré sido" de Lacan que hace también del sujeto una figura evanescente en el sentido que su decir lo hace punto de un instante que inmediatamente deviene otro: "Lo que se realiza en mi historia no es el pretérito definido de lo que fue, puesto que ya no es, ni siquiera el perfecto de lo que ha sido en lo que yo soy, sino el futuro anterior de lo que yo habré sido para lo que estoy llegando a ser" (Lacan, *Escritos I* 288.). Y eso que "estoy llegando a ser", a diferencia del pasado muerto u olvidado, es el tiempo del decir en el que, incluso relatando (imaginando, rememorando) el pasado y en tensión con la futuridad que impone el deseo (particularmente en la cadena metonímica por la que se desliza hacia la futuridad todavía no realizada) me deja inapresable en tanto voy siendo otro y mi historia se resignifica cada vez en el movimiento retrospectivo con que la evoco. Soy el mismo y soy otro en esa temporalidad tensionada, que no es una secuencia organizada siguiendo los parámetros del tiempo-reloj, al que pretende ajustarse la Historia a partir de un origen puntual. Como veremos en Grotowski, ese origen es causa del deseo, pero es también inalcanzable, siempre retroactivamente re-elaborado, siempre inventado.

Surge entonces en la conferencia de Heidegger la cuestión de *entre-tenerse*, lo cual involucra, en primer lugar, al otro, tenerse entre dos y, en segundo lugar, entretenerse (con algo, cualquier cosa) de la certeza de la muerte segura. Como ya había advertido Nietzsche, "el hombre mismo tiene una invencible inclinación a dejarse engañar" (*Consideraciones intempestivas* 15). Es aquí cuando el *hablar* toma la dimensión que nos retorna a la pregunta inicial de Grotowski en su charla; nos dice Heidegger:

> Ser uno con otro en el mundo, en cuanto tenerlo uno con otro, posee una señalada determinación de ser. El modo fundamental del *Dasein* del mundo, el tener-ahí [mundo] uno con otro, es el *hablar*. Hablar es, considerado en plenitud: hablar, *expresándose*

(*sich* aus*sprechendes*), *con* otro *sobre* algo. [...] En el hablar uno con otro, en lo que uno, así, anda hablando, reside en cada caso la autointerpretación del presente, que se entre-tiene (*sich aufhält*) en esta conversación. (10)

Hablar entretiene, "alivia al *Dasein* del serio estar-concernido por su ser", anota el traductor (10, nota 12) y ese ser justamente es tiempo. Pero esa certeza de la muerte futura, sin embargo, por más disimulada y entretenida que esté, se adelanta como un haber-pasado, como un 'por delante' constituyendo el cómo, no el qué del *Dasein*. Por eso, "El pasado —experimentado como historicidad propia— es completamente distinto al haber-pasado" (18). El pasado del tiempo-reloj es, si podemos decirlo así, arqueológico. Pero el haber-pasado, como el *après-coup* en psicoanálisis, e incluso como el flash en Walter Benjamin (Tesis 5 sobre la historia, donde nos habla de un relámpago, de una imagen del pasado que irrumpe velozmente en el presente y desaparece), tiene otra dinámica: es siempre un pasado que se re-hace en el presente o bien es el presente el que, desde la futuridad, lo re-hace, lo transforma, lo modifica.

Ese 'cómo' –nos dice una nota del traductor de la charla de Heidegger—"designa la *modalidad* de la *performance* de ser" (13, nota 14). Heidegger lo plantea al final de su conferencia de esta manera:

> En el ser junto (*Zusammensein*) con la muerte cada uno es llevado al Cómo que cada uno puede ser en igual medida; a una posibilidad en referencia a la cual ninguno se distingue; al Cómo en el cual todo Qué se disipa pulverizado. (20)

Y es justamente Grotowski el que, en su charla, nos va a ir aproximando a aquello que, en la futuridad, designará como 'el Performer" en un famoso ensayo lleno de enigmas, del cual hablaremos en su momento. Lo performático asoma en Heidegger porque es la certeza de la muerte la que lleva al *Dasein* "sin miramientos a la única posibilidad de sí mismo, lo hace instalarse completamente solo sobre sí mismo" (Heidegger 14). La "inhospitalaria extrañeza (*Unheim-lichkeit*)" (14),[170] lo ominoso de la muerte, irrumpe y desgarra la cotidianidad en la que se entretiene, y lo induce no a preguntarse qué es el tiempo (y responderse por la versión vulgar del reloj), sino al "Cómo propio del ser-temporal, el ser-futuro así caracterizado es el modo de ser del *Dasein* en el cual y a partir del cual éste se da su tiempo" (14). Y es que el *Dasein* "*es el tiempo mismo*, no *en* el tiempo" (14); y ese tiempo que es el *Dasein* es futuro ("*el fenómeno fundamental del tiempo es el futuro*" [14]),[171] un futuro que pone en emergencia, en situación crítica, el pasado y el presente.

¿Qué ocurrió con la pregunta? Se ha transformado. ¿Qué es el tiempo? se convirtió en la pregunta ¿quién es el tiempo? Más ceñidamente: ¿somos nosotros mismos el tiempo? O aun más ceñidamente: ¿soy yo mi tiempo? (20)[172]

Ese "cómo" retoma, en cierto modo, las antiguas preocupaciones sobre el estar advertido de la muerte y prepararse para morir, digamos, no como un animal, sino en la dimensión de la dignidad humana. En Séneca, en Cicerón e incluso en Jorge Manrique encontramos esta meditación sobre la vejez y la muerte, obviamente, en todos estos casos, dentro de la metafísica de orden religioso que prometía premios y castigos en el más allá. Manrique, precisamente, le hace decir a su padre en las *Coplas*, ya frente a la Muerte y en su agonía: "y consiento en mi morir" –verso monumental que ya sintomatiza el Renacimiento— como un *yo* ya centrado

---

[170] Nótese la relación con lo que Freud denomina "Lo ominoso", eso extraño que irrumpe en la familiaridad de la cotidianeidad.

[171] Schopenhauer plantea que "[l]a desmesurada alegría y el violento dolor [...] se condicionan mutuamente [...] se producen [...] no por lo puramente presente sino por la anticipación del futuro" (§ 57, 183).

[172] Al leer estas frases, resonó en mí la exigencia de Lacan de que "[m]ejor pues que renuncie quien no pueda unir a su horizonte la subjetividad de su época" (*Escritos I* 308).

en su voluntad nihilista que, en su último recurso frente a lo irreversible, no se deja arrastrar a la muerte como un animal: recurso incluso de dominar su deseo y su libertad, con la consistencia casi prepotente frente a lo irreversible, tal como la podía entender un humanista cristiano.

La cotidianidad (la opinión, la moda, las corrientes, lo que está pasando) no es *nadie*, es un Uno que no corresponde a ninguna singularidad: Heidegger se refiere a la alienación del *Dasein* en estos términos: "El *Dasein* no es en la cotidianidad el ser que *yo* soy, antes bien, la cotidianidad del *Dasein* es aquel ser que *uno* es" (16). Grotowski, en este juego entre el Más-temprano y el Más-tarde, planteará la misma cuestión que Heidegger (y hasta tal vez la de "Borges y yo", famoso cuento de Jorge Luis Borges, autor frecuentado por el maestro polaco y hasta quizá la del famoso *Non omnis moriar* horaciano) al referirse a su famoso Yo-Yo en "el Performer":

> Se puede leer en los textos antiguos: *Nosotros somos dos. El pájaro que picotea y el pájaro que mira. Uno morirá, uno vivirá.* Embriagados de estar en el tiempo, preocupados de picotear, nos olvidamos de hacer vivir la parte de nosotros mismos que mira. Hay entonces el peligro de existir sólo en el tiempo y en ningún modo fuera del tiempo. Sentirse mirado por la otra parte de sí mismo, aquélla que está como fuera del tiempo, otorga la otra dimensión. Existe un Yo-Yo. ( "el Performer" 77)

Lacan, separándose también él de una larga tradición metafísica y asumiendo la temporalidad propia del inconsciente freudiano (que nada tiene que ver con el tiempo-reloj), no dejará de preocuparse por la alienación del sujeto; propondrá que el análisis se orienta hacia la separación y emancipación de dicho sujeto (sujeto del inconsciente, mucho más difícil de emancipar que el yo o el individuo) de la alienación al Otro. También la cuestión del Uno ocupará a Lacan, sobre todo en su enseñanza más avanzada. A su modo, también Lacan se interesará por la singularidad del sujeto, temas muy complejos en el que no podemos detenernos en este capítulo.

Por todo ello, no se tratará ni en Heidegger ni en Grotowski de un hablar por hablar.[173] Y es que el *Dasein* "es un [ente] *al cual le va su ser* en su ser-en-el-mundo cotidiano y eventual" (Heidegger 11) y "en todo hablar sobre el mundo reside un expresarse del *Dasein* sobre sí mismo (11),[174] por eso "Aquello con lo cual tengo trato, con lo cual me ocupo, a lo cual me encadena mi profesión, soy en cierta medida yo mismo, y en ello se juega mi *Dasein*" (11). La pregunta de Grotowski, "What should I talk about?", al comienzo de "Wandering…" toma aquí todo su peso, incluso en relación a lo profesional. No hablará para entretener a su auditorio ni entretenerse de la muerte. De ahí que en "Wandering…" las preguntas siguientes, frente a esa certeza sobre el final, se refieran a un comienzo (*beginner/beginning*) y luego nos oriente hacia el tema del origen pero no de los orígenes. Una vez más el Más-tarde y Más-temprano hacen aquí su juego.[175]

Ahora bien, Heidegger nos advierte que "El experimentarse, así como el hablar-sobre-sí-mismo, la auto-interpretación, es sólo un determinado modo señalado en que el *Dasein* se tiene en cada caso a sí mismo" (11), pero este 'sí-mismo" solo es alcanzable en tanto la interpretación realizada por el *Dasein* no quede capturada o dominada, como en la mayor parte del tiempo, *en* y/o *por* la cotidianidad, por la opinión, las modas o

---

[173] Más adelante veremos la cuestión del 'decir' en la ex–sistencia como ligada al odio, tal como lo planteó Lacan en el *Seminario 20 Aun*.

[174] Punto fundamental que Lacan retomará al final de su enseñanza cuando nos presente el *parlêtre*, el hablanteser, y *lalengua*, junto a la sustancia gozante: cuerpo y decir ahora van juntos.

[175] Percibo en este comienzo de la charla grotowskiana aquello que Freud denominó "la escena primaria", por la cual el niño mira la cópula de sus padres y es llevado a imaginar su nacimiento, pero también a interrogarse por ese origen de la no-vida anterior a su propia existencia individual: el enigma del nacimiento se equipara de este modo al enigma de lo inorgánico, de la muerte; sin duda, ya vemos aquí esbozada esa mítica pulsión de muerte que tanto preocupó a los psicoanalistas, como un anhelo de regresar a lo inorgánico, a ese 'ser' del mundo anterior a las diferencias.

por la tradición y, claro está, por el tiempo-reloj. Así, emprender este itinerario para ir más allá de la cotidianeidad, es estar "rumbeando/ *Wandering*" hacia otra dimensión: "Pues con mi *Dasein* todavía –dice Heidegger— estoy en camino. Todavía es algo que no ha llegado a su fin" (12). Ese camino, sin embargo, hay que experimentarlo por uno mismo: Grotowski lo planteará, según veremos, como una experiencia propia para promover la auto-evidencia, *su* auto-evidencia. Heidegger se pregunta:

> ¿Acaso el *Dasein* de los otros no puede sustituir al *Dasein* en sentido propio? La información sobre el *Dasein* de otros que estuvieron conmigo y que han llegado a su término es una mala información. [...] el *Dasein* de otros no puede sustituir al *Dasein* en sentido propio, si, por otra parte, ha de mantenerse firmemente la eventualidad como mía. Jamás tengo al *Dasein* del otro en el modo originario que es el único modo de tener *Dasein*: yo nunca *soy* el otro. (12)

Se insinúa aquí la *singularidad* del sujeto del inconsciente, tal como Freud, pero sobre todo Lacan van a conceptualizarla; se trata de la singularidad del propio modo de goce (*jouissance*, como sufrimiento propio del ex-sistir). No hay posibilidad de registrar esa singularidad, por ejemplo, por parte de la psicología o en general de la ciencia, con sus pretensiones de medición, cálculo, estadística, etc. Esa singularidad solo emerge en el 'hablar' del sujeto mismo en su interrogación sobre su deseo y en su anhelo de alcanzar un *decir* propio, desalienado, empancipado. Veremos cómo Grotowski reformula esta afirmación heideggeriana cuando nos hable del otro en el juego que hace con Tú y yo en "Wandering...", o más tarde en "el Performer" con el Yo-Yo. En la práctica, según quienes lo conocieron y trabajaron con él, esta convicción se reflejaba en dejar que el participante se las arreglara por sí mismo, comportamiento del maestro que no siempre era bien comprendido por los asistentes a sus reuniones. Y es que el *Dasein es* su propia singularidad. De ahí que Grotowski también lo aclare desde el comienzo de su charla:

> Si digo algo que me interesa, no significa que esto sea contrario a los intereses de los demás. [...] [Sin embargo] Quiero hablar sobre

lo que creo, pero las palabras "yo creo" no son adecuadas aquí...
[porque corresponde a la creencia, a la fe, a la religión], sería más
preciso decir "lo que tiene evidencia para mí". Ciertamente, no
ofrezco esta evidencia a los demás. Cualquiera puede tener su
evidencia propia... (11)

*Las propuestas de "Wandering..."*

Como vimos, Grotowski comienza interrogándose (e interrogándonos) acerca de sobre qué él debería hablar: ¿del arte del principiante o del arte de los comienzos?[176] En inglés se hace un juego con *beginner/ beginning* que, probablemente, también –sospecho— se puede hacer en polaco, como en español: principiante/principio. Introduce las preguntas sobre si debería hablar del "teatro de las fuentes" o del Teatro Laboratorio. También, como comentamos antes, supone que aquello que le interesa a él probablemente les interese a otros –hasta aquí llega el 'entretenerse'— y proclama que hablará, no tanto *sobre* y *de* lo que cree, sino de aquello que tiene auto-evidencia para él. Vemos que aparece la cuestión de la creencia como actitud, siempre con raigambre religiosa en tanto involucra una fe (aunque no necesariamente supone adhesión a alguna religión en particular). Esta creencia entra en contraposición con lo evidente que históricamente remite al discurso de la filosofía, al discurso jurídico y/o de la ciencia. Grotowski agrega que es precisamente ese 'auto' (*self*), el cual pareciera singularizar aquello que nos va a comunicar, el que manifiesta esa auto-videncia, es decir, es la propia de él y, por ende, cada cual debe procurársela por sí mismo. Es una auto-evidencia en la que, precisamente por ser propia, se puede creer, pero esa creencia no corresponde a la experiencia del rebaño, como diría Nietzsche, alentada por la metafísica de base judeo-cristiana y por el entronizado de la Razón como base universal del conocimiento. Pareciera tratarse, a nivel de superficie, de un empirismo subjetivista rampante o bien de una revelación en sentido religioso,

---

[176] Como he venido haciendo, iré glosando el texto con mis traducciones y adosaré en nota el texto en inglés cuando me parezca relevante.

pero a la manera de las religiones conocidas: es que si Dios ha muerto, como quería el filósofo alemán, entonces cada uno de nosotros está solo y desamparado en su duelo. Veremos cómo Grotowski va más allá de ambas posibilidades.

El Diccionario de la RAE detalla el primer significado de 'evidencia' como "certeza clara y manifiesta de la que no se puede dudar". Estamos, en cierto modo, en terreno cartesiano. Estamos frente al famoso 'pienso, luego existo' y la duda metódica, la cual solo puede resolverse postulando un dios que garantice la certeza de ese enunciado. El diccionario agrega dos sentidos más: "prueba determinante en un proceso", que conforma el discurso jurídico y que se provee para determinar un veredicto a partir de apoyar o contribuir a la creencia o certeza del juez o del jurado. Finalmente, el diccionario nos da la frase "evidencia moral" en tanto "certidumbre de algo, de modo que el sentir o el juzgar lo contrario sea tenido por temeridad". Toda moralidad, tal como Nietzsche nos advirtió, es el resultado de cierta inseguridad del ser humano –propia, según él, de su famoso "hombre del rebaño" amparado en el cristianismo— que solo puede sobrellevar su no-saber del mundo a partir de la coerción cultural y política ejercida a través de la moral con sus reglas, prescripciones, censuras; esta moralidad opera por opresión/represión de lo vital que siempre excede (pulsionalmente) tales protocolos en contra de la vida –lo dionisíaco— y que, muy en el fondo, el rebaño siente que lo amenaza. Lo dionisíaco como afirmación de la vida está siempre del lado de la alegría, pero también de las pulsiones y el exceso de éstas, su inherente violencia, puede llegar a la crueldad y al crimen. Lo dionisíaco está del lado de lo Real y del goce que escapa al significante y a los corsés discursivos; como exceso pulsional amenaza el contrato social y, en su punto extremo, como Lacan advirtió para todas las pulsiones, es en definitiva pulsión de muerte. La moralidad se instala, desde la perspectiva nietzscheana, como defensa o entretenimiento de la certeza de la muerte; los espectáculos de Grotowski en su etapa del Teatro de Producciones –como hemos comentado— se posicionaban como blasfemos respecto de dicha moral capitalista.

Y para 'creencia' el diccionario, amén de dar cuenta de la referencia religiosa, nos acerca dos sentidos básicos: "firme asentimiento y conformidad con algo" y "completo crédito que se presta a un hecho o noticia como seguros o ciertos". De modo que si partimos de estos vocablos iniciales en el texto que analizamos, no nos sorprende que Grotowski de inmediato nos confirme que no se posiciona en el campo de la ciencia, lo cual en cierto modo lo despega de su etapa de Teatro Laboratorio. Y, además, se despega también del discurso de la filosofía: "no es filosofía – es algo práctico, casi pragmático" (11). Y es que la filosofía, desde Sócrates, como hemos visto en otro capítulo, ha extraído el saber-hacer del esclavo y lo ha articulado conceptual y teóricamente en un conocimiento puesto al servicio del amo (amo clásico) y que éste aprovecha luego para ejercer mayor opresión sobre el esclavo. El amo capitalista, por su parte, fascina con esa promesa de goce total por medio de la ciencia como conocimiento articulado (discurso de la Universidad); corresponde al filósofo y al sacerdote ubicar esa promesa de plena satisfacción en el consumo o en un mundo de ideas o una bienaventuranza después de la muerte. Entendemos la complicidad de la metafísica con la religión y por qué Nietzsche apuntará sus dardos contra esta traición a la vida. Grotowski, a su modo, abre un espacio en el que no deja intervenir ni a la ciencia, ni a la religión ni a la filosofía. Aunque mantiene la disciplina del encuadre, repudia ocupar el lugar del sacerdote que sermonea, se descarga de todo efecto de iglesia y se acerca a la figura del santo y del analista: "el santo chino – escribe Regnault— debe vaciar el santo cristiano de todo efecto de iglesia". Quizá el aspecto de gurú que se le ha adjudicado, el aura con que los teatristas lo han coronado responda más al deseo de los otros, a esa necesidad de tener un Amo a toda costa y formar parte de una secta; el santo no tiene aureola, se la pone la iglesia o los artistas posteriores.

En párrafo seguido homologa 'practical' a 'technical'. Salta, pues, más allá de los discursos validantes de la ciencia y la filosofía en tanto teoría concebida como contemplación, y se sitúa en la dimensión de la práctica, de lo pragmático, cuyo estatus conceptual queda en suspenso pero, con todo, deja claro que se sitúa respecto a un hacer como base para un saber-hacer con uno mismo. En sentido lato, Grotowski solo admite los efectos de un hacer o un saber-hacer previo a la certeza o, como él dice, previo a la convicción: "La acción viene primero, y solamente más tarde –la convicción" (11). No se parte de un concepto para ponerlo a prueba en la experiencia (como sería el caso en un laboratorio), sino al revés: se parte de una acción y luego se adquiere certeza. La auto-evidencia emerge, entonces, de la acción primero y luego se reafirma en la convicción: otro rasgo nietzscheano. Aquí resuena, sin duda, la etapa de las acciones físicas de Stanislavski; sin embargo, vale la pena preguntarse dónde se sitúa el sujeto de esa acción y *cómo* o a causa de qué se dispara esa acción.

Una acción del sujeto no motivada por el concepto solo se la puede concebir no a partir de la razón, sino a partir del *deseo* como falta, falta de certeza, al menos. Sutilmente, Grotowski va a ponerse del lado de la ética del deseo, que es una ética de las consecuencias (hegeliana, dice Jacques-Alain Miller) y no una ética de las intenciones (kantiana). Para esta ética del deseo la verdad se conoce después del acto, no hay una deliberación previa del sujeto respecto a cómo debería actuar según una moral universal que regiría su intención. Schopenhauer también aporta lo suyo respecto a la ética de las consecuencias:

> Así como los acontecimientos resultan conformes al destino, es decir, al infinito encadenamiento de las causas, nuestros actos resultarán conformes a nuestro carácter inteligible: pero igual que no conocemos aquel de antemano, tampoco nos es dada una visión *a priori* de este, sino que solamente *a posteriori*, por experiencia, llegamos a conocernos a nosotros mismos como a los otros. (§ 55, 175)

Como ocurre con los tres reclusos del ensayo lacaniano del tiempo lógico, solo se conoce la verdad de un acto después de actuar; se anticipa la acción y a medida que se avanza en ella se va descubriendo la verdad: en el campo teatral, de alguna manera, esta 'lógica' ya se la puede leer en las acciones físicas de Stanislavski. ¿Qué dispara la acción? Pues, tratándose de una ética del deseo, la acción se origina en una falta, la de la Cosa (*das Ding*) entendida como un Real que es un vacío originario, un "fuera-de-significado" (Lacan, *Seminario 7*) al que hay que inventarle un significante (de ahí la importancia de lo imaginario y del arte). La acción busca entonces lo que puede satisfacer el deseo, llenar la falta, tarea imposible, como sabemos, porque el objeto está para siempre perdido. El peligro de la acción no es el placer sino –para decirlo rápido— pasarse de la raya del fantasma y del plus de gozar, y llegar al exceso, al goce. Hay siempre incertidumbre que solo se resuelve una vez que el sujeto actúa.[177]

El psicoanálisis ha debatido la cuestión de la acción: se ha ocupado de discernir entre el acto y el actuar: el acto analítico acarrea la responsabilidad por las consecuencias, involucra –a diferencia de la responsabilidad en sentido jurídico solo enfocada en la intención consciente del criminal— tanto a la consciencia como al inconsciente. Hay acto analítico cuando hay consecuencias. El actuar y el *acting out*, en cambio, como ocurre en la transferencia analítica, se dan como un representar aquello reprimido, traumático, que no se logra verbalizar: el analizante involucra al analista en la posición de algo o alguien de su pasado; al dirigirse al analista transferencialmente, en realidad se está dirigiendo a aquella figura de su pasado. Ahora bien, tanto el *acting out* como el *pasaje al acto* no constituyen, por ello mismo, un acto analítico ya que no involucran la responsabilidad del sujeto. La memoria no deja de estar presente en cuanto a la acción: se repite 'algo' del pasado en el *acting out*, pero *se rememora* en el hablar lo reprimido. Este juego de términos sobre el acto, la acción y el actuar tendrá que ocuparnos más adelante para entender la aproximación grotowskiana.

Cuerpo y movimiento serán las 'consecuencias' del vacío que Grotowski quiere alcanzar retrospectivamente y al que llama origen. El cuerpo constituía también para Schopenhauer el único objeto desde el cual alcanzar el conocimiento de la voluntad (naturaleza, pulsión): "Yo no conozco mi voluntad en su conjunto, como una unidad, no la conozco completamente como esencia, sino exclusivamente en sus actos individuales, o sea, en el tiempo, que es la forma del fenómeno de mi cuerpo como cualquier objeto: por eso el cuerpo es condición del conocimiento de mi voluntad" (§ 18, 73). El cuerpo es imprescindible para conocer la voluntad propia y también para conocer el mundo ya que "todos los objetos que no

---

[177] Ver mi ensayo "Ensayando la lógica o la lógica del ensayo: Construcción de personaje y temporalidad de la certeza subjetiva".

se ofrecen a la conciencia como nuestro propio cuerpo de esas dos maneras sino solamente como representación, los juzgaremos en analogía con aquel cuerpo" (§ 19,74). Como este cuerpo es fenoménico, correspondería al registro imaginario y estaría en la vía en la que el mundo estaría construida a la medida del yo [*moi*] de la conciencia. De ahí que "[e]l acto de voluntad y la acción del cuerpo […] son una y la misma cosa" (§ 18, 72).

Grotowski afirma que él parte de la propia y singular experiencia tal como el cuerpo la vive, como impulso, como movimiento. Así, el *guerrero*, el Samurai que no logra olvidar lo aprendido durante largos entrenamientos, que no logra *"devenir un tonto, un loco, un niño, un animal o una fuerza de la naturaleza"*, va a resultar muerto en la contienda (11-12, el énfasis es mío). Hay memoria, pero su efectividad se mide al momento del olvido. Como vemos, se acumulan en una sola frase los términos más cruciales de la perspectiva de Nietzsche. Cada batalla debe ser la última; olvidar las habilidades aprendidas es enfrentar lo desconocido, estar desnudo, sentirse indefenso, vivir como en un sueño (12). Si durante la contingencia de la batalla el Samurai recuerda la técnica aprendida, está perdido. La técnica (lo práctico) solo es efectiva y eficiente en tanto se la pueda olvidar en el momento creativo. Nietzsche señala que "[t]oda acción requiere olvido" (*Consideraciones intempestivas* 21); si solo se puede ser feliz viviendo el puro presente, esa posibilidad nunca se cumple por completo, ya que el tiempo histórico irrumpe rompiendo el olvido y resintiendo el fluir de la vida. En esto consiste, para Grotowski, el arte del aprendiz o principiante (*beginner*): hay una técnica, formada por reglas o conceptos previos; se la practica y luego se la olvida en el momento de la confrontación (del guerrero en batalla o del actor en escena). En el presente de la batalla, el Samurai debe olvidar para que el pasado no interfiera en el fluir de la vida. Para Nietzsche, esta imposibilidad de sostener un olvido absoluto debido a la irrupción del sentido histórico, del pasado, que irrumpe en el fluir de la vida vale para un individuo, un pueblo y una cultura (*Consideraciones intempestivas* 21). Es la actitud general respecto del estatus de toda técnica artística: el pianista no puede estar pensando en sus manos mientras interpreta una composición: su calidad artística, su libertad frente a la partitura, se hace posible gracias a este olvido que lo protege de la irrupción de lo mundano.

*De las tres técnicas*

Veamos ahora cómo Grotowski nos detalla "el arte del comienzo", que también podemos traducir como "arte del principio", ya que nos remitirá al *origen* (no a los *orígenes*), es decir, a aquella dimensión anterior a las diferencias impuestas por los lenguajes en todas y cada una de las culturas. Plantear un solo origen para todas las culturas es ya una toma de posición universalista y esencialista; o bien es entrar en la dimensión de la metafísica occidental. Grotowski asume la peligrosidad de esta perspectiva que supone un origen antes de toda determinación por el lenguaje. Ese origen se le aparece como *inhumano*, de algún modo se lo puede leer (a) desde la perspectiva del ente como vida anterior a su manifestación fenoménica (inorgánico, orgánico) o (b) bien como animal en el sentido de que todos los perros del mundo, en cualquier latitud, responden de la misma manera, esto es, como una idea en el sentido de la metafísica platónica: idea de perro de la cual los perros concretos son meras copias. Por lo que Grotowski nos dice a continuación podemos interpretar que se posiciona en la línea nietzscheana, esto es, desde la perspectiva (a): "es como arribar a la auto-evidencia del ser que está cerca de las fuerzas de la naturaleza, cerca de los poderes originales, uno de los poderes del mundo original" (12). Ese origen pareciera configurarse como la voluntad, como un fuera-del-tiempo-reloj, anterior a la existencia como devenir temporal: para Schopenhauer el tiempo nunca trae algo nuevo e importante; el artista, como hemos visto, apunta a captar lo esencial concebido como la idea (no el concepto) que es lo que aporta la objetivación al sujeto puro del conocimiento intuitivo (§ 35, 111). En Nietzsche, como hemos comentado en capítulos anteriores, el arte es la forma más inherente a la voluntad de poder. Poder y poderes: voluntad de poder ligada al origen, a la fuente de la vida. "¿Qué llovizna? ¿Quién llovizna?", se pregunta el maestro polaco: sabemos o, mejor, no sabemos de *eso* que lo causa.[178] Obsérvese cómo resuenan las preguntas heideggerianas del *cómo* y del *quién* relativas al tiem-

---

[178] Hay que observar esa recurrencia de lo neutro en "Wandering...": lo inhumano, el *eso*, más adelante el *it*, también como *eso*. Más adelante retomaremos esta recurrencia.

po (aunque el ejemplo se circunscriba al tiempo como clima, para referirnos a ese Otro que llovizna). Frente a este 'eso' o 'ese alguien' que llovizna se pueden postular dos posibilidades para responder: una, la que ya vimos, la del Samurai: un entrenamiento que va a ser luego abolido por el olvido, habilidades adquiridas conscientemente para luego ser inconscientemente instrumentadas (*"unconscious mastery"*) a partir del *reflejo condicionado* a fin de alcanzar la maestría final del guerrero. Retoma aquí Grotowski la primera etapa del Teatro Laboratorio y lo pavloviano, para darle una vuelta de tuerca. Cualquier técnica artística, la del pianista, como ya mencionamos, solo es efectiva si, al momento de la interpretación, es capaz de olvidar la técnica, la cual, como sabemos, está perfectamente integrada a su cuerpo: la memoria es el cuerpo, la memoria es el inconsciente.

La segunda posibilidad que Grotowski va a exponer se refiere a lo indomesticable, a lo indomable (*"untaming"*). Aquí llegamos a esa cuestión que el psicoanálisis lacaniano despejó como la impronta mortificante del significante: desde que nacemos, la cultura nos marca con los significantes que modelan lo vital para acomodarnos al contrato social; tenemos que renunciar a satisfacer ciertas pulsiones a fin de poder socializarnos (incesto, parricidio). Queda así un resto indomesticable, que Lacan denominará objeto *a* y que luego planteará como lo Real y como el goce.[179] Grotowski, entonces, nos plantea precisamente *"untame the tamed"* (12), desdomesticar lo domesticado, lo cual supone un esfuerzo y una autodisciplina mucho más estricta que aquella que la educación y la cultura exigen para domesticarnos. Esto, nuevamente, tiene una referencia stanislavskiana evidente: desactivar esa 'primera naturaleza' determinada por el lenguaje y la cultura

---

[179] Schopenhauer, al referirse a la injusticia, evaluando kantianamente la cuestión del dolor que ésta podría causar en quien la padece y refiriéndose al contrato social, expresa: "A partir de ahí la razón supo que tanto para reducir el sufrimiento que se extiende sobre todos como para repartirlo de la forma más igualitaria posible, el mejor y único medio era ahorrar a todos el dolor de sufrir injusticia haciendo que todos *renunciaran al placer* obtenido al cometerla" (§ 62, 196, el subrayado es mío). El goce de cada cual es precisamente lo que impide el amor al prójimo, por eso el contrato social, que implica un ley para beneficio de ese prójimo, exige una renuncia al menos parcial al goce propio.

para arribar a una 'segunda naturaleza' que el maestro ruso quería adecuada para la formación actoral. Grotowski no apunta a la formación actoral con pretensiones de profesionalización; su "untame the tamed" va dirigido al trabajo del sujeto sobre sí mismo –y no como el trabajo del actor sobre sí mismo—, tal como el juego lacaniano de alienación-separación en el análisis, concebido en una dimensión que supera la de la práctica clínica.

De lo anterior, se desprenden dos técnicas (en el sentido del *tejné* griego, como arte) que Grotowski denomina 1 y 2. La técnica 1 supone olvidar el *training* durante la batalla para poder defenderse adecuadamente o la representación escénica para acceder a la libertad artística; la técnica 2 implica someterse a las fuerzas de la naturaleza con suma obediencia, "se cede a las fuerzas de la naturaleza, no permitiendo que los poderes de ella se descarguen" (13), tal como ocurre, por ejemplo, en el mal denominado 'sexo tántrico' que enseña a retener la descarga seminal precisamente para intensificar y prolongar el placer en vez de acceder inmediatamente al goce breve y el agotamiento de la energía. Es el ejemplo que Grotowski nos provee, el cual nos deja ver cómo Grotowski, a su manera, instala esta técnica 2 como una economía política del goce –tal como Lacan la planteó— cuya función es administrar en cada sujeto el acceso a la satisfacción pulsional y al saber-hacer con el modo de goce propio de cada cual. La máxima es aquí ética: no ceder en cuanto al deseo, no sumergirse en el goce al punto de llegar a ser objeto en vez de sujeto (sujeto del inconsciente, dividido, deseante).

No es necesario insistir en cómo la técnica 1 opera en un ámbito más restringido que la técnica 2, que involucra al sujeto más allá de lo artístico o bélico. Y si el maestro polaco habla de domesticación es porque la pulsión emerge en el cruce de lo real y de lo simbólico, es decir, por el significante que opera sobre el cuerpo desvirtuando lo instintivo animal que –a diferencia de la sexualidad humana perversamente polimorfa— se da como una innata fijación a un objeto, un programa fijo de la especie orientado a la reproducción y ligado a la necesidad la cual, en cierto modo, se satisface. La pulsión (*Trieb*), que ya no forma parte de la biología, es en los humanos variable en cuanto al objeto – el psicoanálisis las denomina 'parciales', no como partes de un todo, sino porque cada una a su manera representa la sexualidad— y además variable de sujeto a sujeto, sin posibilidades de satisfacción, sin orientarse al objeto, sino circulando a su alrededor; esta trayectoria circular, este rodeo alrededor del objeto, liga la pulsión a la repetición de un goce añorado ocurrido en ese desgarramiento *original* del sujeto de la naturaleza misma por intervención del lenguaje y la cultura. Pero la pulsión misma no puede ser concebida como algo arcaico y primitivo "anterior a las diferencias" porque, como vemos, está condicionada por lo simbólico, es un concepto liminal o fronterizo entre naturaleza y cultura, lo cual supone la intervención del lenguaje.

En cierto modo, la frase "fuerzas de la naturaleza" o "los poderes originales" (12) que Grotowski evoca, podemos leerla en este contexto de la pulsión, energía o libido integrada al aparato psíquico regido por el principio de placer: tiene un empuje, en tanto fuerza activa y constante, endógena –tal como Freud la distinguió de la excitación exógena en cuanto estímulo proveniente del exterior que opera de golpe. Ese empuje dispara la pulsión hacia su meta, es decir, la satisfacción, aunque ésta también puede ser alcanzada por la pulsión en su recorrido, por eso Lacan plantea que en realidad la pulsión no está interesada en alcanzar la meta, sino satisfacerse en su recorrido alrededor del objeto (como tal vez Grotowski lo hace con su auto-evidencia de aquello que denominará el origen y que, como dijimos, en forma espiralada va a ir, como la pulsión, satisfaciéndose en el recorrido y no en la meta). En este sentido, la pulsión siempre se satisface. La pulsión tiene, además, un objeto, externo o en el propio cuerpo, al que no está enlazada y que espera alcanzar para satisfacerse. Finalmente, la pulsión tiene una fuente que es lo que estimula la pulsión.

En cuanto al deseo, la satisfacción o, mejor, su realización, resulta siempre frustrada porque el objeto, como vimos, se ha perdido para siempre. Ese objeto perdido es evocador de una experiencia de satisfacción original plena, una percepción primitiva que 'no cesa de no escribirse' como repetición. No obstante, el concepto de pulsión no se confunde con el deseo que, aunque también apunta a un objeto perdido, anhelado, no es parcial sino uno e indiviso.

Retomemos uno de los términos que Freud nos provee para la pulsión, ya que tiene para nosotros particular importancia: me refiero a la *fuente* [*source*], por cuanto precisamente Grotowski nos habla de un Teatro de las Fuentes [*Theatre of Sources*]. En Freud, como vimos, la fuente es un proceso somático interior al cuerpo que estimula la pulsión; la pulsión se origina, tal como lo plantea Lacan, en una zona erógena, circula alrededor del objeto y retorna a la zona erógena, diseñando así no una geografía anatómica sino libidinal, y abierta a los intercambios, por ejemplo, con la Madre, incluso como metáfora de la Naturaleza y como misterio de la sexualidad y la reproducción: Grotowski se refiere a la "personalización de la naturaleza" cuando pudo observar, con otros niños, el acoplamiento de un toro y una vaca en el granero [escena primaria para los psicoanalistas referida a los padres y la concepción del sujeto]; refiere este acontecimiento en "Theater of Sources", como misterioso y serio (*Sourcebook* 254): "Tuve un vistazo de la naturaleza como Madre dando vida y muerte" (254) y eso, nos cuenta, lo transportó a otro lugar que, conjeturamos, es el del origen y la fuente de la vida.[180] Retomaremos esto más adelante, cuando volvamos a pensar el "origen" según lo que Grotowski menciona en el texto "Teatro de las Fuentes" incluido en el *Sourcebook*.

Finalmente, más allá de estas técnicas 1 y 2, habría —según nos dice Grotowski— una tercera posibilidad pensable en países católicos (como Polonia) que es estar en "estado de gracia", pero dicho estado es algo que no está a disposición del sujeto; la gracia es un don del Otro y es completamente impredecible, como en el caso de los místicos, aún cuando no obstante requiera, como testimonian San Juan de la Cruz y otros, un itinerario por vías dolorosas para unirse a ese Otro en bodas místicas. Queda, si lo pensamos desde una perspectiva blasfema, la posibilidad de leer esta tercera técnica desde la genealogía que Nietzsche realiza en *La genealogía de la moral* respecto a la deuda/culpa, en la medida en que ese don podría requerir de cierta retribución. Y yendo todavía un poco más

---

[180] Y también podemos interpretar el 'eso' a partir de la famosa frase de Freud "Wo Es war soll Ich werden", que Lacan traduce como "Donde eso era, el sujeto debe advenir".

lejos, tal vez se podría llegar hasta la escena que construye el sujeto perverso para ponerse al servicio del Otro, de quien es el instrumento. Conviene recordar cómo, en la estructura clínica de la perversión, el perverso (sádico o masoquista) se posiciona siempre como instrumento del goce del Otro y, en este sentido, no es un transgresor sino un obediente que quiere completar al Otro, cuya castración o incompletitud, no soporta. Se puede entender esa "servidumbre voluntaria" de la que Étienne de La Boétie ya exploraba como goce del sujeto perverso y del rebaño en su famoso discurso de 1548. Las técnicas 1 y 3 podemos pensarlas como modos del ascetismo, modalidad alabada por Schopenhauer pero firmemente rechazada por Nietzsche como actitud nihilista y anti-dionisíaca frente al mundo.

La técnica 2 es, entonces, la que se incorpora a la larga duración del proyecto grotowskiano con las resonancias nietzscheanas que hemos venido señalando, por cuanto se aleja de la moralidad, pero se aloja en la ética y, con ella, se coloca del lado del deseo y del placer, no del goce. Es desde esta perspectiva que Grotowski se separa de la ciencia, de la religión y hasta de la metafísica platónica y la Ilustración, ambas denunciadas por Nietzsche.

*Nietzsche, Lacan, Grotowski: contra la moral y a favor de la ética*

La moral tradicional platónico-judeo-cristiana, a la que Nietzsche combatía con todas sus armas, está del lado de la mortificación ejercida por el significante sobre lo vital pero, asimismo, en cuanto dicha moral dice discernir entre el bien y el mal, toma al placer como aquello beneficioso y deseable para el ser humano, prometiéndole la felicidad como un Bien soberano igual para todos que, como hoy sabemos, el neoliberalismo ha llevado al extremo de convertirlo en utópica felicidad a partir de una promesa de goce ilimitado provista por el consumo irrefrenable de objetos desechables que, como ya dijimos antes, termina arrasando al sujeto del deseo y convirtiendo al individuo mismo en un objeto eliminable, desechable e insacrificable. La ética analítica, por su parte, se sustenta en una interrogación sobre la condición humana conjeturando su posible acción e involucrando la responsabilidad del sujeto tanto a nivel consciente como inconsciente, y lo hace en función de la singularidad del deseo y modalidad del goce de cada sujeto, no del individuo contabilizado como un número más en la universalidad. La ciencia —como hemos visto y como Zwart nos ha recordado— conlleva ese lado ominoso que la hace colaborar con la moral y no con la ética; la promoción del individualismo, el hedonismo y el utilitarismo —tan criticados por Nietzsche— resultan para el capitalismo valores morales necesarios para el progreso. Progreso sobre el que, demás está decirlo, Grotowski —como Freud y Lacan— tiene serias dudas.

La ética psicoanalítica, por el contrario, no ha dejado de subrayar la imposibilidad estructural de alcanzar un goce total en la medida en que el deseo jamás logra ser satisfecho. El fantasma de cada sujeto es el que se interpone entre el sujeto y el objeto *a* tal como el rombo o losange lo indica en la fórmula del fantasma ($\$\lozenge a$); de ahí que el sujeto solo puede aspirar a lo que Lacan llamó plus-de-goce. El ser humano, por su desvalimiento en la naturaleza y debido a la precariedad o fragilidad de su cuerpo, y también debido a la inconsistencia de la ley o la falta en el Otro, siempre queda en posición de diferir la realización de su deseo, siempre queda ligado a esa nostalgia por el objeto perdido al momento de renunciar a sus pulsiones para acatar el contrato social, mediante la imposición de la ley y del significante. El lenguaje y la cultura procuran la ley y con ello también, paradojalmente, el otro lado de esa moneda: el deseo y la transgresión, a veces creativa. No hay deseo sin ley, sin prohibición. El deseo dispara al sujeto hacia la búsqueda de realización y a la vez le presenta esa anhelada satisfacción como imposible, porque el objeto al que apunta está perdido para siempre. Frente al deseo que propulsa al sujeto en la prosecución de su vida, el goce, en cambio, en tanto residuo insensato que el significante no pudo capturar, permanecerá como una fuerza orientada a la repetición y a la muerte; el goce —digámoslo así— paraliza el deseo.

Nos asalta ahora la pregunta: ¿el origen que precede las diferencias, tan buscado por Grotowski, será ese residuo pulsional, ese goce que como fuente [*source*], no ha sido domesticado? ¿Cuáles son los peligros que el sujeto 'grotowskiano' enfrenta al intentar desdomesticarse para arribar a ese goce? ¿Dónde ubicar el fantasma en la propuesta grotowskiana, ese fantasma capaz de regular el acceso al goce protegiendo el deseo y dejando al sujeto en la dimensión del principio del placer, a la vez que es también capaz de condensar el goce? Sin duda, lo mismo podríamos preguntar para el psicoanálisis: Lacan, en diferentes etapas de su enseñanza, nos responde que alcanzar el *final* del análisis consiste en (a) levantar el represión y liquidar el síntoma; (b) atravesar el fantasma, (c) la caída del sujeto-supuesto-saber encarnado en el analista como soporte del objeto *a* del sujeto, (d) el pase de analizante a analista, (e) toparse con el *sinthome*, lo incurable, el modo de goce del sujeto.[181] Ese *final*, como puede notarse, corresponde retroactivamente al *origen* o *principio* que motivó el análisis, cuando ese objeto perdido y su propio modo de goce estaba velado para el yo; el final del análisis supone, además, el inicio de un duelo [*mourning*] que tiene que ver con la muerte y con la destitución subjetiva del sujeto frente a la falta en el Otro y, por ende, a la castración. Se trata de un duelo, no tanto por dejar el encuadre del análisis, sino por aquél que fue y ya no es, otra vez estamos en el Más-tarde y Más-temprano. La travesía no fue en vano: se ha levantado la represión, se ha hecho desaparecer el síntoma, han caído las identificaciones que alienaban al sujeto, se ha alcanzado la separación; se ha dosificado la angustia, se está en condiciones de

---

[181] No ha dejado de notar Schopenhauer la consistencia del modo de goce o sinthome, cuando nos plantea que el querer, ese goce de la voluntad como cosa en sí, no se aprende ni se deja "modificar por una influencia externa [...] eso permanece inalterable" (§ 55, 171). Y como no se aprende y no se cambia, poco puede el psicoanálisis pretender "enseñar" la virtud, cualquier virtud sostenida por el Otro. Aunque ese Otro apunte a domesticar esa voluntad, la tarea es, si no vana, al menos incompleta o ineficaz a la postre, si planteamos la persistencia incurable del modo de goce: "La voluntad –escribe Schopenhauer— es lo primero y originario, el conocimiento es algo meramente añadido que pertenece al fenómeno de la voluntad en calidad de instrumento suyo. Por consiguiente, cada hombre es lo que es por su voluntad y su carácter es originario, ya que el querer es la base de su ser. [...] Así pues, él se conoce a sí mismo como resultado y en conformidad con la índole de su voluntad" (§ 55, 171). Para Schopenhauer el hombre es su ser "antes de todo conocimiento" y en cuanto a la insistencia de la voluntad como su modo de goce inmodificable, "no puede decidir ser tal o cual, ni puede tampoco hacerse otro" (§ 55, 171).

sublimar, etc. Frente al sinthome, el sujeto se ve invitado a inventar, por medio de un *acto* creativo, cómo va a arreglárselas con su modo de goce, contar con un *saber-hacer* con ese sinthome. Como lo vio Lacan para James Joyce, se trata de pasar del nombre-del-padre a ser el padre-del-nombre, y esta creación de un objeto es la que produce al autor y no al revés, como se pensaba cuando se hablaba de la "intención o voluntad del autor". Grotowski se acerca a la figura de James Joyce y Thomas Mann precisamente cuando plantea cómo se acerca a ciertas obras teatrales y procede al montaje evitando todo tipo de ilustración del texto y, en cambio, llevar a escena cómo el texto hizo carne en él. Grotowski afirma que Joyce intentó escribir en *Ulises* su propia *Odisea*. Sea cual sea la respuesta, Grotowski enfatiza el hecho que "Ulysses is not an illustration or travesty" (*Sourcebook* 51), esto es, *Ulises* produce al autor, a Joyce; *Ulises* es la vía por la cual Joyce pasa a ser el padre-del-nombre, de su nombre.

*¿Despertar o la vida es sueño?*

Al final de "Theatre of Sources" Grotowski va a referirse al despertar, al "famoso despertar que fue el tópico de los grandes filósofos. Sobre el despertar del que habla el Budismo. Los Evangelios cuentan del despertar" (267). ¿Es el final de un análisis una manera de despertar? El tema del despertar tiene una larga historia en la filosofía occidental y en otras culturas y, obviamente, es correlativo al sueño y al dormir. La gran obra de Calderón afirma que *La vida es sueño*, de modo que cuando vivimos, estamos soñando y, entonces, despertar sería hacerlo en el momento de la muerte. Alienación y desdomesticación (según Grotowski) o separación (para Lacan) están también involucrados en esta trama del sueño, pero precisamente para invitarnos a despertar. En el *Seminario 11* Lacan afirma que el psicoanálisis "no permite para nada conformarse con un aforismo como la vida es sueño" y agrega "[e]l análisis, más que ninguna otra praxis, está orientado hacia lo que, en la experiencia, es el hueso de lo real" (62).

Freud consideraba que el psicoanálisis había dado al mundo el tercer golpe a su narcisismo, siendo el primero, para él, el de Copérnico, y el segundo el de Darwin. Se trata de descentramientos: el de la tierra respecto al cosmos, el del hombre respecto a la creación divina y finalmente, el psicoanálisis como descentramiento del yo y el descubrimiento de la "otra escena", es decir, la del inconsciente que impugna las veleidades de ese yo (razón o conciencia). Eran esos centros los que permitían encontrar sentido. Al descentrar al yo y la razón, Freud pone en emergencia completa la cuestión del sentido. Estos descentramientos pueden ser considerados como conmociones que, en cada época, parecieron implicar un tipo de despertar de la humanidad con su consecuente sensación de incertidumbre y displacer que siempre está ligado a la emergencia de lo nuevo. Estos descentramientos obligaron a los seres humanos a reconsiderar viejos paradigmas y creencias.

Freud funda su disciplina precisamente en su famoso libro *La interpretación de los sueños*, en el cual explorará la forma en que el sueño produce sentido, pero sobre todo, al deslindarlo del dormir como necesidad fisiológica, es llevado a interrogarse por qué despertamos, si el sueño es justamente la realización del deseo, ese deseo que no podemos colmar en la vida despierta. Habría un deseo de dormir que, de pronto, queda interrumpido por el despertar. Freud descubre, y Lacan lo retoma, el hecho de que despertamos justo cuando el sueño –que realiza el deseo bajo formas alucinatorias— va a develar la verdad, esa verdad que, justamente por dolorosa, hemos reprimido porque nada queremos saber de nuestro deseo. En consecuencia, como lo plantea Lacan, si el sueño tiene relación con lo real, es decir, ese goce celosamente reprimido que nos angustia, entonces despertamos cuando ese real trata de hacerse patente en el sueño, de modo que despertamos para evitar eso; despertamos para seguir soñando en la realidad y desentendernos de dicho real mediante el fantasear de la vida cotidiana, el llamado sueño diurno. Y es que sueño, delirio y fantasía (tal como las ha elaborado Freud) aparecen como formas de regular el deseo en nuestro acceso a eso real doloroso que Lacan denominará el goce.

Freud también procede a despertar a la humanidad cuando vincula la fantasía a lo sexual y cuando introduce la tan debatida pulsión de muerte. Si todas las pulsiones, como quiere Lacan, son de muerte porque apuntan a buscar una satisfacción absoluta, la fantasía inconsciente cumple la función de sexualizarla para regular esa fuerza mortífera, de ahí que en la fórmula del fantasma, el rombo o losange cumple precisamente esa función regulatoria del sujeto frente al objeto *a*: $\$ \Diamond a$. Incluso el deliro del psicótico, aun en su contraste brutal con la realidad, funciona, según Freud, como un intento de curación, tal como para la vida normal la ilusión (sobre todo religiosa) es otra forma del deseo de soportar el dolor de la existencia. Sueño, fantasma, delirio, ilusión son formas de dar sentido al sinsentido de lo real. Y ese sinsentido no es otro más que la muerte. Detrás de todas esas formas de protección, lo que angustia es la muerte, angustia que no es miedo (el miedo tiene un objeto concreto), porque de la muerte nada sabemos, esa angustia es, como lo dice Lacan, la falta de la falta, esa dimensión de la que nada ni nadie sabe. Y la angustia no engaña, podemos entretenerla, pero siempre está allí en el núcleo mismo del *Dasein*, como diría Heidegger, en tanto éste es tiempo y el tiempo se define por la futuridad.

Nietzsche también había visto la necesidad de despertar del sueño o somnolencia impuestos por la moralidad platónico-cristiana y por la soberbia de la razón ilustrada. Se trata para él de despertar a la peligrosidad de la vida y dejar de someterse, como borregos, a las confortabilidades y hasta corrupciones de la ilusión promovida por esa moralidad y por la metafísica occidental, con sus promesas de una felicidad y bienaventuranza después de la muerte. Alienta, pues, a retomar la pulsión dionisíaca capaz de destruir verdades que son mentiras y asumir justamente el hecho de que solo hay semblante de la verdad. Escribe Nietzsche:

> Pero quien busca en todo la falsedad y voluntariamente se hace cómplice de la infelicidad, provoca quizá otro milagro de la desilusión: algo inexpresable con respecto a lo cual felicidad y verdad sólo son imitaciones idolátricas; acercándose, la tierra pierde su peso, los acontecimientos y los poderes terrenos se tornan ensueños, a semejanza de esos atardeceres de estío en los que todo nos parece sufrir una transfiguración. Al espectador se le antoja que justo entonces comienza a despertar y le parece que a su alrededor flotan las últimas brumas de un sueño. También éstas se disipan: ahora es de día. (*Consideraciones intempestivas* 124)

Nos propone, como puede verse, aceptar la falta de sentido y no alienarnos a verdades e ídolos que prometen felicidades de otro mundo. A su manera, Nietzsche hace un llamado a convivir con lo Real. Sin embargo, no se trata –ni en Nietzsche, ni en Lacan ni en Grotowski— de una vía que busque fusionarse con ese Real letal, a la manera del Nirvana. Como no podemos salir completamente del sentido, se nos invita a un despertar, digamos, moderado, elaborando las formas en que damos sentido a ese sinsentido de lo Real, pero sin llegar a intentar hundirnos en el vacío de dicho Real, como trataría de hacer el místico buscando un despertar absoluto al sueño de la vida. El principio del Nirvana está ligado a la pulsión de muerte, a la fusión del sujeto con la Cosa en sí (*Das Ding*) y, por ende, avasalla el deseo como ligado a las pulsiones sexuales o de vida. Precisamente, la palabra sánscrita Nirvana significa "extinción", extinción, pues, del deseo y del sujeto para llegar a un estado de total completitud y de quietud, como en la muerte. De ahí que Sidharta, al salir de su encierro en el palacio de las ilusiones en que se había criado por mandato del Padre, se despierta de esa padre-versión (*père-version*) convertido en Buda, que etimológicamente significa precisamente "el despierto", para indicar que ha despertado a lo Real del mundo: el sufrimiento, el envejecimiento, la enfermedad, la muerte.

Grotowski va a diferenciar el despertar –digamos verdadero— del despertar banal. Nos contará la historia de alguien, cualquiera de nosotros, cualquiera de sus discípulos, que busca "el movimiento que es reposo". Busca día y noche, a toda hora, duerme poco, se obstina en encontrar algo, pero poco a poco va dudando; intenta llevar estas dudas a la acción, pero sin ningún resultado. Nada sucede; el individuo se siente terminado y se echa a dormir sin siquiera desvestirse. Al despertar, sin embargo, algo ha sucedido: es como emerger de una inmersión de buceo. Ahora colores, luz, sonidos, voces, todo parece armonizar. Todo los sentidos están funcionando. Se siente como si algo estuviera fluyendo desde alguna fuente [*source*]. Este despertar ya no es el despertar banal atenido al tiempo-reloj, a la alienación de la vida cotidiana y sus agendas, las de las esclavitudes capitalistas. ¿Qué ha pasado? ¿Por qué este despertar? Grotowski explica que ocurrió porque hubo en el individuo un cambio, digamos, de rutina: en vez de buscar la cama, desvestirse, cubrirse, programar la alarma del reloj, el individuo del que hablábamos, se echó a dormir sin prepararse. Y se despertó también sin agenda, de ahí que tuvo un *instante* en que nada perturbó su despertar:

> ¿Por qué ocurrió eso? Tal vez porque un momento antes de que estuvieras dormido no te estabas mintiendo a ti mismo que sabes algo. Quizás porque perdiste toda esperanza. (268)

Como vemos, Grotowski retoma el tema de la mentira que nos hacemos como verdades durante la vigilia; ese despertar no perturbado, además, no da ninguna esperanza, no tiene ningún sentido trascendente, no promete ninguna vida o felicidad eternas en el más allá. Como al final de un análisis, se produce un cierto desencanto, pero se libera al cuerpo de la alienación y se logra una mejor relación con lo Real. El despertar no perturbado es, por lo tanto, un acto que nos saca del confort producto de la alienación, es un acto no capturable ya por la rutina de la vida cotidiana. Un despertar que puede incluso ser poético.

Es por eso que algunos analistas han comenzado a plantearse cómo a la ética del deseo hay que suplementarle ahora una estética del goce, debido precisamente a ese carácter de invención y particularmente de invención poética –"un esfuerzo de poesía", como lo plantea Jacques-Alain-Miller— que Lacan ha señalado al final de su enseñanza y que, sin duda, no deja de ser una reivindicación también del origen o principio de su enseñanza, quiero decir, volver a reivindicar lo imaginario, que había quedado en cierto modo opacado por las etapas del predominio del registro simbólico y luego del registro de lo Real. Desde mi perspectiva, la praxis teatral de Grotowski a su modo va en esta dirección: no nos invita a una fusión con un real a la manera del Nirvana, tampoco sugiere un movimiento retroactivo para alcanzar un origen primitivo localizado en el pasado, sino un origen que está en el presente determinado por la futuridad y la certeza de la muerte, un origen o principio imaginado, inventado, creado a cada instante, constantemente, con una praxis que es siempre un esfuerzo de poesía. Por eso, como veremos en las etapas posteriores, propondrá el recurso a las canciones, a los ritmos como un goce de cantar al que el performer adherirá su biografía tal como la imagina. Y, para lo que a mí me concierne, ese imaginario del despertar no perturbado, tal como lo imagino en mi propia praxis teatral, no puede dejar de ser emancipatorio. Ese "movimiento en reposo" podemos leerlo como el que ocurre en el psicoanálisis: alguien sobre el sofá pero cuya 'temporeidad' lo lleva en movimiento prospectivo (la certeza de la futuridad de su muerte) y retrospectivo (hacia el pasado, su origen, en el que podría alcanzar un saber sobre su goce). El 'movimiento en reposo' resulta, entonces, completamente adherido en Grotowski al saber y dominio de sí del participante o performer.

De ese modo, el *origen* perdido en el proceso de la domesticación deviene un enigma que renueva el deseo, que incita a la invención; es un origen —como dijimos— que solo puede ser alcanzando Más tarde, *retroactivamente*, una vez que se ha presentado Más temprano la certeza de la muerte en la futuridad. Esta experiencia es singular para cada sujeto, no es generalizable por un recetario de técnicas. Por eso la auto-evidencia, ya que no es y no opera como un fetiche —una técnica— que el sujeto usa para ostentar un saber y taponar la falta en el Otro, un objeto a la manera de una máscara con la que puede completar la mirada de los otros (exhibicionismo actoral; teatro de ilusiones que velan la *real* dinámica de la estructura del capitalismo explotador). Al actuar sometido a una técnica-recetario, el sujeto cancela el deseo (de saber) y solo promueve el goce repetitivo como utopía de bienestar (entretenimiento), amparado en la moral ya no de índole religiosa, sino como ley utilitaria, mercantil del placer (pasaje de la moral tradicional a la moral capitalista y para colmo ¡vendido como virtud, diría Nietzsche!), esto es, un deseo de lucro capturado ahora como un mandato de goce éticamente válido, como ese imperativo categórico del superyó obsceno y atroz que Lacan teorizó siendo la otra cara del superyó moral.

Grotowski ahora logra demarcar más claramente su proyecto respecto de la producción industrial del teatro profesional e, indirecta y sutilmente, demarcarse de Peter Brook. Esta moral capitalista y sobre todo en su fase neoliberal compulsa a la sustitución constante y fugaz de técnicas como objetos,[182] usualmente fetichizadas. A la postre, ninguna colma y, lo que es peor, le propone al individuo una identidad (incluso una subjetividad *ready-made*, por más progresista que se la considere) por medio del acaparamiento de objetos inútiles, innecesarios –atravesado por la obligación de estar actualizado, lo cual produce un constante descarte de los mismos al punto que, progresivamente, el individuo mismo deviene objeto masivamente manipulable y manipulado, como los perros de Pavlov. Frente a esto, la ética psicoanalítica, como la propuesta por Grotowski, plantea precisamente ir en contra de esa comodificación del mundo y del sujeto, en la medida en que dicha ética se basa en el "no ceder en cuanto al deseo", como lo vimos para el 'sexo tántrico'. Y ambas, analítica y grotowskiana, también abren a la posibilidad de un nuevo imaginario lleno de invención y poesía en el cuidado de sí mismo, en el cuidado del mundo y de la Naturaleza y en la emancipación necesaria para luchar contra la hegemonía neoliberal.

"Ceder a lo que sea –nos dice Grotowski—no es [una] posibilidad, no es ninguna posibilidad en absoluto" ("Wandering…" 15). Y esto supone un entrenamiento analítico, una disciplina estricta (que no es clínica en el sentido de lidiar con una patología, sino terapéutica en tanto nos *cura* –en sentido heideggeriano— precaviéndonos de devenir objetos autómatas del goce); y ese entrenamiento no puede tener otra posibilidad más que la acción, desde la perspectiva del *acto*, con sus consecuencias. El entrenamiento aquí ya no está concebido como ejercicios "a la mano" (diría Heidegger), una mera ejercitación corporal, sino como una experiencia propia, íntima y constante sobre el origen singular de mi modo de goce y, por esa vía, sobre la condición humana a fin de resistir la unifor-

---

[182] Se la ve claramente en la proliferación de talleres que los actores recorren desesperados para supuestamente encontrar la panacea de la 'verdadera' actuación. Las identificaciones a maestros prestigiosos que algunos actores suelen proclamar aparecen así como una subjetividad actoral 'ya formateada' que le brindaría la convicción de contar con una verdadera identidad profesional. Hay una búsqueda de beneficio, de un usufructo (aunque no aparezca como lucro) cuando se trata de actores amparados en la creencia que el trabajo con un maestro es inmediata garantía de acceso a un saber sobre su deseo de actuar.

mización convirtiéndonos en individuos contables, calculables, plenos y devenidos objetos, en vez de sujetos divididos y deseantes. El mercado exige para mantener su siniestra dinámica dicha uniformización ya que eso le permite todos los cálculos y manipulación del consumo el consumo; por eso obstaculiza todo intento de singularización de cada sujeto y, por esa vía, dificulta los procesos de emancipación y construcción de hegemonía. Sostengo que la auto-evidencia a la que se refiere Grotowski es precisamente la autoconciencia de este encuadre.

Por ello, el maestro polaco –en esta etapa de su exploración— se decide por la técnica 2, la desdomesticación, la cual –como el proceso analítico, una vez más considerado fuera de lo clínico— "es una estrategia, un trabajo a largo plazo" (15), tal vez interminable, como quería Freud. Y esa opción Grotowski la justifica "porque vivimos en una civilización técnica que se está desarrollando en una forma irrevocable" (15). La desdomesticación es necesaria para emanciparnos; para Grotowski se trata de una descolonización ecológica y existencial: combatir "la colonización del cuerpo del planeta, de nosotros mismos, de la vida, de los sentidos" (15). En cierto modo, piensa la colonización en la forma en que Lacan piensa la mortificación del cuerpo y de la vida por medio del significante y que ha llegado a un punto tal que requiere de una emancipación o, por lo menos de un cierto equilibrio. Lo más siniestro es que en la sociedad capitalista y sobre todo en su fase neoliberal nosotros mismos nos colonizamos, nos dejamos capturar por el goce del Otro: "estamos en el proceso de colonizarnos a nuestro propio ser –dice el maestro polaco— comenzando con lo que está vivo en nosotros, comenzando –simplemente— con nuestro cuerpo" (15). Así, puede verse claramente cómo ahora Grotowski enfatiza su posición (que venía de antes, pero había sido dogmatizada como entrenamiento meramente técnico por la divulgación de su *Hacia un teatro pobre*), e insiste en que el entrenamiento no es una ejercitación orientada a promover una eficacia, una utilidad escénica, sino que apunta a algo más trascendente.

Y es aquí donde justifico mi lectura de su propuesta, tal como lo estoy haciendo por medio de esta escritura: es que la praxis teatral, como la concibo y la he venido elaborando todos estos años, fuera del campo profesional, tiene puntos de contacto muy precisos con Grotowski. De ahí que me haya sentido necesitado de explorar sus textos, para salir de la vulgata que han promovido sus discípulos y críticos encargados de dogmatizar la enseñanza grotowskiana, de hacerla circular como lo sagrado de una secta, con ritualismos trasnochados, que nadie se atreve a blasfemar, con el consiguiente despropósito de terminar negando la apertura que a cada paso Grotowski se permite a sí mismo e invita a cada cual a proseguir.

Las ciencias —en la encrucijada que Zwart ya nos ha comentado— trabajan, como sabemos, en complicidad con la moral capitalista. Ofrecen y hasta garantizan alcanzar en diferentes dominios un bien-estar adquirible e inmediato, capaz de superar el malestar en la cultura. Prometen un Supremo Bien que sutilmente se transforma en un Mal, el Soberano Mal del sistema. El psicoanálisis, como el enigmático 'origen' al que apunta Grotowski, moviliza el deseo porque se orienta hacia ese objeto perdido, primordial, base de la vida y la continuidad de la vida precisamente por ser inalcanzable. Renunciar al goce, arreglárselas —saber-hacer— con el *sinthome*, es el pago que el sujeto hace para mantener ese juego de la ley y el deseo a fin de dar continuidad a la cultura, renovando en lo posible el registro simbólico: lenguaje y cultura. No ceder en cuanto al deseo significa, pues, perder —'sacrificar' sería la palabra grotowskiana— algo del goce; y ése es el camino para dar continuidad al deseo y la vida: aceptar que no hay una satisfacción absoluta. El deseo histérico resulta aquí emblemático por cuanto el sujeto trata de mantenerlo insatisfecho. Y este itinerario solo es posible por el trabajo del sujeto sobre su propia singularidad, el modo de mantener su falta en vez de negarla o taponarla con fetiches, una manera de admitir la falta (estructural) en el ser, en el saber y en el inconsciente, para lograr por esa vía una auto-evidencia que, por esa razón, no se concibe como acumulación de objetos o técnicas (actorales), sino como un deseo particular que opera a modo de defensa frente al deseo del Otro y la alienación que éste exige por identificación a modelos, ideales, mandatos, modas y subjetividades *ready-made*.

El Teatro de las Fuentes nos abre a una dimensión ya bastante alejada de la formación de actores para la representación y al servicio de la industria teatral, incluso si ésta se autodefine como teatro de arte. Una vez más, ni la ciencia ni la razón (y su metafísica) son las capaces de procurar la auto-evidencia, sino el trabajo con el lenguaje, con los significantes, con el fantasma y su travesía las que permitirán acceder a ese conocimiento de sí, del propio deseo y del singular modo de goce de cada sujeto. Porque precisamente, en la técnica 2, "uno cede a las fuerzas de la naturaleza [pero para] no permitir que los poderes naturales [pulsionales] se descarguen" ("Wandering..." 13), uno se somete para adquirir una auto-evidencia como forma de liberarse, desalienarse o, al menos, como decía Nietzsche, rechazar "el vergonzoso restablecimiento moderno de los sentimientos" (GM 6). Y ese trabajo no puede masificarse por medio de un recetario de reglas igual para todo el mundo; es un trabajo de uno por uno, del Uno en uno, con el Real de cada cual. Grotowski dejaba a sus discípulos enfrentarse por sí mismos a esa falta; éstos, por su parte, siempre se quejaban de no tener la palabra aprobatoria del maestro, porque estaban alienados al discurso del Amo y no podían prescindir de él, imaginando, como hace el analisante con el analista, que el maestro sabe lo que a él o ella le pasa o le falta. Ese trabajo con la falta es constante y no es preparatorio de un momento futuro de fusión con el objeto perdido.

Aquí es donde volvemos al Uno, que en Lacan supone la singularidad del sujeto, no capturable por el Uno numérico de la ciencia, que uniformiza y calcula. El Real de ese Uno singular no es el Real de la ciencia. El trabajo con el deseo y el acceso al modo singular de goce de cada cual es la vía para ir, como ya anotamos, modificando el registro simbólico de la cultura en la medida en que esa tarea, al conducir a la separación del Otro que insiste en alienar al sujeto, supone al mismo tiempo ir vislumbrando o construyendo una contra-hegemonía en lo social junto a otros, un camino en el que la emancipación de cada cual no va a darse sin la emancipación comunitaria, articulando las diferencias que la conforman. Es por esto que mi praxis teatral se define como un teatro para la emancipación. Reconozco como tarea difícil llevar esta perspectiva al campo del teatro profesional en la medida en que éste responde al discurso capitalista, ese cuasi-discurso que Lacan agrega a su lista de cuatro: del Amo, de la Universidad, de la Histérica y del Analista.

Ahora bien, sostener el deseo, no ceder el deseo —tal como hemos visto— cierra el camino al goce, al nirvana concebido como una plenitud en la que el individuo simbióticamente estaría en completa fusión con el Otro (naturaleza, cosmos, madre o como quiera denominárselo).[183] No ceder el deseo, mantener esa falta que lo constituye, impide la ilusión de completitud, que le es *estructuralmente* imposible. Por eso, si se cede al deseo, se es culpable, tal como lo planteó Lacan en su *Seminario 7*: "de la única cosa que se puede ser culpable, al menos en la perspectiva analítica, es de haber cedido [el sujeto] en su deseo" (379), esto es, haber renunciado al propio deseo para dejarse capturar por el goce del Otro (Dios, moral, maestro, naturaleza, cosmos, familia, pareja...teatro), es haber renunciado a poner en tela de crítica las imágenes, las ilusiones, las subjetividades y las utopías de felicidad propuestas por el Otro, las cuales sutil y progresivamente, como vemos en la fase neoliberal del capitalismo, apuntan a disolver la división del sujeto: al cancelar la posibilidad del inconsciente, se pulveriza al sujeto y se cancela la dimensión del deseo.

Finalmente, no ceder en cuanto al deseo supone deconstruir los ideales culturales y apuntar al sinsentido de lo Real —evitando los relatos nihilistas (usualmente seductores) de la realidad como formación imaginaria que lo velan y ocultan—, un Real, pues, que anida en cada sujeto, tarea que impone, como planteó Lacan, trabajar con el significante y también con el Otro-que-no-existe, porque aunque no exista, debemos aprovecharnos de él en el itinerario hacia el saber de nuestro modo de goce (*sinthome*). Aunque en una temprana entrevista Grotowski prefiera no hablar de ética y plantear la cuestión a nivel de la ténica, lo cierto es que, a su modo, el maestro suscribe el hecho de que la creatividad, al estar del lado del inconsciente, supone la necesidad de no esconder aquello que generalmente velamos a nivel de la conciencia; esto, obviamente, supone un riesgo, en la medida en que el itinerario hacia lo reprimido pone en juego pecados y tentaciones —vocablos grotowskianos. No obstante, Grotowski,

---

[183] Hay varias lecturas de Grotowski que se *deliran* con esta fusión 'cósmica' y la conciben —dilapidándola— como los recetarios de autoayuda, ritos sagrados o transcendencias psicotizantes.

respondiéndole a Schechner en una entrevista, puede afirmar: "That is really the kernel of the ethical problem: do not hide that which is basic. It makes no difference whether the material is moral or inmoral; our first obligation in art is to express ourselves through our own most personal motives" (*Sourcebook* 36). De ahí que durante los ensayos hay que afrontar y confrontar el sinsentido que puede ocurrir a partir de una formación del inconsciente —que Grotowski denomina 'lo personal'—, pero también abordar lo políticamente incorrecto. La ética (analítica) del deseo deviene así diferenciada de la moral, de sus relatos, ilusiones y promesas; en la medida en que el inconsciente, como lo ha planteado Lacan en el *Seminario 7*, no tiene estatuto ontológico, es decir, no es del orden del ser o del no ser, sino ético, concierne al sujeto, a la pulsión, al goce y sobre todo al deseo. Asimismo, la ética grotowskiana, al articularse sobre esa búsqueda del origen, se asume también como una ética de lo Real, en tanto ese 'origen' del que nos habla se instala como soporte material de la existencia y de la vida. No hay entrenamiento para alcanzar ese origen; no hay *tejné*. Hay acción y auto-evidencia, ya que ese origen es el Uno de cada cual, nunca alcanzable por un entrenamiento concebido bajo el Uno numérico de la ciencia, esto es, un entrenamiento generalizable para todos, para el todos de la función fálica. Ese Uno de cada cual no es, pues, demostrable científicamente. Ambas, praxis analítica y praxis teatral —insisto en esto— son también estéticas del cuerpo porque refieren a una sustancia gozante cuerpo gozante y a lalengua.

*Del origen, del tiempo y de lo Real*

Ahora nos toca otra vez blasfemar: tenemos que interrogarnos sobre la consistencia de ese origen que el maestro polaco nos propone y que pareciera tener visos esencialistas. Como veremos, se encuentran allí algunos tropiezos o ambigüedades de su concepción, si es que no se accede a la arquitectura conceptual a la que nos remite su discurso.

El origen no puede estar fuera del tiempo. ¿Bajo qué condiciones podemos pensar el origen fuera del tiempo? ¿Lo Real lacaniano está fuera del tiempo? Si la política lacaniana se orienta por lo Real y por la defensa de las diferencias, por lo singular, es difícil concebirla como fuera del tiempo, como anterior a las diferencias. Sin duda, hay un tiempo de lo real, como lo hay de lo simbólico y de lo imaginario. Recordemos que el inconsciente no es colectivo, igual para todos, sino transindividual, histórico, particularizado a un grupo o comunidad, incluso a un sujeto, y un contexto común. Recordemos que lo Real es un efecto del significante y lo simbólico. En una primera lectura, Grotowski, por el contrario, parecería tomar aquí una posición esencialista y universalista al proponer ese 'origen' como atemporal, ahistórico, fuera del tiempo. ¿Tiempo reloj o temporeidad del *Dasein*? La relación entre deseo y goce no tiene en psicoanálisis una resolución, porque el deseo se pone del lado del durar (implica tiempo, metonimia), de la subjetivización, de la acción, de la falta, de la rebeldía o la transgresión y de la pulsión de vida; el goce, en cambio, cancela el tiempo, es repetición, es pasividad y obediencia, es la ilusión de totalidad y completitud, es objetalización y pulsión de muerte. Creo que el vocablo "someterse" que usa Grotowski ("Wandering..." 13), ese ceder a las fuerzas de la naturaleza, debe leerse en esta línea del goce: una obediencia a la naturaleza, pero solo hasta el límite en que compromete al deseo. Por eso no hay, para Grotowski, un fin (como meta o como finalidad) del entrenamiento, que es constante e interminable.

En psicoanálisis, en Freud y en Lacan, el tiempo asume varias modalidades. En general, no se trata de un tiempo lineal ni cronológico. Tampoco existe en el inconsciente la contradicción, la negación, la inscripción de la diferencia sexual ni las partículas exclusivas del tipo 'o... o...', aunque –como lo muestra la condensación onírica– sí existen las partículas aditivas del tipo 'esto y aquello' al mismo tiempo. Una lectura de la famosa "pizarra mágica" –a la que hicimos referencia en otros capítulos– ya nos pone en la pista de una concepción del tiempo no ligada a lo cronológico y tampoco concebida como un depósito arqueológico. Precisamente el famoso *après coup* como efecto retroactivo no está orientado a reconstruir el pasado, sino a resignificarlo *en/desde* el presente, similarmente al tiempo en la transferencia, lo cual nos demuestra que en psicoanálisis no se trabaja con una historización de tiempos sucesivos y cronológicos, de tiempo-reloj, no se trata de ordenar el pasado en su secuencia fáctica a la manera de una biografía o un calendario, por lo demás imposible de hacer. No se trabaja con ese "tiempo histórico" que Nietzsche describe y desprecia en sus *Consideraciones intempestivas*, sino con aquello que él llama lo ahistórico, y que diferencia de lo *no-histórico* como modo del tiempo en el animal (20):

> Lo ahistórico es semejante a una atmósfera protectora, únicamente dentro de la cual puede germinar la vida y, si esta atmósfera desaparece, la vida se extingue. Es cierto: tan solo cuando el hombre pensando, analizando, comparando, separando, acercando, limita ese elemento no histórico; tan solo cuando, dentro de ese vaho envolvente, surge un rayo luminoso y resplandeciente, es decir, cuando es suficientemente fuerte para utilizar el pasado en beneficio de la vida y transformar los acontecimientos antiguos en historia presente, llega el hombre a ser hombre. Pero un exceso de historia aniquila al hombre y, sin ese halo de lo ahistórico, jamás hubiese comenzado ni se hubiese atrevido a comenzar. (*CI* 23)

La cita invita a cotejar con el ensayo freudiano y la Tesis 5 de Benjamin. No nos extenderemos sobre esto aquí, pero conviene dejarlo indicado. Nietzsche, no obstante, no cancela la secuencialidad de lo histórico: *"lo histórico y lo ahistórico son igualmente necesarios para la salud de los individuos, de los pueblos y de las culturas"* (*CI* 23, el subrayado es del autor). Como vemos, ya aquí tenemos esos dos tiempos que hemos venido comentando.

Lacan estableció un tiempo lógico con sus tres modalidades o momentos: instante de la mirada, tiempo de comprender, momento de concluir.[184] Es cierto, como algunos críticos lo han discutido, que Lacan planea la cuestión del tiempo en una tensión bastante irresoluble entre su esfuerzo por trazar para el psicoanálisis el tiempo como una función lógica (y hasta matematizable topológicamente) y a la vez su encrucijada heideggeriana, si podemos llamarla así, que hace de la lógica una función temporal en tanto el ser, el *Dasein*, se plantea precisamente como un ser-

---

[184] Ver mi ensayo "Ensayando la lógica o la lógica del ensayo: Construcción de personaje y temporalidad de la certeza subjetiva".

para-la muerte; Heidegger, en *Ser y tiempo* –y como vimos en la conferencia que comentamos más arriba— insiste en el carácter originario del tiempo interno de la existencia como otro y diferente a la concepción vulgar del tiempo como objetivo (lineal, sucesivo y cronológico). Sin extendernos en estos aspectos, tal vez convenga plantear que el tiempo al que aspira Lacan, como tiempo lógico, es sincrónico, pero no *a*temporal, sino *in*temporal[185] como el inconsciente con su movimiento de apertura/cierre.

El tiempo es un tema crucial en análisis: se habla de comenzar un análisis, que no significa la primera sesión,[186] así como el final del análisis no corresponde a la última. Cuando Lacan nos dice que hay un tiempo del *acto* como comienzo, cuando trata del *automaton* (registro simbólico) y la *tyche* (lo Real), cuando afirma que "lo real no cesa de no inscribirse", cuando nos habla del estadio del espejo o los tiempos del Edipo, cuando es excomulgado por plantear el *timing* de la sesión analítica no ligada al reloj sino al corte (con sus modalidades de escansión), etc., nos está llevando lentamente a un tiempo que ya no es el del reloj o donde el reloj no determina nada. Si un significante es lo que representa al sujeto para otro significante es porque hay entre los dos un intervalo, un corte que habla de una temporalidad; ya más avanzada su enseñanza al ligar lo Real, lo Imaginario y lo Simbólico en el nudo borromeo –y más tarde esos tres anudados por el sinthome—, nos está indicando que ese Real no está 'fuera' del tiempo. El hecho de que el anillo de lo Real forme parte del nudo borromeo nos da la pauta de que no se trata de un Real ni esencial ni atemporal, en la medida en que lo imaginario y lo simbólico, en su singularidad y transindividualidad, están anudados a lo Real y en constante cambio. Lo Real, pues, si bien no es el origen narrativo del habla, es un

---

[185] Gramaticalmente, 'atemporal' (no reconocido por la RAE) refiere a algo existente que no tiene relación al/con el tiempo; 'intemporal', en cambio, se refiere a algo "que está fuera del tiempo o lo trasciende; que no está afectado por el tiempo [tiempo-reloj], que es independiente del paso del tiempo o de los límites temporales".

[186] Un análisis empieza cuando se articula la transferencia y eso lleva tiempo.

origen lógico que hay que presuponer, un principio radical, una escena primordial que se repite (no cesa de no escribirse) y que hay que recuperar narrativa y retroactivamente con la asociación libre y la transferencia por medio de la palabra y sobre todo por medio de *lalengua*.

Nada más ligado a la *lalengua* que lo infantil: Grotowski, desde antes del Teatro de las Fuentes, pero con insistencia en esta fase, apuntará a las canciones, los ritmos, la respiración, el balbuceo, como forma de acceso a la auto-evidencia subjetiva y singular. En "Theatre of Sources" nos refiere otro acontecimiento autobiográfico en el que notamos este temprano adiestramiento analítico respecto a *lalengua*: escuchar escondido bajo la mesa las conversaciones de los adultos, "sin ninguna línea consistente, sin ninguna continuidad [...] una clase de balbuceo" (254). A continuación, Grotowski agrega un comentario en el que otra vez revierte la interpretación religiosa: se refiere a la famosa frase y título "La vida es sueño" que, para él, no significa que la vida fuera un sueño del que uno despertaría al más allá en la dimensión de la muerte, en aquella eternidad postmortem que nos fuera vendida por el cristianismo como la verdadera vida. Ya vimos lo que nos dijo el maestro sobre el "awakening". Esa referencia a la escucha bajo la mesa nos indica que Grotowski liga esta famosa frase al balbuceo: "La vida es sueño en el sentido de que somos prisioneros de nuestro balbuceo" tanto en el hablar como en nuestras reacciones, en nuestro pensamiento, en cómo seguimos el monólogo o diálogo interior (254). Evoca así un intemporal (infantil e incluso *infans*) que se da en el ahora del sujeto.

En el Teatro de las Fuentes esta línea de trabajo como apelación a lo infantil va a dimensionarse como una remisión metodológica a textos primitivos, iniciáticos que, en cierto modo, para Grotowski, parecieran balbucear el origen. El "territorio de investigación", según nos cuenta en "Theatre of Sources", se enfoca ya no en escuchar bajo la mesa el conversar discontinuo de los adultos, sino en algo similar, metafóricamente hablando: el trabajo sobre textos arcaicos, iniciáticos [respecto de lo que denomina 'la Cultura Mediterránea'], cuyas circunstancias de surgimiento son "cuestionables" pero que [le] parecen dar cuenta de "las experiencias vivientes de las fuentes (alguien preferiría decir: fuente)" (265). Se propone a los participantes (grupo mínimo) cantarlos nuevamente, dejarse llevar por las melodías y hasta dejar paso libre al movimiento si fuera deseado. En "Theatre of Sources" Grotowski dice que esto es un trabajo preliminar y no está aún en condiciones de decir algo contundente; piensa que en el "lejano horizonte" (una vez más la palabra heideggeriana) se podrá alcanzar 'algo' que todavía no logra reconocer (265). Veremos cómo esta línea de trabajo se re-formula en la etapa del Drama Objetivo, tal como da cuenta su texto "Tu es le fils de quelqu'un". Por de pronto, el proyecto de Teatro de las fuentes admite ser calificado de "preliminar" respecto de algo que todavía no se vislumbra pero que se presiente. La única sospecha para la tesis mayor, es decir, para alcanzar ese origen humano supuestamente común y que precede a las diferencias, es el encuadre metodológico intercultural que, de alguna manera, oficiaría como plano de contrastación en la medida en que el trabajo con personas de diferentes tradiciones permite verificar en la práctica cuáles son las acciones que resuenan, replican en otra cultura y cuáles no (266).

En estas confrontaciones inter/multiculturales —que Grotowski no quiere se confundan con sus visitas a varios países como India, Haití, México, etc.— obviamente, hay también un saber que emerge y que no necesariamente es anterior a las diferencias; se trata de un reconocimiento mutuo de las diferencias, no a la manera del turista, sino en el encuadre de una solidaridad y respeto. En mi praxis teatral, con estudiantes que provienen de diversas culturas y lenguas, este trabajo tiene indudablemente un rédito que califico de político, en el sentido de que relativiza el autoritarismo (autitsmo o narcisismo) de cada cultura y abre el diálogo con la diferencia lo cual, mediando la solidaridad y el respeto, rompe los imperativos racistas, xenófobos, misóginos, homofóbicos a los que nos compulsa la ideología capitalista con su colonización de nuestro ser por medio de aquello que Althusser, como es sabido, denominaba los 'aparatos ideológicos del Estado', empezando por la familia y refrendados por las instituciones educativas y religiosas.

Sin duda, volvemos a tropezarnos aquí con la memoria y el block maravilloso con su asincronía de huellas que, solicitado por la futuridad, el sujeto recupera en un presente que resignifica el pasado. Grotowski solicita a los participantes partir de esas canciones para adjuntarle una historia recuperada de su memoria. De ahí que Nietzsche manifieste que, si olvidar es la condición de la felicidad pero solo en un presente animal, no-histórico, el hombre llega a ser hombre —como en el psicoanálisis— "cuando es suficientemente fuerte para utilizar el pasado en beneficio de la vida y transformar los acontecimientos antiguos en historia presente" (*CI* 23). Para el Nietzsche temprano de las *Consideraciones*, todavía muy ligado a Schopenhauer, "la vida [es] esa potencia, impulsiva, insaciablemente ávida de sí misma" (*CI* 38). Sin embargo, no se trata de conocimiento histórico, como el de la Historia como ciencia, con su tiempo-reloj y su cronología, sino de lo a-histórico como un saber intuitivo que involucra todos los sentidos, como una percepción renovada y renovadora de ese pasado; es desde lo ahistórico que se desestabilizan los valores y brinda la oportunidad de la transvaloración: "*Solo desde la más poderosa fuerza del presente se puede interpretar el pasado*" (*CI* 60), "La voz del pasado es siempre la voz de un oráculo. Tan solo si eres arquitecto del futuro y conocedor del presente la comprenderás", agrega casi preanunciado el psicoanálisis: el pasado como cifra a interpretar, "el pasado como historizado en el presente porque ha sido vivido en el pasado" (Lacan *Seminario 1*, 27). Citando a Goethe, lo que importa para Nietzsche es la acción, no el conocimiento conceptual, y esa acción, como el acto psicoanalítico, se realiza y luego se descubren las consecuencias: "el hombre de acción, en expresión de Goethe, actúa siempre sin conciencia, también actúa siempre sin conocimiento" (*CI* 24). El artista, como hombre de acción, es injusto con el pasado (histórico), pero es justo con la voluntad, con lo Real, por cuanto apuesta[187] a lo que "va a nacer": "ningún artista realizará su obra, ningún general conseguirá su victoria, ningún pueblo alcanzará su voluntad, sin antes haberlo anhelado y pretendido en un estado ahistórico" (*CI* 24). Volveremos enseguida a este doble juego de origen, tiempo ahistórico y memoria cuando abordemos el texto sobre las fuentes incorporado al *Sourcebook*. Allí Grotowski va a darnos otras posibilidades interpretativas

---

[187] En *Nietzsche y la filosofía*, Gilles Deleuze trabaja pormenorizadamente el tema de la apuesta y del azar junto al tema del juego y lo dionisíaco en la filosofía nietzscheana.

para eso que adjetiva (al menos en inglés) como "primal", esto es, primitivo.

Lacan nos recuerda, desde el *Seminario 1*, que aunque Freud sostenía "que el inconsciente se sitúa fuera del tiempo", eso "Es cierto y no es cierto. Se sitúa fuera del tiempo exactamente como lo hace el concepto, porque él es el tiempo en sí mismo, el tiempo puro de la cosa, y en tanto tal, puede reproducirla según cierta modulación cuyo soporte material puede ser cualquier cosa" (352). La cuestión del tiempo en el psicoanálisis ha sido largamente debativa. Sidi Askofaré ha revisado esta cuestión; nos dice cómo a la perspectiva de Freud, para quien "el inconsciente no conoce el tiempo", Lacan le opone la perspectiva del inconsciente como pulsación temporal. El tiempo –nos dice Askofaré— concierne triplemente al psicoanálisis": (a) en el plano clínico, donde Freud apunta a captar, bajo la temporalidad de la palabra, lo intemporal del inconsciente-lenguaje, más la cuestión del tiempo en la transferencia. Por lo tanto, ""hace falta tiempo para que *Wo es war, soll Ich werden*". (b) El tiempo histórico involucrado en los discursos que afectan y marcan al sujeto, a su sufrimiento, como el de la ciencia y del capitalismo. La relación de tiempo y lugar puede constatarse en Lacan en tanto hay un inconsciente como lugar del Otro –sincronía— y un inconsciente como discurso del Otro, discurso histórico –diacronía. (c) el tiempo como duración de la sesión. Para Askofaré, después de aludir a la memoria y a la repetición, la conclusión es que se puede llegar a decir que "el inconsciente es obra del tiempo, o sea que el inconsciente es el tiempo".

Sin pretender erudición sobre Hegel, y ateniéndome a la explicación dada por Fernando Haya en su ensayo "Los sentidos del tiempo", me animo a decir que en esta etapa de la enseñanza lacaniana, la figura de Hegel (vía o no de Kojève) y la conversación con Heidegger parecen ser improntas remarcables; Haya nos dice que

> Heidegger se refiere a Hegel como a la culminación de la antigua filosofía; aquélla en que la pregunta misma por el ente daba ya por supuesta la intrínseca copertenencia entre ser y lógos [sic]: "Por ello (en Hegel) el ente en cuanto tal, lo realmente efectivo en

su realidad efectiva verdadera y plena es la idea, el concepto. Pero el concepto es el poder del tiempo; es decir: el puro concepto anula el tiempo. Con otras palabras: el problema del ser alcanza su versión genuina ahí y sólo ahí donde el tiempo es hecho desaparecer. Que esto es lo que ocurre en la filosofía hegeliana nos lo muestra, entre otras cosas, que en ella la filosofía es la ciencia, es decir, el saber absoluto" (M. Heidegger, *La fenomenología del espíritu de Hegel*, ed. cit, 144). Hegel propone, en efecto, la anulación superadora del tiempo en el saber definitivo del concepto. En el saber absoluto, la temporalidad es anulada en su precisa condición de provisionalidad. No, en cambio, en cuanto que sólo en el seno mismo del acontecer temporal tiene lugar el proceso de determinación de lo real. Más aún: este proceso, el de diferenciación de los contenidos pensados, sólo tiene lugar en el tiempo. Se insiste en que *el tiempo es, según Hegel, la forma más general del devenir de lo real.* En la medida en que, dentro del sistema hegeliano, no cabe prescindir del proceso, en esa misma medida, no cabe tampoco prescindir del tiempo. (79, el subrayado es mío)

En este sentido, todavía atrapado en el tiempo-reloj del ente, en la metafísica, Hegel anula el tiempo, pero deja librado lo real al devenir. Nietzsche más tarde criticará este idealismo hegeliano como cómplice de la larga historia de la metafísica platónico-ilustrada. Lacan trata, como vemos, no tanto de pensar el inconsciente como fuera del tiempo reloj, a pesar de sostener que es transindividual, es decir, arrojado al devenir de lo real; al plantear que está fuera del tiempo a la manera del concepto, intenta pensarlo –en esa etapa de su enseñanza— como más ligado a un tiempo lógico, conceptual. Más tarde, al enfatizar el registro de lo Real, volveremos a tener un "fuera del tiempo", pero ya más del lado de la *temporeidad* heideggeriana o existencial, en la medida en que –en la dimensión lógica de los nudos— lo Real ya no es el devenir evocado por Hegel. Lo mismo ocurre con el origen en Grotowski. Lo Real y el origen ambos están fuera del tiempo cronológico, pero no fuera del tiempo constitutivo del *Dasein*. Es un 'otro' tiempo: conceptual, sin duda, pero a la vez desplegado al punto que lo Real como el origen insisten en repetirse –aunque el sujeto no lo note— bajo el tiempo reloj de la realidad cotidiana.

En todo caso, como bien lo plantea Alfredo Eidelsztein en *El grafo del deseo*, el uso de la topología a la que Lacan recurre, prueba precisamente la imposibilidad de trabajar en el psicoanálisis con las categorías cartesianas de *res extensa* y de *res cogitans* en relación al tiempo y al espacio. En "la concepción psicoanalítica del tiempo y del espacio –nos dice Eidelsztein— [...] a veces un instante no termina nunca, y [...] otras veces muchos años se pasan en un momento; de modo que esas dimensiones de tiempo ya no coinciden en absoluto con ninguna categoría de medida: un instante puede ser más largo que varios años" (12). Y lo mismo para el espacio: como lo plantea Eidelsztein, el conflicto entre un padre y un hijo, por ejemplo, no desaparece porque vivan a cientos de kilómetros de distancia. Y no es que tiempo y espacio no existan en psicoanálisis, es que no se pueden *medir* con el tiempo-reloj ni el sistema métrico. La topología también disuelve el imaginario cotidiano de lo interior/exterior: "el discurso del Otro, es lo más propio que tiene el sujeto, lo más interno" (12) y, sin duda, en tanto lenguaje, cultura, registro simbólico transidividual es también lo que le es exterior. Lacan elabora este aspecto cuando plantea la *extimidad*, algo exterior que anida en lo más interior del sujeto. El origen del que nos habla Grotowski es también éxtimo.

*Origen: el cuerpo, la madre, el niño y la memoria*

Conviene explorar ahora otras posibles aproximaciones a la cuestión del *origen* en Grotowski. Sin duda, como ya hemos visto, el origen nos llevó a la cuestión del tiempo y, por ese rumbo (ya que se trata de "wandering", de vagabundear) fuimos conducidos a la trayectoria de Grotowski desde la futuridad que supone la certeza de la muerte hasta el ambiguo estatus del tiempo en su concepción del origen, como exterior al tiempo o bien como 'conceptualmente' fuera del tiempo, en la medida en que se trata de un real que anudamos a lo simbólico a través de la pulsión, en la medida en que ésta parecía acomodarse mejor a esa frase demasiado general de "fuerzas de la naturaleza". Nos toca ahora regresar a esta misma cuestión del origen, pero desde otros detalles (divinos detalles) que procura el texto de "Wandering..." y que, en parte, insisten en el texto posterior "Theatre of Sources" incluido en el *Sourcebook*. Una vez más podemos pasar de lo autobiográfico a lo conceptual.

Origen, principio, comienzo. Esta tríada se resignifica cuando Grotowski nos remite a lo infantil, a esa posibilidad del nuevo proyecto del Teatro de las Fuentes de recrear la etapa inicial en que todavía el significante no ha podido mortificar completamente el cuerpo y lo vital-pulsional que lo sostiene; me parece que el verbo inglés 'to reenact' sería el que mejor le cabe a esta lectura, porque supone el tiempo como repetición ('re') y nos introduce el acto, la acción y el actuar (to act). En efecto, el origen, en primer lugar, como nos lo presenta Grotowski, es una recreación de la infancia, una rememoración. Ya evocamos su escucha bajo la mesa de la discontinua conversación de los adultos, a la manera de un analista que presta atención flotante al discurso del analizante y a *lalengua*. Después de todo, Grotowski, al estar bajo la mesa, escamotea su cara y su presencia, como hace el analista con su analizante en el diván. Rememorará, también, la lectura de libros provistos por la madre, según lo plantea en su ensayo incluido en *Sourcebook*. Estos detalles, pasados por alto en las bibliografías sobre Grotowski, nos parecen no obstante cruciales en la medida en que nos dejan conjeturar la interpretación sobre su concepción del origen, en cuanto esos detalles suponen un movimiento retroactivo (*après coup*) que involucra la memoria y, por ende, el tiempo.

Grotowski nos dice que cuando "hablamos del arte del principiante o aprendiz, hablamos del comienzo, de los comienzos" (13). Nos aclara que no pretende historizar la cuestión del comienzo o comienzos de la historia del teatro: no le interesan los comienzos históricos de algo que alguna vez fue. Prefiere abordar la cuestión de los comienzos desde el origen: "Estar en los comienzos o estar *en el comienzo*" (podemos traducir también: 'estar en los orígenes, principios, o estar *en el origen, en el principio*" (13). Y es desde allí que asocia: su pensamiento salta a la cuestión del niño, pero propone evitar pensar esta cuestión desde una aproximación "sentimental" aludiendo a la rudeza, crueldad o egotismo infantil. Lo que lo seduce en esta elucubración es precisamente ese "algo extraordinario" que nos convoca, nos toca, cuando consideramos al niño: que el niño/a (*it* en la traducción) vive en los comienzos" (13), en el sentido de que "para el niño todo sucede por primera vez". Como lo dice Nietzsche, evocando a Schiller, "la racionalidad de la gente razonable: no ve ciertas cosas que hasta un niño ve, no oye ciertas cosas que hasta un niño oye, y estas cosas son precisamente las más importantes" (*CI* 48).

Nos detenemos un momento en el ejemplo o comentario ilustrativo que nos hace el maestro polaco: el niño ve el bosque por primera vez; el bosque cambia, nunca es el mismo bosque; sin embargo, a causa de la domesticación que nos impone la cultura por medio del lenguaje (que Grotowski denomina "el programa de nuestra computadora intelectual"), ese bosque permanecerá el mismo para nosotros: cada vez que vemos un bosque, decimos "este es el bosque", a pesar de que el bosque de nuestra experiencia original, nuestra percepción inicial, cambia todos los días. El bosque de nuestra percepción original, capturado por el concepto, no nos deja ver el bosque que tenemos delante en su diferencia. Podemos entender ahora ese giro de Lacan desde el lenguaje (con sus significantes), tal como lo trabajó durante muchos años en su enseñanza, a *lalengua*, que supone el cuerpo como cuerpo gozante. Es que el concepto, a la manera hegeliana, el concepto de bosque, anula las diferencias pero, además, y es lo que a Grotowski le preocupa, porque modeliza o 'formatea' la percepción al punto de que ya no hay posibilidad de despertar (*awakening*): el concepto cancela las diferencias y el tiempo, se propone como abstracto, esencial, como la idea platónica y se interpone siempre entre nosotros y la percepción (posterior) del bosque. No hay, como nos dijo, posibilidad de percibir el mundo como lo hace el niño, es decir, de volver a percibir como por la primera vez. Es que el concepto, en tanto parte del discurso simbólico, como signo, aliena la pluralidad de ser en el devenir, la pluralidad de los sentidos como si se tratara de una memoria de la percepción originaria ya formateada, ya *ready-made*, que no logra captar la singularidad del objeto por cuanto los sentidos han sido mortificados y anestesiados por el signo como concepto. La conciencia vive su pretendida objetividad como repetición de un saber y no como desafío del saber, por eso el origen grotowskiano nos lleva de regreso a *lalengua*.

Deleuze en *Nietzsche y la filosofía* nos recuerda cómo para el filósofo alemán "la percepción en sus diversos aspectos es una expresión de fuerzas que se apropian de la Naturaleza. [...] Un mismo objeto, un mismo fenómeno cambia de sentido de acuerdo con la fuerza que se apropia de él" (10). Recordemos que la voluntad de poder en tanto devenir es siempre un despliegue de fuerzas activas y reactivas. De ahí que el sentido cambie según la fuerza que lo determina: "El sentido –agrega Deleuze— es pues una noción compleja: siempre una pluralidad de sentidos, una constelación, un conjunto de sucesiones, pero también de coexistencias, que hace de la interpretación un arte" (10-11), y agrega una cita de Nietzsche que dice: "Cualquier subyugación, cualquier dominación equivale a una nueva interpretación" (11) y, obviamente, este libro no escapa a la voluntad de poder y por ello se inserta en esta dimensión interpretativa de Grotowski y del origen tal como podemos interpretarlo en su pluralidad. Esta pluralidad de los sentidos, por lo demás, se desliza –como la pulsión— silenciosamente por debajo de los "grandes acontecimientos" (11).

Ahora bien, Heidegger va a plantear en su *Nietzsche* un debate sobre el estatus del concepto o lo conceptual racional en Nietzsche. Careciendo, como soy consciente, de la competencia para discutir el tema, intuyo en Heidegger una cierta predisposición a mantener a Nietzsche todavía demasiado ligado a la metafísica platónico-cristiana que supuestamente él quisiera impugnar, invertir y transvalorar. Heidegger dice que "[s]i la metafísica occidental se funda en esta preeminencia de la razón. [… y si ] "la elucidación y determinación de la razón puede y tiene que llamarse «lógica»" [… entonces] La metafísica occidental, es decir la meditación sobre el ente en cuanto tal y en su totalidad, determina al ente de antemano y para toda su historia como lo que es aprehendible y delimitable según los respectos de la razón y el pensamiento" (424). La tesis heideggeriana es que Nietzsche, a pesar de querer transvalorar la metafísica occidental, no puede evitar recurrir a la razón como una especie de *a priori* para poder captar el devenir y su pluralidad. Heidegger, pero desde una perspectiva diferente e inversa a la de Grotowski, nos pondrá el ejemplo de un árbol, un abedul:

> Supongamos que allí afuera, en la pendiente de la pradera, nos encontramos con frecuencia con un cierto árbol, con un determinado abedul; la variedad de colores, de tonos, de iluminación, de atmósfera, tiene un carácter diferente según la hora del día y la estación del año, y también según la posición siempre cambiante

desde la que lo percibamos, según el alcance de nuestra visión y nuestro temple de ánimo, y sin embargo será siempre ese «mismo» abedul. *Es* el «mismo» no con posterioridad, en la medida en que en base a comparaciones hechas ulteriormente comprobamos que se trataba sin embargo del «mismo» árbol, sino que, a la inversa, nuestro ir hacia el árbol tenía ya puesta la mira en lo que en cada caso era lo «mismo». (465)

Heidegger impugna no solo el pluralismo sino también el perspectivismo nietzscheano; ese "poner en la mira" retoma la idea de un horizonte inherente al ente mismo que precisamente se funda en la prioridad del concepto, de la razón sobre la percepción, sobre el sensualismo del cuerpo. Y así concluye que "[l]a razón consiste en componer, en *inventar* lo igual" (ídem); ese "igual", esa mismidad, es la del concepto como producto *creativo* de la razón y a priori de la percepción y del cuerpo en cuanto tal: el concepto no es el resultado de una abstracción posterior a la pluralidad de la percepción, sino precisamente aquello que, en su mismidad, nos permitiría captar la pluralidad como tal.

Queda en el lector seguir a Nietzsche o asumir la interpretación de Heidegger. Sin embargo, sea que se llegue al concepto por una vía inductiva o postulemos la pluralidad perceptiva como resultado de lo deductivo a partir del concepto, en tanto idea esencial, ahistórica y universal, sea que nos planteemos, como en el psicoanálisis, la anterioridad o posterioridad del significante respecto a la percepción, lo cierto para nosotros aquí es que Grotowski está interesado en 're-enact' la posibilidad de recuperar la percepción fundante, infantil, del árbol como un modo de desdomesticarnos del concepto y la preeminencia de la razón, a la vez que enfatiza la preminencia del cuerpo. Y al hacernos esta propuesta en su actitud siempre blasfema, me parece que se acerca mucho más a Nietzsche que a la posición heideggeriana.

Como vemos, Grotowski nos plantea aquí dos aspectos: el de la percepción original y el del concepto (que ya hemos analizado). Recordemos aquí una vez más que el término 'objetividad' en Grotowski, aunque bebe en las fuentes de la filosofía de Schopenhauer; en este caso, la interpretación incorpora también, a su manera, lo intuitivo a la manera kantiana y quedaría afiliada al idealismo de la metafísica occidental: la objetividad correspondería no a la percepción, no al conocimiento de la razón y al binomio sujeto/objeto (que solo se refiere a los fenómenos), menos aún al concepto y a la ciencia, sino a la *idea* como correlato, ya no del sujeto cognoscente, sino del sujeto puro del conocimiento *que opera por intuición*: bajo el incesante cambio de la vida humana y de los acontecimientos del mundo, yace como permanente y esencial "la idea en la que la voluntad de vivir tiene su más perfecta objetividad" (§ 35, 112). Estaríamos así en un punto intermedio entre Deleuze y Heidegger: la pluralidad del devenir, que no tiene sujeto, no obstante reclamaría la prioridad de la idea, pero fuera del sujeto cognoscente, esto es, en un pretendido sujeto puro de la voluntad deslizándose silenciosamente por los acontecimiento fenoménicos de la representación.

Sin embargo, me inclino por aproximarme a la percepción original desde el psicoanálisis, porque Grotowski, a diferencia de Schopenhauer, *no* propone perderse completamente en el objeto contemplado, la esencia o idea de la cosa: Grotowski no aspira, como el sujeto del conocimiento puro schopenhaueriano, a captar la idea del árbol, sino que sostiene cómo la percepción original, capturada y desprovista de la materialidad en el concepto por el Otro del lenguaje y la cultura, obtura las percepciones posteriores en la singularidad de cada objeto. No busca fusionarse con la idea, cancelar la diferencia sujeto/objeto por medio de la contemplación; su meta es desalienar al sujeto de las mortificaciones que el significanete ha ejercido sobre el cuerpo. Volveremos a esta cuestión con el ejemplo del árbol del manzano en su infancia. Subrayemos, no obstante, que mi interpretación afirma que la propuesta de Grotowski ya está en el marco de esa sustancia gozante que Lacan introducirá en su enseñanza por estos mismos años de los textos del maestro polaco que venimos comentando.

En una frase Grotowski va a redondear su aproximación: "So to be in the beginnings is to be in reality part of the perception and of what one does" [así *estar* en los comienzos es *ser* en realidad parte de la percepción y de lo que uno hace" (13); se reúnen en este enunciado el origen, lo real de la percepción[188] y la acción.

Y Grotowski de inmediato nos re-ubica respecto a la temporalidad, pero también respecto de la no-temporalidad del inconsciente y es categórico: "To be in the beginning means *hic et nunc*, or rather, *hic stans* and *nunc stans*" (14). Traduzco: Estar en el comienzo significa *aquí y ahora*, o mejor, *eso* (el aquí) permanece y el *ahora* permanece]. Aquí y ahora, eso está en el presente puntual de lo intemporal, es lo que permanece, particularmente de las percepciones y estímulos externos o endógenos que se han depositado y que, al inscribirse en la pizarra mágica, quedan suspendidos en su cronología, despojados del tiempo-reloj de la conciencia. Grotowski enfatiza que en "la técnica de los comienzos" se está atado al pasado, pero en "el compromiso con el origen" (en singular) lo que importa es el ahora: "In the beginning there was the now, everytime is in the beginning" [En el origen había el ahora, cada tiempo [¿cada instante?, ¿cada vez?, el inglés es un poco amplio con la palabra *time*] es/está en el origen" (14).

Estamos en esa dimensión que el psicoanálisis pensó como tiempo mítico en el que el lenguaje, el significante marca el cuerpo en una experiencia de inclusión/exclusión, base de la doble cara del afecto amor-odio (eros: pulsión de vida/thánatos: pulsión de muerte) como efecto del inconsciente sobre el cuerpo. Allí donde el sujeto adviene como falta-en-ser a causa del lenguaje (afirmación, inclusión), allí también y a la vez hay una pérdida original o rechazo del objeto, de esa parte vital de plena satisfacción que el sujeto no logrará recuperar y que, en adelante, quedará *éxtimo*, es decir, a pesar de formar parte de su más singular intimidad, le será siempre ajeno como una exterioridad inalcanzable. A partir de ahí se

---

[188] Me atrevo a traducir/postular "*in reality*" como 'real' y no como 'realidad': me parece estratégico, pero también beneficioso deslindar ya ambos conceptos tal como Lacan lo ha propuesto: la realidad como construcción fantasmática y realidad psíquica, lo real como aquello que ha quedado sin significante *en el origen* de la percepción primitiva del mundo para el sujeto al que *lalengua* nos permite algún acceso.

odia el propio goce, en la medida en que ese Uno ajeno, exterior ("hay de lo Uno), remite a un goce, un Real correlativo al Otro-que-no-existe (A tachado) como registro simbólico. Cualquiera sea la referencia al pasado, cualquiera la urgencia que nos imponga el futuro, el ahora del presente es siempre el que recobra el pasado y lo resignifica en el itinerario metonímico en el que el sujeto reconstruye una historicidad subjetiva tensionada por el origen mítico en el que pierde su objeto y el anhelo de reencontrarlo como plena satisfacción perdida en el pasado.[189] Transferencia, *acting out*, rememoración en psicoanálisis son formas de la repetición en que lo Real insiste. La rememoración –importa aclararlo ya que estamos siempre sobre el tema de la memoria— no es la reminiscencia entendida como un revivir el pasado para alcanzar los sentimientos originales vía un procedimiento catártico, tal como la memoria emotiva stanislavskiana. En esa experiencia de inclusión/exclusión, tal como Lacan la ha trabajado en la dimensión del amor y del odio, el ser y la ex–sistencia se distinguen: el ser está del lado del amor, de un eros unificante hacia un objeto que se perderá radicalmente en el pasado mítico del sujeto; la ex–sistencia corresponde al odio: ""Por eso mismo, las otras dos pasiones son las que se llaman amor –que nada tiene que ver, en contra de lo elucubrado por la filosofía, con el saber— y el odio, que es justo lo que más se acerca al ser, que llamo ex–sistir. Nada concentra más odio que ese decir donde se sitúa la ex–sistencia" (Lacan, *Seminario 20* 147).

Se podría aquí retomar lo que dijimos del hablar como una dimensión temporalizada del odio en tanto no logra la fusión erótica anhelada. En el origen mítico, eros es el amor como ser pleno en unidad con el cuerpo de la Madre como Otro primordial, simbólico, concebida como un

---

[189] "En el espacio y el tiempo infinitos –nos dice Schopenhauer— se encuentra el individuo humano como finito y, por lo tanto, como una magnitud ínfima frente a aquella, arrojado en ella; y debido a su carácter ilimitado, él solo tiene un cuándo y dónde relativos, no absolutos […] su verdadera existencia se da solo en el presente, cuya libre huida hacia el pasado es un continuo tránsito a la muerte, un constante morir […] su existencia […] es un continuo precipitarse el futuro en el muerto pasado […] un morir continuamente evitado, una muerte siempre aplazada" (§ 57, 179)

todo (A sin tachadura), del cual el sujeto se separa para entrar en la ex-sistencia, marcada por el odio o la pulsión de muerte que, a la postre, estará siempre silenciosamente trabajando su goce. El amor, pues, no es sin odio. Retomaremos esto más adelante.

La acción, cualquiera sea, cada vez nos remite a algo que pensamos antes como "ya sucedido", de modo que actuar es un re-actuar del "habrá sido"; la memoria está implicada, pero convocada por el futuro porque el sujeto, al actuar en el presente, está constantemente entre el pasado y el futuro (14). Y cuando no hay posibilidad de rememoración, cuando algo en la memoria está reprimido, es cuando precisamente se actúa: *acting out*. Recordemos que la memoria en el psicoanálisis forma parte de la historia del sujeto a nivel simbólico y obviamente también del inconsciente transindividual. Grotowski afirma que "To be in the beginning is a renouncement of *absence*" (14, énfasis de Grotowski). Estar/ser/permanecer en el comienzo es una renuncia, un repudio, una resignación de la ausencia: ausencia del objeto perdido, de la satisfacción plena primitiva, renuncia/repudio/resignación al goce.

La computadora intelectual, según Grotowski, con la cual la naturaleza nos ha provisto, a veces debería funcionar y otras veces descansar; nosotros, por lo demás, somos responsables de su programación. La percepción, nos dice el maestro, es una experiencia, es tangible, orgánica, primitiva, simple, pero la computadora nos separa de las cosas porque interviene la conciencia, el pensamiento con los conceptos, y por eso perdemos los hechos en su singularidad: "percibimos pensamientos y no hechos" (14). Otra vez nos enfrentamos a la intermediación del concepto.

Hagamos una incursión breve y, sin duda, injusta, por aquello que Freud trabajó hablándonos de representación de cosa y representación de palabra. No lo hizo de un solo golpe, sino que el tema atraviesa muchos momentos de su trayectoria investigativa que no podemos puntualizar aquí. De hecho, el tema ha promovido debates en el campo del psicoanálisis respecto a algunas interpretaciones de los textos freudianos. El tema de la representación, como hemos venido viendo, aparece en Schopenhauer y se puede remontar incluso a la historia de la filosofía occidental.

Limitándonos a Schopenhauer, quien decía que el mundo era representación, fenoménico y que la voluntad subyacente, como lo Real, era irrepresentable y además, cuando el concepto capturaba algo de esa voluntad, lo hacía en forma incompleta; de ahí que nos diga que "los conceptos [son] representaciones de representaciones" (§ 9, 41). A los efectos que más nos interesan, cabe detallar que Freud trató de darles una localización en el aparato psíquico (consciente e inconsciente) y determinó que la represión opera sobre la representación y no sobre el afecto o energía libidinal. El objeto de conocimiento está localizado en la conciencia, y localizamos la representación de cosa (visual) y representación de palabra (de tipo acústico) en el pre-consciente; la representación de cosa, sin embargo, queda ubicada del lado del inconsciente.

Habría en Freud, desde muy temprano en su investigación, una diferencia entre objeto de conocimiento y objeto pulsional. Tanto las representaciones de cosas como de palabras son, en primer lugar, imágenes y, en segundo lugar, representan a la pulsión y es por ellas que podemos saber algo de ésta. Hay que estar alertados en cuanto a que estas representaciones no se pueden trabajar aisladamente, digamos, una por una, ya que tienden a desplazarse (metonimia) o a condensarse (metáfora). No hay que olvidar tampoco que la descarga pulsional no pasa libremente de una representación a otra, sino que está mediada –por decirlo de algún modo— por la represión, lo cual complica obviamente el trabajo interpretativo. Además, no podemos descartar la intermediación del lenguaje – ubicado en el pre-consciente— a cuya representación de palabras alguna de esas representaciones de cosa se unen. Las representaciones de palabra son fundamentalmente huellas acústicas en la memoria. Esto conduce al hecho de que no todas las palabras en el discurso del analizante adquieran el mismo peso, valor y significación. Y es gracias a la representación de palabra que, de alguna manera, libera al pensamiento de la carga pulsional, alejándolo de las percepciones primitivas y su carga de goce; por eso hemos planteado la cuestión del concepto como fuera del tiempo. Recordemos aquí precisamente que Grotowski propone partir de la acción y no del concepto, porque justamente esa acción es la que cancela el aspecto abstracto, universal del concepto, y permite recuperar vía el cuerpo y el movimiento la dimensión del origen en lo infantil, en lo pulsional y singular de cada sujeto. La palabra permite alejarse del principio del placer, pero la acción, tal como la propone el maestro polaco, reinstala la importancia de lo pulsional relativo al deseo y al goce: la acción se origina en una falta que dispara el movimiento. La representación de palabra, en tanto ancla en el signo (imagen acústica ligada al concepto) y ligada al registro simbólico se mantiene alejada de lo pulsional. Su distancia es con el objeto al que se refiere; en la representación de cosa esa distancia está anulada o, mejor, anudada a la satisfacción provocada por la percepción primitiva.

A Grotowski le interesa *lalengua* y no la palabra (entendida como signo, relación fija entre significado y significante como ausencia de cosa). Si en la etapa del Teatro de Producciones quería hacer 'signo', ahora en lo performático quiere hacer presencia.[190] Por eso lo performático no equivale a lo teatral; lo teatral —al menos en la tradición occidental— ha estado del lado de la representación, de la palabra como ausencia de cosa; hay allí siempre referencia fija a algo exterior al verbo y, como vimos, poco creativa por cuanto es el concepto el que media en la relación y calibra la distancia con el referente, empobrecida pulsionalmente, amén de desplegarse en el tiempo-reloj; en cambio en lo performático hay pura presencia del cuerpo y de lo pulsional mediados por *lalengua*, la referencia es a lo interno pero presente, el tiempo es el existencial del *hic et nunc*. Volveremos sobre este aspecto en otro capítulo. En lo performático la satisfacción referida por la satisfacción de cosa y la de la representación de palabra coinciden, digamos que se superponen, y es por ello que lo pulsional (*infans*) puede acceder a la conciencia y sobre todo ligado al afecto. Por eso en lo performático convergen y coinciden en lo que se hace, aquello que se dice y aquello que se siente.

En el 'teatro' la cuestión de la representación ligada a la palabra ha llevado a las propuestas de técnicas que llenen 'corporalmente' el vacío o pobreza pulsional de lo verbal: las acciones físicas, por ejemplo, se inscriben en un encuadre neurótico en el que lo que se dice no siempre está

---

[190] Ver nota 104.

en relación a lo que se hace; las acciones físicas están orientadas a captar lo pulsional reprimido del texto y encarnarlo ajustándolo así a la actuación para que ésta deje de ser meramente 'decorativa'. De ahí que la técnica tenga que proveer modos de lidiar con la inhibición y las resistencias. El teatro de objetos, en este sentido, aunque quiere alejarse de lo teatral tradicional, sigue sin embargo siendo teatro=representación, pero ya no neurótico sino esquizofrénico, en la medida en que allí es la representación de cosa la que ha perdido la investidura libidinal y por ende la relación con el mundo. El uso de la palabra en este teatro de objetos, cuando lo hay, intenta restituir esa carga perdida en relación a la cosa, esto es, lo pulsional primitivo, pero solo puede configurar un espacio comunicacional de tipo narcisístico, aislado, donde la palabra queda ligada al propio cuerpo a fin de instalar a su modo su mundo. Si lo verbal adquiere tanta función en el teatro tradicional, es porque allí el inconsciente es mudo y hay que hacerlo hablar[191] (en el texto y en el teatrista); en el teatro de objetos el inconsciente es ciego, la representación de cosa está perdida y, por ende, es un teatro que inflaciona lo visual.

Lo performático, tal como Grotowski va a proponerlo, va más allá de ambas posibilidades porque, precisamente, alude y cancela lo representativo como tal, lo cual significa que cancela la distancia entre performer y público, ya que ambos son ahora participantes en la producción del sentido de lo Real, de lo insensato que hace puente entre los cuerpos gozantes involucrados en ese acto. Si la conciencia es la que controla lo representativo en el teatro, bajo la dicotomía de lo interno/externo, lo performático apunta a lo éxtimo.

La estructura gramatical particular (su fonología, morfología, sintaxis y semántica) 'formatea' de alguna manera la percepción misma y estabiliza o legisla la relación del significante con el significado la cual, indudablemente, no sirve para interpretar, aunque siempre el diccionario

---

[191] Tenemos aquí una referencia a la tesis de Foucault en cuanto a que el psicoanálisis se ligaría a la historia de la confesión: no reprimir la sexualidad sino precisamente hacerla hablar.

como registro simbólico opera como ese Otro-que-no-existe pero del que no se puede prescindir. Demás está decir que la objetividad de la percepción/observación es siempre cuestionable. El diccionario (de signos o de símbolos) nunca puede abordar la significación pulsional, en la medida en que ésta conforma redes de remisión de unas a otras, filtradas por la represión, lo cual hace que se resignifique la relación de la representación de cosa con las fantasías originales inscriptas en el inconsciente. Y esta circunstancia es, obviamente, única y singular para cada sujeto. Es a partir de la rememoración que hace el sujeto en análisis cuando se puede recorrer la red y captar el deslizamiento metonímico del deseo a lo largo de la cadena significante provista por el discurso y por la acción de la asociación libre más la escucha flotante de parte del analista, que también participa del acto performativo.

Es en esta línea que nos parecen fundamentales los recuerdos que Grotowski despliega en los textos que estamos comentando. Particularmente sus recuerdos de infancia nos son útiles para visualizar la arquitectura de su elaboración artística y metodológica, por cuanto es en la infancia en la que el niño, como él lo plantea, ve el mundo como novedad y carga los objetos libidinalmente, dejando la representación de cosa inscripta en el inconsciente. Es a través de estas rememoraciones y asociaciones que podemos conjeturar qué deseo se desplaza por su discurso, a qué objeto perdido e inalcanzable se refiere, qué tipo de satisfacción está allí en juego en tanto enfatiza significantes o produce cortes y silencios discursivos que, a la postre, son también elocuentes. Las canciones de origen multicultural, pero que Grotowski asume como iniciáticas o primitivas, como veremos en la etapa del Arte como vehículo, ya retoman la cuestión de lo acústico, lo rítmico, la mediación de la voz como disparadora de recuerdos de tipo biográfico que el teatrista irá adhiriendo a partir de esas resonancias –digamos— significantes, a partir de las cuales éste puede llegar al cuerpo gozante, esto es, al origen como Real del goce y como goce de lo Real, en un performance complejo que involucra muchos niveles y comprometen lo auditivo y lo vidual, más las identificaciones del sujeto, como componentes estructurales de lo performatico.

Ahora bien, por un lado, están las representaciones de cosa en el registro simbólico, de alguna manera compartidas socialmente y, por otro lado, está el registro de la percepción y satisfacción primaria de esa cosa a nivel pulsional, lo cual es particular de ese sujeto: es esta percepción o inscripción psíquica primitiva a nivel pulsional lo que tenderá a repetirse en la elección de objeto. La percepción posterior de la 'realidad' está determinada por estas inscripciones pulsionales que orientan o dirigen la selección que el sujeto hace entre los múltiples objetos o cosas de la realidad. Se trata de re-presentación precisamente porque coloca delante del sujeto algo que, en realidad, es una huella mnémica ya, digamos, archivada en la memoria. No todos los objetos que el sujeto tiene por delante pueden ligarse a esa memoria perceptiva a nivel pulsional, porque no todos esos objetos le 'recuerdan' la satisfacción primitiva que ha perdido. Ciertamente, la selección de las canciones que los asistentes a sus talleres convocan para sus ejercicios ya desde el vamos (¡desde el origen!) tienen lazos con la percepción primitiva *infans*.

¿Cómo trabajar para desmantelar la percepción 'domesticada" por lo simbólico? Grotowski, como vimos, tiene la convicción de cómo la conciencia y el pensamiento obturan nuestro acceso a las cosas, nos impiden percepciones nuevas en tanto asimilan el estímulo a la generalidad atemporal del concepto, es aquello que lo lleva, nos cuenta, a desentenderse del alma y enfocarse en el cuerpo: "cuando hablo del cuerpo, hablo del ser humano" (14). Una vez más Grotowski diferencia 'cuerpo' de organismo ("mi sistema circulatorio"), pero ahora se interroga sobre los límites de su cuerpo y se responde diciendo que su cuerpo tiene la cuarta dimensión: a las dimensiones de altura, anchura y profundidad, propias del cuerpo físico, Grotowski agrega una cuarta a la que bautiza como "el otro": "para descubrir mi cuerpo podría ser bueno descubrir tu cuerpo" (14). Volvemos aquí a la aproximación lacaniana por medio de la topología: "La topología –dice Alfredo Eidelsztein— subvierte la relación sujeto/objeto" (13), sacándola de la tridimensionalidad de la *res extensa* y de la a-dimensionalidad de la *res cogitans* o pensamiento, conocida vulgarmente por medio de la expresión "el pensamiento no ocupa lugar" (13). Vemos también ese esfuerzo de Grotowski por salirse de la metafísica al agregar un cuarto elemento: el cuerpo del otro.

Como ese cuerpo del otro es condición para descubrir el cuerpo propio, la operación que hace posible esta cuarta dimensión es el amor. Solo el amor al otro o al Otro define la corporalidad propia. Grotowski dice descubrir un cuerpo cuando descubre el cuerpo del árbol, el cuerpo del cielo, el cuerpo de la tierra, el cuerpo de cada cosa simple. Y aunque menciona el vocablo "ecología", inmediatamente la limita, para afirmar que "el primer medio-ambiente natural es el cuerpo, mis sentidos" (15). Esa cuarta dimensión no está construida desde el sistema circulatorio, desde el organismo. Ya estamos en otra dimensión: ¿cómo debemos leer esto? Es una experiencia de auto-evidencia del cuerpo propio que pasa por la certeza del cuerpo del otro o de lo otro, incluso a partir del goce del otro/Otro. ¿Debemos leerlo como una dimensión narcisista y como un goce autoerótico cuya condición es la imagen del cuerpo del otro/Otro, o el *otro* cuerpo? Si ése es el caso, estamos entonces en el registro imaginario, con la relación especular del yo [*moi*] con el otro del espejo, en un contexto libidinal marcado por el amor y también por la agresividad.[192] El maestro polaco nos dice que para acceder a "la experiencia del comienzo uno debe someterse a *algo* que precede a la noción de grupo" (14, el subrayado es mío), lo cual nos indica que cuando habla del otro/Otro en relación al origen, *no* está pensando en los intercambios entre los participantes durante el entrenamiento, algo que volverá a subrayar en el texto sobre el Teatro de las Fuentes incluido en el *Sourcebook*. Y es que se trata, por el contrario, de una experiencia individual –"*ser-a-ser*" (15, énfasis de Grotowski)— que precede al grupo y que resulta indispensable para que éste devenga luego creativo.

---

[192] Si lo erótico aparece como una fuerza activa (tal como Nietzsche la define) en tanto el yo ama su propia imagen unitaria, la agresividad es una fuerza reactiva, en cuanto esa imagen que le brinda unidad es ilusoria y no se corresponde con la incordinación real de su cuerpo. Lacan incorpora la idea de una agresividad narcisista suicida ligada a la pulsión de muerte, lo cual –en términos del devenir nietzscheano concebido como un origen formado por fuerzas activas y reactivas—hace que triunfe la fuerza reactiva sobre la activa.

Si no se trata de otro individuo, ¿cuáles son esos *dos* seres involucrados en la experiencia personal? Conviene mantener en mente este enigma. Aunque lo narcisista nos da una pista, exploremos, sin embargo, otro registro posible de esta relación amor-odio en la propuesta grotowskiana. Más adelante, Grotowski nos plantea que se refiere a una experiencia que transgrede el mundo humano.[193] Va a insistir sobre lo que ya comentamos: el tema del Uno que, ligado ahora al amor, retoma la vieja tradición que nos viene desde El *Banquete* o *Simposio* platónico y que Lacan va a deconstruir a detalle en el *Seminario 8 La transferencia*. Yo/tú no significa tú y yo, nos dice Grotowski. Tú y yo no hacen dos —"falsa matemática" (15)— ni tampoco se trata de dos que hacen uno. Hace un comentario —como al pasar, pero revelador— sobre la sexualidad victoriana, lo cual constituye un guiño importante porque es la sexualidad con la que Freud se enfrentó y que, gracias a sus histéricas, pudo producir el psicoanálisis: de ahí que, cuando Lacan habla del discurso de la Histérica, y no de la histeria, es a manera de homenaje a las que hicieron posible el psicoanálisis. Esa sexualidad victoriana es la que alimenta fantasías como las de dos en uno o uno que son dos. A Grotowski le interesa criticar cómo esta sexualidad victoriana (y podemos imaginar que la hace extensiva al psicoanálisis freudiano; sería injusto hacérsela al lacaniano) se atiene al coito y nos hace aceptar la realidad del cuerpo y los sentidos solo en relación a ese acto. Lacan desarmó tempranamente el predominio de la genitalidad en los famosos estadios evolutivos (oral, anal, genital). También nos advertía desde los años '60 que en el amor hay *por lo menos* tres involucrados: "Hay una experiencia –dice Grotowski— ante algo más allá de yo y tú" (15). Y es una experiencia de un *it*: "in this experience seemingly nothing agrees: me ceases to exist, what is you? Maybe one could say: *it*. In it, there is everything" ["En esta experiencia aparentemente nada está de acuerdo: yo [*moi*] deja de existir, ¿qué eres tú? Tal vez se podría decir: *eso*. En eso hay todo"] (15). Y agrega: "Todo está presente". Y deja la cuestión allí,

---

[193] La traducción al inglés de Kumiega dice "world of men", pero por otras lecturas, creo que se refiere a "czlowiek", ese término del polaco no marcado por el género y que indica la especie, el ser humano.

invitándonos de repente a pasar al tema del Teatro de las Fuentes: "Ahora me gustaría pasar directamente al Teatro de las Fuentes".

¿Qué es lo que hace corte aquí para que el tratamiento del tema se interrumpa o se cierre de ese modo tan enigmático? Ese corte opera como una *tyche*, algo sorpresivo que de pronto interrumpe violentamente el discurso y obliga a Grotowski a pasar a otra cosa. Si los recuerdos de escuchar bajo la mesa o sobre las lecturas provistas por la madre de alguna manera evocan el pasado y lo traen al presente de la cadena de significantes, del habla, el corte abrupto en esta conferencia no puede ser otra cosa que una *tyche*, una verdadera repetición, un encuentro fallido con aquello de lo que no se quiere ni se puede hablar. Me arriesgo a interpretar: Grotowski, a su manera, toca ese punto crucial que Lacan pudo escribir como "no hay relación sexual", para indicar que no hay proporcionalidad en la satisfacción de deseos y goces entre los partenaires. Ya hemos mencionado en otro capítulo el silencio que hay alrededor de la sexualidad de Grotowski; él mismo nunca se refiere a su biografía erótica. Ese *ser-a-ser* evocado en la página 15 de "Wandering..." parece que resultó ser, más que un ser-a-ser, una 'falta-a-falta' en el registro del ser, de la sexualidad y de la relación con el otro.

Entendemos mejor ahora por qué en "Theatre of Sources" va a sostener a nivel del entrenamiento que cada participante, aunque trabaje en grupo, se centre en su singularidad, la de su deseo marcado desde el origen por una lengua y una cultura determinada. No tengo a disposición el objeto perdido que al otro le falta y que lo colmaría en satisfacción plena; y al otro le pasa igual: no puede colmar mi falta a nivel del deseo. Falta-a-falta, sin duda, más que ser-a-ser. La cultura del otro participante no me completa una falta en mi propia cultura y menos en mi falta-en-ser. Grotowski aquí se decide por la imitación hasta tanto el participante dé con su origen a partir de su propio cuerpo y de su propia memoria.

Regresemos a "Wandering...". Grotowski no nos habla todavía del trabajo grupal sino de "algo individual" (15). Está interesado en lo que, lacanianamente, podemos graficar con esos dos 'seres' posicionados en distintos niveles: el yo [*moi*] en la conciencia; el sujeto, en el inconsciente.

No se completan, obviamente, ni llevan una relación pacífica. Sigamos con la interpretación de su frase: el yo [*moi*] deja de ser, de ex–sistir, para dar lugar a la emergencia del sujeto, en un lapsus, por ejemplo. El sujeto aparece y de inmediato desaparece. Estamos a nivel del sujeto del inconsciente, que Lacan lo plantea como pulsativo, se abre y se cierra. Schopenhauer ha percibido esta fugaz irrupción del inconsciente en la conciencia, incluso a la manera azarosa de la *tyche*, y, a su modo, no deja de plantearnos casi lo mismo que el psicoanálisis: una vez que eso extraño irrumpe, que abre una puerta, hay que ir a ver: "Casi siempre la verdad entra por la trasera, al resultar *per accidens* de alguna circunstancia accesoria. Con frecuencia una reducción al absurdo cierra todas las puertas una tras otra, y no deja abierta más que aquella en la que, solo por eso, hay que entrar" (§ 15, 57).

¿Afánisis, desaparición del sujeto? Sin duda, pero no afánisis del deseo. Desaparición, *fading* del sujeto en la alienación erótica frente a la demanda del otro. ¿Qué otro? No se trata de otro individuo. El otro, nos dijo Grotowski, es *eso*, un objeto, el del propio sujeto, el del deseo de ese sujeto que yace en la dimensión del no-saber. No se trata de otro individuo, repetimos, porque no se trata de intersubjetividad: todo sujeto orienta su deseo hacia un objeto, su objeto de deseo, el perdido. Y es precisamente frente a la demanda de ese objeto, que el sujeto desaparece para no ser devorado por él, protegiéndose en el fantasma y defendiéndose así del goce, esto es, no cediendo en cuanto al deseo. Y si en ese objeto, el perdido, "hay de todo" ["hay de lo Uno", obsérvese el '*lo*' neutro] es porque remite a una experiencia de satisfacción primitiva con un Otro completo del cual el sujeto se ha desprendido.

Retomamos aquí la cuestión del amor-odio, del ser y la ex–sistencia que mencionamos antes y que ahora podemos adjuntar al "no hay relación sexual", porque justamente allí se da aquello de "amo en ti, algo más que tú, por eso te mutilo" (Lacan): ese objeto amado no eres tú, es ese algo más, el *eso* desconocido que no alcanzo ni alcanzaré, por eso te odio, porque no lo tienes.

¿Qué es lo perdido que más tarde no podemos alcanzar? El psicoanálisis responde: la Madre, con mayúscula, la madre simbólica, ese Otro primordial del cual nos desprendemos y a la que imaginamos completa, fálica o devorante.[194] La madre simbólica es la que introduce al niño en el lenguaje y la que lo asiste en su desamparo inicial; la que recibe las demandas del pequeño y sabe atribuirles un significado. No vamos a expandirnos aquí sobre la figura materna, sus transformaciones en las etapas del Edipo y los reposicionamientos del niño respecto de ella y respecto del falo. Simplemente vamos a pensarla como ese origen en tanto objeto perdido, como esa *fuente* de primeras satisfacciones y de posibles peligros y frustraciones[195] a las que hemos tenido que renunciar tempranamente y que constituye la causa del deseo.

Si en "Wandering..." Grotowski nos invita a buscar la autoevidencia retroactivamente en la infancia, como quien vive en los comienzos, en los orígenes y para quien todo sucede por primera vez, donde se dan en cierto modo esas percepciones primarias, no debe sorprendernos que en "Theatre of Sources" en el *Sourcebook* comience hablando justamente de la necesidad: Lacan ha demarcado la necesidad diferenciándola de la demanda y del deseo. La necesidad se articula con lo biológico; como el niño está incapacitado en su acción por su inmadurez motora y no puede articular verbalmente la necesidad, es la madre la que atiende los gritos del niño, gritos que configuran la primera demanda dirigida al Otro quien está encargado de realizar las acciones que el niño no puede todavía desarrollar. La madre satisface la necesidad, que el niño interpreta como prueba de amor; pero el niño, en su demanda, aspira a más: ya no solo el alimento, por ejemplo, que lo sacia, sino que ahora demanda el amor de la madre testimoniado por ella con su presencia en tanto satisfacción de su demanda, una vez satisfecha la necesidad del organismo. El objeto real de

---

[194] Una vez más un origen conformado por fuerzas activas y reactivas, lo erótico y lo destructivo.

[195] No por nada existe la frase "ruptura de la fuente" o "romper aguas" para referirse a los preliminares del parto.

la necesidad se transforma en objeto simbólico cuando se trata de la demanda, el cual vela el estatus real del objeto de la necesidad. Aunque la madre sea capaz de satisfacer la demanda algunas veces, lo cierto es que a partir de allí la demanda de amor del niño se metamorfosea en un deseo insaciable de amor, cuya falta va a ser metonimizada por otros objetos sustitutos a lo largo de la cadena metonímica de su deseo durante el resto de su vida; esto es, esa falta operará como causa del deseo, temporariamente satisfecha y luego frustrada por múltiples objetos suplentes que siempre dejan abierto el deseo hacia la futuridad.

La impotencia del niño, satisfecha a veces por la madre, llevará a éste a lo que los analistas reconocen como el *fort-da*: en *Más allá del principio de placer*, Freud nos relata cómo su nieto, ante la ausencia de la madre, jugaba con un carretel y un hilo, arrojándolo (articulando el vocablo *fort:* ¡vete!) hasta hacerlo desaparecer y luego recuperándolo (verbalizándolo como *da:* ¡ahí!). Notemos de paso que ese *Da* es también el del *Dasein* (ser-ahí, existir) de Heidegger el cual, como el carretel, es también un ser caído, arrojado, cuya existencia se tensiona entre el nacimiento y la muerte (Aydin 389). Ernest, el nieto, repetía esta acción incansablemente que, además, le daba gran satisfacción. Freud interpretó que el niño con este juego compensaba con el carretel su inicial impotencia frente a la madre, una especie de poder hacerla aparecer y desaparecer a su antojo. La experiencia original y dolorosa de la desaparición de la madre —que, una vez más, supone un tiempo-reloj— se torna ahora en jubilosa a partir de cómo el niño se las arregla para sustituir simbólicamente jugando con objetos (significantes) sustitutos. Si retomamos el tema del amor/odio, podemos conjeturar que a la des-unión causada por la ausencia de la madre, al instalarse su falta, el niño elabora su odio en la existencia de un juego completamente a su cargo y disposición. La compulsión a la repetición —sin connotaciones patológicas— compensa por medio del juego los sentimientos displacenteros. Lacan reinterpretó el *fort-da* diciendo que constituye la entrada del niño en el registro simbólico de la cultura a partir de la diferencia articulada por el significante. Para Lacan, sin embargo, el juego de presencia/ausencia, ahora planteado en el escenario simbólico gracias al significante, si bien surge ante la presencia/ausencia de la madre, disiente con la lectura de Freud: el carretel no sustituye a la madre, al fin y al cabo, como nos lo dice en el *Seminario 11*, el carretel está todavía unido al niño; el carretel, para Lacan, es una parte del sujeto que, aún ligado a él, se desprende pero es luego recuperado. En este sentido, Lacan postula que el carretel es el objeto *a* causa del deseo; dicho desprendimiento, como puede verse, ocurre precisamente por la intervención del significante (*Fort-Da*), del lenguaje. El significante, como el concepto o el pensamiento del que nos hablaba Grotowski como filtro para las percepciones de objeto, es aquello que hace presente la ausencia, está –digamos— en el lugar de lo ausente. Una última observación aquí: la intervención paterna todavía no está presente o bien está velada. ¿A dónde va la madre, por qué se ausenta, que desea? No vamos a desarrollar esta cuestión aquí, pero la dejamos indicada a los fines que nos interesan a continuación.

*Los divinos detalles de "Theatre of Sources"*

En efecto, regresemos con este marco conceptual breve y seguramente incompleto, a Grotowski. En "Theatre of Sources", como ya dijimos, lo primero que el maestro pone en cuestión es precisamente "la cuestión de la necesidad" (250). Se queja de cómo la gente le pregunta por qué, con qué fin hace algo, como si uno tuviera por anticipado todo en orden. Le parece una pregunta mecánica que, inmediatamente –como Nietzsche respecto del mecanicismo— rechaza. Para Grotowski, un "proceso vivo" se parece a un árbol para el cual no hay objetivo, salvo las raíces desde las cuales crece: concluye el párrafo con una afirmación que nos retorna a la cuestión del origen: "Las necesidades de nuestra naturaleza están en las raíces" (250). Y por eso, la asociación inmediata es con la niñez. Lo anecdótico deriva no tanto de su regresión, sino de su deseo de historizar desde el presente –como en un análisis— su pasado. No vamos a reproducir su relato, vamos a puntualizarlo.

El primer punto: estamos en tiempos de guerra, el padre está ausente, se ha exiliado para luchar en el frente anti-ruso. Grotowski no volverá a verlo.[196] La madre es la que ocupa el centro: ella es el sostén de la

---

[196] Un comentario meramente anecdótico: Grotowski, como Nietzsche, tienen parte de su destino ligado al Paraguay: la hermana de Nietzsche vivió allí muchos

casa, de Grotowski y de su hermano. El ejemplo del árbol ahora se asocia a un manzano (referencia bíblica ineludible), cuya forma 'especial' le atraía. A pesar de su debilidad corporal, le gustaba subir a este "manzano salvaje" (pura naturaleza) al punto de estar completamente obsesionado por la "tentación irracional de hacer cosas como si yo fuera el cura, el sacerdote (*priest*) de este manzano" (250). Y, frente a este elemento auténticamente fálico, agrega, casi con más autoerotismo que autoevidencia: "Estaba casi haciendo alguna clase de Misa de cara a este árbol" (250). Su impotencia, su debilidad comparada con la de otros muchachos de su edad (9 años [251]), lo llevaban a subir a este árbol y realizar ceremonias como compensación, a la manera del nieto de Freud. Vemos aquí cómo el manzano —no cualquier árbol, sino el del Paraíso perdido, el de la familia unida antes de la guerra— ocupa el lugar de la ausencia y le permite elaborar simbólicamente —por sustitución— lo siniestro provocado por la situación bélica, el alejamiento del padre y la separación familiar (*umheinlich/heinlich*). Había otros árboles, pero el manzano silvestre es el que permanece en su memoria: desde allí, si lo conectamos con lo que elaboró en "Wandering..." respecto al origen, podemos decir que dicho manzano será el origen, lleva el concepto, *su* concepto de árbol como percepción originaria, el que desde entonces —si podemos decir así— filtra sus percepciones posteriores del bosque, en su variedad y cambio permanente.

Me permito situar aquí la actitud de blasfemia que Grotowski mismo ejercerá a partir de su etapa de Teatro de Producciones: es la actitud (anticatólica, anticristiana) de volver al origen, en actitud crítica, deconstructiva, tal como nos la ha planteado en "Wandering...". Ahora trata de atravesar el concepto atemporal de manzano, para aproximarse a las raíces de ese 'arbol' del que nos habla al comienzo del párrafo en "Theatre of Sources", a las raíces del árbol como necesidades de nuestra naturaleza: "No era incluso el manzano lo importante —agrega—. Lo importante era la compensación [satisfacción jubilosa, sustituta, autoerótica, de una satisfacción plena originaria, ligada a la madre, al padre, a la unión familiar, y

---

años y allí también después de una breve estancia en Argentina, vivió y murió en 1968 –año de la publicación de *Hacia un teatro pobre*— el padre de Grotowski.

de un dolor por la ausencia]. Y con todas estas dudosas motivaciones – prosigue— quizá fue como si este árbol fuera *transportándome a cualquier otro lugar*" (250, el subrayado es mío). El Teatro de las Fuentes precisamente se orientará a "decondicionar la percepción" para evitar el hecho de limitarnos a los estímulos "que están de acuerdo con nuestra aprendida imagen del mundo" ("Theatre of Sources" 257), esto es, recuperar la percepción de la singularidad del objeto por sobre la interferencia del pensamiento (consciente) y el concepto; se trata de desprogramarnos, desdomesticarnos, lo cual nos regresa al estado infantil y su "indefinible memoria": "Es necesario re-encontrar ese niño hipotético y sus éxtasis" (258).

Grotowski nos aclara que no se inclina por este decondicionamiento a nivel de la mente, por los peligros que ello conlleva (catalepsia, catatonia, hibernación [258]);[197] prefiere, por el contrario, orientarse hacia lo performativo, lo activo, ligado a los impulsos del cuerpo capaces de despertar los sentidos. Una vez ya nos habíamos topado con el trabajo (retrocativo) hacia la recuperación del cuerpo gozante por medio del movimiento. Hay aquí cierta referencia a las acciones físicas de Stanislavski, pero orientada diferentemente.

Sobre esta premisa, pero sin la postulación ni el detallismo técnico de la propuesta grotowskiana, he trabajado en la praxis teatral, aunque sin apoyar la idea del maestro polaco de que "los cuerpos, a pesar de cualquier diferencia de cultura, son similares" (259). En realidad, más allá de adherir o criticar esta tesis, mi orientación se dirige a la recuperación del cuerpo gozante a través de un trabajo con ejercicios de movimiento (ejercicios de yoga, ballet, danza contemporánea, artes marciales) y, mediante la improvisación como trampolín, permitirle al teatrista la posibilidad de alcanzar ese momento de irrupción o quiebre del discurso consciente que hemos categorizado como lo Real. Ya lo repetimos mucho en este libro y vale la pena decirlo una vez más: no hay un inconsciente esencial, univer-

---

[197] Veo aquí una crítica velada a la memoria emotiva stanislavskiana y a la versión Strasberg.

sal, generalizante; ya vimos cómo el inconsciente no es colectivo, es transindividual, históricamente determinado por el contexto y las circunstancias, es una red de los inconscientes singulares del grupo, de la parroquia. Y si esto es así, interpreto la propuesta de Grotowski de que se pueda alcanzar ese origen como "igual para todos" en la medida en que tanto los teatristas y la comunidad en la que trabajan pueden ser pensados como un solo sujeto de ese inconsciente transindividual. Ahora bien, solo puedo alcanzar el origen singular propiamente mío en esa dimensión transindividual —con sus muchas diferencias— precisamente porque ese grupo forma parte de la parroquia que, no es necesario decirlo, no es uniforme ni homogénea. La praxis teatral tal como la llevo a cabo, en la medida en que está orientada precisamente a desdomesticar, opera singularizando en cada miembro del elenco su trabajo emancipatorio respecto de los condicionamientos culturales y, por esa vía, colectivizando la emancipación en el proceso de trabajo grupal. No todo el mundo se emancipa de las mismas alienaciones, no todos lo hacen en el mismo *timing*. En cierto modo, el mismo Grotowski no deja de apreciar esta vertiente cuando, de inmediato, aclara que "el Teatro de las Fuentes es una investigación sobre lo que el ser humano puede hacer con su propia soledad (próximo al otro, o a los otros)" ("Theatre of Sources" 259).

El vocablo 'soledad' aquí es crucial porque enfatiza "la soledad del sujeto" que Jacques-Alain Miller ya señalaba en su curso *Los divinos detalles* (210) y que luego tomará una mayor dimensión conceptual y política en la propuesta de Jorge Alemán, particularmente su *Soledad: Común*. La política lacaniana —procedente de *Psicología de las masas y análisis del yo*—se instala a nivel de la ética, pero a su vez no puede evitar la extensión a lo político que Freud había elaborado a través de la doble identificación: entre los individuos de la masa entre sí (identiridación horizontal) y de todos con el líder (identificación vertical). Así, de la política lacaniana centrada en la ética, se intenta pasar a una izquierda lacaniana con énfasis en lo político: es el pasaje de la Soledad a lo Común. Lacan da un paso más cuando elabora la cuestión de la separación y, al final, del *sinthome*, como pista de lanzamiento hacia aquello que Jorge Alemán denomina "lo inapropiable" por el neoliberalismo, esto es, el modo de goce singular del sujeto como modo de emancipación que, a la postre —siguiendo a Ernesto

Laclau— se espera rematar en una emancipación a nivel de lo colectivo. Es la vía en la que situamos la praxis teatral como un puente entre la soledad y lo común, como un pasaje de la masa convivial al pueblo emancipado.

A continuación Grotowski reafirma esta singularización cuando nos dice que a través de las diferentes clases de acciones se puede descubrir lo que es ruido o balbuceo de movimiento *de cada cual*, usualmente aplastados por la tendencia educativa al mimetismo inculcada desde la infancia (Lacan trabajó también esta cuestión), y a la mímica como conversación con gestos (260). Grotowski considera que en estos casos estamos siempre en el balbuceo y por eso –como lo sostengo en mi praxis teatral— "la palabra debería aparecer cuando es inevitable" (260). La imitación –pensada desde la conducta animal— puede no ser una tarea simple cuando se trata de adultos humanos que, además, provienen de culturas diversas y diferentes. Imitar sin analizar es lo solicitado a los participantes del proyecto de las fuentes: imitar es –como decía Aristóteles— connatural al hombre; Grotowski también dice que así nos comportamos en la vida diaria; sin embargo, cuando el maestro les propone imitar al líder que guía el ejercicio, cuando casi superyóicamente los conmina a hacerlo ("Do it!" ["Theatre of Sources" 264]), la cuestión se complica, produce "an enormous shock" (264). Los animales enseñan a sus crías por imitación y sin analizar; pero en los adultos humanos, "al imitar sin analizar, es fácil encontrar qué acciones les dan esta falta de angustia y esta falta de depresión energética. Entonces –prosigue Grotowski— pueden hacer elecciones y el problema de la imitación deja de existir" (264).

Inmediatamente agrega lo fundamental: la idea de que procediendo de ese modo se puede alcanzar "la cosa": "Tú debes realmente trabajar tú mismo a fin de *penetrar la cosa*" (264, el subrayado es mío). La referencia sexual del término 'penetración' y lo que hemos ya trabajado sobre la "no proporción sexual", es aquí evidente. No escribe aquí "la cosa" a la manera de los filósofos, al menos desde Kant hasta Lacan, como "la Cosa" [*das Ding*], es decir, esa dimensión de lo real no significantizable, ese goce prohibido al que no debería el sujeto acercarse demasiado, salvo sublimando; la Cosa es, en general, la muerte misma. Recordemos que también para Schopnehauer la Cosa –como lo Real lacaniano— no está en el campo de la conciencia y "no puede ser representable" (§ 17, 70). La sublimación permite a la pulsión de muerte acceder a una dimensión positiva, evitando su carácter destructivo y alcanzando un nivel creativo desde cero, desde el origen, desde la nada, elevando al nuevo objeto "a la dignidad de la Cosa". Lacan trabajó el *das Ding* en su *Seminario 7* sobre la ética del psicoanálisis. Imitar como hacen los animales podría dar acceso a la dimensión pulsional sin freno que es la que propulsa al sujeto a ir más allá del principio del placer y acercarse a *das Ding*, el goce. El fantasma defiende y protege al sujeto: en términos de Nietzsche correspondería al componente apolíneo de lo trágico de la existencia. En ese proceso, el sujeto puede evaluar sus acciones, como ocurre en el caso de un psicoanálisis, notando cuáles lo angustian o lo depriminen al acercase a la cosa, permitiéndole desde entonces elegir aquellas que lo mantienen dentro del principio del placer, esto es, del deseo, sin ponerse en peligro. El Teatro de las Fuentes, desde esta perspectiva de la acción y la Cosa, estaría casi al mismo nivel que la ética del psicoanálisis cuya propuesta consiste en "no ceder en cuanto al deseo", esto es, evitar el goce pero, no obstante, explorarlo por acercamiento a la angustia ("que no es sin objeto" [*Seminario 10*]), esto es, aproximarse –más que penetrar— en la Cosa para saber cuál es el modo de goce al que nos invita la repetición buscando aquella satisfacción imposible y perdida.[198]

Demás está decir que estas acciones, como las del ejemplo que Grotowski nos da realizado en un seminario en Polonia en 1980 para 220 participantes, se realiza en un encuadre especial, si se quiere, artificial, a la manera de la narración que un analizante realiza en un consultorio. Di-

---

[198] El uso del verbo 'penetrar', más que remitir a Lacan, remite en todo caso a Georges Bataille. En el acto sexual, para Bataille, tal como lo plantea en *El erotismo* (1957), el individuo ejerce una violencia de tipo erótico para restaurar la continuidad de la vida, habida cuenta de que "entre un ser y otro ser hay un abismo, hay una discontinuidad" (9). La referencia que Grotowski hace a continuación a la cacería y a la guerra parecen hacer también puentes con el libro de Bataille (ver Capítulo VI). La intertextualidad con Nietzsche, en todo caso, se halla en Grotowski al igual que en Bataille.

chos participantes llegaban, según nos cuenta el maestro, en olas a "un lugar *aislado* fuera de la ciudad, con edificios y espacios interiores, y con un medio ambiente natural amplio alrededor que [tenía] para nosotros una clase de presencia excepcional, donde cada pasaje en el bosque [tenía] para nosotros un sentido y su propia naturaleza" (264). En algunas acciones, agrega, las rutas estaban dirigidas hacia ciertos lugares o focos [*spots*] especiales que, para ellos, estaban "cargadas como acumuladores", fuera de lo ordinario. Los participantes, inmersos en estos itinerarios, parece que vivían la experiencia como una "cacería inusual", plena, no-habitual en la vida diaria. "Todo el espacio, interior y exterior –nos cuenta Grotowski— devenía el 'teatro de los eventos', de la misma forma en que se dice 'teatro de guerra'. *En este sentido*, podemos hablar sobre el Teatro de las Fuentes" (264, el subrayado es mío). ¿Cuál es ese sentido? ¿Cómo entender esa referencia al 'teatro de guerra'? ¿Guerra de los participantes entre ellos y/o consigo mismos? Probablemente. ¿Guerra a la alienación de la vida a causa de la domesticación capitalista? Sin duda. ¿Regreso a lo primitivo pulsional? Seguramente. Schechner, por ejemplo, atribuye el creciente número de personas (docenas, cientos, miles) en la etapa del Parateatro al "sentimiento de los sixties" (*Sourcebook* 210).

Sin embargo, la mención de la guerra propone un horizonte heroico tal como Nietzsche lo sostenía para su famoso superhombre, es decir, aquel que logra conocerse a sí mismo, dominar sus pasiones en vez de intentar eliminarlas, que conoce sus modos de goce, que logra atravesar el filtro fantasmático de la cultura, desmantelar la moralidad judeocristiana, para reconectarse con la naturaleza, humana y no-humana, como fuente de vida, y cuyo acercamiento a ella, dionisíaco y por ello peligroso sin duda, sería capaz de llevarnos a vivir el tiempo a-histórico –como Nietzsche lo denomina en sus *Consideraciones intempestivas*— y que luego será retomado por Heidegger como tiempo existencial, in-habitual, diferenciado del tiempo-reloj al que los participantes están alienados. Guerra, cacería, son las actividades destructivas-constructivas que, sobre todo para el arte y para la desdomesticación de la 'raza humana', Nietzsche proponía como regreso dionisíaco a las fuentes.

Resguardar la singularidad también debe ser una meta cuando se trabaja con otros: decondicionar la ilusión promovida por el "social game" que nos impone estar conectados con los demás, cancelar la simulación de pertenecer al grupo como forma de velar o compensar nuestra soledad radical.[199] En cuanto al espacio, Grotowski dice que cada participante "guarda una distancia natural" tal como lo hacen los animales; se trata de un

---

[199] En la primera de sus *Consideraciones intempestivas*, titulada "Sobre verdad y mentira en sentido extramoral", Nietzsche atribuye la simulación y el fingimiento a la necesidad que tienen los hombres débiles (que usualmente denomina 'el rebaño') de sobrevivir, es decir, "[e]l intelecto, como medio de conservación del individuo, desarrolla sus fuerzas principales fingiendo [...] este arte de fingir; aquí el engaño, la adulación, la mentira y el fraude, la murmuración, la farsa, el vivir del brillo ajeno, el enmascaramiento, el convencionalismo encubridor, la escenificación de los demás ante uno mismo, en una palabra, el revoloteo incesante alrededor de la llama de la vanidad es hasta tal punto la regla y ley, que apenas hay nada tan inconcebible como el hecho de que haya podido surgir entre los hombres una inclinación sincera y pura hacia la verdad" (4). Como bien lo enfatizarán Jaspers, Heidegger y Deleuze, lo importante es comprobar que los débiles, con sus fuerzas reactivas, son los que triunfan y dominan, porque avasallan la fuerza activa de los fuertes: contrariamente al sentido común, Nietzsche afirma que "hay que defender siempre a los fuertes contra los débiles", en que "[h]ay que defender la virtud [la de los fuertes que afirman la vida] contra los predicadores de la virtud [los nihilistas, los débiles que apuestan por la nada y la muerte y cuya voluntad de poder se ejerce por medio de fuerzas reactivas], por tratarse de sus peores enemigos" (*VP 315*, 231). En otro lugar de *La voluntad de poder* nos dice: "Los medios de los débiles para mantenerse arriba son: instinto, humanidad, instituciones [...]. Prueba de este señorío en nuestros instintos políticos, en nuestras valoraciones sociales, en las Artes, en la Ciencia. Los instintos decadentes han predominado sobre los instintos de progreso.... la voluntad de la nada ha predominado sobre la voluntad de vivir. ¿Es esto verdad? ¿No hay quizá una mayor garantía de la vida de la especie en esta victoria de los débiles y de los mediocres'? (*396*, 281). Anotemos algunos aspectos que ya hemos comentado de Grotowski: vimos cómo privilegia el trabajo con el deseo; también cómo se refería a un 'eso' al que califica de inhumano y finalmente cómo irá haciendo lo posible para no depender de ninguna institución. La desdomesticación está en relaión directa con la lucha contra los 'instintos decadentes' del capitalismo nihilista y es un trabajo que el asistente debe hacer por sí mismo y sobre sí mismo en soledad, antes de ingresar a una solidaridad efectiva con el grupo de pares y no simulada. Finalmente, entendemos que luego de una experiencia de tipo multitudinario optara por limitar el número de participantes convenientemente seleccionados.

espacio de vida o espacio vital que cada participante debe defender como en una batalla y responsabilizarse de ello (260). La solidaridad de cada integrante del grupo respecto de otro responde a "la solidaridad existente en el campo de batalla" (261). Una vez más, la idea de singularidad o individualidad aparece: la soledad es el comienzo u origen de la solidaridad, pero es siempre un trabajo individual el cual tiene un valor en sí mismo que "precede a un par de seres humanos o a un grupo" (261).

Nos cuenta luego cómo aprendió en el Taoísmo la diferencia entre lo natural y *sourcial*, que a falta de traducción literal, podemos pensar como la fuente que emana, lo original. Esta asociación a la fuente original, emanante, lo lleva ahora nuevamente a la madre: en tiempos de guerra, ella es la madre simbólica que lo nutre con libros: *La vida de Jesús*, de Renan y *A Search in Secret India* [Una búsqueda en la India secreta], de Brunton. Otro gesto blasfemo: lee el libro de Renan, prohibido por la Iglesia, ya que su madre lo consideraba tan importante que hasta lo denomina "el quinto evangelio" (251). Como la madre del estadio del espejo lacaniano, también la de Grotowski es la que ratifica el júbilo de su hijo frente a la imagen en el espejo, a partir de la cual constituye su yo [*moi*] como imaginario. Su madre, que se consideraba budista, también interesada en las tradiciones de la India, practicaba –lo cual ya es bastante decir en una Polonia tan fanáticamente católica— un catolicismo ecuménico y pensaba "que ninguna religión tenía el monopolio de la verdad" (251). Esta blasfemia que el maestro polaco viene practicando desde su etapa de Teatro de Producciones tiene origen materno, se efectúa a imitación de su madre. De ahí que ella causara graciosas discusiones al momento de la confesión en su parroquia, como la de sostener que los animales también tenían alma como los humanos.

Grotowski, sin embargo, transgrede los mandatos de la Madre Iglesia (registro simbólico) al leer los Evangelios por sí mismo en soledad y no bajo la presencia y supervisión de un sacerdote. Al proceder de este modo, chocaba con el sacerdote de la escuela de su aldea. Fue un joven sacerdote asistente el que le facilitó los Evangelios, estableciendo así un pacto secreto de tipo conspirativo respecto del sacerdote de la escuela (252). La ausencia del padre se deja leer aquí en cuanto a la declinación de la función paterna en la sociedad contemporánea, tal como Lacan lo señala tempranamente en su enseñanza y que, obviamente, se ha ido acentuando desde las dos Guerras Mundiales hasta el presente. El sacerdote más adulto aparece ocupando la posición de padre simbólico, sustituto del padre real, asumiendo la función paternal de imponer la ley y de regular el deseo, de unir la ley al deseo, la prohibición a la transgresión. Al separar y distinguir el orden simbólico de la cultura del orden imaginario de la naturaleza, interviene en relación a la relación madre-hijo. Y como nadie puede en realidad ocupar por entero esa función paternal, tenemos al joven sacerdote asistente y hasta la propia imagen de Jesús como "Divine Hero" (252) o la del viejo que ve la imagen de la Divinidad en una montaña en India, un *yurodiviy* (el tonto sagrado) a la manera de algunos personajes que admira en Dostoyesvski, autor odiado por su padre; estos personajes de Dostoyesvski son como sus *partners in crime*: introducen la vía conspirativa y secreta que, sin duda, captura las identificaciones y las fantasías de Grotowski con un padre imaginario. La ausencia, lejanía y abandono del padre real lo conducen a esa ambivalencia de amor/odio: amado, tal vez admirado por sus luchas contra los alemanes y rusos, o contra los nazis en las tropas polacas reorganizadas en Francia. Pero también repudiado por el abandono ya que "después de 1939 [fecha en que el padre se aleja] nunca volví a verlo" (253) y en cierto modo por la incomprensión paterna de los yurodiviy en *El idiota* o *Los hermanos Karamazov*.

La imagen del viejo yurodiviy de Arunachala en el libro de Brunton sobre la India nos aporta un dato interesante que tendrá repercusiones en la trayectoria del maestro polaco: según nos cuenta, este viejo tonto y sagrado repetía que "si uno está investigando 'quién soy yo', entonces esta cuestión te envía de regreso a alguna parte, *real*" (252, énfasis de Grotowski); vemos aquí la interrogación sobre el ser y la idea de lo retroactivo, que supone la memoria y el tiempo, amén de una identificación (o, mejor, contra-identificación blasfema, ya que no pasa por el contenido religioso, sino solo por la actitud desafiante hacia la conductas convencionales) de Grotowski con el yurodiviy como Ideal del yo. Y Grotowski agrega: "Más tarde aprendí que esta otra cosa con la que él se estaba conectando [era] *hridayam*, etimológicamente: corazón-es-esto" (252). Corazón como centro, como opuesto a razón, como origen. No sorprende que la respuesta de su cuerpo a la lectura de Brunton fuera psicosomática: fiebre, lo cual nos deja ver que no se trata de una lectura erudita, sino que atraviesa su cuerpo, como cuerpo gozante. Pero dice haber descubierto desde entonces que en el mundo hay gente que sabe y está profundamente involucrada en algo extraño, una posibilidad no-habitual: ¿se referirá acaso al no-toda de La mujer, a ese más allá de la función fálica? Desde ese momento, a pesar de su conflicto con la iglesia, siente que la sugerencia del viejo yurodiviy "estaba sirviendo mi necesidad por mi auto-importancia" (253), lo cual lo impulsa a investigar, nos cuenta, quién es *yo* en él, "las fuentes desde las cuales aparece este sentimiento del 'Yo'" (253). Importa retener este dato biográfico porque, en esta etapa del Teatro de las Fuentes ya empieza a tomar vuelo aquello que en "el Performer" alcanzará la dimensión del Yo-Yo y del 'hombre interior', pasando por un momento previo correspondiente al Drama Objetivo: el famoso texto "Tu es le fils de quelqu'un", cuyo título ya nos regresa a la cuestión de la paternidad o la línea de los legados. Es en estas etapas en que se ajusta la cuestión del otro; precisamente, Ronald Grimes comenta cómo después de la etapa del Teatro de Producciones, lo que importa es encontrarse con lo que es "otro" más que encontrarse con otra persona (*Sourcebook* 269). A Grimes no se le escapa que la cuestión del otro está ligada a la búsqueda del sujeto: "The object is to become and encounter the subject – we hunted ourselves" (*Sourcebook* 272)

*Delimitación conceptual del Teatro de las Fuentes*

Antes de abordar los textos recién mencionados, regresemos a "Wandering…". Grotowski nos había dejado frente a cierto enigma, el de un más allá de yo y tú, para saltar abruptamente a la cuestión del Teatro de las Fuentes. Lo primero que nos aclara es que, a pesar de interesarse por ancianos, yoguis, chamanes, sacerdotes, etc., su proyecto no se interesa ni por lo folklórico ni por lo sincrético.[200] En segundo lugar, nos informa

---

[200] La vulgata grotowskiana de los teatristas se instala erróneamente aquí, en el efecto de superficie de una lectura atenida a la premura del tiempo-reloj, descuidando la arquitectura ex-sistencial de la propuesta del maestro.

que es un proyecto que está *in progress* y que para ello, como le ha ocurrido en otras oportunidades, carece de un lenguaje, sobre todo teórico, con el cual dar cuenta de aquello que le preocupa. Una vez más, no se trata de multiculturalismo o erudición. Menos aún de las fuentes del teatro. Grotowski apunta ahora —dejando de lado los componentes religiosos de aquellos a quienes convoca en diversas partes del mundo— a las "técnicas de las fuentes" (16). El Diccionario de la RAE nos ofrece una serie de significados para 'fuente' que vale la pena recordar aquí y ahora, porque no hemos todavía interrogado hasta el momento por qué Grotowski eligió ese vocablo para esta etapa de su investigación.

Pues, bien, recolectemos aquellos que podrían estar formando una constelación semántica para su trabajo: 'fuente' significa manantial de agua que brota de la tierra, artificio arquitectónico con que se hace salir el agua en jardines, plazas; piedra o pila bautismal, principio u origen de algo, persona o cosa que proporciona información. De esta lista, podemos eliminar la fuente de plaza porque es un artificio, una reconstrucción (la fuente en que piensa Grotowski "no es una reconstrucción" [16]); las otras opciones nos remiten, obviamente, a la cuestión del origen que hemos venido rodeando, como si fuera el objeto de la pulsión, sin arribar al objeto, pero capaces de una satisfacción debido a las alternativas interpretativas a la que los textos del maestro polaco nos desafían. El origen y la conexión con la tierra, la idea de manantial como aquello que emana desde la profundidad secreta de la naturaleza parece acoplarse mejor a la búsqueda grotowskiana, además de permitirnos pensar en él mismo como fuente de ese secreto original de difícil acceso, en la medida en que —como planteaba Nietzsche y tal como el mismo Grotowski lo planteó— el pensamiento y la conciencia se interponen y velan nuestra directa relación con la cosa. En cuanto a la pila bautismal vemos cómo toma todo su peso si pensamos que allí se consagra el nombre; ya vimos cómo en Grotowski, como en todo verdadero artista, se pasa del nombre-del padre al padre-del-nombre. La pila bautismal marca el origen de un largo proceso de elaboración para llegar a lo que hoy conocemos precisamente como "Grotowski', un maestro que se ha inventado a sí mismo en su largo itinerario sobre el origen de su 'yo' [*je*].

Grotowski va a involucrar varias culturas en la selección de su corpus (no olvidemos que estamos en pleno auge estructuralista): "mystery techniques", yoga, Zen y teatro No japonés, "visitación" en las culturas afro, técnicas de la India, todas ellas orientadas a lo que "en lenguaje contemporáneo llamaríamos 'conciencia ecológica'" (16). En muchos casos, sea con el yoga o Delzarte, Grotowski siempre mantiene una actitud blasfema: así, por ejemplo, toma del yoga lo que le parece adecuado para abordar el inconsciente, pero desecha la concentración por cuanto lleva al actor a la introversión y, todavía peor, a una especie de parálisis que "destruye la expresividad" (206). Nos importa ahora traducir el paréntesis que sigue explicándonos qué entiende por tal: "the world as the living home of the man in which he is not a tyrant over creation, but "being and guest, in the great world of powers" [el mundo como el hogar vivo del hombre en el cual él no es un tirano sobre la creación, sino 'ser e invitado, en el gran mundo de los poderes'] (16). Esto es lo fundamental porque nos remite a Nietzsche y su voluntad de poder y a la interpretación (hoy cuestionable) que Heidegger hace de ella en su debate sobre el estatus de Nietzsche en relación a la metafísica occidental: las palabras claves de los dos filósofos alemanes no dejan dudas sobre las 'fuentes' que inspiran al maestro Grotowski: el mundo como *hogar* del hombre, el rechazo a la vanidad del hombre frente a la naturaleza como promotora de la devastación por medio de la tecnología, la idea del 'ser' como huésped en el mundo de los 'poderes'. Volveremos sobre la impronta de Nietzsche y Heidegger en Grotowski más adelante, nuevamente alertando que no estamos proponiendo que haya influencia de lecturas directas. Es lo menos importante; lo que vale son las resonancias de un pensamiento en un autor o creador como el maestro polaco. Y en términos de impronta, tampoco podía faltar la psicoanalítica, tan en consonancia con la idea del "olvido del ser' en Heidegger y su crítica de la metafísica. Grotowski va a referirse precisamente al olvido de ese origen al que apunta; ya sabemos por Freud que no hay memoria sin olvido, lo sabemos en realidad desde Platón. Grotowski usa dos palabras claves: algo "que está constantemente en nosotros [el 'ahora' que hemos comentado antes], pero que ha sido "suprimido, algo que constituye un paisaje olvidado de nuestra naturaleza" (16). Y es por esto que reformula su propuesta: de interesarse en las "técnicas de las fuentes" pasa a interesarse en las "fuentes de las técnicas" (16); piensa que esas fuentes podrían ser catalogadas por los psicólogos [sic] como inconscientes, pero cree que en realidad eso no es suficiente. Y el objetivo es alcanzar "el hombre completo", que resuena como el famoso superhombre nietzscheano.

Si las "técnicas de las fuentes" pueden admitir una etnología comparada, el foco cambia cuando se quiere ir al origen, a las fuentes de esas técnicas que, en su manifestación –auténtica en ciertos contextos culturales en las que se presenta como "dramatic religión", pero muchas veces artificial en su exhibición para el turismo— admiten la apariencia de la histeria. Grotowski se pregunta si se trata de simulación, de caracterización teatral, de *role-playing* o de *acting out* (17). Ninguna de estas opciones le parece válida. En lo que sí parece haber certeza para el maestro es en que hay, en el individuo que vive estas "visitaciones", un 'yo' consciente y algo más que se puede categorizar como inconsciente "o, para ser más preciso, un personaje [character] que emerge de *ello*" (17, el subrayado es mío). Sin embargo, estas designaciones todavía le parecen "formas restrictivas del lenguaje" (17), como la terminología junguiana desde la que se explicaría el fenómeno de la posesión divina como una sustitución del 'yo' del poseído por un arquetipo concreto, con el resultado de que la expresión del Dios aparecería espectacularizada por dicho arquetipo ocupando la persona. Esta sería una manera de abordar las técnicas de las fuentes, que Grotowski menciona pero a la que no adhiere.

¿Cómo, entonces, pensar en las fuentes de las técnicas? Partiendo del mismo ejemplo de la visitación, tal como se da en varias culturas, se puede observar cómo en dicha experiencia, la visitación (el dios) irrumpe en el fluir de las Cosas (Heidegger diría 'vuelo') y nos confronta con "un ser directo, desnudo *quien* reclama su propia dimensión" (18, el subrayado es mío). Volvemos aquí al *cómo* y al *quién* de la advertencia heideggeriana, diferenciada del *qué* típica del tiempo-reloj y la cultura que éste sostiene. Se trata de un 'Encuentro', escrito con mayúscula. Lacan nos hablaba de la *tyche* como un encuentro (traumático) con lo real, un golpe de lo real, impredecible. Se trata del Ser que reclama emerger rompiendo los velos del entretenimiento de la vida cotidiana, de aquello habitual y rutinario del tiempo-reloj; se trata de aquello cuya desgarradura nos expone a otro tiempo, mucho más existencial, y sobre todo insiste sobre nuestra certeza 'suprimida, olvidada' de nuestra mortalidad. De esto no se desprende, como Grotowski se lo aclara a su público, que él esté favoreciendo la transposición de estas técnicas a la civilización post-industrial en la cual correspondería hablar con mayor sentido de 'técnicas de des-posesión' o, para regresar al vocabulario lacaniano, técnicas de separación o desalienación.[201] Aquí regresa lo nietzscheano: "Porque estamos en peligro de ser poseídos (no visitados, sino realmente poseídos) por poderes personales (en persona) que se infiltran por todas partes y se encuentran en las antípodas de la vida" (18), poderes que Grotowski expresamente no circunscribe al dinero.

Estos poderes también tienen sus técnicas que se pueden referir por los significantes que las identifican: competencia, carrera, degradación, contaminación, residuos, gastos, los cuales llevan a una vida indigna, "vergonzosa, triste, insatisfecha, incompleta, desintegrada [...] repulsiva, vida pequeña que resulta de hacer lo que uno odia" (18). Y aquí Grotowski hace un círculo y nos lleva a la primera pregunta de esta conferencia y que nos llevó a la cuestión de la muerte: "A los 40 años un hombre es responsable de su propia cara" (18). Es el momento para él de dejar de hacer lo que odia. Momento de proceder a la transvaluación de todos los valores. Lo impone la certeza de la muerte. Por eso, "cuando hablo de desdomesticar, de los orígenes, del estado original, estoy hablando de la desposesión de tales poderes [leemos: los poderes de la civilización actual, del capitalismo y sus moralidades obscenas, de la religión, del teatro, del arte, del lenguaje y la cultura]" (18).[202] Y de ese origen el maestro nos provee

---

[201] En el próximo capítulo veremos la crítica que Grotowski hace a la contracultura de los *sixties*; como sabemos, hubo un uso y abuso de las técnicas orientales para enfrentar el malestar en la cultura del capitalismo de entonces. Muchos vivieron este tipo de prácticas como rebelión o liberación. Ya veremos qué nos dice Grotowski al respecto en "Tu es le fils de quelqu'un" (*Soucebook* 294).

[202] Incluyo la religión, el teatro, el arte, el lenguaje y la cultura para resonar con las críticas que, para todo ello, hace Nietzsche en sus *Consideraciones intempestivas*, particularmente el ensayo sobre Wagner. Conjeturo que estas resonancias también están en Grotowski y su actitud hacia el mundo en que le tocó vivir y que,

diversas formas de designarlo en varias culturas, partiendo del famoso *arché* griego [ἀρχή] –del cual también parte Derrida, con una constelación semántica que incluye origen, nacimiento, principio, raíz. Por eso, según Grotowski, cuando tocamos el origen (o sus variables), tocamos las fuentes de las técnicas, lo cual significa involucrarnos con uno mismo, asunto que no compete a la ciencia. El Teatro de las Fuentes, por todo ello, nos invita a que "regresarnos a las fuentes de la vida" (19), no a la esencia, sino a esa "primaria y directa percepción, a un manantial orgánico como experiencia de la vida, la existencia, la presencia" (19). En términos psicoanalíticos, esa experiencia originaria de relación directa y satisfacción completa, plena, con el objeto, correspondería a la proveída por la Madre y luego perdida para siempre. Como puede verse, el proyecto grotoskiano va más allá de lo dramático, sea la representación dramática o la formación actoral técnica. Ahora le importa "la actividad humana que se desarrolla dentro del literal espacio y tiempo de la acción, donde ello tome lugar" (19). Si esto está no obstante relacionado a lo dramático, lo hace en sentido etimológico: el hacer. Ahora se trata de una voluntad de hacer o la autoevidencia de hacer, pero ¿con qué, con quién, dónde comenzar?

Se puede comenzar desde cualquier parte, siempre habrá del otro lado un final. "Estar en el comienzo es –dice Grotowski— permitir que la finalidad provenga de las fuentes, de las raíces. Entonces eso emerge como un origen" (21).[203] El juego del Más-temprano y Más-tarde y de lo retrospectivo es aquí evidente de por sí. "El secreto de la acción es el movimiento, que es reposo" (21), idea otra vez muy nietzscheana. Por de pronto, como lo indica el título de la conferencia: "Wandering...", por el

---

sin duda, desgraciadamente siguen estando tan actuales como en la época del filósofo alemán.

[203] Conviene leer las páginas que Heidegger dedica a comentar la frase de Nietzsche "la finalidad en la razón es un efecto, no una causa" (469 y ss.), en las que invertiría una vez más las convicciones platónico-aristotélicas. "La finalidad, en cuanto categoría, es algo *inventado* [por la razón] y por lo tanto efectuado (un efecto). Sólo que esto que ha sido inventado, esta categoría de «fin», tiene un carácter de horizonte por el que da prescripciones para la producción de otra cosa" (*Nietzsche* 470).

momento (1978) solo se trata de *rumbear* hacia el Teatro de las Fuentes, momento en el que nada o poco se puede todavía responder, salvo plantearse algunas condiciones metodológicas como, por ejemplo, seleccionar maestros en diversos continentes, diversas tradiciones y culturas, procedentes incluso de diferentes religiones y capaces de trabajar en sus propios contextos y también fuera de ellos, aun sabiendo que en muchas culturas la diferencia entre tradición cultural y tradición religiosa no existe. Grotowski se propone, no obstante, tal como lo cuenta en "Theatre of Sources", convocar un "grupo transcultural" (255) invitando a maestros cuyos saberes, en algunos casos, le eran desconocidos. Según él mismo lo califica, su propósito iba en consonancia con cierto modelo, judeo-cristiano por cierto: la Torre de Babel. Y la metáfora aquí no nos interesa por su carácter religioso, sino porque allí se juega nuevamente un "hacer" del grupo de maestros convocados superando las diferencias lingüísticas y que nos retorna a ese misterioso origen "anterior a las diferencias" impuestas por las lenguas: volver a la unidad lingüística anterior al castigo de Babel, una vez más inversión como actitud blasfema. Se trata, como puede verse, de alcanzar esa zona (el horizonte) que intentamos pensar aquí no tanto como un 'antes' de la lengua en sentido de un *fuera* del lenguaje, a la manera de una dimensión pre-lingüística del sujeto (típica de la psicología) sino, por el contrario, como una instancia más singular del sujeto en relación al Otro simbólico, esto es, lo que hemos planteado respecto de *lalengua* en relación al goce y al real y que calificamos de éxtimo.

En efecto, la propuesta para este grupo transcultural es focalizarse en el hacer, "trascendiendo los límites o fronteras del idioma [*language*] de cada uno" ("Theatre of Sources" 256; me he tomado el atrevimiento de traducir 'language' como idioma, para mantener la consistencia del argumento, puesto que Grotowski no parece referirse al lenguaje como el Otro, sin el cual no habría intercambio posible entre los integrantes del grupo: si lo que importa es "lo que se hace y no lo que se dice o se cree o se supone" [256], incluso a nivel del gesto y del silencio, el Otro —como lenguaje, como registro simbólico— está allí presente por su ausencia; es ese lenguaje babélico anterior a las diferencias idiomáticas).

Ese 'hacer' debe ser una aproximación consciente mediada por el testimonio entre ser humano y ser humano (imagino que Grotowski en polaco debe haber usado el vocablo "czlowiek" que la traducción deja como "entre hombre y hombre"), entre un viejo (de edad pero también alguien que representa una cultura o tradición tal vez a punto de ser olvidada) y un joven (por su edad y también por ser parte representante de la civilización actual y que todavía juega como un niño –¿el niño heracliteano?— inadvertidamente con el peligro) (20). Hay para Grotowski un tercer sentido en la dupla viejo/joven: por un lado, lo antiguo, arraigado e inmemorial, esto es, el pasado, y, por otro, lo nuevo, lo contemporáneo en su anhelo de futuro, en el que yace "la revelación de algo olvidado" (20). Retoma aquí el maestro la cuestión del tiempo existencial y a su manera reescribe a Nietzsche, cuando éste rechaza el cartesiano *cogito, ergo sum* por el *vivo, ergo cogito* y exclama "¡dadme vida y yo sabré hacer de ella una cultura!"(*CI* 91), grito que adjudica a la juventud: "Quitad las cadenas de esa juventud y habréis también liberado la vida" (*CI* 91). Una vez más vemos emerger el proyecto educativo y de la Gran política en Nietzsche y, obviamente, luego en Grotowski. Como puede apreciarse y Grotowski lo enfatiza, no está él interesado –como los medios y la vulgata de los teatristas lo han dogmatizado— en algo distante o exótico, como quien busca una receta en otras cualturas para compensar la falta de la propia (tal como hicieron los jóvenes en los *sixties*), sino en la vida o las fuentes de la vida. En "Theatre of Sources" enfatiza precisamente cómo su relación no es con las religiones, sino con las fuentes; pretende, entonces, compensar con el cuerpo su debilidad física y su miedo a la vida con "la confirmación desde las fuentes" (255); es ahí donde utiliza el vocablo "técnica" y también su necesidad de cierta 'organicidad" para definir su relación con los discursos de las fuentes (las religiones), pero en su ligazón al cuerpo. Su necesidad es encontrar un arma poderosa capaz de dar una base fuerte a su yo, y eso lo lleva a este más allá de los discursos religiosos "locales o exóticos" (255), hacia la matria ["motherland=madre tierra=Naturaleza] como un dominio mucho más extendido y como puerta de entrada a las diferentes tradiciones. Nos refiere esta orientación como "profundamente antropológica, humana. No era una cuestión de ir al cielo (después de la muerte); era una cuestión de *hic et nunc*" (255). Esto es, cuestión de ese *aquí y ahora* de un tiempo existencial referido al origen.

Metodológicamente, retoma a su manera lo que ya hemos visto en su etapa de laboratorio y con la ideología pavloviana: reunir a maestros seleccionados y capacitados en varias tradiciones, técnicas y culturas no deja de ser un *experimento*, ya que, esas técnicas tradicionales y las sabidurías que les son inherentes no se aprenden en diez lecciones; no solo llevan toda una vida de trabajo interior, sino que además forman parte de los secretos personales o misterios tradicionales que, más que ser difíciles de expresar y comunicar a otros con otras lenguas –lo cual constituye una dificultad *per se*—, resisten de alguna manera a la divulgación.

El Teatro de las Fuentes se orienta hacia lo primitivo (*primal*), por ejemplo, la diferencia entre silencio y la falta de sonido. La asociación con el laboratorio que subyace a su proyecto para los próximos años a partir de la fecha de esta conferencia retorna en este ejemplo: si alguien es sometido a condiciones experimentales, artificiales o inhumanas, aislándolo de los estímulos, se produce la falta de sonido; sin embargo, cuando estamos inmersos en el fluir de la vida, debemos alcanzar el silencio dentro de nosotros mismos para poder escuchar "la música de las esferas" de las que fuimos separados. Ese silencio es necesario para volvernos a conectar con lo primitivo, esa música de la que nos hablaban los pitagóricos.[204] En "Theatre of Sources" insiste sobre esta idea de acompasarse, a partir del silencio interior, a los sonidos de la naturaleza, acompasar el silencio interior al canto de los pájaros, sin perturbarlo, incluso si se quiere cantar con ellos; ese silencio que debemos alcanzar interiormente es, nuevamente, silencio de palabras y silencio de movimiento, infantil [*infans*] en el sentido de *lalengua*, que precede al registro de la lengua. La referencia aquí parece ser a Schopenhauer, cuando éste –que aprecia la música más que cualquier otro arte— nos dice que el canto (§ 51, 150 y ss), el verdadero (esto es, no el ya modelado como el romance, la elegía, el himno, el epigrama etc.),

---

[204] Cicerón la detalla en su famoso y hermoso ensayo "El sueño de Escipión". En nuestra tradición hispana, volvemos a encontrarla en la "Oda a Salinas" de Fray Luis de León. Ya hemos mencionado al pasar que Grotowski no se inclina por lo místico; en todo caso, sus famosas técnicas 1 y 2 que hemos detallado están, como ya insinuamos, en la dimensión del ascetismo.

está habitado por "el propio querer", esto es, por el "sujeto mismo de la voluntad" que, para el filósofo es puro deseo (y que corresponde más a lo que hoy denominamos pulsión). El canto es una pulsión que, cuando liberada, satisface y provee de alegría pero, cuando obstaculizada, conduce a la tristeza. Es en la visión y contacto con la naturaleza que rodea al cantante lo que le permite a éste —según Schopenhauer— convertirse en un sujeto del conocimiento puro (purificado de lo fenoménico, de lo aparente y engañoso del mundo). Es el canto el que *nos salva* "del querer y su apremio", esto es, del goce y sus peligros inherentes a la voluntad de vivir; también el cantante puede adherir a su canto "el recuerdo de [sus] fines personales y que, por esa razón, arranca a los otros [público] de la tranquila contemplación (entretenida) de lo fenoménico mundanal (representación) y lo confronta con lo esencial de la existencia (el origen en Grotowski). Schopenhauer llama nuestra atención sobre el tema del ritmo y la rima (§ 51, 147); particularmente, la relación de sonido y ritmo le parece de un "efecto increíblemente poderoso", ya que —conjetura— "nuestras capacidades representativas [están] ligadas al tiempo".

Así, más que orientarse hacia una meta (que siempre supone un plan a desarrollar en un tiempo-reloj), la acción en el Teatro de las Fuentes requiere de trabajo, esfuerzo y determinación, pero en un tiempo existencial, de cada uno; obviamente, como siempre lo ha mantenido el maestro desde las etapas iniciales y lo mantendrá hasta la última, se requiere de disciplina, ya no entendida a la manera en cómo ésta opera en el asceta y el régimen monacal, sino como un deseo decidido de un analizante que hace un trabajo constante con su decir – tarea que no todos podrán soportar— a fin de acceder a la singularidad de su deseo.

*Las metáforas vegetales y lo orgánico: cambio de rumbo*

Regresemos a "Wandering..." y sus divinos detalles. Grotowski regresa a la cuestión del concepto: en su nueva propuesta no se trata de captar el para-todos del concepto de árbol, sino de cada árbol en su singularidad, esto es, desgarrar el pensamiento (y la metafísica, particularmente la del conocimiento como relación sujeto-objeto), salir por lo tanto de lo mecanicista y apuntar a lo que, refiriendo a Stanislavski, el maestro polaco retoma como *lo orgánico*. Se apunta a la diferencia, no a la generalidad universal. Grotowski apela a metáforas vegetales, las cuales más que abrir al enigma, parecen establecer cierto mecanicismo agrícola: "lo orgánico emana de una semilla" (21), en ella reside una causa que le permite actuar, lo cual es luego la raíz que le permite existir (21). Dos años más tarde, tal como lo leemos en "Theatre of Sources", el vocablo "orgánico" está explícitamente ligado a lo pulsional, al cuerpo: "las técnicas de las fuentes... conducen a la actividad, en acción [...] son dramáticas [...] son ecológicas. Dramático significa relativo al organismo en acción, a la pulsión [*drive*], a la organicidad; podemos decir que son performativas. Ecológicas a la manera humana significa que están ligadas a las fuerzas de la vida o lo que podemos llamar el mundo viviente" (257). Se trata, agrega, de no estar separado de lo que nos es exterior, ni ciego ni sordo, sea frente al ambiente natural o bien en un espacio bajo techo.

A diferencia del proyecto conocido como "Mountain Project" de 1977, planteado como un "hacia dónde", el Teatro de las Fuentes revierte toda la etapa anterior: la pregunta directriz ahora es "desde dónde". Se comienza trabajando a pequeña escala, sin dar órdenes, para no desatar el caos. No hay fórmulas (22); se puede partir de todo aquello que ya se había explorado, los elementos más simples: "acción, reacción, impulso, canción, fiabilidad, hacer música, ritmo, improvisación, sonido, movimiento, verdad y dignidad del cuerpo. Y sobre todo: el ser humano en relación al ser humano, el ser humano en un mundo tangible" (21-22). En "Theatre of Sources" insiste en la simplicidad de la acción, en su carácter primitivo e infantil: "A menudo una acción comienza como una acción de tipo infantil [...] arribamos a algo totalmente primario y simple" (263-264).

La conferencia, que anticipa su texto "Theatre of Sources", termina con una reflexión sobre la etapa del Teatro Laboratorio: ya hemos comentado sobre la cuestión del control de las publicaciones en el capítulo anterior. Grotowski quiere ahora plantear una diferencia metodológica con aquella etapa y lo hace a partir de las rúbricas: esta nueva etapa del Teatro de las Fuentes debe distinguirse por el tipo de trabajo al que se aspira, que será necesariamente diferente a lo que se conoce como una reunión de trabajo, un proyecto experimental o un taller; esta nueva experiencia está caracterizada como "opus-river" (22). La diferencia es crucial y no nos sorprende que haya ocurrido también en el psicoanálisis: Lacan abre y luego cierra su Escuela, no sin interrogarse sobre cómo se trasmite el psicoanálisis y hasta si es posible enseñarlo. En esta etapa del Teatro de las Fuentes, enfatiza Grotowski, no se trata de una enseñanza (de un aprender o des-aprender) que *pasa* de un maestro a un discípulo,[205] ya no hay líderes que conducen el trabajo, sino solo jardineros o parteras que trabajan horas, días y noches (22). Nuevamente, las metáforas vegetales y sexuales: el jardinero cuida de la semilla y de la planta; la partera asiste el nacimiento después del rompimiento de las fuentes para recibir a una criatura, también producto de una semilla bien plantada durante la reproducción sexual.

En esta etapa de las fuentes la dinámica ha cambiado: se abandona (o se pretende abandonar) el discurso del Amo y el discurso de la Universidad. Ahora estamos ante un proceso vivo o un flujo de trabajo horizontalizado; se trabaja sobre el yo mismo (*self*) y el trabajo de los maestros invitados, como en "El jardín de los senderos que se bifurcan" de Borges (mencionado por Grotowski 23), se basa en su saber-hacer como tejido vivo de la experiencia. No estamos en el campo de la transmisión de conocimientos, sino de un trabajo concebido como saberes que se intercambian e interconectan, como "una corriente, un proceso que fluye simultáneamente, que atraviesa, ramifica, dura un tiempo breve o largo, abraza diferentes lugares" (23). Este proceso vivo no está regulado por el tiempo-reloj ("no such designation of time" [23]) sino, digamos, por el tiempo analítico. Y es que Grotowski se va lentamente desplazando al discurso del Analista, sin llegar propiamente a él: analizante y analista comparten un tiempo que no es de reloj, están al mismo nivel, dos deseos que fluyen a lo largo del trabajo analítico. Esta tarea, por lo demás, no se basa en la representación que, trabajando sobre algo cotidiano o banal, podría trans-

---

[205] La famosa propuesta lacaniana del 'pase' (de analizante a analista) fue y sigue siendo muy debatida por los psicoanalistas. No es éste el lugar de referirnos a ella, pero nuestra lectura de Grotowski no puede dejar de referirse a ella.

formar esa experiencia en algo increíble o hierático. En esta nueva etapa los lugares comunes y lo extraordinario devienen en una sustancia viviente; lo que importa ahora es "revelarse a sí mismo" (23). Como en el análisis, el maestro se instala como sujeto-supuesto-saber y como semblante del objeto *a*, para que el otro pueda al final del proceso lograr un saber sobre su modo de goce y, a la postre, dejar al maestro mismo como resto de la operación, como un desecho.

Al final, Grotowski anuncia que el proyecto del Teatro de Fuentes comenzará a mediados de 1980 en Polonia y, como al pasar, desliza nuevamente el divino detalle de la muerte: "Esto ocurrirá, por supuesto, si vivimos para ese tiempo, si, como suelen decir los viejos, el destino lo permite. Si no tropezamos con un *falso conocimiento* en nuestro camino" (23). Otra vez vemos el rechazo al conocimiento falso de la ciencia en beneficio del *saber*, ese saber necesario sobre el deseo y el goce para llevar una vida plena. Su toma de conciencia del tiempo existencial, regulado desde el futuro y la certeza de la muerte propia, lo inducen a relacionar sus etapas con las etapas de la vida del ser humano: así, la etapa del Teatro de Producciones se corresponde con la/su juventud; el período del progreso hacia un trabajo como flujo, al que denomina "período de cultura activa" y que hoy es designado como Parateatro, se corresponde con su madurez, de modo que la etapa del Teatro de las Fuentes inicia su entrada en la vejez. Para él, esta última edad no es peor que las dos primeras: usualmente, nos dice, para mucha gente la vejez es la peor, pero para "muchos de nosotros la primera o la segunda es también desastrosa" (23).

## Etapa del Drama Objetivo: "Tu es le fils de quelqu'un"

Tal como venimos siguiendo los textos de Grotowski etapa por etapa, y de acuerdo a *The Grotowski Sourcebook*, conviene ahora detenernos en lo que se conoce como Drama Objetivo –ligado en parte al Parateatro y al Teatro de las Fuentes— al cual le corresponde un texto ya famoso con título en francés: "Tu es le fils de quelqu'un" [Eres el hijo de alguien].[206] Esta etapa (entre 1983 y 1986) se corresponde con la estadía de Grotowski en Nueva York, en la Universidad de Columbia, donde contó con la asistencia de Richard Schechner, y luego en California, en la Universidad de California, Irvine. Deja Polonia bajo la Ley Marcial, obtiene asilo político en los Estados Unidos; sus colaboradores en Polonia se dispersaron también por varios países. Para estos tiempos, habida cuenta de que ya el Teatro Laboratorio –cuyas actividades habían cesado en 1982— era una especie de marca de fábrica con suficiente prestigio, muchos de ellos pudieron vivir por un tiempo fuera de Polonia.

En ambas universidades la actividad estuvo enmarcada por los protocolos académicos, los subsidios, etc. La nominación de esta etapa como Drama Objetivo corresponde al título del proyecto (*grant*) presentado a la Universidad de California, Irvine. La investigación en sí, como veremos, corresponde al Teatro de las Fuentes. Como le ocurrió a Lacan, Grotowski –tal como comentábamos al final del capítulo anterior— se va a plantear el problema de la transmisión del saber y si esto era posible en los marcos institucionales, particularmente en el contexto académico regido por el Discurso de la Universidad. Si toda la cuestión del pase y de la Escuela, con todos los debates que eso produjo, rodearon al francés, la cuestión del avance de las tecnologías en la transmisión cultural y sobre todo performativa fueron el centro de preocupación del polaco. Estas tecnologías, a su vez, le preocupan a Grotowski en tanto memoria y archivo en el pasaje (pase) oral de una generación a otra: tú eres el hijo de alguien,

---

[206] Ya terminado este libro localicé en la red una traducción al español de este ensayo de Grotowski. Sin embargo, las citas corresponden a mi traducción de la versión inglesa incluida en el *Sourcebook*.

esto es, hay un devenir de la vida, de la reproducción de la vida y de la cultura, interferido ahora por ese Otro tecnológico-científico cuya voluntad de saber, de verdad y de poder captura con su nihilismo a los individuos, al punto de ir paulatinamente avasallando al sujeto del deseo, incluso cuando promueve subjetividades otrora despreciadas. Podemos adjuntar estas preocupaciones grotowskianas a la del cuidado de sí, en tanto el inconsciente y el cuerpo están aquí concernidos.

En el ensayo escrito por Lisa Wolford que abre esta etapa en el *Sourcebook*, se enfatiza el hecho de la distancia y las deformaciones que las prácticas performativas tradicionales sufren frente a las performatividades modernas las cuales favorecen el individualismo frente a la vida colectiva, fragmentándola. Grotowski, pues, está preocupado por cómo estas transformaciones afectan al practicante de artes performativas, con el propósito de evitar todo tipo de manipulación externa. Tal como nos cuenta Wolford, la designación "Drama objetivo" remite, aunque casi en términos inversos, al concepto de "correlativo objetivo" de T.S. Eliot, pero sobre todo al "arte objetivo" de Juliusz Osterwa, fundador del Teatr Reduta, tal como Osterwa lo propone desde los principios de la década de 1920; Osterwa tuvo una influencia notable en Grotowski desde su etapa del Teatro Laboratorio.

El término 'objetivo' —usado también por Gurdjieff— remite a cierta cualidad formal y colectiva como opuesta a la experiencia estética subjetiva e individual. Se trata de apreciar el arte como un lenguaje en sí, con sus propios códigos, quizá como remanente de las propuestas del formalismo ruso. En este encuadre, la cuestión del espacio es crucial en la medida en que, tanto en la arquitectura como en lo teatral, la teatralidad/espacialidad se establece como un dispositivo formal cuya consistencia (lógico-matemática) determina el sentido del contenido y el tipo de recepción del público. Estos aspectos —aunque con otros aportes que no fueron los de Osterwa y Gurdjieff— los he explorado en otros trabajos, particularmente a partir de Michel Foucault y Jacques Lacan.[207] Si en el Teatro de las Fuentes se trataba de una investigación que enfatizaba el trabajo del practicante con su *self* (sí mismo), en ese itinerario en búsqueda del origen –tal como lo hemos visto en el capítulo correspondiente— el Drama objetivo retoma la cuestión de las técnicas performativas a partir de las contrastaciones multi- y transculturales, manteniendo la centralidad del trabajo personal.

En Irvine, en Orange County, un número de especialistas se reúnen dentro de la modalidad, ahora académico-monacal, de la residencia. Actividades ligadas al movimiento, a la danza y la música, a la observación, a la voz (timbres y ritmos), realizadas en locaciones interiores y también externas, todas ellas supervisadas por especialistas y algunas retomadas de las etapas anteriores, constituyeron las bases del trabajo. No las detallamos aquí porque, como se ha podido apreciar hasta ahora, no constituye el objetivo de este libro. Se le adjunta a este entrenamiento, además, aquello que fue denominado "mystery plays", y que hemos comentado en el capítulo anterior sobre la adjunción a las técnicas –en especial a las canciones— de contenidos biográficos, involucrando nuevamente la memoria y hasta el sueño, pero sobre todo la infancia (más cercana a *lalengua* tanto para el sujeto como para la comunidad). El método –como veremos— fue fundamentalmente la asociación libre y la retrospección entre la canción y el contexto infantil en que ella emergió para el participante. Gestos y movimientos se van adicionando a continuación, así como la diseminación de la canción entre los otros participantes de otras culturas y con otras experiencias que, al compartirla, aportan otros elementos. Según nos deja saber Lisa Wolford, tal como se detalla en la propuesta de la Universidad de California:

> una de las metas de su investigación fue descubrir el tipo de performance en la cual "la poesía no está separada de la canción, la canción no está separada del movimiento, el movimiento no está

---

[207] Ver en bibliografía general la lista de mis publicaciones cuyos títulos son elocuentes en cuanto al tópico formal explorado.

separado de la danza, la danza no está separada de la actuación". (*Sourcebook* 287, mi traducción)

El trabajo apunta no a las similitudes entre técnicas de diversa proveniencia cultural, sino a las cualidades *objetivas* de cada una, especialmente aquellas cuyas particularidades parecen afectar más al practicante. Son estas cualidades objetivas las que Grotowski denomina "rituales" las cuales, aunque tengan origen religioso, no están trabajadas en su taller desde esa perspectiva. No hay imitaciones de rituales o ceremonias tradicionales, ni mezcla o canibalización multicultural, sino precisos aspectos de cada técnica en lo que ella permite aproximarse a la fuente, esto es, a aquello que precede las diferencias, a aquello que, además, precede a la separación entre arte y rito, entre lo espectacular y lo participativo.

El título "Tu es le fils de quelqu'un" indudablemente remite a una paternidad y a la fatalidad de cada uno de nosotros de tener progenitores, conocidos o no. Hay un Más temprano en nuestra vida como seres humanos, procedemos de alguien (de una madre y un padre). Hoy este aspecto biológico, como sabemos, admite variaciones promovidas por la genética. Sepamos o no quién es nuestro padre o nuestra madre (dificultades milenarias que hoy la ciencia puede ajustar con bastante precisión), el que seamos hijos de alguien es, además, una certeza: no venimos de la nada, formamos parte de un devenir, somos la continuidad de la vida de otro, tal vez su forma ilusoria de vivir su propia inmortalidad (el hijo –como alguna obra o acción recordable— compensa de la muerte propia). Es probable que, pulsión de muerte de por medio, volvamos a lo inorgánico, tal como Nietzsche lo incorporaba también al devenir vital. Comprobaremos de inmediato que este título no se atiene, como ocurre igualmente en el psicoanálisis, a lo biológico como tal, sino a otro tipo de genealogía que compete a roles o figuras paternos, y no a puntuales progenitores biológicos o figuras que han sido adoptadas como tales.

"Tu es…" comienza remarcando la cuestión del concepto: abstracciones que congelan y atemporalizan el devenir, impidiendo con la excusa del rédito de su universalidad la captación de la singularidad de las percepciones singulares del instante. Esos conceptos constituyen el reino del pensamiento, no el de las 'realidades'. Inmediatamente Grotowski retoma la relación entre teatro y literatura (para el caso europeo y occidental, relación no siempre establecida en el teatro oriental). Aquí reaparece la cuestión de la descendencia que, sutilmente, parece derivar a la de la genealogía: al poner en escena a Calderón, por ejemplo, no se trata de capturar el secreto del autor español, sino que, en la medida en que capto ese secreto, como si conversara con mi abuelo, "voy a entender mi propio secreto" (*Sourcebook* 293). La lectura y el montaje de un texto involucran una conversación con los ancestros, con quienes no necesariamente hay que estar de acuerdo. Son ancestros a los que no se puede negar, porque son "mi base" y "mi fuente". Se trata de un asunto personal ("personal affair" [293]) entre ellos y yo. El largo párrafo entonces recupera la primera etapa del Teatro de Producciones y va a plantearnos en forma subterránea la cuestión del concepto como impedimento para acceder al secreto, a la base y fuente propias de mi línea genealógica o linaje. Para percibir el secreto del texto calderoniano hay que remontarse en ese linaje y dejar de lado la universalidad del concepto (la del barroco, por ejemplo, y toda la bibliografía sobre el autor), porque lo que está en juego, en la literatura y en el teatro, o en su relación, es justamente lo *singular* de mi relación con ellos.

La de Grotowski se nos aparece, en principio, como una operación en cierto modo relacionada a la famosa "novela familiar del neurótico", por la cual –según Freud ("La novela familiar de los neuróticos" ([1908] 1909)— el sujeto se separa dolorosamente de la autoridad de figuras paternas. Freud señala esta tensión y oposición entre padres e hijos, entre una generación y otra. El neurótico, al crecer y desarrollarse intelectualmente, va a poner en tela de juicio su identificación infantil con los padres; en la medida en que los compara con otros padres, sus figuras paternas idealizadas comienzan a mostrarse en otro tono y, además, comienzan a perder su exclusividad, su "carácter único" (Freud, *Obras completas* IX, 217). Los episodios con sus padres le generan un descontento y hasta el hecho de sentirse relegado por la aparición de otros hermanos –el intruso del que habla Lacan en "La familia"— se suma a la apreciación de otros rasgos positivos en otros padres. La crítica a sus figuras paternas y la rivalidad dada por el complejo de Edipo pueden llevarlo incluso a suponerse bastardo o adoptado. El niño fantasea la posibilidad de tener otros padres más encumbrados, de poder sustituir los suyos por otros de mejor jerarquía social. Al acceder al saber de cómo todo individuo es producto de un acto sexual, pone en duda la figura paterna, pero no la materna. Escribe Freud:

> si el niño llega a aprehender que «*pater semper incertus est*», mientras que la madre es «*certissima*»,[208] la novela familiar experimenta una curiosa limitación, a saber: se conforma con enaltecer al padre, no poniendo ya en duda la descendencia de la madre, considerada inmodificable. (*O.C.* IX, 218)

La madre puede ahora entrar en otro tipo de fantasía, que la hace infiel o partícipe de enredos amorosos, llegando incluso a dudar de la legitimidad de sus otros hermanos. Venganza y represalia hacia los progenitores atraviesan a partir de ahora esta novela, sin llegar a cancelar completamente "la ternura originaria del niño hacia sus padres" (*O.C.* IX, 220). Si se trabaja la fantasía, a pesar de todo, se puede ver cómo la sustitución del padre legítimo por una figura más noble demuestra hasta qué punto el niño enaltece a su progenitor. En el fondo, la fantasía trata de compensar la pérdida de la edad dorada de su infancia en la que era el héroe cuando "su padre le parecía el hombre más noble y poderoso, y su madre la mujer más bella y amorosa" (*O.C.* IX, 220).

Si en "Wandering…" y en "Teatro de las Fuentes" leíamos cómo Grotowski recordaba episodios de su vida familiar, el abandono paterno, la complicidad con la madre, los sustitutos del padre (los dos curas de su parroquia), con los cuales enmarcaba sus preocupaciones filosóficas y artísticas, como prolegómenos aparentemente anecdóticos que luego darán paso a recuperar el 'origen', la 'fuente', en una dimensión más amplia, ahora podemos preguntarnos si "Tu es el fils du quelqu'un" no configura

---

[208] La ciencia ha resuelto hoy la identidad del padre en la concepción ya que, por el ADN, deja de ser incierto.

una vuelta de tuerca a estas cuestiones las cuales, como es esperable, rematarán también en un ajuste a lo propuesto en aquellos textos anteriores. Ser el hijo de alguien, de cualquiera, supone que el acento se desplaza ahora desde la evaluación de los progenitores a la figura misma del hijo. Si podría no haber certeza respecto a la genealogía en la que el sujeto se inserta (como ocurre con muchos teatristas o estudiantes de teatro respecto a sus maestros), se tiene al menos la certeza de ser hijo y de formar parte de una genealogía en la cual ese 'alguien' permite la sustitución –en el caso de Grotowski– con Slowacki o con Calderón, en un nivel de igualdad y, sobre todo, en una fantasía en la que uno puede adjudicarse su propio linaje, sus propias fuentes, para compartir nada más ni nada menos que un secreto. He aquí otro modo de interpretar el título de este libro: *Grotowski soy yo*; ser hijo del maestro polaco es una elección que hice frente a otras opciones que poco tenían que ver con mi praxis teatral (Stanislavski, Brecht, etc.). Optar por Grotowski significó fundar mi propio linaje y convocar el correspondiente parricidio: en efecto, asumir una paternidad supone a la vez ir más allá del padre, como el Freud en la Acrópolis. Inventarme un linaje con Grotowski es, además, una forma de jugar con el espejo, con la alienación y, posteriormene, proceder a la emancipación.

Esta nueva genealogía surge de considerar a los aliados y a los enemigos; en sí, salirse del concreto marco de la familia propia para constituir otra a nivel de la cultura, de las tradiciones y de las preferencias –como el niño freudiano comparando a sus padres con los otros– supone, para Grotowski, un gesto que recupera la propia libertad, cuyo costo –como veremos también ocurre para el analizante– pasa por el parricidio del propio padre. Con esos aliados del pasado, esos aliados ancestrales adoptados, se conversa incluso sobre los problemas actuales. Retomaremos este aspecto cuando comentemos "el Performer", texto paradigmático en la trayectoria del maestro polaco.[209] Una puesta en escena es, por ello, el producto de este diálogo, personal y complejo, entre dos sujetos

---

[209] Retornaremos al tema del 'aliado' en el capítulo final, cuando revisemos la relación de Grotowski con el don Juan de Castaneda.

(ya no individuos) cuyas afinidades se debaten en el campo transindividual del inconsciente.

¿En qué consiste esta libertad? Grotowski es contundente y al plantearlo define el rumbo posterior de su trayectoria: "*Yo trabajo, no para hacer algún discurso, sino para expandir la isla de libertad que sostengo; mi obligación* –nos sigue diciendo y hasta enfatizando en bastardilla— *no es hacer declaraciones políticas, sino hacer agujeros en la pared*" (*Sourcebook* 292). Planteará levantar prohibiciones, abrir puertas que estaban cerradas, dejar (legar) trazos como ejemplos de libertad. Se trata de expandir gradualmente el espacio de la desalienación, de la emancipación, y también de inventarse un rumbo, no como una mera declamación discursiva a la manera, por ejemplo, de un manifiesto –Grotowski menciona a los futuristas—, sino como una *escritura* cuyas huellas quedan confiadas al futuro, a las interpretaciones del porvenir.

Se debe actuar, dar un paso más en ese camino que se (re)inicia, el cual, si bien tiene una base de índole personal, va desplegándose a lo biográfico, en el sentido de que lo biográfico supone una dimensión transindividual, esto es, despegarse del ámbito más doméstico para alcanzar lo simbólico como tal. Esta tarea supone realizar un acto: ya vimos que todo acto tiene consecuencias que se conocen posteriormente. Ética de las consecuencias, no de las intenciones. No hay que rendirse, hay que avanzar; sin embargo, no se trata de avanzar para construir una imagen conceptual (ya sabemos lo que eso significa como parálisis del devenir vital), sino de abrir el juego a las preguntas que importan, que importan a la vida; no se trata de asumir respuestas, sino de "hacer huecos en las paredes", generar vacíos, destruir aquello que nos tiene confinados, dar paso a lo Real: "La vida que estás viviendo, ¿es suficiente? ¿Te está dando felicidad? ¿Estás satisfecho con la vida a tu alrededor?" (*Sourcebook* 293). Son preguntas que, como vemos, desbordan el campo artístico. Lacan también anhelaba hacer esos agujeros de sinsentido en las paredes cuando se sentía 'hablándole a las paredes': era su manera de obturar la comprensión rápida, su modo de plantear el enigma. El arte, la cultura o la religión (dejando de lado sus formas institucionales) son –dicho casi en términos nietzscheanos— "formas de no estar satisfecho" (293). Hay que buscar, proponer, realizar 'algo' que sea "la respuesta a estas deficiencias" (293). Con la contundencia que lo caracteriza, vemos que no se trata de una rebelión (a la manera de un niño), sino de un interrogar sobre la falta, no la de la sociedad que uno imagina, sino una falta más radical: "lo que falta en el modo de vivir la vida" (293). Se entiende, entonces, siguiendo esta línea de reflexión, que mi praxis teatral no esté orientada a la formación actoral o el perfeccionamiento profesional, sino justamente a realizar un acto creativo-afirmativo de la vida para que los integrantes del elenco se interroguen sobre sus deficiencias en la vida, sus faltas, e intenten dar una respuesta emancipatoria a dicha situación, no para beneficio del teatro (vía utilitaria), sino para interrogarse sobre la vida misma que están llevando y la que quisieran alcanzar.

No sorprende que estas preguntas requieran un comentario evaluativo sobre las décadas precedentes, las cuales constituyen también un linaje que lo involucran en la subjetividad de su época. Los famosos *sixties*. Grotowski repasa ese gran momento de rebelión y creatividad ubicándolo en un campo de batalla, en el que se discierne también el arte: diletantes versus artistas blasfemos. El diletante, como el rebelde sesentista, es flor de un día: anárquico, irresponsable, danza de un verano, puros fuegos artificiales faltos de preguntas sobre los valores, éxtasis fugaces de los que, al final, nada permanece. La contracultura de los *sixties* "ya no existe, terminó. No por falta de sinceridad o grandes valores. Sino a causa de la falta de competencia, precisión, lucidez" (*Sourcebook* 294). Se trata de rebeliones que, siendo sinceras, no van más allá de su propia eclosión cultural. Grotowski estaba, como vemos, demasiado cercano a los *sixties* como para tener una verdadera perspectiva de más larga duración: su juicio, en parte, es justo, pero desde nuestro presente es muy parcial, ya que hoy sabemos cómo muchas de esas tendencias comenzaron a tomar formas más sólidas y hasta institucionales a nivel de los derechos humanos y de la crítica al patriarcado (feminismo, derechos de minorías laborales, raciales, étnicas, sexuales, ecológicas, etc.) que llegan hasta al presente como verdaderos movimientos. Su aproximación y dictamen sobre ese gran momento de transformación cultural (no siempre de transvaloración) tenemos que situarlo, como venimos haciendo, en esa idea de buscar las genealogías más adecuadas a su propio secreto, rompiendo con aquellos 'padres' que decepcionaron. Calderón, sin duda, forma parte de esta nueva 'paternidad' por la que Grotowski opta en la medida en que, indudablemente, se trata de figuras encumbradas que han permanecido por siglos. En *Hacia un teatro pobre*, refiriéndose a sus puestas en escenas, nos dice:

> El encuentro surge de una fascinación. Implica una lucha y también algo profundamente similar que provoca una identidad entre aquellos que toman parte y el encuentro. Cada productor debe buscar encuentros que convengan a su propia naturaleza. Para mí esto quiere decir los grandes poetas románticos de Polonia, pero también significa Marlowe y Calderón. Mostraré con suficiente claridad que me interesan mucho los textos que pertenecen a una gran tradición. Para mí son como las voces de mis ancestros y esas voces nos llegan desde las fuentes de nuestra cultura europea. Esas obras me fascinan porque nos dan la posibilidad de una confrontación sincera: una confrontación brusca y brutal entre las experiencias y creencias de la vida de generaciones previas, por una parte, y por la otra la de nuestras propias experiencias y de nuestros propios prejuicios. (53-54)

La cita de este texto inaugural en la trayectoria del maestro establece ya un sentido del término 'fuente' como un árbol genealógico en el que el sujeto opta por padres adoptivos con los que desea encontrarse retrospectivamente. La fuente se inserta desde el inicio en un marco signado por la sexualidad y la familia 'europea'. Los criterios de selección, aunque no especificados, dejan entrever la trama edípica de identificación al padre elegido con el que se busca una confrontación capaz de producir una doble revelación; es un padre escriturario, textual, un espectro de su autor; se trata de una genealogía escrituraria en la que se puede, por medio del encuentro, establecer una conversación creativa capaz de abolir el tiempo-reloj y permitir develar lo más íntimo del padre y del hijo. El disparador de esta identificación selectiva y retrospectiva es la fascinación, la admiración por esos padres que se elevan por encima de aquellos que les tocó en suerte en su propio entorno histórico familiar y doméstico. No debemos dejar escapar el elemento superyoico: son las voces de los ancestros las que convocan esta fascinación inicial, pulsión invocante que todavía desliza, no sin cierta contradicción, un rasgo de tipo perverso en el sentido de obediencia y de colocarse como instrumento para el goce de esos padres. Estos padres adoptivos son padres que sobresalen en la serie histórica, que la han marcado a futuridad, que están disponibles para identificarse y de ese modo conquistar una identidad propia. Son padres de una tradición europea: esta fuente inicial luego le resultará muy limitada y entonces la genealogía ya más que dirigida a la selección de padres, se orientará hacia la selección de maestros de otras tradiciones y culturas, de otras fuentes, pero no para identificarse con ellos, para adolptarlos, sino para radicalizar las preguntas por el origen: el foco de interés no serán las técnicas que estos maestros puedan proveer, sino la fuente de las técnicas que residen en el cuerpo gozante. Ahora bien, la cita nos dice que es con él o ellos [no hay 'ella' en esta genealogía] que se establece el encuentro en un encuadre especular que, en cierto modo, horizontaliza la relación patriarcalmente vertical padre-hijo. Ese padre adoptivo está ahora de igual a igual con el director: pasamos de lo paternal a lo fraterno. Grotowski, como vimos, nos habla de la relación con el otro en términos de hermandad.

Ahora bien: la cita también nos da la pauta de que la identificación no es necesariamente reproductora: el artista debe ser, desde la perspectiva grotowskiana, y en la línea de Nietzsche, *blasfemo*, en tanto es el que se rebela, pero su rebelión, como supone un *fait accompli*, un *acto* —y no un mero *actuar*— como es el que sabe lo que hace, maneja sus armas con precisión, logra un grado de *competencia* tal que le permite alcanzar la "rebelión real" (294), esto es, una rebelión "en arte persistente, dominada, nunca diletante" (294), porque su tarea apunta no a expresar una insatisfacción temporaria ni a enfocarse solo en el teatro, sino "a realizar el esfuerzo de confrontarse con la insuficiencia" (294), esa que, ya vimos, compete a la vida, es decir a la realidad social en su totalidad, a la cultura total, no solo la teatral. Más que rebelde, el artista es el que se emancipa y por ello, al enfrentar el devenir de la vida, es capaz de abolir las fuerzas reactivas y asumir un rol afirmativo, destruyendo el nihilismo y creando nuevos valores. Vemos, entonces, cómo Grotowski evita producir cambios meramente cosméticos o perecederos y apunta a un trabajo artístico cuya eficacia se plantee en "hacer huecos en las paredes", no en construirlas. A la primera instancia crítica negativa sucede una etapa afirmativa.

En el apartado III de "Tu es…", Grotowski da un paso más en su novela familiar de neurótico, un paso de mayor rebeldía, al menos en el campo teatral: criticar el realismo-naturalismo, romper con Stanislavski, o al menos con un Sistema que se orienta a "actuar la simplicidad confundida con la conducta irresponsable, a presentar los propios clichés de la conducta propia, la conducta social de la vida cotidiana, como si fuera naturalidad (conducirse, por decirlo así, como en un restaurante)" (294). En "Holiday" nos había contado como 'una vez' lo había considerado como su padre (*Sourcebook* 216). Es sumamente graciosa la lista de los clichés que los actores implementan en sus improvisaciones y que Grotowski detalla con puntualidad y hasta con amarga comicidad. Algo parecido me relató Mario Delgado, el legendario director peruano del grupo Cuatrotablas, cuando lo entrevisté:

> Muchos [actores] dicen: "Mario se duerme". "Pero son treinta y un años sentado mirando actores, ¿Ud. cree que no me voy a dormir cuando comienzo a ver lo mismo que veo todos los días de mi vida?" Pero yo no me duermo, yo estoy soñando. "Piensen que sueño, y cuando ustedes comiencen a hacer algo interesante, que para mí es nuevo, que nunca he visto, me voy a despertar". Ahora, cuando me duermo, no es porque no me gusta lo que están haciendo, sino porque lo he visto mucho, y ya sé lo que va a pasar. "Cuando me despierto comienzo a trabajar en mis ideas". Hoy día uno de los jóvenes de las últimas generaciones me dice: "Maestro, ahora entiendo que es un privilegio tenerlo durmiendo en el ensayo" (*Arte y oficio del director*, tomo I, 11)

Una vez más, Grotowski propone que en las improvisaciones no se adicionen detalles lo más cercanos a la vida cotidiana, sino que se quiten, se eliminen precisamente todas esas banalidades a fin de permitir que 'algo' aparezca, algo que sorprenda, dar lugar a lo tíquico; se trata de desactivar los hábitos incorporados por el proceso de domesticación social, reprimirlos y tratar de realizar la improvisación de modo tal que ésta tenga que buscar otros cauces por donde realizarse.[210] Veremos más adelante una vez más cómo Grotowski apunta a desactivar la automaticidad a la que el "progreso" social, la cultura, la familia, etc. nos ha sometido. Esta movida grotowskiana no es completamente incompatible con el Sistema stanislavskiano sino, para ser más precisos, con la vulgata que lo propagó. Así, "para buscar la conexión, uno debería comenzar con la desconexión" (294). Esta técnica desbarata la moralidad moderna y burguesa de las sociedades occidentales que buscan "una *positiva* conexión con los otros" (294) cuando en verdad el sistema busca precisamente lo contrario, la desconexión de los individuos, su aislamiento, con todas las consecuencias psicopatológicas conocidas y largas de detallar. Una vez más el trabajo se orienta por la vía negativa. Grotowski nos propone una metáfora musical casi pitagórica–pero también como entrenamiento efectivo— que, partiendo de la soledad del individuo y compartiendo el espacio con otro, se puede llegar progresivamente a un encuentro por medio no de una conexión artificialmente buscada por imitación a los hábitos diarios, sino por medio de la armonía alcanzada durante la ejecución de una canción, en el ajuste del ritmo y de la melodía entre ambos, incluyendo, si fuera el caso, cualquier otro sonido proveniente de la realidad –da el ejemplo de un jet. El corazón no alcanza para este tipo de entrenamiento, se necesita el dominio (*mastery*) de precisos protocolos musicales; de lo contrario todo es desborde emotivo y diletante.

---

[210] En mi praxis teatral, las improvisaciones empiezan sobre unos ejercicios físicos a los que se adiciona repentinamente una demanda de 'soltar' un significante cualquiera. Se forma una lista de un significante por participante, se los mezcla arbitrariamente, se los divide por grupos y se les propone improvisar una escena sobre los significantes asignados, sin que éstos puedan mencionarse en la escena. El resultado es una serie de escenas embrionarias de las que se partirá para proseguir el proceso. No partimos de una idea para ilustrarla. En los primeros ensayos hay una sensación de incertidumbre en la medida en que no se sabe a dónde se quiere llegar con todo eso. Usualmente, los actores no pueden apreciar cómo hay allí un Real que ya comienza a abrirse a la presencia. Puede ser un lapso desesperanzador e incluso desesperado hasta que se comienza a vislumbrar cierta hebra consistente que une las escenas improvisadas. Para un detalle de la técnica que utilizo en mi taller, ver *Sueño. Improvisación. Teatro. Ensayos para la praxis teatral.*

"Tu es..." va a desarrollar a continuación un largo apartado sobre la necesidad de abordar ciertas posiciones corporales tal como se manifiestan en diversas culturas tradicionales. Grotowski va, pues, a investigar un posible mapa corporal *original*, velado o reprimido por la cultura y la vida cotidiana. Nos habla del "aspecto reptil" que yace en la espina dorsal y "el cuerpo reptil" de un cuerpo antiguo que llevamos en el nuestro actual. Diversas culturas parecen converger en estas técnicas (ligadas a la cacería u otras actividades), muchas de ellas de larga data. Grotowski quiere objetivamente captar la "energía primaria" involucrada en dichas técnicas. Es otra manera de plantearse el regreso al origen que precede todas las diferencias. Del significante musical, no sígnico, pasamos ahora al cuerpo como sede de dichas técnicas y foco de investigación. Muchas de esas técnicas, practicadas en danzas específicas, responden a características propias de cada cultura y no son fácilmente utilizables como instrumentos desde la perspectiva de la cultura occidental. En todas ellas, según Grotowski, se puede percibir el "cuerpo reptil" cuyos movimientos se acoplan con ritmos, emisión de vibraciones y movimientos dancísticos específicos. El trabajo sobre estas manifestaciones puede permitir el dominio artístico si se realiza con precisión y disciplina y en la medida en que danza y canción alcanzan un nivel orgánico y estructurado. Es aquí cuando se instala la diferencia entre dilatentismo y dominio de una técnica: en el trabajo con esas danzas el diletante puede llegar a cierto "primitivismo" imaginado como manifestaciones anárquicas e instintivas, un naufragio o una inundación de contenido inconsciente que podría ahogarlo; en el artista, como en el ejecutante de los ritos tradicionales, lo que prima es el control (lo apolíneo en términos de Nietzsche). Una vez más el método grotowskiano responde al método trágico nietzscheano: Dionisis y Apolo cohexisten en el devenir. Es el ritual mismo, por su consistencia colectiva, el que da marco para este control y evita resolver los problemas técnicos individualmente. El ritual oficia como un Otro simbólico que actúa por encima de los individuos y hasta como un superyó que vigila esa línea que va de lo animal a lo humano, de lo instintivo a la conciencia. El artista es aquel que puede mantener ambos polos a la vez, el que permanece de pie desde el origen (*beginning*), porque dicho origen es "toda tu naturaleza original, presente ahora, aquí. Tu naturaleza original con todos sus aspectos: divino o animal, instintiva, apasionada. Pero al mismo tiempo tú debes continuar observando con tu conciencia" (*Sourcebook* 298). Para Grotowski "esa tensión entre los dos polos [es la que] da una plenitud contradictoria y misteriosa" (298).

En el oficio de trabajar con estas técnicas tradicionales (*organon* o *yantra*) se está apuntando al origen (*arche*) y a la conciencia; *organon* y *yantra* son modos o instrumentos "para reconectarse con las leyes del universo, de la naturaleza" (298); ambos conducen "de la excitación sexual al vacío afectivo" (298-299). Podemos traducir esta frase en términos analíticos: del goce implicado en el síntoma (cuerpo) al vacío de la angustia como afecto que no engaña. Este itinerario es crucial para la praxis teatral, con o sin referencias a culturas tradicionales. En esa tensión entre los polos se debe ir en contra del diletantismo para alcanzar un nivel de precisión y dominio; sin embargo, llegando al punto de lo no-diletante, la cuestión da un salto cualitativo: ya no se trata de manipular esas técnicas para implementarlas en una puesta en escena dentro del negocio teatral. Lo que surge es una pregunta mucho más abarcadora y esencial que atañe al desarrollo del propio individuo y, en este caso, no hay forma de manipulación. El trabajo con el cuerpo gozante resulta básico para abordar el vacío de lo Real. Entendemos la apelación a lo musical (ritmo, melodía, vibraciones, movimiento, danza, etc.) como una forma de trabajar a nivel de *lalengua*, aunque ésta no la podamos llevar completamente al nivel de lo prelingüístico, como lo que "precede las diferencias". El mismo Grotowski reconoce que muchos de estos rituales o canciones tradicionales están fuertemente engarzadas a la cultura de las que provienen. La pregunta ahora se nos impone: ¿hasta qué punto el ritual –precisamente por esa función de control— favorece esta exploración en el individuo o el grupo tal como Grotowski la propone? Como veremos, en la neurosis obsesiva (o en la religión), que apela a rituales, éstos tienen una función defensiva precisamente frente al deseo y la angustia. Cierto es que Grotowski, como vimos, no promociona ni mucho menos la reproducción de rituales tradicionales, solo se enfoca en capturar aquello que, por medio del cuerpo reptil o antiguo, yace en nuestra corporalidad presente. Queda por determinar cuáles son los beneficios de esta operación, a dónde conduce este entrenamiento si ya no en relación al trabajo actoral –aun cuando Grotowski sigue hablando del trabajo artístico—, al menos por qué permitiría un trabajo efectivo a nivel del autoconocimiento del sujeto o de su cuidado de sí. Digamos que, hasta esta instancia, Grotowski pareciera retomar el antiguo *ars vivendi*.

De la improvisación como caos de los diletantes, Grotowski pasa a favorecer la improvisación como "readaptación a una estructura" (300). El vocablo 'readaptación' supone, obviamente, un reajuste al cuerpo reptil o antiguo, olvidado, reprimido o velado por las máscaras de la domesticación con su cuerpo cotidiano, uniforme, fabril que habría que destruir. Es un entrenamiento que, es fácil verlo, supone la permanencia de ciertas huellas (*traces*) en la memoria capturables por un trabajo retrospectivo, disciplinado y doloroso: seguimos, entonces, dentro de un encuadre similar al analítico. Esta readaptación, considerada como una "improvisación armónica", podemos leerla como ajustada a los modos de goce del sujeto. Es, pues, una improvisación que pone en juego lo más fundamental y serio del sujeto; no es un mero trabajo de tipo turístico (300). Más allá de lo heteróclito de jugar con rituales, mezclarlos o manipularlos para una puesta en escena, tal como haría un diletante, y a diferencia de los rituales tradicionales y comunitarios, la propuesta de Grotowski se orienta nuevamente hacia lo singular: la improvisación armónica constituye un etnodrama en la medida en que el practicante "es *una* persona que actúa (*performs*), con *una* canción y *sola*" (300). No hay, pues, re-producción de la canción original sino re-creación, una nueva versión, atenida a la anterior, pero no igual (Lacan hablaría de *père-version*, versión del padre, versión de un original). En este sentido, a pesar de las crisis, los momentos de baja o ninguna vitalidad o el aburrimiento por los que pasa el practicante en este proceso, todavía no llegamos al punto de desalienación necesario para poder hablar de separación o emancipación del Otro de la modernidad.

El trabajo individual se realiza —como en el análisis— por un método de "trial and error", lo cual supone que la construcción[211] (incluso en

---

[211] En mi praxis teatral este momento en que se procede a la construcción, aunque proviene de los ensayos, fundamentalmente es una tarea que me impongo y que no realiza el elenco. En efecto, las improvisaciones terminan al iniciarse las vacaciones de primavera; en esa semana mi tarea consiste en tomar todo lo pro-

el sentido que le daba Freud, pero esta vez localizada en el analizante o practicante) va adicionando y eliminando lo superfluo y, en esa forma, resignificando la relación con el origen. Grotowski lo plantea como una especie de *puzzle* en la que, como un proceso cinematográfico de edición, hay que seleccionar fragmentos, combinarlos, desecharlos, etc. En el armado de la secuencia, como puede apreciarse, entre fragmento y fragmento, queda el planteo sobre cómo trabajar el vacío entre ambos. La habilidad del no-diletante consiste precisamente en saber ajustar la secuencia, pasar de un elemento a otro, una vez exploradas diversas posibilidades; no se pasa de un fragmento a otro por medio de un salto, digamos, mecánicamente, sino que debe permanecer el movimiento pero como "una catarata congelada" (301). Casi con una perspectiva estructuralista, a la manera de un *bricoleur*, Grotowski describe cómo a la operación de descarte, le corresponde otra, no menos compleja, tal como es la inserción de fragmentos tomados de otro lugar o de otra posición en la secuencia. Estamos al nivel de una combinatoria en la que, indudablemente, cada núcleo narrativo por el que se ha optado, admite otro para cerrar la secuencia, pero deja otros posibles narrativos no actualizados, como Barthes lo vio en su ya clásico "análisis estructural del relato". La constatación de haber realizado las mejores opciones surge una vez más del cuerpo gozante: "su cuerpo debe absorber todo esto y recuperar sus reacciones orgánicas" (300). Ya Freud nos advirtió en *Construcciones en psicoanálisis* (1937) sobre el aspecto conjetural de la interpretación analítica: una interpretación no es ni verdadera ni falsa; que el analizante la apruebe o la rechace carece de

---

ducido (textos, videos, etc.) y acomodarlos en una secuencia. Surge así el guion de lo que será el espectáculo el cual es leído en la primera sesión después de esas vacaciones; usualmente produce cierto estupor en el elenco cuando leen la secuencia de escenas improvisadas y se aperciben de esa hebra subterránea que, en relación directa a lo Real, habla de su deseo y de su goce (no del mío). A veces se procede a cambiar el orden de ciertas escenas del guión (*puzzle*, combinatoria, usualmente generada a partir de condicionantes técnicos). Desde ese momento, el guion se ensaya en un par de semanas; luego se ofrece el espectáculo, terminado o no. Mi presencia se va tornando, desde la lectura del guion, en mero desecho: el espectáculo es de ellos, habla de sus deseos y goces. Mi posición de sujeto supuesto saber cae.

importancia. La interpretación resulta efectiva cuando un sueño o un lapsus, por ejemplo, la confirman posteriormente. En esta aproximación grotowskiana de índole etnodramática –el encuadre psicoanalítico también es dramático—estamos ante una propuesta inversa a la de las ratas o los perros de Pavlov: es como si después de los experimentos realizados en el laboratorio, el científico le pidiera a la rata o al perro retornar a su cuerpo antiguo, instintivo, animal, para recuperar –paradójicamente— su naturalidad original, desdomesticándose de la alienación a la que fue sometido por el experimentador. La diferencia con el ser humano yace en que la domesticación a la que fue sometido por el lenguaje y la cultura es ya una naturalidad invisibilizada, una alienación en la que está atrapado y por la que es manipulado por el sistema, particularmente el capitalista. Se trata aquí de recuperar "la espontaneidad de la vida" (301), que propongo leer como aproximarse a ese goce perdido en la socialización del sujeto. Desandar las improntas del significante y de la captura del sujeto por la función fálica, supone o invita a quien tenga coraje valentía –como el guerrero— y un deseo decidido a emanciparse por medio de un vuelo *hacia* el lado del no-toda de lo femenino, según las fórmulas lacanianas de la sexuación.

¿De quién es esa canción? La pregunta dispara en Grotowski la cadena de genealogías. Canto una canción, pero era la que cantaba mi abuela. Grotowski va a hacer ahora un cuestionamiento sobre quién realmente canta, lo cual en cierto modo enlaza con el principio del ensayo en el que se planteaba su relación con Calderón: ¿de quién es la puesta en escena, por ejemplo, de *El príncipe constante*? ¿Es de Grotowski? ¿Es de Calderón? Problema, pues de pertenencia, pero además, cuestionamiento sobre el estatus del sujeto en esa convergencia suya con sus ancestros. Una respuesta posible sería que no es ni de uno ni de otro, sino de *un* sujeto de la puesta en escena. Reflexiona el maestro:

> Pero si tú estás descubriendo en ti a tu abuela, a través de los impulsos de tu cuerpo, entonces [la canción] no es ni 'tú' ni 'tu abuela que la había cantado': eres tú explorando a tu abuela quien canta. (301)

Y esa cadena retrospectiva podría alargarse hacia el pasado hasta "cuando por primera vez alguien la cantó" (302), alguien sin duda anónimo si se trata de una canción tradicional. No deja de haber, sin embargo, un cierto juego con la muerte: mientras me remonto por la cadena retrospectiva de los ancestros, voy tropezando cada vez con alguien que me precedió y que ya no está, del mismo modo en que muero a cada momento en tanto yo [*moi*] en este itinerario retrospectivo en el que también renazco como otro: podríamos leer el "Tu es" del título en francés, en forma homofónica con "J'ai *tué* le fils de quelqu'un" [maté al hijo de alguien]. Ahora el practicante tiene que inventar, imaginar ese momento en que alguien la cantó por primera vez, o quizá solo pronunció como un conjuro y luego se fueron agregando y cambiando las palabras. Lo cierto es que en este camino retrospectivo hacia el origen, hacia el comienzo, "ya no es la abuela la que canta, sino alguien de tu linaje, de tu país, de tu aldea, del lugar donde está la aldea, de la aldea de tus parientes, de sus abuelos" (302). La canción, tal como es cantada, tiene trazos del espacio original codificado: no es lo mismo una canción de zona de montaña que de la llanura. La voz es requerida de forma diversa en un caso o en otro. Se trata, pues, de construir un encuadre si se quiere poético, imaginario, para esa canción, inventar su proveniencia, la edad del cantante original, el paisaje. Y todo este trabajo, según Grotowski, permite descubrir que venimos de alguna parte. Es, como vemos, una imaginación propia de un exilado cuya nostalgia, cuyo duelo, lo lleva a recuperar lo perdido, lo lejano (en el tiempo y en el espacio), evitando una salida melancolizante o maníaca.

La conclusión a este planteo es, si se quiere, política, a pesar de que, al principio se nos dijo que no se quería hacer declamaciones de este tipo: "No eres un vagabundo, vienes de alguna parte, de algún país, de algún lugar, de algún paisaje. Había personas reales a tu alrededor, cercanas o lejanas. Eras tú doscientos, trescientos, cuatrocientos, o mil años atrás, pero eras tú. Incluso el que comenzó a cantar las primeras palabras era hijo de alguien, de algún lado, de algún lugar, por eso, si reencuentras esto, eres el hijo de alguien. Si no lo reencuentras, no eres hijo de nadie; estás desgarrado (*cut off*), estéril, infecundo" (302). Leo el planteo político en relación al individuo nómade que hoy el capitalismo y el neoliberalismo promocionan, cuya individualidad y soledad lo dejan errante (*wandering*), sin rumbo, enajenado de sí. Grotowski apunta a destruir, como Nietzsche, las fronteras nacionales para alcanzar una ciudadanía humana global en la cual, al activarse el cuerpo reptil o arcaico, podemos reconocer nuestra pertenencia al género humano en cualquier lugar que estemos.

Efectivamente, Grotowski intenta alcanzar con esta genealogía lo propio del ser humano [*człowiec*]; no se trata de encarnar al cantante originario como quien representa un personaje (tal como haría un diletante), sino que, cuando se realiza este entrenamiento con rigor y disciplina, como hace un no-diletante (Grotowski se abstiene de calificarlo de artista o profesional), se adquiere la competencia sobre uno mismo como para responder a la pregunta fundamental: "¿Eres un ser humano?" La pregunta es relevante en un mundo de progresiva objetalización, de alienación o avasallamiento del sujeto del inconsciente y, por ende, del deseo. Grotowski trata de alcanzar, insistimos, ese resto vital que, como goce y hasta como objeto causa del deseo, todavía tiene chances de pulsionar (creativamente) en un mundo crepuscular. Y lo hace a través de proponernos un entrenamiento cuyo imaginario filogenético (demás está decir que no se trata de biología y menos de darwinismo), pareciera hacer conexión con Freud. ¿Acaso su "Moisés y la religión monoteísta" (1939 [1934-1938]) al final de su vida no hace eco en el apólogo bíblico con el que Grotowski cierra su ensayo "Tu es..."?

¿Hay en la propuesta grotowskiana un "llamado filogenético"?[212] Freud desde temprano plantea que en los neuróticos y en los sueños de un

---

[212] Me refiero a aquello que Freud plantea en su 22° conferencia de introducción al psicoanálisis, cuando afirma que lo que en el hombre prehistórico fue creación, ahora se trata de un llamado: "En nuestros juicios sobre los dos desarrollos, el del yo y el de la libido, tenemos que dar la precedencia a un punto de vista que hasta ahora no se ha apreciado muy a menudo. Helo aquí: ambos son en el fondo *heredados*, unas repeticiones abreviadas de la evolución que la humanidad toda ha recorrido desde sus épocas originarias y por lapsos prolongadísimos. En el desarrollo libidinal, creo yo, se ve sin más este origen filogenético. [...] Ahora bien, en el hombre el punto de vista filogenético está velado en parte por la circunstancia de que algo en el fondo heredado es, empero, vuelto a adquirir en el desarrollo

adulto podemos encontrar al niño o al hombre primitivo. El inconsciente en tanto memoria pareciera ser el reservorio de una infancia filogenética de/en la vida del sujeto y de la humanidad misma; se trata de una herencia arcaica. Al iniciar la 13° Conferencia, Freud recapitula cuestiones relativas al sueño. Allí nos plantea que en los contenidos latentes del sueño se conservan muchos estados ya superados por "nuestro desarrollo intelectual" (como por ejemplo el 'lenguaje figural' anterior a nuestro 'lenguaje discursivo'); denomina como *"arcaico o regresivo* al modo de expresión del trabajo onírico" (*Obras completas*, XV, 182). Y agrega:

> La prehistoria a que el trabajo del sueño nos reconduce es doble: en primer lugar, a la prehistoria individual, la infancia; y por otra parte, en la medida en que cada individuo repite abreviadamente en su infancia, de alguna manera, el desarrollo todo de la especie humana, también esta otra prehistoria, la filogenética. (...) Así, me parece, la referencia simbólica, que el individuo en ningún caso aprendió, tiene justificado derecho a que se la considere una herencia filogenética. (182)

La diferencia entre prehistoria e historia está marcada, en Freud, por la aparición del lenguaje: esa prehistoria, que Grotowski denomina origen e incluso nombra en griego '*archē*' (*Sourcebook* 398) –que comparte la raíz con 'arcaico': *archaïkós*—, podemos pensarla como lo que precede a las diferencias. Y es la 'regresión' (en Freud como en la propuesta grotowskiana) el mecanismo por medio del cual recuperamos la escena del pasado, del individuo o de su prehistoria. Escenas o fantasías como la del comercio sexual de los padres, la escena de seducción por un adulto o la amenaza de castración pueden haber sido efectivas en la vida del sujeto, pero también pueden ser atribuidas a la vivencia filogenética:

---

individual, probablemente porque todavía persiste, e influye sobre cada individuo, la misma situación que en su época impuso la adquisición. Yo diría que en ese tiempo operó como una creación, y ahora actúa como un *llamado*. (*Obras completas*, XVI, 322-323, énfasis mío)

> Las escenas de observación del comercio sexual entre los padres, la seducción en la infancia y la amenaza de castración son indudablemente un patrimonio heredado, herencia filogenética, pero también pueden ser adquisición del vivenciar individual. [...] Sólo que en la historia primordial de las neurosis vemos que el niño echa mano de esa vivencia filogenética toda vez que su propio vivenciar no basta. *Llena las lagunas de la verdad individual con una verdad prehistórica*, pone la experiencia de los ancestros en el lugar de la propia. (*Obras completas*, XVII, 89, énfasis mío)

> El núcleo de lo inconciente[213] anímico lo constituye la herencia arcaica del ser humano, y de ella sucumbe al proceso represivo todo cuanto, en el progreso hacia fases evolutivas posteriores, debe ser relegado por inconciliable con lo nuevo y perjudicial para él. (*Obras completas*, XVII, 199)

Entendemos, entonces, que Grotowski quiere remontarse a ese origen arcaico, ya no como determinismos darwinianos, biologistas o referidos a la herencia de sangre; si ese origen como 'herencia arcaica' toma en Freud y Grotowski un sentido, lo hace en cuanto planteamos el inconsciente como transindividual, como una memoria que ya no se corresponde con la historia lineal sino, una vez más, para plantearlo en breve, como la pizarra mágica que conserva las huellas en una temporalidad que le es propia al inconsciente como tal y que hemos visto en otro capítulo. Observemos de paso que Grotowski plantea todo este trabajo del practicante como forma de llenar el vacío de los huecos en las paredes, tal como el niño –según Freud— "llena las lagunas de la verdad individual con una verdad pre-histórica".

La propuesta grotowskiana aspira a alcanzar por vía retroactiva o retrospectiva ese núcleo vital y fundamentalmente humano –siempre y

---

[213] La traducción publicada por Amorrortu prefiere "inconciente" a "inconsciente".

cuando admitamos que está del lado de la pulsión y no del instinto—anterior a la impronta del lenguaje: es, en este sentido, una tarea imposible, porque si nos pasamos del lado *anterior* al lenguaje, nos toparíamos con el mecanismo instintivo, que responde a una programación de la especie y se dispara a partir de impulsos externos. El animal reacciona, el ser humano rememora. En todo caso, como hemos venido sosteniendo en este libro, conviene situar ese origen como anterior a las diferencias lingüísticas y culturales a nivel de *lalengua*, cuando todavía lo simbólico no ha instalado el significante mortificante. Se trata, una vez más, de una zona de frontera entre naturaleza y cultura, entre instinto y cultura. *Lalengua* también permanece en ese estado de íntima conexión con el cuerpo gozante, con la pulsión y la infancia. Si hay que desactivar una a una las máscaras impuestas por la alienación cultural (económica, histórica, social, etc.), no tendría mucho sentido realizar ese itinerario para toparnos con un origen animal. Grotowski quiere recuperar los índices de vitalidad 'humana' (deseo, pulsión) que todavía permanecen, aunque velados y/o reprimidos, por la modernidad, para lograr un modo de vivir emancipado de la enajenación económico-social y cultural capitalista. Su inclinación hacia las canciones generadas en el contexto de culturas tradicionales testimonia de un gesto de buscar la desalienación en la herencia arcaica (primitiva-infantil) de las culturas pre-modernas.

Es una solución posible, no la única, para una praxis teatral emancipadora. Su propuesta de un Drama objetivo quiere recuperar un mapa corporal perdido a lo largo de una filogenia en la cual el cuerpo ha estado sometido a etapas de automatización y alienación, particularmente ligada al trabajo productivo y a la represión milenaria de la sexualidad (libido, deseo, pulsión), como planteaba Nietzsche, causada por las moralidades y por la metafísica platónico-cristianas. Se trata, entonces, de una tarea permanente del practicante para desactivar las máscaras y alcanzar su singularidad como modo de goce para, en una instancia posterior, al relacionarse con otro en similitud de condiciones, armonizar, esto es, inventar conjuntamente un camino para la emancipación comunitaria. El contexto puede ser el teatro pero, como veremos, aspira a una dimensión más amplia que Grotowski denominará "el Performer".

La culminación de este itinerario freudiano filogenético, tan debatido y hasta resistido por los propios psicoanalistas, lo configura sin duda *Tótem y tabú* y, al final de su vida, su trabajo sobre *Moisés y el monoteísmo*. En *Tótem y tabú* nos ofrece el mito de la horda, el cual le permite dar las bases para la universalidad del complejo de Edipo (otro mito freudiano, según Lacan) y la onto-filogenia que deja imaginar la creación de la sociedad, la cultura y las religiones. Hablará, así, de un "patrimonio psíquico heredado" (3), con las prohibiciones fundamentales (incesto y parricidio) reprimidas. El itinerario retrospectivo, tanto en el psicoanálisis como en el Drama objetivo grotowskiano, puede leerse como la recuperación de la crueldad mítica inherente a la vida (Nietzsche) tanto en lo que se refiere al incesto (Grotowski habla de una abuela, no de la madre o de un abuelo), como en reactivar la pulsión parricida necesaria, instancia destructiva indispensable para construir –instancia afirmativo-creativa— una sociedad para el hombre nuevo o, como plantearía Nietzsche, el superhombre. No debemos olvidar aquí que, tanto en Freud como en Grotowski, lo creativo está del lado del inconsciente y, ahora podemos agregar, del lado de la herencia filogenética.

*Interludio conjetural: Ritual, obsesión y pedagogía*

Me parece que este capítulo dedicado a "Tu es les fils de quelque'un" es el apropiado para desarrollar una conjetura interpretativa sobre la propuesta grotowskiana, cotejándola con las elaboraciones –extensísimas por cierto y, además, elaboradas lenta y progresivamente por Freud y luego por Lacan—relativas a la neurosis obsesiva. ¿Por qué vamos a incursionar en la neurosis obsesiva? Para decirlo rápido, por dos razones: es una neurosis en la que los rituales y los ceremoniales tienen un rol importante; también porque Freud extendió la neurosis obsesiva a lo colectivo: la neurosis obsesiva se le aparece como una religión privada y la religión como una neurosis obsesiva colectiva. Ambas remiten a una misma estructura. Ritual y religión siempre están, como venimos viendo, en el horizonte del discurso grotowskiano; es más, lo ritual fue aquello que impactó desde el inicio en muchos grupos teatrales, particularmente en América Latina. Por tal motivo, el tema, por un lado, resulta muy pertinente para revisar la propuesta del maestro polaco y, por otro, para poner en tela de juicio la 'vulgata' a la que fue reducida su metodología por algunos grupos de teatro en los que ésta tomó dimensiones cósmicas, con mezcla o imitación de rituales comunitarios, con puestas en escena que pretendían recuperar, cuando no fundar mitos o tradiciones supuestamente auténticas y tradicionales. En esos ensayos que dan cuenta de estas experiencias se tiene la sensación de estar en presencia de un delirar colectivo a la manera de una religión secular.

No vamos a detenernos en cada publicación de Freud o de Lacan, ni de otros psicoanalistas y menos aún de la literatura psiquiátrica anterior al psicoanálisis respecto de la neurosis obsesiva; haría excesivamente extenso este libro si intentáramos detallar los pasos o momentos en los que la praxis analítica fue avanzando en la exploración y conceptualización de esta neurosis, distinguiéndola de la histeria y la psicosis. Por otra parte, no creo contar con la competencia intelectual para realizar una tarea semejante. Vamos, en cambio, a aproximarnos en forma menos detallada, porque lo que nos interesa en este libro es abrir algunas coordenadas de trabajo y algunas indagaciones para la praxis teatral, al menos para la mía propia. Me intención es dejar constancia de un aspecto que, en el futuro, requerirá de mucho más trabajo en mi praxis teatral. Simplemente, retomaremos algunos puntos relevantes para movilizar la interpretación de los *textos* y la *escritura* grotowskianos (jamás y obviamente imposible de la persona de Jerzy Grotowski).

En tanto se trata de neurosis (histeria, obsesión, incluyendo la fobia), la cuestión de lo infantil, ligada a la paternidad y la maternidad, es decir, al Edipo, es lo primero que debemos detallar. En el capítulo sobre el Teatro de las Fuentes ya hemos incursionado en estos aspectos. Encontramos, pues, en la neurosis siempre un conflicto a nivel sexual, esto es, estructural, a diferencia de otras neurosis denominadas 'actuales'. Hemos también insinuado cómo Freud asume estas cuestiones estructurales dentro de la filogenia. Hemos venido entendiendo lo sexual como lo pulsional, lo libidinal, y hemos ya comentado cómo esta dimensión podemos rastrearla desde Schopenhauer hasta Grotowski, pasando por Nietzsche, Freud, Lacan y hasta Foucault.

Lo primero que Freud detalla, en publicaciones tempranas que luego desautorizará, es cómo la histeria remite a una seducción temprana del sujeto por un adulto (mucho más tarde comprobará que no había ocurrido efectivamente, sino que había sido fantaseada y hasta podría atribuírsela a la filogenia), en la que éste habría tenido un rol pasivo; mientras que en la neurosis obsesiva nos hallamos frente a una experiencia temprana de excesivo placer en la que el sujeto ha tenido un rol activo. Comentamos esas escenas iniciales de la lectura en la infancia, cuando Grotowski devora los libros provistos por su madre. No siendo un obsesivo, sin embargo, nos cuenta de un goce: se trata de una escena en la que tuvo un rol activo y transgresivo, sobre todo cuando se trataba de los Evangelios. Podrían leerse estas escenas también como una seducción, por parte de la madre o del cura joven, incluso por parte de los textos mismos, que Grotowski recuperar vía la rememoración. En cuanto a las neurosis en sí, en una u otra, histeria u obsesión, las experiencias sexuales han quedado reprimidas.

Conviene hacer una aclaración tal como Lacan la ha sugerido: vamos a orientarnos a partir de la estructura y no necesariamente de los síntomas, que podrían faltar sin que el sujeto dejara de ser un neurótico obsesivo. Y el nivel de estructura es lo que nos va a permitir salir de lo estrictamente personal para dar un salto hacia otro nivel, que llamaremos aquí 'pedagógico', en cuanto involucra el encuadre con el que Grotowski parecía organizar sus talleres. A nivel de estructura, entonces, mientras la histeria, en cuanto a lo pulsional, hace una regresión a los primeros objetos sexuales, el neurótico obsesivo la hace hacia fases anteriores a la organización sexual, particularmente a la etapa preliminar de la organización fálico-anal, de ahí que éste se sorprenda cuando un impulso amoroso –por identificación, idealización y rivalidad con el padre imaginario, — se transforme en sádico. Los impulsos, los actos y las representaciones horrorizan a veces al sujeto obsesivo cuando imagina, por ejemplo, cometer grandes crímenes, particularmente el parricidio; es para evitar este fluir de imágenes de horror que el neurótico obsesivo se entrega a rituales cuyo cumplimiento le es indispensable para que el acontecimiento imaginado no se produzca y pacifique así la culpa que dichas imágenes le ocasionan. Se rodea así de mandatos, medidas preventivas, prohibiciones que le permitan controlar los impulsos sádicos. Todos estos impulsos que aspira a controlar se configuran como verdaderas tentaciones a las que necesita ponerle freno; amén de los rituales, apela a otro rasgo importante: la postergación del acto, difiriéndolo indefinidamente. Lo que preocupa al obsesivo no es tanto el acto, como el hecho de fantasearlo. En este juego en el cual las representaciones se convierten en verdaderos reproches, lo que se deja leer es que remiten a aquellos actos sexuales realizados con placer, activamente, en la infancia. De ahí la necesidad de una transacción entre lo reprimido y lo represor. Bastaría leer el libro de Thomas Richards *At Work with Grotowski on Physical Actions* para apoyar con ejemplos concretos cada una de estas instancias por las que pasaba un practicante o participante a los talleres grotowskianos. Una vez más, y como veremos, no estamos planteando a Richards como un neurótico obsesivo, sino conjeturando hasta qué punto el encuadre pedagógico ponía a dichos participantes en el marco de cierta estructura obsesiva.

Los analistas han dejado constancia de las dificultades de analizar a un neurótico obsesivo. Ocurre que, al reducir su deseo a la demanda, se coloca como objeto de deseo de la demanda del Otro, el que demandaría su castración, su destrucción. La angustia surge a partir del deseo, siempre enigmático, del Otro, por eso el obsesivo de alguna manera tapona ese desear del Otro con la demanda y, por esa vía, evita la pregunta sobre en qué consiste ese deseo. Su estrategia reside en calcular todo el tiempo el posible y enigmático deseo del Otro. De ahí que se le vaya el tiempo calculando hasta tener certeza (lo que nunca ocurre) del deseo del Otro, de la garantía del Otro. Controlar el ritual y controlar el análisis (o al analista) lo tornan impenetrable a la interpretación, de ahí que Lacan sugiriera 'histerizar' al neurótico obsesivo para desactivar —digamos— esos controles y permitir acceder al deseo. Histerizar es incorporarle la duda y hacerle percibirse como sujeto dividido, con su falta en ser a fin de abrir la posibilidad de un llamado al Otro capaz de darle sentido a su pregunta, vía regia para poder instalar la transferencia y comenzar el tratamiento. Es, pues, importante hacerle percibir la falta en ese Otro, tal como el sujeto histérico no deja de impugnar esa pretendida totalidad del Otro. En tanto el obsesivo no admite esa falta, el tratamiento no avanza. ¿Ocurrirá lo mismo con el entrenamiento grotowskiano? Luego comprobará que el Otro no tiene respuestas a su pregunta, que solo su trabajo analítico es el que le irá proveyendo de alguna respuesta y, en todo caso, deberá admitir que ese itinerario está siempre abierto, no tiene un cierre, un final. El hecho de que se trate de participantes que –actores o no— acuden a los talleres de Grotowski fuera de las expectativas de la industria teatral profesional o profesionalizada, demuestra que buscaban allí 'algo' cuya consistencia desconocían. Al final, el neurótico obsesivo deberá, en consecuencia, conceder que el Otro tiene un deseo, una falta, hay un goce que le falta, razón por la cual no puede ofrecer respuestas certeras a sus dudas y menos todavía oficiar como garantía de un saber. Se reinscribe entonces la angustia, porque el obsesivo, al carecer de confianza en el saber del Otro, impide la transferencia –en la cual, como sabemos, el analista juega como Sujeto Supuesto Saber— y hace imposible su tratamiento. Para él, el Otro nunca tiene respuestas o está muerto. Y Grotowski, tal como lo dejan ver varios testimonios, jugaba el muerto, como Lacan les proponía a los analistas en "La dirección de la cura y los principios de su poder" (*Escritos* 569); se trata de que el analista deje de lado su yo, se ponga en el lugar de un muerto, para que el sujeto también deje de lado el suyo y pueda de ese modo dar lugar a la emergencia o aparición del Otro, del inconsciente.

Solo el acto ceremonial o ritual obsesivo –incluso en su completa absurdez— calma la angustia. A diferencia del rito religioso, que es colectivo y toma significaciones simbólicas, el ritual del obsesivo es individual y carece de tal sentido simbólico. Esto explica que muchos neuróticos obsesivos sean extremadamente cuidadosos, tenaces, en cuanto a la realización del ritual; no es tanto la ceremonia en sí la que importa, sí el hecho de recorrerla puntualmente cada vez; es en cierto modo un performance absurdo y compulsivo. ¿No es acaso absurdo y como traído de los pelos el hecho de adosar una experiencia personal a un ejercicio, o bien una canción tradicional y, además, invitar a remontarse por una filogenia inventada? Sin duda lo es, pero a Grotowski, como vimos, le interesa la objetividad y organicidad del ejercicio, el recorrido puntual y disciplinado por cada instancia hasta llegar a un punto de repetición controlada.

La ceremonia oficia como un mecanismo que responde a un sistema de reglas en donde un acto ritual sustituye a otro acto reprimido. Recordemos que en *Tótem y tabú* Freud plantea que los rituales religiosos aparecen como forma de elaborar la culpa por el asesinato del padre de la horda y, en consecuencia, estos rituales funcionan como un medio para reconciliarse con el padre muerto, cuyo espectro no deja de seguir presente. Hay, como podemos apreciar, una cierta relación con el tiempo, particularmente con el futuro, que el neurótico obsesivo trata de dominar por medio de sus rituales: "si hago esto –algo sin mayor sentido, como tirar agua al piso—mi madre no morirá". El neurótico obsesivo odia el tiempo-reloj: o se posterga la acción hasta el momento de su muerte, o bien se siente fuera del tiempo en tanto se autopercibe como ya muerto, es decir, ya inmortal y eterno. Si el histérico trabaja para mantener el deseo insatisfecho, el neurótico obsesivo, en cambio, al evitarlo, lo torna imposible. Si hay una pregunta del obsesivo, ésta es sobre su propio ser: lo angustian la vida, la paternidad, la inseguridad y la sobrevivencia. Así, si la pregunta por el deseo en la histeria se plantea como "¿soy hombre o soy mujer?, ¿qué es una mujer?", es decir, si la pregunta es por su posición sexual, en el neurótico obsesivo, en cambio, toma otra dimensión: "¿estoy vivo o estoy muerto?, ¿ser o no ser?", es decir, la pregunta es por su existencia. Esas preguntas son de cada estructura; Lacan sostiene que ciertos síntomas podrían faltar en el caso del neurótico obsesivo (rituales, ideas recurrentes, etc.), pero el diagnóstico debe realizarse sobre la estructura y la pregunta que ésta sostiene. En nuestro caso, tenemos lo contrario: Grotowski, como vimos en nuestra interpretación de "Wandering...", aunque parece interrogarse por la muerte, por la existencia, eso no lo hace un neurótico obsesivo por cuanto, según nuestra interpretación, el maestro se inclina *hacia* el deseo: preocupado por la muerte, sin embargo, no pregunta por la existencia, sino por la calidad de esa existencia, la calidad del vivir en medio de una sociedad alienante como la del capitalismo. Al no confrontarse con su deseo, el obsesivo se interroga sobre su propio existir; y no es raro que incluso la homosexualidad –como ya incluso señalaban los prefreudianos— le sirva al obsesivo para no confrontarse con su deseo. Demás está decir que el Otro carece de respuestas para esas preguntas, en cualquiera de esas dos neurosis. El obsesivo, en realidad, repudia ambos sexos, no es ni uno ni otro, ni hombre ni mujer, o es ambos a la vez.

Nos interesa ahora ir viendo, cómo Grotowski distribuye pedagógicamente estas posiciones de histeria y obsesión en su praxis teatral.[214] Sin duda, Grotowski quiere desdomesticar a quienes trabajan con él, incluido él mismo: las preguntas que formula en "Tu es..." acerca de cómo queremos vivir la vida, al plantearnos las deficiencias de nuestro cotidiano vivir, lo conduce a construir un encuadre de trabajo en el que posiciona al otro como un obsesivo al que pretende histerizar y, en lo posible, llevarlo hacia un trabajo permanente sobre sí mismo. Lo que recibe en sus talleres y seminarios son para él cuerpos ni vivos ni muertos, en tal caso, más muertos que vivos; el prestigio del maestro es la trampa en la que caen quienes se postulan: vienen como un histérico a demandarle a Grotowski un saber y el maestro pocas veces les responde, escamotea constantemente su presencia, apenas les da consignas enigmáticas. La estrategia del maestro –como vimos en "Tu es..."— consiste en transferir al participante las preguntas sobre su propio vivir, su propia existencia. Grotowski, además, en tanto Sujeto Supuesto Saber, no deja de producir transferencialmente el odio hacia su figura como padre por parte de los asistentes, lo cual apunta a recuperar el deseo parricida del participante, como vía inevitable de todo proceso hacia el deseo propio.

Interpreto el entrenamiento propuesto y la necesidad de alcanzar el rigor y la disciplina sobre sí mismo del participante, como una forma de llevarlo *hacia* una rutina agotadora, frustrante, que tiene siempre que recomenzar, esto es, hacerlo trabajar en un ceremonial hasta que la obsesividad supuesta del sujeto se distiende (y, a veces, como reacción terapéutica negativa haga que el participante se aleje). Grotowski justifica este encuadre como ese momento creativo, esa otredad que, de pronto, emerge

---

[214] Si nuestra propuesta de una pedagogía que pone al participante en posición obsesiva es válida, entonces cabría investigar los testimonios de quienes trabajaron con Grotowski en esos talleres, no solo por el sexo de cada uno –cuestión que merece un tratamiento especial, ya que la mayor parte de los testimonios son de varones—, sino por el juego de posiciones femeninas y masculinas, o por la cancelación de ambas, en la relación con el entrenamiento y la demanda del maestro. Intuyo que, de haber trabajado con mujeres, Grotowsk hubiera orientado su búsqueda en una dirección más radical.

en la repetición incesante de lo mismo. Como el obsesivo no desea nada, utiliza la demanda para no toparse con un deseo que lo amenaza y que podría hacerlo desaparecer como sujeto. El obsesivo espera la muerte del Otro –tal como hace el esclavo con el Amo— sin prestar demasiada atención a quien lo escucha. Sale, pues, de la sesión analítica tal como entró, no se ha implicado en nada y, obviamente, quejándose del fracaso del tratamiento y de su analista. Si en la histeria el sujeto necesita un Amo a quien dominar, en la neurosis obsesiva el sujeto encuentra este Amo y solo le cabe esperar la muerte de éste. Espera la muerte de ese padre fundador de la Ley – padre simbólico— que pone límite al goce y lo hace depender de la ley— con el que tuvo una rivalidad originaria— y al que tiene que enfrentar con rituales para apaciguar la culpa de un deseo parricida reprimido.

Recordemos, por un lado, la figura del padre ausente en la biografía de Grotowski, que lo abandonó –pero sobre todo abandonó a su madre, lo cual lo deja sin derecho al respeto y al amor del hijo—, pero también el caso de los dos curas de la parroquia que Grotowski nos refiere: el que le prohíbe leer los Evangelios fuera de la iglesia y el más joven que le da el permiso para hacerlo a escondidas. Hay un registro de la culpa que podemos remontar al origen de la propuesta grotowskiana y que el maestro luego desplegará hacia el encuadre de su enseñanza en sus tallers. Notemos, aunque sea al pasar, cómo el participante o aprendiz lucha con esa culpa y ejecuta conductas sacrificiales; estas conductas ya venían desde el Teatro de Producciones. Basta leer atentamente la relación entre Grotowski y Ryszard Cieslak y el tipo de actuación favorecido en esta primera etapa la cual, todo lo blasfema que se quiera, seguía capturada en el reverso de lo religioso cristiano, de una religiosidad secular pero de todos modos religiosa. El famoso "Dios ha muerto" de Nietzsche no significa que podamos desentendernos para siempre de él. Ha muerto, ya no creemos en él, pero tenemos que vivir, sin embargo, en un mundo fundado por él, con la moralidad platónico-cristiana. Lacan desplaza la cuestión diciendo que el problema no es que esté muerto sino que Dios es inconsciente. Y si ello es así, entonces no nos queda otro camino que el de trabajar creativamente y desde nuestra singularidad con ese Gran Otro que nos habita; es por esa vía que tenemos que entender el método grotowskiano. Así, como en el famoso Otro-que-no-existe lacaniano, a pesar de su inexistencia, tenemos que seguir lidiando con él, no podemos prescindir de él. La relación entre padre e hijo, además, funciona de cierto modo en la preocupación de Grotowski por establecer genealogías (ascendentes y descendentes, le preocupa mucho elegir sus padres y decidir sobre su legado que, como sabemos, pondrá en manos de Thomas Richards), aunque éstas ya no sean con el padre imaginario, como en el caso del neurótico obsesivo, sino con respecto al padre simbólico.

*El camino por los discursos*

Hemos ido marcando ciertos hitos en el itinerario o rumbo grotowskianos. Su actitud blasfema respecto de lo religioso, de dios, y hasta cierto punto del teatro mismo, al menos en general y tal como venía desarrollándose hasta él en Europa desde las rebeldías vanguardistas. Hemos marcado su admiración pero, a la vez, su sutil cuestionamiento de los aportes de Stanislavski. Nos detuvimos extensamente sobre el momento en que se confronta con su edad y, por ende, con su mortalidad. En cada etapa su discurso y su propuesta se enfrentan a cierto Otro (el stalinismo, la situación polaca, las imposiciones investigativas bajo el modelo de Bohr, la academia, tanto en New York como en California, la apelación a maestros de otras tradiciones culturales) que, a poco de andado, cada Otro le demuestra su deficiencia respecto a aquello que él está buscando mientras se está buscando a sí mismo. En este sentido, su figura y su propuesta no dejan lugar a dudas: estamos en una estructura histérica, hay un deseo histérico que se topa cada vez con la insatisfacción, la cual lo dispara hacia otra etapa y otras preguntas. Sin embargo, la cuestión del origen y del ritual en su propuesta es una constante que nos interroga. Hay allí un lastre de tipo religioso que no cesa de no escribirse. Y en este camino la cuestión de la paternidad no deja de asomar: la emancipación del hijo (incluso a nivel personal) es la que funda la posibilidad de una paternidad posible: no solo ir más allá del padre —como Freud en la Acrópolis— sino paternizarse a sí mismo haciéndose un nombre, como Joyce. Podemos pensar la fundación del Workcenter en Pontedera como la afirmación de su paternidad, para la cual, obviamente, hay dos instancias a considerar: (a) ser el padre de otros hijos, constituir su legado (Thomas Richards), paternizar un discurso que lo sitúe como el Nombre-del-Padre de la propuesta que hoy lleva su nombre. Sin embargo, (b) esta posición lo deja a merced del parricidio de sus hijos, aquellos que se someten y aquellos que conspiran, que blasfeman de su Ley.

En este itinerario, una vez desechados el Discurso del Amo de la Modernidad y del teatro europeo u occidental en general; desechado también el Discurso de la Universidad que lo financia pero le impone sus protocolos, se llega al Discurso de la Histeria que lo lleva de etapa en etapa, para arribar al Discurso del Analista. El viraje fundamental podemos situarlo cuando nos aclara que no está interesado en el ritual sino en recuperar la vitalidad del cuerpo gozante. Vimos que llama a eso "objetividad". Su otro viraje es el de pasar de las puestas ritualizadas del Teatro de Producciones —cuando todavía habla de lo sagrado, el cual casi nunca vuelve a mencionarse en etapas posteriores— a cierto afán de universalización que todavía encontramos, aunque ya vacilante, en la etapa del Teatro de las Fuentes y del Drama Objetivo; paulatinamente, esta universalización —como hemos trabajado en este libro— se va posicionando de modo tal que su punto de mira lo constituye la singularidad de cada practicante. Por lo tanto, según mi perspectiva, Grotowski evita cerrar el círculo y evita a la vez dejar que su propuesta se presente como un regreso al Discurso del Amo, un nuevo discurso del cual él sería el Padre al que habría que obedecer. Así lo malintepretaron muchos, convirtiendo especialmente el libro inicial, *Hacia un teatro pobre*, en una especie de Biblia que había que acatar dogmáticamente. Se tomaba a Grotowski como el Nombre-del-Padre de un nuevo evangelio teatral. Sin embargo, los textos finales, a partir del Teatro de las Fuentes, pero sobre todo de "Tu es le fils de quelque'un" y todavía con mayor intensidad en "el Performer", muestran que se dirige a nosotros con textos oraculares, cifrados y enigmáticos tal como los que corresponden a la posición del analista, dejando en manos de sus seguidores el análisis y la interpretación, evitando la instauración de un dogma.

En todo caso, Grotowski culmina su trayectoria encarnando él mismo el *sinthome* de aquello que nos propone: como dijimos antes, su estrategia, dejando la psicosis del irlandés de lado, se parece a la de Joyce –

tal como Lacan lo plantea: se inventa un nombre por medio de su escritura con la que ambos suplieron la carencia paterna; Jerzy Grotowski suplanta al Nombre-del-Padre con el Padre-del-Nombre: se trata ahora de acceder a una singularidad, la suya, y que en el Performer hará extensiva a su metodología al dejar que cada participante lidie con sus propios fantasmas y hata sus propios parricidios). La creatividad consiste aquí en proponer un saber-hacer que no está en el Otro, ese Otro-que-no-existe, pero del que no podemos prescindir. Grotowski podría suscribir sin más aquello que Joyce escribe en el *Retrato del artista adolescente*, no sin resonancias nietzscheanas:

> —Mira, Cranly —dijo—. Me has preguntado qué es lo que haría y qué es lo que no haría. Te voy a decir lo que haré y lo que no haré. No serviré por más tiempo a aquello en lo que no creo, llámese mi hogar, mi patria o mi religión. Y trataré de expresarme de algún modo en vida y arte, tan libremente como me sea posible, tan plenamente como me sea posible, usando para mi defensa las solas armas que me permito usar: silencio, destierro y astucia. (224)

A su manera, Grotowski aborda otras culturas como parte de un exilio asumido, buscado, deseado. Exilio entendido como ese espacio múltiple en el que se puede apreciar la diferencia, las diferencias y, por esa vía, imaginar un origen genealógico propio –no biológico y obligado— sino también producido por el mismo movimiento de su deseo. Es por esta vía que se puede aspirar a fundar sus propias genealogías. Propone, entonces, un entrenamiento imaginado como un viaje –un camino, el Tao— que exilia al sujeto de lo que sabe, de su vida cotidiana, de sus amarres al goce del Otro, para alcanzar una emancipación en la cual el sujeto llega al punto de autorizarse por sí mismo, asumiendo todas las responsabilidades del caso. No hay aquí la rebeldía sesentista de "matar al padre" y quedarse luego rumiando y atrapado en la culpa. Hay un planteo mucho más radical: asumir los riesgos de esa emancipación desde una perspectiva creativa que ha deconstruido toda domesticación, que hace de su deseo aquello a lo que no se cede. Nietzsche lo denominaría el superhombre: el que se hace a sí mismo, el amo de sí, el que ejerce dominio sobre sí mismo (sobre su deseo y sobre su goce), el que se construye una vez desmantelada la metafísica platónico-cristiana y el nihilismo en los que se apoya la Modernidad. Es el punto crucial de su Gran Política.

Si la conexión con Nietzsche nos es fecunda, es porque el filósofo alemán ha llevado al extremo su postura, incluso hacia un horizonte político-conjetural (no utópico) que ya hoy no podríamos compartir en su totalidad: por ejemplo, cuando nos habla de una educación especial para los mejores del rebaño, los más fuertes, o de una democracia finalmente instalada como el gobierno de los mejores, los fuertes y sanos, los más poderosos, aquellos que están dispuestos a sacrificarlo todo por la voluntad de poder. Entiendo, como quiere Deleuze, que hay que acotar el vocabulario de Nietzsche: que los fuertes son los menos, en el sentido de que en ellos prima la fuerza activa y la actitud afirmativa-creativa de valores; entiendo que los débiles son mayoría y se someten o son dominados por las fuerzas reactivas, negativas, nihilistas y que, a la postre, son los victoriosos. Sin embargo, el vocabulario nietzscheano –tal como emerge, por ejemplo, en muchos de los aforismos o fragmentos de *La voluntad de poder*– requieren de una reformulación para no promover los malentendidos políticos a los que se llegó con la apropiación de su filosofía por los líderes del régimen nazi.

Grotowski, a lo largo de su trayectoria y tal como conocemos su práctica como maestro, no ha dejado de sostener estos postulados nietzscheanos a nivel estratégico y pedagógico: sabemos de la rigurosidad de la selección de los participantes a sus seminarios y talleres, sabemos del modo en que manejaba su figura y su poder frente a ellos, sabemos del horror que le causaba la mediocridad y el diletantismo. Y a pesar de esos determinantes nietzscheanos, Grotowski es capaz de elaborar una salida emancipadora para el asistente; emancipadora, incluso, de su figura como maestro o gurú. Así, dispone de cierto aislamiento de tipo monacal como encuadre en el que paulatinamente intentará histerizar al participante puesto y expuesto a un encuadre obsesivo para enfrentarlo a su imposibilidad, pero a la vez abrirle la puerta al deseo de buscar retrospectivamente ese objeto perdido para siempre (origen, anterior a las diferencias –un origen inmaculado, casi como una Madre o una Naturaleza nunca tocada por el

Padre—, como una forma de recuperar la naturaleza de lo humano, lo vital sofocado por la domesticación). Invita al participante a recuperar su voluntad de poder como fuerza activa y creadora, destruyendo las fuerzas reactivas, negativas, alojadas en las máscaras depositadas por la moralidad occidental platónico-judeo-cristiana y por las versiones posteriores de la misma realizadas por la modernidad capitalista.

Ese participante, en posición obsesiva, como lo demuestran los testimonios de quienes participaron en sus talleres, se ve llevado a convocar un fantasma de ofrenda, de oblatividad típica de la fase anal en el obsesivo: "todo para el otro"; cada participante quiere ofrecerle al maestro el regalo de sus logros –usualmente sus desechos, incluso él mismo como un excremento— y, en la mayoría de las veces, termina frustrado, porque, como vimos en otro capítulo, el analista no responde a su demanda de amor. Constantemente busca que el maestro le prohíba o lo autorice, cosa que Grotowski usualmente no hace porque al autorizar cancelaría el deseo del participante. Y éste, muchas veces, no deja de reactivar la rivalidad y el deseo parricida para con el mismo Maestro tan amado y admirado. De a poco, al menos aquellos que resistieron y superaron este encuadre pedagógico obsesivo, lograron elaborar su deseo singular y propio y, a la vez, entender que Grotowski no era un ser completo, sino que también tenía una falta, causa de su deseo, la cual es la que lo lleva incansablemente de etapa en etapa.

En todo caso, repensar hoy a Nietzsche, en esta etapa del neoliberalismo, supone –al menos para los teatristas— repensar nuevamente a Grotowski. Y es desde esta perspectiva que debo pensar mi praxis teatral futura, extremando los riesgos del pensar hacia salidas novedosas y emancipatorias para dicha praxis, sin que ello redunde en un ideal aristocrático, en una sociedad piramidal que, sea como sea, siempre tiene un vértice paternal y siempre supone un sometimiento no acordado. Me inclino desde mis mismas faltas a intentar abrir canales para que los individuos –estos "últimos hombres" como los denomina Nietzsche— podamos, mediante la praxis teatral, realizar ese itinerario hacia el origen, vislumbrar a partir de ahí en qué sociedad queremos vivir, cuáles serán nuestras prioridades vitales. Grotowski, a diferencia de Nietzsche –tal como yo lo interpreto y particularmente en sus últimas etapas— ya nos deja pensar —a diferencia del alemán— que no hay seres débiles o fuertes, sino seres humanos abrumados, avasallados por el capitalismo, explotados y esclavizados, sin importar género, raza, nacionalidad y clase. Nos invita a trabajar ese lugar donde las fronteras se disuelven, se confrontan, se tensionan o se mezclan, pero con la mira en lo humano vital localizado en cada lengua, en cada cultura y en cada tradición, y en la confrontación de todas éstas en la sociedad globalizada que nos ha tocado históricamente. La sociedad futura será, como hoy ya podemos percibir, el resultado de las diásporas, de los exilios, de sujetos nómades cuya única ciudadanía será la de ser ellos mismos, la de seres capaces de fundar sus propias genealogías, fuera de todo determinismo biológico y cultural. Enfrentarán poderes implacables, sin duda, que en todo momento querrán subyugarlos, objetivizarlos, robotizarlos, avasallando el deseo y entreteniéndolos con ideales de libertad de consumo.

## Etapa de 'el Performer': letra, escritura, sinthome

> Quien conoce el primitivo origen
> posee la esencia del Tao.
> *Tao*, Capítulo 14

*Introducción*

Vamos a abordar ahora el famoso texto grotowskiano titulado "el Performer", con el artículo en minúscula y el sustantivo en mayúscula.[215] Estas especificaciones gramaticales no carecen de importancia. Es la contribución final del maestro polaco y la que da cuenta de su última etapa, denominada el Arte como vehículo. Antes de entrar en ella y de interpretar este texto, no puedo dejar de advertirle al lector que extremaré mi gesto blasfemo, tal vez al punto de que pueda resultar irrespetuoso para mucha gente de teatro fanatizada, a veces sin verdadero conocimiento, con el maestro polaco.

---

[215] Sigo la versión española publicada por Máscara. En inglés, el texto se inicia con el vocablo *Performer*, en mayúscula y bastardilla (*Sourcebook* 374). La versión española soluciona esto iniciando el texto en minúscula. Nótese que en ambas versiones se dice "el *Performer*, con mayúscula, es el hombre de acción" (76)/ "Performer, with a capital letter, is a man of action" (374) y la diferencia impone señalar dos aspectos cruciales: (a) es probable que el texto en polaco utilice "*człowiek*, conventionally rendered as "man" in English versions of his texts, referenced a human fullness of becoming without reifying a masculine universal" (Salata y Wolford Wylam 16); en este libro hemos traducido 'man' no como hombre, sino como 'ser humano'. Performer evita el marcador de género, aunque en ambas versiones luego se hable de "él/he". (b) Resulta importante notar que, en la versión inglesa, se dice "*a* man" y en la versión castellana "*el* hombre". No tengo disponible la versión en polaco del texto, pero me inclino por traducir 'el Performer...es *un* hombre de acción", ya que el artículo 'el' alude a lo universal y, si mi interpretación de la propuesta grotowskiana es conjeturablemente correcta, al orientarse hacia la singularidad del sujeto y al poner al Performer del lado del no-toda en las fórmulas de la sexuación, correponde traducir por 'un', para enfatizar el 'uno por uno'.

Además de la aproximación psicoanalítica, sobre todo lacaniana, y de las lecturas de las obras de Friedrich Nietzsche, fue la lectura del extenso libro titulado *Nietzsche*, de Martin Heidegger, junto al extenso *Nietzsche* de Karl Jaspers y los dos libros de Gilles Deleuze sobre el filósofo alemán, los que me permitieron la interpretación de los textos de Grotowski, tal como la he venido realizando en este libro. Sin embargo, fue en las 300 páginas finales de las 950 páginas del libro de Heidegger, extremadamente arduas, donde creo haber encontrado un camino para repensar y ajustar mi lectura de modo de aportar a mi propia praxis teatral y, particularmente, a mi interpretación de la perspectiva grotowskiana. Cuando me faltaban esas 300 páginas finales, me pareció que todo lo que el autor tenía que decir sobre Nietzsche ya lo había planteado y ahora desarrollaba temas que eran, digamos, más de su propia cosecha e interés, particularmente aquellos que reaparecen en otros de sus libros, como *Ser y tiempo* y su producción posterior conocida como 'el giro' (*die Kehre*). Particularmente, la cuestión del ser y del ente en la metafísica occidental me resultaba en cierto modo, si no ajena a los tópicos que yo estaba investigando en este libro, al menos alejada, en especial la cuestión del retorno al origen en Grotowski. Durante esos momentos en que el texto de Heidegger parecía no hacer mayor sentido para mis objetivos, tuve una cierta 'revelación'. Heidegger parecía estar hablándo(me) del ser en el sentido en que Lacan designa 'lo Real'. A partir de esa conexión —si se quiere fortuita y de la que me responsabilizo—, comencé a sustituir una palabra por otra y entonces se me abrió un panorama que, aunque resulta un desafío para mí, intentaré describir en las páginas siguientes.

Y es que este ensayo grotowskiano que estamos considerando, el Performer, con su escritura casi oracular, nos introduce a muchos enigmas, todos ellos exigiendo una interpretación. En fin, me pareció provocador construir un puente entre esas páginas finales del libro de Heidegger y el texto de Grotowski, como un modo de conectar esas dos orillas de aquello que —intuía— se trataba de un solo y mismo río. La mención de las 'orillas' no es un mero recurso retórico: nos introduce a aquello que Lacan denominará el 'litoral' en "Lituraterre" (1971) el cual, en relación a las fórmulas de la sexuación que nos brinda en el *Seminario 20*, me permiten colocar la propuesta grotowskiana del lado del no-toda, del lado de La

Mujer, del goce Otro, dejando atrás –como el mismo Grotowski hizo— el teatro, inclinado más sobre el lado del todo, de lo universal, de la función fálica. Sin embargo, si pensamos el Performer como quien se lanza al vuelo por el campo del goce y las diferencias, como un barrilete o cometa, tendremos que mantener al menos una hebra, por frágil que sea, con el lado de la función fálica, ya que es ésta la que sostiene el contrato social. De este modo, si conceptualizamos el Performer del lado de lo femenino (no en sentido anatómico), esto es, de lo singular, de los enigmas y los velos, que encubren el objeto *a*, entonces la propuesta grotowskiana supone una travesía por ese espesor que abre el litoral (a diferencia de la frontera entendida como una línea que habría que cruzar), y de ahí entonces apreciar el trabajo interminable del Performer–en sentido freudiano— sobre sí mismo, sobre sus goces, a la vez que apunta a ese objeto *a*, incoloro, el origen o el ser, velado detrás del cual, obviamente, no hay nada. Si la teatralidad del teatro tradicional, en términos de Lacan, se constituye como un discurso que se emite desde el semblante, el Performer es la consecuencia de varias experimentaciones de la vanguardia "la cual está ella misma hecha de litoral y por lo tanto no se sostiene del semblante" ("Lituraterre" 24).

Así, esa diferencia entre el *ser* –al que Grotowski denomina 'origen', y el *ente*, entendido como la manifestación del ser, incluso como apariencia o semblante (de la verdad, siempre desplegada en el mediodecir), podía correlacionarse –según mi homologación— con lo real sin ley, con la mortificación significante sobre el cuerpo de lo simbólico y en juego con lo imaginario –entendido este último en el sentido que cotidianamente damos a la 'realidad'; Lacan nos advierte en el *Seminario 19* que dicha 'realidad' no es una construcción imaginaria, sino fantasmática, lo cual nos da un alerta para atravesarla, así como él nos habló en una etapa de su enseñanza del fin del análisis como la 'travesía del fantasma'. Como se apreciará a lo largo de este capítulo, dicha 'revelación' me abrió otros senderos, convergentes y divergentes, aledaños al camino principal.

Entre esos senderos, me topé con los comentarios que Grotowski hace de Carlos Castaneda. Al acercarme a Castaneda, leí el prólogo que el autor escribiera "en ocasión del trigésimo año de la publicación de *Las enseñanzas de Don Juan: una forma yaqui de conocimiento*" (1998), libro cuya primera edición había sido en 1968, por los mismos años de *Hacia un teatro pobre*. Grotowski menciona a este autor, aunque dice inclinarse más por aquello que Nietzsche tiene que decir de Don Juan, el personaje mítico, ese fantasma inventado por las mujeres, según Lacan. Nos dice Grotowski:

> el Performer (con mayúscula) es el hombre de acción. No es el hombre que hace la parte de otro. Es el danzante, el sacerdote, el guerrero; está fuera de los géneros estéticos. El ritual es *performance*, una acción cumplida, un acto. El ritual degenerado es espectáculo. [...] Yo soy *teacher of Performance*. Hablo en singular. El *teacher*, es alguien a través del cual pasa la enseñanza; le enseñanza debe ser recibida, pero la manera para el aprendiz de redescubrirla, *de acordarse*, es personal. ¿Cómo es que el *teacher* conoció la enseñanza? Por la iniciación o por el hurto.[216] El *Performer* es un estado del *ser*. Al hombre de conocimiento se lo puede pensar en relación a Castaneda, si se ama su color romántico ['romanticisms' dice la versión en inglés]. Yo prefiero pensar en Pierre de Combas. O hasta en Don Juan descrito por Nietzsche: un rebelde que debe conquistar el conocimiento; que aún si no es maldecido por los otros, se siente diferente, como un *outsider*. En la tradición hindú se habla de los *vratias* (las hordas rebeldes). Un *vratia*, es alguien que está sobre el camino para conquistar el conocimiento. (76)

---

[216] Tengo que confesar que gran parte de la bibliografía consultada para este libro, fue leída online, ya que algunos samaritanos, tan delictivos como yo, han copiado innumerables libros a los que me hubiera sido imposible acceder, no tanto porque podrían faltar en las bibliotecas de Estados Unidos (relativos al psicoanálisis o en traducciones castellanas), sino porque este libro lo he escrito enteramente durante mis largas internaciones hospitalarias y luego durante la pandemia que nos obligó al confinamiento. Tal vez tengamos que empezar a pensar que esa práctica de lectura delictiva se vaya a generalizar a partir de los desarrollos, cada día más sofisticados, de la tecnología.

El párrafo es conciso, cada palabra dispara nuestro vuelo hacia un horizonte de innumerables referencias; abre a un abanico de cuestiones que, a pesar de mi intención de ser lo más breve posible, extenderá este capítulo más allá de lo deseado. Además, como es habitual en Grotowski, hay siempre, como en Confucio, una dimensión del silencio, aquello que permanece como no-dicho: en primer lugar, porque en lo más superficial, tenemos la siempre escasa mención de referencias a sus lecturas, que nos impone rastrearlas o conjeturarlas a partir de lo dicho; o bien cierta meditación propia realizada sobre textos diversos no siempre mencionados. En segundo lugar, porque el silencio del maestro –como el del analista– se instala para que el aprendiz, sumido en el goce del blablablá del habla, del mero decir, se tope con el "muro del lenguaje", es decir, los límites del lenguaje y, en su trabajo con *lalengua*, acceda al saber de su propia modalidad de goce. Grotowski parece, en este sentido, seguir la guía del *Tao* respecto de la no-acción y la virtud del silencio:

> Por esto conozco la utilidad de la no-acción.
> Enseñanza sin palabras.
> Eficacia en la no-acción.[217]
> Pocos en el mundo llegan a comprenderlo. (Capítulo 43)

Me propongo iniciar mi propio camino interpretativo de esa cita de Grotowski. Tal vez muchas de las referencias de nuestra aproximación resulten familiares a muchos grotowskianos; sin embargo, la intertextualidad entre Nietzsche-Heidegger-Lacan-Castaneda-taoísmo-confucionismo-Grotowski abre, al menos para mí, un espectro de cuestiones que no he visto muy representada en la bibliografía sobre el maestro polaco. Por eso quisiera desplegar en este último capítulo, asumiendo el peligro de aproximarme a discursos y tradiciones de las que carezco de competencias, una

---

[217] No habría que olvidar tampoco que para los años en que Grotowski es un adolescente, se produce la independencia de India bajo el liderazgo Gandhi y su la posición de no-violencia. "Con la no-acción se conquista el mundo. […] Ya nada hago / y el pueblo por sí mismo progresa. / Yo quedo en la quietud / y el pueblo por sí mismo mejora", predica el *Tao* en su Capítulo 57.

interpretación de 'el Performer' en tanto culminación de la trayectoria de Grotowski. En todo caso, esta interpretación me resulta, además de fascinante, un camino en mi propia elaboración de la praxis teatral.

Y es desde esta perspectiva que podemos hablar de cómo puede alcanzarse un decir y eventualmente un pensar y una dimensión poética. Sin embargo, y en cuanto a los textos grotowskianos, al trabajar ese 'no-dicho', trenzando detalles (divinos detalles) en el texto, comenzamos a entrever el diálogo de dicho texto con pensadores y doctrinas occidentales, pero también un poner a punto la enseñanza de doctrinas orientales, particularmente el budismo, retornándolo a su plenitud original y rectificando las lecturas desencaminadas de Schopenhauer y Nietzsche. Tampoco debemos descuidar la referencia a los dosjuanes de Nietzsche y sobre todo de Carlos Castaneda y su proceso de aprendizaje con un yaqui del norte de México. Si recorremos o reconstituimos, aunque sea a vuelo de pájaro, este recorrido grotowskiano, cotejando las relaciones entre su praxis teatral (y la mía) y el psicoanálisis, accedemos a la posibilidad de orientarnos en nuestra interpretación. Antes de pasar a otras secciones de 'el Performer', conviene ir paso a paso en el desmontaje de este fragmento inicial. El lector debe notar cómo, se entre por la puerta que se quiera, siempre transitamos por la misma casa y llegamos a un cruce de convergencias que se remiten unas a otras y forman, de ese modo, la espina dorsal de la perspectiva del maestro polaco.

I. *el Performer es un hombre de acción.*

La acción del Performer es un hacer; este hacer no ilustra ideas o teorías; es un lanzarse a la acción, a un vuelo en el que el cuerpo está comprometido. Sin embargo, ese hacer, esa acción, no es un actuar, a la manera del actor —representar a otro: 'el hombre que hace la parte de otro"— ni un mero accionar llevado por el movimiento físico; su acción constituye un *acto*, "una acción cumplida" –lo dionisíaco mediado por el arte, como "potencia apolínea" (Maneiro 18)— que, además de permitirle evitar la caída en el 'quietismo' budista, tiene consecuencias de las que hay que hacerse cargo –ética de las consecuencias—, sin importar si fueron motivadas en una intención consciente o en un no-saber inconsciente.

Grotowski subraya que se trata de "una acción cumplida, un acto", esto es, irreversible y contundente, de modo que hay un antes y un después del acto, entendiendo que en él se ha producido un cambio sustancial en el sujeto. ¿Cómo interpretar esto? El psicoanálisis –sobre todo Lacan quien abordó el acto analítico a lo largo de su enseñanza y hasta le dedicó un Seminario completo (el 15, todavía inédito)— es la disciplina que más ha realizado una elaboración minuciosa del acto y, por tal razón, deberemos detenernos en ella, aunque sea brevemente.

    Comencemos con la cuestión del acto, tal como el psicoanálisis la ha trabajado.[218] Un punto inicial para enfatizar es que, al hablar de acto, tal como mencionamos más arriba, el psicoanálisis implica la ética de las consecuencias: hay acto analítico cuando se produce una verdadera "mutación del sujeto". En segundo lugar, es importante distinguir el *acto del sujeto*, que se define por un hacer (hacer su análisis) del *acto analítico* concebido como una escena o encuentro del analizante (concepto activo, es el que hace el análisis, diferenciado de 'analizado' [Lacan, *Seminario 15*, Clase 3, 29/9/67]) y el analista (quien se abstiene de hacer y/o deja hacer). Sin embargo, ese 'hacer' del analizante no debe ser entendido como motricidad, descarga de tensión o acto reflejo; el 'hacer' analítico está siempre mediado por la palabra, por el significante, por el hecho de hablar. Lacan se interroga sobre esa noción corriente que supone que se puede "aclarar el pensamiento por la acción", sobre todo cuando se plantea que hay "una acción inhibida" (Clase 1, 15/9/1967). En cierto modo, esto nos permite re-situar la improvisación, usualmente imaginada por los teatristas como modo de exploración, aclaración e ilustración de un texto dramático con cierta originalidad, y elevarla a otro nivel para hacerla realmente inventiva

---

[218] Para este aspecto sigo el breve y compacto ensayo "¿Qué es el acto analítico?" de Manuel Murillo. El autor ha reunido en forma sumaria múltiples aproximaciones de Lacan a lo largo de su enseñanza y recorrido los distintos matices que la cuestión del acto convoca. Tomaré solo aquellos aspectos que me parecen relevantes en relación a Grotowski. Sin embargo, me permitiré citar fragmentos del *Seminario 15: El acto analítico* (inédito, dando la referencia de la fecha de la clase de Lacan).

durante los ensayos y no, como Grotowski critica, una serie de gestos y situaciones altamente estereotipados y previsibles.

No estaríamos desencaminados si relacionamos esta crítica lacaniana con la propuesta de Stanislavski: las acciones físicas como liberadoras de un pensamiento inhibido en procura de una vivencia como culminación de un entrenamiento actoral por medio del Sistema. En este sentido, según Lacan, estaríamos reproduciendo la metafísica occidental para la cual el pensamiento se sitúa en un nivel superior respecto del organismo; como sabemos, Stanislavski confía en que la acción física es el resorte para captar (o cazar) la vivencia desde la profundidad de lo que él denomina el subconsciente. Lacan retoma la crítica al conductismo al mencionar la cuestión del reflejo condicionado o arco reflejo como resultado del par estímulo-respuesta.[219] En todo caso, la motricidad puede alcanzar la dimensión del acto cuando, una vez más, supone consecuencias para el sujeto: "puedo acá caminar a lo largo y a lo ancho mientras les hablo, esto no constituye un acto, pero si un día, por franquear un cierto umbral yo me pongo fuera de la ley, este día mi motricidad tendrá valor de acto (Clase 1).

¿Sería posible desde el psicoanálisis sostener la vivencia stanislavskiana como un acto? La vivencia stanislavskiana, aun siendo concebida como excepcional, no presenta credenciales suficientes para estar al nivel del acto analítico; solo podría alcanzar en contadas excepciones el estatus de 'acto del sujeto' si y solo si atraviesa el litoral hacia el lado del no-toda, hacia el lado del goce y de lo real. Y si ese vuelo ocurre, entonces ya estamos en el campo del modo de goce singular del actor, más allá de su encarnación del personaje. El trabajo del actor sobre sí mismo o sobre el

---

[219] Las referencias a Pavlov son varias a lo largo del *Seminario 15* y en general toman un tono irónico. Señala reiteradamente, como hemos comentado en capítulos anteriores, la intervención del significante en la investigación y experiencia pavlovianas. Comenta incluso la obra clásica de Dalbiez que se propuso ver "las convergencias [...] entre la experimentación pavloviana y los mecanismos de Freud" (Clase 2, 22/9/67).

papel que propone el maestro ruso condiciona la vivencia a la relación del actor con la máscara, con el personaje siempre y cuando se sigan reglas (a diferencia de transgredirlas), ya que la espontaneidad de una inspiración contingente es justamente lo que el Sistema se propone superar. Obviamente, tanto en el Sistema como en psicoanálisis, tenemos un encuadre técnico. En el caso del Sistema, la psicotécnica busca la inspiración como una irrupción instantánea, eventual, de fusión entre actor y personaje, como resultado de acatar ciertos procedimientos bastante relacionados, como hemos visto, al estímulo-respuesta pavloviano. El Sistema procura una desautomatización de la primera naturaleza, de los hábitos cotidianos del actor, para abrir las posibilidades de encarnar el personaje, y a la vez alcanzar una eficiencia escénica que pueda suplir el resto del tiempo cuando esa inspiración y encarnación no se producen. Obviamente, el Sistema también aboga por la automatización que el maestro ruso denomina 'segunda naturaleza' y es la implantación de la técnica como una máquina en el centro de la subjetividad. No se contempla en el Sistema la cuestión del saber, esto es, del pasaje del no-saber del sujeto alienado, al *saber* de la falta, a la castración.

En las *Analectas* de Confucio se nos dice: "4.7. El Maestro dijo: «Nuestras faltas nos definen. A partir de ellas se puede conocer nuestras cualidades». El Sistema aspira, quizá por la influencia cientificista de su contexto, a producir un *conocimiento* sobre un mecanismo que podría ser manipulado para producir ciertos efectos. El estatus del sujeto en el actor queda intocado, es decir, permanece en la alienación de sí mismo, solo agrega la experiencia de representar un personaje como mero archivo de dato. En Grotowski, y respecto a estas cuestiones, puede notarse la influencia de la perspectiva confucionista: en efecto, para Confucio, tan orientado hacia el cultivo de una cualidad ética –y de la política por extensión— por medio de la práctica de la virtud y la educación, y realizados por medios de ritos y particularmente a través de la música,[220] lo funda-

---

[220] Leemos en las *Analectas* de Confucio: "Cuando se practica los ritos, lo más importante es la armonía" (1.12). Ritos, música y armonía están íntimamente ligados a la concepción del poder. Y si bien Confucio habla de la necesidad de los gobernantes de cultivar esa trilogía, lo político no se restringe al gobierno. En

mental no proviene de la información técnica acumulada orientada a una profesionalización especializada, sino de enfocarse en lo propiamente humano, esto es, en lo concerniente al *ser* y no al *tener*. En este sentido, mientras el actor se ufana en 'tener una técnica' para competir en el mercado profesional, el Performer trabaja su desalienación en vistas al cuidado de sí mismo y al saber sobre los modos de goce que conciernen a su ser, a su Dasein, a su humanidad. Mientras para el actor la técnica constituye su objetivo, para el Performer el entrenamiento resulta meramente instrumental por cuanto está al servicio del análisis de sí mismo. De ahí que leamos en las *Analectas*: "Un caballero se preocupa por encontrar la Vía [tao], no se preocupa de que tal vez siga siendo pobre" (15.32).

En el Performer, como en el analizante, se produce en cambio una mutación del sujeto a lo largo del proceso analítico o del entrenamiento; es claro que tanto el psicoanálisis como la propuesta de Grotowski no están adicionando la idea de eficiencia a sus propuestas. El analizante, aunque trabaja en un encuadre también signado por una técnica, no necesariamente busca incorporar (en el sentido de cuerpo y de encarnación) la técnica analítica; solo hace un pase de analizante a analista cuando cae el sujeto supuesto saber que, encarnado en el analista, funcionaba como garantía para la transferencia. Un *conocimiento* sobre el psicoanálisis –incluso cuando se lo adquiere académicamente— no es lo que autoriza al analista; el analista se autoriza a sí mismo en tanto ha tenido la experiencia del pase en su propio análisis. El Método tampoco responde a la idea de incorporar una máquina para suplir aquellos momentos de revelación o inspiración; al menos en las últimas etapas, si es que todavía puede hablarse de un Método, Grotowski pareciera suscribir un 'acto creador' o, como lo

---

*Analectas* 2.21. leemos: "Alguien preguntó a Confucio: «Maestro, ¿por qué no participas en el gobierno?» El Maestro respondió: «En los Documentos se dice: "Limítate a cultivar la piedad filial y sé bondadoso con tus hermanos, y ya estarás contribuyendo a la organización política". Esa es también una forma de acción política; no es necesario participar forzosamente en el gobierno». La praxis teatral, al apuntar hacia la emancipación del sujeto, asume esta misma perspectiva que, sin duda, está implícita también en los textos grotowskianos. Recordemos cómo Grotowski promueve la 'hermandad'.

planteará Lacan en la Clase 5 del *Seminario 15*, del 10 de enero de 1968 (a pocos meses antes de las revueltas parisinas de ese año), un acto analítico imaginado en la "dimensión del acto revolucionario" por cuanto apuesta a "suscitar un nuevo deseo".

La inspiración, aunque tiene un potencial creativo proveniente del 'subconsciente', no está del lado de la irrupción de lo inconsciente tal como lo plantea el psicoanálisis. Un lapsus, por ejemplo, o el olvido de un nombre, son actos fallidos, no inspirados. El Sistema apuesta a provocar la irrupción de la inspiración, pero no plantea ningún trabajo a partir de ahí sobre el deseo del actor. Si bien hay un intento de desalienar al individuo de su 'primera naturaleza', dicha tarea queda en un nivel consciente que no llega a trabajar el deseo del sujeto. La producción artificial de la vivencia constituye el éxito del Sistema; la irrupción del inconsciente en el encuadre analítico, ni puede ser producido artificialmente (la técnica no se sitúa en esa dimensión, sino a posteriori: transferencia, interpretación, deseo del analista, etc.) ni constituye un éxito: la formaciones del inconsciente son siempre fallidas y es desde esa sorpresa como se trabaja no para buscar una eficiencia en el dominio del analizante sobre el funcionamiento de su inconsciente, sino para redimensionar y resignificar, a partir de cada irrupción, la historia del sujeto, su novela familiar en orden a captar el fantasma fundamental que sostiene como estructura su economía libidinal, captar ese ombligo incurable que Lacan denomina el *sinthome*.

La técnica analítica se orienta a un dejar hacer, a invitar a hablar, a asociar libremente. A diferencia del *acto del sujeto*, entendido como acto a secas y realizado en soledad, como un hacer, el *acto analítico* consiste en un "encuentro de cuerpos", "lazo de a dos", "autismo de a dos", diversos modos de Lacan para designarlo. En ese encuentro se juega la escena del fantasma del analizante —"su pantalla frente a la castración"— en la cual se instala el síntoma, las identificaciones imaginarias, el inconsciente estructurado como un lenguaje y hasta *lalengua*. El *acting out*, precisamente, consiste en una *representación* que el sujeto hace de algo reprimido, escena típica en la transferencia y que indudablemente involucra al analista. Ese *acting out* es, si se puede interpretar así, un acto 'degenerado' en la medida en que tiene visos de espectacularidad y pone al analista, como lo intentarán los aprendices con el mismo Grotowski, como el espectador de escena reprimida, cuya significación no está a disposición del yo del analizante; esta ilusión de apelar al analista torna a éste último en pantalla de soporte, en objeto, sobre la cual el analizante se dirige, sin saberlo, a alguien de su pasado. Grotowski, como veremos, no estaba allí para contemplar ese espectáculo o hacer empatía con lo representado por el aprendiz. De ahí las frustraciones que sus aprendices testimonian, cuando el maestro, irrumpiendo por unos pocos minutos, apenas puntualizaba algo, usualmente en tono enigmático, incitando al aprendiz a pensar, retornándolo a reiniciar el trabajo una vez más, su propio análisis.

Sin duda, podemos reconocer, tal como lo exhiben bibliografías testimoniales de quienes trabajaron con Grotowski, que la relación entre el maestro y el practicante se desarrollaba dentro de estos parámetros. Por un lado, el participante trabajaba solo por bastante tiempo a partir de una tarea que le había sido asignada: en las primeras etapas, sobre todo la de *Hacia un teatro pobre*, se trataba, por ejemplo, de un trabajo muy detallado con el uso de la voz, eran ejercicios que luego se popularizaron pero que, obviamente, nada tendrán que ver con el 'entrenamiento' orientado al trabajo singular con el origen y el saber de sí de las etapas posteriores. En efecto, en las etapas finales, tal como hemos visto en otros capítulos, se abordaban canciones tradicionales que había que repetir hasta el cansancio, ajustarse al sonido de la naturaleza y al ritmo de algún compañero, para luego adicionar un recuerdo de la vida personal del participante. El Performer es para Grotowski un "hacedor de puentes". Si el actor busca su profesionalidad en el lenguaje (verbal, corporal, gestual, etc.), el Performer va más allá: su hacer en tanto acto del sujeto no se reduce a un mero *hablar*; el análisis —como el entrenamiento grotowskiano— apunta a alcanzar un *decir* (Clase 6, 17/1/68): ese decir consiste en recuperar los ritmos pulsionales de *lalengua* (lo real del cuerpo) a los que se adhieren las canciones tradicionales (lo simbólico) y algún recuerdo de la historia del sujeto (registro imaginario).

En el momento del desafío aparece la ritmatización de las pulsaciones humanas. El ritual es un momento de gran intensidad. Intensidad provocada. La vida se vuelve entonces rítmica. El *Perfor-*

*mer* sabe ligar el impulso corpóreo a la sonoridad (el flujo de la vida debe articularse en formas). (76)

En ese momento tíquico, de sorpresa y peligro, el Performer, ejercitándose en la repetición de un ejercicio (ritual), trabaja conscientemente el juego con el significante (*automaton*) al punto de desprenderse de lo simbólico (cuerpo mortificado) y revivirlo en su dimensión de cuerpo gozante, ligado a los ritmos pulsionales que la sonoridad (*lalengua*) le impone; es allí donde lo apolíneo (formas) se confrontan con el devenir en tanto pura ebullición caótica de la vida. Son esas formas las que le permiten alcanzar el nivel poético de su decir. En efecto, ese decir nunca es pleno: solo se llega a 'balbucear' el origen, el enigma del ser y del ser-símismo por medio de la palabra poética. Heidegger precisamente dice que el término 'metafísica' debemos pensarlo en relación a "lo enigmático, lo que nos supera, lo inapresable" (360); en este sentido, es que "se busca la ἀρχή" mediante una experiencia (361). La poesía denuncia precisamente esa imposibilidad del lenguaje de decirlo todo; la poesía nos hace *recordar*, apelando a la musicalidad, la imposibilidad del lenguaje de dar cuenta de lo real, de eso irrepresentable, de lo indecible. La poesía abre a la multiplicidad del sentido, pero a la vez no nos deja olvidar el sinsentido de lo real, del goce; por eso podemos hablar de la *letra* como diferente del significante. Hasta cierto punto la poesía se instala como una *lengua-otra* dentro del lenguaje, del cual, obviamente, no puede prescindir. El significante, elemento del registro simbólico, está en el campo de la representación, esto es, representa a un sujeto para otro significante ($S_1 \rightarrow S_2$); pero la letra se localiza en el campo del sinsentido, del cuerpo y de lo real.

El actor, una vez más, se entrena para representar y reproducir –con algunas veleidades de originalidad— el personaje como un significante y este significante está soportado como un postizo que quiere cubrir el vacío del sentido exhibiéndose como máscara; el Performer, al estar del lado de la letra, desenmascara las marcas mortíferas impuestas por el significante (ideales, mandatos, etc.) y por eso podemos decir que efectúa una verdadera *escritura* escénica como acontecimiento de cuerpo. En este sentido, podemos afirmar que mientras el actor está preso del lenguaje, el Performer se orienta hacia una emancipación *haciéndose* él mismo un poema. Cuerpo, poema, escritura, memoria son las coordenadas que convergen en ese 'vivir corporalmente' al que nos invita Nietzsche: "El vivir corporalmente propio de la vida –comenta Heidegger— no es algo separado por sí, algo encapsulado en el cuerpo físico *[Körper]* como el cual se nos puede aparecer el cuerpo viviente *[Leib]*, sino que éste es, al mismo tiempo, un conducto y un pasaje" (451). Aquí el cuerpo no está capturado –como ocurre para el actor— por un instrumentalismo que lo pone al servicio de algo que no es él mismo, que lo incorpora a la alienación generalizada orientada al usufructo.[221] Sin duda, el teatrista en tanto actor, vive

---

[221] Veo aquí otra diferencia entre el performance y los estudios de performance con el Performer grotowskiano, que habría que explorar más detalladamente. Los estudios del performance, más allá de lo que proponga el performance de un artista, es valorado en tanto instrumento capaz de transgredir las normas (raciales, étnicas, sexuales, etc.). Se espera del performance una eficacia para la transformación social, para la toma de conciencia del público, como plataforma de una utopía de cambio social. Sin embargo, el Performer de Grotowski se orienta más por el goce en tanto 'no sirve para nada'; la preocupación por la eficacia social no es su prioridad, sino el saber y dominio de sí mismo por parte del sujeto en relación a lo real, al enigma de la vida. Esto no significa que el Performer esté fuera de la dimensión política, pero ésta solo es válida en la medida en que hay una ética de las consecuencias. El Performer resguarda aquello vital que el capitalismo no logra (todavía) colonizar. Para el Performer no es una prioridad la crítica de la sociedad, aunque no carezca de este gesto; el Performer, dice Grotowski, es –como comentaremos más adelante— 'un estado del ser', un estado del devenir, de la vida. El arte del Performer no puede ser abordado desde la concepción occidental utilitaria/representativa/crítica del arte occidental; el arte de y en el Performer se localizan en la dimensión del exceso para explorar ese no-saber fuera de la ética de la intención que marcaría un objetivo de crítica consciente de una situación o malestar social. El Performer, digamos, se hunde en ese caos, en esa ebullición del devenir, en ese enigma de la vida a través de su cuerpo; hay un proceso de desnudamiento, en un riesgo y peligro que lo torna vulnerable a un *real* que *le sale al encuentro*, incluso si alcanza una dimensión que, desde los antros académicos o de la realidad socio-política, es políticamente incorrecto, y no parte de la (ilustración de una) *idea* que se quiere *comunicar* (palabra fatal de los estudios teatrales y performáticos que todavía arrastra los paradigmas de la modernidad, incluso en sentido marxista o de las prácticas del teatro político). Así, el arte de la praxis del Performer se inclina hacia la concepción nietzscheana del arte: ""hace gala de una superabundancia y exceso de corporalidad floreciente en el mundo de las imágenes y de los deseos: por otro lado, encarna una excitación de las funciones animales, por obra de imágenes y deseos de la vida más intensa: una elevación

siempre esta circunstancia con mucha tensión respecto de su práctica creativa y artística. Pero el Performer deja que su cuerpo (no el físico) sino el vital, el cuerpo gozante, se deje atravesar por ese real inexpresable y se torne *vehículo* para hacer red con la comunidad, no desde el conocimiento, no desde la doctrina, sino desde una actitud de transvaloración que retorna al caos, al enigma del devenir y vive peligrosamente el riesgo de alcanzar un semblante que, a la postre, también tendrá fecha de caducidad. Y esto es porque el cuerpo viviente es también conducto y pasaje –goce, éxtasis, sufrimiento, dolor— de lo pulsional del devenir que lo atraviesa.

Demás está decir que concebimos la praxis teatral en el sentido grotowskiano de 'el Performer': si mantenemos el adjetivo 'teatral', lo cual pareciera una paradoja, incluso una contradicción y hasta un anacronismo, es porque la praxis teatral vuela por el lado del no toda, pero no pierde la conexión, la hebra del volantín, con el lado del 'para todos', de lo universal de la función fálica. Si Grotowski abandona el 'teatro', incluso cuando invirtió o blasfemó sobre la teatralidad del teatro tal como venía desarrollándose en la tradición europea desde el Renacimiento en adelante, sobre todo en lo atinente a la representación y particularmente en la complicidad de ésta con el realismo, si Grotowski trató de recuperar rasgos del teatro medieval y del teatro barroco consonante con el teatro religioso o sagrado (y de las culturas no europeas, sobre todo orientales), es también cierto que en su etapa 'teatral' y sobre todo en sus etapas posteriores fue modulando variantes en el atravesamiento de ese litoral sutil entre escena y platea. ¿Se podía disolver esa frontera, a veces invisible? ¿Se podría tornar en un litoral en el que se instalara un cuerpo a cuerpo entre el Performer y el público? ¿Qué peligros podía ofrecer ese atravesamiento del litoral que separa al ejecutante del observador?

La crítica y reformulación de la figura del actor lo lleva a hablar de 'participante' en las etapas intermedias (Parateatro) y finalmente a 'el

---

del sentimiento vital, y, por consiguiente, un estimulante de este sentimiento (*La voluntad de poder 796*, 529). Por eso para el Performer, como para Nietzsche y para el último Lacan, el arte tiene más valor que la verdad.

Performer'. Esto, indudablemente, repercute en la relación con el otro ubicado fuera de la escena, aun cuando ésta deje de ser representativa. Tal como afirma Harold Clurman (*Sourcebook* 162), Grotowski –con una gramática diferente a la de Brecht y por diferentes motivos— siempre mantiene la distancia entre actor y público y nunca pierde de vista, incluso cuando habla del trance, de sostener activa esa hebra ligada al lado del 'para todos' de la función fálica. En los *sixties* estos intentos, que venían desde mucho más lejos, por lo menos desde las experimentaciones masivas de Meyerhold durante la Revolución Rusa y sobre todo de los antros dadaístas, dejaron libre grandes potenciales de energías pulsionales que, en diversos grados, fueron dando lugar a los *happenings* y llegan hasta hoy en las marchas de reclamos feministas, ecologistas, raciales, etc., ya concebidas y planificadas en su dimensión performativa. Grotowski fue, si podemos decirlo así, probando posibilidades[222] como quien va deconstruyendo aquello que ocurre de un lado y del otro de las fórmulas de la sexuación. La cuestión del acto toma aquí un peso crucial: tanto desde el *acting out* como desde el pasaje al acto. He ahí el sumo peligro, sobre todo si pensamos que el *pasaje al acto* –a diferencia del *acting out*, con su actuación de lo no-sabido, engañosa para el sujeto, no engañada para el analista— supone el arrojarse del sujeto de cabeza en lo Real rompiendo la pantalla fantasmática que todavía lo sostiene desde lo simbólico. En relación a esto, Octavio Paz, en el prólogo al libro de Carlos Castaneda escrito en 1973, señala cómo el budismo –que luego tomó en algunas sectas un fuerte carácter nihilista— no conduce al pasaje al acto:

> El nihilismo de Nagarjuna se disuelve a sí mismo y reintroduce sucesivamente la realidad (relativa) del mundo y del yo, después la realidad (también relativa) de la doctrina que predica la irrealidad

---

[222] La queja mayor de Grotowski frente a Antonin Artaud redunda en que el poeta francés no puso a prueba sus propuestas, no dejó un programa ni una técnica, con lo cual sus aportes quedaron como profecías en tanto surgen como visiones (*Hacia un teatro pobre* 18). Sin embargo, la relación de Grotowski con Artaud, la forma en que el maestro polaco lo lee, es la que mejor permite apreciar el entramado de exploraciones que marcarán su trayectoria posterior.

del mundo y del yo y, al fin, la realidad (igualmente relativa) de la crítica de la doctrina que predica la irrealidad de mundo y del yo. El fundamento del budismo con sus millones de mundos y, en cada uno de ellos, sus millones de Budas y Bodisatvas es un precipicio en el que *nunca* nos despeñamos. El precipicio es un reflejo que nos refleja.

Si nos planeamos, entonces, la cuestión del acto analítico, es precisamente porque ese acto no puede realizarse fuera del encuadre analítico, como registro simbólico que resguarda al sujeto del pasaje al acto (accidentes, suicidio, crimen), el cual, si ocurre, lo hace fuera de dicho encuadre. Grotowski, como veremos, se verá en la necesidad de enfrentarse al nihilismo schopenahueriano que conduce al sujeto a la fusión con la nada, y también realizar las correcciones a cierta lectura nihilista del budismo –en Schopenhauer y en Nitezsche— en cuanto a la concepción del nirvana. De ahí que, si la praxis teatral por la que advocamos todavía sostiene la calificación de teatral, es porque reconoce la necesidad de no cancelar la dimensión funcional y estructural del registro simbólico que, cualquiera sea el juego con el público, cualquiera sea la dimensión del contagio del actor –ese apestado según Artaud— con su comunidad, lo cierto es que no se puede alentar una fusión de dos en Uno, en la medida en que ningún amor puede suturar la falta de relación sexual. Como lo dice Serge André en su libro *¿Qué quiere una mujer?*:

> La reciprocidad supuesta al amor presenta aquí un problema: si cada uno supone al otro un saber inconsciente, y a ese saber un sujeto, nada dice que esos dos saberes y esos dos inconscientes se traslapen, ni que hagan Uno. (248)

No hay forma de complementar(se) porque justamente no hay proporción del deseo del sujeto con el deseo de su partenaire. Esto nos conduce a varias cuestiones: ¿hasta qué punto, incluso con la vivencia stanislavskiana, puede hablarse de una fusión Uno entre actor y personaje, o entre escena y público? ¿Será que el Performer *ya sabe* que el amor solo responde al registro imaginario y a la dimensión narcisista para velar la falta, la castración? Si el adjetivo 'teatral' en la frase 'praxis teatral' toma un sentido, es precisamente el de recordar que, más allá de ese litoral por donde actores y públicos son invitados a volar, con los peligros involucrados en ese vuelo, la función fálica sigue allí presente para que el barrilete pueda retornar al contrato social, evitando todo tipo de pasaje al acto. Obviamente, mantenemos el adjetivo, además, para designar y ubicar dicha praxis en un campo específico entre otras praxis; sin embargo, conviene subrayar, que la praxis teatral no se confunde con el teatro entendido como *práctica*. Precisamente, con su siempre ya conocida apelación a la etimología, Heidegger cava en la diferencia entre praxis y práctica, entendiendo por la primera un *ejercicio de la vida para el aseguramiento de una existencia auténtica*, lo cual se diferencia de la práctica como una *realización* de una tarea, de un proyecto, etc. (457). El actor estaría, en esta diferenciación, del lado de la práctica, a favor del sentido y de la verdad como fijación; el Performer, en cambio, se juega a y en la peligrosidad de una praxis que aboca por el sinsentido (no es, por tanto, reivindicatoria de nada), no cierra su pensar, lo deja abierto en su anticipación y lo devuelve al enigma. Y sigue, siempre 'hacia'.[223]

Conviene de paso hacer otra aclaración: si hay rasgos performativos en lo que hoy reconocemos como *performances* (en esos monólogos sobre la cuestión de género, por ejemplo, o en el teatro comunitario y hasta en las protestas callejeras), eso no significa que correspondan a 'el Performer' tal como Grotowski lo concebía. En todo caso, esas prácticas performativas siguen siendo expresivas y se ubican en un espacio intermedio entre el teatro y el Performer. Tendremos que regresar por esta vía a la lectura que Grotowski hace de Artaud en cuanto al actor como apestado, y el giro que el maestro polaco fue dando en cada etapa a la figura

---

[223] Seguimos a Heidegger en su lectura de Nietzsche hasta esa diferenciación; más adelante Heidegger liga la praxis a la razón, el conocimiento y la representación del ente (463), lo cual nos parece contradictorio con la perspectiva nietzscheana del ser como vida y como devenir. Nos parece, en todo caso, que al proceder así, Heidegger cede a la perspectiva utilitarista. Regresa, con su ejemplo del abedul, a la concepción de la precedencia del concepto frente a la sensibilidad, la percepción, etc., que ya hemos tratado en capítulos anteriores.

del actor, con el impacto lógico sobre el otro lado de la escena, especialmente cuando —más allá de la cercanía en que puso al público en sus puestas iniciales reduciendo, tal vez con la intención blasfema de cancelar la frontera de la que hemos hablado antes— nos fue planteando la figura del 'participante' y luego del Performer. De aquellos encuentros masivos que luego fueron virando a grupos más íntimos en distintos grados de contagio con el ejecutante, Grotowski instaló la cuestión de la frontera en la relación del Yo-Yo. Este giro a trabajar con grupos selectos parece seguir la enseñanza confuciana, por cuanto las *Analectas* establecen en 15.8. que "El Maestro dijo: «Cuando tratéis con un hombre que es capaz de entender vuestras enseñanzas, si no le enseñáis, hacéis que su talento se desperdicie. Cuando tratáis con un hombre que es incapaz de entender vuestras enseñanzas, si lo enseñáis, desperdiciáis vuestras enseñanzas. Un maestro sabio no desperdicia a un hombre ni desperdicia sus enseñanzas»".

Las ideas relativas a *lalengua*, la letra y la poesía ya están en la filosofía heideggeriana y luego fueron en cierto modo retomadas por la última enseñanza de Lacan –quien confesaba no sentirse totalmente poeta. De este modo, el Performer trabaja en el límite entre el lenguaje y la poesía, entre el registro simbólico y el arrojo a la invención por lo imaginario; realiza su tarea en ese vértigo de la diferencia ontológica; desde esa tensión o lugar de lucha corporizado y temporalizado en su cuerpo, el Performer produce su pensar singular y funda su decir como un acto, esto es, en el encuadre de la ética de las consecuencias. Por todo esto, el análisis como el entrenamiento grotowskiano propician en el analizante y en el Performer, respectivamente, la creación de una lengua propia, ya no reproductiva de los ideales y mandatos impuestos por el lenguaje, ya no las de un autor o un personaje. El analista y el maestro están allí precisamente para hacer resonar en el analizante y el aprendiz, respectivamente, la verdad de su propio decir y asumir las consecuencias de ese acto. Sin embargo, esto no equivale a decir que el analista o Grotowski en posición analítica se hagan cargo de la verdad. "El analista –dice Lacan— no se hace cargo de la verdad" (Clase 4, 6/12/67). Su modo de proceder puede definirse como interpretar o puntuar aquello que da cuenta de un sinsentido –enigma o vacío— que la palabra no puede recubrir. Lo cierto es que, en este trabajo en soledad (acto del sujeto), el aprendiz de Grotowski sentía a veces enorme angustia, una sensación de desamparo del Otro, anhelo de la presencia contemplativa, nutridora, maternal del maestro. Sin embargo, Grotowski, según apreciamos en esos testimonios, en general no responde a las demandas, tal como es ley en el psicoanálisis. Hay consenso en cuanto a la dignidad del maestro, aunque eso no evitaba la angustia del aprendiz. Como se dice en las *Analectas* 7.38. "El Maestro era afable, aunque severo; tenía autoridad sin ser despótico; era digno, pero fácil de abordar». No obstante, las quejas o padecimientos relatados por los asistentes respecto de la posición que asumía Grotowski, sea con sus puntualizaciones escuetas o incluso su mutismo, dan una idea del encuadre en el que se realizaba el 'hacer' del sujeto, del trabajo sobre sí mismo, tal como le sucede al analizante haciendo su propio análisis. En este sentido, el maestro polaco parece guiarse por la máxima de Confucio según la cual "El Maestro dijo: «Yo instruyo sólo a los entusiastas; sólo guío a los fervientes. Destapo sólo una parte de la cuestión, y si el estudiante no puede descubrir el resto, no digo más» (*Analectas* 7.8). Pero luego llegaba el momento del encuentro cara a cara, aprendiz por aprendiz, con el maestro y allí se instauraba el acto analítico. En esas ocasiones, incluso el mutismo de Grotowski, como el del analista, iba más allá de una mera presencia muda; por el contrario, el maestro se posicionaba como el instrumento y la causa del 'entrenamiento', similarmente a como el analista se coloca como instrumento del análisis en la medida en que se posiciona como semblante del *a* del analizante; se instala, entonces, como sujeto supuesto saber para permitir que el analizante despliegue su saber inconsciente.

El acto del analista no consiste ni en la transferencia ni en la interpretación, aunque su función se defina como soporte de ambas; la entrada en análisis y el fin del análisis toman sentido precisamente a partir de la función del analista: ¿por qué alguien elige a un analista entre muchos otros? ¿Por qué muchos actores deseaban trabajar con Grotowski y no con otro maestro? Es por este posicionamiento que el acto analítico se instala del lado del analista, como causa del análisis. Tenemos aquí la fórmula que Lacan mostrará en el discurso del Analista: a→$. El analista hace semblante del objeto *a*, causa del deseo del analizante: hacer semblante significa que finge olvidar que está en esa posición de objeto –no hay intersubjetividad en este encuentro—, lo cual le permite recibir en su cuerpo las marcas del analizante (Clase 3, 29/9/67); el analista no es el sujeto del análisis, de ahí que deba mantener cierto control y cuidado sobre el resguardo de su vida privada.[224] Al final, como sabemos, quedará precisamente como un resto, un desecho del tratamiento: "el análisis de la transferencia [...] no puede ser otra cosa que la eliminación de ese sujeto supuesto saber" (Clase 3, 29/9/67); "el analista [es] el que llega al término del análisis a soportar el no ser más nada que ese resto, ese resto de la cosa sabida que se llama el objeto (a)" (Clase 5, 10/1/68). Cae, entonces, el sujeto supuesto saber cuya función era garantizar el análisis para que el analizante pudiera alcanzar ese punto de mutación subjetiva. El analizante, por su parte, hace una trayectoria que va desde el desconocimiento de sí a un sujeto concebido como falta, esto es lo que se designa como la castración (Clase 6, 18/1/68). Queda diseñado así un trayecto que va del sujeto alienado al sujeto de la falta, del 'no pienso' al saber de la falta; falta fálica que al final del análisis se descubre que estaba *desde el origen*. En ese punto se produce el pase de analizante a analista, el sujeto adviene a la verdad de su deseo y por ello es válido hablar del fin del análisis. Es una verdad conquistada y también supone un saber sobre lo incurable. Lacan evoca en la Clase 5 el famoso "Allí donde eso era, el sujeto debe advenir", como traducción del freudiano "Wo es war soll ich werden". Es curioso que también en esta clase traduzca como "debe devenir", el cual, por un lado, nos retorna a Nietzsche y, por otro, nos conduce al 'becoming' de Gilles Deleuze y Félix Guattari. A partir de todo esto uno podría preguntarse: ¿cuándo, en qué momento, los aprendices de Grotowski procedían al pase? Conocemos al menos la trayectoria de Thomas Richards, la cual merece y todavía espera un trabajo detallado.

El analista, además de esa posición de objeto causa, no apunta a que el sujeto exprese sus pensamientos, sino a causarlos: "en mi acto no apunto a expresarlo [el pensamiento] sino a causarlo" (Lacan, *Seminario 16*, 13). Por ello podemos afirmar que el actor representa, expresa un pensa-

---

[224] A lo largo de este libro varias veces hemos hecho referencia a la reserva de Grotowski en cuanto a su sexualidad. Ahora podríamos conjeturar que tenía conciencia del encuadre en el que planteaba su acto analítico.

miento, una idea, un texto; pero el Performer asume los riesgos del pensar. He aquí cómo asoma ya una primera diferencia considerable entre actor y Performer: el actor está del lado del representar, acude a aprender una técnica que le permita cubrir su falta con postizos, con las insignias del Otro y del otro, el personaje. El actor queda fijado a ese plus-de-goce del fantasma de la actuación tal como puede vérselo en las tradiciones teatrales occidentales a partir, por lo menos, de la Modernidad. De ahí que Grotowski asuma una actitud blasfema frente a esta fijación: invierte nietzscheanamente su actitud frente a dichas tradiciones, a esos monumentos que la historia cristaliza como modelos (Stanislavski, por ejemplo); las irrespeta a su modo interrogándolas por el plus-de-goce que sostienen; las confronta como un modo de atravesar el fantasma que las sostiene. Instala, pues, dicha confrontación en una perspectiva que contempla el inconsciente, por ello puede instalar esa lucha de tradiciones y culturas en el campo de batalla de la que espera el surgimietno de 'el Performer', como guerrero frente los mandatos que alienan al actor, como guerrero que apunta a la emancipación.

El Performer apunta no a otro, sino a un sí mismo desconocido (veremos más adelante el Yo-Yo grotowskiano), pretendiendo alcanzar el sinthome como esa distancia necesaria para mirar anamórtficamente al Otro y la falta en ese Otro. Y es precisamente desde ese sinthome desde el cual puede "leer e interpretar el 'para todos' [de la función fálica] que sostiene el mundo" (Alemán, *Soledad: Común* 56). Es cierto que a veces, en su trabajo con su cuerpo gozante, el Performer tiene momentos de frustración en los que apela a la representación (*acting out*). Sin embargo, Grotowski, como hemos visto, sostiene el acto analítico (o performativo) capaz de apuntalar una desalienación como desenmascaramiento progresivo de su origen, de su verdad, concebidos como un enigma, enigma singular, personal, que solo le corresponde a él. Aquí podemos situar lo político en Grotowski, la política grotowskiana que aspira a un sujeto emancipado capaz de desestabilizar al Otro (capitalista, neoliberal) y proceder a una transformación, transvaloración o reestructuración simbólica capaz de permitir, en el futuro, el surgimiento de un nuevo sujeto. El Performer vuela hacia el lado de no-toda, con todos los riesgos involucrados en esa travesía del litoral; pero, como hemos visto, siempre tiene un amarre a la función fálica dada, por ejemplo, por las canciones tradicionales sobre las que apoya su exploración. "No hay forma de presentar el no-Todo sin su referencia inevitable al Todo y la excepción" (Alemán, *Soledad: Común* 72). Aunque la enseñanza[225] de Grotowski era para todos sus

---

[225] En la Clase 4, del 6/12/67, Lacan va a distinguir el acto analítico de la enseñanza del psicoanálisis. Su comentario nos resulta imprescindible para distinguir en el mismo Grotowski su enseñanza de su acto analítico/performativo. Lacan se pregunta si su enseñanza es un acto analítico y se responde negativamente, ya que la enseñanza es pública y supone un público. En el acto analítico está comprometido el deseo del analista. También lo está en lo pedagógico, tal como el mismo Lacan lo reconoce al inicio de *su Seminario 20 Aun*: se trata de ese "no quiero saber nada de eso" que causa que siga enseñando, pero que no necesariamente funciona de la misma manera que en el encuadre analítico: hay en el aprendiz un "no querer saber nada de eso" que lo motiva a seguir tratando saber, aun. El asunto, dice Lacan, "es saber si será el mismo" (9), si es el mismo deseo el que opera de ambos lados. Y esta cuestión, sin duda, es la que lo diferencia del deseo del analista en el dispositivo. Esto implica que la trasmisión de un saber sobre el psicoanálisis no involucraría 'necesariamente' el deseo del maestro, al menos no lo obligaría a fingir o hacer semblante del objeto *a* de su auditorio y tampoco –en caso de haber un final de la enseñanza– lo dejaría en lugar de desecho. El aprendiz, en este caso, la audiencia que lo acompañaba de seminario en seminario, tampoco funciona caso por caso, ni acude al recinto 'necesariamente' para trabajar su síntoma y acceder a la verdad de su deseo. "Una enseñanza—nos dice Lacan— no es un acto [...] es una tesis [que] supone una anti-tesis. En la antitesis puede comenzar el acto". No todos los asistentes –provenientes de muy variadas disciplinas– dieron comienzo a un acto, entrando, por ejemplo, en análisis. En el acto analítico hay un acto sintomático que es propiamente logrado cuando es fallido; en él está comprometida cierta verdad del sujeto y obviamente está comprometido el analizante mismo. Aunque Lacan no desarrolla la cuestión, tenemos el derecho de preguntarnos si el encuentro de Grotowski con sus aprendices se realiza como acto analítico. Mi respuesta sería también negativa, salvo que distingamos la enseñanza del maestro polaco de su encuentro uno a uno con sus aprendices. La enseñanza (referida al Método) no se confunde, entonces, con el momento del acto analítico que emerge –tal como lo demuestran algunos testimonios– cuando hay un encuentro de dos. Si lo singularizamos, si pensamos en el encuentro de Grotowski con *un/a* aprendiz por vez, caso por caso, tal vez había la posibilidad de un acto analítico. Entonces, tendríamos a Grotowski como maestro, por un lado (el de las charlas y conferencias, el maestro de talleres), y como analista por otro –en el sentido del discurso del Analista—, involucrado como objeto *a* del aprendiz. Lo que queda claro es que, en este encuadre singularizante del uno por uno, de la enseñanza como tesis se pasa al trabajo del apren-

aprendices, eso no significaba que se favoreciera una uniformización, a la manera de los actores formados en el Sistema y garantizados – ilusoriamente garantizados—por la técnica. El aprendizaje y el entrenamiento de esta etapa final, la de 'el Performer', se salen de la representación y, por ende, del teatro (que Grotowski abandona tempranamente), para realizar otro tipo de búsqueda que opera por el trabajo analítico tendiente al desnudamiento o desvelamiento del enigma de sí mismo, singular, de cada cual, esto es, una travesía por el lado de los goces y las diferencias. Tal como Grotowski lo entendía, el trabajo debía ser hecho por los asistentes y su función en el encuentro con cada uno de ellos era solo ser instrumento que causaba el hacer del aprendiz. Justamente el maestro es el maestro (*maitre*, amo) porque no trabaja. Eran los asistentes los que producían al maestro y no a la inversa; eran ellos los que acudían a sus talleres y seminarios, de ahí que, en tanto causa del deseo de los asistentes, el maestro tiene un rol activo en el comienzo y en el fin del proceso. El resultado, indudablemente, era diferente para cada aprendiz. No hay manera de imaginar que este 'Método' podría resultar en un tipo uniforme de Performer, ni tampoco que dicho 'Método' pudiera convertirse en una enseñanza dogmática, a la manera en que el Sistema pudo producir tantos debates sobre la fidelidad o no a Stanislavski. Para Grotowski, los aprendices tienen a cargo *redescubrir* la 'enseñanza' de su maestro, pero uno por uno, cada uno desde su singular 'acordarse'.

II. *Yo soy* teacher of Performer

Grotowski nos ha hablado de 'estado del ser' y también de la figura del danzante, del guerrero y del sacerdote (no ligado a un rito de una religión en particular, sino blasfemo, como Zaratustra). Cada una de estas figuras supone ciertos protocolos performativos relativos al cuerpo y al movimiento: el danzante sujeta su cuerpo a una coreografía (planeada o no), pero sobre todo, como lo planteó en "Tu es le fils…", es el que vuela

---

diz como anti-tesis, en la que comenzaría el acto y, por ende, entiendo que es aquí donde se juega el deseo del analista, el deseo de Grotowski.

como un volantín hacia el lado del no-toda, el que se despega de lo terrestre-fálico con su ley de gravedad: "la danza es lo que sucede cuando su pie [el del bailarín] está en el aire y no cuando toca el suelo" (*Sourcebook* 297). El guerrero dispone su acción con estrategias y tácticas y, finalmente, el sacerdote responde a rituales muy codificados. Los tres solamente toman sentido frente al otro (público, enemigo, fieles, creyentes o participantes); y también frente al Otro: la relación al otro no es dual, siempre está mediada por el Otro del registro simbólico: coreografía, estrategias y tácticas, rituales aluden al lenguaje, sea el de la danza, de la guerra y de la religión o lo sagrado. Como vemos, el ritual que ejecuta el Performer no es una mera acción, sino un acto que lo pone en situación de jugarse frente al goce del Otro y eso tiene consecuencias, de ahí la dimensión ética de este encuadre grotowskiano, porque se trata de hasta dónde llegar con ese goce del Otro y con el modo de goce propio.

Y, además, ese acto apunta a algo olvidado por el sujeto, lo que nos retorna a la postura heideggeriana del 'olvido del ser' en la metafísica occidental. Al tratarse de una acción que lo enfrenta a valores caducos, a la destrucción-construcción de nuevos valores (desalienación-separación del Otro) y a la transvaloración (Grotowski es siempre un rebelde y un blasfemo), el Performer y su trabajo 'performativo' pasa por su singularidad, a pesar de proceder de la enseñanza de un maestro, de un Amo que, para evitar capturarlo en un dogma, asume la posición del analista, es decir, el discurso del Analista. Revisemos cómo Grotowski describe el encuadre pedagógico en el que se coloca para trabajar con los aprendices:

> Yo soy *teacher of Performer*. Hablo en singular. El *teacher*, es alguien a través del cual pasa la enseñanza; la enseñanza debe ser recibida, pero la manera para el aprendiz de redescubrirla, de *acordarse*, es personal. ¿Cómo es que el teacher conoció la enseñanza? Por la iniciación, o por el hurto. (76, vocablos en inglés en la traducción con énfasis de Grotowski)

En esta cita, corresponde notar, de inmediato, que Grotowski no dice 'master', maestro, amo, sino *teacher*. ¿Cómo describir la diferencia? Un teacher se dedica a enseñar, si necesidad de ser un 'master', es decir un maestro que domina alguna disciplina y que solo se enfoca en su propio trabajo. Y aunque se puede aprender de un maestro, éste no tiene obligación de enseñar. El teacher, por su parte, tiene un plan para la trasmisión del saber y, además de guiar el proceso de aprendizaje, también establece estrategias para evaluar lo aprendido. Como no necesariamente tiene un dominio de la disciplina, deja abierta la brecha para que los aprendices exploren, aprendan entre sí, lo confronten y hasta lo superen y, sobre todo, accedan a su propia maestría, singular para cada uno. Aquí se nos introduce al tema de la rememoración, de la memoria, que ya hemos comentado. El teacher solo da el impulso, pero el camino lo hace el propio aprendiz: "guiar sin dominar, /esta es la gran virtud", expresa el *Tao* en su capítulo 51. El camino que Grotowski propone a cada aprendiz es orientarse *hacia* el origen, el (ser, ese vacío) de cada cual. El acceso al origen, al ser, a lo que está más allá del ente, solo puede darse por un movimiento retrospectivo del sujeto, lo suyo propio, singular, incluso en un camino (tao) con recorrido filogenético y hasta ontogenético (no desde lo biológico, sino más relativo a la etimología: el origen del ser). Es importante subrayar cómo es crucial que el maestro sepa cómo y cuando detenerse para dejar que el aprendiz acceda a su singularidad olvidada. Se trata, como vemos, de una cuestión técnica muy puntual y, tal vez por eso, podemos seguir hablando de un Método, el cual no concierne a los contenidos a trasmitir, sino a los procedimientos por los cuales se instala la trasmisión de teacher a aprendiz.

La trasmisión del conocimiento deviene el punto problemático; en el psicoanálisis, la cuestión fue muy discutida, particularmente por Lacan. En el caso de Grotowski, tal como nos lo dice, se trata de propender no tanto a una asimilación o memorización (acordarse), sino a un redescubrimiento del saber por vía retrospectiva. La evocación de los diálogos platónicos en los cuales Sócrates demuestra a su interlocutor lo que ya sabía, pero no estaba a disposición –digamos— de su yo consciente, parece obvia y, sin embargo, no es una interpretación adecuada, tal como hemos visto hasta qué punto Grotowski sigue a Nietzsche. El trabajo con la memoria, ese acordarse, responde más a la perspectiva freudiana: el aprendiz tiene que convocar una canción tradicional que le es cara a su recuerdo y desde allí, como lo vimos, remontarse por la imaginación de generaciones que lo precedieron, siguiendo las huellas de esa doble memoria filo y ontogenética. Se trata de la memoria como esa pizarra mágica freudiana en la cual se han depositado todas las huellas que el Performer debe recuperar, reavivar, transitar por la red de sus múltiples entrecruzamientos de trazos.

¿Será ésa también la forma en que el teacher ha accedido al conocimiento? Grotowski nos dice que el teacher conoció la enseñanza —esto es, el modo de trasmisión, no los contenidos trasmitidos o a transmitir— por dos vías: por iniciación o por hurto. Iniciarse supone un comienzo, que no es necesariamente un origen; solo significa proveer a alguien de los primeros conocimientos o experiencias que se consideran indispensables para ingresar en una disciplina específica; iniciación supone, también, ir adquiriendo el conocimiento de ciertas prácticas como instrucción necesaria para ser aceptado por ciertos círculos o asociaciones, en general, de tipo secreto, misterioso o esotérico. El psicoanálisis pasó, aunque brevemente, por esas circunstancias y, en cierto modo, las entrevistas preliminares al 'inicio' de un análisis son necesarias para que el analizante acepte las reglas sostenidas por la técnica analítica: la asociación libre de parte del analizante, la atención flotante del lado del analista. Toda praxis requiere de una iniciación básica y el ingreso a un campo profesional siempre implica el conocimiento y aceptación de ciertas reglas de funcionamiento.

En cuanto a 'hurto' [*theft* dice la versión en inglés, que puede ser hurto, pero también robo]. Si bien robo y hurto suponen apropiarse de algo ajeno, dicha apropiación puede hacerse con o sin violencia. Según el Diccionario de la RAE, la diferencia, a nivel del derecho, estaría en que la apropiación implicada en el robo constituye un delito en tanto supone apoderarse de un bien con fines de lucro realizado por violencia y/o intimidación de personas. El hurto, en cambio, siendo también un delito, implica —según el mismo diccionario— tomar o retener bienes ajenos contra la voluntad de su dueño sin intimidación o violencia sobre las personas o las cosas. De modo que Grotowski nos pone en la dimensión, otra vez blasfema, en relación a la trasmisión del conocimiento: todo teacher tiene un capital simbólico que, como lo plantea Marx para el capitalismo, hay que pensarlo en los términos de una acumulación primitiva u originaria, la cual constituye un ataque a la propiedad privada y una apropiación del trabajo ajeno. En su pobreza, el teacher Grotowski recupera el gesto de aquellos que se enriquecieron a costa del trabajo de otros, y como un personaje marginado de Roberto Arlt (robo a una biblioteca pública), ataca el capital sagrado del Otro, se apropia del conocimiento y/o del goce del Otro mediante un acto delictivo. Desde esa apropiación, la enseñanza opera como una instancia imprescindible para integrar a un grupo de individuos relacionados por ciertas claves comunes, por un conocimiento misterioso o secreto (dimensión típica del acceso al poder) y el acatamiento de reglas para controlar y vigilar los avatares de ese corpus de experiencias, conocimientos y goces celosamente resguardados del prójimo, de los otros.

Así, tanto la enseñanza como el aprendizaje constituyen siempre instancias delictivas, esto es, apropiarse de lo ajeno, sea de un maestro, una filosofía o una tradición, con o sin violencia. Dicho en otras palabras, todo acceso al conocimiento implica lo que en inglés suele significarse con la frase *"partners in crime"*; todo campo pedagógico implica además de acatamiento, involucrarse como cómplice y formar parte de una secta. En este sentido, la mención de Pierre de Combas no parece ser gratuita.[226] No

---

[226] Poco he podido averiguar sobre Pierre de Combas. Solamente he accedido a una referencia en la red. Se trata del Profesor Pierre de Combas, quien parece haber tenido una influencia importante sobre dos esotéricos franceses, Raymond Abellio (pseudónimo of Georges Soulès [1907-1986]), para algunos un socialista convertido luego en un político fascista, colaborador del gobierno de Vichy) y Jean Parvulesco (1929-2010), ambos interesados en predecir cómo sería Europa y el mundo occidental. Ambos tenían una visión utópica que renovaría la tradición occidental, sustituyendo "the famous Republican slogan, 'Liberty, Equality, Fraternity', with 'Prayer, War, Work', to represent a new society built on an absolute hierarchy led by a king-priest". A pesar de ser, según ciertos críticos, individuos hambrientos de poder y dinero, para otros "Abellio was truly a 'spiritual' man. And it was Professor Pierre de Combas who is credited with Abellio's transformation from politician Georges Soulès into the visionary Abellio (the Pyrenean Apollo), making him not merely a "man of power," but also a "man of knowledge" – an initiate". La relación con Grotowski, si la hay, estaría relacionada, no tanto con esa dimensión espiritual y esotérica, tampoco sobre una preocupación compartida sobre la necesidad de transformar el mundo occidental, sino en que estos personajes involucrados, Combas y sobre todo Abellio, parecen trabajar

sorprende, pues, que, en el campo teatral, sobre todo en relación a las técnicas de formación actoral, esta doble dimensión de la trasmisión sea constitutiva del encuadre. Se trata de acumular riqueza y por eso tampoco sorprende que algunos maestros sientan la necesidad de designar un heredero de su legado, aquel que controla la secta, que legisla la validez de un saber y su trasmisión, que castiga o critica las transgresiones, que procede a la excomunión de quienes violan o violentan la sacralidad del corpus de doctrina formulada por aquel a quien se instituye como Padre. Al ser un legado, una herencia, lo que originalmente fue un robo pasa ahora por una transmisión legal sancionada por el derecho, que no es propiamente la justicia. La praxis teatral, en este sentido, advertida por la historia del psicoanálisis y alerta a esos protocolos siempre excluyentes de la pedagogía teatral, se instala —si no fuera del hurto— fuera de toda secta y de todo resguardo de algo que supuestamente sería verdadero canónicamente. No hay en la praxis teatral ningún capital para legar: la praxis teatral solo facilita ciertas pautas para que cada cual haga su propio camino.

Aquí la referencia a lo que hoy, con Lacan, conocemos como discurso del Analista es obvia: el analista puede intervenir para que el analizante alcance el saber de sí mismo, pero no puede darle ya un saber empaquetado, es decir, no puede adaptarlo a su 'conocimiento' y menos aún adaptarlo con promesas de bienestar y felicidad a algún Bien como válido para todos. Por eso la interpretación, como insistía Lacan, debe realizarse sobre un enigma y ser ella misma un enigma, para facilitar que el analizante haga su propio análisis. La traducción al castellano ha eliminado un paréntesis —aunque no la frase— que figura en la traducción inglesa; se trata de un punto crucial. Dice Grotowski: "I am a *teacher of Performer* (I speak in the singular: *of Performer*)" (*Sourcebook* 374). La versión castellana elimina el paréntesis y parte de la frase, dejando el "hablo en singular" en cierto plano de ambigüedad. Al subrayar "of Performer', Grotowski está

---

sobre escrituras en clave; se trata, según parece, de textos enigmáticos. "Abellio's writings – like that of so many alchemists – need a key. So much of their material is coded text, and Abellio himself used to laugh that most people's keys "only opened their own doors" – not his. (Philip Coppens).

planteando la relación maestro/aprendiz en el caso por caso, tan importante en el psicoanálisis. No se trata de una enseñanza de tipo escolar, académico o institucional, de una pedagogía bancaria, en términos de Paulo Freire, sino de un 'encuentro' personal imposible de universalizar. Es un encuentro único y, como todo encuentro, es fallido, pero precisamente por ello, funciona, ya que apunta al deseo y a sostener el deseo de desear. El aprendiz grotowskiano incorpora el Método como una praxis constante sobre sí mismo, sobre su memoria, independientemente de los contenidos o las convicciones particulares del teacher; se trata de una trasmisión del saber que no es mera información, profunda o no, de extensos textos o conocimientos previos, de recetas o dogmas, sino de un encuadre para acceder al saber sobre el origen.

La cuestión de la trasmisión de la enseñanza en el psicoanálisis fue, en su momento, enormemente debatida: fundación de escuelas y asociaciones diversas, carteles, el tema del pase, cierre de escuelas, excomuniones, traiciones y deslealtades, son algunos de los factores que configuraron los momentos tormentosos en la trayectoria de Freud y de Lacan. Se trata de cómo situar una disciplina, cómo imponer la ley y evitar transgresiones, cómo controlar y vigilar la 'palabra del maestro' (del Amo); en cierto modo, se trata de elucubrar cómo salirse del encuadre pedagógico centrado en el Padre, en la paternidad de un saber o un conocimiento. ¿Cómo desbaratar el lugar del Padre?: asumiendo la ética analítica de no capturar al analizante en la perspectiva personal del analista, pero sobre todo asumiendo que se trata de una ética de las consecuencias y, en ese sentido, al inclinarse por la singularidad del sujeto como acceso a su emancipación (separarse del sistema y del analista), regresar, por así decirlo, a la cuestión nietzscheana del ser como devenir. Y es que no hay una verdad final, en la dimensión de verdad/falsedad tal como ocurre en la ciencia, sino de un trabajo constante con los velos del ser: porque, a cada momento, ocurre que "Eppur si muove"–para evocar a Galileo, pero blasfemando el sentido de su supuesta famosa frase: 'Eso' se mueve, siempre se mueve, para cruzarla con la famosa traducción de Lacan del freudiano "*Wo es war, soll ich werden*": "Donde Ello era, Yo debo advenir". Se entiende ahora que Grotowski hiciera a veces sentir cierto desamparo en quienes asistían a sus talleres o seminarios en procura de un conocimiento: el 'teacher' respondía con el Método. El silencio, casi confuciano, de parte del Maestro, forma parte del Método: para que el otro encuentre su propio camino, ese saber que le es singular, que solo a él le pertenece, solo requiere del teacher como sujeto supuesto saber, como 'muro del lenguaje', para que el aprendiz se redescubra, se acuerde.

*III. El Performer como un estado del ser.*

<blockquote>
Ser budista es no comprender...
Jorge Luis Borges
</blockquote>

¿A qué filosofía, discurso o autor podría referirse la frase de Grotowski? Si el Performer es un 'estado' del ser, entonces es un ente, si seguimos las sugerencias nietzscheanas y la lectura realizada de Nietzsche realizada por Jaspers y Heidegger respecto de la metafísica occidental. ¿A dónde conduce este enunciado, a dónde nos lleva? Para Grotowski, el trabajo del aprendiz con el origen es singular; se trata del trabajo con su propia 'esencia', que él toma en sentido etimológico como *'seridad'* (*being/be-ing*, en la traducción al inglés); lo esencial está en la dimensión del ser, el cual no es ni exterior ni abordable por la sociología. El 'ser' tampoco constituye la conciencia; está en el campo de lo inconsciente, "es entre tú y tú mismo, y no entre tú y la sociedad" (77). El ejemplo que Grotowski nos da deja claro que el 'ser' puede ser homologado al superyó heredero del Edipo, el superyó de la conciencia moral, que no es lo mismo que el 'código moral' de la sociedad. Infringir este último, nos dice, hace sentir culpable al sujeto; pero "hacer un *acto* contra la conciencia" (énfasis mío) causa remordimientos. La conciencia representa lo colectivo y comunitario; el ser, en cambio, es singular y propio de cada sujeto. Habría, además, una relación entre el cuerpo y la esencia en un proceso de tipo evolutivo desde la juventud a la madurez; nos topamos otra vez con la temporalidad —"el proceso es como el destino de cada uno, el destino propio que se desarrolla (o: que simplemente se desenvuelve) en el tiempo" (77); y es este proceso el que lleva al sujeto desde el *"cuerpo-y-esencia"* al *"cuerpo de la esencia"*, siempre y cuando el sujeto se proponga trabajar sobre ambos: cuerpo y esencia. La esencia, una vez más, se coloca no del lado del cuerpo como organismo, ni tampoco del cuerpo como instrumento, sino del lado del cuerpo gozante.

El Performer es, además, "el danzante, el sacerdote, el guerrero; está fuera de los géneros estéticos", es decir, está fuera del lado del 'para todos', del universal de la función fálica. Grotowski enuncia precisamente esas tres 'acciones' que corresponden a aquellos tres personajes que encarnan en Nietzsche las fuerzas activas. Al afirmar que el Performer está fuera de los géneros estéticos nos deja entender, además, que no se trata del actor como componente fundamental del discurso teatral; el Performer realiza su acción más allá del teatro en el sentido tradicional y en tanto género estético; se ofrece, pues, como una figura que puede ser asumida por cualquier sujeto, no necesariamente relacionado con el teatro. La praxis teatral una vez más afilia a esta concepción del Performer por cuanto no necesariamente se lleva a cabo con actores profesionales, sino con todo aquel que quiera trabajar consigo mismo y con otros su relación con el origen, esto es, con lo real y el goce que los reúne en el marco de las mismas coordenadas históricas y culturales en procura de la emancipación del Otro. Desde la perspectiva nietzscheana pasada por la interpretación de Heidegger y llegando hasta los desarrollos posteriores de Michel Foucault, me animo a decir que la praxis teatral, como afirmación de la vida, puede concebirse como "el arte curativo del futuro" (Heidegger 338) en la medida en que "la vida es voluntad de poder" (Heidegger 395).

Se dejaría así de lado la búsqueda del nirvana en la versión schopenhauriana y nietzscheana de la nada y de la pasividad. El budismo, que fundaría la primera versión de Dioniso en *El origen de la tragedia*, a partir de la influencia de Arthur Schopenhauer y Herman Oldemberg, es afiliado por Nietzsche, en primer lugar, a una "neurosis trágica",[227] de ahí que

---

[227] Mi competencia en doctrinas, filosofías y religiones orientales es muy limitada. En todo lo referido a estas cuestiones, me baso en materiales suscriptos por Jorge Luis Borges, Alicia Jurado, Octavio Paz, Vicente Fatone y fundamentalmente en la tesina de licenciatura titulada *Nietzsche y el budismo. Consonancias y diferencias en relación a la existencia y el sufrimiento*, de Santiago E. Maneiro, que tiene la ventaja –al menos para mí y mi proyecto— de constituir una lectura muy actualizada a partir de referencias a Freud, Lacan y Foucault, entre otras referencias a autores prestigiosos de oriente y occidente. En cuanto a materiales originales, mis lecturas se realizaron sobre algunos textos taoístas y las *Analectas* de Confucio.

también Grotowski señale al Performer como danzante, sacerdote de sus propios rituales y guerrero siempre actuando en una dimensión del mundo entendida como lucha. Nietzsche, influenciado por Schopenhauer y Oldemberg, interpretará el nirvana como una caída del budismo en una "neurosis religiosa", caracterizada por un nihilismo pasivo. Para Nietzsche, esta posición pasiva se supera mediante el arte como fuerza activa capaz de "transfigurar el ideal ascético" (Maneiro 18-19). Si el Performer está fuera de los géneros estéticos, ¿será que su praxis se localiza fuera del arte? Claro que no, porque precisamente Grotowski bautiza esta última etapa como *Arte* como vehículo. Y aquí retoma la perspectiva de Nietzsche para quien, a diferencia de su maestro Schopenhauer, el arte es un estimulante de la vida: "El arte [...] es el gran estimulante de la vida, una embriaguez de vivir, una voluntad de vivir" (*La voluntad de poder* 846, 562). Y todavía podemos ir aquí más lejos: tal como lo plantea Heidegger en su *Nietzsche*, el arte apunta al núcleo de la voluntad de poder y, desde allí, va a involucrar la cuestión de la verdad y de lo real; el arte no está aquí concebido en relación a lo bello, a las bellas artes (eso que Grotowski denomina "géneros estéticos"), sino a la vida misma —de ahí la centralidad del cuerpo y lo sensible— en cuanto modo del devenir en su constante juego de destrucción y creación (70 y ss).[228]

Conviene subrayar aquí dos aspectos: el primero, que para Nietzsche, tal como lo lee Heidegger, la verdad como *aletheia*, como desocultamiento, no supone un esclarecimiento (a la manera de la tradición racionalista y sobre todo de la *Aßklärung*), sino precisamente lo contrario: "todo aclarar –dice Heidegger— tiene que ir de lo claro a lo oscuro, nunca al revés" (72). En este sentido, como lo plantea Nietzsche, "el arte tiene más valor que la verdad [...] [por eso] el arte es la *auténtica* misión de la

---

[228] Se entiende que la perspectiva nietzscheana *invierta* la metafísica occidental para la cual el arte era traducción o expresión de una idea o de un más allá de lo material y corporal, es decir, un más allá suprasensible. Incluso al concebir la estética como fisiología del arte (o como fisiología-psicología), al centrarse en el artista, Nietzsche involucra lo anímico-corporal de lo viviente (Heidegger, *Nietzsche*, 97).

vida, el arte es la *actividad* metafísica de la vida" (*La voluntad de poder* IV, 567, el subrayado es mío). La praxis teatral adhiere a esta perspectiva ya que no se restringe al dominio de las artes. Por eso la emancipación del sujeto se proyecta sobre la vida de toda su comunidad. Asimismo, comentando la tesis de Jorge Alemán de *Soledad: Común*, Juan Carlos Tazedjián enfatiza el hecho de que "[n]o hay la emancipación individual y la colectiva. No hay 'y', ni 'o', hay dos puntos" (143). De esta manera, con los dos puntos del título del libro de Alemán, nos dice Tazedjián, se "designa lo colectivo, pero no se absorbe en él ya que lo es de singularidades absolutas. Se refiere a muchos [Común] pero se fundamenta en uno [la soledad], uno en constante referencia a los otros" (141). Y es en ese Común donde Alemán, como Grotowski, sitúa *lalengua* como singularidad de cada cual en su propio cuerpo gozante.

El arte, entonces, es actividad orientada a la producción de la autenticidad de la vida del sujeto en su trabajo de desalienación de sí mismo y, por esa vía, hacerle posible afectar al Común; en la medida en que el arte apunta al modo de goce, al cuerpo gozante del Performer y de su entorno. El artista, como luego lo trabajarán los formalistas rusos, debe desfamiliarizar (*ostranenie*) aquello que parece normal y cotidiano, y proceder a opacar la supuesta claridad o transparencia con la que convivimos, esto es, enfrentar —como el analizante— la naturalizada alienación en la que está capturado el sujeto. La verdad artística —como en el psicoanálisis— no está, como quiere la metafísica occidental, entramada con lo Bueno o lo Bello; Nietzsche lo dice contundentemente: "La verdad es fea. Precisamente el arte intenta siempre 'que no perezcamos a causa de la verdad'" (*La voluntad de poder 817*, 545). Mientras el arte propulsa el acrecentamiento del aparecer, esto es, de la vida, la verdad supone un momento de detención del parecer, de inhibición del devenir porque lo amarra a *una* perspectiva de la vida (Heidegger, 201, el subrayado es mío). Pero dicha verdad no es eterna ni 'verdadera' de por sí o en sí, tal como pretende el platonismo, sino que se despliega como un semblante cuya duración histórica, en tanto fijación, está limitada hasta tanto se instale otro semblante: por eso Heidegger, al leer a Nietzsche y compartir con él la crítica a la ciencia y a la tecnología, nos aclara que por verdad tenemos que entender "algo que *tenga* que ser tenido por verdadero, *no* que algo *sea* verdadero" (409). Así se entiende que el mundo, el devenir, cambia en su apariencia y en sus valores; se entiende también que una verdad fijada apela a la creencia y, además, incluso si adquiere una dimensión hegemónica, es siempre transitoria, transformable, sustituible, más allá de su duración y poder. Además, ese "tener por verdadero" nos abre al impacto de la verdad más allá del yo. Y segundo, porque esa alienación se establece como una vida inauténtica, capturada por fuerzas nihilistas (morales, religiosas, científicas, etc.): de ahí que Nieztzsche nos plantee:

> El arte es la única fuerza superior opuesta a toda voluntad de negar la vida, es la fuerza anticristiana, la antibudística, la antinihilista por excelencia.
>
> El arte como redención del hombre del conocimiento, de aquel que ve el carácter terrible y enigmático de la existencia, del que quiere verlo, del que investiga trágicamente.
>
> El arte es la única fuerza superior opuesta a toda voluntad, que no solamente percibe el carácter terrible y enigmático de la existencia, sino que lo vive y lo desea vivir; del hombre trágico y guerrero, del héroe.
>
> El arte es la redención del que sufre, como camino hacia estados de ánimo en que el sufrimiento es querido, transfigurado, divinizado; en que el sufrimiento es una forma del gran encanto. (*La voluntad de poder* II, 566-567)

Como el psicoanálisis, el arte no promete la felicidad, sino un modo posible para enfrentarse al dolor de la existencia y soportarlo de la mejor manera, pero sobre todo llevándolo a un 'saber-hacer con' la fuerza reactiva para transformarla en activa y creativa. Esa búsqueda de lo enigmático, siempre relativo a la falta y al no-todo, ya nos orienta hacia lo femenino en la fórmula de la sexuación de Lacan, donde precisamente se instala el Performer.[229] Ese 'desear vivir el sufrimiento' nos devuelve a la cuestión del goce en el psicoanálisis, ese trabajo doloroso con la 'verdad

---

[229] Nietzsche constantemente critica la visión del arte como una seducción que adormece; por el contrario, pone en relación el arte con la tensión entre las fuerzas 'artísticas' de la Naturaleza y con el desarrollo de la humanidad. Al hacerlo, lo homologa a la tensión generada en el 'antagonismo de los sexos' (*La voluntad de poder 1043*, 668). Sin embargo, su perspectiva de la sexualidad está atrapada en los binarismos opositivos típicos de la metafísica occidental que el mismo Nietzsche se propone transvalorar: el par masculino/femenino va a alistarse a lo activo/pasivo, afirmativo/negativo, optimismo/pesimismo, fuerza/debilidad, lo creativo/lo receptivo, etc. Si Nietzsche es capaz de decir que "Nuestra estética en realidad ha sido hasta ahora una estética de mujeres en el sentido de que solo los capaces de recibir el arte han formulado sus experiencias acerca de lo bello" (*La voluntad de poder 806*, 538), es porque su perspectiva va a desplazar el eje del arte hacia la figura del artista, concebido como 'creador', productor y, por ende, en su concepción, ligado a lo masculino, a lo fálico, sacándolo así de las sanciones que pudieran hacer del arte los filósofos, los críticos, los receptores (calificados como 'mujeres'). Al plantear que la estética no puede sino ser masculina, invierte no sin ambigüedad, la metafísica occidental o bien la concepción tradicional de lo masculino, al atribuir lo corporal, lo sensible, los sentimientos y la apariencia como fundamentos de dicha estética, atributos —como sabemos— atribuidos a las mujeres, siempre negadas de racionalidad y lógica. Hoy podemos, desde las fórmulas de la sexuación elaboradas por Lacan, acomodar un poco mejor estas cuestiones relativas a la verdad como mentira y al arte como apariencia, tal como Nietzsche las ha planteado. Se opone, en esto, a los filósofos occidentales que siempre han combatido la apariencia, lo corporal, los sentidos (*La voluntad de poder 402*, 284). Sin embargo, con Lacan, la verdad en tanto semblante está del lado de lo femenino, de La Mujer, resultando de ese modo enigmática, no-toda, jugando con los velos detrás de los cuales no hay nada, siempre más allá de la función fálica, en la dimensión del narcisismo del deseo. Nietzsche enfatiza, más allá de la verdad (y sobre todo de la verdad entendida como lo opuesto a lo falso y como objetiva en la metafísica occidental y su ciencia), el carácter de apariencia: "la verdad no es la más alta medida de valor y aún menos la más alta potencia. Aquí la voluntad de la apariencia, de la ilusión, del engaño, del devenir y del variar (por engaño objetivo) es considerada como más profunda, más original, más 'metafísica' que la voluntad de verdad, de realidad, de apariencia (*La voluntad de poder* III, 567). La fuerza, precisamente, proviene de la apariencia como carácter inherente al devenir y de la voluntad de poder, y no de la verdad supuestamente objetiva, demostrada, o de la idea o de lo suprasensible que, en la perspectiva del filósofo alemán, son siempre debilitantes y nihilistas. El arte, al estar del lado de la apariencia y de la singularidad, tiene más valor que la verdad ilusoriamente objetiva, general y universal.

fea' que nos habita y que a la postre nos devela la singularidad de nuestro ser como 'gran encanto'. Una vez más, el arte, como el Performer, se pone del lado del saber, pero del saber-hacer, y no del conocimiento entendido como búsqueda de objetividad. Si, como quiere Grotowski, el Performer es el hombre [el sujeto o bien el ser humano] de acción, ese saber, tal como lo plantea Heidegger, "se llama τέχνη. Desde un principio esta palabra no designa jamás un 'hacer' y un producir, sino ese saber que sostiene y dirige todo irrumpir del hombre en medio del ente" (Heidegger, *Nietzsche* 84). En cuanto tal, ese saber se corresponde con la praxis y no con el conocimiento (teoría y práctica) y lo epistémico. Cuando Grotowski afirma que "El conocimiento es un problema de hacer", involucra al cuerpo gozante; no es una mera complacencia con el hacer del artesano: está, pues, de acuerdo con la famosa frase de Picasso, tantas veces evocada por Lacan: "Yo no busco, encuentro". Y es que solo en el hacer el acto puede dar lugar a la experiencia, pero sobre todo a la *tyche*, como encuentro fallido con lo real; es en este encuentro en el que se juega el arte. Y como el arte es lo producido por un producir, también involucra a la poeísis, que no se restringe a la poesía y menos todavía a lo verbal. "El arte —insiste Nietzsche en *La voluntad de poder*— obra '*del sujeto puro, de voluntad libre*', desconocimiento de la 'objetividad'" (*375*, 266). E insiste: "Los estados de ánimo no artísticos son: los de la objetividad, los del reflejo, los de la voluntad paralizada (escandaloso error el de Schopenhauer, que toma el arte por un puente hacia la negación de la vida)... Otros estados no artísticos: los de los empobrecedores, de los que desaparecen, palidecen, bajo cuya mirada sufre la vida; el estado de ánimo del cristiano" (*La voluntad de poder 808*, 539). De ahí que podamos poner en un mismo horizonte la secuencia arte/artista-analizante-Performer: estamos ante la figura del guerrero, el sujeto trágico, el héroe, a quienes el dominio de sí los cruza en tanto eje de la singularidad y el de elaborar constante y retrospectivamente aquello originario, situado en lo corporal-pulsional, pero ya no sometido a ningún criterio impuesto por alguna concepción del Bien o de lo Bello.

Si hay algo que podemos afirmar con certeza es que el Performer grotowskiano, en tanto trabaja para transformarse a sí mismo y se orienta en la búsqueda de la verdad (es su fuerza activa), no solo se instala al mismo nivel que el analizante, sino que además evita caer en la nada por cuanto, al asumir la castración, sabe que esa 'verdad' aunque no significa nada, "no por ello es in-significante" (Maneiro 38). La tergiversación del significante 'nirvana' es lo que está aquí en juego y que, desde mi perspectiva, es precisamente lo que Grotowski se propone ajustar en el ensayo que estamos trabajando. Precisamente, porque si los conceptos fundamentales del budismo son *tanhā* ("sed", "deseo") y *nirvāna*, y si ese *nirvāna* ya no corresponde a las lecturas de Schopenhauer y Nietzsche, entonces el Performer, desde esta perspectiva, rechaza la pasividad frente a sí mismo, frente a las tradiciones y frente al mundo —blasfemo del Otro— y, tal como lo plantea el budismo y la histérica, se apunta a un deseo que consiste precisamente en desear. Al respecto, Maneiro nos dice:

> El deseo tiene en el budismo dos instancias. *Tahnā* es, primero, "sed", "deseo de existencia" y, en este sentido, lo que Schopenhauer define como "voluntad de vivir" (*Wille zum Leben*), origen *in*mundo del sufrimiento, fábrica de pulsiones nunca satisfechas (*dukkha*). Mas, si la filosofía de Schopenhauer lleva a una ascética extrema, el Buddha resignifica el deseo, lo hace retornar a su simplicidad, a su espontaneidad primigenia (segunda instancia de *tahnā*). [...] El deseo revela su carácter histérico-obsesivo: lo que se desea no es un objeto sino el deseo, permanecer en ese estado de deseo. [...] Pero el budismo no proclama una extinción del deseo, una negación de la voluntad y un hundimiento en la nada. Como mostramos, no hay pulsión de muerte, no hay escatologías metafísicas, ni filosofías existenciales de fuga; no sostiene una suerte de *afánisis* o desaparición del deseo, sino del "objeto" y, junto a éste, simultáneamente, del "sujeto". Buddha profesa un retorno al cosmos, a restaurar (recordar) el vínculo esencial con el universo; descubrir un "deseo" más infantil, un "deseo" que surge con la presencia del vacío (*śūnya*) y donde ya no puede decirse "yo" (*atta*... '*Je*'). ¿Qué es el deseo (*tanhā*) para el budismo? "Cuando tengo hambre, como; cuando estoy cansado, duermo", responde un maestro zen. El deseo budista sugiere un estado de "transfiguración", una experiencia interior que se proyecta en la exterioridad. Como dice otro proverbio zen: "Como un hombre

que es dueño de sí mismo dondequiera que se encuentre se comporta con fidelidad a sí mismo". (48-50)

Maneiro procede a correlacionar lo real lacaniano con el vacío budista y los enigmas de Buda: se trata de los *"avyākṛtavastuni*, "cuestiones reservadas", insondables, inefables" (50). En ambos casos, el budismo y el lacanismo, el lenguaje no tiene suficientes palabras para decirlo; no podemos hablar de cosas sino mediante símbolos, lo cual muestra siempre el fracaso del lenguaje, en dos aspectos: en relación a lo real, sufrimiento, goce y vacío, y en relación a la verdad, que no podemos decirla toda. Agrega Maneiro: "el budismo, otra vez, instaura la paradoja: si la existencia (*bhāva*) se estructura como *dukkha*, "lo real" en donde hay ausencia de sufrimiento, donde nada es impermanente, será lo inexistente, lo no-creado, lo no-elaborado (*akṛta*): *nirvāṇa*" (50). Maneiro revisa diversas etimologías y aproximaciones al vocablo 'nirvana', lo toma como un significante vacío (51), e invalida la interpretación de Oldemberg, Schopenhauer y Nietzsche, que lo concebían como el hundimiento del sujeto en la nada, desde su perspectiva nihilista. Si queremos hacer justicia, convendría agregar aquí que la concepción nihilista atribuida al budismo no es exclusiva de estos autores; en efecto, Vicente Fatone nos advierte –en su libro precisamente titulado *El budismo "nihilista"*– de múltiples escuelas de Oriente en la que esta interpretación del budismo tomó los rumbos del nihilismo. Maneiro también revisa el famoso 'sentimiento oceánico' del que hablaba Freud (54). Así, citando a A. Coomaraswamy, Maneiro concluye con un sentido del nirvana que nos retorna a las fórmulas de la sexuación:

> *Nirvāṇa* es, entonces, revelar el misterio que oculta *Māyā*, artífice de la mentira, hacedora de velos, y retornar al "Yo" (*Brahman*) perdido, olvidado. "La realización del nirvāṇa es el «Vuelo del Solitario hacia el Solitario». [...] *Nirvāṇa* es permanecer en la existencia pero transformado, "transfigurado". (56)

Ahora bien, en cuanto al Performer como un estado del ser, nuestra lectura va a orientarse por la que Heidegger hace de Nietzsche como clausura de la metafísica occidental. Si el Performer, a diferencia del actor, es el que se desnuda, el que destruye las máscaras con las que la cultura y el sistema capitalista lo han alienado —tal como incluso propone Buda—, si es el que quiere develarse a sí mismo, entonces es el que busca la verdad en el origen (ese 'yo' perdido, como veremos más adelante), por medio del arte como estimulante de la vida y no como nihilismo. El actor, por su parte, ha quedado relegado a la metafísica occidental y, en tanto tal, podríamos pensarlo como el 'último hombre', tal como Nietzsche lo califica, esto es, como quien no ha superado el nihilismo. Ya hemos visto en capítulos anteriores cómo Nietzsche en *Consideraciones intempestivas* plantea la verdad como mentira, es decir, como apariencia del ser, entendido éste como un devenir y aquella como una fijación temporaria de un valor con fecha de vencimiento. Dicha fijación del ser en un ente —modo supremo de la voluntad de poder— con apariencia de verdad supone la intervención de lo apolíneo frente a la ebullición caótica de lo dionisíaco, del devenir. Como estado del ser, entonces, el Performer es y no es él mismo; en su búsqueda del origen, de la fuente, se va resignificando a sí mismo cada vez; su verdad está siempre sometida a escrutinio y reformulación, ya que procura alcanzar la verdad de su deseo y, obviamente, nunca tendrá posibilidad de decir toda la verdad. Tal como bien lo expresa Maneiro: "Yo digo siempre la verdad. No la verdad entera, porque de decirla toda no somos capaces. Es materialmente imposible. No hay suficientes palabras. Y precisamente por esta imposibilidad es que la verdad aspira a lo "real"." Palabras de Lacan, aunque también (¿por qué no?) podrían haber sido dichas alguna vez por el Buddha. Y es que hay en el budismo algo que se retiene, un misterio jamás revelado" (50).

En este sentido, aunque, tal como vimos, hay una relación entre la fuente u origen, la infancia y el narcisismo, Lacan no adhiere al "sentimiento oceánico" del que hablaba Freud. Estamos, pues, en el orden de la carencia o la falta a nivel del ser, esto es, del Otro, que Lacan proponía como S(A tachado). Ese real, efecto del significante, de lo simbólico y no un vacío pre-simbólico, es siempre inexpresable y permanece como enigma; siempre hay un velo sobre el ser, lo cual nos sitúa del lado del no-toda de lo femenino en la fórmula lacaniana de la sexuación. Y esa falta no se tapona con el conocimiento ni tampoco está en la dimensión del comprender: Lacan no se cansaba de advertir a los analistas que no se apresuraran a comprender. Grotowski lo dice con todas las letras: "El aprendiz lucha por comprender, por reducir lo desconocido a lo conocido, por evitar hacerlo. Por el mismo hecho de querer comprender opone resistencia". Al sinsentido de la formación del inconsciente, el analista responde con otro enigma y deja que el analizante trabaje. Como dice Borges en su conferencia sobre el budismo, "se ha de llegar a la verdad de forma brusca, mediante una respuesta ilógica. El neófito pregunta al maestro qué es el Buddha. El maestro le responde: 'El ciprés es el huerto'". Una contestación del todo ilógica que puede despertar la verdad".

En el budismo también tenemos ese vacío que el nombre no logra capturar completamente. Si bien, como nos recuerda Maneiro (53), la etimología de *nirvāna* alude a aspectos negativos ("lo que no respira", "sin huellas", la liberación o salvación por fusión con la extinción), la interpretación nihilista no le incumbe; es esta interpretación la realizada por Nietzsche a partir de la lectura de Oldemberg. Fatone también afirma que "[c]ontra los nihilistas es contra quienes más predica Buddha" (32); casi al final de su libro, Fatone insiste: "La prédica contra el nihilismo es uno de los primeros motivos de la enseñanza de Buddha" (157). Incluso Fatone enfatiza que la cuestión del vacío poco tiene que ver con la nada y el nihilismo: "Nada es en sí y nada es vacío, y el vacío no es nihilidad sino negación de la nihilidad" (160).

"El *nirvāna* –agrega Maneiro— no es un estado de inconsciencia en un sentido psicológico; no es una experiencia de concentración profunda, un trance hipnótico, una sugestión excéntrica" (57). Es esta interpretación la que se ha vulgarizado y la que Grotowski va a proponernos subvertir con su Performer, el cual ya no queda capturado por lo negativo, pasivo o sacrificial, ni tampoco por lo místico en el sentido de una metáfora tanática-nupcial según la cual, como lo plantea Fatone (citado por Maneiro), "a Dios, solo se llega muriendo". En todo caso, esta perspectiva está del lado del actor como cuerpo sacrificado por el significante, como mártir del personaje con quien quiere fundirse por medio de una vivencia que disolvería la frontera entre ambos. Esta vivencia de fusión, muy extraordinaria por lo demás, no dejaría de ser una forma de pasaje al acto, si es que el actor no logra seguir amarrado, aunque sea levemente, a la función fálica.

El Performer, si bien aspira a alcanzar la fuente u origen de sí, no lo hace en el marco de un deseo de fuga o huida del mundo, como propone la lectura nihilista y la tergiversación de Schopenhauer, Oldemberg y Nietzsche. Muy por el contrario, en tanto aspira a la emancipación de los mandatos que le han sido impuestos por el Otro, en tanto quiere cancelar su alienación por medio de la separación de ese Otro, lo pone en emergencia, lo desestabiliza y, por ello, progresivamente puede llegar, por sí mismo y en comunidad con otros (el 'ser-con' heideggeriano) a transvalorar los valores y hasta a aniquilar la fuente de esos valores nihilistas. El Performer está lejos de esa versión vulgarizada nihilista y pasiva que enfatiza lo sacrificial-ontológico, y lo hace cancelando ese mandato superyoico que incita al "¡Goza!" entendido como aniquilación del sujeto, apagamiento de la vida, retorno a la muerte como huida del mundo. El Performer no entra en esta dimensión de una experiencia holocáustica y autodestructiva del sujeto —como tal vez estaba vigente en Grotowski en su etapa inicial y su trabajo con Ryszard Cieslak; fundamentalmente, porque el Performer se coloca del lado del deseo, no del de la pulsión de muerte. Grotowski retoma del budismo la idea de que no hay que aniquilar los sentidos, como vimos cuando nos planteaba recuperar la percepción original de un objeto, como el manzano de su recuerdo.

> "Antes de la iluminación- decía un maestro del zen- los ríos eran ríos y las montañas eran montañas. Cuando empecé a experimentar la iluminación, los ríos dejaron de ser ríos y las montañas dejaron de ser montañas. Ahora, desde que estoy iluminado, los ríos vuelven a ser ríos y las montañas son montañas". (citado por Maneiro 57)

Así, el Performer, si bien se enfoca en quitar "el velo de Maya" que anestesia sus sentidos (o que se lo obstaculizan con el concepto), sabe que retornar a la percepción original y perdida, es decir, infantil y causa del deseo, es una tarea infinita. Es una tarea imposible, pero precisamente por serlo, se la lleva a cabo. Es un modo, además, de abordar la singularidad del sujeto, saliendo de la 'representación' coagulada por el concepto universal. Y aunque Grotowski, respecto del Performer, asuma parte de la perspectiva nietzscheana del budismo, no la nihilista, sino aquella que concierne a una higiene, a una terapéutica como cuidado de sí, no obstante se inclina también por una orientación a la verdad realizada fuera de los protocolos del conocimiento −científicos o cientificistas, y teológicos—, a fin de resquebrajar "la cáscara de la ignorancia" (Maneiro 58) y acceder al *saber* que da cuenta de su modo de goce (entendido éste como *gozo*, o sea "la voluptuosidad del devenir, con sus flujos y afectos, con su fluir indetenible, trasformando el "sufrimiento", el horror, en un placer supremo, en un goce exuberante, bendiciendo así la existencia" (Maneiro 58) y en un *goce* en sentido analítico, como saber sobre el malestar singular incurable del cual el Performer deberá hacerse cargo éticamente.

Ese devenir, concebido por Nietzsche como el ser, junto a la voluntad de poder y al eterno retorno de lo mismo, "quiere decir pensar el ser como tiempo" (31),[230] razón de más para que Heidegger se sintiera involucrado. Ese devenir inapresable tiene, no obstante, que fijarse de alguna manera y, para decirlo en breve, lo hace a través de entes, de máscaras, de semblantes, de mentiras postuladas como desocultamiento de la verdad (*aletheia*). La Verdad y La mujer, la verdad y lo femenino (no la femineidad) comienzan aquí a mostrarse como eso enigmático, esa 'nada o vacío' fuera de la función fálica que regula nuestro lenguaje y, por ende, nuestro sistema de conocimiento; se trata de un enigma velado, que atrae y repulsa, que tienta, tentando, de ahí las dimensiones de amor y de odio que puede disparar el afán de desgarramiento de los velos que cubren ese supuesto Real inalcanzable, inefable, inexpresable. Como plantea Serge André, en lo femenino (de quienes se posicionen de ese lado según las fórmulas lacanianas de la sexuación, independientemente de su anatomía), se localiza ese "misterio oculto en el hueco del cuerpo" (137). Dicho misterio, enigma o bien origen, como lo denomina Grotowski, es el goce, es

---

[230] En este apartado, las citas corresponden, salvo indicación en contrario, al libro *Nietzsche* de Martin Heidegger.

ese real "cuya falta haría vano el universo" (Lacan, *Escritos* 780), siempre inaccesible ya que no corresponde a ningún deseo del sujeto y resiste la nominación o significantización. Leemos en el Tao:

> El Tao es vacío,
> imposible de colmar,
> y por eso, inagotable en su acción.
> En su profundidad reside el origen
> de todas las cosas. (Capítulo 4)
> El tao en su eternidad carece de nombre. (Capítulo 32)

Ese real, como el Otro-que-no existe y La Mujer son siempre supuestos a partir o desde lo simbólico y lo fálico: lo cual "ubica a La Mujer en el plano del Otro radical, del Otro real sexuado, del cual el inconsciente no puede decir nada sino la falta" (André 227).

Tenemos aquí una aproximación al ente como velo del ser, apariencia siempre deficitaria respecto al devenir. Si no tenemos acceso directo al ser, particularmente entendido como vacío, agujero, lo real, lo tenemos en cambio a los entes, que son su apariencia o semblante. Esos entes –y voy lo más rápido que puedo, a costa de tremendas injusticias filosóficas— se plantean en la perspectiva nietzscheana como 'valores', de ahí que, como hemos venido planteando en este libro, se nos invita a transvalorar todos los valores, particularmente aquellos que suponen fuerzas reactivas, nihilistas. Para Heidegger, Nietzsche debe ser comprendido como "el final de la metafísica occidental" (23) que deja todavía pendiente, o bien cierra una larga etapa en que dicha metafísica occidental ha olvidado la pregunta por el ser y, en consecuencia, abre al futuro lo que ha quedado pendiente: la pregunta por la verdad del ser. El Performer es, en tanto estado del ser, una manifestación de esa verdad, de *su* verdad singular.

> La pregunta acerca de qué es el ente busca el ser del ente. Todo ser es, para Nietzsche, un devenir. Este devenir tiene, sin embargo, el carácter de la acción y de la actividad del querer. Pero la voluntad es, en su esencia, voluntad de poder. (183)

Si la metafísica, desde Platón, había elevado el ser a la categoría de la Idea, siempre ubicada en una dimensión suprasensible, Nietzsche procede a invertir esta propuesta y al plantear el ser como voluntad de poder, como un querer-ser-más fuerte, la deslinda en parte del deseo como carencia y la plantea en un campo de fuerzas. Contra Darwin, nos dice Nietzsche:

> La más modesta y primordial actividad del protoplasma no puede derivarse de una voluntad de autoconservación (*VP* 644, 433) [...] La voluntad de poder suele manifestarse cuando encuentra resistencia; por tanto, busca lo que fatalmente resiste; siendo esta la tendencia primordial del protoplasma, cuando proyecta falsos pedúnculos y palpa a su alrededor. La apropiación y la incorporación es, ante todo, una voluntad de adueñarse, de dominar, un formar, un plasmar y transformar, hasta que el elemento dominado traspasa completamente el campo de fuerza del atacante y hace aumentar al mismo atacante. (*VP* 649, 435-436).

La cita nos plantea que la nutrición o el hambre son secundarios, que hay un más allá de lo biológico en el ser; y ese más allá es la voluntad de poder, de afrontar las resistencias, a fin de instalar una dominación entendida no como un poder sobre el otro, sino como ese proceso de destrucción y formación de la materia cuyo resultado es una transformación. Al hacer 'aumentar al mismo atacante', la voluntad de poder establece un campo de fuerzas activas y reactivas constantes. El Performer, entonces, es aquel que se constituye como un campo de fuerzas él mismo, en ese juego transformativo de Yo-Yo del que hablaremos más adelante.

El actor trata de adquirir una 'segunda naturaleza' para construir un ente que no es él. Stanislavski opera cierta destrucción de la primera naturaleza, la de los hábitos de la vida cotidiana que trae el actor, pero una vez adquirida la técnica dicha primera naturaleza ya estaría domesticada o cancelada. La memoria emotiva de la que nos habla el maestro ruso se basa en la rememoración, disparada por dudosas analogías a partir de una supuesta realidad del personaje y no siempre, o casi nunca, se trata de una experiencia reprimida, para la cual el Sistema carece de metodología. El actor, entonces, no se define por buscar el ser, tal como hace el Performer; por el contrario, el actor se desinteresa del ser, y por eso el Sistema solo, con memoria emotiva o con acciones físicas, no hace más que repetir (a lo sumo sintetizar) comportamientos naturalizados de la vida cotidiana. En ese sentido, el Sistema parece ser deudor de esa crítica heideggeriana que nos advierte cómo "[e]l ser queda para nosotros como algo indiferente y por ello prácticamente tampoco prestamos atención a la distinción de ser y ente, aunque basamos en ella todo comportamiento respecto del ente" (721).

Pero esa memoria emotiva no es la memoria de Freud y menos aún la de Nietzsche. En ambos, la memoria es constitutiva del ser y el Performer lucha con aquellas fuerzas que quieren velarla, velar la verdad de sí mismo, reprimida en dicha memoria constitutiva del inconsciente. El Performer sabe que, como dice Heidegger:

> El ser es lo más olvidado, tan desmesuradamente olvidado que incluso ese olvido queda absorbido por su propio torbellino. Todos corremos constantemente detrás del ente; apenas si alguien piensa nunca el ser. Cuando sucede, el vacío de lo que es lo más universal y comprensible lo absuelve del vínculo en el que por un instante había tenido la intención de entrar. Pero esto que es lo más olvidado es al mismo tiempo lo que más se interna en el recuerdo *[das Erinnerndste]*, lo único que permite penetrarse de lo sido, lo presente y lo venidero y estar en su interior. (719)

Ese olvido está siempre favorecido por el 'entretenimiento' de la vida mundana, que nos divierte, nos distrae del ser, ese tiempo donde lo sido, lo presente y lo venidero nos angustia desde el interior acuciado por nuestra mortalidad. El actor se divierte encarnando la identidad de otro, aunque lo alimente con sus recuerdos: corre detrás del ente, no del ser, no se interroga sobre el olvido del ser, de su ser o, en términos grotowskianos, de su origen. A veces, durante el ensayo, por un instante se le ocurre un chiste o produce un lapsus (verbal o gestual), pero no se hace cargo de lo que allí emergió: ni él ni el director tienen la intención de entrar o abrir esa puerta que abre al sinsentido, esa verdad del ser que irrumpe como puede. Grotowski, como vimos en otro capítulo, propone lo inverso: el texto o el personaje como un escalpelo que abre la carne del actor, que apunta al ser mismo del actor.

No por mero gusto, Freud escribió su *Psicopatología del vida cotidiana* y Lacan su "Función y campo de la palabra". Y es que el lenguaje es aquello que devela el ser, pero también lo oculta: de ahí que siempre estemos en ese 'mediodecir' de la verdad, la cual es semblante, apariencia siempre lista a transformarse. Como dice Heidegger:

> toda palabra y toda estructura de palabras dice el ser. Esto que es lo más dicho es al mismo tiempo lo más callado, en el sentido fuerte de que calla su esencia y es, quizás, él mismo un callar. [...] toda palabra, en cuanto palabra, es una palabra «del» ser, una palabra *«del»* ser no sólo en la medida en que se hable «sobre» y «del» ser, sino una palabra «del» ser en el sentido de que el ser se expresa en cada palabra y precisamente así calla su esencia. (720)

Como planteé al principio de este capítulo, si –por ejemplo– sustituimos en esta cita el vocablo 'ser' por el de 'Real', las coordenadas interpretativas que venimos elaborando se ajustan y sostienen entre sí.

Grotowski nos ofrece en 'el Performer' aquello que va más allá del teatro (esto es, la teatralidad del teatro),[231] que –para decirlo de alguna manera— lo cancela, lo denuncia como integrando la metafísica occidental y nos propone recuperar la capacidad 'performativa' en cada uno de nosotros, trabajar evitando entretenernos en el ente y alentar el olvido del ser. Digamos que para el Performer el arte no es representativo o expresivo del ser. Este texto fundamental de Grotowski que analizamos, culmina su trayectoria en tanto ha podido finalmente vislumbrar la consistencia nihilista de la metafísica occidental, incluso en su versión ilustrada, para

---

[231] Recordemos que la teatralidad del teatro responde al dispositivo escópico que surge durante el Renacimiento y acompaña el desarrollo del capitalismo. La teatralidad del teatro *no es* la del teatro griego o del teatro medieval.

abrir el campo performativo a una dimensión inusitada ya no indiferente a la vida, al devenir. "Esta indiferencia frente al ser en medio de la suprema pasión por el ente testimonia el carácter totalmente *metafísico* de la época" (722). Esa metafísica se cierra para abrirse a otra dimensión en la que ya se disuelve, si cabe decirlo así, la diferencia entre el ser y el ente. Y es "que sólo con el comienzo del acabamiento de la metafísica [puede] desplegarse el dominio total e incondicionado sobre el ente, no perturbado ni confundido ya por nada" (722).

Se entiende entonces que la indiferencia por el ser, el olvido del ser, haya provocado ocuparse del ente y solo del ente por siglos. Pero, aunque Nietzsche, según nos dice Heidegger, cierre esa metafísica occidental, aunque todavía siga dentro de ella, no obstante, ha provocado una ruptura excepcional en el pensamiento y en la concepción de la vida. Y esto se hace más trágico si pensamos que vivimos en una época en la que ya no hay Dios, no hay un patrón, una Idea rectora. Si 'dios ha muerto' nada se hace más fácil para nosotros; entonces estamos de duelo y podemos caer en la melancolía, tal como se efectiviza en esta época de neoliberalismo. Si antes podíamos acatar las ideas como eternas y rectoras (del Bien, del Mal, del Pecado, de la Razón), ahora quedamos a merced de nosotros mismos, de cada uno de nosotros en la formulación de los valores. Entendemos así el 'vivir peligrosamente' del que nos habla Nietzsche: un vivir que se arroja al vuelo por el lado del no-toda de La Mujer y corre el riesgo de dispararse hacia el pasaje al acto, particularmente a causa de la inconsistencia del Otro.

Grotowski, con su Performer, nos instala en esta nueva dimensión que nos responsabiliza de los valores que debemos acatar, sufrir y transvalorar. Al declararse la muerte de dios, Grotowski declara la muerte del director y el actor y, con ellos, la muerte del teatro como representación, como ente. Las verdades con las que tenemos que vérnosla a partir de ahora, también disuelven la actitud contemplativa del público. No hay, pues, en esta nueva metafísica –la de nuestra praxis teatral— una escena, por un lado, que relata algo, expone el semblante de una verdad del ente, y una platea que observa pasivamente a quienes actúan. Por eso Grotowski, desde su etapa más temprana comenzó a hablar del 'participante' como anuncio de su Performer. Es que en la metafísica del Performer ya no hay quienes actúan y quienes los observan en oscuridad, en la quietud, en el silencio, descomprometidos de aquello que se expone. El actor, como dicen los manuales, es el que se sacrifica y eso es así porque hay una metafísica para la cual el actuar es exhibirse, arriesgarse, encarnar las verdades colectivas, hacerse pasible del amor y del odio de la comunidad. Pero el Perfomer asume la responsabilidad doble del acto y es quien, desinteresado del ente, involucra al otro –Grotowski, como vimos, nos habló mucho del 'encuentro' (siempre fallido)— y lo involucra en una disolución de máscaras, invitándolo así a su emancipación. Nos dice Heidegger:

> lo desoculto mismo se transforma en conformidad con el ser del ente. La verdad se determina como tal desocultamiento en su esencia, en el desocultar, a partir del ente mismo admitido por ella y, de acuerdo con el ser así determinado, acuña la respectiva forma de su esencia. Por eso la verdad es, en su ser, histórica. La verdad requiere en cada caso una humanidad por medio de la cual sea dispuesta, fundada, comunicada y, de ese modo, preservada. [...] Ésta [la verdad] es en esencia histórica, no porque el ser-hombre discurra en la sucesión temporal sino porque la humanidad queda transferida (enviada) a la metafísica y sólo ésta es capaz de fundar una época, en la medida en que fija y con ello *retiene* a una humanidad en una verdad sobre el ente en cuanto tal en su totalidad. (725)

Heidegger, dentro de su perspectiva y su terminología, de alguna manera nos advierte de la necesidad de esa hebra que mantiene al volantín (la humanidad) amarrado a la función fálica, al lazo social. Vale la pena notar, e insistir, en que el Performer no es una isla, no es un asceta. Ese ocuparse de sí, dominarse y conocerse a sí mismo, explorar su origen, su inconsciente, no lo deja fuera como si hubiera una frontera más allá de la cual podría vivir consigo mismo. Al disolver la frontera escena/público, se atenta contra la representación y también contra la representatividad, con todas las consecuencias políticas que eso implica. Sin embargo, aunque se difumine la frontera, aunque se abra un litoral para el vuelo por el lado del goce, la diferencia no se cancela, es necesario el Otro; aunque no exista, no podemos prescindir de él. Si, como quería Nietzsche, no solo es necesario destruir los valores viejos y reemplazarlos por nuevos, sino destruir el lugar del que emergieron esos valores depreciados y crear un espacio nuevo como matriz de los nuevos valores, entonces el Performer, instalado en esta nueva metafísica, no trabaja solamente para él, porque su creación de valores está enmarcada históricamente. Es la época la que fija valores y los retiene, aunque el devenir siempre 'deviene' y las verdades emergen, se vuelven instituidas y hasta hegemónicas y, progresivamente se deterioran y deprecian, y se las tiene que reemplazar cuando ya no hacen sentido para la comunidad. No se trata, entonces, de pensar que asistiendo a un taller con el supuesto 'método' de Grotowski, sea en Pontedera o en cualquier parte, vamos a realizar nuestra tarea para un beneficio personal que nos haría mejores actores y mejores seres humanos –tal como insinúan algunas bibliografías.

Digamos que la praxis teatral, como yo la vislumbro, retoma el aporte grotowskiano, con todo su subsuelo nietzscheano y psicoanalítico, pero se ve obligada a ir más allá: el Performer debe incentivar los procesos de emancipación y eso solo se realiza en el marco de un Común, de una comunidad. una tarea colectiva. No es un asceta y menos todavía un budista a la manera de Çãkyamuni, con sus progresivos estados de contemplación orientados no solo a lograr la serenidad y la calma, sino llegar al nirvana mediante una completa "supresión del pensamiento" y a una purificación entendida como un desaparecer "para el mundo, que nada puede en él" (Fatone 25-26). El Performer apunta a lo real que Grotowski denomina 'origen'; sin embargo, si bien el asceta alcanza esa intuición del espacio vacío, adquirida en sucesivos estados de contemplación, el 'origen' grotowskiano como lo real lacaniano –aunque suponen una experiencia de la Cosa (*Das Ding*) y pudieran corresponderse con la "intuición de la inexistencia", no conducen al "reinado de la nihilidad" (Fatone 27), ya que suponen –a diferencia del asceta que no retorna de su inmersión en la nada y de la indistinción cataléptica entre consciente e inconsciente— un regreso a lo consciente para reinterpretar y volver a construir el sentido del sinsentido. Si el asceta aspira a la extinción del deseo, el Performer se define por incentivarlo como fuerza de afirmación y continuidad de la vida. En este ir y venir, en este constante *Nachträglichkeit* o *après-coup*, el

Performer puede alcanzar un saber que solo se comunica al otro como enigma, lo cual obliga a ese otro a trabajar por el sentido en relación a su propia singularidad; en todo caso, el Performer puede ofrecer un significante vacío, en la terminología de Ernesto Laclau, capaz de invitar a cada miembro del público a significantizarlo y, con suerte, colectivizarlo al punto de alcanzar un acto, ya colectivo, por el cual se organizan las diversas demandas en procura de una lucha para instituir nuevos valores y, progresivamente, instituir un nuevo lazo social y, por ende, alcanzar una hegemonía que, no hace falta decirlo, también tendrá en el tiempo fecha de caducidad.

Ahora bien, si hablo de una praxis 'teatral', si todavía sostengo ese adjetivo tan cuestionable, es a falta de un término mejor o más adecuado, hasta que se pueda hallar otro de mayor y mejor calibre. Así como Grotowski disuelve esa metafísica teatral basada en la representación de los entes, si ataca la frontera escena/público, su Performer, volando por el litoral, podría dar lugar al acto capaz de conducir a un proceso de transvaloración. Quiero decir: dar lugar a una manifestación popular, a la conformación de un *pueblo* como singularidades diferenciadas que sostienen lo político entenido como conflicto y antagonismo, desalienándolo de la *masa* en la cual todos son compactados en la identificación uniformizante entre ellos y frente a un líder, tal como la que vivimos últimamente y a la que nos empuja el neoliberalismo. El trabajo sobre sí mismo del Performer, su separación del goce del Otro, puede contaminar a cada miembro del público e invitarlo a revisar su modo de goce que, sin saberlo, lo mantienen capturado, lo tornan cómplice de agendas patriarcales, racistas, xenofóbicas, machistas y homofóbicas que no le permiten elaborar el sufrimiento... o peor... lo capturan e incitan a ejercer odio y violencia sobre el otro –sobre el diferente o sobre la Naturaleza; cuanto más odio más certeza de identidad— o sobre sí mismo –con el servilimo voluntario y confortable anclado en el consumismo y en la ilusoria libertad del mercado.

*IV. El Performer como vatria.*

Grotowski se refiere a la tradición hindú, a las *vratias* como hordas rebeldes; cabe notar que Grotowski enfatiza un sentido del término *vratia* que no es el más divulgado o literal; por el contrario, es casi un agregado semántico de tipo personal, propio de Grotowski. En la tradición hindú, el *vratia* es alguien que ha observado votos y que se somete a las tradiciones religiosas, el estudiante de una religión; como vemos, es un término de resonancias fundamentalmente religiosas: es el que observa votos, el devoto, el piadoso, el asceta, el penitente. Al introducir el término 'Performer', al escribirlo con mayúscula, Grotowski va a resemantizarlo o, al menos, va a agregarle valores a la noción de 'performer' concebido usualmente como mero ejecutante al servicio de otro: ahora es el 'danzante' (en la perspectiva de Nietzsche, encarna lo dionisíaco), es el 'sacerdote' (pero de ninguna religión en particular) y, finalmente, la significación que parece atraer más su interés, es la del Performer como 'guerrero'. En su actitud siempre blasfema, Grotowski rechaza lo religioso o bien lo subalterniza: el Performer es sacerdote porque se ocupa del cuidado de sí mismo, del cuidado de su cuerpo y, sobre todo, del cuidado del lenguaje. Grotowski adiciona la perspectiva bélica: el *vratia* resulta ahora el que lucha —con él mismo y con el mundo— para conquistar el saber, la verdad de él mismo y del mundo. No es un individuo pasivo sino, como dice desde el principio, es un hombre de acción y, me animaría a decir por todo lo que ya hemos visto en este libro, de una acción emancipada, que no se pone al servicio del Otro. El Performer es un *vratia* cuya misión es andar un camino para conquistar el conocimiento. Al hablarnos del camino, Grotowski parece invitarnos a salirnos de la zona conocida –la filosofía occidental, aquella cuya metafísica se instaura, según Heidegger, como 'el olvido del ser", dando privilegio al ente— y nos transporta a Oriente. La referencia a lo hindú nos lleva a Buda, a la cuestión del nirvana como cancelación del deseo (que ya vimos que Grotowski descalifica porque su perspectiva va contra el nihilismo schopenhaueriano –que Nietzsche denominaba 'budismo occidental'— y de la metafísica judeo-platónico-cristiana). La mención del camino evoca el Tao, y esto tendrá que hacernos pensar sobre la controversia milenaria entre taoístas y confucionistas. Lo cierto, hasta aquí, es que el Performer es el foráneo, el extranjero, no sólo por la renuncia de Grotowski a su nacionalidad polaca,[232] por su deambular (*wandering*), su errar nómade por varias geografías y culturas –como Buda, Confucio y Nietzsche—, sino una vez más por su inclinación, en esa búsqueda del origen, por explorar el continente negro de lo femenino como un más allá y más acá de la lógica fálica que nos rige.

## V. De los donjuanes y La Mujer

> La puerta de lo misterioso femenino es la raíz del universo.
> *Tao*, Capítulo 6

Postulamos que la cita inicial del ensayo sobre "el Performer", en su concisión, se nos ofrece como un enigma. Ahora podemos agregar la cuestión del Performer como outsider, el excluido, el forastero o extranjero, el otro. ¿Excluido de qué, exiliado de dónde? Muy limitados nos quedaríamos si nos conformáramos con pensar en el performer como un

---

[232] Podemos imaginar un juego irónico entre Grotowski y Nietzsche quien, renunciando a su ciudadanía alemana, se presentaba como 'stateless", un apátrida que, no obstante, se enorgullecía de su sangre, de su origen polaco: "I am a pureblooded Polish nobleman, without a single drop of bad blood, certainly not German blood" (citado por Fredrick Appel en *Nietzsche Contra Democracy"*, p. 114). También, en otra ocasión, Nietzsche afirmaba: "Germany is a great nation only because its people have so much Polish blood in their veins ... I am proud of my Polish descent" (según Henry Louis Mencken *The Philosophy of Friedrich Nietzsche*, p. 6). A nivel de especulaciones biográficas, pareciera haber algunas convergencias entre Nietzsche y Grotowski, incluyendo -además de ser 'stateless' y nómades— los silencios sobre sus prácticas sexuales. ¿Heterosexuales, homosexuales, bisexuales, asexuales? En su libro *Nietzsche and Jewish Culture*, Jacob Golomb, nos dice: "according to Freud, Nietzsche's personality was an enigma [...] psychosexual constitution [...] in the case of Nietzsche remained uncertain. [...] Jung, whose uncle, Otto Binswanger, a noted psychiatrist, treated Nietzsche as his patient in a clinic at Jena in 1889–90 claimed, according to Freud, to have learned that Nietzsche had acquired his syphilitic infection in a homosexual brothel. In the Vienna Psychoanalytic Society the opinion predominates that Nietzsche was homosexual. However, in addition to the claim of Nietzsche's friend Deussen that Nietzsche never "touched a woman" (*nullam feminam attigit*) there is mention of rumors concerning Nietzsche's occasional visits to – heterosexual – brothels, and to his intensely erotic flirtation with Lou Salomé (202).

ejecutante, ocupado en explorar sus habilidades vocales y corporales, meditando, realizando acciones con mayor o menor grado de ritualidad. Tampoco podemos aproximarnos a 'el Performer' imaginando posibles conversaciones y/o lecturas de Grotowski con Schechner o la amplitud del término 'performance' tal como lo plantea Schechner al punto de abarcar tantos objetos que el vocablo pierde todo rigor y efectividad disciplinaria. Si nos atenemos a una lectura lacaniana, podríamos arriesgarnos a pensar el Performer grotowskiano desde un tema que hemos insinuado a lo largo de este libro: la dimensión de la sexualidad en la propuesta grotowskiana y, más precisamente, lo que Lacan denominará las fórmulas de la sexuación. Obviamente, no me refiero a la práctica o las prácticas sexuales de Grotowski, sino a la forma en que está conformada su propuesta en relación al cuerpo, a la concepción de la verdad y sobre todo al goce. Lo blasfemo que hemos invocado tantas veces podemos pensarlo como ese vuelo por el lado del no-toda, por el lado de los diferentes goces más allá de la función fálica universal en la consideración del uno por uno. Si La Mujer no existe, entonces el Performer tampoco existe; lo que existen son las mujeres, los performers, uno por uno, cada cual con su singularidad de goce.

En el psicoanálisis freudiano, la mujer es el *dark continent*, el tabú que atrae y repulsa. Desde la perspectiva lacaniana, La mujer es el enigma; lo femenino como más allá de la función fálica no se confunde con la femineidad: hombres y mujeres están regidos por la lógica fálica y La mujer (con el La tachado, para marcar la ausencia de un universal) supone una dimensión más allá del falo al que algunos pueden (como los místicos, como San Juan de la Cruz) acceder; se trata de un goce otro, el gozo-ausencia. Nuestra lectura va a proponerse apreciar hasta qué punto el Performer, con mayúscula, equivale a La mujer. Como leemos en el Tao, en su Capítulo 28:

> Quien conoce su esencia masculina,
> y se mantiene en el principio femenino,
> es como el arroyo del mundo.

Al mencionar a Don Juan y referirlo a Nietzsche, también indirectamente nos remite al Don Juan del libro de Carlos Castaneda titulado *Las enseñanzas de Don Juan*. Nietzsche menciona el personaje de Don Juan, el seductor, el rebelde, en un aforismo en su libro *Aurora*, lo cual nos remite a un tema que ya hemos tratado: el dormir, el soñar y el despertar. Pero, además, la mención de Nietzsche, que tendremos que comentar, conduce a otra mención poco desarrollada en *La voluntad de poder*. El tema del conocimiento y del saber nos regresa a la cuestión de la verdad y, por esa vía, a la necesidad de conectar con el punto anterior, es decir, con lo fálico (universal) y con Ła mujer, el goce Otro (singular). Aunque Grotowski parece no inclinarse hacia Castaneda, veremos hasta qué punto la ficción de este controversial antropólogo (bastante apátrida, hay discusión sobre su nacionalidad), ha impactado parte de la trayectoria del maestro polaco. Grotowski habla de "conquistar el conocimiento", y eso supone una lucha: el Performer como guerrero, nos dice Grotowski, solo es viril durante la batalla, porque "entre dos batallas tiene *el corazón tierno, como una joven doncella*" (76, énfasis de Grotowski)—, esto es, entre las batallas, se pone del lado del no-toda y asume una posición de exploración de lo Real (el origen) en sí mismo; la cuestión de lo femenino (no de la femineidad) tal como la planteamos antes, reaparece aquí en la medida en que se trata de la verdad, de las máscaras o velos que cubren el enigma de 'eso' femenino que atrae y a la vez desata las peores violencias desde el campo regido por la lógica fálica, un campo que es, nada más ni nada menos, que aquel en el que vivimos. Ła mujer, el goce, lo Real y el Performer parecen constituir una constelación digna de ser explorada.

En el aforismo 327 de *Aurora* (1881), Nietzsche va referirse a Don Juan:

> *Una fábula*. Ningún filósofo ni poeta alguno ha descubierto aún al donjuán del conocimiento. No ama las cosas que descubre, pero tiene ingenio y voluptuosidad, y disfruta con las conquistas y las intrigas del conocimiento, al que persigue hasta las estrellas más altas y lejanas, hasta que, al final, ya no le queda por conquistar más que el aspecto totalmente *doloroso* del conocimiento, como el borracho que termina bebiendo amargo ajenjo. Por eso acaba

deseando el infierno, cuyo conocimiento es el último que le *seduce*, aunque quizá le desengañaría también, como el resto de las cosas que ha conocido. Entonces no le quedaría otro recurso que detenerse durante toda la eternidad, clavado en la decepción y convertido él mismo en convidado de piedra, deseando una cena del conocimiento en la que ya no podrá participar, pues no habrá cosa alguna que pueda servir de manjar a un hambriento semejante.

Nietzsche nos presenta este personaje mítico con la calificación de fábula, es decir, de un tipo de relato del que se espera que el lector saque una moraleja: usualmente, si no el lector, al menos el receptor de una fábula es un niño o un potencial príncipe al que hay que instruir para entrenarlo en la práctica del buen gobierno, de la ciudad y de sí mismo. Vemos ya cómo se establece un puente con el Performer. Ahora bien, esta fábula de Don Juan, fraguada en el barroco español y diseminada por Europa y por diversas artes, nos introduce a un personaje excesivamente disparado hacia el vértigo del deseo por la falta de un objeto, causa de su continua gesta por develar el enigma del Otro, particularmente del Otro sexo, femenino, más allá del Otro de la función fálica. Don Juan como el Performer grotowskiano, al encontrarse atrapados "entre una pura ausencia y una pura sensibilidad", develan cómo el narcisismo del deseo se aferra al narcisismo del ego y por eso los vemos siempre inclinados al deseo de desear (Lacan *Escritos 2* 712).

Gran parte de su atractivo, de su inaccesibilidad y de su consistencia enigmática provienen de ese narcisismo del deseo. Si bien ambos se lanzan a un vuelo por el arcoíris del lado femenino, danzando y jugando con sus múltiples velos y goces, nunca satisfechos, Don Juan, a diferencia del Performer, aspira a alcanzar el conocimiento absoluto, muy diferente de ese camino (tao) retrospectivo hacia el origen que nos propone Grotowski, en la certeza de que dicho origen siempre funcionará como enigma. Como lo dice el *Tao*, "No es posible abarcar todo el saber" (Capítulo 20). En el caso de Don Juan., como lo planea Nietzsche, se trata de ir más allá de los placeres y, ya del lado del sufrimiento (*souffrance* como goce), entrar en la dimensión oscura y dolorosa del infierno. Desear el infierno ya es hundirse en el objeto *a*, incoloro, el goce letal –algo, como vimos, muy lejos del nirvana y muy cerca del nihilismo—, mediante ese pasaje al acto de desafío a las leyes divinas, convirtiéndose por su deseo, por su insaciable y casi fáustica curiosidad de saber y poder, en una estatua de piedra, a la manera de la mujer de Lot, un convidado de piedra a un festín en el que, siempre insatisfecho, no habrá manjar que pueda satisfacerlo.

Don Juan, como el Performer y hasta como el analizante particularmente histérico, deviene así el eterno devorador y cuestionador del saber, en especial el relativo a qué es una mujer. Pero ambos van más allá de esta gesta por la conquista del falo (narcisismo del ego), porque al posicionarse del lado del no-toda, del lado ausencia (narcisismo del deseo), a lo que apuntan no es al significante fálico sino a los semblantes, a los velos que cubren ese vacío de lo real. Grotowski insiste desde sus etapas iniciales que se trata de un desenmascaramiento y ya en la etapa del Performer va a proponer un trabajo con los semblantes de la verdad en ese camino retrospectivo hacia el origen, al vacío de lo real, siempre velado. El Performer ya no se aferra a lo que tiene, tal como haría el actor, trabajando bajo la garantía del falo (texto, personaje, etc.), sino que se arroja a un vuelo por la evanescencia ilusoria del arcoíris. Mientras el actor queda ligado al transitivismo especular respecto del personaje, siempre en esa tensión paranoica que lo aliena a la imagen, al deseo y al conocimiento que le vienen del Otro, el Performer planea por el aire más allá de los ideales con los que el Otro quiere alienarlo.

Resulta interesante que, en la versión de José Zorrilla, Don Juan pone en la serie de las mujeres a dios mismo, se enfrenta al espejo y, desde la infatuación y precariedad narcisista de sí que le revela su falta de autosuficiencia en la confrontación con lo divino, con el Otro, lo desafía, como lo hizo antes con su padre, Don Diego Tenorio, y con el espectro del padre de Doña Inés, Don Gonzalo de Ulloa. Dios es para él una idea más —muy cercano ya al famoso 'dios ha muerto' nietzscheano— e intenta apropiárselo: "el dios de Don Juan Tenorio",[233] menta el último verso de

---

[233] El juego del genitivo, subjetivo u objetivo, siempre es crítico: Don Juan Tenorio es el dios, o dios es como una mujer que le pertenece, a la manera del 'señora de'.

la obra en boca de su protagonista. Mujerizar a dios, no solo para seducirlo, sino –por la función del espejo— para "mismarse en ese Otro", al cual maldice, difama y difumina[234] a pesar de la clemencia que la divinidad le prodigara por intermedio de Doña Inés para salvarlo del infierno. Y no por casualidad, Inés es 'la doña', lo que, como dice Lacan, demuestra que "[e]l pisado es él, no ella" (*Seminario 20* 90); doña que constituye en esta versión romántica la hebra final, la medida fálica que sostiene el narcisismo del deseo de Don Juan todavía ligado al centro, al lazo social; ella es la oportunidad última que se le ofrece para salvarse (aun contra su deseo) – para mitigar esa idealización narcisista de su deseo que lo ha llevado a la infatuación y la vanidad— manteniéndolo todavía amarrado a la función fálica. Si Mozart y Moliere lo condenaron al infierno sin piedad, lo dejaron volar sin retorno hasta el extremo de hundirse, no en el vacío, sino en el agujero del objeto *a* de su goce letal, Zorrilla nos devuelve a Don Juan – vía el cristianismo— al lazo social, a Dios, al Otro y a la ley.

Don Juan supone en las mujeres (dios incluido) un goce otro al que él quisiera acceder o satisfacer, y como no lo logra nunca, entonces deriva por la metonimia del deseo seduciéndolas una por una, pero buscando La Mujer como un universal que no existe. De ahí su eterna insatisfacción. Desde la perspectiva nietzscheana, Don Juan encarna la arrebatadora fuerza de lo dionisíaco que no puede detenerse bajo ningún motivo apolíneo, es decir, no logra alcanzar nunca la verdad, porque la verdad como mentira o lo que hace semblante de la verdad se da precisamente en ese momento donde lo apolíneo confronta la ebullición erótica del devenir y lo fija. La vida de Don Juan es un constante ir de mujer en mujer en su devoradora sed de conocimiento sobre la verdad y enigma de la mujer, sobre qué es una mujer, en qué consiste ese goce otro que él, negando la castración, no puede alcanzar. En tanto Don Juan rechaza la castración, carece de toda posibilidad de gozar el cuerpo de la mujer y menos aún de amarla; solo "[les] hace toda suerte de cosas que se parecen asombrosa-

---

[234] En el *Seminario 20* Lacan nos dice que "A ella se la *mal-dice* mujer, se la *almadice (on la dit-femme, on la diffâme)*" (103), jugando, tal como lo dice el traductor en nota, con 'dice-mujer' y condensando difamar y alma.

mente al amor" (Lacan, *Seminario 20*, 88). Por la misma razón, Don Juan no las odia, no las asalta con violencia contra la voluntad de ellas, solo las captura con los semblantes del macho e inmediatamente las abandona, dejándolas en el deshonor o en la humillación. No se enamora, no se compromete, no quiere apropiárselas, solo busca en ellas lo que está detrás de los velos, ese objeto *a* que lo trastorna y, cuando no encuentra nada, las abandona e inicia otra conquista. Elude, pues, todo tipo de contrato que lo amarraría al lado fálico de la ley, lado del cual no logra desentenderse por completo ya que contabiliza cada mujer seducida, solo puede sumar una más a su lista de sucesivas conquistas e insatisfacciones. Sin embargo, logra posicionarse del lado del no-toda, se torna él mismo en ese fenómeno "al mismo tiempo real [e] ilusorio" (Lacan, *Seminario 3* 450), ese arcoíris inapresable, que es y no es, pura apariencia que brilla, puro enigma que se desconoce a sí mismo, puro velo inconsistente de la nada, al que solo las mujeres —como el lago/espejo mencionado por Lacan— dan consistencia al reflejarlo.

Don Juan, en un encuadre de "falicización recíproca" (*Seminario 3* 452) con las mujeres, trama diversas tretas de seducción y en ese sentido él mismo quiere ser semblante, quiere ser enigma para ellas sin advertir que, en realidad, el falo "se pasea" (*Seminario 3* 452), está siempre en otro lado, ese lado del padre que lo amenaza con la castración y al que no puede soportar. Las toma y las abandona, sin dejar tiempo para que ellas lo confronten con su vulnerabilidad e incompletitud. Hombre del instante, Don Juan está condenado, como lo ve Nietzsche, a "detenerse durante toda la eternidad, clavado en la decepción y convertido él mismo en convidado de piedra", como ese padre muerto, castrado, al que ha invitado a cenar. En esa empresa, siempre entre el centro y la ausencia[235] (Lacan, *Seminario 19*

---

[235] Dice Lacan: "¿En qué se convierte para la mujer esa segunda barra que solo pude escribir definiéndola como *no toda*? -ella *no está contenida en la función fálica sin empero ser su negación* (énfasis mío). Su modo de presencia es entre centro y ausencia. Centro: es la función fálica, de la cual ella participa singularmente, debido a que el *al menos uno* que es su partenaire en el amor renuncia a la misma por ella, ese *al menos uno* que ella solo encuentra en estado de no ser más que pura existencia. Ausencia: es lo que le permite dejar de lado eso que hace que no participe de aquella, en la ausencia que no es menos goce por ser *gozoausencia*" (*Seminario 19*

118) necesita del falo y por ello nada mejor que seducir a miles de mujeres, una por una, sin percibir hasta qué punto él mismo ya está seducido antes, tentado por esa mujer que aspira a conquistar y, en ese sentido, él mismo mujerizado, él mismo como falo que enmascara con postizos diversos en su vuelo por el lado del no-toda.

No sorprende, entonces, que Don Juan se haya convertido en ese fantasma femenino—al menos para aquellas mujeres ubicadas en el lado fálico de la feminidad— de que exista al menos un hombre que, como lo plantea Lacan en el *Seminario 10*, tenga el falo y que, además, "lo tenga siempre [y] que no pueda perderlo", "que ninguna mujer puede arrebatárselo" (219). Sin embargo, ellas no pueden percibir que la cuestión de Don Juan y de todo hombre en los que ha mediado la castración no está del lado del *tener*, sino del lado de *no ser* el falo:

> En la mujer, es inicialmente lo que ella *no tiene* lo que constituye al principio el objeto de su deseo, mientras que, en el caso del hombre, es lo que él no *es* y en qué punto desfallece. (219)

Don Juan, por ello, responde también al fantasma masculino del hombre que cree tener el falo y es capaz de hacer mujer a una mujer. No obstante, sucede que él mismo se tienta con ellas, pero a la vez las tienta y, en eso, juega como una mujer. De ahí que Lacan nos diga, en cuanto a no tener el falo y querer serlo, "[e]s lo que él tiene en común con la mujer, a quien, por supuesto, no puede serle arrebatado [el falo] porque no lo tiene" (219).

Es, pues, lo femenino que aquí toma todo su despliegue, como un real, un goce otro, goce suplementario que habita en ellas (y hasta en él mismo), una alteridad que anida en su subjetividad y cuya exploración solo

---

118). Ese espacio entre centro y ausencia es lo que hemos llamado 'litoral', siguiendo al Lacan del "Lituraterre" (1971) (y la elaboración realizada por Marta Gerez Ambertín en su seminario del año 2020), cuando nos dice "Entre centro y ausencia, entre saber y goce, hay litoral" (20).

puede hacerse del lado de las diferencias de color, del lado del no-toda. Don Juan y las mujeres, por ello, juegan con las máscaras, se presentan como es*finge*s enigmáticas que *fingen* lo que no son, hacen semblante de lo que no son. Don Juan, tan pronto huele una mujer (el famoso 'odore di femina'), se ve compulsado a sostener la mentira de ser el falo absoluto, el Otro completo para ellas. Si, como plantea Lacan, solo un hombre sin ambages es capaz de transitar con una mujer el laberinto de lo femenino, entonces José Zorrilla nos presenta a esa doña Inés como quien sin ambages puede volar con Don Juan sin pretextos de sentirse incompetente.

Debemos pasar ahora al otro Don Juan, el hombre del conocimiento "en relación a Castaneda" o al Don Juan de Castenada. Antes de hacerlo, conviene concluir brevemente cómo interpretamos el Performer desde la perspectiva nietzscheana evocada por Grotowski: si el Performer aprende algo de la fábula de Don Juan es a aceptar la castración para evitar —en su vuelo por el lado de la ausencia, de Ł̶a Mujer— caer en el infierno, es decir, el Performer debe mantenerse deseante y amarrado al lado central, fálico, mientras hace su vuelo por el lado del no-toda, para impedir un pasaje al acto nihilista. Nos inclinamos a pensar el Performer como Ł̶a Mujer que no existe (con el La del universal tachado); existen las mujeres, ergo, existen performers, uno por uno. En cuanto a Castenada –autor de misterioso origen—, Grotowski nos dice que el Performer podría ser pensado desde el autor mexicano "si se ama su color romántico" o romanticismos, según el vocablo inglés en plural. No parece que Grotowski, particularmente, afilie a ese romanticismo, entendido como "color local", o fuerzas telúricas, dimensiones de la magia o incluso el tema del nacionalismo, rasgos todos que han caracterizado a ese movimiento estético. Recordemos que el Performer está fuera de los géneros estéticos.

En el libro de Carlos Castaneda[236] se presenta como un "trabajo antropológico de campo" y detalla la relación de don Juan Matus, el maes-

---

[236] Cito por la versión en la red sin paginación.

tro yaqui del norte de México, uno de "los chamanes del México antiguo" y el yo del relato, Castaneda mismo, como aprendiz proveniente de Los Ángeles al sur de California. El libro aspira a detallar una forma muy particular de conocimiento: una forma *yaqui* de conocimiento, amenazado por "el impacto de la tecnología y las corrientes de filosofía modernas". El objetivo era preservar esos conocimientos ancestrales de una cultura supuestamente "en declinación" en su propia epistemología fuera de la contaminación con "teorías elaboradas *a priori*". Nos topamos otra vez aquí con la frontera geopolítica que, por la extensión misma del desierto de Sonora, podemos calificar de litoral. El aprendiz hará varios viajes, intentará varias travesías por ese litoral, guiado en parte por el anciano, silencioso y enigmático Don Juan. El resultado, nos dice Castaneda en el prólogo a la edición a propósito del trigésimo aniversario de la publicación del libro (1998), desafió todo tipo de clasificación por las nomenclaturas y rúbricas de las disciplinas académicas: "Terminé en un campo que era tierra de nadie", nos dice el autor, para referirse a esa mezcla de investigación científica con visos de etnografía y psico-sociología, ficción literaria, diario, autobiografía y hasta literatura fantástica que, como se sabe, a pesar del éxito del libro, no fue bien recibida por los antropólogos. En el prólogo escrito por Octavio Paz, donde nos habla de la derrota de la antropología por la magia y homologa, como hizo Grotowski con el Performer, al hechicero o chamán con el guerrero, ligando así el saber al poder, nos dice:

> La desconfianza de muchos antropólogos ante los libros de Castaneda no se debe sólo a los celos profesionales o a la miopía del especialista. Es natural la reserva frente a una obra que comienza como un trabajo de etnografía (las plantas alucinógenas —peyote, hongos y datura— en las prácticas y rituales de la hechicería yaqui) y que a las pocas páginas se transforma en la historia de una conversión.

A pesar de los reparos que Grotowski desliza con su breve frase al mencionar a Castaneda, no obstante, el libro debe haberlo impactado, no tanto por el uso de sustancias alucinógenas (que Paz atribuye a "prácticas ascéticas" y que nunca se mencionan en los textos grotowskianos), sino porque se relatan en él cuestiones ligadas a una transformación del sujeto, a una 'conversión' –como hemos visto– más por una praxis analítica mediada por la palabra y el cuerpo que por la ingestión de sustancias. Si el Performer se define como un sujeto deseante, habitado sobre todo por el narcisismo del deseo, si el Perfomer, como lo hemos planteado antes, apuesta por la vida, entonces el recurso a las drogas –tan generalizado en el medio artístico y no exclusivo de los *sixties*– no es viable por cuanto a la larga remata casi siempre en el nihilismo, rechazado por Nietzsche y Grotowski. Paz, quien en *Corriente alterna* había dedicado un capítulo al consumo de drogas, escribe en el prólogo al libro de Castaneda:

> Las drogas, las prácticas ascéticas y los ejercicios de meditación no son fines sino medios. Si el medio se vuelve fin, se convierte en agente de destrucción. El resultado no es la liberación interior sino la esclavitud, la locura y no la sabiduría, la degradación y no la visión.

Al respecto, tal como lo ha planteado Lacan, sabemos que ese pasaje o vuelo hacia el lado del goce se da como una banda de Moebius y la captura del sujeto por la pulsión de muerte no tarda en hacer su agosto; la travesía del litoral que realiza el Performer tiene, como hemos visto, otros derroteros (tao), cuando intenta la "crítica [y] la destrucción de la realidad cotidiana" en procura –como escribe Paz– de alcanzar esa "otra realidad" del lado del no-toda. En efecto, en Grotowski el vuelo del Performer siempre hace lazo con la función fálica. Así, el interés del maestro polaco en la propuesta de Castaneda se enfoca principalmente en "la internalización de los nuevos procesos cognitivos del mundo de los chamanes [que implican] una transformación, una respuesta distinta al mundo cotidiano" y que, para la iniciación chamánica, están íntimamente relacionados "a darse cuenta de que somos seres que vamos a morir", esto es, del devenir y de la consistencia del *Dasein* como tiempo. Incluso tal vez a Grotowski le haya interesado el carácter de "sociedad clandestina" de los brujos de México, como lo señala Paz, es decir, ese reducto éxtimo resistente inserto en la sociedad capitalista moderna y hasta posiblemente se haya sentido también ligado al rechazo del cristianismo. Rechazando la idea de sincretismo, Paz afirma:

> La visión de don Juan es la de una civilización vencida y oprimida por el cristianismo virreinal y por las sucesivas ideologías de la República Mexicana, de los liberales del siglo XIX a los revolucionarios del XX. Un vencido indomable. Las ideologías por las que matamos, y nos matan desde la Independencia, han durado poco; las creencias de don Juan han alimentado y enriquecido la sensibilidad y la imaginación de los indios desde hace varios miles de años.

Como hemos visto en este libro, Grotowski estaba sumamente interesado en esas epistemologías ancestrales, su potencia para sobrevivir y la posibilidad de que todavía tuvieran algo que ofrecer al hombre alienado del capitalismo moderno. Paz subraya el hecho de que, a diferencia de los misioneros del siglo XVI y de los antropólogos mexicanos "que se acercan a las comunidades mexicanas no tanto para conocerlas como para cambiarlas", Castaneda al igual que Grotowski asumen la actitud inversa. Otro aspecto relevante concierne una vez más a la cuestión del concepto, como forma intelectual que ha dejado de lado "las poderosas e insospechadas corrientes de fondo" que constituían su genealogía. Así, Castaneda nos refiere el comentario de don Juan —este 'don' es con minúscula, a diferencia del mitológico seductor— sobre la cuestión de la realidad y la percepción; nos pone a su modo en la línea de la relación entre la realidad como construcción fantasmática y lo real, el origen, como aquello que debiera constituir el horizonte –palabra heideggeriana— de la verdadera interrogación humana:

> El mundo de todos los días jamás puede tomarse como algo personal que tiene poder sobre nosotros, algo que puede crearnos o destruirnos, porque el campo de batalla del hombre no está en su lucha con el mundo que lo rodea. Su campo de batalla está sobre el horizonte, en un área que es impensable para el hombre común, el área donde *el hombre deja de ser hombre*. […] lo único que importa es su encuentro con el *infinito*.

Encuentro con el infinito o, como hemos venido llamándolo en este libro, con lo real en tanto imposible, sin ley y sin orden, imposible de significantizar y de escribir, lo que 'no cesa de no escribirse', infinitamente. Lo real que insiste y que irrumpiendo como lo contingente compromete la subjetividad. Castaneda anota que "Don Juan no pudo reducir el término *infinito* a una descripción más manejable. Dijo que era energéticamente irreducible. Era algo que no podía personificarse y a lo que ni siquiera podía aludirse, salvo en términos tan vagos como «*lo infinito*»". Don Juan se refiere al devenir, en el sentido del ser, como la energía que fluye en el universo incesantemente y que el chamán estaría entrenado para 'ver'. Grotowski no dice otra cosa: está "[e]*l pájaro que picotea y el pájaro que mira*", ambos en nosotros mismos; el que picotea, morirá, el que mira, en cambio, vivirá si no nos olvidamos de él (77). Asentir con el infinito es – como lo dice don Juan y como lo había dicho Don Rodrigo en las *Coplas* escritas por su hijo Jorge Manrique con motivo de su muerte— asentir que vamos a morir: "consiento en mi morir / con voluntad placentera". El infinito como tiempo está en el origen, de él venimos, y también está al final, en el mismo origen, al cual volvemos.

Otro aspecto que detalla Castaneda y se cruza con Grotowski es la idea de persona, etimológicamente máscara, que la cultura promociona como identidad y que, frente a la enseñanza de don Juan, comienza a ceder, sus límites se aflojan. Como en Grotowski y el ejemplo ya comentado de la percepción del manzano, don Juan alerta a Castaneda –a partir de un complejo sistema de taxonomía del cosmos elaborado por los chamanes— que "mi mundo cotidiano no estaba regido por mi percepción sino por la interpretación de mi percepción". Otra vez, la intervención del lenguaje y lo conceptual como máscara que hay que destruir para recuperar la capacidad de la percepción en el intento de 'ver' la energía de la naturaleza. Don Juan describe un mapa corporal y lo conecta a lo que los chamanes denominan 'el punto de encaje':

> Aquellos chamanes *vieron* que cuando el *punto de encaje* estaba en una nueva posición, un haz diferente de campos de energía pasaba a través de él, forzando al *punto de encaje* a convertir esos cam-

pos de energía en datos sensoriales, y a interpretarlos, dando como resultado un verdadero mundo nuevo a percibir.

De ahí que la enseñanza chamánica se orienta hacia la liberación de la conciencia: "Llamaron a este aspecto de su cognición, *libertad total*, un estado en el que existe la conciencia, libre de imposiciones de la socialización y de la sintaxis".

Aunque, como dice Paz, Castaneda se expone en su investigación a una conversión, lo justo es decir que Castaneda solo quiere dar testimonio de una 'enseñanza', invirtiendo a su manera el discurso del Amo, y vacilando entre un discurso de la Histérica que cuestiona al Otro, a don Juan, y el discurso del Analista, en tanto don Juan habla con enigmas y obliga a Castaneda a buscar sus propias respuestas. En este sentido, conviene detenernos —habida cuenta de cierto tono peyorativo con el que Grotowski menciona a Castaneda— en algunos aspectos de la investigación que se cruzan con la aproximación grotowskiana. En primer lugar, observemos que la relación de Castaneda con don Juan, dejando de lado la ingesta de sustancias alucinógenas, está mediada por la palabra y por el hacer, por la realización de ciertas acciones cuyo valor de acto siempre se delatan después, retrospectivamente. Emerge varias veces la cuestión del encuadre: hay ciertos espacios y tiempos propicios. El trabajo de don Juan con la transferencia (incluida su resistencia) es casi analítico; en contraposición, las defensas de Castaneda apuntan a cuestionar al Otro y al supuesto saber de don Juan. Así, al deseo de saber del aprendiz, don Juan responde con una adivinanza. No se trata, comprende Castaneda, de proveerse de información: si don Juan "lo hubiera hecho, dijo, yo jamás habría aprendido".

Le dije [a don Juan] que necesitaba su ayuda para interpretar lo que había visto. Dijo que eso podía hacerlo yo solo, que me convenía más empezar a pensar por mi cuenta.

Para cada lección, hay un lugar apropiado (como en el Parateatro) y solo la disciplina del aprendiz puede superar la dificultad del aprendizaje: "si quería yo aprender, debía ser inflexible conmigo mismo". Esta máxima atraviesa, expresada de modos diversos, el corpus grotowskiano. En "el Performer" se insiste en que éste "debe trabajar en una estructura precisa" atendiendo con rigor a los detalles, ya que es la única forma de "hacer presente el Yo-Yo" (78). Grotowski pide hacer las cosas con exactitud y eso lo lleva al *"Don't improvise, please!"* Recomienda hacer acciones simples a fin de dominarlas, aclarando que lo simple no es sinónimo de lo banal. Ahora bien, en el caso de don Juan, se nos alerta que el mayor obstáculo a sortear en el proceso de aprendizaje (tal como sucede en el análisis) lo constituye el yo: "Te ocupas demasiado de ti mismo —expresa don Juan— Ése es el problema". Por eso don Juan le recomienda tener un aliado, un guía, pero interior, que no es ni espíritu ni guardián; se lo describe como un superyó bondadoso:

> Un «aliado», dijo, es un poder que un hombre puede traer a su vida para que lo ayude, lo aconseje y le dé la fuerza necesaria para ejecutar acciones, grandes o pequeñas, justas o injustas. Este aliado es necesario para engrandecer la vida de un hombre, guiar sus actos y fomentar su conocimiento. De hecho, un aliado es la ayuda indispensable para saber.

Castaneda nos relata acerca de esa esa "voz [que] era el pensamiento ajeno en mi mente". Ese aliado es una ayuda, "una imagen frente a uno" que opera con palabras y en tanto hace "ver y entender cosas que ningún ser humano podría jamás iluminarte", podemos pensarlo como ese otro que es el analista en posición de semblante del objeto *a*. Lo visual se va tornando paulatinamente en auditivo. Aunque Castaneda atribuye a las sustancias alucinógenas las visiones que van pautando su travesía hacia el saber, resulta evidente que en esa dimensión para él mágica, se instala la transferencia y, a la manera del sueño como realización de un deseo, monta una escena fantasmática para recuperar la memoria de su pasado y ajustar cuentas con él:

> De pronto vi a mi padre, en pie a mitad del campo de peyote; pero el campo había desaparecido y la escena era mi vieja casa, la casa de mi niñez. Mi padre y yo estábamos en pie junto a una hi-

guera. Abracé a mi padre y, aprisa, empecé a decirle cosas que nunca antes había podido decir.

Retomaremos las resonancias de este tema del yo y el otro en este texto grotowskiano sobre el Performer al momento de comentar lo que el maestro polaco denomina Yo-Yo. La confrontación con el saber en esos estados de realidad no ordinaria –inconsciente— aparece tal como Grotowski la ha planteado al decirnos que el Performer es el guerrero, el samurai: "—Un hombre va al saber como a la guerra: bien despierto, con miedo, con respeto y con absoluta confianza". El aprendizaje se da a la manera de una gesta de dimensión agónica, lejos de un dejarse pasivamente ganar por la nada. Y por ser agónica, supone fuerzas en tensión, activas y reactivas, a la vez que se postulan nuevamente como un poder en esa gesta por el saber de sí mismo: "un aliado es un poder capaz de llevar a un hombre más allá de sus propios límites". En el contexto chamánico, ese poder es brindado por ciertas sustancias y no otras que, como 'Mescalito', son indomables. Paulatinamente, Castaneda comienza a apreciar hasta qué punto "saber era ciertamente poder", pero un saber y un poder que había que conquistar en uno mismo.

Entre un estado de realidad ordinaria y otro no-ordinaria hay "una raja" y es en ese litoral donde el sujeto debe trabajar con un deseo decidido, como postulaba Lacan. Dice don Juan a su aprendiz:

—La cosa que hay que aprender es cómo llegar a la raja entre los mundos y cómo entrar en el otro mundo. Hay una raja entre los dos mundos, el mundo de los diableros y el mundo de los hombres vivos. Hay un lugar donde los dos mundos se montan el uno sobre el otro. La raja está allí. Se abre y se cierra como una puerta con el viento. Para llegar allí, un hombre debe ejercer su voluntad. Debe, diría yo, desarrollar un *deseo indomable*, una dedicación total. Pero debe hacerlo sin ayuda de ningún poder ni de ningún hombre. (El énfasis es mío).

Se trata, como vemos, de un trabajo realizado por el sujeto sobre sí mismo, sin la imposición del poder de otro (un semejante) ni tampoco del Otro. El 'deseo indomable' no solo nos remite al 'deseo decidido' de Lacan, sino también a lo indomesticable de Grotowski.

Los donjuanes evocados por Grotowski les resultan paradigmáticos –tal vez como el Doctor Faustus de la etapa del Teatro de Producciones— porque están habitados por una pulsión epistemológica; todos ellos, a su manera, han emprendido un camino o vuelo por el litoral y sus travesías, exitosas o no, han tenido que sortear todos los velos que encubren lo real en su vacuidad. "—Un hombre de conocimiento es alguien que ha seguido de verdad las penurias de aprender —dijo [don Juan]—. Un hombre que, sin apuro, sin vacilación ha ido lo más lejos que puede en desenredar los secretos del poder y el conocimiento". Y ese saber alcanzado no tiene un tope; además, es breve, sorpresivo, "no es nunca lo que uno se espera", afirma don Juan. Es la raja que,, como apertura y cierre del inconsciente, tal como lo planteó Lacan, se abre y se cierra como una puerta. Vemos que estamos en la dimensión de la *tyche* que Lacan explora en su *Seminario 11*, oponiéndola al *automaton*. La *tyche* es "el encuentro con lo real [...] está más allá del *automaton*, del retorno, del regreso, de la insistencia de los signos" (62). Si el *automaton* está del lado del registro simbólico y los significantes, la *tyche*, en cambio, es la irrupción de lo arbitrario, de lo real sin ley en ese registro simbólico, que sorprende al sujeto por la insensatez, a veces dolorosa, y que pone al sujeto en la disyuntiva de desconocerlo o hacerse cargo de él:

> —Ser hombre de conocimiento no tiene permanencia. Uno no es nunca en realidad un hombre de conocimiento. Más bien, uno se hace hombre de conocimiento por un instante muy corto, después de vencer a los cuatro enemigos naturales.

Esa *tyche* es azarosa, a veces de suma peligrosidad: "El peligro y la suerte –dice Grotowski— van juntos" (76). En el caso de Castaneda, su aprendizaje tiene que vencer cuatro enemigos: el miedo, la claridad que usualmente es ciega y se presenta como ilusión de poder (alusión al racionalismo iluminista de occidente), que lo posiciona al sujeto en el error de creer que tiene un poder; el tercer enemigo, entonces, es el poder, ya que en realidad éste se apodera del sujeto, queda vencido por el poder y pierde "el dominio de sí mismo": el poder manda, hace cálculos y reglas (lado central de la función fálica), nunca es propiedad del sujeto (como el falo). El cuarto y último enemigo es la vejez, a la cual "no se puede vencer por completo" y al que solo se puede "ahuyentar por un instante". La vejez es el signo del tiempo en la corporalidad que delata la consistencia de *Das Ding* en el *Dasein*. El hombre de conocimiento, entonces, es el que, habiendo vencido el miedo, la claridad y el poder, puede enfrentar lo real de su finitud o, en términos analíticos, su castración. Una vez más, si el Performer es un hombre de conocimiento, es porque se prepara para enfrentarse a sí mismo sin miedo, el que logra desenmascarar la supuesta claridad de la conciencia y el conocimiento que ésta sostiene, el que es capaz de resistir las tentaciones del poder y, finalmente, el que se prepara para la muerte.

En una aproximación más técnica, Castaneda relata un momento de su convivencia con don Juan que también nos lleva a la perspectiva grotowskiana; se trata de un momento de transferencia, en la que sentimientos hostiles se dirigen hacia el analista e interrumpen el fluir asociativo del analizante. Ya comentamos en varias oportunidades a lo largo de este libro cómo la transferencia negativa también se instalaba durante el trabajo de los participantes o aprendices con la figura del maestro. Vale la pena citar a Castaneda:

> Don Juan se acercó, y mi claridad mental cesó. Algo pareció detenerse en mi interior. No había más ideas. Vi venir a don Juan y lo odié. Quería hacerlo pedazos. Lo habría matado entonces, pero no podía moverme. Al principio percibí vagamente una presión sobre mi cabeza, pero también desapareció. Sólo una cosa quedaba: una ira incontenible contra don Juan. Lo vi a unos centímetros de mí. Quise destrozarlo con las manos. Sentí estar gruñendo. Algo en mi empezó a retorcerse. Oí que don Juan me hablaba. Su voz era suave y tranquilizadora y, sentía yo, infinitamente agradable. Se acercó más aún y comenzó a recitar una canción de cuna.

*Señora Santa Ana, ¿por qué llora el niño?*
*Por una manzana que se le ha perdido.*
*Yo le daré una. Yo le daré dos.*
*Una para el niño y otra para vos.*

Una calidez me saturó. Era una tibieza de corazón y sentimientos. Las palabras de don Juan eran un eco distante. Revivían los recuerdos olvidados de la niñez. La violencia antes sentida desapareció.

La canción lleva a Castaneda a un estado que podemos calificar de erótico, más que con don Juan con ese objeto que el chamán velaba o del que hacía semblante: "Entonces mis pensamientos volaron de nuevo. Regresaron en un bombardeo de imágenes: rostros, paisajes. [...] Había sólo una conciencia de afecto, de ser feliz. No discernía yo formas ni luz". La canción de don Juan retrotrae a Castaneda a un sentimiento que Freud no dudaría en calificar de oceánico, y cuya ternura, en ese arrebatador desfile de imágenes y rostros en donde no se discernía forma ni luz indudablemente evoca —con las referencias al nadar en el agua (nada menos que como una anguila) o volar con ligereza o velocidad por el aire— el retorno 'deseado' al vientre materno o a esa etapa infantil en que el niño se vive como siendo el falo de la madre. "Empecé a volar como una pluma", nos dice Castaneda, y entonces volvemos a la travesía por el litoral hacia La Mujer, a esa dimensión que, tal como lo consagra la famosa aria de *Rigoletto*: "La donna è mobile, qual piuma al vento" y que, por eso mismo, cambia de acento y de pensamiento, juega con sus velos, tienta tentando y, aunque "È sempre misero, chi a lei s'affida", lo cierto es que "Pur mai non sentesi felice appieno".

Castaneda nos cuenta que don Juan hablaba de una "naturaleza mujeril" para referirse a ciertas tentaciones de un aliado negativo (posesiva, violento, imprevisible y provocador de efectos nocivos), que tenía la capacidad de "esclavizar a los hombres" por cuanto les dotaba de un poder ilusorio ("poder superfluo" lo llama Castaneda-don Juan), una fuerza y bienestar físicos, con los cuales los mantenía sometidos a un "sentimiento de dependencia". ¿Cómo leer esto? Al menos dos interpretaciones podemos plantear: la primera, que ya hemos mencionado al hablar de las fórmulas de la sexuación, la encarnación en la mujer (o quien se ponga del lado de lo femenino) de la capacidad de "tentar tentando" con sus mascaradas, velando la castración o ese vacío de lo real. La segunda posibilidad de lectura podría ser identificar esa "naturaleza mujeril" en el Otro de la cultura, con su poder de alienación y, sobre todo hoy en esta etapa neoliberal, bajo el discurso capitalista, el hecho de cómo el sujeto $\$$ apela al saber ($S_2$: ciencia y tecnología), pero ya no como sujeto deseante de conocimiento, sino como productor de objeto de consumo y de goce (objetos *a*). En esta segunda lectura, lo mujeril conduce no solo a la destrucción del lazo social en la medida en que aísla al sujeto y lo fuerza a una violencia social del 'todos contra todos' y del 'todo vale', sino que paulatinamente lo animaliza como mero devorador de desechos hasta el punto de ser el sujeto mismo un desecho, nuda vida, al decir de Agamben. En todo caso, lo mujeril aparece como ese más allá de la función fálica con todos los peligros implicados en la travesía por el arcoíris de los goces y las diferencias; como hemos visto, no se puede perder cierto amarre al lado central, si es que el sujeto quiere precaverse del pasaje al acto. Por eso, incluso en cierta dimensión controversial, don Juan valoraba "lo varonil" (también encarnado en cierto tipo de plantas), cuyo efecto era, obviamente contrario al provocado por plantas mujeriles. Así, aunque lo varonil "no se trataba de un poder masculino", tenía ciertas características que podríamos reconocer del lado de la función fálica: "*1)* era desapasionado, *2)* era suave, *3)* era previsible, y *4)* tenía efectos benéficos".

Con dificultad podemos integrar estos rasgos en una perspectiva psicoanalítica de tipo lacaniano, pero bien sabemos que constituye la oferta de otras escuelas psicoanalíticas y de los manuales de autoayuda, los cuales propenden a adaptar al sujeto a los valores del *mainstream*, de ahí que don Juan –que está en la "búsqueda de resultados prácticos", se nos presente en cierto modo como un conductista o un analista de la *Ego Psychology*, al plantearnos precisamente lo varonil como ligado a aquello que promueve "estabilidad emotiva", templanza de corazón y equilibrio personal. Se instala así un ideal de sometimiento, que hasta podemos reconocer también en la teatralidad del teatro tradicional: "ideal para hombres predispuestos por su naturaleza a buscar la contemplación". Ideal, diría

Nietzsche, para aquellos capturados por las fuerzas reactivas del nihilismo: hombres del rebaño o el último hombre.

Más adelante Castaneda refiere una reunión de chamanes en Chihuahua, en la frontera con Texas, cuando, mediante el consumo de peyote y las canciones, se sintió exaltado hasta el llanto.

> Mientras los hombres cantaban pedí a Mescalito, en alta voz, enseñarme una canción. Mi súplica se confundió con el estentóreo canto de los hombres. De inmediato percibí una canción en mis oídos. Me volví y, *sentado de espaldas al grupo, escuché*. Oí las palabras y la tonada una y otra vez, y las repetí hasta aprenderme toda la canción. Era una canción larga, en español. Entonces la canté al grupo varias veces. Y poco después llegó a mis oídos una nueva canción. Al amanecer, había yo cantado ambas canciones incontables veces. Me sentía renovado, fortificado. [...] Seguía cantando mis canciones. Sabía que eran individualmente mías: la prueba incuestionable de mi peculiaridad. Percibía cada uno de mis pasos. Resonaban sobre la tierra; su eco producía la indescriptible euforia de ser un hombre. (El énfasis es mío)

Tal como Grotowski escuchaba bajo la mesa a los adultos sin ver sus rostros, Castaneda se sienta de espaldas a los chamanes para escucharlos y enfocarse en las palabras y la tonada —se acompasa, armoniza con ellos, como Grotowski lo sugería en su etapa del Teatro de las Fuentes— sin que nada lo distraiga. El poder de encantamiento de la canción y de la repetición constante logran impactar el cuerpo gozante, tal como Grotowski lo implementará en su enseñanza, ya no bajo el efecto de alguna sustancia, sino por la confianza en los efectos del significante llevado al extremo de *lalengua*. Además, el hecho de que al terminar la reunión cada uno de los chamanes cantara al unísono, pero "cada quién su propia canción", nos devuelve a ese momento en que Grotowski nos habla de dos participantes cantando su canción y luego acoplándose a un avión que pasaba sobre ellos ("Tu es le fils...", *Sourcebook* 295). Diferencia que la armonización no destruye, encuentro en la diferencia, parece ser otra confluencia entre Castaneda y Grotowski. Es que la armonía de las diferencias es solo posible gracias a esa hebra que sostiene a cada performer amarrado a la función fálica y el lazo social.

No escapó al maestro polaco cómo el trabajo intenso sobre una canción tradicional podía tener el poder de llevar al sujeto retrospectivamente por la cadena hacia su origen, filogenético y hasta ontogenético, del que Freud ya había comentado respecto al inconsciente y que Lacan, rechazando el adjetivo 'colectivo', lo califica más apropiadamente llamándolo 'transindividual'. Memoria, corporeidad, esencia y origen constituyen un encuadre en el que el Performer trabaja retrospectivamente y se remonta hasta alcanzar una imagen del ancestro, que poco importa si es verídica o no; importa más, en todo caso, "como hubiese podido ser" (78). Al tomar relevancia el origen por sobre los orígenes, Grotowski se pregunta: "¿Está la esencia tras la memoria?" Dice no saber la respuesta, pero tiene casi certeza que, al acercarse a la esencia, la memoria se actualiza y la esencia se activa. El trabajo analítico que Freud inicia en *La interpretación de los sueños* no está lejos de esta aproximación grotowskiana. La diferencia yace en que Grotowski habla de reminiscencia y Freud, aunque apela al término reminiscencia, se refiere más a la rememoración y no al otro vocablo con tanto peso platónico..

En la parte final del libro, Castaneda organiza su experiencia con don Juan en términos más conceptuales. En lo que nos importa para cerrar este lazo de Grotowski con Castaneda y su don Juan, es aquello que compete al 'hombre de conocimiento' y cuyo campo operacional, con variaciones, se puede rastrear en la aproximación del maestro polaco. Nos dice Castaneda:

> Habiendo establecido «hombre de conocimiento» como la primera unidad estructural, pude disponer con seguridad los siguientes siete conceptos como sus componentes adecuados: *1)* llegar a ser hombre de conocimiento era asunto de aprendizaje; *2)* un hombre de conocimiento poseía intención rígida; *3)* un hombre de conocimiento poseía claridad de mente; *4)* llegar a ser hombre de conocimiento era asunto de labor esforzada; *5)* un hombre de conocimiento era un guerrero; *6)* llegar a ser hombre de conoci-

miento era un proceso incesante, y *7)* un hombre de conocimiento tenía un aliado.

Al explicar cada uno de los siete puntos, Castaneda enfatiza el hecho de que ese aprendizaje para llegar a ser hombre de conocimiento, particularmente de un conocimiento sobre sí mismo, comienza, si podemos decirlo así, con un acto en sentido analítico: no se puede analizar a alguien que no tiene un deseo decidido o "intención rígida" como Castaneda lo denomina. Además, ese conocimiento es elaborado por el sujeto mismo y no se logra a partir de ninguna gracia, como en la mística, o de poderes mágicos. Cualquier individuo puede aspirar a ser un hombre de conocimiento, no hay "requisitos declarados", aunque "había requisitos encubiertos", esto es, el proceso supone una instancia de selección, como Grotowski también la implementaba y como los analistas lo hacen a partir de las "entrevistas preliminares": "don Juan, como maestro, seleccionaba a sus aprendices" y así cada uno de ellos es admitido en carácter de "escogido". El escogido, como lo vemos en algunas declaraciones de aprendices de Grotowski, aunque a veces no fuera consciente de las razones por las cuales había sido seleccionado, sentía de inmediato que poseía cierto privilegio, denominado "poder" por don Juan y que podemos pensar como esa voluntad de poder de la que Nietzsche nos ha hablado y que, una vez más, localizamos en la subjetividad de aquellos que aspiran a transvalorar todos los valores y a dejar de ser rebaño:

> El hombre señalado de esa manera se convertía en el aprendiz. Don Juan lo llamaba el «escogido». Pero ser escogido significaba más que ser un simple aprendiz. Un escogido, por el mero hecho de haber sido seleccionado por un poder, era ya considerado distinto de los hombres comunes. Se le consideraba ya recipiente de una mínima cantidad de poder, la cual supuestamente se acrecentaría con el aprendizaje. [...] la idea de que un hombre de conocimiento necesitaba intención rígida se refería al ejercicio de la volición. Poseer intención rígida significaba tener la voluntad de ejecutar un procedimiento necesario manteniéndose en todo momento, rígidamente, dentro de los límites del conocimiento que se impartía. Un hombre de conocimiento necesitaba voluntad estric-

ta para soportar la cualidad obligatoria que todo acto poseía cuando se ejecutaba en el contexto de su conocimiento.

Esos actos realizados con decisión rígida, con deseo decidido, tal como los plantea don Juan, son obligatorios y displacenteros; además, implicaban frugalidad, rectitud de juicio y "carencia de libertad para innovar". A todas las reconocemos en la actitud que Grotowski espera de sus aprendices: una dieta temperada, disciplina y la aceptación de las reglas del entrenamiento que, como ya hemos visto a lo largo de este libro, suponían una preparación para el conocimiento de sí y, en consecuencia, pero *a posteriori*, la creatividad. Castaneda nos define las reglas, a las que se da acatamiento absoluto, como aquellas que responden a lo técnico en el proceso de adquisición de conocimiento: "la regla no era sólo un conjunto de reglamentos; era, más bien, una serie de diagramas de actividad que gobernaban el curso a seguir en el proceso de manipular al aliado", esto es, para trabajar con lo inconsciente. Desde la perspectiva del entrenamiento de cada aprendiz, la regla se corrobora en la realidad ordinaria "confirmándola pragmáticamente en forma experimental"; esa regla corrobora "los estados de realidad no ordinaria [entendidos como] los encuentros con el aliado". La realidad no ordinaria tiene componentes parecidos, pero no similares, al sueño: "la realidad no ordinaria estaba más cerca de un estado onírico que de la realidad ordinaria"; además, se caracteriza por su estabilidad (podemos leer aquí la repetición), su singularidad (es propia de cada sujeto) y "carencia de consenso ordinario", es decir, es insensato, fuera de la ley, reprimido o rechazado por el contrato social. Demás está decir que lo mismo ocurre en el tratamiento analítico: el analizante corrobora en su vida cotidiana aquello que fue puntuado por el analista en el consultorio. Eso no es automático, obviamente: Freud buscaba la confirmación de la interpretación del sueño no en la aceptación o consentimiento del analizante, sino en nuevas producciones oníricas posteriores. Don Juan sostiene que "Un brujo tenía una característica distintiva, la posesión de un aliado, que lo diferenciaba de los hombres comunes. Un aliado era un poder con la propiedad especial de tener una regla". Podemos leer aquí: un maestro tiene como aliado la regla, es decir, la técnica, la cual lo precave, en primer lugar, de responder a la demanda del aprendiz; segundo, de sostener la posición de sujeto supuesto saber en la transferencia y, tercero, ofrecerse como el objeto *a* del analizante, objeto desecho al final de un análisis.

Don Juan exigía, como Grotowski, la autodisciplina, la actitud de estar despierto y alerta, teniendo respeto frente a lo Desconocido (la mayúscula es de Castaneda), en tanto "uno era igual de desconocido que lo Desconocido en sí"; hay que agregar a esta lista la confianza en sí mismo y, sobre todo, dejar de lado los intereses personales como incompatibles con el aprendizaje. Solo cuando el aprendiz alcanzara claridad de mente, podía acceder a la libertad de escoger un camino (tao) entre muchos, un camino singular. A partir de entonces, el aprendiz quedaba capacitado para "el drama", es decir, para realizar un esfuerzo dramático que "siempre era mucho más que actuación; era más bien un profundo acto de fe", fe o creencia en el inconsciente. Después de todo, recordemos, Lacan no aceptaba la declaración nietzscheana del 'dios ha muerto', ya que nos planteaba que 'dios es inconsciente'. Y este drama tenía como protagonista en todo momento a la muerte, "su último enemigo simbólico" y que, tratándose de "un proceso incesante" que exigía constante renovación por la impermanencia del sujeto, bien podemos traducir como la aceptación de la castración en cada etapa o momento del proceso. Es frente a esa idea de la muerte que el aprendiz debe realizar su mayor esfuerzo por cuanto, de dejarse capturar por ella, no solo lo lleva a cancelar la eficacia de su acto, sino que lo conduce al aniquilamiento.

Si el Performer es un guerrero, lo es precisamente porque "es alguien que es consciente de su propia mortalidad". Como podemos apreciar, don Juan no avalaba la actitud nihilista. Así, el aprendiz devenía un guerrero en su "lucha incesante" con la muerte, en su desafío a ella. Es, como vemos, un proceso que carece de toda culminación durante la vida del aprendiz y, en cuanto atiende a su singularidad, expele toda posibilidad de receta dogmática, salvo —como en el análisis— el respeto a la reglas técnicas: "El viaje en sí mismo bastaba; cualquier esperanza de alcanzar una posición permanente se hallaba fuera de los límites de su conocimiento", tal era la afirmación de don Juan que nos remite al gran debate desde el mismo Freud, sobre análisis terminable e interminable. Ese viaje, que don Juan denomina "camino con corazón", significa que, sin importar los obstáculos, el aprendiz debía seguir adelante y "ser capaz de hallar satisfacción y cumplimiento personal en el acto de escoger la alternativa más tratable e identificarse por entero con ella". Como resulta fácil apreciar, aparece la cuestión que tanto hemos tratado en otros capítulos sobre la ética analítica, centrada en un acto con consecuencias, en la confrontación con el modo de goce singular ya separado del Otro, el cual pone al sujeto frente a opciones de responsabilidad: o cuidado de sí o pasaje al acto.

Resulta interesante que Castaneda nos diga que "la decisión de quien podía aprender a ser hombre de conocimiento era tomada por un poder impersonal". En efecto, así como quien aspira al saber sobre su deseo –sea un aprendiz de Grotowski o un analizante— la decisión no está, aunque lo parezca, a cargo del yo, de la conciencia, sino de ese Otro que habla en el sujeto o lo hace hablar, cuando dicho Otro se manifiesta, por ejemplo, en un síntoma, cuando hay algo que no anda que lo conduce a la demanda de saber.

La experiencia de aprendizaje de Castaneda concluye con una exigencia más de parte de don Juan: el requerimiento de realizar una trasmisión verbal, escrituraria, de lo percibido durante cada estado (sabemos cómo Freud anotaba sus propios sueños y las asociaciones que cada componente del relato le sugería); también debía trabajar la memoria de los sucesos y finalmente "la descripción de elementos componentes percibidos". Sorprende la similitud de perspectiva entre don Juan y la cuestión freudiana de la interpretación y, más tarde, de la construcción:

> De cada recapitulación de experiencias, don Juan seleccionaba ciertas unidades mediante los procesos de *1)* atribuir importancia a determinadas partes propicias de mi relato y *2)* negar toda importancia a otras partes de mi relato. El intervalo entre estados de realidad no ordinaria era el tiempo en que don Juan comentaba la recapitulación de la experiencia.

Asimismo, emerge en el relato de Castaneda lo que en psicoanálisis los freudianos han debatido respecto a lo terminable e interminable de un tratamiento y los lacanianos en relación a la cuestión del pase. Se trata de un punto que tampoco es claro en la perspectiva grotowskiana. Se nos dice que:

> Don Juan nunca clarificó el punto exacto, ni la forma exacta, en que un aprendiz dejaba de ser aprendiz, aunque estaba clara la alusión a que, una vez alcanzada la meta operatoria del sistema —es decir, cuando supiera mandar a un aliado—, ya no se necesitaría la guía del maestro. La idea de que llegaría el tiempo en que las direcciones de un maestro fuesen superfluas implicaba que el aprendiz lograría adoptar el orden conceptual, y al hacerlo adquiriría la capacidad de extraer inferencias significativas sin el auxilio del maestro.

Finalmente, Castaneda nos brinda lo que él denomina "dos unidades del orden conceptual" en el aprendizaje brindado durante seis años por don Juan: como puede verse en la cita siguiente, corresponde *grosso modo* a la oposición conciencia/inconsciente:

> Desde el punto de vista de mi etapa personal de aprendizaje, pude deducir que, hasta el tiempo en que me retiré del aprendizaje, las enseñanzas de don Juan habían fomentado la adopción de dos unidades del orden conceptual: *1)* la idea de que existía un reino de realidad separado, otro mundo, que he llamado la «realidad de consenso especial»; *2)* la idea de que la realidad de consenso especial, o ese otro mundo, era tan utilizable como el mundo de la vida cotidiana.

Ese aprendizaje, nos reitera el autor, solo era "el comienzo de un camino muy largo". Y este largo recorrido que hemos realizado sobre las referencias a los donjuanes nos ha demostrado cómo los textos de Grotowski, en sus silencios, en sus enigmas y sus acotadísimas referencias de sus autores y lecturas, invitan al lector a realizar —como lo he hecho aquí— sus asociaciones y, por medio de ellas, alcanzar una interpretación que, no siendo ni la única ni la definitiva, es la singularmente mía en el acto de otorgar sentido a aquello que, dicho tal como está por Grotowski, solo pareciera ser un comentario desprendido de la columna vertebral de su perspectiva.

*VI.    Del Yo-Yo, la memoria y la repetición*

Hemos visto ya cómo el don Juan de Castaneda y Grotowski convergían en varios puntos, a pesar de las pequeñas diferencias. Y también anotamos hasta qué punto, a su manera, ambos establecen un proceso de conocimiento de sí que no está alejado del psicoanálisis. Podemos ahora detenernos en la última parte del "el Performer", en la que Grotowski volverá a converger con el personaje de Castaneda y, una vez más, con referencias que se pueden traducir con el vocabulario analítico.

Exploremos el famoso Yo-Yo. Me importa una vez más abordar este tema desde mis interrogantes en la praxis teatral. El maestro polaco va a planear un campo escópico que opera en la intimidad del sujeto. Borges pareciera estar otra vez en la pizarra mágica de Grotowski: en el mini-cuento "Borges y  yo", el autor argentino juega con ese desdoblamiento del yo (*moi* y *je*) y el sujeto, tal como en otro mini-cuento, "El cautivo" se había referido a ese instante en el que el indio, quien había de niño escondido un cuchillito en la campana del patio de su casa natal, tiene la revelación de sí (Yo-Yo) muchos años después de haber estado exiliado de su familia blanca y conviviendo con los indígenas, con otra lengua y otra cultura, cuando encuentra ese cuchillo. Queda, entonces, en la disyuntiva de una pertenencia a la familia biológica, que poco significa ya para él, y la opción o adopción de un nuevo linaje. Al volver al desierto y a la cultura indígena en la que se reconoce, inventa su origen a partir de *lalengua*. Tal vez, en esta historia, ese cuchillito escondido remita retrospectivamenbte a la  rememoración de un goce parricida fantaseado en su tierna infancia. Borges, en un salto sublime de la tercera persona ominisciente a la primera que lo afecta, concluye este relato recuperando, una vez más, esa dimensión desgarrante entre sangre y cultura, entre yo y sujeto, entre lo heredado y lo experimentado, temas que, como vimos, no son ajenos a Grotowski:

Acaso a este recuerdo siguieron otros, pero el indio no podía vivir entre paredes y un día fue a buscar su desierto. Yo querría saber qué sintió en aquel instante de vertigo en que el pasado y el presente se confundieron; yo querría saber si el hijo perdido renació y murió en aquel éxtasis o si alcanzó a reconocer, siquiera como una criatura o un perro, los padres y la casa.

Ya vimos cómo en el don Juan de Castaneda y en Grotowski podíamos constatar la cuestión de la conciencia, como instalación de la sociedad en el sujeto, y ese superyó moral interno, diferente del código moral externo. Ahora el maestro polaco nos va a plantear un diálogo entre lo que picotea y lo que mira. Picotear es picar allí y allá; pero más allá del ave, el verbo se refiere también, según el Diccionario de la RAE, a "hablar mucho de cosas inútiles y ocuparse de cosas distintas de manera sucesiva y sin profundizar en ninguna de ellas". Ese picotear parece ya acercarse a ese goce del blablablá que Lacan observaba en sus analizantes. Volvemos a esa dimensión de lo cotidiano, lo trivial, lo que no responde a un plan o estructura, a lo superficial realizado sin mayor disciplina. En el análisis esto tiene una justificación técnica: se invita al analizante a asociar libremente o, como dirá Lacan, a decir necedades. Grotowski invita, al aprendiz a comprometerse con lo inesperado, a "ser fiel a tus tentaciones" aunque parezcan "estúpidas", necias: "They are stupid, but then why are they necesary to us? Work, and often we discover that the temptation was not stupid at all; within, it was a very significant thing for us" (*Sourcebook* 45).[237]

Regremos al picotear. El Diccionario agrega un sentido sexualizado: "Dicho de las mujeres. Contender o reñir entre sí, diciéndose palabras más o menos desagradables". Se trata de mujeres que se picotean entre ellas, que luchan con palabras, se agreden con vocablos ofensivos. El binarismo femenino/masculino (que no es el de la lógica de la sexuación en

---

[237] La entrevista de Grotowski con Schechner y Hoffman no está completa en la versión castellana incluida en *Hacia un teatro pobre*.

Lacan) lleva a Grotowski rápidamente a la oposición activo/pasivo: el Performer instala este binarismo en su propia interioridad. Sin embargo, no se trata de opuestos complementarios: hay dos 'yoes' como fuerza reactiva y fuerza activa que luchan dentro del Performer y que, además, le permiten percibir dos actitudes, ambas en cierto modo necesarias y a la vez invertidas en cuanto al sentido común (otra vez la inversión al estilo Nietzsche):

> El Yo-Yo no quiere decir estar cortado en dos sino ser doble. Se trata de ser pasivo en la acción y activo en la mirada (al contrario de lo habitual). Pasivo quiere decir ser receptivo. Activo estar presente. (78)

Este 'ser doble' se desarrolla en el tiempo: hay un yo afectado por el tiempo cronológico y otro yo "que está como fuera del tiempo" (77). La conciencia registra el primer tiempo, se trata de un yo que Lacan designará como [*moi*] y del que marcará como imaginario; el carácter sucesivo tiene mucho que ver con la impronta del lenguaje; y luego está el otro yo, que Lacan plantea como [*Je*] y que podemos situar en lo simbólico, en el que no hay registro sucesivo del tiempo, incluso más, que no conoce el tiempo y que es —según vimos en Freud— atemporal. Lacan no coincide plenamente con Freud en esto: hemos ya mencionado en este libro el carácter de "pulsación temporal" atribuido por Lacan al inconsciente. El inconsciente, en todo caso, está en Lacan ligado a una atemporalidad siempre a punto de realizarse en el tiempo lineal: "El inconsciente se manifiesta primero como algo que está a la espera, en el círculo, diría yo, de lo *no nacido*", y agrega: "Algo que pertenece al orden de lo *no realizado*" (*Seminario 11* 30). Lacan plantea, además, una aproximación lógica a partir de la cual, sin someterse al tiempo reloj, había podido discernir tres tiempos: el instante de la mirada, el tiempo para comprender y el momento de concluir.[238] El tiempo histórico tampoco es ajeno a la enseñanza freudo-

---

[238] He trabajado estos tiempos en una aproximación lacaniana al ensayo teatral en "Ensayando la lógica o la lógica del ensayo: Construcción de personaje y temporalidad de la certeza subjetiva".

lacaniana en la medida en que ambos se han sentido en la necesidad de confrontar circunstancias sociopolíticas y culturales que afectaban al psicoanálisis y al mundo: la guerra, la psicología de las masas, el malestar en la cultura, la consistencia del lazo social (los cuatro discursos lacanianos), las diversas transformaciones patológicas que emergen en ciertos momentos históricos, con un espectro siempre cambiante de la sintomatología (hemos mencionado en este libro la diferencia entre psicosis clásica y psicosis ordinarias o neopsicosis; podemos agregar cómo, ya en tiempos de Freud, la histeria se manifiesta de una manera diferente a la de los primeros pacientes). No olvidemos cómo Lacan recomendaba al analista "unir a su horizonte la subjetividad de su época".

En cuanto a Grotowski, que no es ajeno a estas preocupaciones, la cuestión del tiempo y sus variantes, como hemos visto en capítulos anteriores, estuvo siempre en su horizonte. El segundo yo [*je*], el sujeto en estricto sentido analítico, es "casi virtual". No utiliza el vocablo 'virtual' con el significado que hoy es habitual en el campo de las redes y las tecnologías digitales. Se trata, en cambio, de un yo implícito o tácito, y que es resultado de una operación a partir de la cual tiene efectos: "es como una mirada inmóvil" que no está en nosotros y tiene una presencia silenciosa. No es tampoco la mirada del semejante (el otro con minúscula) tal como se da en el juego especular de lo imaginario. Ese yo-sujeto es el que remite al Otro, a esa mirada invisible que, no obstante, nos determina. Foucault lo planteó a partir del panóptico de Bentham. Solo en relación a ese registro simbólico el Performer puede trabajar lo real en su praxis: "El proceso de *cada uno* puede cumplirse sólo en el contexto de esa inmóvil presencia [virtual]" (77, énfasis mío). Recordemos que Lacan propone el término "praxis" como el más apropiado para el psicoanálisis; no dijo 'teoría', tampoco dijo 'práctica'. Y define esa praxis como "el término más amplio para designar una acción concertada por el hombre, sea cual fuere, que le da la posibilidad de tratar lo real mediante lo simbólico. Que se tope con algo más o algo menos de imaginario no tiene aquí más que un valor secundario" (*Seminario 11* 14). Al ser *concertada*, supone un discurso como encuadre para el lazo social en el que se trata lo real por medio de lo simbólico y un contrato que establece la distribución de partes y el tipo de relaciones entre los involucrados que deberán respetarse. Más tarde, Lacan nos brindará, como ya hemos visto, un inconsciente no como relativo al lenguaje, sino al cuerpo gozante, al *sinthome* y a *lalengua*. Grotowski es explícito en cuanto al encuadre también contractual y regulado en el cual se realiza –como en la sesión analítica— el trabajo en el grupo: "You respect the discipline of working in common, according to the rules which each one has accepted and which, therefore, oblígate one" (*Sourcebook* 108).

Entendemos entonces cómo el Perfomer, en su vuelo *hacia* el origen (lo real), experimenta esa pareja de sus dos yoes, uno imaginario y otro simbólico, no como instancias separadas, sino "plena, única". No hay que olvidar que los tres registros, tal como Lacan los ha planteado, forman el famoso nudo Borromeo de tres círculos que, de soltarse uno, deja sueltos a los otros dos. En la conferencia titulada "De James Joyce como síntoma", Lacan comentará el hecho de que este escudo de armas de los Borromeos constituía una cadena que significaba un pacto en la medida en que, de desprenderse uno de los integrantes, se desanudaban los demás. Hay, pues, un origen religioso del nudo borromeo.

¿Cómo o dónde trabaja el Performer su pareja de yoes? Pues en su cuerpo, no en sentido de un organismo, ni tampoco en el sentido de un cuerpo atléticamente entrenado (como muchos quisieron leer en Grotowski), sino en lo que hemos venido denominando en este libro, siguiendo varias aproximaciones introducidas por Jacques-Alain Miller y luego elaboradas por otros analistas, "el cuerpo gozante", aquel que da cuenta en el hablanteser de una 'sustancia gozante' (Lacan, *Seminario 20* 32) como opuesta a la "sustancia pensante y la extensa" (*res cogitans, res extensa*) postulada por Descartes y que atraviesa la Modernidad occidental. Se pregunta Lacan:

> ¿No es esto lo que supone propiamente la experiencia psicoanalítica?: la sustancia del cuerpo, a condición de que se defina solo por lo que se goza. Propiedad del cuerpo viviente sin duda, pero no sabemos qué es estar vivo a no ser por esto, que un cuerpo es algo que se goza. (32)

Esa sustancia gozante tiene como protagonista el cuerpo, que había quedado siempre como un subrogado del alma en la filosofía; se trata de una sustancia corporal y viviente en tanto considera al goce como una propiedad que afecta al cuerpo viviente, la marca de un placer inconsciente (que se registra como *souffrance*) y que, oponiéndose a todo tipo de adaptación y localizándose a nivel pulsional, se repite y está más allá del principio del placer. Importa aquí apreciar que esa sustancia gozante que Lacan introduce en el *Seminario 20*, complementaria de las cartesianas, carece de "correlato neuronal y, en tanto tal, supone una dimensión que desborda la competencia del científico. Lacan va a ir más allá de esa definición del inconsciente que marcó su enseñanza a lo largo de años: el inconsciente estructurado como un lenguaje. Pero en el *Seminario 20* se interesa por esa sustancia que hace señas a través de la dimensión (*dit-mansion*, dicho-mansión) del lenguaje. No es el sujeto el que piensa; el inconsciente es, en cambio, un saber sin sujeto; *eso* piensa; el analizante solo dice necedades, hasta que *eso* irrumpe como algo insensato por medio de una formación del inconsciente. Es a partir de esa irrupción como se puede captar un real a través del significante, por cuanto mientras el analizante habla, no piensa en lo que dice, dice otra cosa o a veces dice más de lo que 'piensa'. Se trata ahora en esta vuelta de tuerca que hace Lacan en el *Seminario 20* de abordar el cuerpo gozante, ya que "[g]ozar tiene la propiedad fundamental de que sea, en suma, el cuerpo de uno el que goza de una parte del cuerpo del Otro" (*Seminario 20* 33) y ese Otro, ya no es el del lenguaje, aunque "el significante es la causa del goce" (33); se trata, entonces, del Otro goce, del que está del lado del no-todo.

Cuando Grotowski nos dice que "[p]ara nutrir la vida del Yo-Yo, el *Performer* debe desarrollar no un organismo-masa, organismo de músculos, atlético, sino un organismo-canal a través del cual las fuerzas circulan" (78), está postulando un cuerpo que no es el 'neuronal', tal como es el organismo estudiado por la biología, ni tampoco es el cuerpo imaginario que responde a ideales culturales en diversos momentos de la historia. El uso del vocablo "atlético" tiene una genealogía desde la Antigua Grecia hasta las expresiones nazi-fascistas del guerrero o, incluso, del modelo corporal del actor. Ese 'cuerpo-canal', siendo precisamente canal, entendido como cause artificial (RAE), no es natural; el canal es una hendidura por donde circula el agua. El Performer es así un sujeto hendido, dividido a causa del goce. Estas hendiduras podemos pensarlas como las zonas erógenas de ese cuerpo gozante por donde circulan las pulsiones.

Ahora bien, esa 'corporeidad' mencionada por Grotowski no está dada, hay que reencontrarla incesantemente y, tal como él la califica, remite a una "causa inmóvil". "Uno de los accesos a la vía creativa consiste en descubrir en sí mismo una corporeidad antigua a la cual se está unido por una relación ancestral fuerte" (78). Una vez más, lo creativo está del lado del inconsciente y del cuerpo gozante. Y el camino (tao/Método) para acceder a esa corporeidad es siempre retrospectivo, esto es, pone en juego la capacidad de la memoria y el trabajo incesante (y hasta infinito) con los recuerdos y huellas –lo que Grotowski denomina "detalles" y que, siguiendo a Jacques-Alain Miller, hemos ya comentado como 'divinos detalles'; se trata de detalles, incluso necedades, que se enlazan en una cadena (significante) y llevan al sujeto hacia aquel lugar en el que residiría el origen entendido ahora, en "el Performer", como la causa inmóvil. Se trata de una causa 'inmóvil', siempre allí, en el origen, perdida en el doble sentido de que ya no está y que es imposible recuperarla, pero también en el sentido de que está siempre activa a lo largo de la cadena de detalles puesto que, de lo contrario, ni siquiera podríamos hablar de ella. Sin embargo, precisamente porque podemos ir *hacia* ella, en tanto podemos ser capaces de remontarnos por la cadena de significantes, es necesario considerar lo relativo a la memoria y a la repetición. Necesitamos, entonces, aclarar aquí varios términos a fin de desbrozar, como hemos hecho a lo largo de este libro, el laberinto por el que vuela Grotowski. "La reminiscencia es tal vez una de estas potencialidades [de la memoria activada]" (78).

La referencia a la reminiscencia nos impone algunos comentarios: en primer lugar, nos remite a la filosofía platónica, sobre todo al *Menón* y al *Fedón*, en la cual la reminiscencia o "anamnesis" sostiene su teoría del conocimiento. Recordemos que el Performer es un hombre de conocimiento. Platón postula que el alma inmortal ha contemplado las ideas, el mundo inteligible (para él, lo real es la Idea) antes de caer al mundo sensible y encarnarse en un cuerpo. Dejemos de lado el dualismo alma/cuerpo, que hemos ya comentado en otros momentos en este libro. Mediante el diálogo filosófico, el individuo podía recordar lo contemplado en ese mundo inteligible –universalidad y verdad de la idea—, y que luego ha olvidado al pasar al mundo sensible, donde la percepción y el diálogo intelectual le hacen recordar lo visto y aprendido en el mundo inteligible, pero también puede engañarlo en tanto vive en ese mundo de sombras, tal como lo plantea el mito platónico de la caverna. Para Platón, el conocimiento es innato, el hombre conoce la verdad desde antes de nacer, pero la ha olvidado, de modo que conocer es vivir recordando. El trauma del nacimiento significa un manto de olvido. ¿Tendremos que leer la afirmación de Grotowski dentro de este marco platónico? Ya vimos que no, porque, teniendo en cuenta tantas afinidades con la filosofía nietzscheana contra el nihilismo y el idealismo platónico-judeo-cristiano, esta vía interpretativa es una calle sin salida.

Ya hemos comentado cómo Nietzsche planteaba la memoria y el olvido; no insistiremos en eos Nos queda, entonces, intentar la vía freudiana. Desde sus *Estudios sobre la histeria* (1895), Freud postulaba que "los histéricos padecen entonces por la mayor parte de reminiscencias" (*O.C.* II 33 y 231). Freud establece desde temprano en su obra una relación entre la reminiscencia y lo patógeno; aun cuando se presenten en forma dispersa, las reminiscencias están "estrechamente enlazadas por unas ataduras de pensamiento y llevan por la vía más directa al momento patógeno" (*O.C.* II 283); no obstante, no sostiene que la reminiscencia remita a un acontecimiento realmente ocurrido, verídico o no. La reminiscencia, en tanto es apalabrada, es siempre un detalle que no debe escapar al analista porque ésta siempre tiene un significado (*O.C.* II 300). Tampoco importa si el analizante admite la importancia de su reminiscencia (*O.C.* II 304). La reminiscencia puede estar ligada a sensaciones olfativas o de otra índole ("reminiscencia corporal" [*O.C.* II 138]) y sobre todo a afectos. En algunos casos, forman cadenas (*O.C.* II 165).

La reminiscencia debe ser diferenciada de la rememoración. Si bien "[u]na reminiscencia nunca retorna por segunda vez si ha sido tramitada; una imagen apalabrada –nos dice Freud— nunca más se volverá a ver" (*O.C.* II 300), la rememoración, en cambio, está ligada a la repetición. Desde "Recordar, repetir y reelaborar" (1914), Freud comienza a trabajar la repetición; así, observa que hay un límite a la rememoración, y resulta difícil a nivel del tratamiento ir más allá. Se da cuenta de que lo que no se puede rememorar, en virtud de la resistencia, retorna en la repetición y también se manifiesta en la acción: "No lo reproduce como recuerdo, sino como acción; lo repite, sin saber, desde luego, que lo hace" (*O.C.* XII 152). Fuera de la rememoración, el elemento traumático o patógeno reprimido se hace presente, sin que el analizante lo perciba, en el *acting out* y durante la transferencia (*O.C.* XII 153), con los peligros que eso conlleva (*O.C.* XII 154). Freud nos advierte que "el principal recurso para domeñar la compulsión de repetición del paciente, y transformarla en un motivo para el recordar, reside en el manejo de la trasferencia" (*O.C.* XII 156), de ahí que en este libro hayamos enfatizado el hecho de que Grotowski solo maneja la transferencia sin haberla conceptualizado, de modo silvestre, y por eso insistimos en que la transferencia es crucial durante el trabajo creativo en la praxis teatral.[239] Si "[l]a trasferencia crea así un reino intermedio entre la enfermedad y la vida, en virtud del cual se cumple el tránsito de aquella a esta" (*O.C.* XII 156), entonces el trabajo creativo durante el encuadre de los ensayos se instala como ese reino del que se espera que haya un tránsito desde la alienación de los participantes a la entrada del proceso a la emancipación a la salida del mismo. El aprendiz pasará, una vez cumplido el proceso, a reemplazar al partenaire Grotowski por lo que Jacques-Alain Miller ha denomina el partenaire-síntoma.

El ensayo se convierte así en lo que Freud denomina una "enfermedad artificial" que contiene todos los malestares del "vivenciar real-objetivo" de la vida social de la que proviene el participante, pero con la ventaja de que aquí trabaja en condiciones provisionales y de contención. El consejo freudiano, en estos casos, es respetar el *timing* del analizante a fin de que pueda reelaborar y vencer las resistencias, despejando el camino a nuevos recuerdos (*O.C.* XII 157). Sin duda, así como la interpretación

---

[239] Ver un temprano ensayo de mi autoría titulado "Notas sobre el ensayo teatral: El concepto de transferencia y el deseo del director" y una reelaboración posterior: "Aproximación psicoanalítica al ensayo teatral: algunas notas preliminares al concepto de 'transferencia'".

del sueño tiene un límite, el famoso 'ombligo del sueño' –núcleo de real, agujero que nunca se llega a significantizar—, lo mismo ocurre con la rememoración. No podemos desarrollar aquí las consecuencias devenidas de la conceptualización de la repetición y la compulsión a la repetición, sea en Freud o posteriormente en Lacan. Digamos, para lo que nos interesa en relación al uso que hace Grotowski del término 'reminiscencia', que – desde la perspectiva psicoanalítica y por lo que hemos venido elaborando en este libro— tendríamos que sustituirlo o pensarlo como 'rememoración', por cuanto el origen, como perdido, es asimilable al trauma en el sentido en que constituye algo que no ha podido ser simbolizado y que, por tal, tiende a repetirse, retornando en diversas formaciones del inconsciente (sueño, síntomas, lapsus, olvidos, chistes, etc.).

No deberíamos dejar sin mencionar la relación entre la repetición y la pulsión de muerte: siendo el trauma inicial el del nacimiento, la vida se torna un largo camino en el que el sujeto, pulsión de muerte mediante, se afana para volver al origen, que es regresar a lo inanimado. El Performer toma sentido aquí en esta dimensión de mortalidad que ya hemos comentado en capítulos anteriores y por eso la propuesta grotowskiana, sin apuntar a la nada como en el nihilismo, no obstante, puede ser leída como un *ars moriendi* orientado a una preparación íntima para enfrentar esa vacuidad de la vida.

Casi salvajemente, llevemos ahora el planteo hasta los extremos de ligarlo al *sinthome*, en la última enseñanza lacaniana. A su manera, Lacan regresa al *origen* etimológico de la palabra 'síntoma': según el diccionario etimológico, "el *symptôme* se escribió primero *sinthome*" (*Seminario 23* 159).

Al remontarnos retrospectivamente por los detalles provistos por la memoria, vamos descubriendo, según Grotowski, a nuestros ancestros. Y por medio de esos detalles (una foto, una arruga, un tono de voz), vamos reconstruyendo "una corporeidad", primero la de alguien conocido y posteriormente, a medida que nos remontamos en el pasado, alcanzamos "la corporeidad del desconocido, del ancestro", es decir, la de otro o, mejor, la del Otro (el inconsciente es el discurso del Otro). Ya vimos que esa 'otredad' del ancestro a la que se llega no tiene por qué ser verídica.

Resulta relevante que Grotowski postule que, al remontarnos *après-coup* por la memoria, ésta se activa: "como si la memoria se despertase". Volvemos a encontrarnos con un tópico que ya hemos trabajado en otros capítulos: qué es dormir y qué es despertar. Lo vimos en Calderón, pero también en Freud y Lacan, en Nietzsche y Heidegger. Lacan retomará el tema cuando aborde el *Finnegans Wake* de James Joyce, es decir el despertar de un sueño (o "del sueño del cual no hay despertar" [*Seminario 23* 161]) aunque –y juega Lacan con ello- se hable de despertar como *fin* (*Fin*negan) de un sueño.

No es necesario aquí volver a las referencias psicoanalíticas: la de la pizarra mágica en la que estarían las huellas, como escritura, de las impresiones del sujeto, la del valor del olvido y la represión, la del desconocimiento del yo en relación al saber no-sabido del inconsciente. Lo importante es que ese saber no-sabido no supone un vacío o un caos: "el saber no sabido del que se trata en el psicoanálisis –nos dice Lacan en *Hablo a las paredes*— es un saber que efectivamente se articula, que está estructurado como un lenguaje" (28). La técnica analítica misma se instituyó desde sus inicios como ese remontarse por la cadena de las necedades y los detalles, a veces completamente anodinos y enigmáticos (y cuanto más triviales o insensatos más importantes), como punto de partida para la interpretación y la historización del sujeto, diferente a la reconstrucción histórica que podría hacer un historiador. De esto se desprende, como hemos mencionado en este libro, la diferencia de lo político en el teatro de los 70s y hasta en sus ramificaciones actuales y la praxis teatral. Esa cadena no es una serie en el tiempo lineal, sino una secuencia por un tiempo 'agujereado', por un tiempo discontinuo en el decir del sujeto. Precisamente, Lacan define el inconsciente en relación a ese tiempo discontinuo del decir:

> El inconsciente es aquella parte del discurso concreto en cuanto transindividual que falta a la disposición del sujeto para establecer la continuidad de su discurso consciente. (*Escritos* 248)

> El inconsciente es ese capítulo de mi historia que está marcado por un blanco u ocupado por un embuste: es el capítulo censura-

do. Pero la verdad puede volverse a encontrar; lo más a menudo ya está escrita en otra parte. (*Escritos* 249)

Y entonces Lacan enumera esas partes: en los monumentos, en la evolución semántica, en la tradición, en los rastros. Se trata de la memoria entendida como orden simbólico y como inconsciente, cuyos eventos el sujeto torna memorables (los que rescata del olvido, de la represión o la censura) cuando los despliega y articula en la cadena de significantes de su historización o cuando los actúa en la transferencia sin recordarlos.

El decir del sujeto solo propone sus propias conexiones en tanto cada vez la memoria se activa y permite resignificar y reelaborar el pasado, sin importar ninguna evidencia de tipo fáctico, como es obligación para el historiador. El análisis está orientado a que el analizante "perfeccione la historización actual de los hechos que determinaron ya en su existencia cierto número de 'vuelcos' históricos" (*Escritos* 251), vuelcos que también podemos calificar como 'vuelos' por el lado del no-todo. Ese "hubiese podido ser" de Grotowski podemos ponerlo en juego con el "habré sido para lo que estoy llegando a ser" de Lacan:

> Lo que se realiza en mi historia no es el Pretérito definido (en el sentido de lo que fue), no es Perfecto, no es lo que he sido en lo que yo soy, es Futuro Anterior, es lo que habré sido para lo que estoy llegando a ser. (*Escritos* 288)

Este juego de tiempos que ya exploramos en Heidegger, supone, además, tal como lo plantea Grotowski, una constante transformación del presente en la medida en que nos remontamos hacia el origen y vamos resignificando esos momentos en función de la futuridad como mortalidad anunciada. Es el origen incesantemente transformado en el presente tensionado por la futuridad. Es el futuro el que viene a modificar el pasado y el presente. Cada vez, esos recuerdos se amarran de diversa manera en la historización del sujeto y, además, permiten vislumbrar cómo opera la repetición a partir de aquella 'causa inmóvil'. "Es —nos dice Grotowski— un fenómeno de reminiscencia, como si uno recordase al *Performer* del ritual primario" (78). Esta frase es tan enigmática que nos obliga a aproximarnos a una interpretación a partir de cada uno de sus vocablos. Ya comentamos lo relativo a la reminiscencia.

Lo primero que puedo asociar es sobre ese 'como si' que me remite a Stanislavski y a la relación actor/personaje. Según el maestro ruso, el actor debe aceptar las circunstancias dadas del personaje y vivirlas *como si* fueran reales. No vamos a elaborar aquí este 'como si' stanislavskiano ni tampoco la memoria emotiva.[240] Lo dejamos simplemente indicado para continuar con el texto grotowskiano que agrega: "como si uno recordase" un ritual originario y olvidado en la vida del aprendiz. Habría entonces un Performer mítico: la pregunta que se nos impone es cuál sería ese ritual. Conjeturemos: el vocablo 'primario' nos remonta al trauma de nacimiento, ese momento en que el individuo se desprende del cuerpo de la madre al que luego anhelará volver, sea que pensemos en la madre o en la Naturaleza, regreso a lo inorgánico que Freud plantea cuando nos habla de la pulsión de muerte. Ahora bien, tratándose de un 'ritual', nos obliga a conjeturar sobre el pasaje que el individuo hace de la naturaleza a la cultura. En este pasaje también registramos algo en la dimensión de una pérdida: el significante del Otro mortifica el cuerpo y deja un resto imposible de recuperar, causa del deseo y también ese real, ese goce no signficantizable que habita el *sinthome* y con el cual el sujeto tiene que 'saber-hacer con', tiene que arreglárselas.

Podemos apurar otra conjetura: el mito freudiano de *Tótem y tabú*, la horda del padre mítico asesinado por los hijos, con el correspondiente banquete totémico y la instalación de la culpa que los pone bajo la ley de la prohibición del incesto y del 'no matarás'. En todos estos casos, como vemos, hay una pérdida original que dispara el proceso del sujeto a fin de recuperarla para una satisfacción plena, siempre anhelada, siempre imposible. Grotowski, como hemos visto en este libro, tal como lo hace Lacan al final de su enseñanza, va más allá del inconsciente estructurado como

---

[240] Ver mi libro *Ensayo teatral, actuación y puesta en escena. Notas introductorias sobre psicoanálisis y praxis teatral en Stanislavski*.

un lenguaje; apunta, por ello, a la sustancia gozante instalada en la dimensión del cuerpo y por ello se interesa en *lalengua* y hasta en un más allá de ella, en la materialidad misma, fónica, del significante (*Seminario 23* 164), con esas repeticiones incesantes de una canción significativa en la vida del sujeto que dispara y activa su memoria en su gesta guerrera hacia la recuperación de ese origen, como los caballeros en la búsqueda del Grial. Todo performer o performancero apunta a revivir y recuperar ese rito primario del que emerge el Performer.

En "el Performer", Grotowski manifiesta que, en ese remontarse hacia la corporeidad, "uno no se encuentra ni en el personaje ni en el no-personaje" (78). Ya no estamos en la dimensión del Sistema del maestro ruso. Otra vez los enigmas: si la idea de personaje nos remite a una máscara o a una identificación con un ente exterior al actor, ¿de qué podría tratarse con el 'no-personaje'? La respuesta es difícil: un personaje en tanto máscara (persona) podemos pensarlo en términos de representar un papel y, en este sentido, estamos en el campo del *moi*, es decir, de una identificación con otro especular (yo ideal, con su ilusión de unidad) en tanto semejante y con un Otro en tanto sede simbólica del Ideal del yo. Y no debemos restringirnos al teatro; estamos enmascarados en la vida social –de ahí que se hable de una teatralidad social— desde el momento en que habitamos el lenguaje o el lenguaje nos habita. El sujeto no se encuentra, entonces, del lado del personaje, pero tampoco en el lado opuesto. La idea de no-personaje se puede interpretar en relación, primero, a la lengua vulgar, como una persona no grata; o bien, tal como lo comentamos anteriormente, como ese superyó moral interno diferente al código moral de la sociedad. En todo caso, se trata de una instancia 'otra' con la que el yo ideal se confronta. Freud, en "Recordar, repetir y reelaborar", en cierto modo, nos pone en presencia de ese Yo-Yo grotowskiano cuando nos plantea la necesidad para el analizante de no quejarse de su síntoma, sino de enfrentarlo como un "digno oponente, un fragmento de su ser que se nutre de buenos motivos y del que deberá espigar algo valioso para su vida posterior" (*O.C.* XII 154). Lo mismo vimos cuando don Juan le refiere a Castaneda la cuestión del aliado. Se trata, como en la guerra, de tener al enemigo presente y cercano. La calidad del enemigo la leemos otra vez cuando Grotowski apele al adjetivo 'noble'. El Performer no se localiza en ninguno de los dos yoes, porque es el resultado de una operación con ambos –recordemos aquello de que "un significante representa al sujeto para otro significante". ¿La raja mencionada por el don Juan de Castaneda? El Performer irrumpe en el proceso de la palabra como un vacío. Al trabajar la formación del inconsciente en la que el sujeto toma lugar, muchas veces los síntomas se agravan al punto –y esto no es necesariamente negativo— en que aparecen "mociones pulsionales nuevas, situadas a mayor profundidad, que todavía no se habían abierto paso" (*O.C.* XII 154) y que, a la postre, van a ir acercando al analizante o aprendiz a eso real, a la sustancia gozante en lo que Grotowski denomina 'corporeidad'.

Dicho 'real' tiene una relación con el origen considerado como 'causa inmóvil': al final de "el Performer" Grotowski lo plantea con todas las letras: "allí soy una causa inmóvil, que hace mover todas las cosas" (79). Lo que equivale a decir "allí soy mi síntoma". Una vez más el paralelo con el análisis es patente: durante el proceso, cuando sale a volar por el lado del no-toda, alejándose de la ley y de lo central de la función fálica: "Cuando me tenía en mi causa primera, no tuve Dios, era mi propia causa" (78); allí el vuelo se vive como un desamarre del Otro, un *"coming out"* jubiloso, un remontar como volantín por el arcoíris y las diferencias: "Allí nadie me preguntaba hacia dónde tendía ni qué era lo que hacía; no había nadie para interrogarme", esto es, ni el Otro de la ley ni el superyó ni tampoco la conciencia moral. "Eso que quería –agrega— lo era, y eso que era lo quería. Era libre de Dios y de todas las cosas" (79). Hay aquí una sensación de libertad, por cierto, ilusoria, a partir de "la muerte de Dios" desde la cual el sujeto se torna él mismo en dios (lo vimos con el mítico Don Juan). Pero al final del proceso, se constata –al igual que en el final del análisis según la últimísima enseñanza lacaniana— que hay una identificación a la causa inmóvil, esto es, al *sinthome*, a eso incurable y permanente, a la vez que hay una aceptación de la falta, de la castración, que lo sostiene deseante.

Grotowski nos habla de 'regreso': "Cuando regreso, esta irrupción es más *noble* que mi salida" (79, énfasis mío); por lo tanto, hay también un comienzo: como en el análisis, el aprendiz se incorpora a la enseñanza grotowskiana no tanto por el prestigio que suponía en su momento ser aceptado por el maestro en una selección estricta y competitiva, sino porque ese aprendiz vacilaba ya en cuanto a su identificación a los ideales, culturales sin duda, pero también y fundamentalmente teatrales. El regreso es doble: regresar al punto de partida[241] del proceso de entrenamiento, comparando el final con el inicio, lo que he devenido de lo que era en la alienación, mi desnudez sin máscaras, y también el regreso al origen o a ese primer ritual cuyo nombre analítico es castración. En ese regreso ya han caído las identificaciones a los ideales del Otro y se ha instalado lo que Lacan denomina 'la identificación al síntoma o sinthome", a ese vacío, ese incurable, ese real y ese goce 'inmóvil' o, en todo caso, que se repite e insiste vía la repetición en la cadena de significantes que intentan capturarlo, un real que no cesa de no escribirse. En ese regreso, como al fin de un análisis, el Performer no depende por completo de Otro, es un sujeto sin Otro. Una vez más, asistimos a un pasaje desde el inconsciente estructurado como un lenguaje, el de la lógica del significante y la alienación, campo de las formaciones del inconsciente y del deseo permanentemente insatisfecho, dimensión del síntoma como un desarreglo y como locación de una verdad a descifrar; al inconsciente entendido como sustancia gozante, el de la separación y emancipación, campo de satisfacción de la pulsión, de *lalengua* y de la permanencia del *sinthome* con el que el sujeto —devenido ahora *parlêtre*— tiene que 'saber-hacer-con', saber-hacer-allí, o sea que tiene que arreglárselas con su partenaire-síntoma. Se deja atrás el

---

[241] En "Joyce el síntoma" (conferencia dictada el 16 de junio de 1975, incluida en el *Seminario 23*, que usamos para las citas), Lacan, al hablar de los nudos, no deja pasar el hecho de que *Finnegans Wake* comienza con un sustantivo ("riverrum"), sin artículo y en minúscula, y que finaliza con el artículo "the". A partir de una anotación de Clive Hart, en relación a lo cíclico y la cruz, Lacan lleva agua para su molino de los tres nudos del Borromeo y de ahí nos lanza al cuarto nudo (el sinthome) cuya función es sostener los desarreglos de los otros tres. Ese sinthome es "lo que hay de singular en cada individuo" (165) y con lo que Joyce se identifica. Y si Joyce "se transporta como algo que pone un punto final a cierto número de ejercicios. Pone un término", lo cierto es que el 'the' nos devuelve a iniciar la lectura del texto, tornando infinito el sueño 'sin fin' de *Finnegans*. Marca barroca que fácilmente nos evoca el título calderoniano: *La vida es sueño*, y "los sueños, sueños son".

saber-hacer del artesano, o del actor de teatro con su bagaje de técnicas y talentos.

Se trata ahora del famoso "tú eres tu síntoma", de ahí que Lacan trabajara el nombre propio y la escritura de James Joyce,[242] en el sentido de que Joyce, como nombre intraducible, pura letra, es su síntoma, lo que ha llegado a ser y la que le permite escapar a la muerte. 'Joyce' es un nombre propio que va más allá de la filiación paterna; es sinthome porque lo individualiza, porque se torna intraducible y porque afecta toda la lengua inglesa. Hacerse de un nombre por y para uno mismo es llegar a la dimensión del síntoma: "No es lo mismo el padre como nombre que como aquel que nombra", dice Lacan (*Seminario 23* 165); podríamos retranscribirla como "no es lo mismo el nombre del padre que inventarse un nombre que singulariza". Y ese trabajo de Joyce es, sin duda, también el que reconocemos en Jerzy Grotowski. El síntoma nombra al sujeto, nombra a cada performer. Lacan por ello rechaza el título erróneo de "Joyce el símbolo" con el que se había anunciado la conferencia, y al plantear como "Joyce el síntoma", nos dice precisamente que Joyce es un "desabonado del inconsciente", esto es, como el Performer, desabonado del inconsciente estructurado como un lenguaje. Y es que *Finnegans Wake* como los *Escritos* de Lacan no son textos para ser comprendidos o interpretados; ambos son escritura, letra como experiencia del inconsciente en tanto sustancia gozante. Y la letra pide lectura: "Lean las páginas de "Finnegans Wake" sin tratar de comprender -eso se lee. Eso se lee, pero como me lo hacía notar alguien cercano a mí, esto ocurre porque uno siente presente el goce de aquél que lo ha escrito. [...] son vuestros propios síntomas lo único que interesa a cada uno. El síntoma en Joyce es un síntoma que no les concierne en nada. Este es el síntoma en tanto no hay ninguna posibilidad

---

[242] No debe sorprendernos que Lacan, en su famosa conferencia del 24 de enero de 1976, conocida como "De James Joyce como síntoma", plantee su propio retorno al momento en que, a sus 31 años, está escribiendo su tesis de psiquiatría sobre el caso Aimée; al no poder arreglárselas con su caso, tiene el encuentro con Freud y el psicoanálisis e inicia así un proceso en el que no dejó de dar cuenta de esa praxis. Allí califica a Freud como artista.

de que se enganche en el inconsciente de ustedes" (*Seminario 23* 163). Me permito agregar a esta lista de textos-letra "el Performer" de Grotowski.

Al regreso, podría decirnos un Grotowski lacaniano, me topo con mi Yo, ya no el Yo de la entrada, el alienado, sino con mi partenaire síntoma con quien conviviré el resto de mis días. Desde la etapa inicial, Grotowski apunta al trabajo, no con el texto, el director o los otros actores, sino al trabajo silencioso con ese partenaire síntoma, al que denomina "el compañero seguro" (202, "secure partner" en el *Sourcebook* 39). Obviamente, esos yoes no están localizados en inconscientes separados, sino dos aproximaciones al inconsciente, en la medida en que, como ya hemos visto a lo largo de este libro, no podemos prescindir del significante y del Otro; el goce solo podemos leerlo a través del significante. En el primer inconsciente nos manejamos con la interpretación, en la medida en que el deseo está cifrado; en el inconsciente de la sustancia gozante, en cambio, nos topamos con la letra, hay escritura que pide una lectura. La letra, aun en su consistencia significante, está no del lado central de la función fálica, no del lado del sentido, sino que es una marca o huella como cifra de un goce original y primario. La letra, nos dice Lacan, "no es esencial a la lengua, sino [aquello que] está trenzado por los accidentes de la historia" (*Seminario 23* 164). Es deyecto, algo que cae, o basura, residuo, desecho: Lacan, siguiendo a Joyce, hace juego con *letter/litter/lettre* (*Seminario 23* 163). Si algo delata —como ocurre en la praxis teatral— al goce en la escritura de un texto, es precisamente lo que no es (ya más) analizable:

> Si el lector se fascina, es porque, conforme a ese nombre que hace eco al de Freud —después de todo Joyce tiene relación con "joy", el goce, si se lo escribe en lalengua que es la inglesa— este alborozo, este goce es lo único que podemos atrapar de su texto. Ahí está el síntoma. El síntoma, en la medida en que nada lo liga a lo que es lalengua misma en la que él sostiene esta trama [...] el síntoma es puramente lo que condiciona lalengua, pero de cierta manera Joyce lo eleva a la potencia del lenguaje sin que, sin embargo, nada de ello sea analizable. (*Seminario 23* 164)

Desde esta aproximación, podemos volar hacia la diferencia entre el teatro (en sentido tradicional) y la praxis teatral: podríamos pensar el teatro en tanto óptica política que nos impone el ver, el contemplar y el comprender; el teatro está del lado de la palabra, por eso ese predominio de lo verbal y del sentido. Su preocupación es desocultar una verdad y mediodecirla, incluso en la pretensión y/o ilusión de la que se la podría decir toda. Aun en espectáculos un tanto cifrados, el teatro apela a la interpretación. La praxis teatral, por el contrario, prefiero posicionarla del lado del sinthome, de la sustancia gozante, de la corporeidad; por eso sus producciones se proponen como una escritura que invita a una lectura. Se trata efectivamente de una 'escritura escénica' en la cual lo cifrado es el modo de goce singular del elenco que apela a que cada miembro del público, más que comprender, trabaje, uno por uno, para arreglárselas con ese goce/sinthome escénico y con su propio modo de goce singular. No hay aquí una verdad que podría tener una interpretación válida, general o universal, para todo el público, incluso si está validada por la crítica periodística o académica. No hay, digamos, una verdad masiva, convivial en la praxis teatral, tal como la anhela el teatrista cuyo hacer es el teatro. Si el teatro apunta a satisfacer una demanda y, en lo posible, un deseo, la praxis teatral parte de que 'no hay relación/proporción sexual', esto es, como ya lo hemos repetido muchas veces en ese libro, no hay manera de alcanzar el deseo o de satisfacer la pulsión del otro. La relación sexual, nos advierte Lacan, no se puede escribir. Por todo esto es que el Performer grotowskiano no está del lado del teatro, pero sí constituye, digamos, a la praxis teatral, del lado de Ła Mujer que no existe, un goce con el que cada cual, uno por uno, tiene que saber-hacer-con, tiene que hacer su propio arreglo.

Ese regreso –que no hay, como vimos, que pensarlo como un final— es, al igual que el final de un análisis, aquello que supone un paso *hacia*...devenir analista; un pase, pues, de actor *hacia* el performer, independientemente del estatus amateur o profesional al que aspire el aprendiz. Ese regreso, nos dice Grotowski, es más noble que el comienzo: "Cuando regreso, esta irrupción es más noble que mi salida". Volvemos a ese 'noble': podemos pensarlo no solo en tanto ilustre, honroso o estimable, tal como lo mencionamos en relación a un enemigo digno, sino –tal como lo planea el Diccionario— como lo singular y lo dicho de un cuerpo "difícilmente atacable". Noble, quizá, entendido también como blasfemo o hereje, es decir, como quien ha elegido –como Joyce, Lacan y, obviamente, Grotowski— su propio camino, es decir, su destino:

> es un hecho que Joyce elige, por lo cual es, como yo, un hereje. Porque el hereje se caracteriza precisamente por la *haeresis*. Hay que elegir el camino por el cual alcanzar la verdad, tanto más cuanto que, una vez realizada la elección, esto no impide a nadie someterla a confirmación, es decir, ser hereje de la buena manera. (*Seminario 23* 15)

La entrada y salida del proceso son calificadas de 'irrupción', es decir, esa aparición sorpresiva en la *tyche* o bien esa idea del inconsciente como pulsativo, que se abre y se cierra y deja su enigma para que el sujeto se haga cargo de él. "En la irrupción [de salida], allí, estoy por encima de todas las criaturas, ni Dios ni criaturas" (79), es decir, ya no me siento ilusoriamente dios ni tampoco formo masa con el resto de mis semejantes: me percato de la singularidad de mi sinthome, de mi modo de goce, me he inventado un nombre, y eso me hace, en términos de Nietzsche, un ser superior, un superhombre que ha dejado ya de ser 'el último hombre" del nihilismo.

Sin embargo, la memoria, con su temporeidad, me mantiene siendo "eso que era, *eso* que debo permanecer ahora y por siempre" (79, énfasis mío) y ésta es la manera que tiene Grotowski de advenir al "*Wo Es war, soll Ich werden*", que Lacan traduce como "Donde Eso era, allí el sujeto [*je=yo*] debe advenir" y que Jacques-Alain Miller propone, según la última enseñanza de Lacan, y con un juego a la manera de la inversión nietzscheana, como "*Wo Ich war, soll Es werden*", es decir, "allí donde el sujeto era, el goce [*sinthome*] debe advenir", lo cual nos hace retornar a la cuestión del cuerpo gozante.[243] Tal vez podamos reescribir esa frase como "Allí

---

[243] Curso de Jacques-Alain Miller titulado "Cosas de finura en psicoanálisis",6 XVII, 13 de mayo de 2009 y publicado por la Association Mondiale de Psychoanalyse.

donde el sujeto gozaba, el Performer debe advenir" y mantenerlo hasta nuevo aviso como lema para la praxis teatral, como ese cartelito que Stanislavski colgaba a la entrada de su estudio. "Cuando llego allí –agrega Grotowski— nadie me pregunta de dónde vengo, ni dónde he estado. Allí soy eso que era, no crezco ni disminuyo, porque allí soy una causa inmóvil, que hace mover todas las cosas" (79). Una vez más 'eso', lo que era ahora soy; tal vez ni más maduro o superior, ni inferior –incluso respecto a mí mismo. Por tal es que lo ligamos aquí al superhombre nietzscheano, no se trata de superior en el sentido de jerarquía, sino superior como singular: en relación al último hombre del nihilismo, hombre de rebaño, encarnación de fuerzas reactivas, alienado y atravesado por la pulsión de muerte y arrastrado por un torbellino irrefrenable de goces que no son los propios. Grotowski se coloca en ese 'allí', el lugar en que él *es* una vez destruidas todas las máscaras; se ha separado del Otro-que-no-existe, no obstante deja un lazo *hacia* el lado fálico en la medida en que, al ser la causa inmóvil, acepta ese "ombligo del sueño", como lo denominaba Freud, ese incurable donde pesa lo real y que se mantendrá sin significantizar, aunque siga 'moviendo [metonímicamente] todas las cosas', es decir, lo mantenga como un sujeto deseante en búsqueda de aquella insatisfacción mítica (el origen) que, por serlo, es también imposible.

# Epílogo

¿Qué espero del lector de este libro? Más allá de coincidir o no con mis interpretaciones y lecturas, espero que haga propias y desarrolle algunas de las ideas que me parecen básicas para la praxis teatral, tal como la he concebido. En primer lugar, entender —desde Schopenhauer— que la vida es sufrimiento; sin embargo, en vez de sucumbir al nihilismo, vivir con Nietzsche la peligrosidad de la creatividad colectiva, buscando siempre la afirmación de la vida, aún cuando eso no signifique la disminución del dolor. La felicidad —al menos en el grado que fuera alcanzable por el principio del placer y evitando orientarse hacia el alejamiento, monacal o no, del mundo y sus conflictos, y evitando imaginarla nihilistamente como una calma o serenidad ligada a la nada— debe surgir de un trabajo con el modo de goce de cada cual a partir de hacerse cargo responsablemente de los tres 'no hay' lacanianos que constituyen el Común: "no hay relación sexual", no hay metalenguaje y no hay Otro del Otro. Concebir la emancipación desde allí, posiciona a 'el Performer' —desde su soledad, desde su sinthome— en la tarea de obstaculizar la homogeneización, masificación y totalización del Común, evitando que la sociedad quede capturada en las respuestas fantasmáticas y las subjetividades pre-fabricadas promocionadas por los medios, las instituciones, los partidos políticos, en fin, el sistema capitalista con su afán de taponar el vacío estructural con ofrecimientos identificatorios nefastos presentados como ideales. La praxis teatral —a diferencia del 'teatro' y los 'estudios teatrales'— contribuye, como lo he planteado a lo largo de este libro, a este proceso de evitar el avasallamiento del sujeto del deseo, impidiendo que el sistema capitalista neoliberal despoje "a las multitudes excluidas [...] de la posibilidad de hacer del encuentro traumático [con los tres 'no hay'], sinthomático y solitario con Lalengua, un [nuevo] lazo social" (Alemán, *Soledad: Común* 63) y, por esa vía, evitar su conversión en un 'individuo' de la masa. Grotowski nos ha permitido imaginar y hasta inventar la posibilidad de concebir un 'pueblo' como un encuentro diferente del "ser con los otros" por el lado del 'no-toda'.

Se trata de alcanzar la verdad en ese juego perenne entre lo dionisíaco y lo apolíneo, una vez que hemos declarado la muerte de dios. Desde Freud, apreciar que dicha creatividad pertenece a lo inconsciente y que el camino hacia él, donde yace la creatividad, no es sin espinas. Y finalmente desde Lacan, espero que el lector entienda que toda acción es válida en la medida en que constituya un acto, es decir, no un mero hacer, un mero actuar, sino un instante con consecuencias inevitables de las que el sujeto debe hacerse cargo, más allá de la intencionalidad consciente. Ese acto supone enfrentar la falta y arreglárselas con el goce. Sin embargo, en cuanto a Grotowski, lo primordial es entender el gesto más revolucionario al que nos ha conducido su trayectoria y la lectura de sus textos: su propuesta ya no involucra al teatro y al actor, entendidos como aspectos de la representación. Grotowski, aunque todavía dentro de una perspectiva con rasgos elitistas, no deja de mostrarnos el camino (Tao) hacia el Performer, el que no representa nada ni a nadie. El Performer es el que inventa su nombre, un nombre para su singularidad independiente del Otro. El actor enmascara su propio yo para permitir la aparición y mostración del personaje, de su verdad y de la verdad de la obra. Grotowski se separa de esta perspectiva secular y occidental llamada 'teatro' y vislumbra el Performer, cuya tarea, opuesta a la del actor y a la del teatro, consiste en desenmascarar ese yo, quitando las capas de alienación impuestas por la sociedad capitalista, la metafísica judeo-platónica y cristiana, para alcanzar el *ser* en tanto hablante*ser* (parl*être*), ese origen constantemente cambiante, imposible de verbalizar, ese real singular que agita el cuerpo gozante de cada aprendiz. Grotowski invita —en su perspectiva desde lo femenino— a dialogar infatigablemente con el enigma de nosotros mismos y del mundo en el que vivimos, para dejar abierta la posibilidad de formular nuevos valores. Apunta de ese modo a alcanzar una fuente, un origen, en el que cada sujeto puede hallar la respuesta a su propio malestar en la cultura, elaborar su propio real y encontrar por la acción concertada con los otros su emancipación y la de su comunidad. Una vez más regresamos a *Soledad: Común*. Y este aporte es crucial para la praxis teatral: el hecho de que cada sujeto —teatrista o no— puede advenir a ser un Performer, no un mero cumplidor de reglas, sino alguien que al develarse a sí mismo, incentiva la transformación social. Desmantelar la alienación constituye la meta de la praxis teatral en la medida en que, enfrentando el sufrimiento y en la posibilidad del eterno retorno de lo mismo, en tanto se afronte la peligrosidad del devenir de la vida, de la voluntad de poder que constituye su esencia, se afirme la vida desde una actitud siempre blasfema, nunca conformista, que apunte siempre a transvalorar todos los valores. Más allá del principio del placer y más allá del teatro como representación, el público se convierte sin embargo en un elemento fundamental; Grotowski deja al Performer frente a una mirada precaria: la que proviene de un eventual maestro y luego la de sí mismo. La praxis teatral (conservamos el adjetivo 'teatral' precisamente por esto) retoma el rol del público, no como masa, sino en la singularidad de cada uno de sus miembros, porque la praxis teatral no renuncia a lo estético, entendido como potencia artística, con todo lo que conlleva de ético y político. El Performer de la praxis teatral –intentando ir más allá del grotowskiano— no se queda restringido a permanecer en una dimensión personal, individual o individualista, sectaria, sino que pone siempre a disposición (con todos los riesgos que de allí derivan) su acto frente a la mirada de la comunidad a la que pertenece; solo por esta vía puede asumir el vértigo de cuestionar y criticar los avatares implicados en ese juego vital de la ley y el deseo.

# BIBLIOGRAFIA

Adame, Domingo y Antonio Prieto Stambaugh, eds. *Jerzy Grotowski. Miradas desde Latinoamérica*. Xalapa, México: Universidad Veracruzana, 2011.
Agamben, Giorgio. *Homo sacer. El poder soberano y la nuda vida*. Valencia: Pre-textos, 1998
Alemán, Jorge. "Derechas y rechazo del amor". *Página 12* 8 agosto 2020.
    https://www.pagina12.com.ar/283800-derechas-y-el-rechazo-del-amor
---. "Política o Nopolítica". Página 12. 3 agosto 2020.
    https://www.pagina12.com.ar/282463-politica-o-nopolitica
---. "Capitalismo y sujeto". Página 12 8 septiembre 2016.
    https://www.pagina12.com.ar/diario/psicologia/9-308894-2016-09-08.html
---. *Soledad: Común. Políticas en Lacan*. Buenos Aires: Capital Intelectual, 2012.
Allain, Paul y Grzegorz Ziólkowski, eds. *Voices from Within: Grotowski's Polish Collaborators*. London: Polish Theatre Perspectives, 2015.
    https://core.ac.uk/download/pdf/10636715.pdf
Althusser, Louis. *La revolución teórica de Marx*. México: Siglo XXI Editores, 1967.
---. *Para leer El Capital*. México D.F.: Siglo XXI Editores, 1969.

André, Serge. *¿Qué quiere una mujer?* México: Siglo XXI Editores, 2002.
Appel, Fredrick. *Nietzsche Contra Democracy*. University Press, 1999.
Aristóteles. *Poética*.
    https://www.ugr.es/~encinas/Docencia/Aristoteles_Poetica.pdf
Askofaré, Sidi. "El inconsciente y/es el tiempo".
    https://www.champlacanien.net/public/docu/3/rdv2008pre10.pdf
Artaud, Antonin. *El teatro y su doble*. Trad. Enrique Alonso y Francisco Abelenda. Ediciones Incógnita. Online.
Aydin, Ali. "From Da of Dasein and Fort-Da to a of Anxiety". *Procedia - Social and Behavioral Sciences* 114 (2014): 489 – 492.
Bachelard, Gastón. *La formación del espíritu científico*. México: Siglo XXI Editores, 2000.
    http://www.posgrado.unam.mx/musica/lecturas/LecturaIntrodu

ccionInvestigacionMusical/epistemologia/Bachelard%20Gaston-La-formacion-del-espiritu-cientifico.pdf

Barthes, Roland. *El placer del texto*. Buenos Aires: Siglo XXI Editores, 1974. http://estafeta-gabrielpulecio.blogspot.com/2009/10/roland-barthes-el-placer-del-texto.html

---. "Introducción al análisis estructural de los relatos". En Barthes, Roland et al. *Análisis estructural del relato*. Buenos Aires: Editorial Tiempo Contemporáneo, 1970.

Bartís, Ricardo. "Entrevista". Geirola, Gustavo. *Arte y oficio del director teatral en América Latina* (2007). Buenos Aires/Los Ángeles: Argus-*a* Artes y Humanidades/Arts & Humanities, 2014.

Basz, Gabriela. "Hablar del inconsciente aún". Página 12, Suplemento Psicología. 10 octubre 2019.
https://www.pagina12.com.ar/224431-hablar-del-inconsciente-aun

Bataille, Georges. *El erotismo*. Buenos Aires: Tusquets Editores, 2009. Cito por la versión online:
http://www.pensamientopenal.com.ar/system/files/2014/12/doctrina31464.pdf

Baumrim, Seth. "Ketmanship in Opole: Jerzy Grotowski and the Price of Artistic Freedom". *The Drama Review* 53.4 (Winter 2009): 49-77.

Benjamin, Walter. "Thesis on the Philosophy of History". En *Illuminations. Essays and Reflections*. New York: Schocken Books, 1968. 253-267

Borges, Jorge Luis. *Obras completas I*. Barcelona: RBA, 2005.

---. "El tema de hoy será el budismo". Conferencia.
https://antesdelascenizas.com/2007/11/09/el-tema-de-hoy-sera-el-budismo-conferencia-de-jorge-luis-borges/

---. "El budismo". Entrevista de Osvaldo Ferrari.
https://www.academia.edu/37739116/EL_BUDISMO_Jorge_Luis_Borges

---. y Alicia Jurado. *¿Qué es el budismo?* (1976).
https://www.worcel.com/archivos/6/Borges%20&%20Jurado-Que%20Es%20El%20Budismo.pdf

Cancina, Pura H. *La investigación en psicoanálisis*. Rosario: Homo Sapiens Ediciones, 2008.

Carnicke, Sharon Marie. *Stanislavsky in Focus: An Acting Master for the Twenty-First Century*. New York: Routledge, 1998.

Castaneda, Carlos. *Las enseñanzas de Don Juan*. Le Libros. Online.
https://lelibros.online/libro/descargar-libro-las-ensenanzas-de-don-juan-en-pdf-epub-mobi-o-leer-online/

Confucio. *Analectas*.
   https://elblogdewim.files.wordpress.com/2014/04/analectas.pdf
Coppens, Philip. "Men of Mystery: Raymond Abellio & Jean Parvulesco – Their Vision of a New Europe". New Dawn Nov-Dec 2008.
   https://www.newdawnmagazine.com/articles/men-of-mystery-raymond-abellio-jean-parvulesco-their-vision-of-a-new-europe
de la Peña M., Francisco. "El psicoanálisis, la hermenéutica del sujeto y el giro hacia la ética en la obra tardía de Michel Foucault". *Sociológica* (Méx.) 23.66 (enero/abril 2008).
   http://www.scielo.org.mx/scielo.php?script=sci_arttext&pid=S0187-01732008000100002
Deleuze, Gilles. *Nietzsche y la filosofía*. Barcelona: Editorial Anagrama, 1998.
---. *Nietzsche*. Madrid: Arena Libros, 2000.
--- y Félix Guattari. *Mil mesetas. Capitalismo y esquizofrenia*. Valencia: Pre-textos, 2015.
Derrida, Jacques. *La escritura y la diferencia*. Barcelona: Anthropos, 1989.
---. *Estados de ánimo del psicoanálisis*. Buenos Aires: Paidós, 2001.
---. *La escritura y la diferencia*. Barcelona: Anthropos, 1989.
Descharmes, René. *Flaubert. Sa vie, son caractére et ses idées Avant 1857*. Ferroud, 1919.
Díaz, Silvina Alejandra. "La huella de Jerzy Grotowski en la escena argentina". Investigación Teatral. Revista de artes escénicas y performatividad 10.16 (2019).
   http://investigacionteatral.uv.mx/index.php/investigacionteatral/article/view/2604
Dragún, Osvaldo. *Historias para ser contadas*. En *Teatro*. Buenos Aires: G. Davalos y D.C. Hernández, 1965.
Eidelsztein, Alfredo. *Las estructuras clínicas a partir de Lacan II*. Buenos Aires: Letra Viva, 2011.
---. *El grafo del deseo*. Buenos Aires: Manantial, s/f.
Fatone, Vicente. *El budismo nihilista*. Buenos Aires: EUDEBA, 1962.
Fediuk, Elka. "Jerzy Grotowski: herencias y exilios". En Adame, Domingo y Antonio Prieto Stambaugh, eds. *Jerzy Grotowski. Miradas desde Latinoamérica*. Xalapa, Veracruz: Universidad Veracruzana, 2011. 21-48
Filipowicz, Halina. Where Is "Gurutowski?" *The Drama Review* 35.1 (Spring 1991): pp. 181-186. https://www-jstor-

org.ezproxy.whittier.edu/stable/pdf/1146118.pdf?ab_segments=0%252Fbasic_SYC-4693%252Ftest&refreqid=excelsior%3A82d50d0e52dd79ed52b2790929026b72

Foucault, Michel. "¿Qué es un autor?" (1969). Editado por el *ElSeminario.com.ar*
http://23118.psi.uba.ar/academica/carrerasdegrado/musicoterapia/informacion_adicional/311_escuelas_psicologicas/docs/Foucault_Que_autor.pdf

---. *Historia de la sexualidad 4. Las confesiones de la carne.* Buenos Aires: Siglo XXI Editores, 2019.

---. "Nietzsche, la genealogía, la historia". En *Microfísica del poder*. Madrid: La Piqueta, 1979. 7-29

---. *¿Qué es un autor?* Elseminario.com.ar, 2005.
http://23118.psi.uba.ar/academica/carrerasdegrado/musicoterapia/informacion_adicional/311_escuelas_psicologicas/docs/Foucault_Que_autor.pdf

Freud, Sigmund. *Obras Completas*. Buenos Aires: Amorrortu Editores. Todas las citas corresponden a esta edición, agregando en cada caso el volumen correspondiente.

Gałdińska-Mazan, Adriana. "Jerzy Grotowski s Idea of an Actor's or Performer's Inner Action". 211-221
file:///C:/Users/ggeir/Downloads/14868-Tekst%20artyku%C5%82u-29960-1-10-20180925.pdf

Geirola, Gustavo. *5 Pesos*. Reseña. Argus-*a* Artes y Humanidades/Arts & Humanities, X.39, 2021.

---. *Sueño. Improvisación. Teatro. Ensayos sobre la praxis teatral*. Buenos Aires/Los Ángeles: Argus-*a* Artes y Humanidades/Arts & Humanities, 2019.

---. "Praxis teatral: Jerzy Grotowski y el psicoanálisis". Argus-*a* Artes y Humanidades/Arts & Humanities IX.34 (2019).
http://www.argus-a.com.ar/publicacion/1455-praxis-teatral-jerzy-grotowski-y-el-psicoanalisis.html

---. "Pedagogía y deseo: Praxis teatral y creatividad en español en Estados Unidos" En, Mauro, Karina, *Artes y producción de conocimiento. Experiencias de integración de las artes en la universidad*. Buenos Aires: Argus-*a* Artes y Humanidades/Arts & Humanities, 2019. 75-110.

---. "La praxis teatral y lo político: la demanda, el teatrista, el público". *Revista telondefondo* XV.29 (Julio 2019).

http://revistascientificas.filo.uba.ar/index.php/telondefondo/article/view/6510
---. "Una posible genealogía de lo político teatral: El régimen de verdad de la escena teatral." *Revista Artescena* (Chile) 3 (Mayo 2017): 13-41. http://www.artescena.cl/una-posible-genealogia-de-lo-politico-teatral-el-regimen-de-verdad-de-la-escena-teatral/
---. *Praxis teatral. Saberes y enseñanza. Reflexiones a partir del teatro argentino reciente.* Buenos Aires/Los Ángeles: Argus-*a* Artes y Humanidades/Arts & Humanities, 2016.
---. "Los cuerpos del actor." Encinas, Percy, ed. *Stanislavski desde nuestros teatros. Recreación de su legado.* Lima: AIBAL/PUCP, 2015. 29 – 54 http://gustavogeirolaensayos.blogspot.com/
---. *Ensayo teatral, actuación y puesta en escena. Notas introductorias sobre psicoanálisis y praxis teatral en Stanislavski.* Buenos Aires/Los Ángeles: Argus-*a* Artes y Humanidades/Arts & Humanities, 2014.
---. *Ensayo teatral, actuación y puesta en escena. Notas introductorias sobre psicoanálisis y praxis teatral en Stanislavski.* Buenos Aires/Los Angeles: Argus-*a* Artes y Humanidades, 2013. http://www.argus-a.com.ar/ebook/360:ensayo-teatral-actuacion-y-puesta-en-escena.html
---. "Frontera y teatro. *Borde(r)s tu: Rally of Redemption*: Post-scriptum." Special Issue: Escritura de la frontera (UC Santa Bárbara) en *Ventana Abierta* VII.26 (Spring 2009): 21-25.
---. "Aproximación psicoanalítica al ensayo teatral: algunas notas preliminares al concepto de 'transferencia'. *Aisthesis* Revista Chilena de Investigaciones Estéticas 46 (2009): 252-269.
---. "Borde(r)s tu: Rally of Redemption" en Joysmith, Claire, ed. *Speaking desde las heridas: Cibertestimonios Transfronterizos/ Transborder (September 11, 2001-March 11, 2007)*, CISAN, UNAM, Whittier College, California, e ITESM. México, pp. 267-288.
---. "Notas sobre el ensayo teatral: El concepto de transferencia y el deseo del director". *Ateatro* 13 (2007): 14-25.
---. "Ensayando la lógica o la lógica del ensayo: Construcción de personaje y temporalidad de la certeza subjetiva." *Teatro XXI* 12.23 (2006): 35-48.
---. *Arte y oficio del director teatral en América Latina: México y Perú.* Buenos Aires: Editorial Atuel, 2004.
---. *Teatralidad y experiencia política en América Latina (1957-1977).* Irvine, California: Gestos, 2000.

Gerez Ambertín, Marta. *Culpa, responsabilidad y castigo en el discurso jurídico y psicoanalítico*. Vol. I.: *Ley y subjetividad*. Buenos Aires: Letra Viva, 2011. Vol. II. Buenos Aires: Letra Viva, 2004. Vol. III. Buenos Aires: Letra Viva, 2009. Vol. IV: *La sexualidad ante la ley*. Buenos Aires: Letra Viva, 2012.

Golomb, Jacob. *Nietzsche and Jewish Culture*. Routledge, 1997.

Grotowski, Jerzy. (1970) *Hacia un teatro pobre*. México: Siglo XXI Editores, 1992.
    https://monoskop.org/images/5/5f/Grotowski_Jerzy_Hacia_un_teatro_pobre_1992.pdf

---. (1968) *Towards a Poor Theater*. New York: Routledge, 2002.
    https://monoskop.org/images/e/e2/Grotowski_Jerzy_Towards_a_Poor_Theatre_2002.pdf

---. "el Performer". Traducción al español de texto original en francés realizada por Farahilda Sevilla y Fernando Montes, autorizada por Grotowski. *Revista Máscara* Año 3, No. 11-12, Octubre 1992/ Enero 1993. 76-79

---. "Wandering Towards a Theatre of Sources". *Dialectics and Humanism* 2 (1980): 11-23.

---. "Tú eres hijo de Alguien". *Revista Máscara*. Año 3, 11/12 (1992, Reed. 1996). file:///C:/Users/ggeir/Downloads/vdocuments.mx_grotowski-jerzytu-eres-hijo-de-alguienpdf.pdf

Hardt, Michael y Antonio Negri. *Multitude: War and Democracy in the Age of Empire*. New York: The Peguin Press, 2005.

---. *Empire*. Harvard: Harvard UP, 2001.

Haya, Fernando. "Los sentidos del tiempo en Hegel". *Studia Poliana* 9 (2007): 67-102.

Heidegger, Martin. *¿Qué significa pensar?* Trad, de Raúl Gabás Pallas. Madrid: Trotta, 2005.

---. *Nietzsche*. Trad. Juan Luis Bernal. Barcelona: Ariel, 2013.

---. "El concepto del tiempo". Trad. Pablo Oyarzun Robles. Philosophia.cl.
    https://www.philosophia.cl/biblioteca/Heidegger/Heidegger%20-%20El%20concepto%20de%20tiempo.pdf

---. *Ser y tiempo*. Trad. Eduardo Rivera. Philosophia.cl.
    http://www.medicinayarte.com/img/Heidegger%20-%20Ser%20y%20tiempo.pdf

Jaspers, Karl. *Nietzsche*. Trad. Emilio Estiu. Buenos Aires: Editorial Sudamericana, 1963.

Johnson, David Read. "The Impact of Grotowski on Psychotherapy in the United States and Britain". S.f. http://www.developmentaltransformations.com/images/johnson_the_impact_of_grotowski.pdf

Joyce, James. *Retrato del artista adolescente*. Trad. Dámaso Alonso. Barcelona: RBA Editores S.A., 1995. http://biblio3.url.edu.gt/Libros/joyce/retrato.pdf

Komorowska, Maja. "In Jerzy Grotowski's Theatre. Maja Komorowska talks to Barbara Osterloff", en Allain, Paul y Ziólkowski, Grzegorz. *Voices from Within: Grotowski's Polish Collaborators*. Wroclaw, Poland: Grotowski Institute, 2015. 46-60 https://core.ac.uk/download/pdf/10636715.pdf

Kuhn, Thomas. *The Structure of Scientific Revolutions*. Chicago: U of Chicago Press, 1996.

La Boétie, Étienne de. *El discurso de la servidumbre voluntaria*. La Plata (Argentina): Terramar, 2008.

Lacan, Jacques. *Escritos I y II*. Buenos Aires: Siglo XXI Editores, 2008.

---. *La familia*. Buenos Aires: Argonauta, 2003.

---. *Seminario 1. Los escritos técnicos de Freud*. Buenos Aires: Paidós, 1981.

---. *Seminario 3. Las psicosis*. Buenos Aires: Paidós, 1984.

---. *Seminario 6. El deseo*. Edición crítica. http://bibliopsi.org/docs/lacan/Seminario-6-El-Deseo-y-su-Interpretacion-Edicion-C-ritica.pdf

---. *Seminario 7. La ética del psicoanálisis*. Buenos Aires: Paidós, 1990.

---. *Seminario 8. La transferencia*. Buenos Aires: Paidós, 2003.

---.*Seminario 10 La angustia*. Buenos Aires: Paidós, 2006.

---. *Seminario 11. Los cuatro conceptos fundamentales del psicoanálisis*. Buenos Aires: Paidós, 1987.

---. *Seminario 15. El acto analítico*. Acheronta. Revista de Psicoanálisis y Cultura. Biblioteca J. Lacan. www.psicoanalisis.org/lacan/seminario15.htm

---. *Seminario 17 El reverso del psicoanálisis*. Buenos Aires: Paidós, 2008.

---. *Seminario 21. Los incautos no yerran. (Los nombres del padre)*. http://www.bibliopsi.org/docs/lacan/26%20Seminario%2021.pdf

---. "Lituraterre". https://www.bibliopsi.org/docs/lacan/Lacan-Lituraterra-1971-bilingue.pdf

---. *Seminario 23. El sinthome*. Buenos Aires: Paidós, 2006.
---. "De James Joyce como síntoma".
    https://www.bibliopsi.org/docs/lacan/Lacan-De-James-Joyce-como-Sintoma-1976.pdf
---. "Conferencias en las universidades norteamericanas (2da. parte)", en *Lacaniana No. 21*, EOL, Argentina, octubre de 2016, pp. 9/10,
---. "Radiofonía". En *Otros escritos* (433-468). Buenos Aires: Paidós.
---. "Los no incautos yerran" - 13 de noviembre de 1973"
    http://psychanalyse-paris.com/Los-no-incautos-yerran-13-de.html
---. *El triunfo de la religión*. Buenos Aires: Paidós, 2006.
---. *Hablo a las paredes*. Buenos Aires: Paidós, 2012.
Laclau, Ernesto. *La razón populista*. Buenos Aires: Fondo de Cultura Económica, 2014/
Laurent, Eric. "El moralista y el Santo, la Cosa y la causa (II)". *Lacan cotidiano* 540. http://www.eol.org.ar/biblioteca/lacancotidiano/LC-cero-540.pdf
---. "Hemos transformado el cuerpo humano en un nuevo Dios". La Nación 9 julio 2008. https://www.lanacion.com.ar/cultura/hemos-transformado-el-cuerpo-humano-en-un-nuevo-dios-nid1028654
Maneiro, Santiago E. *Nietzsche y el budismo. Consonancias y diferencias en relación a la existencia y el sufrimiento*. Tesina.
    http://repositoriodigital.uns.edu.ar/bitstream/123456789/3029/1/Maneiro%2C%20Santiago.%20Tesina.pdf
Mannoni, Octave. *La otra escena: claves de lo imaginario*. Buenos Aires: Amorrortu, 1990.
Maresca, Silvio Juan. *En la senda de Nietzsche*. Buenos Aires: Catálogos Editora, 1991.
Mbenbe, A. *Necropolítica*. Barcelona: Editorial Melusina, 2011.Mencken, Henry Louis. *The Philosophy of Friedrich Nietzsche* [1908]. University of Michigan, 2006.Merlin, Nora. *Colonización de la subjetividad. Los medios masivos en la época del biomercado*. Buenos Aires: Letra Viva, 2017.
Miller, Jacques-Alain. *Los divinos detalles*. Buenos Aires: Paidós,
---. *Un esfuerzo de poesía*. Buenos Aires: Paidós, 2016.
---. *El partenaire-síntoma*. Buenos Aires: Paidós, 2008.
---. "Cosas de finura en psicoanálisis". Trad. Silvia Baudini.
    https://wapol.org/fr/articulos/TemplateArticulo.asp?intTipoPagina=4&intPublicacion=13&intEdicion=2&intArticulo=1813&intIdiomaArticulo=1
Millot, Catherine. *Gide, Genet, Mishima*. Buenos Aires: Paidós, 1998.

Murillo, Manuel. "¿Qué es el acto analítico?" *Anuario de Investigaciones* XXII (2015): 165-172

Nietzsche, Friedrich. *Consideraciones intempestivas.*
https://www.academia.edu/39110587/Consideraciones_intempestivas

---. *La voluntad de poder.* Madrid: Edaf, 2000.

---. *Genealogía de la moral.* Madrid: Alianza Editorial, 1996.

---. *Aurora.* Madrid: M.E. Editores, 1994.

---. *Así habló Zaratustra.* Madrid: Alianza Editorial.
https://www.alianzaeditorial.es/primer_capitulo/asi-hablo-zaratustra.pdf

Pavlov, Iván P. *Conditioned Reflexes.* Mineola, N.Y: Dover Publications. "Lecture XXIII. *The experimental results obtained with animals in their application to man*", págs. 395 y ss.

Paz, Octavio. "La mirada anterior. Prólogo de Octavio Paz". En Castaneda, Carlos. *Las enseñanzas de Don Juan.* Le Libros. Online.

Preciado. Paul. "Paul B. Preciado: la batalla es por el control de la vida". Entrevista. *Clarín,* Revista Ñ, 10 agosto 2019.
https://www.clarin.com/ideas/paul-b-preciado-batalla-control-vida_0_PzU9Wo6iD.html

Prieto, Antonio y Domingo Adame. *Jerzy Grotowski: Miradas desde Latinoamérica.* Xalapa: Universidad Veracruzana, 2011.

Rabinovich, Diana S. *Sexualidad y significante.* Buenos Aires: Manantial, 1991.

Raymondi, José Alberto. "Antifilosofía desde el cuerpo político y la Otra su(b)versión". En Appleton, Timothy y José Alberto Raymondi, eds. *Lacan en las lógicas de la emancipación.* Málaga: Miguel Gómez Ediciones, 2018. 53-64

Regnault, F. "Santidad". *Consecuencias. Revista digital de psicoanálisis, arte y pensamiento,* 3 (2009). Recuperado de:
http://www.revconsecuencias.com.ar/

Richards, Thomas. *At Work with Grotowski on Physical Actions.* London & New York: Routledge, 1995.

Ríos Valerio, Wendolín. "El actor santo o performer como símbolo".

Salata, Kris y Lisa Wolford Wylam. "Re-reading Grotowski. Guest Editors' Introduction". *The Drama Review* 52. 2 (Summer, 2008):14-17. https://www-jstor-

Schechner, Richard. "Grotowski and the Grotowskian". *The Drama Review* 52:2 (Summer 2008): 7-13.
---. "Jerzy Grotowski: 1933-1999". *The Drama Review* 43.2 (Summer 1999): 5-8.
---. y Lisa Wolford. *The Grotowski Sourcebook*. London and New York: Routledge, 1997.

Schopenhauer, Arthur. *El mundo como voluntad y representación*. Trad., intro y notas de Pilar López de Santa María.
http://www.juango.es/files/Arthur-Schopenhauer---El-mundo-como-voluntad-y-representacion.pdf
Sztajnszrajber, Darío. *Filosofía a martillazos*. Tomo 1. Buenos Aires: Paidós, 2019.
Tazedjián, Juan Carlos. "Algunas reflexiones sobre el concepto de Soledad: Común y sus consecuencias para el psicoanálisis". En Appleton, Timothy y José Alberto Raymondi. *Lacan en las lógicas de la emancipación*. Málaga: Miguel Gómez Ediciones, 2018. 137-146
Thibaudat, Jean-Pierre. "Grotowski, un vehicle du theatre". *Liberation* march 1: 3-36.
Toporkov, V. O. *Stanislavski in Rehearsal*. London and New York: Routledge, 2004.
Ure, Alberto. *Sacate la careta*. Buenos Aires: Grupo Editorial Norma, 2003.
Wasilewski, Valerie. "Grotowski". *Oxford Literary Review* 2.2 (1977): 40-43.
Zwart, Hub. "Human Nature". *Encyclopedia of Global Bioethics*. (2015).
https://www.researchgate.net/publication/280492679_Human_Nature
---. "Conditioned Reflexes and the Symbolic Order: A Lacanian Assessment of Ivan Pavlov's Experimental Practice". *Vestigia: Journal of the International Network of Psychotherapeutic Practice* (2018). https://www.academia.edu/36940544/Conditioned_Reflexes_and_the_Symbolic_Order_A_Lacanian_assessment_of_Ivan_Pavlov_s_experimental_practice?email_work_card=interaction_paper
---. "Scientific iconoclasm and active imagination: synthetic cells as techno-scientific mandalas". *Life Sciences, Society and Policy* 14.10 (2018): 1-17.

Otras publicaciones de Argus-*a*:

Alicia Montes y María Cristina Ares, comps.
*Cuerpo y violencia. De la inermidad a la heterotopía*

Gustavo Geirola, comp.
*Elocuencia del cuerpo.
Ensayos en homenaje a Isabel Sarli*

Lola Proaño Gómez
*Poética, Política y Ruptura.
La Revolución Argentina (1966-73): experimento frustrado
De imposición liberal y "normalización" de la economía*

Marcelo Donato
*El telón de Picasso*

Víctor Díaz Esteves y Rodolfo Hlousek Astudillo
*Semblanzas y discursos de agrupaciones culturales
con bases territoriales en La Araucanía*

Sandra Gasparini
*Las horas nocturnas.
Diez lecturas sobre terror, fantástico y ciencia*

Mario A. Rojas, editor
*Joaquín Murrieta de Brígido Caro.
Un drama inédito del legendario bandido*

Alicia Poderti
*Casiopea. Vivir en las redes. Ingeniería lingüística y ciber-espacio*

Gustavo Geirola
*Sueño Improvisación. Teatro.
Ensayos sobre la praxis teatral*

Jorge Rosas Godoy y Edith Cerda Osses
*Condición posthistórica o Manifestación poliexpresiva.
Una perturbación sensible*

Alicia Montes y María Cristina Ares
*Política y estética de los cuerpos.
Distribución de lo sensible en la literatura y las artes visuales*

Karina Mauro (Compiladora)
*Artes y producción de conocimiento.
Experiencias de integración de las artes en la universidad*

Jorge Poveda
*La parergonalidad en el teatro.
Deconstrucción del arte de la escena
como coeficiente de sus múltiples encuadramientos*

Gustavo Geirola
*El espacio regional del mundo de Hugo Foguet*

Domingo Adame y Nicolás Núñez
*Transteatro: Entre, a través y más allá del Teatro*

Yaima Redonet Sánchez
*Un día en el solar, expresión de la cubanidad de Alberto Alonso*

Gustavo Geirola
*Dramaturgia de frontera/Dramaturgias del crimen.
A propósito de los teatristas del norte de México*

Virgen Gutiérrez
*Mujeres de entre mares. Entrevistas*

Ileana Baeza Lope
*Sara García: ícono cinematográfico nacional mexicano, abuela y lesbiana*

Gustavo Geirola
*Teatralidad y experiencia política en América Latina (1957-1977)*

Domingo Adame
*Más allá de la gesticulación. Ensayos sobre teatro y cultura en México*

Alicia Montes y María Cristina Ares (compiladoras)
*Cuerpos presentes. Figuraciones de la muerte, la enfermedad,
la anomalía y el sacrificio.*

Lola Proaño Gómez y Lorena Verzero / Compiladoras y editoras
*Perspectivas políticas de la escena latinoamericana.*
*Diálogos en tiempo presente*

Gustavo Geirola
*Praxis teatral. Saberes y enseñanza.*
*Reflexiones a partir del teatro argentino reciente*

Alicia Montes
*De los cuerpos travestis a los cuerpos zombis.*
*La carne como figura de la historia*

Lola Proaño - Gustavo Geirola
*¡Todo a Pulmón! Entrevistas a diez teatristas argentinos*

Germán Pitta Bonilla
*La nación y sus narrativas corporales.*
*Fluctuaciones del cuerpo femenino*
*en la novela sentimental uruguaya del siglo XIX*
*(1880-1907)*

Robert Simon
*To A Nação, with Love: The Politics of Language through Angolan Poetry*

Jorge Rosas Godoy
*Poliexpresión o la des-integración de las formas en/desde*
*La nueva novela de Juan Luis Martínez*

María Elena Elmiger
*DUELO: Íntimo. Privado. Público*

María Fernández-Lamarque
*Espacios posmodernos en la literature latinoamericana contemporánea:*
*Distopías y heterotopías*

Gabriela Abad
*Escena y escenarios en la transferencia*

Carlos María Alsina
*De Stanislavski a Brecht: las acciones físicas.*
*Teoría y práctica de procedimientos actorales de construcción teatral*

Áqis Núcleo de Pesquisas Sobre Processos de Criação Artística
Florianópolis
*Falas sobre o coletivo. Entrevistas sobre teatro de grupo*

Áqis Núcleo de Pesquisas Sobre Processos de Criação Artística Florianópolis
*Teatro e experiências do real (Quatro Estudos)*

Gustavo Geirola
*El oriente deseado. Aproximación lacaniana a Rubén Darío.*

Gustavo Geirola
*Arte y oficio del director teatral en América Latina. Tomo I México - Perú*

Gustavo Geirola
*Arte y oficio del director teatral en América Latina.
Tomo II. Argentina – Chile – Paragua – Uruguay*

Gustavo Geirola
*Arte y oficio del director teatral en América Latina.
Tomo III Colombia y Venezuela*

Gustavo Geirola
*Arte y oficio del director teatral en América Latina.
Tomo IV Bolivia - Brasil - Ecuador*

Gustavo Geirola
*Arte y oficio del director teatral en América Latina.
Tomo V. Centroamérica – Estados Unidos*

Gustavo Geirola
*Arte y oficio del director teatral en América Latina.
Tomo VI Cuba- Puerto Rico - República Dominicana*

Gustavo Geirola
*Ensayo teatral, actuación y puesta en escena.
Notas introductorias sobre psicoanálisis
y praxis teatral en Stanislavski*

**Argus-*a***

*Artes y Humanidades* / *Arts and Humanities*
Los Ángeles – Buenos Aires
2021

www.ingramcontent.com/pod-product-compliance
Lightning Source LLC
Chambersburg PA
CBHW021129230426
43667CB00005B/70